H. Kamps A. Laufs (Hrsg.)

Arzt- und Kassenarztrecht im Wandel

Festschrift für Prof. Dr. iur. Helmut Narr
zum 60. Geburtstag

Springer-Verlag
Berlin Heidelberg New York
London Paris Tokyo

Dr. iur. Hans Kamps
Referent für Prüf- und Zulassungswesen
bei der Kassenärztlichen Vereinigung Südwürttemberg
Wächterstraße 76, 7400 Tübingen 1

Prof. Dr. Adolf Laufs
Ordinarius für Deutsche Rechtsgeschichte und Bürgerliches Recht
Juristische Fakultät der Universität Heidelberg
Friedrich-Ebert-Platz 2, 6900 Heidelberg 1

Fortführung der Reihe „RECHT und MEDIZIN"

ISBN 978-3-642-83533-9 ISBN 978-3-642-83532-2 (eBook)
DOI 10.1007/978-3-642-83532-2

Satz: Elsner & Behrens GmbH, 6836 Oftersheim
2119/3140-543210 – Gedruckt auf säurefreiem Papier

Vorwort

Am 11. November 1988 wird Herr Professor Dr. iur. Helmut Narr 60 Jahre alt. Seine Freunde, Verehrer, Kollegen und Mitarbeiter auf dienstlichem, ehrenamtlichem und wissenschaftlichem Felde gratulieren zu diesem Festtag herzlich und dedizieren ihm als Geschenk einen bunten Blumenstrauß von Beiträgen aus dem Arzt- und Kassenarztrecht.

Der Jubilar wurde am 11.11.1928 in Oberndorf, Kreis Rottweil, geboren. Das Gymnasium besuchte er in der Hochburg der Alemannischen Fasnet: zu Rottweil, wo er auch viele Jahre lebte. Als Narr – nomen est omen – nimmt er zwar nicht aktiv am Narrenleben teil, hat sich aber bei aller klugen Sachlichkeit und allem wissenschaftlichen Eifer bis heute ein herzerfrischendes Lachen und bisweilen sehr hintergründigen Humor bewahrt.

Nach dem Studium der Rechtswissenschaften an der Universität Freiburg wurde er am 30. November 1955 mit einer Arbeit zum Thema „Die Zulassung zur kassenärztlichen Tätigkeit unter besonderer Berücksichtigung von Art. 12 und 14 des Grundgesetzes" zum Doktor der Rechte promoviert. Schon die Wahl des Promotionsthemas zeichnete seinen späteren Werdegang vor. Neben einer siebenjährigen Tätigkeit als Anwalt, zugelassen am Amtsgericht und am Landgericht Tübingen sowie am Oberlandesgericht Stuttgart, war er von 1957 bis 1965 Justitiar der Bezirksärztekammer und Kassenärztlichen Vereinigung Südwürttemberg-Hohenzollern. Narr verstand es, die vielfältigen Rechtsfragen, die das Gesetz über das Kassenarztrecht aus dem Jahre 1955 aufgeworfen hatte, pragmatisch zu lösen und das ärztliche Berufsrecht, das damals mit der Berufs- und Facharztordnung der Landesärztekammer noch ein auf Beschlüssen von Ärzten beruhendes Standesrecht war, behutsam fortzuentwickeln. Folgerichtig wurde der Jubilar im Jahre 1965 zum Hauptgeschäftsführer der Kassenärztlichen Vereinigung und Geschäftsführer der Bezirksärztekammer Südwürttemberg-Hohenzollern berufen. In der Folge begann er mit seiner fachpublizistischen Arbeit und schrieb ab 1969 in Sonderbeilagen des Ärzteblatts Baden-Württemberg einen Kommentar zur Berufsordnung der Landesärztekammer.

Sein heute im Deutschen Ärzteverlag Köln erscheinendes wissenschaftliches Hauptwerk: „Ärztliches Berufsrecht", das Narr im gesamten deutschsprachigen Raum bekannt machte und als kompetenten

Arztrechtler auswies, erschien in der 1. Auflage im Jahre 1973. Das meisterhafte Werk spiegelt die praktischen Berufserfahrungen des Autors wider, die sich mit dessen rechtswissenschaftlichem Sachverstand und theoretischem Anspruch verbinden. Das umfangreiche Standardwerk liegt inzwischen in der 2. Auflage mit 9 Ergänzungslieferungen vor. Es umfaßt das gesamte Arztrecht in seinem Wandel und dessen Bezüge zum Kassenarzt-, Krankenhaus- und Arzneimittelrecht. Seit dem Wintersemester 1969/70 versah der Jubilar einen Lehrauftrag für Ärztliches Berufsrecht an der Universität Tübingen. Im Jahre 1978 wurde er zum Honorarprofessor für Ärztliches Berufsrecht an der Universität Tübingen ernannt. Seit 1981 ist er Mitglied im Schulungsbeirat der Kassenärztlichen Bundesvereinigung. Durch unermüdlichen Einsatz als Referent hilft er mit, neuen Mitarbeitern in den Kassenärztlichen Vereinigungen die weitläufige Materie des Kassenarztrechts und dessen Verflechtungen mit dem Arztrecht verständlich zu machen. Seit 1983 gehört Narr zu den Herausgebern der Zeitschrift Medizinrecht; 1984 trat er in die Schriftleitung ein.
Ebenso wie im Arztrecht hat sich Narr bei der Fortentwicklung und zunehmenden Ausdifferenzierung des Kassenarztrechts Verdienste erworben. Rechtsfragen zur Kooperation von Kassenärzten in Praxisgemeinschaft, Gemeinschaftspraxis und Laborgemeinschaft, zum Zulassungsrecht und zum Recht der Wirtschaftlichkeitsprüfung finden sein hohes Interesse. Hervorzuheben ist seine Mitwirkung an dem bereits in 3. Auflage vorliegenden Werk „Die kassenärztliche Tätigkeit", das im Springer-Verlag, Heidelberg, erscheint.
Seit 1969 ist der Jubilar Mitglied der Arbeitsgemeinschaft nach § 19 Arzt-/Ersatzkassenvertrag. Diese Arbeitsgemeinschaft hat die Aufgabe, den Arzt-/Ersatzkassenvertrag verbindlich auszulegen und sämtliche, sich aus der Durchführung des Vertrages ergebenden grundsätzlichen Fragen zu klären. Dazu gehören auch die Auslegung und Änderung der Ersatzkassen-Gebührenordnung sowie Entscheidungen über die vorläufige Bewertung neuer ärztlicher Leistungen. Die 19jährige Mitarbeit und seine wiederholte Berufung zu einem der sechs vom Vorstand der Kassenärztlichen Bundesvereinigung zu benennenden Mitglieder der Arbeitsgemeinschaft nach § 19 Arzt-/Ersatzkassenvertrag beweist die hohe Wertschätzung, die der Jubilar auch hier erfährt.
Wer den Jubilar kennt, schätzt dessen Konzilianz und unermüdliche Hilfsbereitschaft. Zu Narrs Stärken gehört die Charakterfestigkeit. Seine Gedanken versteht er mit rhetorischem Geschick zu vertreten.

Durch seinen guten Rat hat er sich viele Freunde gewonnen. Die Herausgeber wünschen Helmut Narr auch im Namen aller Mitautoren für lange Jahre Gesundheit, Wohlergehen im Kreise seiner großen Familie und Fortbestand seiner geistigen Schaffenskraft.

Tübingen, im November 1988

Die Herausgeber

Hans Kamps
Adolf Laufs

Inhaltsverzeichnis

Autorenverzeichnis

Dr. iur. Ulrich Baur
Rechtsanwalt, Justitiar des Verbandes der
leitenden Krankenhausärzte Deutschlands e. V.
Tersteegenstraße 9, 4000 Düsseldorf 30

Prof. Dr. iur. Erwin Deutsch
Direktor des Juristischen Seminars der Universität Göttingen
Abteilung für internationales und ausländisches Privatrecht
Platz der Göttinger Sieben 6, 3400 Göttingen

Walter Dunz
Richter am Bundesgerichtshof i. R.
Parlerstraße 46, 7000 Stuttgart 1

Gerd Eggstein
Ministerialrat a. D., Geschäftsführer der
Landesärztekammer Baden-Württemberg
Jahnstraße 38 A, 7000 Stuttgart 70

Prof. Dr. iur. Albin Eser, M. C. J.
Direktor des Max-Planck-Instituts für
ausländisches und internationales Strafrecht
Günterstalstraße 73, 7800 Freiburg

Dr. med. Franz-Josef Große-Ruyken
Präsident der Landesärztekammer Baden-Württemberg,
Vorsitzender des Ausschusses
„Medizinisch-juristische Grundsatzfragen“ bei der Bundesärztekammer
Jahnstraße 38 A, 7000 Stuttgart 70

Dr. iur. Rainer Hess
Hauptgeschäftsführer der Kassenärztlichen Bundesvereinigung
Herbert-Lewin-Straße 3, 5000 Köln 41 (Lindenthal)

Dr. iur. Hans Kamps
Referent für Prüf- und Zulassungswesen
bei der Kassenärztlichen Vereinigung Südwürttemberg,
Assistent der Geschäftsführung
der Bezirksärztekammer Südwürttemberg
Wächterstraße 76, 7400 Tübingen 1

Prof. Dr. iur. Rolf Keller
Ministerialdirigent im Ministerium für Justiz,
Bundes- und Europaangelegenheiten Baden-Württemberg
Gleiwitzer Straße 22, 7520 Leonberg

Prof. Dr. iur. Dr. h. c. Adolf Laufs
Ordinarius für Deutsche Rechtsgeschichte und Bürgerliches Recht
an der Juristischen Fakultät der Universität Heidelberg
Friedrich-Ebert-Platz 2, 6900 Heidelberg

Prof. Dr. med. Erich Liebhardt
Institut für Rechtsmedizin der Universität München
Frauenlobstraße 7a, 8000 München 2

Dipl.-Betriebswirt Rolf Liebold
Hauptgeschäftsführer a. D. der
Kassenärztlichen Vereinigung Nordwürttemberg
Albstadtweg 11, 7000 Stuttgart 80 (Möhringen)

Prof. Dr. med. Hans Joachim Mallach
Direktor des Instituts für Gerichtliche Medizin
der Universität Tübingen
Nägelestraße 5, 7400 Tübingen 1

Prof. Dr. med. Hansjakob Mattern
Arzt für Allgemeinmedizin
Lehrauftrag Allgemeinmedizin
der Ruprecht-Karls-Universität Heidelberg
Dantestraße 10c, 6900 Heidelberg

Dr. med. Werner Ohl
1. Vorsitzender der Kassenärztlichen Vereinigung Südwürttemberg
Wächterstraße 76, 7400 Tübingen 1

Prof. Dr. med. Hans-Wolfgang Opderbecke
Generalsekretär der Deutschen Gesellschaft
für Anästhesiologie und Intensivmedizin
Obere Schmiedgasse 11, 8500 Nürnberg 1

Dr. med. Randolph Penning
Institut für Rechtsmedizin der Universität München
Frauenlobstraße 7a, 8000 München 2

Dr. iur. Hans-Jürgen Rieger
Rechtsanwalt
Ostpreußenstraße 13, 7500 Karlsruhe 41

Prof. Dr. med. Dr. med. h. c. Wolfgang Spann
Institut für Rechtsmedizin der Universität München
Frauenlobstraße 7a, 8000 München 2

Prof. Dr. iur. Wilhelm Uhlenbruck
Richter am Amtsgericht Köln
Friedrich-Schmidt-Straße 39, 5000 Köln 41

Dr. med. Ernst Unger
Präsident der Bezirksärztekammer Südwürttemberg
Mühlenstraße 12, 7770 Überlingen

Dr. iur. Hans-Dieter Vogel
Ministerialdirektor im Innenministerium Baden-Württemberg
Unterhäuser Straße 15, 7000 Stuttgart 70

Prof. Dr. iur. Georg Wannagat
Präsident des Bundessozialgerichts a. D.
Firnsbachstraße 12, 3500 Kassel-Wilhelmshöhe

Prof. Dr. med. h. c. Walther Weißauer
Justitiar, Ministerialdirigent a. D.
Obere Schmiedgasse 11, 8500 Nürnberg 1

Dr. iur. Dr. med. Alfons Weiser
Regierungsdirektor
Obere Straße 13, 7000 Stuttgart 1

Fortpflanzungstechnologie – eine neue Dimension ärztlicher Verantwortlichkeit

R. Keller

Vom Lebensbewahrer zum Lebensspender

Im Vorwort zur ersten Auflage seines großen und grundlegenden Werkes über das ärztliche Berufsrecht und die für den Arzt wichtigsten Rechtsprobleme[1] schrieb Helmut Narr folgende Sätze: „Der ärztliche Beruf ist in weit größerem Umfang in die Rechtsordnung integriert und von ihr abhängig als die Berufsangehörigen im allgemeinen wissen. Dies folgt einmal aus der überragenden Bedeutung, die ärztliche Berufstätigkeit für jeden einzelnen von uns hat. Zum anderen aus der großen Verantwortung eines jeden Arztes bei der Ausübung seiner Tätigkeit." Als Inhalt dieser Tätigkeit wird herkömmlicherweise die Erfüllung einer 3fachen Aufgabe gesehen: Menschliches Leben zu erhalten, Gesundheit zu schützen und wiederherzustellen sowie Leiden zu lindern.[2]

Soweit der Arzt diese Pflichten erfüllt, verfügt er über einen großen Ermessensspielraum und eine umfassende Entscheidungskompetenz: Er ist nur seinem Gewissen, der ärztlichen Sitte[3] und – bei der Auswahl therapeutischer Maßnahmen – den allgemein anerkannten Grundsätzen der ärztlichen Wissenschaft[4] unterworfen. Soweit er die ihm auferlegten Pflichten vernachlässigt, greifen Sanktionen des staatlichen Rechts, mindestens jedoch des beruflichen Standesrechts ein.

Äußerstenfalls setzt die Rechtsordnung auch gegen den Arzt die Sanktionsmittel des Strafrechts ein: Ihm sind die wichtigsten Rechtsgüter anvertraut: Leben,[5] Gesundheit

---

[1] Ärztliches Berufsrecht. Ausbildung – Weiterbildung – Berufsausübung, 2. Aufl. 1977, nach dem Stande der 8. Ergänzungslieferung 1987, S. 8.2.

[2] § 1 Abs. 2 S. 1 der Berufsordnung für deutsche Ärzte i. d. F. der letzten Änderungen des Ärztetages 1985, abgedruckt bei Narr, Ärztliches Berufsrecht a.a.O. (Fn. 1), RNr. 1305; § 1 Abs. 2 S. 1 der Berufsordnung der Landesärztekammer Baden-Württemberg in der Neufassung vom 10. 12. 1986, abgedruckt bei Narr, ebd. RNr. 1306.

[3] „Der ärztliche Beruf verlangt, daß der Arzt seine Aufgabe nach seinem Gewissen und nach den Geboten der ärztlichen Sitte erfüllt" § 1 Abs. 1 S. 3 der Berufsordnung für deutsche Ärzte, a.a.O. (Fn. 2).

[4] BGHZ 8, 138; BGH NJW 1960, 2253; BGH NJW 1962, 1780; Deutsch, Medizinische Fahrlässigkeit, NJW 1976, 2291; Jung/Schreiber, Arzt und Patient zwischen Therapie und Recht, 1981, S. 141ff.; Laufs, Arztrecht, 3. Aufl. 1984, RNr. 296ff.; Narr, Der ärztliche Kunstfehler, Schweizerische Ärztezeitung Bd. 62 (1981), S. 24ff.; Schwalm, Zum Begriff und Beweis des ärztlichen Kunstfehlers, in: Festschrift für Paul Bockelmann, 1979, S. 541ff.

[5] Art. 2 Abs. 2 S. 1 GG; vgl. §§ 211ff. StGB und meinen Beitrag Beginn und Stufungen des strafrechtlichen Lebensschutzes, in: Günther/Keller (Hrsg.), Fortpflanzungsmedizin und Humangenetik – Strafrechtliche Schranken? Tübinger Beiträge zum Diskussionsentwurf eines Gesetzes zum Schutz von Embryonen, 1987, S. 111ff. (118ff.).

und körperliche Integrität[6] sowie der Intimbereich des Patienten.[7] Ihre rechtswidrige und schuldhafte Verletzung zwingt zu strafrechtlichen Reaktionen.

Wie nahe rechtmäßiges und rechtswidriges ärztliches Handeln beieinander liegen und wie „hart im Raume" sich die Sachen stoßen, wird an folgenden Problemfeldern exemplarisch deutlich: aktive und passive Sterbehilfe, Suizid: straflose Teilnahme oder strafbare Nichtverhinderung?, Hirntod, Anencephali und Transplantation, Patiententestament: eine mutmaßliche Einwilligung zur Unterlassung lebensverlängernder Maßnahmen?, AIDS-Tests und Einwilligung[8], Hungerstreik und Zwangsernährung, Lebenserhaltungspflicht und Schwangerschaftsabbruch, Schutz des menschlichen Lebens in der pränidativen Phase und § 219 d StGB?, ärztliche Maßnahmen als tatbestandliche Körperverletzung, Aufklärungspflicht und Aufklärungsmangel, Sterilisation und Kastration, Schweigepflicht und Schweigerecht des Arztes.

Obwohl diese und andere – häufig auch rechtlich noch nicht oder noch nicht abschließend geklärten – Probleme den ärztlichen Entscheidungsprozeß nicht selten zu einer berufs- und strafrechtlichen „Gratwanderung" werden lassen, ist die Verantwortlichkeit doch jeweils im traditionellen Koordinatensystem der Rechtsgüter einerseits und der typischen Arztpflichten andererseits, nämlich Leben zu erhalten, die Gesundheit zu schützen und wiederherzustellen sowie Leiden zu lindern, bestimmbar.

Bis vor kurzem schien dieses Koordinatensystem auch auf die Fortpflanzungsmedizin zu passen. Die traditionelle Sterilitätstherapie zielte darauf ab, eine Störung normaler Körperfunktionen (Fortpflanzungsfähigkeit) zu beseitigen. Daß es dabei nicht um ein Randphänomen geht, belegen die statistischen Angaben: In der Bundesrepublik Deutschland bleiben 10–15% der Ehen ungewollt kinderlos.[9] Dies entspricht etwa 500000 Ehepaaren.[10] In 30–40% der Fälle liegen die Ursachen (Impotenz, Infertilität) beim Mann, in 40–50% bei der Frau (insbesondere endokrine Störungen der Eierstöcke und/oder der entsprechenden Gehirnfunktionen, eileiterbedingte mechanische Sterilität) und in 10–20% bei beiden Ehepartnern. 15–20% der Sterilitätsfälle sind keinem der Partner zuzuordnen; sie sind nach dem heutigen Stande der Diagnosemöglichkeiten nicht aufklärbar.[11]

---

[6] Art. 2 Abs. 2 S. 1 GG; vgl. §§ 223ff. StGB.

[7] Vgl. die korrespondierende Strafvorschrift des § 203 Abs. 1 Nr. 1 StGB.

[8] Vgl. dazu Narr, Einverständnis bei HIV-Tests, Der Hautarzt 1987, 568f.

[9] Bundesminister für Forschung und Technologie (Hrsg), In-vitro-Fertilisation, Genomanalyse und Gentherapie, Bericht der gemeinsamen Arbeitsgruppe des Bundesministers für Forschung und Technologie und des Bundesministers der Justiz („Benda-Bericht"), Bd. 6 der Reihe „Gentechnologie – Chancen und Risiken", 1985, 2. 1. 1. 1. – Die Zahlen in den USA sind ähnlich, vgl. dazu meine Veröffentlichung „Baby M.": Ein spektakulärer Fall der Mietmutterschaft. Bemerkungen zum Urteil des New Jersey Superior Court „In re Baby M." vom 31. 3. 1987, JR 1987, 441ff. (442).

[10] Krebs, Gegenwärtiger Stand der medizinischen Anwendung der In-vitro-Fertilisation mit anschließendem Embryotransfer, in: Braun/Mieth/Steigleder (Hrsg.), Ethische und rechtliche Fragen der Gentechnologie und der Reproduktionsmedizin. Dokumentation eines Symposiums der Landesregierung Baden-Württemberg und des Stifterverbandes für die Deutsche Wissenschaft in Verbindung mit der Universität Tübingen vom 1. – 4. 9. 1986 in Tübingen, Bd. 13 der Reihe „Gentechnologie – Chancen und Risiken", 1987, S. 32ff.

[11] Trotnow/Barthel, Extrakorporale Befruchtung, in: Reiter/Theile (Hrsg.), Genetik und Moral. Beiträge zu einer Ethik des Ungeborenen, 1985, S. 46ff. (48).

Sterilität wurde herkömmlicherweise als Krankheit definiert[12] und zur „Heilungs-Aufgabe" des Arztes gezählt. Die Bedenken, die gegen diese Bewertung erhoben werden, sind zwar ernst zu nehmen, schlagen jedoch nicht durch. So wurde z. B. eingewandt, von vielen werde die zeitweilige oder dauernde Unfruchtbarkeit als erstrebenswerter Zustand durch Gebrauch von Antikonzeptiva oder durch Unterbindung der Eileiter bewußt herbeigeführt;[13] andere meinten, die Ursachen der dauernden Sterilität lägen nicht selten im eigenverantwortlichen Verhalten (häufiger Partnerwechsel erhöhe die Gefahr von Infektionen des Eileiters) oder im soziologischen Umfeld (lange Ausbildungszeiten und Schwierigkeiten bei der Erlangung einer sicheren Erwerbsstellung schöben den Zeitpunkt für die Erfüllung des Kinderwunsches hinaus und leisteten einer währenddessen „erworbenen" dauerhaften Sterilität Vorschub).[14] Demgegenüber ist jedoch für die Bewertung eines „Störfalles" durch den Arzt weder der Grundsatz des „venire contra factum proprium"[15] noch ein mitwirkendes Verschulden des Patienten maßgebend; entscheidend ist allein seine Hilfsbedürftigkeit.[16]

Die Behandlungsmethode bewegte sich im Vorfeld des Zeugungsaktes, sie konnte diesen nicht ersetzen, sondern allenfalls störungsfrei ermöglichen. Sehr schwierig waren Therapieversuche, wenn die Ursache der ungewollten Kinderlosigkeit beim Mann lag.[17]

Behandlungen mit Hormonen oder hormonähnlichen Substanzen konnten dazu führen, daß Patientinnen, die keinen Eisprung hatten, so stimuliert wurden, daß Ovulationen ausgelöst und Schwangerschaften bewirkt wurden. Verschlossene Eileiter wurden auf chirurgischem Wege wiederhergestellt.[18]

In den Fällen, in denen die unfreiwillige Kinderlosigkeit auf Ursachen beim Ehemann beruhte, versuchte der Arzt zunehmend mit der Methode der Insemination zu helfen, mit der homologen Insemination dort, wo die Unfruchtbarkeit auf Impotenz beruhte, mit der heterologen Insemination (Samenspende eines ehefremden Dritten), wo die Untersuchung des Samens Unfruchtbarkeit ergab. Diese seit Jahrzehnten praktizierten Inseminationsmethoden führten – jedenfalls was die heterologe Insemination betraf – sehr früh schon zu ethischen und rechtlichen Bedenken. So lehnte z. B. der 62. Deutsche Ärztetag 1959 die heterologe Insemination als sittenwidrig ab. „Als es noch in keinem europäischen Land eine Strafbarkeit heterologer Insemination gab, dachten unser

---

[12] Die weitergehende Frage, ob eine Heilbehandlung als Folge dieser Erkrankung medizinisch notwendig oder nur medizinisch zweckmäßig ist (vgl. dazu Narr, Ärztliches Berufsrecht, a.a.O. (Fn. 1), RNr. 12 unter Hinweis auf LG München NJW 1984, 2631), mag hier als sozialversicherungsrechtlicher bzw. kassenarztrechtlicher Aspekt offen bleiben.

[13] Vgl. Steigleder, Diskussionsbericht über den 1. Arbeitstag, in: Braun/Mieth/Steigleder, a.a.O. (Fn. 10), S. 66f.

[14] Vgl. Fn. 13.

[15] Vgl. Fn. 13 mit einem Diskussionsbeitrag von Wuermeling, der folgendes berichtet hatte: Es komme immer wieder vor, daß sich eine Frau mit der Bitte um Durchführung einer extrakorporalen Befruchtung an den Gynäkologen wende, die einige Jahre zuvor von diesem zur Herstellung der Sterilität eine Unterbindung der Eileiter habe vornehmen lasse. Auch in einem solchen Falle dürfe der Arzt die Behandlung nicht ablehnen.

[16] Vgl. Fn. 13.

[17] Krebs, a.a.O. (Fn. 10), S. 33.

[18] Zu den nicht durchweg befriedigenden Ergebnissen dieser Behandlungsmethoden vgl. Trotnow/Barthel, a.a.O. (Fn. 11), S. 49.

fürsorglicher Gesetzgeber bzw. seine Vorarbeiter bereits weiter. Um drohenden schlimmen Schaden von unserem sozialen Zusammenleben abzuwenden, erfanden sie § 203 des E 1962, bzw. seine Vorläufer, die die heterologe Insemination (im Titel: Straftaten gegen Ehe, Familie und Personenstand) pönalisieren wollten"; diese Sätze schrieb Jürgen Baumann nicht ohne Genüßlichkeit,[19] denn das Gesetzgebungsvorhaben scheiterte seinerzeit, vor allem an den Argumenten des Alternativentwurfs zum E 1962, den eine Gruppe von Professoren der Strafrechtswissenschaft 1968 vorlegte und in dem eine Strafvorschrift der heterologen Insemination abgelehnt wurde. 1970 revidierte der 73. Deutsche Ärztetag seine frühere ablehnende Haltung. Die ursprünglichen Bedenken schienen ausgeräumt und die heterologe Insemination war mit Billigung von Rechtspolitik, Rechtswissenschaft und Ärzteschaft hoffähig geworden.[20]
Spätestens seit der von dem Forscherteam Edwards und Steptoe durch In-vitro-Fertilisation mit Embryotransfer ermöglichten Geburt von Louise Brown, dem ersten extrakorporal gezeugten Kind, im Jahre 1978[21], wurde die Tür für eine neue Dimension ärztlicher Verantwortlichkeit erneut und – angesichts des Schocks, den die Künstlichkeit des Vorgangs auslöste – wohl für dauernd aufgestoßen. Zugleich wurde auch die Zulässigkeit der heterologen Insemination abermals in Frage gestellt.[22]
Was war geschehen? Es war gelungen, menschliches Leben durch mechanische Befruchtung außerhalb des weiblichen Körpers zum Entstehen zu bringen.[23] Der Arzt war gewissermaßen aus seiner Nebenrolle, medizinische Hilfe zum Zeugungsvorgang zu geben, diesen aber in der ausschließlichen Kompetenz und Verantwortung der Partner zu belassen, in die Hauptrolle geschlüpft: Die Zeugung menschlichen Lebens war nicht mehr Sache der Eltern, sondern eines Dritten, der kraft seiner Fachkunde die ihm verfügbar gemachten oder die von ihm ausgewählten Keimzellen zur Verschmelzung bringt und neues Leben schafft. Man kann es nicht besser formulieren, als es Adolf Laufs[24] getan hat: „Die heterologe Insemination und noch mehr die extrakorporale Befruchtung bringen den Mediziner in die Rolle eines Schöpfers, der mit aufwendigen naturwissenschaftlichen Mitteln, durch Kontrollen und Selektionen im wahrsten Sinne des Wortes kreativ verfährt und der damit den angestammten Beruf eines minister naturae verläßt." Ähnlich argumentiert ein Mediziner, der Psychotherapeut und gynäkologische Psychosomatiker Peter Petersen, in seinem Sondervotum zum Bericht der Benda-Kommission[25]: „Der Arzt übernimmt als Mitschöpfer eines

---

[19] Strafbarkeit von In-vitro-Fertilisation und Embryonentransfer? Eine rechtspolitische Betrachtung, in: Günther/Keller, a.a.O. (Fn. 5), S. 177.

[20] Vgl. dazu die differenzierende Haltung von Narr, Ärztliches Berufsrecht, a.a.O. (Fn. 1), RNr. 838ff. (840, 841ff.), der zwar nach wie vor eine Strafbestimmung weder für notwendig noch für gerechtfertigt hält, indes aber die rechtliche Problematik auf zivilrechtlichem Gebiet anerkennt.

[21] Steptoe/Edwards, Birth after the reimplantation of a human embryo, Lancet 2 (1978), 366. – In der Bundesrepublik Deutschland wurde das erste extrakorporal erzeugte Kind am 16.4.1982 in Erlangen geboren, vgl. Krebs, a.a.O. (Fn. 10), S. 33 Abb. 1.

[22] Vgl. meinen Beitrag Fortpflanzungstechnologie und Strafrecht, in: Günther/Keller, a.a.O. (Fn. 5), S. 193ff. (203ff.). A. A. Baumann, Strafbarkeit von In-vitro-Fertilisation und Embryonentransfer?, ebd. S. 177ff. Vgl. auch Fechner, Nachträge zu einer Abhandlung über Menschenwürde und generative Forschung und Technik, ebd. S. 37ff.

[23] Vgl. meinen Beitrag Beginn und Stufungen des strafrechtlichen Lebensschutzes, in: Günther/Keller, a.a.O. (Fn. 5), S. 111ff. (112ff.).

[24] Fortpflanzungsmedizin und Arztrecht, in: Günther/Keller, a.a.O. (Fn. 5), S. 89ff. (97).

[25] „Benda-Bericht", a.a.O. (Fn. 9), Anlage III.

Menschenlebens die Rolle des Schicksals, ohne aber die Weitsicht des Schicksals zu besitzen.... Durch die Retortenbefruchtung wird Verantwortung anonymisiert, statt daß Verantwortung personalisiert und gesteigert wird. Obwohl der Arzt Mitschöpfer des Kindes ist, übernimmt er für dessen Leben nicht die Verantwortung. ... Er weist die Verantwortung ganz auf das Paar zurück, obwohl das Paar nur mittelbar an der Befruchtung beteiligt ist – nämlich als Zuträger von Samen und Eizelle. Auch wenn das Paar diese Zuweisung von Verantwortung stillschweigend oder ausdrücklich akzeptiert, so ist damit doch die Verantwortung des Dritten (des Arztes) bei der Zeugung verleugnet, sie ist anonym gemacht."
Nach Louise Brown sind auf diese Weise inzwischen weltweit schätzungsweise mehrere tausend Kinder *von Ärzten* erzeugt worden. Damit verschiebt sich die traditionelle ärztliche Verantwortlichkeit vom Patienten, um dessen Wohl und Wehe es bisher fast ausschließlich ging,[26] auf eine Ebene, in der das „Kindeswohl"[27] mit weitreichenden sozialen und gesellschaftspolitischen Implikationen eine zentrale Bedeutung gewinnt. Wir sehen in diesen Fällen, daß es gar nicht um die Heilung eines Patienten und dessen gestörte Funktionen geht, sondern um ein Therapiekonzept, das den Patienten schlicht „ausklammert"[28], ihn in den extremen Fällen der doppelt heterologen In-vitro-Fertilisation, der doppelten genetischen Fremdheit bei der Embryonenspende oder der Ersatzmutterschaft gar eliminiert. Das Argument, es handle sich – wie bei vielen anderen ärztlichen Tätigkeiten – um eine *prothetische* Behandlung, bei der der Arzt den Patienten gleichsam wie bei der Beinprothese, bei der Zahnprothese, beim Herzschrittmacher oder beim Insulin mit einem Mittel versorge, das dem Patienten eine Funktion ermögliche, die ihm auf Grund seines Gesundheitszustandes nicht mehr möglich sei,[29] überzeugt nicht. Dem Patienten wird nämlich die gestörte Funktion gerade nicht ermöglicht. Bei der In-vitro-Fertilisation, insbesondere im heterologen System, kann von einer „Funktion" des Patienten auch von einer „Funktion mit Hilfsmitteln" keine Rede sein. Alles wird gleichsam „von der Hand" eines Dritten, des Arztes übernommen. Problematisiert werden muß in diesem Zusammenhang auch der Begriff der „Prothese". Träfe jener pointiert formulierte Satz zu, daß das auf solche Weise erzeugte Kind wie eine Krücke beim amputierten Bein der Mutter wirke,[30] so wäre die ethische und rechtliche Konsequenz klar: Das Kind würde als „Krücke" zweckentfremdet mißbraucht und zum Objekt herabgewürdigt.[31] Gehen wir noch einen Schritt weiter, so sehen wir überhaupt keinen Patienten mehr: So z. B. wenn – wie in Frankreich

---

26 Sehr entschieden formuliert dies Wuermeling, Richtlinien der Bezirksärztekammer über extrakorporale Befruchtung und Embryotransfer und über den Umgang mit menschlichen Embryonen, in: Braun/Mieth/Steigleder, a.a.O. (Fn. 10), S. 48ff. (51): „Wenn ich es kraß ausdrücken darf, so ist ärztliche Tätigkeit immer eine solche gewesen, die sich in nahezu asozialer Weise mit dem unmittelbaren Gegenüber und dessen Wohl befaßt hat: es gehört geradezu zum ärztlichen Handeln, das Wohl von anderen als dem Patienten allenfalls als negative Norm zu akzeptieren, nicht aber als positive Norm."

27 Die „Richtlinien zur Durchführung von In-vitro-Fertilisation (IVF) und Embryotransfer (ET) als Behandlungsmethode der menschlichen Sterilität", abgedruckt bei Narr, Ärztliches Berufsrecht, a.a.O. (Fn. 1), RNr. 1305 a, stellen zentral auf das „Kindeswohl" ab.

28 Trotnow/Barthel, Extrakorporale Befruchtung, in: Reiter/Theile, a.a.O. (Fn. 11), S. 49, sprechen von der „Umgehung" und dem „Bypass-Prinzip".

29 Wuermeling, a.a.O. (Fn. 26), S. 51.

30 So Petersen, a.a.O. (Fn. 25).

31 Vgl. Fn. 30.

gerichtshängig geworden[32] – die Witwe den Arzt veranlaßt, sie mit dem rechtzeitig deponierten Samen ihres inzwischen verstorbenen Mannes zu inseminieren oder wenn in der asymmetrisch gepolten lesbischen Partnerschaft, in der sich die Partnerinnen mit der Rolle des Mannes bzw. der Frau identifizieren, beim „weiblichen“ Teil ohne Beiwohnung mit einem Mann mittels heterologer Insemination (oder In-vitro-Fertilisation mit Embryotransfer) eine Schwangerschaft eingeleitet werden soll.[33] Zu Recht fordert Laufs[34], daß der Arzt an der Erzeugung eines Kindes, das von vornherein keinen Vater hätte, auch aus dem Gesichtspunkt des Art. 6 Abs. 2 GG, nicht mitwirken dürfte.
Je exzessiver die Fallgestaltungen werden, desto deutlicher tritt die Grenze hervor, die zwischen einer Heilbehandlung und einer nicht mehr verantwortbaren Manipulation mit menschlichem Leben verläuft.
Die neue Dimension der Verantwortlichkeit des Arztes, der nicht mehr auf die klassische Rolle des „Lebensbewahrers“ beschränkt ist, sondern durch die Entwicklung der Fortpflanzungsmedizin zum „Lebensspender“ befähigt wurde, ist ein wichtiger Bestandteil dessen, was wir im Blick auf die Reproduktionsmedizin als die fundamentale Herausforderung unserer Rechtsordnung bezeichnen.

Das Recht und die neue Rolle des Arztes

Die Fortpflanzungsmedizin ist – ebenso wie andere dem Fortschritt und Erfindergeist verhafteten Gebiete – von manchen Mißbrauchsgefahren bedroht: Sie erweist sich bei genauerem Hinsehen in manchem als heilsam, in vielem als zweifelhaft und in einigen extremen Anwendungen als Ausbund menschlicher Hybris. In diesem Spannungsfeld und inmitten einer neu dimensionierten ärztlichen Verantwortlichkeit, sind aktualisierte ethische Leitlinien und ergänzende rechtliche Normen nötig. Während die katholische Kirche inzwischen ein in sich schlüssiges, aber trotz Anerkennung der „Leiden der Eheleute, die keine Kinder bekommen können oder die befürchten, ein behindertes Kind auf die Welt zu bringen“ hartes, weil kompromißloses Verdikt gegen die den „ehelichen Akt ersetzenden“ Methoden – einschließlich der homologen Insemination – verhängt hat,[35] vertritt die evangelische Kirche eine differenziertere Auffassung, lehnt indes das heterologe System überwiegend gleichfalls ab.[36] Der staatliche Gesetzgeber, der zwar das Gewissen nicht ersetzen kann und darf, aber mit der Legalisierung

---

[32] Tribunal de Grande Instance de Creteil, VersR 1985, 700 m. Anm. Deutsch.

[33] Vgl. das eindrucksvolle Beispiel bei Schotsmans, Die Fortschreibung der Geschichten von Sara, Hanna und Elisabet – Die Einführung eines dritten Beteiligten in der neuen Reproduktionstechnik, in: Braun/Mieth/Steigleder, a.a.O. (Fn. 10), S. 167ff. (171f.).

[34] Die künstliche Befruchtung beim Menschen – Zulässigkeit und zivilrechtliche Folgen, in: Braun/Mieth/Steigleder, a.a.O. (Fn. 10), S. 180ff. (185).

[35] Instruktion der Kongregation für die Glaubenslehre vom 10. 3. 1987 über die Achtung vor dem beginnenden menschlichen Leben und die Würde der Fortpflanzung. Antworten auf einige aktuelle Fragen, L'Osservatore Romano, Nr. 11 vom 13. 3. 1987 (Beilage X).

[36] Von der Würde werdenden Lebens. Extrakorporale Befruchtung, Fremdschwangerschaft und genetische Beratung – Eine Handreichung der Evangelischen Kirche in Deutschland zur ethischen Urteilsbildung, EKD-Texte Nr. 11, hrsg. vom Kirchenamt der Evangelischen Kirche in Deutschland im Auftrag des Rates der EKD, 1985.

bestimmter Praktiken oder ihrer Verurteilung sittenbildend wirkt, wird nicht länger zögern dürfen, „Farbe zu bekennen."
An anderen Stellen[37] wurde ausführlich über die einschlägigen Entschließungen des Bundesrats[38] und die Vorarbeiten für eine künftige Gesetzgebung durch die Konferenz der Justizminister und -senatoren[39] sowie durch den Bundesminister der Justiz[40] berichtet. Die neu dimensionierte Verantwortlichkeit des Arztes im Bereich der Fortpflanzungstechnologie verleiht der Forderung nach verbindlichen Regeln in einem bisher weitgehend rechtsfreien Raum eine zusätzliche Schubkraft. Sie macht es im übrigen unausweichlich, auch – und unter Berücksichtigung der von Hans-Ludwig Günther entwickelten legislatorischen Kriminalisierungsparameter[41] – über den Strafrechtsschutz vor bestimmten sozialethisch verwerflichen Prozeduren bei der artifiziellen Erzeugung von menschlichem Leben nachzudenken. „Als Folge der Achtung und des Schutzes, die man dem Ungeborenen vom Augenblick seiner Empfängnis an zusichern muß, muß das Gesetz die geeigneten Strafmaßnahmen für jede gewollte Verletzung seiner Rechte vorsehen".[42] In der Tat: Nur das Strafrecht kann in den Grundfragen menschlichen Seins hinreichend sicher festlegen, was erlaubt und was verboten sein soll.[43]
Strafdrohungen bezwecken stets den Schutz höchster Rechtsgüter, sie können weder eine bestimmte Wissenschaft diskreditieren, noch einen Berufsstand diskriminieren.[44]
Im folgenden sollen deshalb besonders kritische Fallgruppen dargestellt werden, in denen sich die neue Dimension ärztlicher Verantwortlichkeit bis zur Unzumutbarkeit, ja Unmöglichkeit steigern kann, die Verweisung auf das ärztliche Gewissen nicht mehr genügt und rechtliche, insbesondere strafrechtliche Orientierungsmarken notwendig

---

37 Keller, Fortpflanzungstechnologie und Strafrecht, in: Günther/Keller, a.a.O. (Fn. 5), S. 193ff.; ders., Fortpflanzungstechnologie: Ein Gesamtkonzept staatlichen Regelungsbedarfs. Zum Zwischenbericht der Bund/Länder-Arbeitsgruppe „Fortpflanzungsmedizin", MedR 1988, 59ff.

38 BR-Drs. 210/86 (Beschluß), abgedruckt u. a. in Günther/Keller, a.a.O. (Fn. 5), Anhang II, S. 363.

39 Beschlüsse der 57. Konferenz der Justizminister und -senatoren in Mainz vom 16. bis 18.9.1986 (DRiZ 1986, 457ff.) und der 58. Konferenz der Justizminister und -senatoren in Timmendorfer Strand vom 2. bis 4.6.1987 (DRiZ 1987, 396ff.).

40 Diskussionsentwurf eines Gesetzes zum Schutz von Embryonen (Embryonenschutzgesetz – ESchG) vom 29.4.1986. – Vgl. dazu die einzelnen Beiträge in: Günther/Keller, a.a.O. (Fn. 5), und Günther, Der Diskussionsentwurf eines Gesetzes zum Schutz von Embryonen, GA 1987, 433ff.

41 Die Genese eines Straftatbestandes – Eine Einführung in Fragen der Strafgesetzgebungslehre, JuS 1978, 8ff.; ders., Strafrechtlicher Schutz des Embryos über §§ 218ff. StGB hinaus?, in: Günther/Keller, a.a.O. (Fn. 5), S. 137ff. (139ff.).

42 Instruktion der Kongregation für die Glaubenslehre vom 10.3.1987, a.a.O. (Fn. 35), S. 13.

43 Der erst nach Abschluß des Manuskripts publizierte Beitrag von Sternberg-Lieben, Fortpflanzungsmedizin und Strafrecht, NStZ 1988, 1ff., konnte leider nicht mehr in gebührendem Umfang verwertet werden. Die Argumente, mit denen das Strafrecht trotz der großen Mißbrauchsgefahren, die die moderne Fortpflanzungstechnologie auslöst, aus diesem Bereich ausgeschlossen werden soll, überzeugen mich nicht.

44 Im Blick auf den Tatbestand der Rechtsbeugung (§ 336 StGB), der die Integrität der Rechtsprechung schützen soll und gegen verantwortungslose Richter gewandt ist, oder angesichts der Amtsdelikte (insbesondere §§ 331ff. StGB), die den Staat vor Korruption sichern sollen und gegen ungetreue Beamte sowie andere Amtsträger gerichtet sind, hat es mich immer verwundert, wenn in Diskussionen die Meinung anklang, ein entsprechender Straftatbestand, der ein schwarzes Schaf aus dem Ärztestand im Visier habe, sei Ausdruck des Mißtrauens gegen alle Berufsangehörigen.

sind. Ausgeklammert werden die Fragen der verbrauchenden Forschung mit Embryonen, das Klonen sowie die Chimären- und Hybridbildung.[45] Diese Teilaspekte gehören zwar auch zur Fortpflanzungsmedizin, sie sind jedoch weniger der hier vorrangig interessierenden therapeutischen Tätigkeit des Arztes als vielmehr der ärztlichen Forschung zuzurechnen.

Der Arztvorbehalt

Alle Maßnahmen der Fortpflanzungsmedizin (Insemination, In-vitro-Fertilisation mit Embryotransfer[46], intratubarer Gametentransfer) müssen dem Arzt vorbehalten bleiben. Er verfügt über die erforderlichen, wissenschaftlich gesicherten Kenntnisse, die ihm

- die zuverlässige Sterilitätsdiagnostik,
- die Prüfung, ob eine künstliche Befruchtung der einzige erfolgversprechende Weg zur Herbeiführung einer Schwangerschaft ist (Indikation),
- die Beratung und Aufklärung des Ehepaares über mögliche Alternativen, Auswirkungen (auch rechtlicher Art) und Risiken sowie
- die medizinisch-technische Durchführung des Eingriffs

ermöglichen.
Er unterliegt im Gegensatz zu Nichtärzten einem strengen Berufsrecht, das

- ihn nach Abschluß der Berufsausbildung zur einmaligen längerfristigen Weiterbildung[47] und zur ständigen Fortbildung[48] zwingt,

---

[45] Vgl. zur Forschung mit Embryonen insbesondere und jeweils mit zahlr. weit. Nachw.: Eser, Forschung mit Embryonen in rechtsvergleichender und rechtspolitischer Sicht, in: Günther/Keller, a.a.O. (Fn.5), S. 264ff.; Fechner, Menschenwürde und generative Forschung und Technik - eine rechtstheoretische und rechtspolitische Untersuchung, JZ 1986, 653ff.; ders., Nachträge zu einer Abhandlung über Menschenwürde und generative Forschung und Technik, in: Günther/Keller, a.a.O. (Fn. 5), S. 37ff.; Günther, Der Diskussionsentwurf eines Gesetzes zum Schutz von Embryonen, GA 1987, 433ff. (451ff.); ders., Strafrechtlicher Schutz des menschlichen Embryos über §§ 218ff. StGB hinaus?, in: Günther/Keller, a.a.O. (Fn. 5), S. 137ff. (164ff); Püttner, Forschungsfreiheit und Embryonenschutz, in: Günther/Keller, a.a.O. (Fn. 5), S. 79ff.; Graf Vitzthum, Rechtspolitik als Verfassungsvollzug? Zum Verhältnis von Verfassungsauslegung und Gesetzgebung am Beispiel der Humangenetik-Diskussion, in: Günther/Keller, a.a.O. (Fn. 5), S. 61ff. - Vgl. auch die Richtlinien der Bundesärztekammer zur Forschung an frühen menschlichen Embryonen, abgedruckt bei Narr, Ärztliches Berufsrecht, a.a.O. (Fn. 1), RNr. 1305b. - Vgl. zum Klonen sowie zur Hybrid- und Chimärenbildung: Gröner, Klonen, Hybrid- und Chimärenbildung unter Beteiligung totipotenter menschlicher Zellen, in: Günther/Keller, a.a.O. (Fn. 5), S. 293ff.

[46] Vgl. dazu die Richtlinien der Bundesärztekammer zur Durchführung von In-vitro-Fertilisation und Embryotransfer als Behandlungsmethode der menschlichen Sterilität, abgedruckt bei Narr, Ärztliches Berufsrecht, a.a.O. (Fn. 1), RNr. 1305a.

[47] Vgl. § 1 der Weiterbildungsordnung in der Fassung der Beschlüsse des 87. Deutschen Ärztetags 1984, abgedruckt bei Narr, Ärztliches Berufsrecht, a.a.O. (Fn. 1), RNr. 643a.

[48] § 7 der Berufsordnung für die deutschen Ärzte, abgedruckt bei Narr, Ärztliches Berufsrecht, a.a.O. (Fn. 1), RNr.1305.

- ihn verpflichtet, sich über die für die Berufsausübung geltenden Vorschriften zu unterrichten und sie zu beachten[49], und
- Mißbräuche ahndet.[50]

Die Einbindung des Arztes in standesrechtliche Ge- und Verbotsvorschriften kann allerdings - auch wenn dies von den Ärztekammern erhofft gewesen sein sollte - den Handlungsbedarf des staatlichen Gesetzgebers nicht ersetzen. Die Bundesärztekammer hatte sich entschlossen, „weil es um sehr Wichtiges, nämlich die Zeugung eines Menschen in einer völlig neuen technischen Weise geht"[51], nicht nur empfehlende Richtlinien zu erlassen, sondern diese Richtlinien über eine Änderung der Berufsordnung[52] mit Verbindlichkeit auszustatten. Ob dies überhaupt möglich ist, erscheint nach dem „Facharzt-Beschluß" des Bundesverfassungsgerichts[53], wonach den Ärztekammern Satzungsbefugnis nur im Rahmen berufsständischer intern wirkender Regelungen zusteht, äußerst zweifelhaft.[54] Darauf kommt es indes nicht an! Denn selbst dann, wenn die Satzungsbefugnis vorhanden wäre und die Richtlinien durch eine Transformation ins Satzungsrecht Verbindlichkeit erlangt hätten, könnte dies in Anbetracht der besonderen Qualität der in Frage stehenden Rechtsgüter - Menschenwürde, Leben, körperliche Unversehrtheit, Ehe und Familie - den staatlichen Gesetzgeber nicht dispensieren.[55] Das mindert allerdings das Verdienst nicht, das der verfaßten Ärzteschaft dafür zukommt, daß sie zu einem sehr frühen Zeitpunkt „sittenbildende" Richtlinien zur In-vitro-Fertilisation und zum Embryotransfer erlassen hat.

De lege ferenda ist zunächst zu klären, auf welcher Ebene - z. B. Gesundheitsrecht, Familienrecht, Strafrecht - und - auf Grund der Verteilung der Gesetzgebungskompetenz davon abhängig - ob durch Bundes- oder Landesrecht gesetzliche Regelungen erfolgen sollen.

Die homologe Insemination

Von allen künstlichen Fortpflanzungsmethoden ist die homologe Insemination am unbedenklichsten. Soweit nicht sogar Standesrichtlinien für ausreichend gehalten werden, dürften in vielen Fällen außerstrafrechtliche Regelungen (Gesundheitsrecht auf Länderebene) genügen.

---

49 § 1 Abs. 5 der Berufsordnung für die deutschen Ärzte, a.a.O. (Fn. 48).

50 Hinzuweisen ist insbesondere auf die berufsgerichtlichen Verfahren wegen berufsunwürdigen Verhaltens nach den Kammergesetze.

51 Wuermeling, Richtlinien der Bundesärztekammer über extrakorporale Befruchtung und Embryotransfer und über den Umgang mit menschlichen Embryonen, in: Braun/Mieth/Steigleder, a.a.O. (Fn. 10), S. 48ff. (49).

52 Vgl. z. B. § 7 Abs. 4 der Berufsordnung der Landesärztekammer Baden-Württemberg in der Fassung vom 10. 12. 1986, abgedruckt bei Narr, Ärztliches Berufsrecht, a.a.O. (Fn. 1), RNr. 1306.

53 BVerfGE 33, 125.

54 Laufs, Fortpflanzungsmedizin und Arztrecht, in: Günther/Keller, a.a.O. (Fn. 5), S. 89ff. (98).

55 Vgl. BVerfGE 39, 1, 46f. und meinen Beitrag Beginn und Stufungen des strafrechtlichen Lebensschutzes, in: Günther/Keller, a.a.O. (Fn. 5), S. 111ff. (118).

Allerdings sind auch hier Mißbräuche denkbar, die mit Hilfe des Strafrechts verhindert werden müssen. Dazu gehört in erster Linie die *Geschlechtswahl*[56]; dies um so dringlicher, als man sich bisher schon mit einiger Aussicht auf Erfolg die Erkenntnisse zunutze machte, daß das Geschlecht des künftigen Kindes im Samen des Mannes festliegt: das 23. Chromosom des in die Eizelle eindringenden Spermiums kann nämlich ein X- oder Y-Chromosom sein. Handelt es sich um ein X-Chromosom, so wird das Kind weiblich, handelt es sich dagegen um ein Y-Chromosom, so wird das Kind männlich. Da die beiden Chromosomen unterschiedliches Gewicht haben, erfand man eine Methode, das leichtere Y-Chromosomen wegzuzentrifugieren (sog. Spermienschleuder); übrig blieben die schwereren X-Chromosomen in hoher Konzentration, so daß mit einiger Wahrscheinlichkeit die Geburt eines Mädchens programmierbar wurde. Jüngst soll nach Presseberichten von einem Wissenschaftlerteam in Boston jenes Gen entdeckt worden sein, das für das Geschlecht maßgeblich ist. Es scheint gelungen zu sein, dieses Gen zu isolieren und zu erreichen, daß sich der Frühembryo männlich *oder* weiblich entwickelt. Damit würde auch die Geburt eines männlichen Kindes planbar. Eine bekannte Journalistin kommentierte diese Nachricht unter der Überschrift „Söhne machen" wie folgt: „Nicht auszudenken, wenn wir das Geschlecht eines Kindes nicht nur bestimmen (im Sinne von benennen), sondern auch bestimmen (wählen) können. Lauter Söhne würden da geboren. Jedenfalls als erste Wahl. Eine Tochter aus der Familie von Thomas Mann erlebte das so: ‚Wir waren die Besten zweiter Klasse' ".[57] Ob in unserer heutigen Gesellschaft der Wunsch nach einem Sohn noch so dominierend ist, mag dahinstehen. Entscheidend ist, daß gesellschaftliche Strömungen, Moden oder Ideologien den Geschlechtswunsch in eine einseitige Richtung drängen könnten.

Der Einsatz des Strafrechts ist auch erforderlich gegen Ärzte, die eine Insemination ohne Einwilligung der Ehepartner (bei der Frau ist an den Fall der Insemination in bewußtlosem oder willenlosem Zustand zu denken) durchführen.

Ein strafbewehrtes Verbot sollte schließlich den Fall treffen, in dem der Arzt eine Insemination nach dem Tode des Ehemanns mit dessen deponiertem Samen vornimmt.[58] Dem Kindeswohl liefe es zuwider, wenn das Kind bewußt manipuliert ohne Vater aufwachsen soll (vgl. Art. 6 GG).

Heterologe Insemination bei Ehepaaren

Soweit das heterologe System nicht generell verboten wird, sondern einige einschränkenden Zulässigkeitsvoraussetzungen gegen Mißbräuche für ausreichend angesehen

---

[56] Vgl. den Beschluß des Bayerischen Landtags vom 10. 11.1987, Drs. 11/3989: „Die Staatsregierung wird gebeten, im Rahmen der Gesetzgebungsarbeiten zur Fortpflanzungsmedizin bzw. Humangenetik mit Nachdruck darauf hinzuwirken, daß alle Verfahren und Methoden, die bereits bei der Zeugung die Geschlechtsbestimmung des Kindes ermöglichen oder diesem Ziel dienen sollen, verhindert und unter *Strafdrohung gestellt werden.* – Medizinisch zwingend gebotene Maßnahmen zur Bekämpfung schwerer geschlechtsgebundener Erbkrankheiten bleiben hiervon unberührt."

[57] Susanne Offenbach, Sonntag aktuell v. 3. 1. 1988, S. 3.

[58] Siehe oben S. 5f.

werden,[59] muß wenigstens die strikte Einhaltung dieser Voraussetzungen durch den Arzt mit strafrechtlichen Mitteln gesichert werden. Das gilt insbesondere

- wenn das *Kindeswohl* nicht beachtet worden ist; da aber ein Kriterienkatalog, der die Beachtung des Kindeswohls in praktikabler Weise sicherstellt, wohl nicht möglich ist, wird der Arzt insoweit auf eine Generalklausel verwiesen werden müssen; ob der Arzt dieser neuartigen Prüfungsverantwortlichkeit gerecht werden kann, ist um so fraglicher, als er gehalten wäre, die Strukturen der Ehe, ihre finanziellen Grundlagen, das Sozialverhalten der Ehegatten, ihre positiven Seiten und ihre Schwächen (Drogen- oder Alkoholabhängigkeit usw.) wie ein Eheberater oder Sozialarbeiter zu durchleuchten und zu bewerten;
- wenn die Insemination durchgeführt wird, ohne daß eine nicht anders behandelbare Fruchtbarkeitsstörung des Ehemannes vorliegt (Indikationsmangel),
- wenn der Samen eines Spenders nach erfolgreicher Insemination für weitere Ehepaare eingesetzt wird (Verstoß gegen das Ein-Spender-Prinzip),
- wenn Samengemische (sog. Samencocktails) verwendet werden,
- wenn die genetische Herkunft des Kindes, auf deren Kenntnis es einen verfassungsmäßigen Anspruch hat, verschleiert und die entsprechende Dokumentationspflicht, die den Zugriff auf die Spenderdaten sichern soll, verletzt wird und
- wenn sich die Auswahl des Spenders durch den Arzt an anderen Merkmalen als der gesundheitlichen Eignung und der äußeren Ähnlichkeit zwischen Spender und Ehemann orientiert und somit der „Zuchtauswahl" gleichkäme.

Für strafrechtliche Sanktionen, die verhindern sollen, daß Samen gegen Entgelt gespendet wird, spricht die ethische Maxime, wonach die Entstehung menschlichen Lebens nicht zur Handelsware herabgewürdigt werden darf.
Im Hinblick darauf, daß die Ein-Spender-Regelung unterlaufen und die Gefahr der Zuchtwahl verstärkt werden könnte, muß schließlich auch erwogen werden, sogar die nichtkommerzialisierte Weitergabe deponierten Spendersamens von Arzt zu Arzt mit Strafdrohung zu belegen. Mindestens käme eine bußgeldbewehrte Ordnungswidrigkeit in Betracht.

In-vitro-Fertilisation bei Ehepaaren

Diese Methode der extrakorporalen Befruchtung steigert die Künstlichkeit der Erzeugung menschlichen Lebens so sehr, daß im Vergleich zur Insemination von einem „Qualitätssprung" gesprochen werden kann. Deshalb stellt sich hier u. a. die Frage, ob die Zulässigkeit der extrakorporalen Befruchtung auf körperliche Sterilitätsbefunde beschränkt bleiben muß. Häufig – etwa in 10% der Fälle – leiden Sterilitätspatientinnen an einer psychisch bedingten Unfruchtbarkeit, die ihre eigentliche Ursache in einer verdeckten Ablehnung von Kindern hat. Für das Kindeswohl wäre die artifizielle Erfüllung eines „unechten" Kinderwunsches außerordentlich gefährlich. Deshalb

---

[59] Dazu und zum folgenden mein Beitrag Fortpflanzungstechnologie: Ein Gesamtkonzept staatlichen Regelungsbedarfs. Zum Zwischenbericht der Bund/Länder-Arbeitsgruppe „Fortpflanzungsmedizin", MedR 1988, 59ff. (61f.).

kommt der sorgfältigen Indikationsstellung, die mit Strafsanktionen abzusichern ist, noch größere Bedeutung zu als bei der Insemination.
Von besonderer Bedeutung ist die Forderung, daß der Arzt nur so viele Eizellen befruchten darf, wie für eine „einzeitige", d. h. einmalige Übertragung angezeigt ist;[60] damit verbindet sich das Phänomen der „überzähligen Embryonen", die durch Vorratsbefruchtung entstehen können. Weltweit sollen bis zum Frühjahr 1987 mehrere tausend Embryonen tiefgekühlt gelagert worden sein.[61] Diese überzähligen Embryonen gehen einem ungewissen Schicksal entgegen,[62] das – angesichts der hohen Verlustrate – durch Kryokonservierung nur unvollkommen und auch nur auf Zeit[63] abgemildert werden kann. Mit Rücksicht auf das ethische und verfassungsrechtliche Grundprinzip des Lebensschutzes muß die Vorratsbefruchtung mit den Mitteln des Strafrechts verboten werden.
Auch die Konservierung von Embryonen oder von befruchteten Eizellen vor der Kernverschmelzung sollte grundsätzlich verboten werden,[64] wobei ein Verzicht auf das Strafrecht zugunsten eines gesundheitsrechtlichen (unvollkommenen) Verbots diskutabel erscheint.
Im übrigen sind dieselben Strafvorschriften notwendig, die bei der Insemination (s. oben S. 9ff.) gefordert wurden.

Insemination und In-vitro-Fertilisation bei Nichtverheirateten

Die zum Teil als zulässig erachtete künstliche Befruchtung von nichtehelichen Partnerschaften, sofern diese *stabil* sind, stellt den Arzt vor unlösbare Probleme. Er müßte entscheiden, ob und ab wann eine Partnerschaft als „stabil" gelten kann. Dabei fehlen sämtliche objektiven Abgrenzungsmerkmale, die für die ärztliche Praxis handhabbar sein könnten! Die nichteheliche Lebensgemeinschaft beruht auf der Ablehnung rechtlicher Bindungen, muß damit aber zugleich auch auf rechtliche Sicherheiten verzichten, denn wer rechtliche Sicherheit beansprucht, mag heiraten! Unter diesen Umständen kann es nicht dem Kindeswohl dienen, wenn anstelle des Fundaments der auf der Institution der Ehe beruhenden Familie im Sinne des Art. 6 GG nur eine ehefreie, soziologisch orientierte Beziehung mit jederzeitiger „Kündigungsmöglichkeit" besteht.
Wenn teilweise vorgeschlagen wird, analog zum heterologen System (!) erst die künstliche Befruchtung von Nichtverheirateten durch die Verwendung von Samen eines der Partnerschaft fernstehenden Drittspenders zu verbieten und auch erst die künstliche Befruchtung alleinstehender Frauen oder Partnerinnen lesbischer Gemeinschaften zu unterbinden, so ist dies eine falsche Grenzziehung.[65] Die Probleme, die auf

---

[60] Vgl. Fn. 59.
[61] Der Umgang mit dem Leben. Fortpflanzungsmedizin und Recht, Informationsschrift des Bundesministers der Justiz, 1987, S. 41.
[62] Vgl. meinen Beitrag Fortpflanzungstechnologie und Strafrecht, in: Günther/Keller, a.a.O. (Fn. 5), S. 193ff. (207).
[63] Vgl. Fn. 62.
[64] Vgl. meinen Beitrag Fortpflanzungstechnologie: Ein Gesamtkonzept staatlichen Regelungsbedarfs (Fn. 59), MedR 1988, 59ff.
[65] Vgl. Fn. 64.

den Arzt zukämen, würden die neue Dimension seiner Verantwortlichkeit, wie sie die moderne Fortpflanzungsmedizin voraussetzt, bei weitem übersteigen.
Deshalb ist die künstliche Befruchtung unterschieds- und ausnahmslos bei allen Nichtverheirateten, mithin auch bei dauerhaften nichtehelichen Lebensgemeinschaften, zu verbieten. Das Verbot ist im Interesse des Kindeswohls und zum Schutze von Ehe und Familie (Art. 6 Abs. 1 GG) strafrechtlich abzusichern. Einen Wertungswiderspruch zu § 218 StGB vermag ich nicht zu erkennen: Der rechtmäßige contrarius actus zum grundsätzlich rechtswidrigen und strafbaren Schwangerschaftsabbruch ist für den Arzt nicht die *Erzeugung* menschlichen Lebens,[66] sondern die Lebens*erhaltung*.

Die Ersatzmutterschaft

Die Ersatzmutter stellt ihren Körper, regelmäßig gegen Entgelt, zur künstlichen Empfängnis, zum Austragen der Leibesfrucht und zur Geburt des Kindes, das sie alsbald an die „Bestelleltern" abzuliefern verpflichtet ist, zur Verfügung.[67] Verträge dieser Art sind nach geltendem Zivilrecht sittenwidrig. Das Auseinanderfallen von austragender und sozialer Mutter (Bestellmutter) kann wegen der wichtigen und medizinisch zunehmend anerkannten psycho-physischen Mutter-Kind-Beziehung zu ernstzunehmenden Beeinträchtigungen des Kindeswohls führen. Entsprechendes gilt für die Trennung des Kindes von der gebärenden Mutter bei der „Erfüllung" des Vertrages. Schließlich wird auf die Nachteile hingewiesen, die später bei der Suche nach der eigenen Identität des heranwachsenden Kindes und bei der Erkenntnis des wahren Geschehens eintreten können. Es ist keine Frage, daß die gebärende Mutter zu dem Kind eine andere und intensivere Beziehung hat als die Bestellmutter. Die Ersatzmutterschaft jeder Art („Mietmutterschaft", „Leihmutterschaft") wird daher überwiegend abgelehnt.[68] Auch wenn der Kinderwunsch noch so stark sein mag und anders als durch eine Surrogatmutterschaft nicht erfüllbar wäre, kann die Mitwirkung eines Arztes an solchen Schwangerschaften nicht in Betracht kommen. Sie ist ausnahmslos zu verbieten. Das Verbot ist mit einer Strafdrohung zu versehen. Der Arzt, der bei einer Ersatzmutter eine künstliche Insemination vornimmt oder auf sie einen in vitro fertilisierten Embryo überträgt, sollte de lege ferenda strafrechtlich zu belangen sein.

Die Ei- und Embryospende

Als – seltener praktiziertes – Verfahren der Fortpflanzungsmedizin steht die *Eispende*, wobei einer Frau Eizellen entnommen und diese einer *anderen* Frau implantiert werden, in engem Zusammenhang mit den Problemen, die eine „gespaltene Mutter-

---

[66] So aber Günther, Strafrechtlicher Schutz des menschlichen Embryos über §§ 218ff. StGB hinaus, in: Günther/Keller, a.a.O. (Fn. 5), S. 137ff. (151).

[67] Keller, „Baby M.": Ein spektakulärer Fall der Mietmutterschaft (s. oben Fn. 9), JR 1987, 441.

[68] A.A. mit beachtlichen Argumenten Fechner, Nachträge zu einer Abhandlung über Menschenwürde und generative Forschung und Technik, in: Günther/Keller, a.a.O. (Fn. 5), S. 37ff. (54ff.). Sehr zurückhaltend – jedenfalls gegen strafbewehrte Verbote – auch Baumann, Strafbarkeit von In-vitro-Fertilisation und Embryonentransfer?, ebd. S. 177ff. (188f.).

schaft" mit sich bringt. Zwar geht es hier nicht um eine Trennung von gebärender und sozialer Mutter, aber immerhin mindestens um das Auseinanderfallen von genetischer und gebärender Mutter. Hinzu kommt das Problem, wie die Spenderinnen ausgewählt werden sollen. Dabei befindet sich der Arzt abermals in einer fast ausweglosen Grenzsituation von Moral und Gewissen.
Die *Embryospende* stellt eine Kombination von Samen- und Eispende dar und führt hinsichtlich der Spaltung der Mutterschaft zu den gleichen Problemen wie die Eispende.
Beide Verfahren, Ei- und Embryonenspende, sind wegen ihrer Belastung mit Gefahren für das Kindeswohl strafbewehrt zu verbieten.

Veränderungen menschlicher Keimbahnzellen

Zwar ist die gezielte künstliche Veränderung menschlicher Keimbahnzellen bisher noch nicht möglich, jedoch ist die künftige Machbarkeit derartiger Manipulationen absehbar. Da die genetische Änderung der Erbinformation in der menschlichen Keimbahnzelle sich auf alle folgenden Generationen auswirken würde und das Ausmaß der potentiellen Gefahren völlig ungeklärt ist, besteht in der Diskussion Einigkeit darüber, daß solche Eingriffe in die menschliche Natur schon jetzt - gewissermaßen vorsorglich - mit dem Mittel des Strafrechts verboten werden müssen.

Regelungsbedarf und Regelungsebene - ein Ausblick

Die moderne Fortpflanzungsmedizin hat Neuland erschlossen, das Ärzte, Juristen, Politiker und Theologen gleichermaßen vor große und nicht aufschiebbare Aufgaben stellt. Wie so oft, wenn es um die existentiellen Fragen des Menschen im Grenzbereich von Leben und Tod geht, trifft den Arzt eine primäre Verantwortung. Recht, Gesetz und Moral können diese Verantwortung nicht ersetzen, aber vielleicht stützen und erleichtern.
Für den Arzt ist die moderne Reproduktionstechnologie zum Rollentausch geworden: Aus der dienenden Funktion des „Helfers der Kranken" und „minister naturae"[69] übernimmt er bei der künstlichen Erzeugung menschlichen Lebens die Hauptrolle des „Schöpfers". Dies schafft zwangsläufig eine neue Dimension ärztlicher Verantwortlichkeit.
Das Recht kann bei dieser Entwicklung nicht abseits bleiben! Die Probleme betreffen elementar eine beunruhigte Allgemeinheit. Der Satz von Helmut Narr, daß der ärztliche Beruf in weit größerem Umfang in die Rechtsordnung integriert und von ihr abhängig sei als die Berufsangehörigen dies im allgemeinen wissen[70] (und - diese Anfügung möge erlaubt sein - vielleicht wahrhaben wollen), findet in der laufenden Diskussion um die Fortpflanzungsmedizin eine eindrucksvolle Bestätigung.

---

[69] Vgl. Fn. 24.
[70] Siehe oben S. 1.

Daß es der Ärzteschaft wenig gefallen wird, wenn so viel von staatlichem Recht und gar von Strafrecht gesprochen wird, ist verständlich. Die von den Ärzten präferierte Selbstkontrolle, die im „Innenbereich" des Berufsstandes imponierend funktioniert, reicht in den fundamentalen Fragen, die die Allgemeinheit betreffen, nicht aus. Hier ist das staatliche Recht unmittelbar gefordert. Im Güterschutz durch die Rechtsordnung aber liefert das Strafrecht das Fundament und den Rahmen. Deshalb muß auch bei neuen Möglichkeiten der Humanmedizin in erster Linie das strafrechtlich sanktionierte Verbot diskutiert werden. Sieht z. B. der Gesetzgeber von einem absoluten Verbot des heterologen Systems ab, so muß im *Zivilrecht* geregelt werden, daß der Ehemann kein Recht zur Ehelichkeitsanfechtung hat und daß unterhalts- und erbrechtliche Ansprüche des Kindes gegen den Samenspender ausgeschlossen sind. Ein weiterer Regelungsbedarf kann sich im *Gesundheitsrecht* der Länder anschließen (z. B. das Verfahren, nach welchem ärztliche Einrichtungen, die technisierte Sterilitätsbehandlungen durchführen dürfen, zugelassen und beaufsichtigt werden sollen).

Die Herausforderung des Rechts durch die Entwicklung der Fortpflanzungsmedizin wird von bleibender Intensität sein.

Organisations- und Rechtsfragen der „Ständigen Kommissionen bei den Ärztekammern" nach den Richtlinien zur Durchführung von In-vitro-Fertilisation (IVF) und Embryotransfer (ET)

G. EGGSTEIN

Einleitung und Problemstellung

Die fortschreitende technisch-medizinische Entwicklung mit den sich ausweitenden Möglichkeiten ärztlicher Behandlung am Menschen und damit von Eingriffen in seine körperliche Integrität wirft zunehmend Fragen der ethischen Vertretbarkeit solchen Handelns auf. Mit der zu erlangenden Einwilligung des Kranken oder Probanden allein lassen sich diese Probleme nicht lösen. Denn sie liegen vornehmlich gerade darin, daß der die Aufklärung durchführende Arzt häufig selbst die ethische Dimension seines Handelns nicht in seiner vollen Schärfe erkennen kann. Damit könnte auch eine umfassende und vollständige Aufklärung, die allein die Rechtswidrigkeit eines ärztlichen Eingriffs beseitigt[1], nicht gewährleistet sein.
Besonders drängend zeigte sich die Frage der Zulässigkeit und des Umfangs, d. h. der ethischen wie rechtlichen Grenzen in der biomedizinischen Forschung. So entwickelten sich Anfang der 60er Jahre zuerst in den USA Ethikkommissionen als Instrumente der Präventivkontrolle der medizinischen Forschung am Menschen.[2]
Fußend auf der anläßlich der 24. Generalversammlung des Weltärztebundes in Tokio 1975 revidierten Deklaration von Helsinki über die Aufgaben und die Stellung des Arztes aus dem Jahre 1964 empfahl der Vorstand der Bundesärztekammer mit Beschluß vom 12. Januar 1979 die Einrichtung von Ethikkommissionen bei den Ärztekammern in der Bundesrepublik Deutschland und in Berlin, deren Aufgabe nach Nummer 8 des Beschlusses[3] sich ausschließlich auf die Beurteilung ethischer und rechtlicher Aspekte von Forschungsvorhaben beschränken sollte.
Dieser einschränkenden Empfehlung sind die Landesärztekammern und Ärztkammern nicht einmütig gefolgt. Einige, wenn auch nur wenige Kommissionen, nehmen auch andere Aufgaben als die Begutachtung medizinischer Forschungsvorhaben am Menschen – wie z. B. Stellungnahmen zu allgemeinen projektungebundenen medizinisch-ethischen Fragen – wahr. Zum Aufgabenbereich etwa der Hamburger Ethik-

---

[1] Laufs, Arztrecht, 3. Auflage, München 1984, Randnote 148ff.; Narr, Ärztliches Berufsrecht, 2. Auflage (7. Ergänzungslieferung), Köln 1986, Randnote 867ff.; Rieger, Lexikon des Arztrechts, Berlin 1984, Randnote 804.

[2] Bork, Das Verfahren vor den Ethikkommissionen der medizinischen Fachbereiche, Berlin 1984, S. 25; Czwalinna, Ethikkommissionen, Forschungslegitimation durch Verfahren, Frankfurt a.M., 1987, S. 2ff.; Laufs, Arztrecht, a.a.O., Randnote 25; Bericht der Enquete-Kommission „Chancen und Risiken der Gentechnologie", Drucksache 10/6775 des Deutschen Bundestages, S. 297, mit weiteren Hinweisen auf Deutsch, Bork, Eser/Koch, Samson, Weißauer.

[3] Kühn, Ethik-Kommission aus der Sicht der Standesorganisationen, in Symposium „Medizinische Ethik-Kommissionen", Münster 1981, S. 75; Bork, a.a.O., S. 36.

kommission gehören auch die Themen Tierversuche, Sterbehilfe, künstliche Befruchtung und Patiententestament.[4] Insbesondere nach dem Statut einer Ethikkommission bei der Landesärztekammer Baden-Württemberg vom 23. Januar 1985[5] hat die Ethikkommission ganz allgemein und umfassend die Aufgabe, den Arzt in der Beurteilung ethischer und rechtlicher Aspekte bei Ausübung ärztlicher Tätigkeit, auch (!) bei der Forschung am Menschen, zu beraten.
Inzwischen wurde durch die Berufsordnungen der Landesärztekammern und Ärztekammern nach Maßgabe der Muster-Berufsordnung des Deutschen Ärztetages[6] der Aufgabenbereich der Ethikkommissionen sichtlich ausgeweitet. So soll der Arzt nicht nur vor der Durchführung klinischer Versuche am Menschen, sondern auch bei epidemiologischer Forschung mit personenbezogenen Daten eine bei der Landesärztekammer oder einer medizinischen Fakultät gebildete Ethikkommission anrufen, um sich über die mit seinem Vorhaben verbundenen berufsethischen und berufsrechtlichen Fragen beraten zu lassen. Vor der Forschung mit vitalen menschlichen Gameten und lebendem embryonalen Gewebe ist der Arzt nach der Fassung des § 1 Abs. 4 der Berufsordnung der Landesärztekammer Baden-Württemberg zur Anrufung der Ethikkommission verpflichtet.[7] Vor allem aber sehen die nach § 7 Abs. 1, 2. Halbsatz, als Bestandteil der Berufsordnung beschlossenen Richtlinien der Landesärztekammer Baden-Württemberg zur Durchführung von In-vitro-Fertilisation (IVF) und Embryotransfer (ET) als Behandlungsmethode der menschlichen Sterilität die Anrufung von Ständigen Kommissionen vor, die meist schlicht als „Kommissionen" bezeichnet werden, wobei an einer Stelle allerdings ausdrücklich von der „Ethikkommission" die Rede ist,[8] nämlich bei der Durchführung verantwortbarer wissenschaftlicher Untersuchung an nichttransferierten Embryonen. Es stellt sich daher die im folgenden zu untersuchende Frage, welche Kommission welche Fragen nach den Richtlinien zur Durchführung von In-vitro-Fertilisation (IVF) und Embryotransfer (ET) als Behandlungsmethode der menschlichen Sterilität zu beurteilen hat.

Aufgaben der Ständigen Kommission nach den Richtlinien

Die Anrufung einer als solcher bezeichneten „Ständigen Kommission" ist nach den Richtlinien zur Durchführung von IVF und ET angesprochen bei der

- Anwendung bei nicht verheirateten Paaren,
- Verwendung von Spendersamen.

Dabei fällt auf, daß die Anrufung der Kommission bei der Durchführung der IVF/ET bei alleinstehenden Frauen und bei der Verwendung sowohl fremden Samens als auch fremder Eizellen zur Ermöglichung eines Kinderwunsches nicht ausdrücklich erwähnt ist. Jedoch wird man nach dem Sinngehalt der Regelung und auf Grund eines Schlusses

[4] Czwalinna, Ethik-Kommissionen, a.a.O., S. 128.
[5] Ärzteblatt Baden-Württemberg 1985, S. 184, § 2 Satz 1.
[6] Berufsordnung für die deutschen Ärzte, Deutsches Ärzteblatt 1985, S. 3371.
[7] Ärzteblatt Baden-Württemberg 1987, S. 85.
[8] Ärzteblatt Baden-Württemberg 1986, S. 427, Nr. 4. 3 der Anlage.

a majore ad minus davon ausgehen müssen, daß auch und gerade in diesen sich als seltene Ausnahmen darstellenden Fällen die Anrufung der Kommission für den Arzt berufsrechtlich geboten ist.
Zwar sagen die Richtlinien aus, daß bei alleinstehenden Frauen die Durchführung der IVF grundsätzlich nicht vertretbar sei, wobei aber der Hinweis auf die grundsätzliche Nichtvertretbarkeit gleichzeitig besagt, daß in besonders gelagerten Fällen, die vom Arzt nach seiner ethischen Überzeugung zu entscheiden sind, Ausnahmen möglich sind. In seinem Einführungsreferat zu den rechtlichen und berufsrechtlichen Problemen der extrakorporalen Befruchtung anläßlich der Arbeitsgruppe des Plenums des 88. Deutschen Ärztetages vom 14. bis 18. Mai 1985 in Lübeck-Travemünde hat der Justitiar der Bundesärztekammer Dr. Hess[9] dargelegt, daß Lebenspartnern oder Einzelpersonen, die ernsthaft den Wunsch nach einem eigenen Kind haben, der wegen einer Fertilitätsstörung nur durch die Methode der extrakorporalen Befruchtung erfüllbar ist, grundsätzlich zuzumuten ist, eine eheliche Lebensgemeinschaft einzugehen und dadurch die Ernsthaftigkeit der Familiengründung rechtlich gesichert zu dokumentieren. Die Möglichkeit der Anwendung von IVF und ET auch bei einer alleinstehenden Frau ist damit nicht schlechthin berufsrechtlich verboten. Die sog. Leihmutterschaft aber wird nach den Richtlinien als „ausnahmslos nicht vertretbar"[10] angesehen, so daß hier nicht die Anrufung der Kommission in Betracht kommt.
Einer weiteren Interpretation bedürfen die Richtlinien bei der möglichen Verwendung fremden Samens und fremder Eizellen. Die Richtlinien besagen einerseits, daß sich ethisch für den Arzt die Frage stellt, ob er bei Fertilitätsstörungen beider Ehepartner eine IVF/ET unter Verwendung fremden Samens und fremder Eizellen vertreten kann oder diesen Ehepartner nicht auf den Weg der Adoption verweisen muß, andererseits wird später ausgeführt, daß die IVF/ET unter Verwenden fremden Samens und fremder Eizellen nicht vertretbar sei.[11] Dennoch erscheint auch die Verwendung fremden Samens und fremder Eizellen nicht schlechthin ausgeschlossen. Darauf deuten auch die Ausführungen im Einführungsreferat von Dr. Hess hin, daß „besondere Zurückhaltung bei der Eizellenspende geboten" sei.[12] In seinem Einführungsreferat zu den Aufgaben der Ethikkommission führt Dr. Osterwald dazu aus[13], daß sowohl die Verwendung fremder Eizellen als auch die Verwendung fremden Samens und fremder Eizellen zur Durchführung einer IVF/ET wegen der noch völlig ungeklärten Rechtssituation des zu zeugenden Kindes so viel juristische und soziale Unsicherheiten mit sich bringe, daß sich hier eine hohe ethische Barriere aufbaue, die es dem Arzt verbiete, dieses Verfahren anzuwenden. Er sieht aber eine Ausnahmesituation für die Verwendung fremder Eizellen beispielhaft darin, den Kinderwunsch eines Ehepaares dadurch zu erfüllen, daß die Schwester der Ehefrau dieser eine Eizelle zur Verfügung stellt, die mit dem Sperma des Ehemannes befruchtet wird. In diesem Falle sieht der Referent die Notwendigkeit, die hier als solche bezeichnete „Ethikkommission" zuvor zur Beurteilung anzurufen.

---

[9] Stenografischer Wortbericht des 88. Deutschen Ärztetages, herausgegeben von der Bundesärztekammer, S. 79, Abs. 5.
[10] Stenografischer Wortbericht des 88. Deutschen Ärztetages, S. 77, Abs. 3 Satz 1.
[11] Ärzteblatt Baden-Württemberg 1986, S. 431.
[12] Stenografischer Wortbericht des 88. Deutschen Ärztetages, S. 81, Abs. 1 (a.E).
[13] Stenografischer Wortbericht des 88. Deutschen Ärztetages, S. 88, Abs. 4 bis 6.

Eine weitere, in den Richtlinien zur Durchführung der IVF/ET und ihrem Anhang näher beschriebene Aufgabe der Ständigen Kommissionen ist die Prüfung der Einhaltung der Zulassungs- und Durchführungsbedingungen nach Abschnitt II des Anhangs, also die Überprüfung des Nachweises, daß die sachgerechte Durchführung der erforderlichen Leistungen sowohl fachlich (Ausbildungs- und Qualifikationsnachweis) also auch personell und sachlich (räumliche und apparative Ausstattung) gewährleistet ist.

Struktur der Kommissionen nach den Richtlinien zur Durchführung der IVF/ET

Bei der Prüfung der Frage, ob die schon bestehenden Ethikkommissionen die im vorstehenden Abschnitt dargestellten Aufgaben wahrnehmen sollen und können oder ob dafür besonders zu bestimmende Kommissionen zu bestellen sind, sind die nach den Richtlinien gestellten Aufgaben strukturell zu untersuchen. Dr. Osterwald hat in seinem Einführungsreferat zu den Aufgaben der Ethikkommissionen[14] die Auffassung vertreten, daß für die Beratung der Ärzte bei der IVF/ET die bei den Ärztekammern vorhandenen Ethikkommissionen eingesetzt werden können, weshalb keine neuen Kommissionen gebildet werden müßten. Zuvor hat er indes ausgeführt, daß die durch die Richtlinien festgelegten sachlichen, personellen und technischen Mindestanforderungen zur Ausführung der IVF/ET durch die zuständige Ärztekammer überwacht werden und nicht in den Tätigkeitsbereich der Ethikkommissionen gehören.[15] Daß diese Aufgabe nicht Gegenstand der Beratungen der (vereinfacht ausgedrückt) „klassischen“ Ethikkommission sein kann, ergibt sich aus den Inhalten der vorzunehmenden Überprüfung. Nach Abschnitt II des Anhangs der Richtlinien muß nämlich die Ständige Kommission bei der Ärztekammer prüfen, daß die Ausbildungs- und Qualifikationsstandards einerseits wie auch die räumliche und apparative Ausstattung der Praxis des Arztes, der die IVF/ET durchführen will, auf nachstehend genannten Teilgebieten gewährleistet sein muß:

- Endokrinologie der Reproduktion,
- gynäkologische Sonographie,
- operative Gynäkologie,
- experimentelle oder angewandte Reproduktionsbiologie mit dem Schwerpunkt der In-vitro-Kultur,
- Andrologie.

Außerdem müssen folgende Einrichtungen ständig und ohne Zeitverzug verfügbar bzw. einsatzbereit sein:

- Hormonlabor,
- Ultraschalldiagnostik,
- Operationsbereitschaft mit Anästhesieteam,
- gesondertes Labor für Spermiendiagnostik,
- gesondertes Labor für In-vitro-Fertilisation und In-vitro-Kultur.

---

[14] Stenografischer Wortbericht des 88. Deutschen Ärztetages, S. 87, Abs. 2.

[15] Stenografischer Wortbericht des 88. Deutschen Ärztetages, S. 86, Abs. 5 (a.E).

Diese eher als technische Überprüfung zu bezeichnende Beurteilung bedingt auch eine personelle Zusammensetzung, die nicht der Zusammensetzung der „klassischen" Ethikkommission entspricht. So besteht nach § 3 ihres Statuts[16] die Ethikkommission der Landesärztekammer Baden-Württemberg aus 7 Mitgliedern, wovon 5 Ärzte sind. Ein Mitglied muß die Befähigung zum Richteramt haben, ein weiteres Mitglied muß Theologe sein. Von den ärztlichen Mitgliedern soll ein Mitglied Pharmakologe mit der Teilgebietsbezeichnung „Klinische Pharmakologie" sein, ein Mitglied soll theoretisch tätiger Arzt und ein weiteres Mitglied soll niedergelassener Arzt sein. Diese Zusammensetzung würde eine andere Zielrichtung haben als die der „technischen" Kommission zur Beurteilung apparativer, räumlicher und personeller Voraussetzungen für die ordnungsgemäße und sachlich angemessene Durchführung der IVF/ET. Für diesen Bereich scheidet damit die Einschaltung der „klassischen" Ethikkommission aus.

Unterschiedlich hiervon zu sehen ist allerdings die Aufgabenwahrnehmung bei der Durchführung der Sterilitätsbehandlung mit IVF/ET bei Nichtehepaaren oder bei alleinstehenden Frauen. Hier handelt es sich nicht um eine Beurteilung technischer, apparativer oder personaler Voraussetzungen des durchführenden Arztes, sondern um die Bewertung ethisch-relevanter Sachverhalte. Bei der extrakorporalen Befruchtung kommt dem Arzt eine ganz neue und bisher nicht erlebte Rolle zu. Er ist an der Zeugung eines Menschen an entscheidender Stelle beteiligt. Ohne sein ärztliches Tätigwerden würde der durch eine extrakorporale Befruchtung gezeugte Mensch nicht entstehen. Gerade bei nicht durch Ehe gebundenen Partnerschaften und bei alleinstehenden Frauen verpflichtet ihn dies zu einer besonderen Verantwortung auch gegenüber dem gezeugten Menschen. Der Arzt muß vor seiner Entscheidung über die Durchführung der extrakorporalen Befruchtung auch das künftige Wohl des erhofften Kindes bedenken und hieran seine Entscheidung orientieren. Bei dieser schweren ärztlichen Entscheidung muß er sich des Rates der für Fragen der Ethik besonders berufenen klassischen Ethikkommissionen bedienen.

Dasselbe gilt für die Durchführung einer IVF/ET im heterologen System mit Verwendung fremden Spendersamens. Hier treten so viele sozial-ethische, aber auch Fragen von familienrechtlicher und theologischer Dimension auf, für deren Beurteilung die klassischen Ethikkommissionen schon nach ihrer Zusammensetzung am besten berufen sind; die besonders einzurichtenden Kommissionen bei den Kammern für die medizinisch-technische Durchführung der IVF/ET wären für diese Fragestellungen schon nach ihrer Zusammensetzung nicht die kompetenten Gesprächspartner des Arztes.

Sonderfall: Untersuchungen an frühen Embryonen

Die verfahrensrechtliche Beurteilung der Zulassung wissenschaftlicher Untersuchungen an nichttransferierten Embryonen stellt einen Sonderfal dar. Hier legt bereits die Richtlinie zur Durchführung von In-vitro-Fertilisation in Nr. 4.3[17] eindeutig klar, daß solche Untersuchungen nur nach Prüfung durch die Ethikkommission unter strengen,

---

[16] Ärzteblatt Baden-Württemberg 1985, S. 184.
[17] Ärzteblatt Baden-Württemberg 1986, S. 427.

in gesonderten Richtlinien festzulegenden Voraussetzungen und Bedingungen zulässig sind. Die Richtlinie, die als Bestandteil der Berufsordnung selbst Satzungscharakter hat, hat als eine mit § 2 des Statuts einer Ethikkommission vom 23. Januar 1985 ranggleiche Norm deren Zuständigkeit, wenn nicht erweiternd, so doch jedenfalls mindestens klarstellend festgelegt. Aber auch § 1 Abs. 4 Satz 1, 2. Halbsatz, der Berufsordnung der Landesärztekammer Baden-Württemberg in der Fassung vom 10. Dezember 1986[18] bestimmt eindeutig die Zuständigkeit der Ethikkommission der Landesärztekammer, sofern nicht die einer medizinischen Fakultät eingeschaltet wird. Der Satzungsgeber hat damit für diesen Teilbereich die Frage eindeutig entschieden. Unter welchen Voraussetzungen solche Forschung ethisch vertretbar ist, ist in den Richtlinien der Landesärztekammer Baden-Württemberg zur Forschung an frühen Embryonen vom 30. November 1985[19] näher dargelegt. Es kann nicht Gegenstand dieser verfahrensrechtlichen Darstellung sein, näher zu untersuchen, unter welchen Voraussetzungen ein zustimmendes Votum in Frage kommen könnte. Es muß aber darauf hingewiesen werden, daß die für die Beurteilung dieser Frage nach dem oben Gesagten zuständige Ethikkommission der Landesärztekammer Baden-Württemberg in ihrer Sitzung vom 1. Dezember 1987 folgenden Beschluß gefaßt hat:

„Zum gegenwärtigen Zeitpunkt ist die Forschung an lebendem menschlichen embryonalen Gewebe nicht legitimierbar."

Zudem hat die 2. Vertreterversammlung der Landesärztekammer Baden-Württemberg in ihrer Sitzung am 19. Dezember 1987 folgende Entschließung gefaßt:

„Die Vertreterversammlung der Landesärztekammer spricht sich grundsätzlich bis zur bundesrechtlichen Regelung gegen die Forschung an/mit menschlichen Embryonen aus."

Das Anzeigeverfahren nach § 7 Abs. 2 der Berufsordnung

§ 7 Abs. 2 der Berufsordnung bestimmt, daß jeder Arzt, der diese Maßnahme durchführen will und für sie die Gesamtverantwortung trägt, sein Vorhaben der Bezirksärztekammer anzuzeigen hat. Diese muß prüfen, ob die berufsrechtlichen Anforderungen erfüllt sind. Es handelt sich dabei nicht um ein Anzeige- und Prüfungsverfahren für den Einzelfall, sondern um eine generelle Überprüfung der personalen, räumlichen und apparativen Voraussetzung im Sinne des Abschnitts II des Anhangs der Richtlinien zur Durchführung von IVF und ET. Die Verantwortung des Arztes für seine Entscheidung, im Einzelfall eine extrakorporale Befruchtung durchzuführen oder nicht durchzuführen, wird durch diese berufsrechtliche Regelung ohnehin nicht beseitigt. Die in § 7 Abs. 2 festgelegte besondere Berufspflicht besteht vielmehr darin, daß der Arzt zunächst generell sein Vorhaben, extrakorporale Befruchtung durchzuführen, der Kammer anzeigen muß, damit geprüft werden kann, ob die in den Richtlinien festgelegten personellen und sachlichen Anforderungen generell erfüllt sind.[20] Daß es sich nur um eine generelle Anzeige und Prüfung und nicht um eine solche

---

[18] Ärzteblatt Baden-Württemberg 1987, S. 85.
[19] Ärzteblatt Baden-Württemberg 1986, S. 775.
[20] Vgl. Hess, Wortbericht, a.a.O., S. 76, Abs. 5.

im Einzelfall handeln kann, ergibt sich bereits aus der Natur der Sache. Denn allein schon die Dauer des Prüfungsverfahrens durch die Kammer schließt es aus, daß es sich dabei um Einzelfallprüfungen handeln kann. Ein sich auf jeden einzelnen Behandlungsfall beziehendes Anzeige- und Prüfungsverfahren würde auch dem Grundsatz der Verhältnismäßigkeit der Mittel nicht entsprechen und die Therapiefreiheit des Arztes einschränken.

Es fragt sich aber, welchen verfahrensrechtlichen Charakter die Prüfungsentscheidung der Kammer nach Beratung durch die Kommission hat. Zunächst ist davon auszugehen, daß die Entscheidung der Kammer einen Verwaltungsakt darstellt. Nach § 35 des Landesverwaltungsverfahrensgesetzes ist Verwaltungsakt jede Entscheidung, die eine Behörde zur Regelung eines Einzelfalls auf dem Gebiet des öffentlichen Rechts trifft und die auf unmittelbare Rechtswirkung nach außen gerichtet ist. Als Körperschaft öffentlichen Rechts nach § 6 des Kammergesetzes[21] ist die Landesärztekammer „Behörde" im Sinne des § 35 Landesverwaltungsverfahrensgesetzes.[22] Inhaltlich ist die Entscheidung als feststellender Verwaltungsakt zu qualifizieren. Denn es werden rechtserhebliche Eigenschaften in bezug auf einen Einzelfall verbindlich festgestellt,[23] nämlich der Umstand, ob die generellen berufsrechtlichen Anforderungen für die Anwendung der IVF/ET erfüllt sind oder nicht. Im letzteren Fall enthält die Entscheidung die weitere feststellende Aussage dahin gehend, daß der anzeigeerstattende Arzt berufsrechtlich nicht befugt ist, Maßnahmen der IVF/ET durchzuführen. Nach dem Urteil des Bundesverwaltungsgerichts vom 29. November 1985[24] bedarf zwar der Erlaß eines feststellenden Verwaltungsaktes im Gegensatz zu der im Schrifttum und in der obergerichtlichen Rechtsprechung vertretenen Rechtsmeinung[25] einer gesetzlichen Ermächtigung. Eine solche ist jedoch nach einer Entscheidung des Oberverwaltungsgerichts Münster vom 26. 6. 1987[26] in dem mit dem § 5 Abs. 1 Buchst. e) des nordrhein-westfälischen Heilberufsgesetzes inhaltsgleichen § 4 Abs. 1 des baden-württembergischen Kammergesetzes zu sehen. Nach beiden Bestimmungen ist es Aufgabe der Kammer, die Erfüllung der Berufspflichten der Kammermitglieder zu überwachen.

In dieser Regelung ist nicht eine bloße Aufgabenzuweisung zu sehen, sondern auch die Legitimation der Kammer durch den Gesetzgeber, das Kammermitglied durch geeignete Maßnahmen zur Beachtung seiner Berufspflichten anzuhalten. Zu solchen geeigneten Maßnahmen zählt auch der feststellende Verwaltungsakt, insbesondere dann, wenn die Berufsordnung als autonome Satzung selbst ein besonderes Anzeige- und Prüfungsverfahren vorsieht. Für den hier vorliegenden Verwaltungsakt ist kennzeichnend, daß er eine sich aus einer Rechtsnorm ergebende Rechtsfolge für einen konkreten Einzelfall feststellt, daß er mithin keinen eigenständigen originären Eingriff

---

[21] i. d. F. vom 31. Mai 1976 – GBl. S. 437 –.

[22] Stelkens/Bonk/Leonhardt, Verwaltungsverfahrensgesetz, 2. Auflage, München 1983, § 35, Randnote 21; zum Erlaß von Verwaltungsakten durch Kammern vgl. Narr, a.a.O., Randnote 371.

[23] Stelkens, a.a.O., § 35, Randnote 110.

[24] – 8 C 105/83 – NJW 1986, S. 1120.

[25] Vgl. Fußnote 22 und Stelkens, a.a.O., § 44, Randnote 5 b; VGH München, Urteil vom 18. 8. 1980 – NJW 1981, S. 2076.

[26] – 13 A 2198/86 – soweit ersichtlich, bislang nicht veröffentlicht; vgl. auch VGH Baden-Württemberg, Beschluß vom 27. 3. 1985 – 9 S 223/84 – MedR 1985, S. 238, *240* (1. Spalte), wonach Maßnahmen zur Einhaltung der Berufspflichten vom Vorstand als zuständigem Exekutivorgan der Kammer erlassen werden können.

in die Rechtsposition des Betroffenen beinhaltet, sondern lediglich die ohnehin durch die als untergesetzliche Rechtsnorm erlassenen Richtlinien getroffene Regelung bezogen auf den Adressaten konkretisierend wiederholt.
Das Oberverwaltungsgericht Münster ist unter Berücksichtigung der Entstehungsgeschichte der Heilberufsgesetze und der Zweckrichtung ihrer Vorschriften zu der Erkenntnis gelangt, daß der Gesetzgeber mit der Beschreibung der Kammeraufgaben nicht nur eine schlichte Aufzählung vorgenommen hat, sondern den Kammern auch eine Handlungsermächtigung einräumen wollte. Durch die Einrichtung der Kammern durch das Kammergesetz hat der Staat dem jeweiligen Berufsstand die Selbstverwaltung eines bestimmten, ihn betreffenden Bereichs übertragen. Übertragung von Verwaltung bedeutet selbstverständlich die Delegation von Verwaltungstätigkeit. Dem Selbstverwaltungsträger hat daher der Gesetzgeber des Kammergesetzes auch diejenige Form des Verwaltungshandelns delegieren wollen, die dieser zur Erfüllung seiner Aufgaben benötigt.

Verfahrensregelung zur Beurteilung der Durchführung von In-vitro-Fertilisation (IVF) und Embryotransfer (ET)

Angesichts der vorstehend dargelegten Verfahrens- und Rechtslage hat der Vorstand der Landesärztekammer Baden-Württemberg für die Beurteilung der personalen, apparativen und räumlichen Voraussetzungen bei der Durchführung von IVF- und ET-Kommissionen jeweils für die Bereiche der Bezirksärztekammern Nordwürttemberg und Südwürttemberg einerseits und der Bezirksärztekammern Nordbaden und Südbaden andererseits gemeinsame Kommissionen berufen, die Aufgaben dieser Kommissionen definiert, die Zusammensetzung der Kommissionen und deren Arbeitsweise bestimmt sowie das Entscheidungsverfahren der Bezirksärztekammer geregelt. Die so am 22. Oktober 1986 beschlossenen Verfahrensregelungen[27] lauten in ihren wesentlichen Bestimmungen wie folgt:

§1
Berufung von Kommissionen

(1) Der Vorstand der Landesärztekammer beruft für die Bereiche der Bezirksärztekammern Nordwürttemberg und Südwürttemberg und die Bereiche der Bezirksärztekammern Nordbaden und Südbaden jeweils eine gemeinsame Kommission zur Beurteilung der Durchführung von In-vitro-Fertilisation und Embryotransfer (IVF/ET). Die Kommissionen haben die Bezeichnung „Kommission der Bezirksärztekammern Nordwürttemberg und Südwürttemberg in Fragen der IVF/ET" und „Kommission der Bezirksärztekammern Nordbaden und Südbaden in Fragen der IVF/ET".
(2) Die Mitglieder der Kommissionen sind bei der Wahrnehmung ihrer Aufgaben unabhängig und an Weisungen nicht gebunden. Sie sind allein ihrem Gewissen verantwortlich.

§2
Aufgaben

(1) Die Kommissionen haben die Aufgabe, die Einhaltung der Zulassungs- und Durchführungsbedingungen bei der IVF/ET zu prüfen und die Vorstände der Bezirksärztekammern bei ihren Entscheidungen über eine Anzeige nach § 6 a Abs. 2 der Berufsordnung zu beraten.

---

[27] Ärzteblatt Baden-Württemberg 1987, S. 109.

(2) Die Kommissionen sind nicht zuständig für die Bewertung der Frage, ob ausnahmsweise eine IVF/ET heterolog oder bei einer nicht ehelichen Lebensgemeinschaft oder bei einer alleinstehenden Frau durchgeführt werden kann (3.2.2 und Anhang I Nr. 2 und Nr. 4 der Anlage zu § 6 a der Berufsordnung). Die Kommissionen sind ferner nicht zuständig für die berufsethische und berufsrechtliche Beurteilung der Forschung mit vitalen menschlichen Gameten oder lebendem embryonalen Gewebe (§ 1 Abs. 4 der Berufsordnung). Die insoweit gegebenen Zuständigkeiten der Ethikkommission bei der Landesärztekammer nach § 2 der Statuts einer Ethikkommission vom 23. Januar 1985 (Ärzteblatt Baden-Württemberg S. 184) bleiben unberührt.

§ 3
Zusammensetzung

(1) Die Kommissionen bestehen jeweils aus drei ärztlichen Mitgliedern. Ein Mitglied muß Gynäkologe sein, ein Mitglied Laborarzt und ein Mitglied die Bezeichnung eines Gebietes führen, dem der medizinische Fachbereich der Andrologie zugehört. Für jedes Mitglied ist mindestens ein Stellvertreter zu bestellen. Betroffene in eigener Sache sind ausgeschlossen.
(2) Die Mitglieder werden vom Vorstand der Landesärztekammer für die Dauer der Wahlperiode der Kammerorgane bestellt.
(3) Die Kommissionen wählen aus ihrer Mitte den Vorsitzenden und seinen Stellvertreter.
(4) Die Kommissionen können, soweit erforderlich, Sachverständige hinzuziehen; diese haben kein Stimmrecht. Absatz 1 Satz 4 gilt entsprechend.

§ 4
Arbeitsweise

(1) Die Kommissionen werden im Auftrag des Vorstandes der Bezirksärztekammer tätig, bei der eine Anzeige nach § 6 a Abs. 2 der Berufsordnung eingeht.
(2) Die Kommissionen beschließen mehrheitlich. Sie sind nur beschlußfähig, wenn alle Mitglieder anwesend oder vertreten sind.
(3) Die Kommissionen können vom Antragsteller zur Aufklärung des Sachverhalts die Vorlage von Unterlagen und Nachweisen sowie die Erteilung von Auskünften verlangen. Sie sollen zur Beurteilung der räumlichen und apparativen Ausstattung Besichtigungen vornehmen.
(4) Das Ergebnis der Beratungen wird dem Vorstand der Bezirksärztekammer mitgeteilt, der den Auftrag nach Absatz 1 erteilt hat.
(5) Die Beratungen der Kommissionen sind vertraulich und nicht öffentlich. Die Mitglieder und stellvertretenden Mitglieder der Kommissionen sowie hinzugezogene Sachverständige sind zur Verschwiegenheit verpflichtet.

§ 5
Entscheidung des Vorstandes der Bezirksärztekammer

(1) Über die Anzeige des Arztes nach § 6 a Abs. 2 der Berufsordnung sowie über die Gestattung von Ausnahmen im Sinne von § 2 Abs. 2 entscheidet auf der Grundlage des Beratungsergebnisses der Kommission der Vorstand der Bezirksärztekammer.
(2) Sind die berufsrechtlichen Anforderungen für die Anwendung der IVF/ET erfüllt, teilt dies die Bezirksärztekammer dem anzeigenden Arzt schriftlich mit. Sind die Voraussetzungen nicht gegeben, stellt die Bezirksärztekammer dies durch Bescheid fest und weist den Anzeigenden darauf hin, daß er berufsrechtlich nicht befugt ist, Maßnahmen der IVF/ET durchzuführen.

Zur Zusammensetzung der Kommission ist zu bemerken, daß im Hinblick auf die Anforderungen der inhaltlichen Prüfung nach Abschnitt II des Anhangs zu den Richtlinien zur Durchführung von IVF und ET[28] der Kommission ein Gynäkologe, ein Laborarzt und ein Gebietsarzt eines Gebiets angehören muß, dem der medizinische Fachbereich der Andrologie zugehört, also etwa ein Urologe oder ein Dermatologe.

---

[28] Ärzteblatt Baden-Württemberg 1986, S. 432.

Auch in der Zusammensetzung zeigt sich der deutliche Aufgabenunterschied zu der klassischen Ethikkommission und deren Zusammensetzung in Zahl und Fachrichtung ihrer Mitglieder.
Um jede Unklarkeit bei der Aufgabenstellung auszuschließen, ist in § 2 Abs. 1 der Verfahrensregelung festgelegt, daß die Kommissionen allein die Aufgabe haben, die fachlichen und apparativen Voraussetzungen für die Durchführung der IVF/ET zu prüfen und den Vorstand der zuständigen Bezirksärztekammer bei seiner Entscheidung über eine Anzeige nach § 7 Abs. 2 der Berufsordnung zu beraten. Aus diesen Klarstellungsgründen heraus wurde es auch für vertretbar gehalten, als „Negativregelung“ ausdrücklich festzulegen, daß diese Kommissionen nicht zuständig sind für die Bewertung der Frage, ob ausnahmsweise eine In-vitro-Fertilisation heterolog oder bei einer nichtehelichen Lebensgemeinschaft oder bei einer alleinstehenden Frau durchgeführt werden kann. Insbesondere sind die Kommissionen auch nicht zuständig für die berufsethische und berufsrechtliche Beurteilung der Forschung mit vitalen menschlichen Gameten. Auf die insoweit gegebenen und bestehenbleibenden Zuständigkeiten der Ethikkommission nach dem Statut vom 23. Januar 1985 wird ausdrücklich hingewiesen.
In § 5 Abs. 1 schließlich ist bestimmt, daß die Entscheidung als feststellender Verwaltungsakt vom Vorstand der Bezirksärztekammer erlassen wird und daß das Votum der Kommission lediglich beratenden Charakter hat. Dies ergibt sich allein schon aus der fehlenden Organstellung dieser Kommission nach § 17 Abs. 1 Kammergesetzes. Zu den Weiterbildungsausschüssen, deren Rechtsstellung eher stärker zu bewerten ist, hat das Verwaltungsgericht Sigmaringen mit Urteil vom 18. Dezember 1986[29] entschieden, daß die bei den Bezirksärztekammern gebildeten Weiterbildungsausschüsse keine Behörden im Sinne von § 35 Landesverwaltungsverfahrensgesetz sind. Unter selbstständigen Verwaltungsbehörden sind nämlich nur solche Stellen zu verstehen, die berufen sind, unter eigenem Namen nach außen eigenständige Aufgaben der öffentlichen Verwaltung wahrzunehmen. Die Weiterbildungsausschüsse sind, so das Verwaltungsgericht Sigmaringen, unselbstständige Organe der Bezirkskammern. Sie sind nicht nur nicht ermächtigt, ihre Entscheidung nach außen in eigenem Namen zu treffen, ihnen fehlt auch das erforderliche Maß an Selbständigkeit, insbesondere hinsichtlich der sächlichen und personellen Ausstattung an Verwaltungsmitteln. Ein weiterbildungsrechtlicher Prüfungsbescheid ist erst existent, wenn der Vorstand als Exekutivorgan der Kammer auf der Grundlage der sachlichen Beurteilung durch den Fachgesprächsausschuß die Anerkennung selber ausspricht.
Die gleiche Verfahrenssituation ist auch bei der Entscheidung des Vorstandes über die Anzeige eines Arztes nach § 7 Abs. 2 der Berufsordnung im Sinne von § 5 Abs. 1 der Verfahrensregelung vom 22. Oktober 1986 gegeben.

Die Haftung der Kommissionen zur Beurteilung der IVF/ET

Eine schadensersatzrechtliche Verantwortlichkeit der Landesärztekammer als Träger der besonderen Kommission zur Beurteilung der IVF/ET und der Mitglieder dieser

[29] – 4 K 1505/86 – nicht rechtskräftig – S. 13ff.

Kommissionen kann sich in gleicher Art wie bei den klassischen Ethikkommissionen ergeben. So können bei falsch positiver Beurteilung der Erfüllung der personellen, apparativen und räumlichen Voraussetzungen für die Durchführung der IVF/ET, wenn dadurch eine Schädigung der Patientin oder des erzeugten Kindes eintritt, Haftungsfälle denkbar sein. So könnte etwa eine körperliche Schädigung einer Patientin bei unsachgemäßer Durchführung der IVF bei einem Fehlen der ordnungsgemäßen Voraussetzungen gegeben sein oder aber es könnte eine Behinderung des erzeugten Kindes ebenfalls durch Falschbehandlung des die IVF/ET durchführenden Arztes denkbar sein. Insoweit kann auf die im Schrifttum erschöpfend dargestellte Haftung des Trägers der Einrichtung wie auch der Mitglieder der Kommission bei den „klassischen" Ethikkommissionen Bezug genommen werden.[30] Danach haftet die Kammer für eine schuldhafte Verletzung der Amtspflicht durch die Mitglieder des beratenden Ausschusses nach Artikel 34 GG, 839 BGB.

Allerdings haben diese Haftungsfragen für die Kommissionen zur Beurteilung der Voraussetzungen der IVF/ET nur geringe Bedeutung. Denn Träger der Entscheidung sind – wie oben dargestellt – ohnehin die Landesärztekammer und deren rechtlich unselbständige Untergliederungen. Für Fehlbeurteilungen haftet daher die Kammer aus eigenem Recht. Dabei ist wiederum zu beachten, daß die Eigenhaftung der Kammer aus Artikel 34 GG den Haftungseinschränkungen des § 839 BGB unterliegt.[31] Eine Ersatzpflicht der Kammer tritt demnach nicht ein, wenn die verletzte Patientin oder das verletzte Kind einen durchsetzbaren Ersatzanspruch gegen den die IVF/ET fehlerhaft durchführenden Arzt besitzen.

Bei einer zu Unrecht erfolgten Ablehnung der Feststellung, daß die berufsrechtlichen Voraussetzungen für die durchführende IVF/ET erfüllt sind, könnte auch dem anzeigepflichtigen Arzt ein Ersatzanspruch gegen die Kammer zustehen. Hier ist darauf zu verweisen, daß eine Ersatzpflicht aber nicht eintritt, wenn der Arzt es vorsätzlich oder fahrlässig unterlassen hat, die fehlerhafte Entscheidung durch Gebrauch eines Rechtsmittels (Widerspruch an den Vorstand der Landesärztekammer, verwaltungsgerichtliche Klage) abzuwenden.

---

30 Laufs, a.a.O., Randnote 436; Czwalinna, a.a.O., S. 138; Deutsche Ethik-Kommissionen für medizinische Versuche am Menschen: Einrichtung, Funktion, Verfahren, NJW 1981, 614, *616;* Weißauer, Ethik-Kommissionen und Recht, Informationen des Berufsverbandes der Deutschen Chirurgen e. V. 1979, S. 149, *155;* Bar/Fischer, Haftung bei der Planung und Förderung medizinischer Forschungsvorhaben, NJW 1980, S. 2734, *2740;* Deutsch, Arztrecht und Arzneimittelrecht, Berlin 1983, Randnote 340.

31 Palandt, BGB, 39. Auflage, München 1980, § 839, Anmerkung 2 a, aa.

Genomanalyse und ärztliche Schweigepflicht

W. SPANN, E. LIEBHARDT und R. PENNING

Die neuen humangenetischen Techniken, auf der Ebene der menschlichen Erbinformation ansetzend, werden in der öffentlichen Diskussion zumeist unter dem Oberbegriff „Gentechnologie" zusammengefaßt. Durch diese Techniken wurde bereits eine Reihe neuartiger rechtlicher Probleme aufgeworfen; noch weit mehr z. T. wohl noch gar nicht absehbare Fragestellungen wird die Zukunft dem Juristen bringen.
Soweit die neuen Techniken verändernde Eingriffe in die Erbinformation menschlicher Zellen beinhalten, stellt sich derzeit für die Forschung die Frage, ob alles Machbare auch erlaubt sein soll. Erwogen wird z. B. ein strafrechtliches Verbot von Eingriffen in menschliche Keimbahnzellen.[1]
Aber auch rein aufdeckende, diagnostische Verfahren, zusammengefaßt unter dem Oberbegriff „Genomanalyse", werden eine Vielzahl rechtlicher Probleme aufwerfen. Die Möglichkeiten der Genomanalyse sind noch nicht voll überschaubar. Bereits mit den heute zur Verfügung stehenden Techniken konnten z. B. im Laufe der letzten Jahre weit über 100 schwere Erbkrankheiten einer Diagnostik neu zugeführt werden.[2] Am Ende der Entwicklung wird die nach heutigem Wissen wohl reale Möglichkeit stehen, eine vollständige „Genkarte" jedes Menschen anzulegen. Diese könnte neben zahlreichen anderen auch solche Informationen enthalten, die Rückschlüsse auf später ausbrechende und insbesondere rezessiv vererbbare Krankheiten, auf mögliche Prädispositionen für z. B. Geisteskrankheiten, auf den erreichbaren Intelligenzgrad, auch auf Belastbarkeit im Arbeitsprozeß oder sogar Charaktereigenschaften zulassen. Auch das in menschliche Zellen integrierte Genom von evtl. krebserregenden, aber auch anderen Viren (AIDS!) wäre enthalten.
Durch die neuen Techniken werden nach derzeitigem Wissen auch sog. „Spurenmaterialien" wie Blutproben, Haare und andere Körperbestandteile, aus denen menschliche Zellen gewonnen werden können, einem erhöhten Geheimhaltungsinteresse unterliegen. Es steht zu erwarten, daß nach der sog. „DNS-Fingerprint-Methode"[3] eine sichere Identifizierung von Einzelpersonen aus geringen Spurenmaterialien möglich sein wird. Hier ist deshalb ein erhöhtes Interesse von Strafverfolgungsorganen an Vergleichsmaterial ebenso zu erwarten wie ein erhöhtes Interesse möglicher Straftäter an der Nichtverfügbarkeit solcher Materialien, zumindest aus ärztlicher Hand. Die rechtliche Zulässigkeit des Anlegens einer „Blutproben-Kartei" wird sicher in Zukunft zu prüfen sein.

---

[1] Deutsch, E., Das Recht der Gentechnologie 1987, ZRP 1987, 305, 310.
[2] Holzgreve, W. et al., Der Fetus als Patient, Dtsch. Ärztebl. 1986, 2441.
[3] Gill, P., Jeffreys, A.J., Werrett, D.J, Forensic application of DNA "fingerprints", Nature 318 (1985), 577.

Die Genomanalyse wird in absehbarer Zukunft in der Medizin vor allem der Suche nach bestimmten Krankheiten, sei es gezielt oder im Sinne eines Screening, dienen. Sie wird deshalb eine ärztliche Aufgabe sein. Ihr Produkt werden hochsensible Daten sein, deren Verwertungsmöglichkeiten heute möglicherweise noch gar nicht absehbar sind. Nicht zuletzt in der Lebens- und Krankenversicherung sowie im Arbeitnehmer-Arbeitgeber-Verhältnis[4] wird die rechtliche Handhabung der genomanalytischen Möglichkeiten Probleme in einer Größenordnung aufwerfen, wie sie heute allenfalls der AIDS-Test andeuten kann. Eugenischen Bestrebungen wird jedes Gemeinwesen ganz klar definierte Grenzen zu setzen haben.
Erste rechtliche Regelungen befinden sich im Stadium der Ausarbeitung. Entsprechend den Erfordernissen beziehen sie sich aber überwiegend auf Eingriffe in das Genom.[5] Zwar werden auch völlig neuartige Probleme aufgeworfen werden, die allein nach „bewährten" Regelungen nicht immer lösbar sein werden. Dennoch wird bezüglich der reinen Genomanalyse zunächst überkommenen Regelungen, wie der ärztlichen Schweigepflicht, eine bedeutende Rolle zukommen.

Zum Wesen der ärztlichen Schweigepflicht

Schutzzweck der ärztlichen Schweigepflicht ist einerseits der Schutz des Individuums, vor allem des Patienten, vor den Folgen ärztlicher Indiskretionen. Schutzzweck ist aber auch das Vertrauen der Allgemeinheit in die berufliche Verschwiegenheit der Ärzte[6], ohne welche diese ihre im Interesse der Allgemeinheit liegenden Aufgaben nicht oder nur unvollkommen erfüllen könnten. Die Gewichtung der beiden geschützten Rechtsgüter ist hierbei strittig.[6] Rechtsgrundlage ist vordergründig § 203 StGB „Verletzung von Privatgeheimnissen". Aber auch aus Standesrecht und Arztrecht erwächst dem Arzt die Pflicht zur Verschwiegenheit. Hierdurch wird den Grundrechten des Patienten aus Art. 2 I GG in Verbindung mit Art. 1 I Grundgesetz, nicht zuletzt auch dem sog. „informationellen Selbstbestimmungsrecht" Rechnung getragen. Geschützt ist jede nicht allgemein bekannte Information über Dritte, die der Arzt während seiner Berufsausübung erfährt. Diese betrifft nicht nur Patienten des Arztes; werden ihm während der Berufsausübung Informationen über andere Personen als Patienten bekannt, so unterliegen auch diese Daten voll der ärztlichen Schweigepflicht.[7] (Hier deutet sich bereits ein gewichtiges rechtliches Problem der Genomanalyse an. Diese liefert zwangsläufig Daten sowohl über den untersuchten Patienten, als auch – aufgrund der Vererbungsregeln – über dessen Vorfahren und Nachkommen.)
Die Schweigepflicht gilt über den Tod des Geheimnisherren hinaus. Dessen Angehörige oder Erben können den Arzt mit wenigen, von der Rechtsprechung festgesetzten Ausnahmen[8] auch nicht von der Schweigepflicht entbinden. Da nach § 203 StGB aber nur die unbefugte Offenbarung fremder Geheimnisse strafbar ist, wird die an sich

---

[4] Deutsch, E., a.a.O. (1), 309. – Benda, E., Humangenetik und Recht – eine Zwischenbilanz, NJW 1985, 1730, 1733, 1734.
[5] Deutsch, E., a.a.O. (1), 306, 310.
[6] Schönke/Schröder (Lenckner), StGB-Kommentar, 22. Aufl. 1985, § 203 RN 3.
[7] Lenckner, a.a.O. (6), § 203 RN 8, m. w. N.
[8] Vgl. BGH NJW 1983, 2627, 2628.

absolute Verschwiegenheitspflicht des Arztes durch eine Reihe von Ausnahmen unterbrochen. Im Vordergrund steht hier die ausdrückliche oder mutmaßliche Einwilligung des Geheimnisherren, die deshalb angestrebt werden sollte. Auch auf der Grundlage gesetzlich festgelegter Ausnahmen, zum Schutze höherwertiger Rechtsgüter (§ 34 StGB!) sowie zur Wahrnehmung eigener Interessen des Arztes, darf die Schweigepflicht durchbrochen werden. Eine weitere, allerdings rein pragmatische und rechtlich nicht gedeckte Ausnahme bildet der Strafantragsverzicht der nach § 205 II StGB berechtigten Antragsteller nach dem Tode des Geheimnisherren.

Der Schutzbereich der ärztlichen Schweigepflicht bereitet kaum Probleme, so lange durch die geheimzuhaltenden Informationen nur oder ganz überwiegend Belange eines einzelnen Menschen berührt werden. Sobald aber Rechtsgüter anderer Personen als des Geheimnisherren gleichzeitig mitbetroffen waren, sobald der Arzt zwischen den berechtigten Interessen mehrerer Personen abwägen mußte, ergaben sich schon immer Schwierigkeiten und Rechtsunsicherheiten.

Denkbar ist grundsätzlich eine Kollision zwischen den Belangen des Patienten und einer Einzelperson oder den Belangen der Allgemeinheit. Paradebeispiele für letzteres sind der an Epilepsie erkrankte Busfahrer oder der Pilot.[9] Bei solchen Rechtsgüterkollisionen darf der Arzt nach den Grundsätzen des rechtfertigenden Notstandes (§ 34 StGB) durch Mitteilung an die zuständige Behörde eine weitere gefahrgeneigte Tätigkeit des Erkrankten unterbinden, eine rechtliche Verpflichtung hierzu besteht jedoch nicht. Auch wenn die Belange des Patienten mit den Belangen einer Einzelperson kollidieren, kann ein Mitteilungsrecht des Arztes nach § 34 StGB resultieren. So ist allgemein anerkannt, daß der Arzt den (Ehe-)Partner eines an Syphilis erkrankten Patienten vor der Infektionsgefahr warnen darf[10], wenn der Patient trotz entsprechender Ermahnungen diese Aufklärung unterläßt. Nach den selben Grundsätzen wird der Arzt heute bei HIV-Infizierten verfahren; es besteht ein Recht zur Mitteilung an den gefährdeten Partner, jedoch keine, zumindest keine rechtliche, Mitteilungspflicht.[11]

Bei der Genomanalyse betrifft die Interessenkollision nicht in erster Linie (Ehe-) Partner, hier werden zumeist die Angehörigen von zwei oder mehr verschiedenen Generationen betroffen. Hierdurch können bezüglich der Schweigepflicht rechtliche Probleme auftreten, die auf lange Sicht sicherlich einer umfassenderen rechtlichen Analyse bedürfen, als es an dieser Stelle und für einen Arzt möglich ist. Dennoch sollte von ärztlicher Seite zumindest das Problembewußtsein geweckt werden.

Probleme der Genomanalyse

Wird bei einem Patienten im Zuge einer Genomanalyse ein bestimmtes, z. B. krankmachendes Gen diagnostiziert, so bedeutet dies eo ipso die weitere Diagnose, daß zumindest ein Elternteil des Patienten dasselbe Gen trägt. Dies kann zu erheblichen Problemen führen, wie das Beispiel der Chorea Huntington verdeutlichen mag. Diese autosomal dominante Erbkrankheit manifestiert sich mit hoher Penetranz bei bis dahin

---

[9] Vgl. BGH NJW 1968, 2288.

[10] RG St 38, 62.

[11] Spann, W., Penning, R., Neue Problemstellungen in der Rechtsmedizin durch AIDS, AIFO 1 (1986), 637, 639.

Unauffälligen in aller Regel erst um das 40. Lebensjahr. Dann jedoch führt sie regelhaft zu erheblichen neurologischen und psychischen Ausfällen und endet in der Demenz. Während das Interesse des Betroffenen deshalb in vielen Fällen eher der Geheimhaltung seiner Erkrankung gelten wird, könnte für die Angehörigen ein erhebliches Interesse an frühzeitiger Information bestehen, daß sie sich in naher oder mittlerer Zukunft auf einen Pflegefall in der Familie einrichten müssen. Auch ist damit zu rechnen, daß etwa die Hälfte der Kinder eines Erkrankten selbst erkranken werden bei gleicher Fortpflanzungswahrscheinlichkeit. Deshalb besteht für direkte Nachkommen spätestens zur Familienplanung ein geradezu vitales Informationsbedürfnis, vielfach ohne daß diese es wissen können. Gerade bei dieser aufgrund des besonderen Verlaufs so problematischen Krankheit ist die Möglichkeit einer Frühdiagnostik für die nächste Zukunft abzusehen.[12]
Die Diagnose genetisch bestimmter Krankheiten beinhaltet also immer zugleich auch die Information, daß vorhandene oder zukünftige Nachfahren dieselbe Krankheit mit einer gewissen Wahrscheinlichkeit erben werden. Das krankmachende Gen wird in der Regel mit 50%iger Wahrscheinlichkeit weitergegeben. Die endgültige Vererbungswahrscheinlichkeit ergibt sich aus der Penetranz des Gens sowie aus den Abstufungen zwischen dominanter und rezessiver Vererbung. In allen Fällen stellt sich also dasselbe Problem: durch die Untersuchung eines Patienten ergeben sich zwangsläufig mehrere Geheimnisherren. Die Information eines dieser Geheimnisherren beinhaltet damit zwangsläufig eine – befugte oder unbefugte – Verletzung des Geheimhaltungsanspruchs der anderen Geheimnisherren.

Pränatale Genomanalyse

Erfolgt die Genomanalyse pränatal, fungieren die Eltern als Auftraggeber mit der Folge eines zivilrechtlichen Anspruchs auf die gewünschte Information. Hauptbetroffener Geheimnisherr ist jedoch das noch ungeborene Kind, dessen objektive Interessen mit der Mitteilungspflicht des Arztes ganz massiv kollidieren können. Nicht umsonst wird die bisherige vorgeburtliche Diagnostik als eine „Search-and-destroy"-Mission[13] bezeichnet; es besteht zumindest derzeit eine nicht nur gedankliche starke Assoziation zwischen pränataler Diagnostik und dem Schwangerschaftsabbruch aus eugenischer oder kindlicher Indikation. Mit Verfeinerung der Methodik wird dieses Problem zunehmen. Z. Zt. können vor allem schwerste, u. U. tödliche Mißbildungen vor der Geburt diagnostiziert werden. Die Diagnosemöglichkeit wesentlich subtilerer Veränderungen ist jedoch absehbar. Hier liefert der Arzt Informationen über ein de facto wehrloses Lebewesen, die bei Feststellung von krankhaften oder auch nur unerwünschten Eigenschaften in dem Abbruch der Schwangerschaft und somit mit dem Tod dieses Lebewesens enden könnten. Die Entscheidung, welcher Grad an unerwünschten Eigenschaften des Feten noch zur Abtreibung führt, wird der Staat nur bezüglich einer untersten, noch vertretbaren Grenze übernehmen können. Die weitere Entscheidung wird also jedem einzelnen Elternpaar überlassen bleiben müssen. Nach

---

[12] Kersten, W., Anwendung der Gentechnologie in der Medizin, Bayer. Ärztebl. 1985, 415, 416.
[13] Holzgreve, W. et al., a.a.O. (s. Fn. 2), 2441.

der bisherigen Praxis des Schwangerschaftsabbruches ist auch davon auszugehen, daß sich immer Ärzte finden, die diese Entscheidung in die Tat umsetzen werden. Hier besteht die große Gefahr einer weiteren schleichenden Abwertung kranken Lebens[14], und dies zu einem Zeitpunkt, an dem der Mensch durch die Gegebenheiten der Immunschwächekrankheit AIDS eigentlich gezwungen wäre, sich mit dem Gedanken an Siechtum und Tod auch in jungen Jahren wieder vertraut zu machen.
Daß nach Ansicht der Enquete-Kommission „Chancen und Risiken der Gentechnologie" des Deutschen Bundestages durch pränatale Datenerhebung das Recht auf informationelle Selbstbestimmung des Kindes gewahrt bleiben soll, erscheint in dieser Kürze zumindest nicht selbstverständlich.[15] Die ärztliche Schweigepflicht, die Schutzpflicht des Arztes zugunsten des Ungeborenen kontrastiert zu scharf mit der Mitteilungspflicht gegenüber den Eltern als Auftraggebern. Hält der Arzt Information zurück, muß er nach der heutigen Rechtsprechung[16] mit der Konsequenz einer (Mehr-) Unterhaltungspflicht für das geschädigte Kind rechnen. Dennoch könnte die Zurückhaltung genomanalytischer Information je nach Einstellung der Eltern der einzige Weg sein, einen Schwangerschaftsabbruch bei eher geringer Beeinträchtigung zu verhindern.
Die heutige rechtliche Diskussion der pränatalen Diagnostik ist nicht frei von Widersprüchen. Gefordert wird für die Genomanalyse ganz allgemein ein Recht auf Unkenntnis der eigenen genetischen Disposition[17]; eine Genomanalyse soll daher nur mit Einwilligung des Betroffenen zulässig sein. Dies kann aber für Ungeborene kaum durchgeführt werden. Nach welchen Kriterien bei Verfeinerung der diagnostischen Möglichkeiten das einzelne Elternpaar seine Entscheidung für oder gegen das Leben des Ungeborenen treffen wird, ist kaum absehbar. Denkbarer Maßstab wären schwere Krankheiten, aber auch geringe Beeinträchtigungen oder „lästige" Therapienotwendigkeiten und sogar z. B. die zu erwartende Intelligenz des Kindes. Hier dient es offensichtlich nur als Feigenblatt, wenn nach derzeitiger Handhabung das Geschlecht des erwarteten Kindes erst nach der 14. Schwangerschaftswoche mitgeteilt werden soll,[18] um Abtreibungen aufgrund ungewünschter Geschlechtszugehörigkeit zu verhindern. Wenn Menschenwürde dem ungeborenen wie dem geborenen Leben zugestanden wird[19] und wenn es andererseits der Würde des Menschen widerspricht, „ihn einer Behandlung auszusetzen, die seine Subjektqualität prinzipiell in Frage stellt"[20], dann werden für den juristischen Laien hier Widersprüche erkennbar - vielleicht sogar unlösbare Widersprüche.
Vor diesem Hintergrund sollte die bundesdeutsche Rechtsprechung ihre derzeit angewandten Kriterien zur Schadensersatzpflicht des Arztes bei unvollständiger Beratung Schwangerer überdenken. Ärzten sollte bei der Beratung über evtl. eugenische Indikationen zur Abtreibung zumindest der durch die mögliche Folge von

---

[14] Vgl. Laufs, A., Bitburger Gespräche, Jahrbuch 1986/1. Rezension, in: MedR 1987, 41, 42.
[15] Deutsch, E., a.a.O. (1), 309.
[16] Z. B. BGH NJW 1984, 658.
[17] Graf Vitzthum, W., Gentechnologie und Menschenwürdeargument, ZRP 1987, 331.
[18] Wissenschaftlicher Beirat der Bundesärztekammer, Pränatale Diagnostik, Dtsch. Ärztebl. 1987, 434, 436. - Stoeckenius, M., Popp, L.W., Müller-Holve, W., Die Chorionzottenbiopsie, Dtsch. Med. Wochenschr. 111 (1986), 945, 947.
[19] Graf Vitzthum, W., a.a.O. (s. Fn. 17), 35.
[20] U. a. BVerfG NJW 1978, 1245.

Zivilprozessen entstehende finanzielle Druck genommen werden, der sich zwar vordergründig zugunsten des Selbstbestimmungsrechts der Eltern auswirkt, letztlich aber dazu verführt, Ermessensspielräume zu Lasten des gefährdeten werdenden Lebens auszunützen.

Genomanalyse nach der Geburt

Die schwersten ethischen Probleme wirft sicherlich die pränatale Diagnostik auf. Aber auch beim Lebenden sind Konflikte vorgezeichnet. Nach Ansicht der deutschen Enquete-Kommission sollte im Neugeborenenalter ein Screening auf solche schweren, früh ausbrechenden Erbkrankheiten beschränkt werden, die behandelbar sind.[21] Auf unbehandelbare Krankheiten sollten Neugeborene nicht untersucht werden. Die Gründe für diese Unterscheidung sind nachvollziehbar und auch zu billigen, aber nur, wenn sichergestellt wird, daß beim Aufkommen neuer Behandlungsmöglichkeiten ein späteres Screening, z. B. im Rahmen schulärztlicher Untersuchungen, erfolgt. Das bewußte Unterlassen möglicher Untersuchungen wegen derzeit noch fehlender therapeutischer Konsequenzen sollte zu einer Art Garantenpflicht dahingehend führen, daß diese Untersuchungen dann nachgeholt werden müssen, wenn eine Therapie möglich wird.

Die Enquete-Kommission wendet sich gegen „aktive" ärztliche Beratung.[21] Der Arzt solle nicht von sich aus auf diejenigen zugehen, über deren Krankheit bzw. Krankheitsdisposition er als Nebenprodukt der ärztlichen Beratung anderer erfährt. Diese Position erscheint bei behandelbaren, insbesondere bei lediglich durch frühzeitige Intervention sinnvoll behandelbaren Krankheiten nicht selbstverständlich. „Aktive" Beratung kann natürlich aus finanziellen Beweggründen mißbraucht werden. Sie kann dem standesrechtlichen Werbeverbot zuwiderlaufen. Sie beschneidet darüber hinaus das Recht des Erbkranken auf Nichtwissen um die eigene Erkrankung. Der Kranke wird mit einer evtl. schwerwiegenden Diagnose konfrontiert, ohne dies gewollt zu haben. Dennoch wird in vielen Fällen so – und nur so – der Ausbruch einer Krankheit oder deren objektiv unnötige Verschlechterung verhindert werden können. Das generelle Verbot aktiver Beratung ginge damit zu Lasten derer, die die Information und die damit verbundenen Möglichkeiten dankbar entgegennehmen würden und damit evtl. sogar zu Lasten der breiten Mehrheit der Betroffenen. Von daher erscheint ein generelles Verbot aktiver ärztlicher Beratung den vielfach sogar vitalen Interessen genetisch Erkrankter zuwider zu laufen. Es widerspräche auch der derzeitigen Handhabung z. B. bei schweren Infektionskrankheiten.

Konsequenzen für die ärztliche Schweigepflicht

Natürlich wäre aktive Beratung über Erbkrankheiten fast immer mit einem Bruch der ärztlichen Schweigepflicht verbunden. Wer bei der Untersuchung eines Patienten eine Erbkrankheit diagnostiziert, wird die Verwandten des Patienten kaum anders darauf

[21] Deutsch, E., a.a.O. (s. Fn. 1), 309.

hinweisen können. Ähnliches gilt, wenn der Familien-Hausarzt bei ärztlichen Beratungen das eigene Wissen um Erkrankungen der Eltern oder Großeltern von sich aus einbringt, weil sein Patient diese Information oder auch nur deren Vorhandensein nicht kennt.

Hier sollten deshalb vor dem Hintergrund der durch neue Diagnosemöglichkeiten eingreifend veränderten medizinischen Grundlagen bei Betrachtungen über die ärztliche Schweigepflicht zwei fundamental unterschiedliche Konstellationen anerkannt und beachtet werden. Betrifft eine medizinische Information ausschließlich oder ganz überwiegend einen einzigen Geheimnisherren, könnten Fragen der Schweigepflicht nach „herkömmlicher" Betrachtungsweise gelöst werden. Betrifft eine an einem Patienten erhobene medizinische Information jedoch mehrere Personen in ähnlichem Maße, und dies wird - wie ausgeführt - bei der Diagnose von Erbkrankheiten oder anderen vererbbaren Eigenschaften praktisch immer der Fall sein, ist eine andere Betrachtungsweise angezeigt. Während gegenüber nichtbetroffenen Dritten natürlich keine Ausnahme von der derzeitigen Handhabung gemacht werden kann, müßten innerhalb der Gruppe der durch dieselbe genetische Information Betroffenen - unabhängig von der Einwilligung des einzelnen hierzu - andere Regeln gelten. Hier sollte die durch eine starre Schweigepflicht geschützte Information als eine Art gemeinsames Rechtsgut behandelt werden mit der Konsequenz, daß bei entsprechender Interessenlage der Arzt jedem der Betroffenen die Information übermitteln darf. Es würde damit für den Arzt die Notwendigkeit entfallen, während der Beratungssituation eine „gegenwärtige, nicht anders abwendbare" Gefahrenlage zu „entdecken" (z. B. bei dringlichem Kinderwunsch), um einen Bruch der Schweigepflicht nach § 34 StGB zu rechtfertigen. Wünschenswert wäre als Ergänzung eine rechtliche Regelung, die z. B. durch finanzielle Sanktionen den einzelnen „Geheimnisteilhaber" an Indiskretionen nach außen hindert.

Rechtliche Grenzen der Transplantationsmedizin

A. Laufs

Recht und Ethik

Daß sie sich Grenzen setze, sei erste Pflicht aller Freiheit, ja die Bedingung ihres Bestands, denn nur so sei Gesellschaft möglich, ohne die der Mensch nicht sein kann und auch nicht seine Herrschaft über die Natur. Auf eindrucksvolle Weise hat Hans Jonas diese alte Einsicht erneuert und verbreitet.[1] Sie gilt auch und vornehmlich für die stürmisch fortschreitende Medizin. Ärzte dürfen der „Verführung durch das Machbare“[2] nicht erliegen, nicht alles, was sie im Kampf gegen Krankheit und Tod auszurichten vermögen, auch ins Werk setzen. Darüber besteht spätestens seit den aufrüttelnden Schriften Paul Sporkens und anderer kritischer Autoren Einmütigkeit. Doch wo liegen im einzelnen die Grenzen der Neulandmedizin[3], der artefiziellen Reproduktion[4], der Transplantationsmedizin?[5] Das Bestreben der Mediziner, Not zu wenden und Unheil zu bannen, schiebt die Grenzen immer weiter hinaus. Die gute Absicht des Wissenschaftlers und verlockender Erkenntnisgewinn machen es der Kritik schwer, Einhalt zu gebieten oder auch nur ein Interim verhaltender Selbstprüfung zu verlangen.

Bei den anstehenden Problemen geht es um das Wesentliche, um Leben und Tod, um das Sinnganze unserer Existenz. Sie stellen das Sein des Menschen in Frage und auf die Probe. An ihnen erweisen sich die Grundkonsense wie die sittlichen Bruchlinien einer Gemeinschaft.[6] Das sozialethische Bewußtsein schwankt und verändert sich augenfällig, auch auf dem Feld des Lebensschutzes.[7] Um so notwendiger erscheint die den inneren Frieden und die Gemeinschaft gewährleistende Funktion des Rechts. Die in der Verfassung normierten Grundwertentscheidungen sind der „gemeinsame sozialethische Nenner der pluralistischen Gesellschaft“.[8] Zu diesen Grundwerten gehören als herausragende die Menschenwürde, das Leben und die freie Entfaltung der Persönlich-

---

[1] Jüngst etwa in der vielbeachteten Rede anläßlich seiner Auszeichnung mit dem Friedenspreis des deutschen Buchhandels, Concepte 1987, H. 11/12, 1ff.

[2] P. Koslowski, P. Kreuzer, R. Löw (Hg.), Die Verführung durch das Machbare. Ethische Konflikte in der modernen Medizin und Biologie, 1983.

[3] Vgl. zuletzt H. K. Breddin, E. Deutsch, R. Ellermann u. H. J. Jesdinsky (Hg.), Rechtliche und ethische Probleme bei klinischen Untersuchungen am Menschen, 1987.

[4] A. Laufs, Rechtliche Grenzen der Fortpflanzungsmedizin, 1987.

[5] E. Dietrich (Hg.), Organspende, Organtransplantation. Indikationen, Technik, Resultate. Ein Report des Machbaren, 1985; H.-J. Kramer, Rechtsfragen der Organtransplantation, 1987.

[6] C. Bruaire, Medizin und Ethik, 1982, 10.

[7] T. Würtemberger, Zeitgeist und Recht, 1987, 114.

[8] J. Isensee, NJW 1977, 545.

keit. Es gilt, die ihrem Schutz dienenden Gesetzesnormen - oft Generalklauseln - auf die Sachverhalte der modernen Medizin anzuwenden, sie auszufüllen und fortzubilden. Doch dabei treten die sittlichen Dissense und Aporien alsbald wieder zu Tage. Sie bedürfen der Klärung auch im Interesse der Rechtsordnung, die sich von ihren sittlichen Grundlagen nicht ablösen läßt. Sittlich entscheidet, wer sachgerecht urteilt in einem umfassenden Sinn des Wortes. Das Moralische ist nicht ein Gesichtspunkt neben anderen, „sondern eine bestimmte Weise, die verschiedenen Aspekte einer Sache zur Kenntnis zu nehmen, sie zu ordnen und sie für die Praxis wirksam werden zu lassen". Der sittlich begründete Entschluß läßt keine wesentliche Folge außer Betracht. „Sittliches Verhalten ist dasjenige Verhalten, das die Gesamtheit der Aspekte einer Sache nach dem ihnen eigenen Gewicht im Handeln zur Geltung kommen läßt".[9]
Recht und Moral bleiben aufeinander angewiesen. Die Grenzfragen der Medizin um Leben und Tod stellen sich auch der Allgemeinheit und sind darum immer zugleich solche des Rechts. Antworten der Standesorganisationen, so gewichtig sie sein mögen, genügen darum nicht. Reichen geltende Rechtssätze nicht aus, um neue Sachverhalte zu regeln, oder führen unterschiedliche berufsethische Positionen zu widersprüchlichen Praktiken im ärztlichen Umgang mit menschlichem Leben, so ist der Gesetzgeber aufgerufen. Gesetzliche Regeln können zwar nur in begrenztem Umfang dazu beitragen, ethische Verhaltensweisen zu formen und durchzusetzen, doch die bloße Existenz von Sanktionen beeinflußt die Wertvorstellungen und Einlassungen des Publikums durchaus.[10]

Philosophische Einwände

Nachdem die jahrelang eindringlich geführte Diskussion um die rechtlichen Voraussetzungen der Transplantationsmedizin und um ein eigenes Gesetz[11] am Anfang der 80er Jahre verebbt war, entzündete sie sich jüngst aufs neue. Philosophische Einwände ließen sich vernehmen, und Stimmen aus der Medizin warben andererseits darum, Zurückhaltung aufzugeben.
In das Singularverhältnis zwischen Arzt und Patient ragt das Gemeinwohl hinein, das beide verpflichtet. „Der Arzt dient der Gesundheit des einzelnen Menschen und des gesamten Volkes", so bestimmt das Gesetz.[12] „Die medizinischen Ressourcen der Gesellschaft an Personal, Einrichtungen, Hospitalraum usw. sind nicht unbegrenzt, und der Arzt muß sich fragen, ob der unverhältnismäßige Aufwand gewisser ‚heroischer' Maßnahmen wie etwa Herztransplantation (dazu mit problematischem Lebensgewinn auch im geglückten Fall) nicht zu sehr auf Kosten der medizinischen Allgemeinversorgung geht: ein ganz neuartiger Verantwortungshorizont, der sich gerade aus dem Fortschritt medizinischer Technik und ihrer steigend anspruchsvollen Apparatur auftut."[13]

---

[9] R. Spaemann, in: W. Heintzeler u. H.-J. Werhahn (Hg.), Energie und Gewissen, 1981, 34.
[10] Vgl. BVerfGE 39, 1, 57; D. Giesen, Ethische und rechliche Grenzen biomedizinischer Verfahren, in: Lebensbeginn und menschliche Würde = Gentechnologie. Chancen und Risiken Bd. 14, 1987, 109ff.
[11] Vgl. die Nachweise von A. Laufs: NJW 1976, 1125f., 1977, 1084; 1978, 1179f.; 1979, 1233; 1980, 1319; 1983, 1350f.
[12] § 1 Abs. 1 Bundesärzteordnung.
[13] H. Jonas, Ärztliche Kunst und menschliche Verantwortung, in: Renovatio 39, 1983, 229ff., 236.

Die Aufgabe gerechter Einteilung vorhandener begrenzter Mittel gewinnt bei den ärztlichen Indikationen generell zunehmendes Gewicht.[14] So wirft auch die Reproduktionsmedizin soziale und sozialpolitische Probleme auf. Es stellt sich „die Frage, ob der ungeheure Aufwand, der ... im Falle der Retortenbabies getrieben wird, sich rechtfertigen läßt, um den letzten Endes rein egoistischen Wunsch nach dem eigenen Kind zu erfüllen". Stellt die künstliche Befruchtung in einer Welt der Überbevölkerung, der Geburtenkontrolle und der Unterernährung vieler Millionen Menschen nicht einen biologischen Luxus dar?[15] Die ausgewogene Handreichung der Evangelischen Kirche in Deutschland von 1985 formuliert behutsam: „Die Erfüllung eines individuellen Kinderwunsches durch eine extrakorporale Befruchtung bindet in den medizinischen Einrichtungen erhebliche Mittel. Diese Mittel stehen zur Behebung von anderer Not nicht mehr zur Verfügung".[16] Um so zurückhaltender müssen Krankenhausverwaltungen, Ärzte und Versicherer auf dem Felde der Reproduktionsmedizin verfahren.[17]
Jürgen Dahl hat in einem scharfsinnigen Aufsatz das Thema für die Transplantation eindringlich gestellt[18] und dabei den Chef einer chirurgischen Universitätsklinik zitiert, der die Gründe nannte, weshalb in seinem Krankenhaus bisher keine Herztransplantationen ausgeführt worden seien. Bei einer solchen Operation müsse der Arzt sich fragen, ob der große „Einsatz von Personal, Material und Geld zu verantworten sei, wenn dem Prestige zuliebe, auch einmal ein Herz verpflanzt zu haben, mehrere auf der Warteliste stehende Patienten nicht operiert werden können, obgleich ihre Aussichten bei geringem Einsatz besser sind". Der spektakuläre und vorzeigbare Erfolg, so Dahl, könne mit einem Versäumnis an anderer Stelle erkauft sein. Der Wille zu heilender Tat, der Vorsatz fachlicher Karriere, ärztliche Hilfsbereitschaft und medizinischer Forschergeist müssten in ihren Verflechtungen immer undurchsichtig bleiben. Und eines Tages lasse sich die Hochleistungsmedizin nicht mehr bezahlen. Wer die Aus- und Einpflanzung von Organen propagiere und die Spendebereitschaft zu erhöhen trachte, wer die Sozialpflichtigkeit des Leichnams zum Gesetz erheben wolle, der müsse Finanzierungspläne vorlegen, den notwendigen Verzicht an anderer Stelle einfordern oder erklären, wie sich sonst die „Transplantationsflut" bewältigen lasse.
Ebensowenig gelöst sei die Frage nach der gerechten Verteilung der sich bietenden Möglichkeiten, nach der richtigen Auswahl der zu Begünstigenden. Die Krankenkassenbeiträge aller Mitglieder der Solidargemeinschaft ermöglichten den Aufschwung der Transplantationsmedizin. Doch wenn diese ihren Höhepunkt erreiche und unbezahlbar werde, schlage die Stunde der Vermögenden. Neu und unerhört sei der Umstand, daß durch die Transplantationschirurgie der Körper des Menschen zum Wertgegenstand werde „in der schlichten materiellen Form des wenigstens teilweise noch funktionsfähigen Organismus". Die Gefahr der Kommerzialisierung drohe nun

---

[14] Vgl. den Ansatz BGH, VersR 1975, 44; H. W. Opderbecke, Grenzen der Intensivtherapie, in: P. Lawin u. H. Huth (Hg.), Grenzen der ärztlichen Aufklärungs- und Behandlungspflicht, 1982, 109ff., 113; D. Birnbacher, Medizin-Ethik, 1986, 59ff.

[15] O. Höffe, Sittlich-politische Diskurse, 1981, 239ff.

[16] Von der Würde werdenden Lebens, in: M. Lanz-Zumstein (Hg.), Embryonenschutz und Befruchtungstechnik, 1986, Anhang 9, 217.

[17] Der BGH hat in einem bedenklichen Urteil die Erstattungsfähigkeit der Kosten einer extrakorporalen Befruchtung zu Lasten der privaten Krankenversicherung grundsätzlich bejaht: BGH, NJW 1987, 703; mit guten Gründen ablehnend rezensiert von M. Pap, MedR 1987, 184f.

[18] Hat der Schwarze Kutscher recht? Scheidewege 16, 1986/87, 168ff.

auch hier. Es könne noch keineswegs als ausgemacht gelten, was schwerer wiege: „die geretteten Jahre der Operierten oder die Summe dessen, was die Verdinglichung des menschlichen Leibes an Niederträchtigem und Anrüchigem, an Schäbigkeit und Unlauterkeit nach sich ziehen wird".
Strenge Einwände erhob auch Reinhard Löw in einem Aufsatz, für den er 1985 den Internationalen Preis der „Fundacion Letamendi-Forns" (Barcelona) über die „Wissenschaft des Menschen" bekam: „Die moralische Dimension von Organtransplantationen".[19] Der Autor tritt dem Vorschlag eines deutschen Geschäftsmannes entgegen, der einen Vermittlungsdienst für freiwillige Organspender vor allem von Nieren aus Ländern der Dritten Welt einzurichten empfahl. Der Kaufpreis bewahre den Spender vor Not in einem armen Land, so der Arzt und Geschäftsmann; außerdem unterscheide sich der Vorgang qualitativ nicht von der entgeltlichen Blutspende. Diese Argumente sind wenig überzeugend, denn ein ausgepflanztes Organ wächst nicht wieder nach, während Blut regeneriert. Wenn die Blutspende ausschließlich um des wirtschaftlichen Vorteils wegen geschieht, geht sie ihrer ethischen Rechfertigung verlustig. Löw betont mit Grund: ein noch so guter Zweck kann niemals ein Mittel heiligen, das in sich schlecht ist (actus intrinsice malus); es gilt dies für die Instrumentalisierung anderer wie für die des eigenen Leibs.
Die Selbstinstrumentalisierung, die derzeit auch in der Debatte um die Reproduktionstechniken der In-vitro-Fertilisation und der „Leihmutterschaft" eine Rolle spielt, verstoße – so Löw – als besonderer Fall (*Selbst*-Instrumentalisierung) gegen jene Fassung des Kategorischen Imperativs von Immanuel Kant, nach welcher der Mensch *immer auch* als Zweck, niemals *nur* als Mittel betrachtet werden dürfe. „Von daher wäre der Verkauf eigener Organe um des Gewinnes willen ein Verstoß gegen die Würde des Menschen. Es wird ethisch nicht dadurch besser, daß der Betroffene einwilligt. Die Fragwürdigkeit des ganzen ‚Geschäftes' wird (analog dem Fall der Leihmutterschaft) besonders dadurch deutlich, daß der ‚Zwischenhandel' die Hälfte des Kaufpreises behalten würde".
Für Löw ergibt sich ein anderer Begriff des Leichnams als der des „Organersatzteillagers": „Er ist die symbolische Präsenz der Person, der er zu irdischen Lebzeiten als Leib gedient hatte. Gewiß, die Person hat nicht mehr diesen Leib, aber es handelt sich um deren Leichnam. Er drückt noch einige Zeit über den Tod hinaus die Persönlichkeit des Gestorbenen aus, auch wenn sie als Person im Diesseits nicht mehr existiert." Die medizinische Sichtweise hingegen blende den Charakter des Symbolischen aus. Der hedonistische Materialismus kehrt sich ab von Symbol und Sinn.

Notwendigkeiten aus medizinischer Sicht

Neben einer Auswahl kritischer philosophischer Reflexionen verdienen die für die Transplantation werbenden Stimmen von Medizinern Aufmerksamkeit. Die Not ungezählter Kranker, die auf eine lebensrettende Organspende warten, läßt sich nicht übersehen. Zwei namhafte Rechtsmediziner haben jüngst die Schwierigkeiten be-

[19] Scheidewege 17, 1987/88, 16ff. – Gegen eine Kommerzialisierung der Organspende in jeder Form entschieden der Transplantationskodex d. Arbeitsgem. Transplantationsmed. 1987.

klagt, die der Gewinnung von Transplantaten entgegenwirken.[20] „Standen 1978 noch 20000 Verkehrstote einem Bedarf von 1000 Spendernieren gegenüber, so ist die Zahl der Verkehrstoten heute (1986) auf 8500 pro Jahr gesunken, die Zahl der nach heutigen Erkenntnissen dialysepflichtigen Neuerkrankungen jedoch auf ein Mehrfaches gestiegen. Ein Nichtwahrnehmen potentieller Spenderkapazitäten ist danach heute kaum noch vertretbar." Vor Strafanzeigen, Ermittlungs- und Dienstaufsichtsverfahren, Schadensersatz- und Schmerzensgeldprozessen könne der Explanteur derzeit nur sicher sein, wenn ein Organspendeausweis vorliege, wenn der Spender sein Einverständnis schon vor dem Tode erklärt habe oder wenn die totensorgeberechtigten Angehörigen die Einwilligung nach einer für sie wie den Arzt überaus belastenden Aussprache in unmittelbarem Zusammenhang mit der Todesnachricht erteilt hätten. Auch trage mangelnde ärztliche Kooperation zum Transplantatmangel bei. „Mancher potentielle Organempfänger muß sterben, weil sich viele Ärzte hier seelisch überfordert fühlen."
Für die zitierten Autoren bleibt schwer einzusehen, „daß Pietät der Entnahme frischer Organe, mit denen Gesundheit oder Leben eines anderen gerettet werden kann, entgegenstehen soll". Die Entnahme könne vielmehr ärztliche Pflicht sein. „Ärztliche Pflicht sollte es sein, das vorhandene Potential an Spenderorganen auch um den Preis eigener seelischer Belastung stärker als bisher zu mobilisieren." In erster Linie sei der Gesetzgeber aufgerufen, „die unsichere Rechtslage durch ein Transplantationsgesetz zu regeln, wobei aus Sicht der Transplantationsmedizin wohl nur eine Form der Widerspruchslösung geeignet ist, das derzeitige unzureichende Aufkommen an Spenderorganen entscheidend zu steigern".

Die Strafvorschrift zum Schutz der Totenruhe

Dieser Beitrag kann weder die Diskussion um ein Transplantationsgesetz zur Gänze wieder aufnehmen, noch das Recht der Organverpflanzung im Zusammenhang erörtern.[21] Es lassen sich auf dem begrenzten Raum lediglich einzelne aktuelle Fragen behandeln, wobei es gilt, die Grundvoraussetzungen mitzubedenken.
Penning und Liebhardt verdienen Zustimmung, wenn sie sich gegen eine „Uminterpretation des Gewahrsamsbegriffs des § 168 StGB zugunsten der Rechte der Angehörigen" wenden.[22] Das Problem eigenmächtiger Sektionen und Organexplantationen in Krankenhäusern läßt sich mit der Strafvorschrift zum Schutz der Totenruhe nicht befriedigend lösen. Nach überwiegender Ansicht entfällt der Tatbestand hier schon deshalb, weil Leichenteile nicht aus dem Gewahrsam, der tatsächlichen Obhut der Angehörigen, weggenommen worden sind.[23]

---

[20] R. Penning u. E. Liebhardt, Entnahme von Leichenteilen zu Transplantationszwecken – Straftat, ärztliche Pflicht oder beides? In: W. Eisenmenger, E. Liebhardt u. M. Schuck (Hg.), Medizin und Recht. Festschrift f. W. Spann, 1986, 440ff.
[21] Vgl. A. Laufs, Arztrecht, [4]1988, Kap. V (mit Bibliographie).
[22] Vorstehende Note 20, 445ff.
[23] T. Lenckner, in: A. Schönke, H. Schröder, Strafgesetzbuch-Kommentar, [23]1988, § 168 Rdnr. 6; kritisch H. Tröndle, in: E. Dreher u. H. Tröndle, StGB-Komm., [44]1988, § 168 Rdnr. 3.

Transplantatentnahme bei Lebenden und Menschenwürde

Der explantierende Arzt befindet sich bei seinem Eingriff in die körperliche Integrität des lebenden Spenders nur dann im Einklang mit dem Recht, wenn dessen gültige Einwilligung nach vollständiger Aufklärung vorliegt. Den rechtfertigenden Notstand nach § 34 StGB kann der Explanteur regelmäßig nicht für sich in Anspruch nehmen. Der Arzt darf einem Menschen ohne oder gar gegen dessen Willen die lebensrettende Blutspende zugunsten eines notleidenden Dritten nicht abnehmen. Das gewichtige Interesse „an der Respektierung des Menschen als Selbstzweck, an der Achtung der Personenwürde" schlägt hier als absoluter Wert zu Buch.[24] Für die Entnahme von Knochenmark oder eines Organs gilt dies ebenso.

Das Bild des Menschen, wie es der Verfassung zugrundeliegt, bildet den wesentlichen Bezugspunkt unserer verfassungsrechtlichen Ordnung. Wird es verändert, so helfen die einzelnen Grundrechte nichts mehr.[25] Wer diese Position bezieht, muß erkennen, daß er der Disposition des volksgewählten Parlaments entzieht, was er als Inhalt des Art. 1 GG, der Menschenwürde, feststellt, worüber am Ende das BVerfG entscheidet. Er darf nicht der Gefahr erliegen, durch unmittelbaren Zugriff auf Artikel 1 die einzelgesetzlichen Regeln zu übergehen und die Grundnorm der Verfassung zu überfordern und dadurch abzuwerten.[26]

Der Zweite Senat des BVerfG hat in seinem Urteil zum Abhörstreit erklärt, es hänge alles von der Festlegung ab, „unter welchen Umständen die Menschenwürde verletzt sein kann". „Offenbar", so der Senat, „läßt sich das nicht generell sagen, sondern immer nur in Ansehung des konkreten Falles. Allgemeine Formeln wie die, der Mensch dürfe nicht zum bloßen Objekt der Staatsgewalt herabgewürdigt werden, können lediglich die Richtung andeuten, in der Fälle der Verletzung der Menschenwürde gefunden werden können".[27] Der Mensch sei, so das höchste Gericht weiter, nicht selten bloßes Objekt nicht nur der Verhältnisse und der gesellschaftlichen Entwicklung, sondern auch des Rechts, insofern er ohne Rücksicht auf seine Interessen sich fügen müsse. Eine Verletzung der Menschenwürde könne darin allein nicht gefunden werden. Hinzukommen müsse, daß er einer Behandlung ausgesetzt werde, die seine Subjektqualität prinzipiell in Frage stelle, oder daß in der Behandlung im konkreten Fall eine willkürliche Mißachtung der Würde des Menschen liege.

Dem Votum der drei abweichenden Richter genügte dies nicht.[28] Alle Staatsgewalt habe den Menschen in seinem Eigenwert, seiner Eigenständigkeit zu achten und zu schützen. Er dürfe nicht unpersönlich, nicht wie ein Gegenstand behandelt werden, auch wenn es nicht aus Mißachtung des Personenwertes, sondern in guter Absicht geschehe. Der Erste Senat habe dies dahin formuliert, es widerspreche der menschlichen Würde, den Menschen zum bloßen Objekt staatlichen Handelns zu machen und

---

[24] Vgl. T. Lenckner, Der rechtfertigende Notstand, 1965, 130f., mit weiteren Nachweisen auch zur Reformdebatte.

[25] So wegweisend im Blick auf die Gentechnologie E. Benda, Gentechnologie und Recht – die rechtsethische Sicht, in: Gesellschaft f. Rechtspolitik Trier (Hg.), Bitburger Gespräche, Jahrb. 1986/1, 17ff., 27.

[26] Vgl. W. Graf Vitzthum, ZRP 1987, 33ff.; W. Wachsmuth u. H.-L. Schreiber, Mitt. d. Dt. Ges. f. Chirurgie 5, 1986, 154ff.

[27] BVerfGE 30, 25f.

[28] BVerfGE 30, 39f. Vgl. dazu auch G. Dürigs Plädoyer, in: Festgabe für T. Maunz, 1971, 41ff.

kurzerhand von Obrigkeits wegen über ihn zu verfügen. Damit werde keineswegs lediglich die Richtung angedeutet, in der sich Fälle der Würdeverletzung finden ließen. Es sei vielmehr ein in Art. 1 Abs. I GG wurzelnder Grundsatz, der unmittelbare Maßstäbe setze. Dem entspricht die berühmte Dürigsche Formel: „Die Menschenwürde ist getroffen, wenn der konkrete Mensch zum Objekt, zu einem bloßen Mittel, zur vertretbaren Größe herabgewürdigt wird".[29]
Es geschähe eben dies, wenn Mediziner ohne Einverständnis oder gegen den Willen des Betroffenen in dessen körperliche Integrität eingriffen und ihm Körpersäfte oder -teile wegnähmen. Solche Eingriffe verletzten nicht nur die körperliche Unversehrtheit und das Selbstbestimmungsrecht des Opfers, sondern auch die Menschenwürde. Die gute Absicht des Verletzers und der Rang seines Ziels ändern an diesem Urteil nichts. Ähnliches gilt für das wissenschaftlich-medizinische Experiment. Es verlangt neben der Vertretbarkeit unbedingte Freiwilligkeit. Während den Heilversuch die ins Werk gesetzte therapeutische Absicht zugunsten des Patienten trägt, nützt das wissenschaftliche Experiment der Gesundheit des Probanden nicht. Der Einsatz des Probanden dient allein dem Fortschreiten der Erkenntnis, dem Wohl anderer, der Gesundheit künftiger Kranker. Darum bleibt von Rechts wegen beim Experiment der freie Willensentschluß des uneingeschränkt zur Selbstbestimmung fähigen Probanden erforderlich. Zwangsexperimente, etwa an Gefangenen, verstießen gegen die Menschenwürde.[30] Den nicht einwilligungsfähigen Minderjährigen darf der Mediziner weder als Probanden noch als Organspender heranziehen und gebrauchen.

Die Einwilligung des lebenden Spenders

Bei der Organspende geht es um einen medizinischen Eingriff in die höchstpersönlichen Rechte des Spenders. Darum kann nur dieser selbst einwilligen. Die Erklärung des Einverständnisses muß ausdrücklich erfolgen; schlüssiges Verhalten reicht nach vorherrschender Ansicht nicht aus.[31] Der gesetzliche Vertreter oder das Vormundschaftsgericht können die Einwilligung nicht ersetzen.[32] Darum kommen Geisteskranke wohl nie und Minderjährige nur ausnahmsweise als Spender in Frage. Die Rechtslage kann durchaus die Dramatik mancher Fälle verschärfen. Die Praxis schwankt.
So hat etwa das Vormundschaftsgericht Tübingen durch Beschluß auf Anregung einer Klinik das Kreisjugendamt zum Ergänzungspfleger für ein 14jähriges Mädchen bestellt, dem die Ärzte in Vollnarkose Knochenmark entnehmen wollten, um damit das Leben des an Leukämie erkrankten Bruders zu retten. In den Gründen führte das Amtsgericht aus, die Eltern und gesetzlichen Vertreter der noch Minderjährigen könnten „ihre Tochter bei Erteilung der erforderlichen Zustimmung zur Knochen-

---

[29] G. Düring, in: T. Maunz, G. Düring u. a., Grundgesetz, Kommentar, Art. 1 Abs. I Rdnr. 28 (1958).
[30] Zu den Versuchen an „captive groups" E. Deutsch, Arztrecht und Arzneimittelrecht, 1983, 278, mit Nachw. Vgl. auch § 40 Abs. I Ziffer 3 AMG. – Beim Heilversuch, der aus der Dogmatik des Heileingriffs zu entwickeln ist, gelten für die Einwilligung andere Regeln.
[31] Vgl. etwa E. Gramer, Das Recht der Organtransplantation, iur. Diss. Würzburg 1981, 30.
[32] Jedenfalls überwiegende Ansicht; vgl. etwa E. Gramer (vorst. Note), 28; G. Brenner, Organtransplantation, in: A. Mergen (Hg.), Die juristische Problematik in der Medizin Bd. 1, 1971, 126ff., 129f.; T. Carstens, Das Recht der Organtransplantation, 1978, 36ff.; H.-J. Rieger, Lexikon des Arztrechts, 1984, 805 (Rdnr. 1767).

marksentnahme wegen des damit verbundenen Interessenkonflikts nicht vertreten". Das Gericht hielt darum insoweit nach § 1909 BGB eine Ergänzungspflegschaft für geboten. Es bestellte das Kreisjugendamt zum Ergänzungspfleger, „weil dessen zuständige Beamte nach Kenntnis des Gerichts die erforderliche Erfahrung haben". Die behandelnden Ärzte wies das Vormundschaftsgericht auf die Erforderlichkeit der persönlichen Zustimmung des Mädchens zu dem Eingriff hin, weil es bereits 14 Jahre alt war.

Der Beschluß geht fehl. Es kam nicht auf den Interessenkonflikt an, in den die Eltern gerieten, wenn sie zur Rettung eines ihrer Kinder das andere einem schweren, wenngleich regelmäßig folgenlos verlaufenden medizinischen Eingriff unterwarfen. Die Eltern haben die Sorge für die Person ihres Kindes zu dessen Wohl auszuüben (§§ 1626, 1627, BGB). Die Personensorge umfaßt die Inanspruchnahme ärztlicher Hilfe für das Kind und damit auch die Entscheidung über gebotene diagnostische und therapeutische Maßnahmen. Danach können die Eltern über Heileingriffe zum Vorteil des Kindes, nicht aber über Organentnahmen zu dessen Lasten bestimmen. Auch über eine Ergänzungspflegschaft nach § 1909 BGB, die Lücken im Dienste notwendiger Fürsorge schließen soll, ließ sich der Eingriff nicht legitimieren. Die Persönlichkeitsrechte der Minderjährigen standen ihm unüberwindlich entgegen. Besaß die Minderjährige indessen die geistige und sittliche Reife, um die Tragweite des ihr zugemuteten medizinischen Eingriffs zu ermessen, so konnte sie selbst in die Operation einwilligen, ohne daß ein solcher Entschluß dann der Bestätigung durch Dritte bedurfte.[33] Grundsätzlich muß der Einwilligende Wesen, Bedeutung und Folgen des Eingriffs voll erfassen und seinen Willen danach bestimmen können. Die Urteils- und Kritikfähigkeit muß so weit entwickelt sein, daß sie die geplante Operation ganz zu würdigen vermag. Der Arzt muß sich vor dem Eingriff in sorgfältiger Prüfung von der Einsichts- und Willensfähigkeit des Minderjährigen überzeugen. Ohne ein gewissenhaft gewonnenes positives Urteil darf er eine Transplantatenentnahme nicht durchführen. Ein 14-jähriger Mensch kann durchaus die Fähigkeit besitzen, sein rechtswirksames Einverständnis mit einer Entnahme von – regenerierendem – Knochenmark zu erklären,[34] aber kaum mit einer Nierenexplantation. In eine folgenschwere Nierenspende wird ein Minderjähriger regelmäßig nicht einwilligen können, den noch Jahre von der Mündigkeit trennen.[35]

Organentnahme beim Verstorbenen

Die Organentnahme beim Verstorbenen kann unmittelbar nach dem Eintritt des Gehirntodes erfolgen. Die rechtliche Anerkennung des Hirntodes[36] als das unser

---

[33] Zur Problematik allgemein und mit weiteren Hinweisen H. Narr, Ärztliches Berufsrecht, ^{2}1988, 533f., Rdnr. 870; BGHZ 29, 33, 36.

[34] T. Carstens, Note 32, 158.

[35] B.-R. Kern, Zivilrechtliche Gesichtspunkte der Transplantation, in: B. Gramberg-Danielsen (Hg.), Rechtliche Grundlagen der augenärztlichen Tätigkeit, 3. Lief. 1988, 2.8. – Vgl. zum Problem auch E. Deutsch, in: H. D. Hiersche, G. Hirsch u. T. Graf-Baumann (Hg.), Grenzen ärztlicher Behandlungspflicht bei schwerstgeschädigten Neugeborenen, 1987, 95f. Deutsch neigt dazu, in den Fällen der Knochenmarkentnahme beim Einwilligungsunfähigen die Eltern entscheiden zu lassen.

[36] Das Nähere bei A. Laufs, wie Note 21; ders., Der Nervenarzt 1985, 399ff.

Menschenleben beendende Ereignis erleichtert die Transplantatentnahme, rechtfertigt sie aber noch nicht. Der Umstand, daß die neue Todesdefinition den therapeutischen Fortschritten entgegenkommt, darf nicht dazu führen, daß wir die naturwissenschaftlich-medizinischen Fragen mit den rechtlich-normativen vermischen. Mag in der Hirntoddefinition, soweit es sich um den auf die Organentnahme zugeschnittenen begrifflichen Nenner handelt, ein Stück Notstandsdenken stecken – die Möglichkeit des Zugriffs auf Lebensreste eines im naturwissenschaftlichen Sinne noch im Sterbeprozeß Begriffenen zur Lebensrettung eines anderen –, so bedeutet die neue Scheidelinie doch nicht die Preisgabe des Körpers oder einzelner seiner Teile. Auch die Aufrechterhaltung der Reanimation nach erfolgtem Hirntod im Interesse einer guten Konservierung der Organe [37], also die postmortale Verzögerung des Gesamttodes, bedarf besonderer Legitimation. Denn die leiblichen Reste des Verstorbenen dienen fremden Zwecken, der eingreifende Arzt befördert nicht mehr dessen Wohl.

Als berechtigt hat das vielfach erhobene und befolgte Postulat zu gelten, den Hirntod müsse ein mit den oder dem Transplantationschirurgen nicht identisches Ärzteteam schriftlich bezeugen, damit der Gefahr oder auch nur dem Verdacht einer durch das Transplantationsinteresse beschleunigten, übereilten Todesannahme vorgebeugt werde.[38]

Für die Rechtfertigung der Explantation beim Toten kommt – bei geringfügigen Entnahmen[39] – die Sozialadäquanz in Betracht, bei der Ausspflanzung von Organen die Zustimmung des Spenders zu seinen Lebzeiten für den Fall seines Todes sowie naher Angehöriger, schließlich – überaus problematisch – der Notstand: das Prinzip der Güterabwägung nach § 34 StGB im konkreten Einzelfall.

Anenzephalus

Der Mangel an Transplantaten zeigt sich auch bei den einer Organspende bedürftigen Säuglingen und Kleinkindern. Die Frage stellt sich, ob und unter welchen Voraussetzungen sich die Medizin des Potentials schwerst mißgebildeter Neugeborener bemächtigen darf, um anderes Leben zu retten. Dabei kreist die aktuelle Diskussion um die anenzephalischen Neugeborenen. Die Anenzephalie bedeutet eine schwerste Mißbildung des Kopfes: es fehlt die Schädeldecke mit ausgedehnten Teilen des Gehirns.[40] Weil Kinder mit diesem schwersten Gebrechen einen funktionstüchtigen Hirnstamm besitzen, kommen sie lebend zur Welt: sie atmen, ihr Herz schlägt, der Blutkreislauf befindet sich in Gang. Bei äußerst starken Schäden kann der Tod früh eintreten. Anenzephale können ihre Geburt um Stunden, Tage, Wochen und vereinzelt noch länger überleben. Die Überlebenszeit läßt sich regelmäßig schwer voraussagen. Alle

---

[37] Zur Problematik der Intensivpflege einer hirntoten Schwangeren im Interesse des Ungeborenen: A. Laufs, NJW 1985, 1362f.

[38] Über die Kriterien des Hirntodes im Lichte der Transplantationspraxis in Polen S. Raszeja, in: Festschr. für W. Spann, 1986, 453ff.

[39] Die Integrität des Leichnams nur geringfügig verletzende, nicht entstellende Eingriffe: die unauffällige Entnahme kleiner Substanzen (Gehörknöchelchen, Augenhornhaut). Dagegen H.-L. Schreiber u. G. Wolfslast, in: E. Dietrich (Hg.), Organspende, Organtransplantation (oben Note 5), 51.

[40] Pschyrembel, Klinisches Wörterbuch, [255]1986, 74.

anenzephalischen Kinder müssen aber an ihren Gebrechen alsbald oder früh sterben, ohne eine Entwicklungschance zu haben.
Die Rechtsprobleme bei Anenzephalen sind vielschichtig.[41] Es geht dabei um die Abtreibung, um den Behandlungsabbruch und nicht zuletzt um die Organentnahme. Die Themen stehen durchaus in einem Zusammenhang, verlangen indessen eine differenzierende Aufmerksamkeit. Die Möglichkeit eines straffreien Schwangerschaftsabbruchs eröffnet bei dessen Unterbleiben nicht ohne weiteres von Rechts wegen die Organentnahme bei dem anenzephalischen Neugeborenen.[42] Die Indikation zum Schwangerschaftsabbruch bedeutet bei Anenzephalen keineswegs freie medizinische Verfügbarkeit über das mißgebildete Leben. Die Geburt stellt die Zäsur und Schutzschranke dar. Mit dem Beginn des Geburtsaktes setzt der strafrechtliche Schutz des Lebens der Menschen ein. Das Kind kann Objekt eines Tötungsdelikts sein, wenn es zum Zeitpunkt des Geburtsbeginns tatsächlich lebt, ohne dabei noch vom Leben der Mutter abzuhängen. Seine weitere Lebensfähigkeit ist dagegen nicht erforderlich. Angesichts der absoluten Lebensgarantie des Art. 2 Abs. II GG dürfen die physische Lebensfähigkeit oder Lebenserwartung so wenig ein Kriterium bilden wie der subjektive Lebenswille oder gar die soziale Funktionsfähigkeit und gesellschaftliche Wertschätzung. „Daher stehen auch Kinder mit körperlichen oder geistigen Defekten ebenso wie Mißgeburten, sofern sie jedenfalls lebend zur Welt gekommen sind, unter dem grundsätzlichen Schutz der Tötungstatbestände“.[43] Die Konsequenz daraus kann nur heißen: Der Chirurg darf dem anenzephalischen Neugeborenen Organe erst dann entnehmen, wenn dessen Tod feststeht.
Nach den Kriterien, die der Wissenschaftliche Beirat der Bundesärztekammer aufstellte und fortschrieb[44], kennzeichnet der irreversible Verlust der Großhirn- und der Hirnstammfunktion den Hirntod. Beim Anenzephalen müssen die Operateure also den definitiven Ausfall des Hirnstammes und damit der Spontanatmung abwarten, ehe sie mit der Entnahme von Körpersubstanz beginnen können, auch wenn die Transplantationsfähigkeit bestimmter Organe darunter leidet.[45] Die genannten Maßgaben der Bundesärztekammer schreiben auch die Beobachtungszeit vor: Müssen die Ärzte auf ein EEG verzichten und liegt auch kein angiographischer Befund vor, so müssen sie die im einzelnen aufgeführten Ausfallsymptome je nach Fallgruppe während einer bestimmten Zeitspanne feststellen. „Bei Säuglingen und Kindern bis zum 2. Lebensjahr soll in allen Fällen mit primärer Hirnschädigung die Beobachtungszeit 24 Stunden

---

[41] Umfassend und zutreffend der Aufsatz von F. E. Isemer u. H. Lilie, MedR 1988, 66ff.

[42] In diese Richtung deuten W. Holzgreve, F. K. Beller, B. Buchholz, M. Hausmann u. K. Köhler, The New England Journal of Medicine, Vol. 316, No. 17, 1069f. - Eindrucksvoll durch Bild und Text, auch differenziert im Urteil der Beitrag von F. K. Beller: Feten als Organspender, in: gyne 1987, 301ff. Daraus: „Der gegenwärtige Zustand in der Bundesrepublik bedeutet Rechtsunsicherheit, die unserer Auffassung nach nur zu beheben ist, wenn eine gesetzliche Festlegung erfolgt, nach der Anenzephale hirntot sind. Unterbleibt diese Festlegung, verbietet sich ein Schwangerschaftsabbruch nach der 22. SSw p. c. bei Anenzephalie ebenso wie die Organspende. In den USA sind in einer Reihe von Bundesstaaten bereits dementsprechende Gesetze von den Legislativen beschlossen worden“ (S. 304, Sp. 3).

[43] A. Eser, in: A. Schönke, H. Schröder, Strafgesetzbuch-Kommentar, [23]1988, Rdnr. 13f. Vorbem. §§ 211ff., mit weiteren Nachweisen; h. L.

[44] DÄBl. 1986, 2940ff. (mit Anmerkungen und Kommentar).

[45] Vgl. auch die Hinweise in: Die Neue Ärztliche Nr. 23 v. 4. Februar 1987 (Wissenschaft und Forschung).

betragen". Mögen manchen durchaus verantwortlichen Transplantationsmedizinern diese Regeln als ungeeignet[46] erscheinen, weil sie vital indizierte Organübertragungen verzögern oder verhindern, so verlangen sie doch Gehorsam. Es steht nicht in der Macht von Ärzten, die Grenzen des Lebensschutzes festzulegen und das normative Datum des Gehirntodes bei bestimmten Krankheitsbildern aufzuheben.

Dem steht nicht entgegen, daß der Arzt beim Anenzephalus die medizinischen Behandlungsmöglichkeiten insbesondere zur Herstellung und Aufrechterhaltung der Vitalfunktionen nicht auszuschöpfen braucht. Nach der „Einbecker Empfehlung" der Deutschen Gesellschaft für Medizinrecht[47] besteht keine solche Behandlungspflicht, „wenn nach dem aktuellen Stand der medizinischen Erfahrungen 1. das Leben dadurch nicht auf Dauer erhalten werden kann, sondern nur der sichere Tod hinausgezögert wird,... 2. es trotz der Behandlung ausgeschlossen ist, daß das Neugeborene jemals die Fähigkeit zur Kommunikation mit der Umwelt erlangt,... 3. die Vitalfunktionen des Neugeborenen auf Dauer nur durch intensivmedizinische Maßnahmen aufrechterhalten werden können...".

Die Frage bleibt, ob der Arzt dazu berechtigt ist, die Vitalfunktionen des todgeweihten, schwerstgeschädigten Neugeborenen nur darum künstlich aufrecht zu erhalten, um die Möglichkeit von Transplantationen zu schaffen oder zu verbessern. Auch in einem solchen Eingriff liegt – streng genommen – eine Instrumentalisierung des menschlichen Lebens. Indessen erfährt es dadurch weder eine Gefährdung noch eine Beschwernis. Erweist sich die spätere Organentnahme als gerechtfertigt, so gilt dies auch für die vorbereitenden Maßnahmen, sofern sie keine wesentlichen Opfer vom noch Lebenden fordern.

Den Gefahren einer Kommerzialisierung von Schwangerschaften im Dienste der Transplantationsmedizin haben Gesetzgeber und Rechtspflege zu wehren.[48] Es bestehen ähnliche Bedenken wie sie sich im Rahmen der Reproduktionsmedizin gegen den entgeltlichen Leihmuttervertrag richten. Dieser erhält sein sittenwidriges Gepräge vor allem dadurch, daß die Partner der Abrede das gewünschte Kind zum Gegenstand eines Geschäfts machen und dadurch gleichsam zu einer Handelsware degradieren.[49]

Der rechtfertigende Notstand

Noch nicht als voll geklärt kann die Frage nach der Reichweite des rechtfertigenden Notstandes (§ 34 StGB) gelten. Eine Handlung ist danach gerechtfertigt, wenn sie das einzige Mittel zur Abwendung einer gegenwärtigen Gefahr darstellt, das geschützte Rechtsgut das beeinträchtigte wesentlich überwiegt und die Tat angemessen erscheint. Die neu in den gesetzlichen Tatbestand eingefügte Angemessenheitsklausel soll die

---

[46] Zur Gehirnaktivität als Kriterium des Lebensbeginns von Embryonen kritisch G. Schirmer, Status und Schutz des frühen Embryos bei der „In-vitro"-Fertilisation. Rechtslage und Diskussionsstand in Deutschland im Vergleich zu den Ländern des anglo-amerikanischen Rechtskreises, 1987, 180ff.

[47] H.-D. Hiersche, G. Hirsch u. T. Graf-Baumann (Hg.), Grenzen ärztlicher Behandlungspflicht bei schwerstgeschädigten Neugeborenen, 1987, 183ff.

[48] H.-L. Schreiber u. G. Wolfslast, in: E. Dietrich (Hg.), Organspende, Organtransplantation (oben Note 5), 49.

[49] A. Laufs, Rechtliche Grenzen der Fortpflanzungsmedizin, 1987, 32.

schutzwürdigen Bewandtnisse der Betroffenen noch einmal in den Blickpunkt rücken: Unter ethischen und rechtlichen Gesichtspunkten soll sich erweisen, ob auch bei eindeutigem Vorrang eines der kollidierenden Rechtsgüter - des Lebens, der Gesundheit - die Preisgabe des als geringer bewerteten fortwirkenden Persönlichkeitsrechts oder des Totensorgerechts Hinterbliebener zulässig erscheint. Im Zeichen des Informationsverbundes und engen, raschen Zusammenwirkens zwischen den Transplantationszentren vermehren sich die medizinischen Indikationen für Organentnahmen. Darf der rechtfertigende Notstand zu einer Regel werden, die den ungelösten rechtspolitischen Streit um die Zustimmungs- oder die Widerspruchslösung obsolet macht, gleichsam überholt? Verpflichten die erweiterten Möglichkeiten klinischer Kooperation den Chirurgen als Garanten des auf eine Transplantation angewiesenen Kranken nicht dazu, von der Notstandsregel Gebrauch zu machen und das erforderliche Organ beim Toten eigenmächtig zu entnehmen?[50] „Was geschieht, wenn der Arzt sich der Nichtzustimmung beugt und ihm nun von der späteren Witwe des inzwischen infolge Nichtstuns Verstorbenen der Vorwurf gemacht wird, den... Notstand der Lebenserhaltungspflicht nicht beachtet zu haben"?[51]

Die Notstandsregel des § 34 StGB trägt Ausnahmecharakter. Sind ihre Voraussetzungen erfüllt, so begründet sie doch keine Pflicht zum Handeln. Diese kann sich aber einmal aus der Garantenstellung des Chirurgen im Verhältnis zu dem einer Organübertragung bedürftigen Kranken ergeben. Der Arzt müßte die Behandlung dieses Patienten bereits übernommen haben. Daran wird es indessen bei Patienten an anderem Ort meist fehlen. Die Pflicht zum Handeln, also zur Organentnahme, könnte ferner aus § 323 c StGB folgen. Dieser Tatbestand setzt einen Unglücksfall voraus, also ein plötzliches äußeres Ereignis, das eine erhebliche Gefahr bringt oder birgt. An der Plötzlichkeit eines gesundheitlichen Ereignisses wird es in der Transplantationsmedizin gleichfalls meist fehlen. Sofern eine Handlungspflicht im Einzelfall begründet ist, kollidiert sie mit einer Unterlassungspflicht: der Pflicht des Arztes, die Integrität des Toten und das Totensorgerecht der Angehörigen zu wahren und ohne Einverständnis nicht in den Leichnam einzugreifen. Bei einer Kollision von je gleichwertiger Handlungs- und Unterlassungspflicht tritt erstere hinter der letzteren zurück; der Adressat bleibt nur im Recht, wenn er der Unterlassungspflicht folgt.[52] Steht die Handlungspflicht, wie hier, höher, darf der Arzt jedenfalls von Rechts wegen nach gewissenhaftem Entschluß untätig bleiben. Eine Pflicht des Chirurgen zur Transplantatentnahme läßt sich also nicht begründen. Sie widerspräche auch der Berufsfreiheit des Arztes, die der wohlerwogenen, begründeten Gewissensentscheidung von Rechts wegen und anerkanntermaßen in Grenzfragen und Kollisionslagen Raum zugesteht.

Strenge Indikation

Gefahren und Aufwand in der Transplantationsmedizin erfordern in jedem Falle eine strenge Indikation und volle Aufklärung des Kranken. Operationen um des Prestiges

---

[50] R. Penning u. E. Liebhardt, vorstehende Note 20, 450.

[51] M. Kohlhaas, NJW 1970, 1225.

[52] W. Küper, Grund- und Grenzfragen der rechtfertigenden Pflichtenkollision im Strafrecht, 1979, 29ff., 34.

willen verbieten sich. Der Heilversuch, zu dem der Arzt grundsätzlich nicht verpflichtet ist, stellt höchste Ansprüche an dessen Umsicht und Urteil wie an die Sorgfalt auch bei der Information des Patienten. Klinik und Ärzte haben bei hoher Inanspruchnahme durch viele Hilfsbedürftige ihre Kräfte und die zu Gebote stehenden Mittel voll anzuspannen und auszunutzen. Läßt sich einer übermäßigen Herausforderung nicht durch eine Überweisung der Patienten in andere Hand Herr werden, so stellt sich das Problem der Auswahl der Kranken einer Warteliste. Keine Kriterien dürfen die finanzielle Einsatzbereitschaft des Wartenden oder dessen gesellschaftlicher Rang bilden. Auch das Merkmal der Priorität kann vielfach die Reihenfolge der Wartenden nicht bestimmen. Vorrang verdienen die Patienten, denen ohne ärztlichen Eingriff der Tod droht. Das Recht verlangt vom Arzt, das Höchstmaß des Zumutbaren zu unternehmen, um möglichst viele Menschen zu retten. Reichen die Kräfte des Arztes nicht aus, um bei allen in Lebensgefahr Schwebenden den rettenden Eingriff zu versuchen, so gerät er in eine Lage, in der gleichwertige Pflichten kollidieren.[53] Hier bildet der Pflichtenwiderstreit nach vorherrschender, differenzierter Lehre die Grundlage für einen selbständigen übergesetzlichen Unrechtsausschluß.[54] Der Arzt hat also von Rechts wegen die Pflicht und die Freiheit, nach seinem Gewissen zu entscheiden.[55] Dabei mag ihn auch eine Abwägung nach Erfolgschancen mitbestimmen. Bei seinen prognostischen Annahmen braucht der Arzt einen Beurteilungsspielraum, bei seinen Entschlüssen an den äußersten Grenzen des Rechts die Möglichkeit gewissenhaften Ermessens.

Die Kostspieligkeit großer Transplantationen, wie der Herzverpflanzung, setzt der Medizin Grenzen und fordert die Geldgeber, die volksgewählten Parlamente und die Organe der Solidargemeinschaften heraus. Ärzteschaft und Gemeinwesen werden sich angesichts der Fortschritte von Wissenschaft und Technik stärker als bisher in die Verantwortung dafür einlassen und teilen müssen, wie die Entwicklungen der Neulandmedizin verlaufen sollen. Das Thema verdiente es, von Medizinern, Juristen und Politikern gemeinsam aufgenommen zu werden.

Kein Einsichtiger wird den Nutzen und die Hilfe verkennen, die ungezählten Leidenden durch die Transplantationsmedizin zuteil wurden. Verantwortliche ärztliche Leistungen auf diesem Felde verdienen Dank und Respekt. Doch es gilt, die Kehrseiten und Gefahren auch hier zu sehen und die Fortschritte zu Ende zu denken. Das „abendländische Aktivitätskommando" (Th. M.) darf begründete Bedenken nicht übertönen. Die rechtlichen Grenzen der Transplantationsmedizin sollen die Humanität schützen und gewährleisten und damit zugleich und im Grunde einen ärztlichen Dienst, der diesen Namen verdient.

---

[53] Die gängigen Kommentare zum StGB verzeichnen die umfängliche Literatur zum Problem der gleichwertigen Pflichtenkollision. Zu den Rechtsfragen der Triage in der Katastrophenmedizin M. Hofferbert, Rechtliche Aspekte der Katastrophenmedizin, in: J. Mayer (Red.), Katastrophenmedizin oder: die Lehre vom ethisch bitteren Handeln, 1987, 137ff., 144f.

[54] K. Lackner, StGB-Kommentar, [16]1985, § 34, Anm. 4.

[55] „Da das Recht in einer derartig existentiellen Grenzsituation keine Handlungsanweisung geben kann, muß es die Gewissensentscheidung des einzelnen akzeptieren, d. h. seine Entscheidung für rechtmäßig erklären": T. Dingeldey, Jura 1979, 478ff., 481, unter Bezugnahme auf ärztliche Konfliktlagen.

Ziel und Grenzen der Intensivpädiatrie aus rechtlicher Sicht

A. Eser

Zum Hintergrund

Wenn man sich zu diesem Problembereich als Jurist zu äußern hat, so kann man dies eigentlich nur mit größtem Unbehagen tun:

- Zum einen hat man über Dinge zu urteilen, die man selbst nicht zu entscheiden oder auszuführen hat. Selbst als Richter steht man nicht in einem vergleichbaren Entscheidungsdilemma wie der Arzt, der manchmal im Bruchteil von Minuten eine vitale oder auch letale Entscheidung zu fällen hat. Demgegenüber bleibt dem Juristen meistens längere Zeit, darüber nachzudenken, ob die vom Arzt getroffene Entscheidung richtig oder falsch war.
- Zudem vergrößert sich das Unbehagen darüber, hinterher leicht klüger zu sein, als man im Entscheidungszeitpunkt sein konnte, gerade in dem Bereich, über den wir hier zu reden haben, vor allem auch noch dadurch, daß es an klaren gesetzlichen Bestimmungen fehlt. Deshalb ist sogleich dem weitverbreiteten Mißverständnis vorzubeugen, als gäbe es bereits klare gesetzliche Regelungen: es gibt sie nicht. Zwar gibt es allgemeine Grundsätze über den Schutz von Leib und Leben; doch deren Konkretisierung im Hinblick auf den Einzelfall wirft nicht unbeträchtliche Probleme auf.
- Ein weiteres Problem ist mit dem hier zu behandelnden Bereich verbunden, nämlich daß man über die tatsächlichen Verhältnisse wenig weiß. So spricht man zwar in den USA von jährlich rund 30000 schwergeschädigten Neugeborenen, wobei in manchen Kliniken in etwa 14% der Fälle von einer Behandlung abgesehen wird (Crossley 1987, S. 499 u. 505). Was freilich im einzelnen die Gründe dafür sind und wie sich diese legitimieren lassen, läßt weiten Spekulationen Raum. Gleiches gilt kaum weniger für die Bundesrepublik Deutschland, wo zwar gelegentlich auch schon offen darüber gesprochen wird, daß man in bestimmten kritischen Situationen von einer Weiterbehandlung Abstand nehme (Regenbrecht 1973; von Loewenich 1985), wobei aber über Art und Maß solchen Behandlungsverzichts jedoch wenig Verläßliches bekannt ist.

Wie dringlich sich freilich die Frage nach den rechtlichen Grundlagen und Grenzen ärztlicher Behandlung im Übergangsbereich der Geburt stellt, ist bereits durch einen Fall akut geworden, der – wenn auch letztlich mit einer Einstellung endend – zumindest ein strafrechtliches Ermittlungsverfahren ausgelöst hat (Eser 1982a). Da ich darauf immer wieder zurückkommen werde, sei er hier kurz geschildert: Bei einem mit Mißbildungen geborenen Kind wurde aufgrund einer kinderärztlichen Untersuchung ein kaudales Dysplasiesyndrom festgestellt. Diese Fehlbildung, bei der die Gefahr einer

Wasserkopfbildung hinzukam, war irreparabel. Die pädiatrische Basisuntersuchung ergab neben der Entwicklungsstörung der unteren Extremitäten des Skeletts im Lendenwirbel-Beckenskelett-Bereich einen Verschluß der Darmöffnung (Analatresie). Dieser Darmverschluß wäre operativ korrigierbar gewesen. Gröbere Hinweise auf einen zerebralen Schaden ergab die Untersuchung nicht; neurologische Schäden durch die Anomalie der Lendenwirbel waren jedoch nachweisbar. Um die Einwilligung der Eltern zur operativen Korrektur des Darmverschlusses einzuholen, wurde ihnen u. a. die Art der Mißbildungen erläutert und darauf hingewiesen, daß das Kind wohl immer ein „Rollstuhlkind" bleiben werde; auch wurde dargestellt, daß eine zuverlässige Funktion der Blasen- und Mastdarmkontrolle unter den gegebenen Umständen wahrscheinlich nicht erreicht werden könne. Andererseits wurde eindringlich darauf hingewiesen, daß die Intelligenz des Kindes normal sein könne und ein Weiterleben mit der genannten Mißbildung möglich sei. Auch wurde darauf aufmerksam gemacht, daß das Kind an dem Darmverschluß sterben werde, wenn es nicht operiert würde. Als daraufhin die Eltern die Operationseinwilligung verweigerten, wurde auf Betreiben der Kinderklinik im Wege der einstweiligen Anordnung eine Operationsgenehmigung durch das zuständige Vormundschaftsgericht eingeholt. Nunmehr lehnte jedoch der Anästhesist seine Mitwirkung an der Narkose ab, und zwar vornehmlich aus arztethischen Gründen: zum einen im Hinblick auf das Vorliegen multipler schwerer Mißbildungen, ohne deren zumindest teilweise Behebung ein Überleben nicht möglich sei und somit die Natur bereits einen gütigen Ausweg vorgezeichnet habe; zum anderen wegen mangelnder Einwilligung der Erziehungsberechtigten, deren Entscheidung angesichts der drohenden und unzumutbaren Belastung als durchaus vernünftig und nicht als mißbräuchlich anzusehen sei. Bei dem nichtoperierten Kind entwickelte sich als Folge der nichtbehobenen Passagebehinderung eine beidseitige Hydronephrose und ein Dickdarmileus, worauf am 12. Lebenstag in septischem Schock der Tod eintrat.
Das daraufhin gegen die Eltern wegen Nichteinwilligung und gegen den Anästhesisten wegen Verweigerung seiner Mitwirkung an der Operation eingeleitete Strafverfahren wurde zwar – wie bereits erwähnt – schließlich wieder eingestellt, wobei jedoch die dahinterstehenden Gründe alles andere als beruhigend sein können: Denn wenn wohl letztlich die rechtliche Unsicherheit in der Beurteilung solcher Entscheidungen eine hinreichend klare Verurteilung nicht zuließ, so bleiben – neben den Eltern, für die mögliche Gewissensqualen ohnehin sehr viel schwerer wiegen mögen als die rechtliche Beurteilung – auch die in eine solche Entscheidungssituation hineingezogenen Ärzte einem auch mit möglichen standesrechtlichen Konsequenzen verbundenen Verfolgungsrisiko ausgesetzt – wobei auch die Aussicht, selbst im Falle objektiv rechtswidrigen Handelns wenigstens einen subjektiv entschuldigenden Verbotsirrtum (§ 17 StGB) zugebilligt zu bekommen, für einen um die Rechtmäßigkeit seines Handelns bemühten Arzt nur ein schwacher Trost sein wird.

Rückgriff auf allgemeine Prinzipien

Diese Rechtsunsicherheit beruht nicht zuletzt darauf, daß es bislang an besonderen gesetzlichen Regelungen für die Heilbehandlung und damit auch für die Intensivpädiatrie fehlt und deshalb auf allgemeine Schutzprinzipien zurückzugreifen und nach deren Bedeutung für das ärztliche Handeln zu fragen ist.

Dazu wird man sich zunächst über das allgemeine *Ziel des ärztlichen Auftrags* und dann näherhin im Bereich der Intensivpädiatrie vergewissern müssen. Dieses wird traditionell dahingehend umschrieben, daß das Handeln des Arztes auf Heilung und Schmerzlinderung sowie grundsätzlich auch auf Lebenserhaltung und Lebensverlängerung ausgerichtet sei (Kaufmann 1982, S. 483). Daraus ergibt sich speziell bei Neugeborenen, wie es Jähnke (1987, S. 103) formuliert hat, die primäre Aufgabe des Geburtshelfers und des Neonatologen, den Übergang des Kindes aus der schützenden und nährenden Hülle des Mutterleibs in die Außenwelt mit dem Ziel zu bewirken, es zu selbständiger Existenz zu befähigen. Diese Aufgabe wird je nach der Fortentwicklung des Kindes vom Pädiater weiterzuführen sein.
Bei dieser allgemeinen und sehr umfassenden Zielbeschreibung sind jedoch zugleich mögliche Grenzen mitzubedenken:

- Dabei dürfte hinsichtlich der *Schmerzlinderung* wohl eher noch die Unbedingtheit einer dahingehenden Verpflichtung zu betonen sein, nachdem bis vor nicht allzu langer Zeit noch die Meinung vorherrschte, bei Neugeborenen nicht unbedingt mit Anästhesie arbeiten zu müssen, würden diese doch ohnehin keine Schmerzen empfinden: Da diese Meinung heute als überholt anzusehen ist, kann die Schmerzlinderung auch bei einem Neugeborenen schon eine Narkose erfordern (Lenard 1986; von Loewenich 1985), sofern sich der Arzt nicht wegen unzureichender Schmerzlinderungsmaßnahmen dem Vorwurf unterlassener Hilfeleistung (§ 323 c StGB) oder der Körperverletzung durch pflichtwidriges Unterlassen (§§ 223, 13 StGB) aussetzen will (Eser 1977, S. 85).
- Problematisch ist hingegen die Unbedingtheit und Unbeschränktheit der *Lebenserhaltungspflicht* geworden: Nachdem die Methoden der modernen Medizin es in steigendem Maße ermöglichen, auch die Lebensverlängerung in gewisser Weise zu manipulieren, kann Lebensverlängerung auch in Sterbensverlängerung umschlagen und damit dem Patienten mehr schaden als nutzen. Daher wird in steigendem Maße die Frage gestellt, ob das Leben stets und unter allen Umständen das höchste aller zu schützenden Rechtsgüter sei (von Loewenich 1985, S. 31) und ob das Prinzip des Lebensschutzes den Arzt auch verpflichte, krankes oder geschädigtes Leben mit allen Mitteln und um jeden Preis zu erhalten (Hanack 1985, S. 35) bzw. wann ärztliches Handeln nicht mehr geboten ist (Kaufmann 1982, S. 484; vgl. ferner – auch unter Berücksichtigung eines Sterbenlassens am Lebensbeginn – aus neuerer Zeit namentlich Eser in Schönke u. Schröder, 1988, 32a vor § 211; Hiersche et al. 1987; Jähnke 1987; Otto 1986; R. Schmitt 1979, 1983).

Diese Frage zielt also von vornherein auf ein gewisses Zurückstecken, ein Zurücknehmen der Lebenserhaltungspflicht, ab. Eine solche Begrenzung ist freilich nicht unproblematisch, da unser Grundgesetz (Art. 2 Abs. 2) von der grundsätzlichen Gleichwertigkeit allen Lebens ausgeht und demzufolge auch hinsichtlich der Lebenserhaltungspflicht grundsätzlich kein Unterschied zwischen „verlöschendem" und gerade erst „erblühendem" Leben, wie es der Pädiatrie anvertraut ist, gemacht werden kann (BVerfGE 39, 1 ff.; Maunz u. Dürig 1958; Jähnke 1987, 100f.). Immerhin drängen sich jedoch aus der Sicht der Gerontologie einerseits und der Pädiatrie andererseits folgende Unterschiede auf:

- Bei der *Sterbehilfe* im allgemeinen – nämlich in den Fällen, in denen sich ein bereits erblühtes Leben alters- oder schicksalhaft krankheitsbedingt dem Ende zuneigt – geht es in der Regel lediglich um die Frage, ob und inwieweit bei einem unheilbar Kranken die Behandlung aufzunehmen bzw. fortzuführen ist oder ob man etwa einer interkurrenten Krankheit nicht besser ihren Lauf lassen sollte, um dem Moribunden das Sterben zu erleichtern und ihn sanft einschlafen zu lassen (Kaufmann 1982, S. 484).
- Demgegenüber stellt sich bei Neugeborenen, bei denen die *Lebensfähigkeit* noch gar nicht bestanden hat, sondern überhaupt erst *herzustellen* ist, bereits die Frage, ob der Arzt mit den Mitteln der modernen Medizin ein „der Natur nach" gar nicht lebensfähiges Neugeborenes am Leben „(er)halten" soll, wenn dies nur mit dem Preis bleibender Schäden oder ohnehin nur für eine begrenzte Zeitspanne geschehen kann (Hanack 1985, S. 35f.).
- Diese Frage nach einer Lebenserhaltungs- oder (genauer gesagt) einer Lebensherstellungspflicht wird noch drängender, aber unsicherer, wenn bereits bestehende Leiden nicht behoben werden können, sondern möglicherweise sogar noch *zusätzliche Schädigungen* des Kindes zu befürchten oder jedenfalls nicht auszuschließen sind (Hanack 1985, S. 37; Jähnke 1987, S. 105; Kaufmann 1982, S. 481).
- Als weiterer Unterschied bleibt zu beachten, daß es bei der Behandlung Neugeborener nicht notwendig um moribunde Kinder geht und daß bei Begrenzung der Lebenserhaltungspflicht von schwergeschädigten Neugeborenen außer medizinischen Erwägungen zum zukünftigen Gesundheitszustand des Kindes meist auch *familiäre und soziale Faktoren* (bewußt oder unbewußt) miteinbezogen werden – so wie dies etwa in dem eingangs geschilderten Fall nicht auszuschließen ist. Dabei muß man sich von vornherein der Gefahr bewußt bleiben, daß die Gesellschaft glaubt – und sei es noch so wohlmeinend – dem Kind den „Lebenssinn" absprechen zu dürfen, wobei es sich jedoch notwendig um „Fremdbestimmung" handelt. Damit aber ist die Eugenik und die Grenzüberschreitung zur Vernichtung sog. „lebensunwerten Lebens" nicht mehr fern (Eser 1977, S. 141ff.).

Diese Bedenken brauchen nun nicht unbedingt zu bedeuten, daß demzufolge von vornherein eine Begrenzung der Lebenserhaltungspflicht bei Neugeborenen auszuscheiden habe, wohl aber, daß wir uns dabei der Gefahr von Grenzüberschreitungen bewußt bleiben müssen. Deshalb erscheint es angebracht, sich an jenen Grundsätzen zu orientieren, wie sie für die Aufnahme und den Abbruch einer Behandlung i. allg. entwickelt wurden, kurzum daß Orientierungshilfe bei den allgemeinen Kriterien der Sterbehilfe zu suchen ist (Hanack 1985, S. 36; Kaufmann 1982, S. 482). Doch bevor diese Kriterien im einzelnen zu betrachten sind, erscheint noch eine mehr allgemeine Vorbemerkung angebracht.

Zur Funktion des Rechts im ärztlichen Bereich

Bei der häufig zu hörenden, nicht ohne Skepsis gestellten Frage, wozu das rechtliche Hineindirigieren des Staates in das personale Arzt-Patienten-Verhältnis gut sein soll, wird von Medizinerseite oft – und zwar insbesondere im Grenzbereich des Sterbens –

die Forderung nach einem möglichst weitgehenden Ermessensspielraum erhoben: man spricht auch von „rechtsfreiem Raum". Doch ganz abgesehen von der fast schon rhetorischen Frage, warum eigentlich der Arzt einer rechtlichen Kontrolle entzogen sein soll, wo jeder andere Bürger bei seiner beruflichen Tätigkeit auch Kontrollen unterliegt, ließe sich eine solche Freizeichnung von rechtlicher Verantwortlichkeit weder mit der Schutzbedürftigkeit des Patienten vor ärztlicher Eigenmacht noch mit den grundsätzlichen Schutzgarantien für Leib und Leben und die Menschenwürde vereinbaren.

Die demzufolge unverzichtbare Verantwortlichkeit des Arztes auch gegenüber dem Recht braucht jedoch nicht zwingend seine Bevormundung zu bedeuten. Denn rechtliche Verantwortlichkeit des Arztes heißt weder, daß man die ärztliche Entscheidung etwa durch das Gericht substituieren könne, noch bedeutet rechtliche Regelung unbedingt eine starre Kasuistik, wäre doch letztere sogar eine juristische Überheblichkeit (Jähnke 1987, S. 107). Vielmehr hat sich das Recht m. E. darauf zu beschränken, über die Einhaltung anerkannter Standards zu wachen sowie der Bildung gesellschaftlich nicht akzeptabler Standards vorzubeugen.

Wie dies im einzelnen zu geschehen hat, hängt im wesentlichen von folgenden allgemeinen Funktionen des Rechts im ärztlichen Bereich ab (näher Eser 1988):

- Zum einen geht es eher negativ um *Mißbrauchsabwehr:* Das Strafrecht als ein von Natur aus „mißtrauisches Recht" hat nicht nur an den wohlmeinenden Arzt und an die wohlgesonnenen Eltern zu denken, sondern auch an solche, denen angesichts bedrohlicher finanzieller Aufwendungen mehr an der Wahrung ihres Vermögens als an der Lebenserhaltung ihres Kindes liegt oder denen weitere Maßnahmen ärztlicherseits als nicht mehr „lohnend" erscheinen.
- Wichtiger ist jedoch die *Richtlinienfunktion* von Recht gerade dort, wo wegen der Vielgestaltigkeit des Lebens Einheitlichkeit schwer zu erreichen, aber jedenfalls anzustreben ist, um möglicher Willkür vorzubeugen.
- Am allerwichtigsten ist freilich die Funktion der *Vertrauensstabilisierung,* indem aufgrund bestimmter rechtlicher Vorgaben der Patient erwarten darf, in dem einen Krankenhaus und von diesem Arzt grundsätzlich nach den gleichen Regeln behandelt zu werden, wie in einem anderen Krankenhaus oder von jenem Arzt – wobei natürlich immer für den Einzelfall ein gewisses Beurteilungsermessen mitzuberücksichtigen ist.

Die sich daraus ergebende Notwendigkeit, ärztliches Handeln nicht einfach dem Belieben des einzelnen zu überlassen, sondern zumindest an gewisse Regulative zu binden, wurde erfreulicherweise im Grunde auch von der Ärzteschaft selbst bereits erkannt, indem für den Grenzbereich des Sterbens folgende *Richtlinien* entwickelt wurden:

- Zum einen die Entscheidungshilfen des Wissenschaftlichen Beirats der Bundesärztekammer zur Feststellung des Hirntodes (BÄK 1982; Schreiber 1983).
- Die Resolution der Deutschen Gesellschaft für Chirurgie zur Behandlung Todkranker und Sterbender (1979).
- Die Richtlinien der Bundesärztekammer für die Sterbehilfe (BÄK 1979), die im wesentlichen den Richtlinien der Schweizerischen Akademie der medizinischen Wissenschaften (1979) nachgebildet sind,

- sowie insbesondere für die Behandlung Neugeborener die Empfehlungen der Deutschen Gesellschaft für Medizinrecht („Einbecker Empfehlung" in Hiersche et al. 1987), an deren Zustandekommen ich selbst nicht unbeteiligt, wenngleich bei der endgültigen Verabschiedung verhindert war.

Nach diesen mehr allgemeinen Vorüberlegungen seien nunmehr die sich dem Perinatologen und Pädiater stellenden Rechtsprobleme etwas näher beleuchtet. Dabei ist zunächst folgende Unterscheidung zu beachten:

Der Geburtsbeginn als wesentliche Zäsur

Was sich für den Mediziner als ein natürlicher Übergang darstellt, bei dem jeglicher Versuch eines Einschnitts als willkürlich erscheinen mag, setzt die Rechtsordnung Zäsuren, indem für den bereits Geborenen ein umfassenderer Schutz vorgesehen ist als für den noch Ungeborenen: Denn während dem Nasciturus lediglich der durch mannigfache Ausnahmen durchlöcherte Schutz des Schwangerschaftsabbruchstatbestandes (§§ 218–219 d StGB) zuteil wird, kommt der Geborene in den weit umfassenderen Schutz der Tötungs- und Körperverletzungstatbestände (§§ 211–217, 223–232 StGB). Deshalb kommt es für den Schutz des betroffenen menschlichen Lebens einerseits als auch für die strafrechtliche Verantwortlichkeit für einen medizinischen Eingriff andererseits entscheidend darauf an, ob das „Tatobjekt" noch als Nasciturus im Sinne der Schwangerschaftsabbruchsbestimmungen oder bereits als *Mensch* im Sinne der Tötungs- und Körperverletzungsdelikte zu betrachten ist – wobei jedoch im Hinblick auf diese unterschiedliche Terminologie vor dem Kurzschluß zu warnen ist, als habe der Strafgesetzgeber, weil er erst bei der Tötung eines bereits Geborenen vom „Menschen" spricht (§ 212 StGB), dem vorgeburtlichen Leben den Charakter „menschlichen" Lebens absprechen wollen. Auch ist jene – zugestandenermaßen leicht abwertend erscheinende – Terminologie keineswegs so neu, daß man darin – wie gelegentlich geargwöhnt – die Folge eines modernen Schwangerschaftsabbruchsliberalismus erblicken könnte; denn in der bis zur Schwangerschaftsabbruchsreform von 1976 geltenden Fassung des § 218 war bei Abtreibung lediglich von der „Leibesfrucht" die Rede und damit der Unterschied zum geborenen „Menschen" als Objekt eines Tötungsdelikts sogar noch deutlicher artikuliert, während sich heute der Gesetzgeber, indem er sich auf die Feststellung beschränkt, ab wann ein Eingriff als Schwangerschaftsabbruch gelten soll, nämlich mit Abschluß der Einnistung des befruchteten Eies in der Gebärmutter (§ 219 d StGB), jeder – und damit auch einer abwertenden – Kennzeichnung des ungeborenen Lebens enthält (Eser 1987, S. 284ff.).
Auch diese terminologische Zurückhaltung enthebt natürlich nicht der Grenzziehung zwischen dem noch ungeborenen und dem bereits geborenen „Menschen" im Sinne der Leibes- und Lebensschutztatbestände. Ohne auf den damit verbundenen langjährigen Theorienstreit näher eingehen zu müssen, kann als heute grundsätzlich anerkannte Praxis davon ausgegangen werden, daß als entscheidende Zäsur auf den Geburts*beginn* abgehoben und dieser seinerseits mit dem Einsetzen der Eröffnungswehen – bzw. bei einer operativen Entbindung mit dem Eingriffsbeginn – anzusetzen ist (Eser in Schönke u. Schröder 1988, 13f. vor § 211; Lüttger 1983). Das bedeutet, daß bis zum *Einsetzen der Eröffnungswehen* strafrechtlich nur die Schwangerschaftsabbruchstatbestände an-

wendbar sind und diese lediglich vorsätzliches Handeln - nicht aber fahrlässiges - inkriminieren. Das hat zur Folge, daß ein Eingriff vor Einsetzen der Eröffnungswehen, der zu einer Schädigung oder gar zum Tod des Nasciturus führt, strafrechtlich derzeit völlig irrelevant ist. Daß sich daraus jedenfalls Strafbarkeitslücken bei pränatalen Eingriffen mit postnatalen Folgen ergeben können, hatte sich vor allem anläßlich der Contergan-Fälle als höchst unbefriedigend herausgestellt (Kaufmann 1971). Wenn dem nun freilich, wie in dem vom Bundesministerium der Justiz 1986 vorgelegten „Diskussionsentwurf eines Gesetzes zum Schutz von Embryonen (Embryonenschutzgesetz-ESchG)" vorgeschlagen, durch einen sehr weitgehenden Tatbestand der „Embryonenschädigung" (§ 1) abgeholfen und dabei über Vorsatz hinaus auch schon bloße Leichtfertigkeit Bestrafung auslösen soll, so kann u. U. schon eine Amniozentese, wenn sie grob fahrlässigerweise zu einer Schädigung des Kindes führt, ein strafrechtliches Risiko für den Arzt bedeuten (Lenckner u. Winkelbauer 1982). Doch ganz abgesehen davon, ob sich dieses gesetzgeberische Vorhaben noch wird verwirklichen lassen, ist trotz der gegenwärtigen Straflosigkeit von pränatalen Schädigungen der Nasciturus nicht ganz schutzlos, könnte dies doch jedenfalls zivilrechtlich eine Schadensersatzpflicht auslösen (Heldrich 1965; Penning 1987).

Sobald jedoch die Geburt begonnen hat, greifen auch strafrechtlich die allgemeinen Leibes- und Lebensschutztatbestände ein, und zwar unabhängig - und das ist wichtig für alle weiteren Überlegungen - von der prospektiven physischen Lebenszeit und unabhängig von der weiteren Lebenserwartung. Deshalb ist es, wie bereits höchstrichterlich entschieden (BGHSt 10, S. 291), auch durchaus unerheblich, ob das Kind noch länger gelebt hätte: Wichtig für die Anwendbarkeit der Leibes- und Lebensschutztatbestände ist vielmehr allein, ob das Kind lebend zur Welt gekommen war, selbst wenn mit seinem Ableben bald zu rechnen ist. Vor allem aber ist der Lebensschutz auch unabhängig von der sozialen Funktionsfähigkeit des Kindes oder seiner gesellschaftlichen Wertchätzung: Dies zu betonen, erscheint vor allem gegenüber Bestrebungen in den USA angebracht, wo man neuerdings den Zeitpunkt, ab dem man als „Mensch" zu betrachten sei, von einer Art sozialer Akzeptanz abhängig zu machen sei (so - wie von Crossley 1987, S. 507f. berichtet, ohne sich allerdings deren Auffassung zu eigen zu machen - namentlich die Tendenz bei Engelhardt und Tooley).

Einwilligung nach Aufklärung - Gesetzliche Vertretung

Nachdem somit das Recht im Hinblick auf den Leibes- und Lebensschutz ab Geburtsbeginn keinen Unterschied mehr macht zwischen neugeboren oder bereits erwachsen, bedarf konsequenterweise von diesem Zeitpunkt an auch jeder peri- oder postnatale Eingriff in den Körper eines Neugeborenen der gleichen Legitimation wie irgend ein anderer Eingriff bei einem Erwachsenen. Das bedeutet, daß wie bei jedem anderen Heileingriff auch intensivpädiatrische Maßnahmen einer *Einwilligung* nach vorausgegangener *Aufklärung* bedürfen (Eser in Schönke u. Schröder 1988, 27ff. zu § 223).

Nun scheidet bei einem Neugeborenen naturgemäß seine eigene Aufklärung und Einwilligung aus, da das Kind in diesem Alter weder erklärungs- noch einwilligungsfähig ist. Auch wird man demzufolge kaum auf die Rechtsfigur der mutmaßlichen Einwilligung zurückgreifen können; denn wenn Mutmaßungen darüber, was das Kind wohl wollen würde, wenn es selber entscheiden könnte, nicht von vornherein reine Fiktion sein und bleiben sollen, setzen sie einen Patienten voraus, der zumindest irgendwann einmal – und sei es auch nur kurzfristig – einsichts- und einwilligungsfähig gewesen ist und lediglich im konkreten Fall nicht oder nicht mehr befragt werden kann. Wenn man sich also nicht „durchmogeln" will mit Mußmaßungen, die im Grunde nicht mehr sind als die Implizierung eigener Vorstellungen in das Gehirn eines anderen Menschen, so sollte man redlicherweise anstelle des Kindes auf die Einwilligung des *gesetzlichen Vertreters* – im Regelfalle also der Eltern oder eines Vormunds oder Pflegers – abheben (§§ 1626 Abs. 1 S. 1, 1629 Abs. 1 S. 2, 1909 BGB; Eser 1982 b, 178 ff., Lenckner in Schönke u. Schröder 1988, 39 f., 59 vor § 32; Ulsenheimer 1987, S. 111 ff.). Freilich ist eine Ersatzeinwilligung für das Kind durch den gesetzlichen Vertreter nur im Rahmen des Rechts und der Pflicht zur *Personensorge* möglich, was nicht mehr, aber auch nicht weniger bedeutet, als daß der gesetzliche Vertreter zwar in eigener Verantwortung, aber stets zum Wohl des Kindes zu handeln hat (Lenckner in Schönke u. Schröder 1988, 41 vor § 32; s. auch BGHSt 12, S. 379 ff.). Dies ausdrücklich zu betonen, erscheint nicht zuletzt deshalb angebracht, weil bis vor einigen Jahren das Familienrecht von „elterlicher Gewalt" gesprochen hat, inzwischen jedoch nur noch von „elterlicher Sorge" die Rede ist. In dieser neuen Terminologie liegt nicht nur eine kosmetische Korrektur, sondern auch eine erhebliche Akzentverschiebung: Während elterliche „Gewalt" leicht dahingehend mißverstanden werden konnte, als sei das Kind nicht mehr als ein der Macht der Eltern unterstehendes Verfügungsobjekt, wird mit dem Abheben auf die „Sorge" sehr viel besser zum Ausdruck gebracht, daß Richtschnur für das Handeln des gesetzlichen Vertreters immer nur das „Kindeswohl" und damit dessen Interessen sein dürfen (vgl. Diederichsen in Palandt 1987, 1 zu § 1626).

Verweigern nun die Eltern unberechtigterweise etwa die Einwilligung einer Behandlung und wird dadurch das körperliche, geistige oder seelische Wohl des Kindes gefährdet, so hat das *Vormundschaftsgericht* die zur Abwendung der Gefahr erforderlichen Maßnahmen zu treffen (§ 1666 BGB; vgl. Lenckner a.a.O.). Willigen die Eltern auch auf entsprechende Mahnungen und Vorhaltungen hin in eine erforderliche Heilbehandlung nicht ein, so wird in der Regel – verbunden mit einem teilweisen Entzug der elterlichen Sorge – ein *Pfleger* zu bestellen sein, der dann seinerseits die erforderliche Entscheidung unter Wahrung des Kindewohls zu treffen hat (§ 1909 BGB).

Ist *sofortiges Handeln* geboten, so können ärztliche Notmaßnahmen – aber nur solche – entweder über Notwehr oder Notstandsrechte oder als Geschäftsführung ohne Auftrag gerechtfertigt sein (§§ 32, 34 StGB, §§ 677 ff. BGB; Eser 1982 b, S. 181; Ulsenheimer 1987, S. 116). Das heißt im Klartext: wenn der mit der Behandlung eines Kindes befaßte Pädiater den Eindruck hat, es müsse eine Operation vorgenommen werden, die Eltern jedoch die Einwilligung verweigern, dann ist der erste Schritt zum Vormundschaftsgericht. Wenn es aber so eilig ist, daß man nicht einmal die Anrufung und/oder Entscheidung des Vormundschaftsgerichts abwarten kann, dann kann der Arzt im Notfall auch eigenmächtig vorgehen und sich dann auf Notstandsregeln oder Geschäftsführung ohne Auftrag berufen, letzteres allerdings nur dann, wenn die Eltern nicht erreichbar sind. Von solchen „Notstandsrechten" sollte man freilich nur im Ernstfall Gebrauch machen.

Aus *arzt-ethischer* Sicht ist es natürlich immer das Beste, wenn man einvernehmlich mit den Eltern vorgehen kann. In dem eingangs geschilderten Fall war das Vormund-

schaftsgericht nur deshalb involviert worden, weil die Universitätsspitze von den Querelen zwischen den Chirurgen und Anästhesisten gehört hatte und an einer klaren rechtlichen Regelung interessiert war. Das Vormundschaftsgericht hat dann in der Tat auch die von den Eltern verweigerte Operationseinwilligung gegeben.
Soviel zu den allgemeinen Einwilligungsproblemen, wie sie sich bei jeder Art von pädiatrischer Behandlung stellen können. Im folgenden wird es nunmehr um die noch schwierigere und gerade für Intensivpädiatrie bedeutsamere Frage gehen müssen, ob und inwieweit der Arzt bei einem schwergeschädigten Kind zu einer Behandlung verpflichtet ist oder diese abbrechen darf.

Lebensverkürzung durch aktives Tun?

Da dem Leben grundrechtlicher Schutz garantiert ist, und zwar – wie bereits erwähnt – ohne Rücksicht auf Alter oder Beschaffenheit, ist demzufolge auch beim Neugeborenen jede gezielte aktive Lebensverkürzung bei Strafe verboten. Das findet sich auch in der Einbecker Empfehlung (III) im Sinne der ärztlichen Berufsordnung mit der gebotenen Klarheit festgestellt.
Demzufolge ist auch bei geschädigten Neugeborenen für irgendeine aktive „Früheuthanasie" im Sinne einer *„Vernichtung sogenannten lebensunwerten Lebens"* kein Raum (Kaufmann 1982, S. 487).
Gleiches hat auch für die vor kurzem von der Universität Münster berichteten Fälle zu gelten, in denen einem *Anenzephalus* nach seiner Geburt Organe entnommen wurden (Die Zeit vom 23. 10. 1987): Wenn dort, was ich freilich aufgrund von bloßen Zeitungsberichten nicht völlig zuverlässig zu beurteilen vermag, der Hirntod noch nicht eingetreten war, als man das Organ entnahm, dann war das eindeutig unzulässig, weil als aktive Verkürzung von Leben strafbar.
Selbst die als *Mittel zur Schmerzbeseitigung* gedachte Tötung im Sinne einer Hilfe zum Sterben oder zwecks Erlösung von einem scheinbar sinnlos gewordenen Leben ist nach geltendem Recht als unzulässig anzusehen (Eser 1977, S. 87ff.). Denn ebenso wie bei Erwachsenen die Einwilligung in die eigene Tötung durch § 216 StGB für unbeachtlich erklärt ist, muß dies auch für die Einwilligung der Eltern eines Neugeborenen gelten (Schmitt 1983, S. 334; Ulsenheimer 1987, S. 115). Für den Pädiater bedeutet das, daß das Verlangen der Eltern nicht ohne weiteres die Richtschnur seines Verhaltens sein kann, sondern dieses – sei es nun aktiv eingreifend oder davon absehend – insoweit zulässig ist, als es objektiv dem Recht entspricht. Deshalb kann eine Einwilligung bzw. Einwilligungsverweigerung durch die Eltern für den Arzt jedenfalls dann nicht verbindlich sein, wenn sie ihrerseits mit der elterlichen Personenfürsorgepflicht unvereinbar ist.
Demzufolge kann bei aktivem Eingreifen der Arzt allenfalls insoweit straffrei bleiben, als es sich bei einem lebensverkürzenden Eingriff um die *unbeabsichtigte Nebenfolge* einer primär auf Heilung oder Schmerzlinderung ausgerichteten Maßnahme handelt. Denn was insofern als sog. „indirekte Sterbehilfe" bei Erwachsenen zulässig ist (Eser in Schönke u. Schröder 1988, 26 vor § 211, Otto 1986, S. D 34, 74), muß auch im wohlverstandenen Interesse eines Neugeborenen möglich sein, wenn dies im tatsächlichen oder zumindest mutmaßlichen Einverständnis der Eltern geschieht.

Im Vergleich zu dieser Zurückhaltung gegenüber aktivem Eingreifen gehen in den Vereinigten Staaten von Amerika - wie neuestens namentlich von Crossley (1987) und Greenstein (1987) berichtet - die Forderungen z. T. sehr viel weiter, indem es für humaner angesehen wird, einem schwerstgeschädigten Neugeborenen, statt es einfach sterben zu lassen, einen schnellen Tod zu bereiten. Im deutschen Recht ist dafür - wie mir scheint mit guten Gründen - kein Raum, und auch in den USA werden solche Forderungen wohl überwiegend für unzulässig angesehen.

Passives Sterbenlassen - Ärztliche „Garantenstellung"

Nachdem somit die Grenzen für aktive Eingriffe sehr eng gezogen sind und daher ein Lebensverkürzungsrisiko allenfalls als unbeabsichtigte Nebenfolge eines auf Heilen oder Schmerzlinderung gerichteten Eingriffs in Kauf genommen werden darf, kommt dem Sterbenlassen durch Verzicht auf Lebensverlängerungsmaßnahmen um so größere Bedeutung zu. Dazu ist zunächst festzuhalten, daß der Fall der *Nichtaufnahme* einer Behandlung überhaupt mit dem Fall des *nachträglichen Abbrechens* einer zunächst begonnenen Behandlung grundsätzlich *gleichzubehandeln* ist (Eser 1977, S. 93ff.; Hirsch 1986, S. 604ff.; Otto 1986, D 42ff.). Denn soweit der Arzt von vornherein von der Behandlungsaufnahme absehen darf, muß er sie auch straflos beenden dürfen und umgekehrt. Rechtlich gesehen handelt es sich in beiden Fällen um bloßes Unterlassen, das strafrechtlich nur relevant sein kann, a) wenn durch Aufnahme oder Fortführung der Behandlung der Todeseintritt - und sei es auch nur kurzfristig - hätte hinausgezögert werden können, und b) wenn den unterlassenden Arzt als „Garanten" im Sinne von § 13 StGB eine entsprechende *Erfolgsabwendungspflicht* traf. Dabei bleibt zu dem häufig mißverstandenen Begriff des „Garanten" klarzustellen, daß dies nicht etwa im Sinne einer zivilrechtlichen Erfolgsgarantie oder Mangelfreiheit zu verstehen, sondern nicht mehr gemeint ist, als daß der Betreffende aufgrund einer bestimmten Schutzstellung gegenüber dem Opfer - wie etwa die Eltern aus natürlicher Verbundenheit oder der Arzt kraft Behandlungsübernahme - dazu verpflichtet ist, von dem Geschützten Schaden abzuwenden. Eine solche „Garantenpflicht" wird sich für den Arzt in der Regel aus dem Behandlungsvertrag ergeben (wobei dieser nicht unbedingt Schriftlichkeit voraussetzt), u. U. aber auch aus einer Notfallsituation. So etwa erstreckt sich der Behandlungsvertrag des Gynäkologen nicht nur auf die Versorgung der Frau, sondern auch auf das Kind, wobei sich dann die Garantenpflicht auch auf den Neonatologen erstrecken kann, wenn dieser zur weiteren Versorgung hinzugerufen wird. Deshalb wäre auch mit dem gelegentlich zu hörenden Vorschlag, mit einer Therapie bei schwerstgeschädigten Neugeborenen erst gar nicht zu beginnen, um nicht eine Garantenstellung und eine daraus folgende Behandlungspflicht zur Entstehung kommen zu lassen, zu vordergründig; denn solchen „ganz Schlauen", die erst gar nicht anfangen wollen, um nicht aufhören zu müssen, wäre entgegenzuhalten, daß bereits mit Durchführung der Entbindung und der zur Feststellung einer Schädigung des Kindes notwendigen Untersuchung eine Garantenstellung des Arztes begründet werden kann. Zudem wird es zur Vermeidung von Schädigungen infolge verzögerten Einsatzes der Intensivbehandlung ohnehin meist besser sein, zunächst alles zur Lebenserhaltung des Neugeborenen zu tun (vgl. auch Eser 1977, S. 96f.). Dadurch wird zwar ein gewisser Automatismus des Vorgehens ausgelöst; immerhin kann aber dann in Ruhe und ohne

Zeitdruck entschieden werden, ob die begonnene Intensivbehandlung fortgeführt oder abgebrochen werden soll (Kaufmann 1982, S. 486; von Loewenich 1985, S. 32, sowie in Müller u. Olbing 1982, S. 197).

„Einverständlicher“ und „einseitiger“ Behandlungsabbruch

Wenn nun eine solche Garantenstellung entstanden ist, fragt es sich, wie man dennoch auf eine Behandlung verzichten bzw. eine zunächst begonnene wieder abbrechen kann. Dazu könnte es naheliegen, wie auch sonst bei Sterbehilfe zunächst zwischen folgenden zwei Fallgruppen zu unterscheiden:

- Bei Erwachsenen pflegt man von der Fallgruppe des *„einverständlichen Behandlungsabbruchs“* auszugehen, wo etwa ein Sterbender klar zu erkennen gibt, daß man nichts weiteres mehr unternehmen möge (Eser 1977, S. 99ff.). Bei einem Neugeborenen ist dieser Weg jedoch praktisch schon dadurch verbaut, daß es wegen Einwilligungsunfähigkeit gar nicht in der Lage ist, seinen Willen zu artikulieren. Und selbst wenn die Eltern ihre Zustimmung zum Behandlungsverzicht oder -abbruch geben mögen, bleibt dies wegen der Höchstpersönlichkeit des betroffenen Gutes eine „Fremdbestimmung“ der Eltern über das Leben ihres Kindes, so daß ich mich scheue, bei Sterbenlassen von Neugeborenen überhaupt von „einverständlichem Behandlungsabbruch“ zu sprechen (im gleichen Sinne Kaufmann 1982, S. 484; Schmitt 1979, S. 463f.; vgl. aber auch Hanack 1985, S. 36).
- Um so wichtiger wird bei Neugeborenen die andere Fallgruppe, nämlich das, was man als *„einseitigen Behandlungsabbruch“* zu bezeichnen pflegt (Eser 1977, S. 119ff., Otto 1986, D 49ff.). Dazu könnte man Hilfe bei Kriterien suchen, wie sie auch bei Erwachsenen zum Behandlungsverzicht oder -abbruch herangezogen werden. Demgemäß käme als allgemeine Orientierungslinie in Betracht, ob bei einem Erwachsenen mit ähnlichen Ausfallerscheinungen, wie sie das Neugeborene aufweist, eine Behandlungspflicht entsteht. Dieser Gedanke ist auch in der Einbecker Empfehlung (VI. 1) zum Ausdruck gebracht. Freilich fehlt es gerade bei Neugeborenen häufig an derartigen Vergleichsmaßstäben. Zudem ist die medizinische Entwicklung gerade im Bereich der Intensivtherapie noch stark im Fluß. Daher sind Erfolgsaussichten einer Behandlung Neugeborener oft allenfalls statistisch belegbar, aber kaum im Einzelfall zuverlässig abschätzbar (Jähnke 1987, S. 105).

Mit diesen Vorbehalten im Hinterkopf seien nachfolgend einige Voraussetzungen und Kriterien genannt, nach denen der Arzt von einer – erst noch aufzunehmenden oder weiteren – Behandlung absehen darf.

Kriterien für Behandlungsverzicht oder -abbruch

Unstreitig ist der Fall der *faktischen Unmöglichkeit,* wo eine weitere Lebensverlängerung ohnehin aussichtslos erscheint (Eser 1977, S. 125f.; Kaufman 1982, S. 485).

- Allerdings sei zur Vermeidung von Mißverständnissen ausdrücklich betont, daß sich diese Unmöglichkeit auf die *Lebensverlängerung,* also auf die Hinauszögerung des definitiven Todes und nicht etwa auf die Behebung des Grundleidens - so einer eventuell bestehenden Behinderung des Kindes - beziehen muß. Mit anderen Worten: Ein Abbruchsgrund ist nicht schon die Feststellung, daß man eine bestimmte Schädigung nicht beheben könnte, sondern daß wegen der Schädigung der Todeseintritt ohnehin nicht hinauszuzögern ist.

- Eine solche faktische Unmöglichkeit der Lebensverlängerung kann sich u. U. auch aus einem Mangel an personellem Know-how oder an den erforderlichen Geräten ergeben. Sind diese jedoch an sich vorhanden, wenn auch nicht in ausreichender Zahl, so wird man nicht mehr ohne weiteres von „Unmöglichkeit" sprechen können. Dennoch besteht weitgehend Einigkeit darüber, daß dort, wo in einer derartigen Situation ein Versorgungsengpaß für mehrere Patienten gleichzeitig auftritt, der Arzt ein *Auswahlermessen* hat, das lediglich einer Ermessensmißbrauchskontrolle unterliegt; ansonsten gilt der am Auftreten des Behandlungsbedürfnisses auszurichtende Vorrang der Priorität (Eser 1977, S. 133f.). Da es dazu freilich noch keine Gerichtsentscheidung gibt, wird man lediglich mutmaßen können, daß etwa dort ein klarer Fall von Ermessensmißbrauch anzunehmen wäre, wo das Kind A sehr viel bessere Rettungschancen als das Kind B hat, der Arzt sich jedoch des Kindes B zuerst und allein deshalb annimmt, weil es privatversichert ist und die Eltern noch einige zusätzliche Geldscheine auf die Waagschale des Arztes legen.

Weitaus wichtiger sind jedoch die Fälle, die man als *medizinische Indikation* zum Behandlungsverzicht behandeln könnte (Jähnke 1987, S. 102, 107). Danach endet eine Behandlungspflicht (falls sie überhaupt entstanden war),

- wo das Kind die Operation nicht überleben würde,
- wo die beabsichtigte Operation keine Besserung brächte,
- wo die durch die Operation verursachte Beeinträchtigung größer wäre als die bestehende Behinderung,
- ferner wo noch keine ärztlichen Standards für die Behandlung eines derart geschädigten unreifen Neugeborenen bestehen, da es wohl kaum die Pflicht des Arztes sein kann, mit einer noch ungesicherten Methode ein unreifes Neugeborenes zu behandeln.

Im Unterschied zu diesen mehr oder weniger unstreitigen Fällen gibt es jedoch auch solche, die als sehr *problematisch* gelten und wo man daher noch von keiner Einigkeit in der Beurteilung wird reden können. So werden etwa folgende Kriterien diskutiert, wenn auch nicht ohne weiteres akzeptiert:

- So eine nur begrenzte Lebenserwartung des Kindes, wobei dieses Leben von „Plagen" überwuchert ist (Hanack 1985, S. 37). Dagegen wäre jedoch der Mangel jeglicher Maßstäbe dafür, ob und welche Lebenserwartung ausreichend ist, ins Feld zu führen (Jähnke 1987, S. 100).
- Dementsprechend wird man auch nicht schon allein deshalb, weil das Kind offensichtlich keine Lebensfähigkeit besitzt (Deutsche Gesellschaft für Chirurgie II.4), von einer Behandlungsaufnahme absehen dürfen.
- Ebensowenig wird man, weil es Aufgabe des Arztes sei, das Kind zur selbständigen Existenz zu befähigen, auf Behandlung allein schon deshalb verzichten dürfen, weil es auf absehbare Zeit konstitutionell außerstande ist, aus eigener Kraft zu leben (Jähnke 1987, S. 103).

- Auch die Einbecker Empfehlung V. 1, wonach abgebrochen werden könne, wenn das Leben nicht auf Dauer erhalten werden kann, sondern nur der sichere Tod hinausgezögert wird, ist zumindest in der Formulierung sehr weitgehend, da grundsätzlich auch die künstliche Lebenserhaltung in den Bereich der Behandlungspflicht gehört. Deshalb ist m. E. nicht auf die Künstlichkeit der Lebenserhaltung abzustellen, besteht doch das Wesen der Medizin gerade darin, das schicksalhaft natürliche Ende auch künstlich aufzuhalten; maßgebliches Kriterium muß wohl eher die Nichterlangbarkeit jeglicher Kommunikationsfähigkeit sein.

Damit ist bereits eine weitere Fallgruppe angesprochen, nämlich die der *Unzumutbarkeit* weiterer Lebenserhaltungsmaßnahmen (näher Eser 1977, S. 126ff.). Auch dazu kann man wiederum auf Kriterien zurückgreifen, wie sie auch beim Sterbenlassen eines Erwachsenen herangezogen werden:

- So ist beim Erwachsenen ein Behandlungsverzicht, und zwar auch ohne eine entsprechende Willensäußerung des Betroffenen, heute wohl allgemein akzeptiert, wenn bereits der *Sterbensprozeß unwiderruflich eingesetzt* hat und es nur noch darum gehen kann, weitere Schmerzen zu ersparen: Denn wie beim Erwachsenen muß es auch beim Kind möglich sein, zwischen der Verlängerung eines kurzen Lebensrestes einerseits und der gebotenen Schmerzlinderung andererseits abzuwägen.
- Für eine solche Abwägung ist jedoch kein Raum, wenn wegen der Bewußtlosigkeit des Patienten kein Schmerzlinderungsinteresse besteht. In solchen Fällen wird man nach der Zielsetzung des ärztlichen Auftrags fragen müssen: Ist dieser darin zu erblicken, dem Menschen die physischen und psychischen Voraussetzungen für seine personale Selbstverwirklichung verschaffen zu helfen und solange wie möglich zu erhalten, muß die Behandlungspflicht jedenfalls dort enden, wo dem Betroffenen aufgrund unwiderruflichen Verlustes jeglicher Reaktions- und Kommunikationsfähigkeit jede Möglichkeit weiterer Selbstwahrnehmung und Selbstverwirklichung genommen ist; und das ist spätestens bei nachweislich *irreversiblem Bewußtseinsverlust* der Fall (Eser in Schönke u. Schröder 1988, 29 vor § 211; Otto 1986, D 50f.). Entsprechendes wird man dann auch für das erst neugeborene Kind annehmen können: Wenn dieses bewußtlos zur Welt kommt und mit an Sicherheit grenzender Wahrscheinlichkeit nie das Bewußtsein erlangen wird, dann muß man es auch von vornherein sterben lassen dürfen (im gleichen Sinne Einbecker Empfehlung V.2; Hanack 1985, S. 36; Jähnke 1987, S. 101; Kaufmann 1982, S. 486; von Loewenich 1985, S. 31). Auf das gleiche läuft auch der Vorschlag des Alternativentwurfs „Sterbehilfe“ hinaus (AE § 214 Abs. 1 Nr. 2; Eser 1986, S. 793ff.).
- Das letztgenannte Kriterium kann natürlich auch bei einem Neugeborenen, das *ohne höhere Gehirnfunktionen* zur Welt kommt, bedeutsam werden, so etwa beim Anenzephalus. Dies steht auch keineswegs im Widerspruch zu den Bedenken, die ich zuvor gegenüber der Organentnahme in den Münsteraner Fällen geäußert habe; denn während es dort um aktives Töten ging – da die Entnahme eines Organs zwangsläufig zum Tod führt –, geht es hier allein um die Frage, inwieweit man ein solches Wesen, falls es nicht von vornherein als hirntot zu betrachten ist, jedenfalls sterben lassen darf: Das würde nach den hier in Frage stehenden Kriterien rechtlich unproblematisch sein. Gewiß könnte man sich darüber hinaus die Frage stellen, die ja tatsächlich auch gestellt wird, ob man dann, wenn man ohnehin sterben lassen

darf, nicht sogar einen Schritt zugunsten anderer Menschen - nämlich kranker Kinder, die zum Überleben ein gesundes Organ gut gebrauchen könnten - weitergehen und bei einem ohnehin bald dem Tod geweihten Anenzephalus ein Organ sollte entnehmen können (vgl. Rademacher 1987). Das wird jedoch hierzulande wohl überwiegend abgelehnt, und wie mir scheint mit guten Gründen, muß doch vor allem die Vorstellung, daß als geschädigt diagnostizierte Kinder allein zum späteren „Ausschlachten" bis zur Geburtsreife am Leben erhalten werden, die Menschenwürde als bedroht erscheinen und Angst vor Mißbrauch aufkommen lassen - wobei natürlich all denen, die insoweit weniger Skrupel haben, nicht ohne weiteres eine unmoralische Einstellung unterstellt sei. Doch wie auch immer man bei solchen schwerstgeschädigten Neugeborenen entscheidet, wird auf jeden Fall sicherzustellen sein, daß die Prognose über die Nichterlangbarkeit des Bewußtseins erwiesen ist (Hanack 1985, S. 38; Kaufmann 1982, S. 486) bzw. daß es sich um ein Wesen ohne höhere Gehirnfunktionen handelt. Um das abzusichern, ist dringend eine kollegiale Beratung zu empfehlen, wenn nicht sogar geboten (Deutsche Gesellschaft für Chirurgie VI), wie dies auch die Einbecker Empfehlung fordert (X).

Nicht unproblematisch ist auch das wohl von manchen praktizierte Abstellen auf das *Geburtsgewicht* als Kriterium für die Einleitung oder den Abbruch einer Intensivbehandlung, wobei die Bedenken eher medizinischer Natur sind; denn nicht nur, daß die Genauigkeit und Aussagekraft einer derartigen Wägung als mangelhaft erscheinen und zudem von der uneinheitlich beantworteten Frage abhängen, ob das Neugeborene mit oder ohne Nabelschnur bzw. vor oder nach Absetzen des Urins und Stuhls gewogen werden soll, ist doch die Festsetzung einer jeden Gewichtsgrenze willkürlich. Zudem sind definierte Gewichtsgrenzen mit ständig steigenden Erfolgen unterschritten worden. Funktionell viel wichtiger für das Überleben des Kindes als das Geburtsgewicht scheint daher vielmehr der Reifegrad zu sein, der freilich wiederum von der Schwangerschaftsdauer abhängt, die jedoch ihrerseits weder genau definierbar noch feststellbar ist (von Loewenich 1985, S. 31).

Allerdings ist vor Einstellung lebenserhaltender Maßnahmen immer zu bedenken, daß dies noch nicht garantiert, daß das Kind wirklich stirbt: Möglich ist vielmehr, daß es schwerer geschädigt weiterlebt und ihm durch das Einstellen der Behandlung zusätzliche Leiden bereitet werden (von Loewenich 1982, S. 199; Kaufmann 1982, S. 486). Der Streit um den bekannten Lorber-Katalog hat da zum Behandlungsverzicht bei Spina bifida ja einiges wenig erfreuliche Material zutage gefördert (Gallo 1984; Steinbock 1984): Um hier nicht den entscheidenden Operationszeitpunkt zu versäumen, was für das Kind ein Weiterleben mit sehr viel schwereren Schäden bedeuten kann, sollte im Zweifelsfall unbedingt weiterbehandelt werden (Kaufmann 1982, S. 486; von Loewenich 1985, S. 32f.).

Auch zur Wahrung der *Menschenwürde* kann ein Behandlungsabbruch berechtigt, wenn nicht sogar geboten sein (Eser 1977, S. 136ff.). Auch das Neugeborene hat bereits eine Menschenwürde, wobei deren Verletzung natürlich nicht schon darin liegen kann, daß es überhaupt an ein Gerät angeschlossen wird. Ebensowenig kann Menschenunwürdigkeit nicht schon im Vorhandensein von Behinderungen gesehen werden, wäre es doch eine Beleidigung aller Behinderten, die mit einem solchen Leiden leben müssen (Kaufmann 1982, S. 485). Daher vermag auch nach der Einbecker Empfehlung (VII) nicht schon allein der Umstand, daß dem Neugeborenen ein Leben mit Behinderungen

bevorsteht, den Verzicht auf lebenserhaltende Maßnahmen zu rechtfertigen. Gemeint sind bei Wahrung der Menschenwürde vielmehr jene Fallgestaltungen, in denen der Sterbende nur noch als Objekt medizinischer Kunstfertigkeit am Leben erhalten wird oder wo die Hinauszögerung des Todeseintritts lediglich finanziellen Interessen der Angehörigen oder des Krankenhauses, wie etwa dessen Belegungsinteresse, dient.
Auch gibt die Achtung der Menschenwürde zugleich ein Kriterium für die Form und Intensität des Behandlungsabbruchs, rechtfertigt doch dieser nicht einfach ein „Liegenlassen", sondern erfordert zumindest weitere *Basispflege* (Hanack 1985, S. 38) sowie in der Regel statt eines abrupten Abbruchs einen nur stufenweisen Behandlungsabbau (Eser 1977, S. 137).

Der Rubikon von Sterbehilfe zu Eugenik

Schließlich ist noch das vielleicht schwierigste Problem anzusprechen: die Frage, inwieweit die *Unverhältnismäßigkeit von Aufwand und Erfolg* eine Rolle spielen darf (Eser 1977, S. 132f.; Hirsch 1986, S. 241). Während es bei den vorangehenden Begrenzungen der Behandlungspflicht gleichsam immanent um eine Zielbestimmung aus dem ärztlichen Auftrag heraus und lediglich um eine interne Abwägung von eigenen Interessen des Betroffenen ging, stellt sich hier die Frage, inwieweit die Lebenserhaltungspflicht u. U. auch gegenüber externen Interessen anderer oder der Allgemeinheit zurückgestellt werden kann. Kurzum: es geht um das weithin noch tabuisierte, aber keinesfalls unrealistische Problem der Unverhältnismäßigkeit des für eine Lebenserhaltung zu treibenden Aufwands und des davon zu erhoffenden Erfolgs.
Nun mag es gewiß schockieren, daß das Leben überhaupt in Relation zu dem mit der Lebenserhaltung verbundenen Aufwand gesetzt wird. Denn wenn nach überkommener Auffassung nicht einmal Leben gegen Leben abwägbar sein soll, um wieviel weniger Leben gegenüber materiellen Gütern? Freilich scheinen auch in diesem Punkt hehre Rechtsgrundsätze bereits von der Wirklichkeit des modernen Krankenhausbetriebs überholt. Was bereits mit dem Zwang des Arztes beginnt, seine beschränkten Möglichkeiten selektiv einzusetzen, und was sich über die Nichtbezahlbarkeit möglicherweise lebenswichtiger Therapien fortsetzt, endet schon gar nicht selten mehr in der Frage, ob sich der Einsatz an sich möglicher Lebenverlängerungsmaßnahmen überhaupt noch „lohnt". Dahinter steht die zu beobachtende Tendenz, auch im Hinblick auf andere Interessen als die des betroffenen Patienten selbst die Lebensverlängerungspflicht nicht mehr absolut zu setzen, sondern einer Abwägung zu unterwerfen: sei es im Hinblick auf drängendere Behandlungsbedürfnisse anderer oder sei es auch unter Berücksichtigung familiärer, sozialer und nicht zuletzt auch wirtschaftlicher Faktoren.
Dahinter steht auch die Vorstellung, daß die Hilfserwartung des einzelnen immer nur auf das den Umständen nach Mögliche und Zumutbare gerichtet sein könne und daß demzufolge auch die ärztliche Behandlungspflicht von vornherein auf das beschränkt ist, was der einzelne von Staat und Gesellschaft an Hilfe erwarten darf. Oder anders ausgedrückt: Man macht sich Gedanken darüber, daß es vielleicht überzogen ist, wenn man als einzelner meint, man habe einen unbegrenzten Anspruch gegenüber der Gesellschaft, daß diese alles und jedes für die Erhaltung des eigenen Lebens tun müsse.
Da man dies wohl kaum mit Absolutheit wird fordern können, zumal dann ja jeder denselben Anspruch erheben könnte, wird man von vornherein von einer immanenten

und von bestimmten Abwägungen abhängigen Begrenzung der Lebenserhaltungspflicht ausgehen müssen. Dann aber stellt sich als weiteres die rechts- und sozialpolitisch hochbrisante Frage, wieviel diese unsere Gesellschaft für die Erhaltung erlöschenden oder behinderten Lebens zu tun bereit ist und wie sie dabei die Prioritäten setzen will.

Das Problem stellt sich natürlich besonders drängend bei *schwerbehinderten Neugeborenen.* So wäre beispielsweise der eingangs geschilderte Fall – das muß in aller Offenheit gesagt werden – nach den zuvor genannten Kriterien und wohl auch nach der Einbecker Empfehlung kein Fall von Behandlungsverzicht gewesen, bestand doch eine Lebenserwartung von mindestens 8–10 Jahren, wobei das Kind mit einem geistig möglicherweise unbehinderten Leben hätte rechnen können. Letztlich dürften also eher sozialfamiliäre Aspekte den Ausschlag für die Operationsverweigerung gegeben haben. Auch wenn wir uns kaum anheischig machen können, die einzig „richtige" Antwort auf solche Fälle zu haben, wird man doch jedenfalls den Unterschied bewußt machen müssen, der solche Fälle von echter Sterbehilfe unterscheidet: Bei einem Moribunden, der bereits sein Leben hinter sich hat, geht es im Grunde nur noch um die Erleichterung seines Sterbens und dabei primär um Hilfe für ihn selbst. Solche Hilfs- und Mitleidsmotive mögen sicherlich auch bei der sog. „Früheuthanasie" Neugeborener mitschwingen. Doch wäre es Selbsttäuschung zu meinen, daß dabei nur dem Geschädigten selbst und nicht auch – wenn nicht sogar vor allem – der Familie und Gesellschaft ein schweres Los erspart bleiben soll. Schon deshalb wäre es nicht nur falsch, sondern geradezu gefährlich, das Sterbenlassen Neugeborener nach völlig gleichen Maßstäben beurteilen zu wollen wie die Sterbehilfe angesichts eines unabwendbaren Todes. Zwar ist vor allem auch unter Berücksichtigung des erleichterten Schwangerschaftsabbruchs nicht zu verkennen, daß die gegenwärtige Tendenz einer Auflockerung des Lebensschutzes vom Augenblick der Konzeption bis zum Exitus insofern von einem gemeinsamen Gedanken getragen ist, als die rein biologisch-quantitative Lebensverlängerung immer mehr von einer personal-qualitativen Lebensbetrachtung verdrängt wird. Gefährlich wird es aber dort, wo die Gesellschaft – und sei es auch noch so wohlmeinend – Lebenssinn glaubt absprechen zu dürfen; denn dann ist es zur „Vernichtung sog. lebensunwerten Lebens" nicht mehr weit. Dann geht es nicht mehr nur um Hilfe für den Betroffenen selbst, sondern auch um gesellschaftsnützliche Eugenik. Das ist genau der kritische Punkt, an dem die „Früheuthanasie" über Sterbehilfe hinausgeht und wo sich gerade die deutsche Sicht durch Schreckensbilder der Vergangenheit grauenvoll verdunkelt.

Dies bewußt zu machen, kann nicht früh genug geschehen: nicht um damit jegliches Nachdenken in diese Richtung von vornherein zu verwerfen; denn für ein Ja oder Nein scheint mir das Problem noch zu wenig aufgehellt. Auf jeden Fall aber bleiben die tiefgreifenden Konsequenzen zu bedenken, die sich für das Lebensverständnis einer Gesellschaft ergeben müßten, wenn das Recht auf Leben mit dessen Gesellschaftsnützlichkeit enden oder überhaupt erst beginnen würde.

Literatur

AE-Sterbehilfe (1986)Alternativentwurf eines Gesetzes über Sterbehilfe (vorgelegt von J. Baumann u. a.). Thieme, Stuttgart

BÄK (1979) Richtlinien der Bundesärztekammer für die Sterbehilfe. Dtsch Ärztebl 76:957-960; auch abgedruckt in: MedR 1985, 38-40

BÄK (1982) Bekanntmachung der Bundesärztekammer, Stellungnahme des Wissenschaftlichen Beirates der Bundesärztekammer zur Frage der Kriterien des Hirntodes - Entscheidungshilfen des Hirntodes. Dtsch Ärztbl. 79 (14):35-41

BGHSt = Entscheidungen des Bundesgerichtshofs in Strafsachen, Bd. 10 (1958), 291-294, Bd. 12 (1959), 379-386

BVerfGE = Entscheidungen des Bundesverfassungsgerichts, Bd. 39 (1974), 1ff.

Crossley MA (1987) Selective nontreatment of handicapped newborns: An analysis. Med Law 6:499-524

Deutsche Gesellschaft für Medizinrecht (DGMR) (1986) Grenzen der ärztlichen Behandlungspflicht bei schwerstgeschädigten Neugeborenen, Empfehlungen der Deutschen Gesellschaft für Medizinrecht (DGMR), erarbeitet beim 1. Einbecker Expertengespräch 27.-29. Juni 1986, abgedruckt in: MedR 1986, 281-282 und Hiersche et al., S. 183-185

Eser A (1977) Lebenserhaltungspflicht und Behandlungsabbruch in rechtlicher Sicht. In: Auer A, Menzel H, Eser A, Zwischen Heilauftrag und Sterbehilfe. Heymanns, Köln, S. 75-141

Eser A (1982a) Grenzen der Behandlungspflicht aus juristischer Sicht. In: Lawin P, Huth H (Hrsg) Grenzen der ärztlichen Aufklärungs- und Behandlungspflicht. Thieme, Stuttgart, S. 77-94

Eser A (1982b) Ärztliches Handeln gegen den erklärten oder mutmaßlichen Willen der Eltern - Juristische Gesichtspunkte zum Thema. In: Müller u. Olbing, S. 178-187

Eser A (1986) Freiheit zum Sterben - Kein Recht auf Tötung. Juristenzeitung 41:786-795

Eser A (1987) Forschung mit Embryonen. In: Günther u. Keller, S. 263-292

Eser A (1988) Der Arzt im Spannungsfeld von Recht und Ethik. In: Marquard O, Seidler E, Staudinger HJ (Hrsg) Ethische Probleme des ärztlichen Alltags. Schöningh, Paderborn

Gallo A (1984) Spina bifida: The state of the art of medical management. The Hastings Center Report, February 1984, pp 10-19

Greenstein L-J (1987) Withholding life-sustaining treatment from severely defective newborns: Who should decide? Med Law 6:487-497

Günther H-L, Keller R (Hrsg) (1987) Fortpflanzungsmedizin und Humangenetik - Strafrechtliche Schranken? Mohr/Siebeck, Tübingen

Hanack E-W (1985) Grenzen der ärztlichen Behandlungspflicht bei schwerstgeschädigten Neugeborenen. Medizinrecht 1985, 33-88

Heldrich A (1965) Zur zivilrechtlichen Haftung. Der Deliktsschutz des Ungeborenen. Juristenzeitung 1965, 593-599

Hiersche H-D, Hirsch G, Graf-Baumann T (Hrsg) (1987) Grenzen ärztlicher Behandlungspflicht bei schwerstgeschädigten Neugeborenen. 1. Einbecker Workshop der Deutschen Gesellschaft für Medizinrecht, 27.-29 Juni 1986. Springer, Heidelberg

Hirsch G (1986) Der sterbende Mensch. Rechtliche Grenzen der ärztlichen Behandlungspflicht. Zeitschrift für Rechtspolitik (ZRP) 1986, 239-242

Hirsch HJ (1987) Behandlungsabbruch und Sterbehilfe. In: Festschrift für Karl Lackner. De Gruyter, Berlin, S. 597-620

Jähnke B (1987) Grenzen der ärztlichen Behandlungspflicht bei schwerstgeschädigten Neugeborenen aus juristischer Sicht. In: Hiersche, et al., S. 99-110

Kaufmann Armin (1971) Tatbestandsmäßigkeit und Verursachung im Contergan-Verfahren. Juristenzeitung 1971, 569-576

Kaufmann Arthur (1982) Zur ethischen und strafrechtlichen Beurteilung der sogenannten Früheuthanasie. Juristenzeitung 1982, 481-487

Laufs A (1980) Recht und Gewissen des Arztes. Heidelberger Jahrbücher 1980, 1-15

Lenard HG (1986) Anästhesie bei Früh- und Neugeborenen. Dtsch Med Wochenschr 111:1747-1749

Lenckner T, Winkelbauer W (1982) Die pränatale Embryonenschädigung mit postnatalen Folgen. In: Günther u. Keller, S. 211-224

Loewenich V von (1982) Grenzen der Therapie bei Kindern - Grenzen der neonatologischen Intensivbehandlung. In: Müller u. Olbing, S. 194–204

Loewenich V von (1985) Grenzen der ärztlichen Behandlungspflicht bei schwerstgeschädigten Neugeborenen aus ärztlicher Sicht. Medizinrecht 1985, 30–33

Lüttger H (1983) Geburtsbeginn und pränatale Einwirkungen mit postnatalen Folgen. Neue Zeitschrift für Strafrecht (NStZ) 1983, 481–485

Maunz T, Dürig D (1958) Grundgesetz, Kommentar, Bd. I, 1958, Art. 2 II Rdnr. 8ff.

Müller H, Olbing H (Hrsg) (1982) Ethische Probleme in der Pädiatrie. Urban & Schwarzenberg, München

Otto H (1986) Recht auf den eigenen Tod? Strafrecht im Spannungsverhältnis zwischen Lebenserhaltungspflicht und Selbstbestimmung, Gutachten D für den 56. Deutschen Juristentag, Berlin 1986. Beck, München

Palandt O (1987) Kommentar zum Bürgerlichen Gesetzbuch, 46. Aufl. Beck, München

Penning R (1987) Tendenzen der Rechtsprechung zum Gebiet der Geburtshilfe. Geburtshilfe Frauenheilkd 47:1–7

Rademacher H (1987) Ärzte in Ontario: Gehirntod entscheidend für Organentnahme bei anenzephalen Kindern. In: Klinik und Praxis, 23./24. 10. 1987

Regenbrecht J (1973) Zum Problem der „Sterbehilfe". Gedanken zur Operationsindikation bei schwersten Fehlbildungen Neugeborener. MMW 115:601

Schweizerische Akademie der Medizinischen Wissenschaft (1977) Richtlinien vom 5. 11. 1976, abgedruckt in: Dtsch Ärztebl 31:1933

Schmitt R (1979) Euthanasie aus der Sicht der Juristen. Juristenzeitung 1979, 462–467

Schmitt R (1983) Eugenische Indikation vor und nach der Geburt. In: Festschrift für U. Klug, Bd II. Deubner, Frankfurt/M., S. 329–339

Schönke A, Schröder H (1988) Kommentar zum StGB, 23. Aufl. Beck, München

Schreiber H-L (1983) Kriterien des Hirntodes, Bericht über eine Stellungnahme des Wissenschaftlichen Beirates der Bundesärztekammer. Juristenzeitung 1983, 593–596

Steinbock B (1984) Baby Jane Doe in the Courts. In: The Hastings Center Report, February 1984, pp 10–19

Ulsenheimer K (1987) Kompetenzprobleme bei der Entscheidung über die Behandlung oder Nichtbehandlung schwerstgeschädigter Neugeborener. In: Hiersche et al., S. 111–121

Kompetente gesetzliche Regelung der Leichenschau

H. J. Mallach und A. Weiser

Einleitung

Die Leichenschau war seit jeher eine allgemeine Pflicht, damit nicht noch Lebende begraben werden. Aus den Gesellschaftsordnungen der letzten 2 Jahrtausende hat sich sodann die Forderung entwickelt, zwischen natürlichem und nicht natürlichem oder gewaltsamem Tod zu unterscheiden, um im letzteren Fall den Täter einer rechtlichen Untersuchung zuzuführen. Die progressive Entwicklung neuer diagnostischer und therapeutischer Verfahren in der Medizin und die damit verknüpfte zwangsläufige Spezialisierung vieler Ärzte hat die Leichenschau nur noch kompliziert und infolge Unzulänglichkeit vieler Ärzte zu zahllosen Fehldiagnosen geführt. Hierauf weisen mit dem Ziel der notwendigen Abänderung die Entschließung der Generalstaatsanwälte und des Generalbundesanwalts vom 17./18. 5. 1983 und der Beschluß der Justizminister und -senatoren der Bundesländer vom 16./18. 9. 1986 hin. Aber nicht nur der Medizin, sondern auch der Gesetzgebung haften Mängel an. Der gegenwärtige Rechtszustand ist der einer Rechtszersplitterung: Neben Bundesländern, in denen praktisch kein Leichenschaurecht existiert, gibt es Bundesländer mit durchaus brauchbaren Vorschriften. Gemeinsam ist aber allen Rechtssystemen, daß sie wesentliche Lücken aufweisen. Inhalt und Notwendigkeit zu erlassender Rechtsnormen sollen im folgenden erörtert werden.

Rechtsgrundlagen, Gegenstand und Begriff der Leichenschau

Mangels ausschließlicher oder konkurrierender Gesetzgebungsbefugnis des Bundes für das Gebiet des Friedhofs- und Bestattungswesens sind die Länder allein zur Gesetzgebung befugt. Nur in bestimmten Teilbereichen kann der Bund Vorschriften erlassen, die sich auf die Behandlung menschlicher Leichen beziehen. So bestimmt das aufgrund des Art. 74 Ziff. 2 GG erlassene Personenstandsgesetz vom 8. 8. 1957 (BGBl I S. 1125), daß Sterbefälle vor der Bestattung dem Standesbeamten zur Eintragung in das Sterbebuch aufgezeigt werden müssen. Nicht alle Bundesländer haben von ihrem Gesetzgebungsrecht Gebrauch gemacht. Insoweit gilt noch Landes- und Reichsrecht aus der Zeit vor 1945. Sofern die Länder Bestattungsgesetze erlassen haben, sind beträchtliche Unterschiede zu verzeichnen.
Folgende Rechtsnormen gelten in den einzelnen Bundesländern.

Baden-Württemberg: Gesetz über das Friedhofs- und Leichenwesen (Bestattungsgesetz, BestG) vom 21. 7. 1970 (GBl S. 395) i.d.F. v. 6. 6. 1983 (GBl S. 199); Rechtsverordnung des Innenministeriums zur Durchführung des Bestattungsgesetzes (Bestattungsverordnung, BestV) v. 10. 12. 1970 (GBl S. 521).

Bayern: Bestattungsgesetz (BestG) vom 24. 9. 1970 (GVBl S. 417) i.d.F. v. 7. 9. 1982 (GVBl S. 722); Verordnung zur Durchführung des Bestattungsgesetzes (Bestattungsverordnung, BestV) v. 9. 12. 1970 (GVBl S. 671) i.d.F. v. 26. 11. 1974 (GVBl S. 803); Zweite Verordnung zur Durchführung des Bestattungsgesetzes (Zweite Bestattungsverordnung, 2. BestV) v. 21. 7. 1975 (GVBl S. 219).

Berlin: Gesetz über das Leichen- und Bestattungswesen (Bestattungsgesetz, BestG) v. 2. 11. 1973 (GVBl S. 1830); Verordnung zur Durchführung des Bestattungsgesetzes (DVO-BestG) v. 22. 10. 1980 (GVBl S. 2403).

Bremen: Verordnung über die Behandlung menschlicher Leichen v. 20. 8. 1936 (GVBl S. 173), zuletzt i.d.F. v. 18. 12. 1974 (GBl S. 351); Gesundheitsdienstordnung v. 13. 9. 1935 (Sa Brem.R. Nr. 2120 a1).

Hamburg: Ausführungsbestimmungen v. 28. 7. 1920 zum Gesetz über das Gesundheitswesen v. 15. 3. 1920 (ABl. S. 995) i.d.F. v. 15. 10. 1973 (GVBl S. 423); Durchführungsverordnung zum Gesetz über die Vereinheitlichung des Gesundheitswesens v. 30. 3. 1935.

Hessen: Gesetz über das Friedhofs- und Bestattungswesen (BestG) v. 17. 12. 1964 (GVBl S. 225) i.d.F. v. 31. 1. 1978 (GVBl S. 109); Verordnung über das Leichenwesen v. 12. 3. 1965 (GVBl S. 63) i.d.F. v. 1. 7. 1974 (GVBl S. 335).

Niedersachsen: Gesetz über das Leichenwesen v. 29. 3. 1963 (GVBl. S. 142), geändert zuletzt durch Ges. v. 5. 12. 1983; Verordnung über die Bestattung von Leichen v. 29. 10. 1964 (GVBl S. 183), zuletzt i.d.F. v. 9. 8. 1971 (GVBl S. 268).

Nordrhein-Westfalen: Ordnungsbehördliche Verordnung über das Leichenwesen v. 7. 8./20. 10. 1980 (GVBl S. 256 u. 519).

Rheinland-Pfalz: Landesgesetz über das Friedhofs- und Bestattungswesen (Bestattungsgesetz, BestG) v. 4. 3. 1983 (GVBl S. 69); Landesverordnung zur Durchführung des Bestattungsgesetzes v. 20. 6. 1983 (GVBl S. 133).

Saarland: Polizeiverordnung über das Bestattungs- und Leichenwesen v. 9. 12. 1971 (ABl S. 850).

Schleswig-Holstein: Landesverordnung über das Leichenwesen v. 18. 12. 1975 (GVBl S. 337).

Die Länderbestimmungen regeln die Leichenschau bei der Erdbestattung; ohne die Durchführung der angeordneten Leichenschau ist jede Bestattung verboten. Davon ist die Leichenschau nach dem Feuerbestattungsgesetz vom 15. 5. 1934 zu unterscheiden, wonach der zuständige Amtsarzt die sog. Feuerbestattungsleichenschau vornehmen muß. Das Feuerbestattungsgesetz und seine Durchführungsverordnung vom 10. 8. 1938 gelten als Landesrecht nach 1945 fort, soweit sie nicht durch spätere Gesetze aufgehoben oder durch abweichendes Recht geändert worden sind. Danach haben folgende Länder eine landesrechtliche Feuerbestattungsleichenschau eingeführt: *Baden-Württemberg* (§ 17 Abs. 1 BestV), *Berlin* (§ 20 Abs. 2 BestG), *Rheinland-Pfalz* (§ 8 Abs. 5 BestG). Nur in *Bayern* ist die Einäscherung ohne eine zweite Leichenschau zulässig (§ 8 BestV). In allen anderen Bundesländern ist die Feuerbestattungsleichenschau zusätzlich neben der Bestattungsleichenschau vorzunehmen. Die Leichenschau nach § 32 Abs. 4 des Bundesseuchengesetzes vom 18. 7. 1961 findet statt, wenn bei den in § 31 Abs. 1 genannten Verstorbenen das Gesundheitsamt die Untersuchung der Leiche anordnet. Der Staatsanwalt, auf seinen Antrag auch der Richter, führt die Leichenschau nach § 87 StPO durch, bei der ein Arzt nicht zugezogen wird, wenn dies zur „Aufklärung des Sachverhalts offensichtlich entbehrlich ist". Die Wertigkeit dieser Leichenschau ist gering einzustufen, da der Staatsanwalt keine medizinisch ausreichenden Feststellungen wird treffen können, die äußere Besichtigung keine verläßliche Aussage über die Todesursache zuläßt und selbst die Beteiligung eines Leichenschauarztes wegen dessen fehlender gerichtsmedizinischer Sachkunde am Tatort unzureichend wäre. Am Tatort schließlich wird eine kriminalpolizeiliche Leichenschau meist

dann durchgeführt, wenn der Leichenschauarzt die Leichenschau beendet hat und die Ermittlungsbeamten Zweifel am eingetretenen Tod oder der bescheinigten Todesursache haben. In keinem der genannten Fälle wird die Bestattungsleichenschau hinfällig.
Die begriffliche Fassung der Leichenschau hat die überwiegende Zahl der Länder festgelegt. Nach der Legaldefinition der Ländervorschriften besteht die Leichenschau in der Untersuchung einer Leiche von einem Arzt zur Feststellung des Todes, des Todeszeitpunktes, der Todesart und der Todesursache (§ 20 Abs. 1 BestG. *Baden-Württemberg,* Art. 2 Abs. 1 BestG. *Bayern,* § 3 Abs. 1 BestG. *Berlin,* § 11 Abs. 1 BestG. *Rheinland-Pfalz,* § 3 Abs. 1 u. 4 LVO Leichenwes. *Schleswig-Holstein,* § 1 Abs. 1 LeichenwesG. Niedersachsen.) *Nordrhein-Westfalen* definiert die Leichenschau nur als die persönliche Besichtigung und Untersuchung der Leiche durch den Arzt (§ 3 Abs. 1 VOLeichenwes.).
In *Bayern, Hessen, Niedersachsen* und *Nordrhein-Westfalen* gehört zur Leichenschau nicht ausdrücklich die Feststellung der Todeszeit. Keine gesetzliche Fassung des Leichenschaubegriffs gibt es in *Hamburg, Bremen* und im *Saarland.*

Die von der Mehrzahl der Länder getroffene Legaldefinition ist erschöpfend und sollte von den übrigen Ländern übernommen werden.

Gegenstand der Leichenschau ist die menschliche Leiche. Die Länderbestimmungen enthalten keine nähere Fassung des Leichenbegriffs. Nach der übereinstimmenden Auffassung der Literatur ist unter der Leiche der Körper des Verstorbenen zu verstehen, dessen Zusammenhang noch nicht durch den Verwesungsprozeß oder auf andere Weise völlig aufgehoben ist (Seeger 1984; Lenckner 1985 zu § 168 StGB). Keine Leichen i.S.d. Leichenschaurechts sind Leichen, die zum Gegenstand des Rechtsverkehrs geworden sind, z. B. Anatomieleichen, Skelette und Mumien (Tröndle 1986 zu § 168 StGB). Bei Totalvernichtung durch Brand liegt ebenfalls keine Leiche mehr vor, anders aber bei nur verkohlten Leichen. Der Verwesungsprozeß ist Teil der späten Leichenerscheinungen und führt auch nicht im vorgerückten Stadium zur Aufhebung der Leicheneigenschaft. Leichenteile, z. B. Gliedmaßen oder ein abgetrennter Kopf, sind für sich allein nicht leichenschaupflichtig oder -fähig; anders aber dann, wenn der Rumpf in örtlichem und zeitlichem Zusammenhang aufgefunden wird.

Angesichts der im Schrifttum einheitlich vertretenen Auffassung erübrigt sich eine gesetzliche Festlegung des Leichenbegriffs.

Die Totgeburt unterwirft *Baden-Württemberg* ohne weitere Präzisierung der Leichenschau (§ 20 Abs. 1 BestG). *Bayern* (Art. 6 Abs. 1 BestG) und *Berlin* (§ 1 Abs. 2 BestG) unterstellen die Totgeburt von mindestens 35 cm Länge dem Leichenschaurecht, ebenso *Niedersachsen,* das zudem die Lebendgeburt unabhängig vom Geburtsgewicht auch dann als Leiche behandelt, wenn die Merkmale des Lebens nur kurze Zeit vorhanden waren (§ 1 Abs. 2 u. 3 LeichenwesG). Gemäß § 24 PStG, zuletzt i.d.F. v. 1. 9. 1986 (BGBl I S. 1142), sind Totgeburten ins Sterbebuch einzutragen. Nach der Neuregelung der VO zur Ausführung des PStG i.d.F. v. 25. 2. 1977 (BGBl I S. 377) in der letzten Fassung v. 15. 6. 1987 (BGBl I S. 1549) ist die Totgeburt meldepflichtig, wenn das Geburtsgewicht mindestens 1000 g beträgt.

Wenn auch in der Praxis nach dieser Bestimmung verfahren wird (Spann 1985), so ist es doch unumgänglich, daß die Landesgesetzgeber, wie z. T. auch schon vorgesehen

(Schneider 1987), die Totgeburt den neuen Kriterien gemäß der Leichenschau unterwerfen und ähnlich der niedersächsischen Regelung für Lebendgeburten eine Klarstellung entsprechend § 29 Abs. 1 PStV herbeiführen.

Kernpunkt der ärztlichen Leichenschau ist die Leichenuntersuchung. *Baden-Württemberg* macht das Ausmaß der Untersuchung von den Umständen des Einzelfalls abhängig, verlangt bei unbekannter Todesursache und unerwartetem Todeseintritt die Entkleidung und die besonders eingehende Untersuchung der Leiche (§ 9 Abs. 4 BestVO). Eine sorgfältige Untersuchung schreiben *Bremen* (§ 18 GesdienstO), *Hessen* (§ 3 Abs. 1 VOLeichwes.) und das *Saarland* (§ 4 Abs. 1 PolVO Bestwes.) vor. In *Hamburg* genügt die Besichtigung durch den behandelnden Arzt (III C Ziff. 1 Ausführungsbest.), in *Schleswig-Holstein* die persönliche Besichtigung (§ 3 Abs. 1 VOLeichenwes.). In *Nordrhein-Westfalen* ist die Leiche persönlich zu besichtigen und zu untersuchen, in *Rheinland-Pfalz* muß der Leichenschauarzt persönlich untersuchen, wobei die Leiche entkleidet sein soll. *Bayern, Berlin* und *Niedersachsen* stellen an die Untersuchung keine besonderen Anforderungen.

Mit den Grundanforderungen einer ordnungsgemäßen Leichenschau ist es unvereinbar, wenn Art und Weise der Leichenuntersuchung ausschließlich dem Ermessen des Leichenschauarztes überlassen bleiben. Zur obligatorischen Leichenschau gehört zwingend die obligatorische Leichenuntersuchung. Die Untersuchungspflicht ist im Gesetz festzulegen, ebenso der Gegenstand der Untersuchung, nämlich die ausnahmslos entkleidete Leiche. Der Einwand, daß der Gesetzgeber ärztliches Handeln bei der Untersuchung von Patienten nicht reglementieren könne und dies auch bei der Leichenschau gelten müsse, ist nicht begründet.

Berechtigung und Verpflichtung zur Leichenschau

Für die Berechtigung zur Vornahme der Leichenschau bestehen in keinem Bundesland Einschränkungen. Allein die Qualifikation als Arzt ist erforderlich. Nach der Bundesärzteordnung vom 14. 10. 1977 (BGBl I S. 1885) ist Arzt, wem die Approbation oder die Bestallung als Arzt erteilt wurde (§ 2 Abs. 11, § 14 Abs. 1 BÄO), wobei auf die Sonderbestimmungen für Ärzte aus der EG hier nicht einzugehen ist.
Unterschiedlich ist die Verpflichtung zur Leichenschau geregelt. Am weitesten geht die Regelung in *Hessen,* wo schlechthin jeder Arzt zur Leichenschau verpflichtet ist (§ 11 Abs. 2 BestG). Hiervon sind der niedergelassene, angestellte und auch der nicht niedergelassene Arzt betroffen. Obwohl der Gesetzeswortlaut in *Nordrhein-Westfalen* nicht eindeutig ist (§ 3 Abs. 2 VOLeichwes.), wonach der Arzt nach Erhalt der Anzeige über den Todesfall die Leichenschau vornehmen muß, wird eine generelle Verpflichtung deshalb anzunehmen sein, weil nach § 19 Ziff. 4 ein Verstoß mit Bußgeld belegt wird. Folglich wird auch hier generell jeder Arzt verpflichtet. Umgekehrt besteht in den Ländern *Bremen, Niedersachsen, Saarland* und *Schleswig-Holstein* keine gesetzliche Pflicht für den Arzt zur Vornahme der Leichenschau. Die Vornahme dieser ärztlichen Verrichtung ist daher dem Arzt, dem der Todesfall gemeldet wird, freigestellt.
An das Merkmal der Niederlassung für die Begründung der Leichenschaupflicht knüpfen *Baden-Württemberg* (§ 20 Abs. 3 BestG) und *Berlin* (§ 3 Abs. 2 BestG) an, wobei die Fachrichtung, die Zulassung zur kassenärztlichen Versorgung oder die

Ausübung einer Gemeinschaftspraxis unerheblich sind. *Rheinland-Pfalz* begrenzt die Verpflichtung auf den erreichbaren niedergelassenen Arzt (§ 11 Abs. 2 BestG), was wohl selbstverständlich ist. In *Bayern* trifft die Leichenschaupflicht nur den Arzt, der sich im Gebiet der Kreisverwaltungsbehörde, in dem die Leiche sich befindet, oder in dem Gebiet einer angrenzenden kreisfreien Gemeinde niedergelassen hat (Art. 2 Abs. 2 BestG). Ein in der kreisfreien Gemeinde München niedergelassener Arzt ist zur Leichenschau im angrenzenden Landkreis München verpflichtet, nicht aber umgekehrt der im Landkreis niedergelassene Praktiker innerhalb der Stadt München.

Für Sterbefälle im Krankenhaus ist der Krankenhausarzt zur Leichenschau verpflichtet in *Baden-Württemberg* (§ 20 Abs. 2 BestG), in *Berlin* (§ 3 Abs. 2 BestG) und in *Rheinland-Pfalz* (§ 11 Abs. 2 BestG). Tritt der Tod bei erfolgloser Reanimation auf dem Weg zum Krankenhaus ein, wird auch in diesem Fall die Leichenschaupflicht des Krankenhausarztes angenommen (Naser 1980; Seeger 1984). Die Regelung in *Bayern* (Art. 2 Abs. 2 Ziff. 2 BestG) verlangt nicht, daß der Tod im Krankenhaus eingetreten sein muß. Danach genügt allein, daß die Leiche sich im Krankenhaus befindet; doch wird die Leichenschau auch dann ausgeführt, wenn der Tod auf dem Weg ins Krankenhaus eingetreten ist (Klingshirn 1982).

Die Leichenschaupflicht des Krankenhausarztes für Sterbefälle in der Klinik und die auf dem Weg dorthin Verstorbenen sollte einheitlich eingeführt werden.

Auch der Notarzt ist von der generellen gesetzlichen Leichenschaupflicht in *Hessen* und *Nordrhein-Westfalen* erfaßt. Ausdrücklich *Rheinland-Pfalz* zieht (§ 11 Abs. 2 BestG) auch den im Rettungs- und Notfalldienst tätigen Arzt zur Leichenschau heran. Wo keine gesetzliche Regelung getroffen ist, muß unterschieden werden zwischen Notarzt und Notfallarzt. Der Notarzt ist mit besonderen Kenntnissen und Fähigkeiten der Notfallmedizin ausgestattet und im Rettungsdienst tätig zur Wiederherstellung und Aufrechterhaltung lebenswichtiger Funktionen beim Notfallpatienten. Der Notfallarzt dagegen gehört dem Kreis der niedergelassenen Ärzte an und ist in subjektiven Notlagen zur Sicherstellung der ärztlichen Versorgung außerhalb der üblichen Sprechzeiten im Einsatz (Ahnefeld u. Merkens 1984; Weigel 1984). Daraus folgt, daß Funktion und Aufgabenstellung des Notarztes mit der Verpflichtung zur zeitaufwendigen Leichenschau nicht vereinbar sind, während sich die Verpflichtung des Notfallarztes aus der Tatsache seiner Niederlassung ergibt (Mallach u. Narr 1980; Eisenmenger 1986; Penners u. Krämer 1987; einschränkend Lippert 1987). Eine Rechtspflicht des Notarztes zur Leichenschau ist daher in *Baden-Württemberg, Bayern* und *Berlin* nicht gegeben. Einen speziellen Verpflichtungsfall enthält allerdings § 8 BestVO *Baden-Württemberg:* Hat der Arzt, ohne hierzu verpflichtet zu sein, sich zur Leichenschau bereiterklärt, muß er seine Zusage einhalten und kann die Leichenschau nicht später wieder ablehnen oder abbrechen.

Eine besondere Regelung besteht schließlich auch in *Hamburg,* wonach jeder Arzt verpflichtet ist, über jeden unter seiner Behandlung verstorbenen Kranken nach der Leichenbesichtigung eine Todesbescheinigung auszustellen (C Ziff. 1 Ausführungsbest. v. 28. 7. 1920). Folglich ist dort der erfolglos reanimierende Notarzt zur Leichenschau verpflichtet, nicht aber der Krankenhausarzt, wenn er den Verstorbenen nicht behandelt hat.

Ohne den Nachweis einer speziellen Fachkunde und einer laufenden praktischen Tätigkeit sollte keinem Arzt die Berechtigung zur Durchführung der Leichenschau zuerkannt werden.

Der Notarzt ist allenfalls zur Feststellung des Todes, nicht aber zur oft zeitaufwendigen Leichenschau in der Lage. Erfahrungsgemäß führt aber jede unter Zeitdruck und ungünstigen äußeren Bedingungen durchgeführte Untersuchung, wie sie im Notfall in der Regel anzutreffen ist, besonders häufig zu Fehldiagnosen. Zudem bestehen in der Regel Informationslücken bezüglich der Vorgeschichte. Im Ergebnis wird der Notarzt jedoch in seiner ständigen Abruf- und Einsatzbereitschaft gehindert, wenn er die Leichenschau ordnungsgemäß durchführen will, was mit seiner Aufgabenstellung unvereinbar ist.

Der Notarzt soll daher zur Leichenschau nicht verpflichtet werden.

Die Frist, innerhalb derer die Leichenschau durchzuführen ist, umschreiben *Baden-Württemberg, Bayern, Hessen, Niedersachsen, Nordrhein-Westfalen, Rheinland-Pfalz* und das *Saarland* mit *unverzüglich, Berlin* mit innerhalb 12 Stunden nach der Aufforderung (§ 6 Abs. 1 BestG), *Schleswig-Holstein* mit möglichst bald, spätestens binnen 24 Stunden und nach Erhalt der Aussage (§ 3 Abs. 5 VOLeichenwes.); in *Bremen* und *Hamburg* besteht hierüber keine Vorschrift.

Die Dringlichkeit der Leichenschau sollte einheitlich mit dem Merkmal der Unverzüglichkeit, was gemäß § 121 BGB ohne schuldhaftes Zögern (Händel 1970) bedeutet, umschrieben sein, vorausgesetzt, es handelt sich tatsächlich um eine Leichenuntersuchung. Wird der Arzt dagegen zur Untersuchung einer leblos erscheinenden Person gerufen, so handelt es sich um einen Notfall, der einen sofortigen Einsatz verlangt.

Die Leichenschau als komplexer privat- und öffentlich-rechtlicher Vorgang verlangt aber eine eindeutige Festschreibung des Verpflichtungstatbestandes. In Anbetracht der erforderlichen Sachkunde und des unverzichtbaren Erfahrungswissens sowie der, wie noch darzulegen ist, oft zeitaufwendigen weiteren Erhebungen nach der Leichenuntersuchung ist die Heranziehung eines jeden approbierten Arztes ebenso sachfremd wie die Überlassung der Leichenschau dem Belieben eines Arztes.

Zweckmäßig ist es, diejenigen Ärzte mit der Leichenschau zu betrauen, die praktisch mit Todesfällen befaßt sind oder die zumindest eine intensive Fortbildung und laufende praktische Erfahrungen aufzuweisen haben. Ohne den Nachweis einer speziellen Fachkunde und einer laufenden praktischen Tätigkeit sollte keinem Arzt die Berechtigung zur Leichenschau zuerkannt werden.

Aktualisierung der Leichenschaupflicht

Manche Länder lassen die Leichenschaupflicht erst durch eine Anzeige oder ein Verlangen Dritter entstehen. So bestimmt *Baden-Württemberg,* daß der Arzt „auf Verlangen" tätig werden muß (§ 20 Abs. 2 BestG). Eine gleiche Regelung gilt in *Berlin* (§ 3 Abs. 2 BestG) und *Hessen* (§ 11 Abs. 2 BestG). „Nach Erhalt der Anzeige" hat der Arzt in *Nordrhein-Westfalen* (§ 3 Abs. 2 VOLeichenwes.) und in *Schleswig-Holstein* (§ 3 Abs. 5 LVOLeichenwes.) die Leichenschau durchzuführen. Nur *Bayern* hat eine klare

Bestimmung getroffen, wonach der Kreis derer, die das Verlangen nach einer Leichenschau mit rechtsverpflichtender Wirkung stellen können, genau festgelegt ist (Art. 2 Abs. 2 BestG). Das Verlangen anderer Personen löst somit die Leichenschaupflicht nicht aus (Eisenmenger 1986). Der zur Veranlassung der Leichenschau verpflichtete und berechtigte Personenkreis sind die Angehörigen im weitesten Sinne, die Personensorgeberechtigten, Schiffsführer, leitende Ärzte und Abteilungsärzte von Krankenhäusern, Leiter sonstiger Heime und Anstalten, wenn sich die Leiche dort befindet (Art. 15 BestG, § 1 BestV).
Daraus kann aber nicht gefolgert werden, daß in den obengenannten Ländern die Leichenschaupflicht ebenfalls nur durch das Verlangen eines zur Veranlassung der Leichenschau Verpflichteten ausgelöst werden könnte. Der Gesetzgeber wollte die Leichenschaupflicht unabhängig von der Person desjenigen begründen, der das Verlangen stellen kann. Andererseits ist die Verpflichtung, die Leichenschau zu veranlassen, eine eigenständige öffentlich-rechtliche Pflicht, so daß sie auch in einzelnen Ländern fixiert wurde, ohne daß eine korrespondierende Leichenschaupflicht begründet ist *(Niedersachsen)*. Im Ergebnis jedenfalls ist die Auslösung der Leichenschaupflicht in allen übrigen Ländern nicht einem bestimmten Personenkreis vorbehalten (Dietz u. Arnold 1982; Seeger 1984).
Es fragt sich aber, ob jeder – auch derjenige, der zu einem Sterbefall keinerlei Bezug hat –, eine so schwerwiegende Verpflichtung zur Leichenschau für den Leichenschauarzt begründen können soll. Ein vernünftiger Grund besteht hierfür nicht. Dazu kommt unter Umständen, daß durch derartige Aktionen Dritter die tatsächlich Berechtigten unzulässig in ihrer freien Wahl des Leichenschauarztes übergangen werden, da deren Verlangen ins Leere geht: Ist nämlich bereits ein Leichenschauarzt verpflichtet, besteht für einen zweiten keine Veranlassung mehr zum Tätigwerden.

Die bayerische Regelung ist daher zweckmäßig, wonach die Leichenschaupflicht nur durch den zur Veranlassung der Leichenschau Verpflichteten ausgelöst werden kann. Dieser Kreis wäre jedoch zu erweitern um denjenigen, in dessen Wohnung, Einrichtung oder auf dessen Grundbesitz sich der Sterbefall ereignet hat, die Personen, die mit dem Verstorbenen in häuslicher Gemeinschaft gelebt haben, jede Person, die beim Tod zugegen war oder von dem Sterbefall aus eigenem Wissen unterrichtet ist und schließlich generell auszudehnen auf die Führer von Beförderungsmitteln.

Befreiungsgründe bei der Leichenschaupflicht

Es erscheint logisch, daß, wenn der Gesetzgeber ein so absolutes Gebot wie die Leichenschaupflicht aufstellt, auch Gründe zuläßt, die von diesem Gebot befreien. Dennoch besteht in *Hamburg* für den behandelnden Arzt, in *Rheinland-Pfalz* für den erreichbaren niedergelassenen Arzt sowie in *Hessen* und *Nordrhein-Westfalen* für jeden Arzt schlechthin nach dem Gesetz eine uneingeschränkte Leichenschaupflicht. Nur drei Länder, die für den niedergelassenen Arzt die Leichenschaupflicht festgelegt haben, normieren auch die Befreiungstatbestände.

In *Baden-Württemberg* wird der Arzt nach § 8 BestV von der Pflicht zur Leichenschau befreit, wenn er dem Verlangen aus zwingenden Gründen, insbesondere zum Schutz eines höherwertigen Gutes, nicht/ oder nicht unverzüglich nachkommen kann und er das Verlangen unter Berufung hierauf ablehnt. Bei nachträglich entstandenen Hinderungsgründen muß er dafür sorgen, daß die Leichenschau von einem anderen Arzt vorgenommen wird. Nach § 3 Abs. 2 BestG ist auch in *Berlin* der Arzt befreit, wenn er aus wichtigem Grunde verhindert ist. Die sich sachlich entsprechenden Bestimmungen führen insbesondere dann zur Befreiung, wenn Leben und Gesundheit anderer gefährdet sind (Dietz u. Arnold 1982). Nach Seeger (1984) braucht der Arzt auch nicht einen Besuchsrundgang oder die Sprechstunde zu unterbrechen oder zur Nachtzeit zu erscheinen.

Die Umstände des Einzelfalls sind für die Entscheidung der Dringlichkeit der Leichenschau entscheidend. Ist der mutmaßliche Todesfall an einem öffentlichen Ort eingetreten, oder ist u. U. bereits die Polizei am Tatort, so muß auch der zur Leichenschau gerufene Arzt sofort erscheinen. Wird der Arzt zum Verstorbenen gerufen, den er im unabwendbar finalen Stadium noch vor 1 Stunde besucht hat, so kann er die Leichenschau auch noch geraume Zeit später vornehmen. *Bayern* gewährt (Art. 2 Abs. 3 BestG) dem Arzt dann ein Leichenschauverweigerungsrecht, wenn ihm die Gefahr droht, daß er oder ein Angehöriger, zu dessen Gunsten ihm im Strafverfahren wegen der familienrechtlichen Beziehung ein Zeugnisverweigerungsrecht zusteht, wegen einer Straftat oder Ordnungswidrigkeit verfolgt wird. Obwohl in *Baden-Württemberg* das Gesetz keine entsprechende Regelung enthält, wird auch dort dieser Hinderungsgrund anerkannt (Seeger 1984).

Diese Befreiungsgründe sind ein Korrelat zur gesetzlichen Leichenschaupflicht und daher dort überflüssig, wo eine solche nicht besteht, z. B. in *Bremen* oder *Niedersachsen*. Andererseits besteht eine unerträgliche Zwangslage dort, wo generell jedem Arzt die Leichenschau zur Pflicht gemacht wird, ein Befreiungsgrund vom Gesetzgeber aber nicht eingeräumt ist (*Hessen, Nordrhein-Westfalen, Rheinland-Pfalz* und in *Hamburg* der behandelnde Arzt). Wer allerdings die Leichenschau übernommen oder sich dazu bereiterklärt hat, sollte generell bei nachträglich auftretenden oder bekanntgewordenen Hinderungsgründen nur dann befreit werden, wenn er dafür gesorgt hat, daß ein anderer Arzt die Leichenschau durchführt.

Das Verweigerungsrecht wegen der Gefahr der straf- oder bußgeldrechtlichen Verfolgung (§ 55 StPO) setzt voraus, daß der Leichenschauarzt bestimmte Tatsachen angeben oder im Leichenschauschein niederlegen müßte, die den Verdacht einer solchen Tat begründen (Paulus 1987, § 55). Die sichere Erwartung eines Straf- oder Bußgeldverfahrens ist nicht erforderlich; es genügt ein prozessual ausreichender Verdacht (Meyer in Löwe-Rosenberg 1976, § 55) oder die drohende Einleitung eines Ermittlungsverfahrens, nicht nur dessen bloße theoretische Möglichkeit (Kleinknecht u. Meyer 1985, § 55). Auch hier muß gelten, daß bei der Inanspruchnahme dieses Hinderungsgrundes die Ablehnung nicht mit der Mitteilung einer drohenden Strafverfolgung begründet zu werden braucht, sondern daß es genügen muß, wenn der Arzt auf einen gesetzlichen Befreiungstatbestand hinweist und allenfalls in einem späteren Verfahren genauere Angaben wird machen müssen. Nimmt andererseits der Arzt trotz des bestehenden Ablehnungsgrundes die Leichenschau vor, so hat er diese objektiv und wahrheitsgetreu durchzuführen und zu dokumentieren. Vorsätzliche oder fahrlässige Verstöße gegen die gebotene Sorgfaltspflicht würden dann zu uneingeschränkter rechtlicher Haftung führen.

Der Leichenschaubefreiungsgrund analog § 55 StPO ist besonders für den behandelnden Arzt relevant, dem ein Kunstfehlervorwurf droht. Die oft befürchtete Selbstbezichtigung muß dadurch ausgeschlossen werden, daß der Arzt dem Verlangenden gegenüber nicht erklärungspflichtig gemacht wird.

Entsprechend der Verpflichtung zur Leichenschau ist dem Leichenschauarzt ein Leichenschauverweigerungsrecht in folgenden Fällen einzuräumen: Aus wichtigem Grund, insbesondere zum Schutz eines höherwertigen Rechtsgutes, wenn ihm die Gefahr droht, daß er oder ein Angehöriger, zu dessen Gunsten ihm im Strafverfahren wegen der familienrechtlichen Beziehung ein Zeugnisverweigerungsrecht zusteht, wegen einer Straftat oder Ordnungswidrigkeit verfolgt wird. Gegenüber dem die Leichenschau Verlangenden ist das Verweigerungsrecht sofort geltend zu machen, jedoch nicht zu begründen. Nachträglich auftretende Hinderungsgründe befreien den Leichenschauarzt nur dann, wenn er dafür gesorgt hat, daß ein anderer Arzt die Leichenschau durchführt.

Zutritts- und Auskunftsrecht, Ermittlungs-, Mitteilungs- und Sicherungspflicht des Leichenschauarztes

Die Ländergesetze enthalten in unterschiedlich vollständiger Form besondere Rechte und Pflichten des Leichenschauarztes zum Zwecke der Sicherung einer möglichst umfassenden und sachlich richtigen Leichenschaudiagnostik. Ausgehend von der Erkenntnis, daß die äußere Leichenuntersuchung über die Todesumstände oft keinen verläßlichen Aufschluß gibt, werden dem Arzt Befugnisse eingeräumt und Maßnahmen abverlangt, welche zeigen, daß seine Tätigkeit keine rein ärztliche mehr ist, sondern daß er in erster Linie eine öffentlich-rechtliche Funktion auf dem Gebiet der Gesundheitsverwaltung und der Strafrechtspflege im weitesten Sinne ausübt.

Zutrittsrecht

Eine ordnungsgemäße Leichenschau setzt voraus, daß dem Leichenschauarzt das jederzeitige Recht des Zutritts zum Ort der Leiche eingeräumt wird. Dieses Recht ist ihm nur in *Baden-Württemberg* (§ 22 Abs. 1 BestG) und in *Bayern* (Art. 3 Abs. 1 BestG) gewährt, wobei in *Bayern* das Recht auch für beigezogene Sachverständige und Gehilfen besteht, und der Inhaber der tatsächlichen Gewalt verpflichtet wird, Grundstücke, Räume und bewegliche Sachen zugänglich zu machen. Das Grundrecht der Unverletzlichkeit der Wohnung (Art. 13 GG) wird insoweit eingeschränkt. Dieses Recht setzt voraus, daß, wie es § 9 Abs. 1 BestV *Baden-Württemberg* bestimmt, die Leichenschau am Ort der Leiche durchzuführen ist, und daß der Arzt sich dorthin zu begeben hat. Nach Abs. 2 dieser Bestimmung ist der Arzt gehalten, das Zutrittsrecht gegebenenfalls mit Hilfe der Polizei durchzusetzen.

Auskunftsrecht

Die Mehrzahl der Länder hat eine Auskunftspflicht eines bestimmten Personenkreises gegenüber dem Leichenschauarzt eingeführt. In *Baden-Württemberg* sind Ärzte und Heilpraktiker, die den Verstorbenen wegen einer dem Tod vorausgegangenen Krankheit behandelt haben, sowie die Angehörigen des Verstorbenen auskunftspflichtig über Erkrankung und Todesumstände (§ 23 BestG). Nur auf die behandelnden Ärzte und Heilpraktiker ist in *Berlin* die Auskunftspflicht beschränkt (§ 7 Abs. 1 BestG), während *Bayern* generell zur Auskunft verpflichtet, wer den Verstorbenen unmittelbar vor seinem Tode berufsmäßig behandelt und gepflegt hat. Daneben sind Angehörige, Hausgenossen, Pflegepersonal des Verstorbenen und Personen, die beim Tod anwesend waren, im *Saarland* (§ 4 Abs. 3 PolVO Bestwes.) und in *Hessen* (§ 3 Abs. 3 VOLeichenwes.) zur Auskunft verpflichtet. Schließlich ist nur in *Rheinland-Pfalz* neben einem bestimmten Kreis von Angehörigen und dem behandelnden Arzt auch der Erbe auskunftspflichtig (§ 12 BestG). Nur *Bayern* (Art. 3 Abs. 2 BestG) und *Rheinland-Pfalz* (§ 12 BestG) räumen dem Auskunftspflichtigen ein Auskunftsverweigerungsrecht ein bei der Gefahr einer strafrechtlichen Verfolgung entsprechend § 55 StPO. Ohne die Auskunftspflicht eines möglichst weitgehenden Personenkreises, vor allem also der Angehörigen, Hausgenossen, Sorgeberechtigten und der beim Tode anwesenden

Personen sowie der behandelnden Ärzte und Pflegepersonen, können die Todesumstände, aus denen sich wiederum Schlüsse auf Todesart und -ursache ergeben, nicht ermittelt werden. Allerdings korreliert mit der Auskunftspflicht ein Aussageverweigerungsrecht entsprechend § 55 StPO.
Ob die ärztliche Schweigepflicht der Auskunftserteilung entgegensteht, ist bestritten. Nach Dietz u. Arnold (1982) sowie nach Seeger (1984) soll sich der Arzt nicht auf die Schweigepflicht berufen können. Auch Narr (1987) hält den behandelnden Arzt für auskunftspflichtig. Der gegenteiligen Ansicht ist Schweitzer (1986) mit beachtlichen Argumenten.

Nach dem Beschluß des Bayerischen Obersten Landesgerichts vom 21. 8. 1986 - BReg. 1 Z 34/86 - besteht ein Aussageverweigerungsrecht dann nicht, wenn die Befreiung von der Verschwiegenheitspflicht des Arztes dem mutmaßlichen Willen des Verstorbenen entspricht. Von einem mutmaßlichen Willen, den Arzt von der Schweigepflicht zu befreien, ist immer dann auszugehen, wenn die Aufklärung der Todesumstände und der Todesursache im Interesse des Verstorbenen und seiner Angehörigen liegt.

Ermittlungspflicht

Lediglich in *Baden-Württemberg* ist dem Leichenschauarzt die ausdrückliche Verpflichtung auferlegt, Auskünfte über eine dem Tode vorausgehende Erkrankung und die Todesumstände einzuholen. Werden diese Auskünfte verweigert, erkennbar unvollständig oder unrichtig erteilt, ist die Ortspolizei zu verständigen (§ 9 Abs. 3 BestV). Diese Bestimmung entspricht der gesetzlichen Auskunftspflicht des genannten Personenkreises und veranlaßt den Arzt zu einer sorgfältigen Ermittlung der Todesumstände.

Mitteilungspflicht

Die Mitteilungspflicht des Leichenschauarztes betrifft vor allem die Mitteilung an die Polizeidienststellen bei Anhaltspunkten für einen nicht natürlichen Tod. Eine ausdrückliche Normierung dieser Pflicht fehlt in *Bremen, Hamburg, Niedersachsen* und *Nordrhein-Westfalen.*

Sicherungspflicht

Nur in *Baden-Württemberg* (§ 22 Abs. 3 BestG) und *Rheinland-Pfalz* (§ 11 Abs. 3 BestG) besteht eine Sicherungspflicht des Leichenschauarztes. Danach soll er dafür Sorge tragen, daß an der Leiche und deren Umgebung bis zum Eintreffen der Polizei keine Veränderungen vorgenommen werden.

Einheitlich ist daher zu regeln:
- *Ein jederzeitiges Zutrittsrecht des Leichenschauarztes und der von ihm zugezogenen Hilfspersonen zum Ort der Leiche und seine polizeiliche Durchsetzbarkeit;*
- *der Kreis der Auskunftspflichtigen gegenüber dem Leichenschauarzt, der die Angehörigen im weitesten Sinne, Sorgepflichtige, Hausgenossen, Pflegepersonen, Ärzte und die beim Tod Anwesenden umfaßt;*

- *ein Auskunftsverweigerungsrecht unter den entsprechenden Voraussetzungen des § 55 StPO;*
- *eine Ermittlungspflicht des Leichenschauarztes hinsichtlich der dem Tode vorausgegangenen Erkrankung und der Todesumstände;*
- *die Mitteilungspflicht an die zuständige Polizeidienststelle bei Anhaltspunkten für einen nicht natürlichen Tod;*
- *die Sicherungspflicht, wonach bis zum Eintreffen der Polizei weder an der Leiche noch an deren Umgebung Veränderungen vorgenommen werden dürfen.*

Normierte Diagnoseinhalte der Leichenschau

Die vollständige Leichenschaudiagnose besteht in der Feststellung des Todes, der Todeszeit, -art und -ursache. Einen solchen kompletten Diagnosekatalog hat nur *Rheinland-Pfalz* aufgestellt (§ 11 Abs. 1 BestG). Die sonst gleiche Regelung in *Hessen* verzichtet auf die Feststellung der Todeszeit (§ 11 Abs. 1 BestG). Die Untersuchung zur Feststellung der genannten Merkmale ist vorgeschrieben in *Baden-Württemberg* (§ 20 Abs. 1 BestG), *Berlin* (§ 3 Abs. 1 BestG), *Schleswig-Holstein* (§ 3 Abs. 4 LVOLeichenwes.) und unter Verzicht auf die Todeszeit in *Bayern* (Art. 2 Abs. 1 BestG), *Niedersachsen* (§ 1 Abs. 1 LeichenwesG) und *Nordrhein-Westfalen* (3 Abs. 4 VOLeichenwes.).

Aus der unterschiedlichen Formulierung läßt sich nicht folgern, daß der Gesetzgeber auf eine Aussage über das Ergebnis der Untersuchung verzichten und es mit ihrer Durchführung bewenden lassen wollte. Wenn eine Untersuchung vorgeschrieben wird, so ist auch deren Ergebnis relevant. Der Wortlaut der Vorschriften trägt jedoch der Tatsache Rechnung, daß die vorzunehmenden Untersuchungen zu einem sehr unterschiedlichen Ergebnis kommen können, z. B. wird die Todesursache mit hinreichender Sicherheit festgestellt, oder sie bleibt ungeklärt, oder es handelt sich um eine Vermutungsdiagnose.

Eine positive Feststellungspflicht hat *Baden-Württemberg* (§ 9 Abs. 3 BestV) reglementiert, wonach der Tod mit Gewißheit eingetreten sein muß, während Todeszeit, -ursachen und -art nur möglichst genau zu ermitteln sind. Ebenso darf in *Bayern* (§ 3 BestV) und in *Bremen* (§ 18 GesO.) der Arzt die Todesbescheinigung erst dann ausstellen, wenn er sichere Zeichen des Todes wahrgenommen hat. Nur in *Nordrhein-Westfalen* ist zusätzlich zur Todesursache zu klären, ob der Tote an einer bestimmt zu bezeichnenden Krankheit gestorben und er wegen dieser Krankheit von einem Arzt behandelt worden ist.

Eine einheitliche Normierung des Diagnosekataloges für den Leichenschauarzt ist ebenso angebracht wie die Feststellung des Sicherheitsgrades, den die Diagnose haben muß.

Leichenschaudiagnostik und Leichenschauvordruck

Bundesweit ist das Ergebnis der ärztlichen Leichenschau in den amtlichen Vordrucken zu bescheinigen. Einzelne Länder haben diese Verpflichtung des Leichenschauarztes und die Ausgestaltung des Musters rechtsverbindlich geregelt (*Baden-Württemberg* §§ 11 Abs. 1 und 12 Abs. 1 BestV, *Bayern* § 3 BestV, *Berlin* § 6 Abs. 1 BestG, §§ 1 und 2 DVO-BestG, *Hessen* § 3 Abs. 1 VOLeichenwes.). Alle übrigen Länder nehmen nur auf

den amtlichen Vordruck Bezug, ohne dessen Inhalt festzulegen. Eine rechtliche Grundlage für die in den Vordrucken verlangten umfangreichen Angaben besteht daher meist nicht. In formaler Hinsicht ist zu bemerken, daß der unterzeichnende Arzt die sorgfältige Leichenuntersuchung bestätigt, oder daß er die Angaben in Todesbescheinigung und Leichenschauschein nach bestem Wissen und Gewissen gemacht hat oder er sich für seine Angaben verantwortlich erklärt. Derartige Versicherungen erübrigen sich, da auch dort, wo der Arzt im Aufgabenbereich der öffentlichen Verwaltung zur Tätigkeit verpflichtet ist, er die gebotene Sorgfalt beachten muß.
In 7 Ländern bestätigt der Arzt, daß er sichere Zeichen des Todes wahrgenommen hat. Aber auch in den Ländern, die für die Leichenschau den amtlichen Vordruck für verbindlich erklären, gehen die verlangten Angaben über die nach den Rechtsnormen zu treffenden Feststellungen hinaus; so soll lediglich die Todesursache geklärt werden. Im Vordruck ist die der Todesursache unmittelbar zugrundeliegende sowie die sie bedingende Krankheit und schließlich die Grundkrankheit anzugeben. Ferner sind andere zum Zeitpunkt des Todes bestehende Krankheitszustände zu benennen. Für eine derart umfassende Aufklärung bedarf es nicht zuletzt auch im Interesse des Verstorbenen einer klaren Rechtsgrundlage. Nützlich ist – besonders zur Beurteilung der Treffsicherheit der Todesursachendiagnosen –, die Rubrik, ob der behandelnde Arzt persönlich oder der Leichenschauarzt mit oder ohne die Angaben des behandelnden Arztes die Todesursache festgestellt hat (*Hamburg, Hessen, Saarland*).
Bei den Angaben zur Todesart wird im klaren Widerspruch zum Gesetz die Einstufung natürlicher Tod, nicht natürlicher Tod oder nicht aufgeklärter Tod verlangt in *Bayern, Berlin, Bremen, Hamburg, Niedersachsen, Nordrhein-Westfalen, Schleswig-Holstein.* In *Hessen* hat der Leichenschauarzt den nicht natürlichen Tod als Unglücksfall, Selbstmord, Tötung oder Verdacht auf eine strafbare Handlung zu qualifizieren. Im *Saarland* besteht die Möglichkeit gleicher rechtlicher Einordnung und außerdem, ohne weitere Untersuchung trotz eines vorausgegangenen Unglücksfalls einen natürlichen Tod zu bescheinigen.
Nach den Ländergesetzen obliegt dem Leichenschauarzt eindeutig nur die Feststellung, ob Anhaltspunkte für einen nicht natürlichen Tod vorliegen. Nur die Todesbescheinigung von *Baden-Württemberg* entspricht der Rechtslage. Liegen Anhaltspunkte vor, besteht die Pflicht zu sofortiger Meldung an die Polizeibehörde, die Pflicht zur Beendigung der Leichenschau und die Pflicht der Sicherung festgestellter Hinweisbefunde.
Wenn die Leichenschauscheinformulare in *Bayern, Niedersachen* und *Schleswig-Holstein* die Entscheidung über den nicht natürlichen Tod primär vorsehen und in der Fußnote bemerken, daß bereits Anhaltspunkte genügen, ist die gesetzliche Regelung ins Gegenteil verkehrt. Noch abwegiger ist schließlich die Regelung in *Rheinland-Pfalz,* wonach der Leichenschauarzt mit der Annahme in der Todesbescheinigung, daß kein Hinweis auf einen nicht natürlichen Tod vorliege, bei letztlich ungeklärter Todesart, aber bei nicht ersichtlichem Fremdverschulden die Bestattung ohne Genehmigung der Staatsanwaltschaft soll herbeiführen können (Schneider 1987). Allgemeine Bedeutung und Berechtigung haben die Vordrucke von *Berlin* und *Nordrhein-Westfalen* zur speziellen Feststellung des Sterbe- und Fundortes und der Angabe des Zeitpunktes, wann der Tod festgestellt worden ist.

Der Vordruckinhalt sollte durch Rechtsverordnung festgelegt sein und mit den gesetzlichen Bestimmungen über die Feststellung des Todes, der Todesart und -ursache exakt übereinstimmen. Sinnvoll ist die Angabe, ob dem Leichenschauarzt die Vorgeschichte bekannt war, ferner die Angabe des Fund- oder Sterbeortes, der sicheren Zeichen des Todes, des Zeitpunktes der Todesfeststellung und der Unterlagen zur Identifizierung.

Rechtsnorm und Todesfeststellung

Biologisch vollzieht sich das Sterben in einem prozeßhaften Geschehen: Aus der vollen Funktionsfähigkeit der Organsysteme erfolgt der Übergang in die Phase der eingeschränkten Funktion mit anfänglicher Erholungsfähigkeit, wonach bei fortdauernder schädigender Einwirkung der endgültige Ausfall lebenswichtiger Funktionssysteme und schließlich der Tod des Gesamtorganismus eintritt. Der Sterbevorgang wird als der Beginn einer Partialtod-Reihe aufgefaßt (Gerlach 1968). Sie durchläuft nach dem Grad der Einschränkung der Organfunktionen das Stadium der Vita reducta oder Vita minima, die bei nicht mehr äußerlich wahrnehmbarer Atem- oder Herztätigkeit das Bild des Scheintodes oder des klinischen Todes abgeben.

Mit den heutigen Methoden der Reanimation können ausgefallene Organsysteme zeitweise ersetzt oder sogar wiederhergestellt und somit der Absterbeprozeß verzögert oder abgebrochen werden. Das entscheidende Kriterium im Grenzbereich zwischen Leben und Tod ist daher das der Reversibilität oder der Irreversibilität (Neuhaus 1963; Maßhoff 1968). An dieses Kriterium knüpft auch die klassische Definition des Todes an: Der Tod ist eingetreten beim irreversiblen Sistieren von Atmung und Kreislauf, gefolgt vom endgültigen Funktionsverlust des Zentralnervensystems (Pribilla 1968; Schwerd 1986).

Nachdem mit Hilfe der heutigen Reanimationstechniken die Vitalfunktionen von Atmung und Kreislauf zeitweise ersetzt werden können, mußte der überkommene Todesbegriff eine Modifizierung erfahren. Die Personalität und Individualität des Menschen ist im Gehirn begründet als dem einzigen nicht ersetzbaren oder transplantierbaren Organ. Nach dem medizinischen Todesbegriff ist daher bei isoliertem Tod des Gehirns der Absterbeprozeß des Individuums vollendet, wobei der Sterbeprozeß des Gesamtorganismus durch die Reanimationstechniken zwar noch aufgeschoben, nicht aber verhindert werden kann (Käufer u. Penin 1968; Gütgemann u. Käufer 1969; Wawersiek 1979; Krösl u. Scherzer 1973).

Eine Legaldefinition des Todes gibt es im deutschen Recht nicht. Der Gesetzgeber verwendet zwar die Ausdrücke Tod (§§ 1922 ff. BGB) und töten (§§ 833, 836 BGB, 211 ff. StGB), stellt jedoch keine Kriterien dafür auf, wie diese Begriffe inhaltlich bestimmt werden sollen. Er geht davon aus, daß der Todesbegriff ohne weiteres nach den medizinisch-biologischen Erkenntnissen interpretiert werden könne. Seit der Einführung der Reanimationsmaßnahmen sind jedoch die klaren und einsichtigen Zäsuren des klassischen Todesbegriffes zweifelhaft und die Grenze zwischen Leben und Tod fließend geworden.

Das Recht muß bei der Gestaltung der sozialen Verhältnisse den Fortschritt der Wissenschaft beachten und dem vollzogenen Wandel der Anschauungen und Wertvorstellungen der Gesellschaft Rechnung tragen (Englert 1979). Nach heute herrschender Ansicht im juristischen Schrifttum wird auf den Hirntod als das allein maßgebliche Kriterium des Todes abgestellt (Lüttger 1971; Saerbeck 1974; Englert 1979; Jähnke 1980; Eser 1985; Tröndle 1986). Dabei wird jedoch klargestellt, daß der Hirntodbegriff

nicht als eine medizinische Vorgegebenheit für die Rechtsordnung eo ipso Geltungskraft besitze, sondern diese ihm erst aufgrund einer normativen Konvention zukomme. Aus der Relevanz des Hirntodbegriffs folgt, daß für die Feststellung des Todes zwei Varianten in Betracht kommen: die Todesfeststellung im Rahmen der Leichenschau und die Feststellung des Hirntodes auf der Intensivstation.
Für die Praxis des Leichenschauarztes gilt nach wie vor der Ausfall von Kreislauf und Atmung als Todeskriterium, da die fehlende Hirndurchblutung in wenigen Minuten zwingend zum irreversiblen Funktionsuntergang des Gehirns führt (Käufer u. Bücheler 1971). Nur unter Reanimationsbedingungen kann einerseits der Hirntod bei irreversibel geschädigtem Herz mit Hilfe einer künstlichen Kreislauffunktion oder umgekehrt trotz eingetretenen Hirntodes die Kreislauftätigkeit aufrechterhalten werden. Aus dem rechtlich verbindlichen Hirntodbegriff folgt aber auch für den Leichenschauarzt, daß im Zeitpunkt des Ausfalls von Atmung und Kreislauf das Gehirn wenigstens eine kurze Zeitspanne noch überlebt. Der Arzt ist daher zwingend, da er noch eine lebende Person vor sich hat, zu allen ihm möglichen Maßnahmen der Lebenserhaltung verpflichtet. Die Postulierung des Hirntodes zu dem bereits früheren und leichter faßbaren Zeitpunkt des Herzstillstandes, wie die Stellungnahme der Deutschen Gesellschaft für Chirurgie (1968) es verlautbart hatte, ist eine unzulässige „normativ-relevante" Vorverlagerung des Todesbegriffs (Eser 1985). Noch fataler ist eine Todesfeststellung, wenn sie aufgrund nicht wahrnehmbarer Herz- und Atemtätigkeit, also unter den Zeichen der Vita reducta oder des klinischen Todes, getroffen wird, in Wirklichkeit aber eine Atem- und Kreislaufdepression durch äußere Einwirkungen – Unterkühlung, Intoxikation – vorliegt.

Der Nachweis des eingetretenen Hirntodes ergibt sich für den Leichenschauarzt ausschließlich anhand der frühen sicheren Zeichen des Todes. Da die Ischämietoleranz des Gehirns höchstens 4–5 Minuten beträgt, die frühen Zeichen des Todes nach etwa 1 Stunde, frühestens nach 30 Minuten, eintreten, umfaßt die Diagnose Herztod stets auch die des Hirntodes und damit den Individualtod.
Aus dem Voranstehenden ergibt sich aber nicht zwingend der Schluß, daß der Leichenschauarzt bei fehlenden Zeichen des Todes stets und ausnahmslos Wiederbelebungsmaßnahmen ergreifen müßte. So könnten Wiederbelebungsversuche im Widerspruch zum angestrebten Recht – vgl. Urteil des BGH vom 4. 7. 1984, 3 StR 96/84 – auf ein menschenwürdiges Sterben stehen, weil sie aussichtslos sind und den Sterbeprozeß qualvoll verlängern. Es handelt sich um die finalen Zustände des physiologischen Alterungsprozesses und progredienter unheilbarer Krankheiten, wenn in deren Verlauf ein lebenswichtiges Organ definitiv zugrunde gegangen oder der Verfall der vitalen Funktionen in ihrer Gesamtheit eingetreten ist (Wawersiek 1979). Der Atem- und Herzstillstand tritt in diesen Fällen, die die überwiegende Mehrzahl der Leichenschaupraxis ausmachen, nach einer längerdauernden Periode einer therapeutisch nicht mehr beeinflußbaren Kreislaufdepression ein, so daß der Herztod wie bisher als Todeskriterium gelten kann. Ebenso ist der Tod bei plötzlichem Herzstillstand nach massiver Einwirkung einer äußeren, nicht mehr behebbaren Ursache – Schädel-, Hirn- und/oder Thoraxzertrümmerung – ohne Weiterbehandlungsversuche zu konstatieren. Umgekehrt ist denkbar, daß bei irreversiblem Verlust der Hirnfunktion nach weitgehender anatomischer oder zellstruktureller Zerstörung des Gehirns durch Verletzungen oder Krankheiten des Zentralnervensystems der eingetretene Atemstillstand durch künstliche Atmung ersetzt und die Herzaktion erhalten wird. Der nachgewiesene Hirntod berechtigt sodann zum Abbruch der Behandlungsmaßnahmen auch bei noch vorhandener Herzaktion.
Bei den Problemfällen der Leichenschaupraxis kommt es wegen unterschiedlichster Ursachen zu einer zentralen oder peripheren Ateminsuffizienz und/oder zu einem Herzstillstand, während das Zentralnervensystem bis dahin intakt oder erholungsfähig war. In diesen Fällen des klinischen Todes ist eine vollkommene Erholung dann möglich, wenn Atmung und Kreislauf innerhalb von 4–5 Minuten ersetzt werden. Eine danach durch Reanimation erzielte Wiederherstellung der Herzaktion ist manchmal möglich, aber nutzlos, da sie nicht als Lebensverlängerung betrachtet werden kann.

In Fällen des klinischen wie auch des Scheintodes ist die Todesfeststellung nicht zulässig, da der irreversible Ausfall der Organfunktionen nicht nachweisbar ist. Führen die pflichtgemäß eingeleiteten Wiederbelebungsmaßnahmen zu keinem Erfolg, so steht der Arzt vor der Frage, ob diese bis zum Eintritt der sicheren Todeszeichen fortzuführen sind. In der Praxis der Reanimation steht zur sicheren Beurteilung der Erfolgsaussichten das EKG zur Verfügung. Beim Nachweis von Asystolie oder irreversibler Rhythmusstörungen über eine angemessene Zeitdauer, deren Länge sich nur nach der konkreten Situation bestimmen läßt, ist der Abbruch mit dem Resultat der Todesfeststellung berechtigt.

In der Praxis ist der Arzt häufig mit dem eingetretenen Tod konfrontiert, ohne daß dessen sichere Zeichen aufgetreten sind. Es stellt sich daher die Frage, ob die Todesfeststellung außerhalb der Leichenschau und ohne die bisherigen Befundzeichen zulässig ist. Nach Spann (1983) muß der Notarzt, der den Unfallort verläßt, entscheiden, ob er eine Leiche oder eine noch möglicherweise reanimationsfähige Person zurückläßt. Der eingetretene Tod wird ohne eines der drei sicheren Todeszeichen durch das vierte Zeichen - der unverändert weiten, lichtstarren Pupillen - über eine Dauer von mehr als 40 Minuten bewiesen, also durch irreversiblen Ausfall des Zentralnervensystems. Auch ein zuverlässig abgeleitetes EKG, das eine Null-Linie über mehr als 10 Minuten zeigt, beweist den Tod. Medizinisch geht es darum, für den Eintritt des Todes Parameter zu definieren, die den Nachweis ebenso zweifelsfrei erbringen wie die bisher herangezogenen frühen Leichenerscheinungen. Mattern et al. (1987) haben die Symptome des klinischen Todes wie folgt definiert: Ausfall von Herz und Kreislauf, der zerebralen Reflexe, der Atmung, Null-Linien-EKG: Dauer dieses Zustandes mindestens 30 Minuten nach Einsetzen der Reanimationsmaßnahmen.

Ein praktisches und rechtliches Bedürfnis für die Ausstellung einer nur auf die Dokumentation des eingetretenen Todes beschränkten Bescheinigung besteht in den Fällen, in welchen die Leiche geborgen oder aufbewahrt werden muß und die zeitaufwendige Leichenschau und -untersuchung am Ereignisort nicht möglich ist. In einzelnen Bundesländern, z.B. in *Nordrhein-Westfalen* und *Hamburg* (Pioch 1984), sind vorläufige Todesbescheinigungen eingeführt, mit positiven praktischen Erfahrungen (Pfeifer et al. 1983). Die vorläufige Todesbescheinigung ist Voraussetzung zur Leichenbeförderung und dient insoweit als Ersatz für die gesetzliche Todesbescheinigung.

Es ist sachlich geboten, die rechtliche Zulässigkeit des auf die Todesfeststellung unter Reanimationsbedingungen beschränkten Dokumentes in den Leichenschaugesetzen zu verankern. Für die Todesfeststellung nach Krankheitsverlauf und bei sonst leblosen Personen, bei denen der Arzt vom Eintritt des Todes überzeugt ist, sollte der Gesetzgeber es dem Leichenschauarzt ungeachtet seiner Sorgfaltspflicht zum ausdrücklichen Gebot machen, den Tod nach eindeutiger Wahrnehmung der sicheren Todeszeichen - Totenflecke, Totenstarre, späte Leichenzeichen - zu bescheinigen (Mallach et al. 1978; Schneider 1981; Spann 1982; Janssen 1984). Erforderlichenfalls sollte dem Arzt die Wiederholung der Leichenbesichtigung vorgeschrieben werden, die oft wertvolle, zuvor nicht erhebbare Befunde ermöglicht (Missliwetz 1984).

Todeszeit

Der Tod ist in der Regel kein abruptes Ereignis, auch wenn dies dem medizinischen Laien oft so scheinen mag, sondern ein fortschreitender Vorgang, welcher auch bei eingetretener Funktionsstille von Atmung und Kreislauf die Möglichkeit einer Reanimation bietet. Daraus folgt, daß der Zeitpunkt des Todes praktisch nie exakt angegeben wird, ausgenommen im Falle einer augenblicklichen Zermalmung des Körpers durch extreme Gewalteinwirkung. Das Postulat der exakten Zeitangabe ist daher ein behördliches Ansinnen, welches den Leichenschauarzt bei der Ausfüllung des Leichenschauscheins in Konflikte versetzt; dies um so mehr, als der zur Leichenschau gerufene Praktiker in der Regel keine hinreichenden Kenntnisse über supravitale Reaktionen, unsichere und sichere frühe Todeszeichen sowie die späten Leichenerscheinungen zur Verfügung hat. Eine annähernd zutreffende Zeitangabe ist nur dann gewährleistet, wenn der Tod in Gegenwart dritter Personen, so z. B. in Krankenanstalten, eintritt. Eine gewisse Sonderstellung nimmt die Feststellung des Hirntodes ein, weil hier mit Sicherheit der Tod später als eingetreten bescheinigt wird.
Die behördliche Forderung einer exakten Zeitangabe ist trotz aller medizinischen Einwände verständlich, wenn es um die Erbfolge geht. So kann gemäß § 1923 BGB nur Erbe werden, „wer zur Zeit des Erbfalls lebt". Da der zeitlich gleich- oder naheliegende Tod zweier oder mehrerer Personen, die in einen Erbfall verwickelt sind, eine Ausnahme von der Regel darstellt, sollte die Antwort auf die Frage nach der Todeszeit der fachkompetente Gerichtsmediziner erteilen. Exakt unbeantwortbar wird die Frage nach der Todeszeit auch für den Gerichtsmediziner, wenn es sich um eine Leiche im Zustand fortgeschrittener Fäulnis und Verwesung handelt, die Liege- und damit die Todeszeit also nur grob abschätzbar ist.

Unabdingbar ist, in Todesbescheinigung und Leichenschauschein die Frage nach der Todeszeit neu zu formulieren: Im Falle der exakten Zeitangabe ist zu ergänzen, worauf diese Zeitangabe beruht. Bei fortgeschrittener Liegezeit der Leiche muß sich die Behörde mit einem Schätzwert begnügen. Sinnvoll wäre es, die Art der supravitalen Reaktionen, die Beschaffenheit der frühen sicheren Todeszeichen und die Art der späten Leichenerscheinungen zu fixieren.

Todesursache

Die Angabe der Todesursache ist neben der Feststellung des Todes die zentrale Aussage der Leichenschau. Bedeutsam ist die Sicherung der Todesursache, weil sie über die mitzuklärenden Todesumstände auch einen Schluß auf die Todesart zuläßt.

Sie klärt die Ursache des Ablebens zunächst im Interesse des Verstorbenen, dem ein Recht hierauf zuzubilligen ist. Die Angehörigen haben ein Interesse, wenn Versorgungs-, Versicherungs- und Schadenersatzansprüche auf dem Spiel stehen oder Verdächtigungen aus dem Wege zu räumen sind. Medizinisch-wissenschaftliche Gesichtspunkte der Diagnostik, Behandlungseffizienz, Epidemiologie und Hygiene werden ebenso berührt wie grundsätzliche Fragen der Gesundheitspolitik und Prävention. Eingang finden die auf den Leichenschaudokumenten fixierten Angaben in die amtliche Todesursachenstatistik. Die Leichenschauvordrucke entsprechen bei der Fragestellung nach der Todesursache nahezu vollständig dem Muster der WHO, die die Todesursachen weltweit nach der internationalen Klassifikation der Krankheiten (ICD) in der Fassung der 9. Revision, gültig seit 1. 1. 1970, verschlüsselt hat.

Die einheitliche Fragestellung soll die Gewinnung regional vergleichbarer Angaben über die Todesursachen ermöglichen und eine einheitliche Ausfüllung und Aufbereitung nach internationalen Klassifizierungsregeln gewährleisten. Nicht zu den statistisch erheblichen Daten gehören die in Abweichung von dem WHO-Muster in den Ländervordrucken enthaltenen Spalten über die Erhebung des Endzustandes, der Art des Todeseintritts. Nach der Definition der WHO sind Todesursachen alle diejenigen Krankheiten, Leiden oder Verletzungen, die entweder den Tod zur Folge hatten oder zum Tode beitrugen (Statistisches Bundesamt 1980). Bei den Todesursachen wiederum ist zu unterscheiden zwischen der unmittelbar zum Tode führenden Ursache und der dieser zugrunde liegenden Krankheitsursache; schließlich sind das Grundleiden und die Dauer zwischen Beginn der Krankheitsphasen und Tod anzugeben. Der Grund für die Eintragung der Kausalkette des Krankheitsverlaufs liegt in dem unikausalen Aufbau der Todesursachenstatistik, wonach nur die Grundkrankheit in die Auswertung eingeht und Multikausalanalysen zu einem späteren Zeitpunkt durchgeführt werden.

Den statistischen Anforderungen wird jedoch die tatsächliche Todesursachenermittlung nicht gerecht. Beträchtliche Fehlerraten werden durch Untersuchungen immer wieder nachgewiesen. Bereits Schleyer (1968) konnte Erhebungen anführen, nach denen die Fehldiagnosen zwischen 16% und 100% beziffert wurden. Klaiber (1975) fand, daß 48% der Leichenschaudiagnosen nicht mit dem Sektionsbefund übereinstimmten. Nach Breitfellner u. Bayer (1980) wurde die klinische Diagnose nur in 9,2% der Fälle durch die Obduktion bestätigt. Bei einer Autopsierate von 63,8% ergab sich in 18,7% der Fälle eine falsche Grundkrankheit, in über 50% eine falsche unmittelbare Todesursache oder zum Tode beitragende Erkrankung (Drexler et al. 1979). Staak u. Ramme (1984) fanden, daß sich eine weitgehende Übereinstimmung der im Leichenschauschein angeführten Diagnosen nur ergab, wenn sie vom behandelnden Arzt festgestellt wurden und sie den kardiovaskulären Krankheitsbereich betrafen, daß bei allen anderen Todesursachen sich aber Differenzen von 75% ergaben.

Speziell muß z. B. die Aussagekraft der Daten zur Krebsmortalität angezweifelt werden: Beim Vergleich zwischen klinischem und autoptischem Befund fand sich bei den Neoplasien ein falsch-negatives Ergebnis (klinisch nicht festgestellt, autoptisch nachgewiesen) von 10% Non-Hodgkin-Lymphomen, bis zu 84% Pankreaskarzinomen und ein falsch-positives Resultat von 5% Mammakarzinomen, bis zu 80% Uterus- und Zervixkarzinomen, woraus eine nur für den Ausnahmefall gegebene Aussagekraft der Todesursachenstatistik gefolgert wird (Höpker u. Burkhardt 1984).

Da diesen Untersuchungen eine jeweils überdurchschnittliche Autopsierate zugrunde liegt, steigt die Fehlerbreite der Statistik durch die immer mehr abnehmende Obduktionsfrequenz in der Bundesrepublik Deutschland: Nach Schneider (1987) beträgt sie in *Berlin (West)* seit 1952 zwischen 25,4 und 36,7% der Todesfälle, in *Nordbaden* 15% (Klaiber 1975), in der Bundesrepublik Deutschland insgesamt weniger als 10% (Bachmann 1971; Mohr 1981; Brettel u. Wagner 1982). Nach Brinkmann et al. (1981) liegt sie sogar unter 8%, während in anderen Ländern eine weit höhere Sektionsfrequenz zu verzeichnen ist: *Schweden* 50%, *Kanton Zürich* 30% (Mohr 1981). Beim plötzlichen Tod oder bei sonst ungeklärter Todesursache sinkt die Trefferquote der Leichenschaudiagnose auf 9,25% (Breitfellner u. Bayer 1980), wobei sich bei den am häufigsten angegebenen Todesursachen der stenosierenden Koronarsklerose und des Myokardinfarktes nur in 14%, bei Pneumonien und Virusinfektionen in knapp 13% der Fälle Übereinstimmung zeigte.

Die Fehlerrate der bei der Leichenschau festgestellten Todesursache ist offenkundig systembedingt. Die dem Leichenschauarzt zur Verfügung stehenden Untersuchungsmittel sind auf Inspektion, Temperaturmessung, Druckempfindung und mechanische Kraft bei der Starreprüfung, u. U. noch auf den Geruchssinn beschränkt. Anamnestische Erhebungen kann er bei Angehörigen, die mit Vorbehalt verwertbar sind, beim Hausarzt und Pflegepersonal anstellen, wenn er nicht selbst der vorbehandelnde Arzt ist. Weder pathologisch-anatomische, histologische noch sonstige weiterführende Untersuchungsmethoden stehen dem Leichenschauarzt zur Verfügung. Schwerd (1965) stellt zutreffend fest, daß strenggenommen keine einzige Todesursache bei der Leichenschau ermittelt werden kann, denn selbst bei der auf dem Gleiskörper mit abgetrenntem Kopf aufgefundenen Leiche kann der Tod schon vor dem Überfahren eingetreten sein (Spann 1987). Verschärft wird die Insuffizienz der Todesursachendiagnostik bei allen Fällen des plötzlichen Todes und bei unbekannten Toten, die keine Zeichen äußerer Gewalteinwirkung erkennen lassen. In ähnlicher Situation befindet sich der zum Notfall gerufene Notarzt oder der zur Nachtzeit zum Dienst eingeteilte Notfallarzt. Eine schlüssige Aussage zur Todesursache in diesen Fällen durch den Leichenschauarzt würde „hellseherische Fähigkeiten" voraussetzen (Schwerd 1965).

Die sichere Todesursachenermittlung kann nur durch die Leichenöffnung erfolgen. Diese bei allen nicht geklärten Todesfällen durchzuführen, ist aus Kostengründen selbst dann praktisch nicht realisierbar, wenn im konkreten Fall gleichzeitig die Todesart aufklärungsbedürftig ist. Die in diesem Zusammenhang von Brinkmann et al. (1981) und vielen anderen Autoren immer wieder vorgeschlagene Einführung der Verwaltungssektion nach österreichischem Vorbild bei Fällen einer Grauzone, bei denen eine mögliche rechtliche Bedeutung noch nicht absehbar ist, dürfte kaum Erfolg beschieden sein. Realistischer ist zweifellos die Besinnung darauf, daß eine Verbesserung der Todesursachenermittlung durch den Gesetzgeber nicht zu erwarten ist, und daß eine zweifelsfreie, verbindliche Klärung der Todesursache das System der derzeitigen Leichenschau nicht erlaubt. Es bleibt daher lediglich die strikte Mahnung an den Leichenschauarzt, daß er nur das beurkundet, was er tatsächlich sieht und ermittelt (Leithoff et al. 1985).

Daß der Leichenschauarzt bei der Beantwortung der vorgesehenen detaillierten Fragen zur Todesursache überfordert sein kann, war auch der WHO durchaus bekannt, insbesondere dann, wenn über die Person des Verstorbenen und die Vorgeschichte seiner Krankheit keine Informationen vorliegen. Der Arzt sollte sich dann nicht scheuen, die Todesursache als „unbekannt" oder „nicht diagnostizierbar" zu bezeichnen (Statistisches Bundesamt 1980). Nur bei genauer Beachtung dieser Empfehlung läßt sich die Fehlerhaftigkeit der statistischen Auswertung einigermaßen begrenzen.

In dem Leichenschauvordruck dürfen nur durch zuverlässige Anamnese begründete Todesursachen eingetragen werden, Vermutungsdiagnosen sind als solche zu kennzeichnen, im übrigen ist die neu einzuführende Rubrik „unbekannt" oder „nicht diagnostizierbar" anzukreuzen.

Todesart

Die Beurteilung der Todesart bereitet dem Leichenschauarzt nicht selten große Schwierigkeiten. Nicht nur, daß er den Bereich der eigentlichen ärztlichen Tätigkeit verläßt und als „Beauftragter" für die Feststellung privatrechtlicher Ansprüche einerseits sowie als „Ermittlungsorgan" des ersten Zugriffs bei der Verbrechensbekämpfung andererseits in Erscheinung tritt. Komplizierend ist vor allem die unklare rechtliche Grundlage, die dem Arzt schlüssige Direktiven verweigert.

Mangels gesetzlicher Definition hat der Begriff des nicht natürlichen Todes in der Literatur eine unterschiedliche Auslegung erfahren; die Bestimmung der „Anhaltspunkte" erfolgt ausschließlich nach strafprozessualen und kriminalistischen Gesichtspunkten. Dabei ist der Leichenschauarzt bei der Beurteilung der Kausalität in der Regel überfordert. Da jeder Tod durch eine pathologisch-anatomische Ursache herbeigeführt wird, gelten die bei der Todesursache angeführten Unsicherheiten auch im Zusammenhang mit dem nicht natürlichem Tod. Schließlich können sich Anhaltspunkte für die Todesart einerseits an der Leiche selbst ergeben, zu deren Erfassung und Deutung in der Regel Spezialkenntnisse erforderlich sind, andererseits aus der Umgebung der Leiche, deren Ermittlung im Grunde Aufgabe der Polizei ist.

Eine entsprechend hohe Fehlerrate ist gesichert und berechtigt zur Vermutung einer beachtlichen Dunkelziffer. Schleyer (1968) fand bei 1351 Obduktionen 4–5% Fehlerdiagnosen mit rechtlicher Relevanz. Bei der Überprüfung von rund 7000 Todesbescheinigungen stellte Vock (1984) fest, daß in

1,7% der Fälle fälschlicherweise ein natürlicher Tod bescheinigt worden war. Hochgerechnet ergab sich für die Bundesrepublik Deutschland, daß von den Sterbefällen innerhalb 1 Jahres 7000 nicht natürliche Todesfälle nicht gemeldet werden.

In der Literatur wird der Begriff des nicht natürlichen Todes nach der medizinisch-naturwissenschaftlichen oder nach der juristischen Betrachtungsweise unterschiedlich definiert. Wenn medizinisch der natürliche Tod auf ein inneres, nicht von außen verursachtes, ausgelöstes oder beeinflußtes Geschehen zurückzuführen ist, ergibt sich im Umkehrschluß der Tod aus nicht natürlicher Ursache, der auf einem von außen verursachten, ausgelösten oder beeinflußten Geschehen beruht (Janssen u. Naeve 1975; Mallach et al. 1978; Janssen 1979a, b; Forster u. Ropohl 1986; Opderbecke 1986).

Der Zusammenhang zwischen äußerem Geschehen und Todeseintritt ist ausschließlich wertungsfrei nach Kausalitätsgesichtspunkten zu beurteilen. Im Sinne einer zwischen äußerer Ursache und Todeseintritt bestehenden ausschließlichen Kausalitätsverknüpfung definieren Spann et al. (1977) den Tod aus nicht natürlicher Ursache als ein auf ein von außen verursachtes, ausgelöstes oder beeinflußtes Geschehen. Todesursache ist jede Bedingung, die nicht hinweggedacht werden kann, ohne daß der Tod nicht oder nicht so eingetreten wäre. Weitgehend ähnlich formulieren Mallach et al. (1978), wonach ein gewaltsamer Tod anzunehmen ist, „wenn gewichtige Organveränderungen fehlen und gemäß des Unfallbegriffs eine plötzliche Körperbeschädigung aufgrund einer äußeren und zeitlich bestimmbaren Einwirkung eintritt. Per exclusionem liegt ein gewaltsamer Tod grundsätzlich dann vor, wenn sich kein Anhalt für einen natürlichen Tod ergibt". Gewalteinwirkungen können durch Unfälle mit oder ohne Fremdverschulden, durch Gewalttaten oder suizidale Handlungen bedingt sein, Vergiftungen ebenfalls durch Fremd- oder Eigenhandlung (Schwerd 1981).

Bei der rechtlichen Begriffsbestimmung des nicht natürlichen Todes i.S.d. § 159 StPO ist vom Zweck der Vorschrift auszugehen, der dem Staatsanwalt die Prüfung ermöglichen soll, ob er wegen eines Tötungsdelikts ein Ermittlungsverfahren einleiten muß oder eine Beweissicherung angebracht ist. Es handelt sich hierbei um eine Vorprüfung nach grobem Filter mit Aussonderung derjenigen Fälle, bei denen nicht einmal im entferntesten ein Ermittlungsverfahren in Betracht kommt (Maiwald 1978). Seiner Funktion entsprechend, wird der nicht natürliche Tod nicht mehr auf ein Conditio-sine-qua-non-Geschehen zurückgeführt, sondern teleologisch eingeengt auf ein ursächlich verkehrswidriges Verhalten, auf das Vorliegen eines Fremdverschuldens (Uetzmann 1984; Janssen 1985). So spricht schon E. Schmidt (1957) von einem nicht natürlichen Tod, wenn das Verhalten eines Dritten eine Todesursache gesetzt hat oder wenn Selbstmord begangen wurde. Diese enge Auffassung hat sich jedoch nicht durchgesetzt. Lediglich Müller (1982) grenzt den nicht natürlichen Tod auf den Tod neben der Selbsttötung ein, der durch äußere Einwirkung eingetreten ist und bei dem nicht von vornherein völlig auszuschließen ist, daß das Verhalten Dritter eine Ursache gesetzt hat.

Die herrschende Meinung begrenzt den nicht natürlichen Tod nicht auf ein mögliches Fremdverschulden. So sieht Meyer-Goßner (1978) den nicht natürlichen Tod als den durch jede äußere Einwirkung eingetretenen Tod, und Meyer (1985) formuliert: „Nicht natürlich ist der durch Selbstmord, Unfall, durch rechtswidrige Tat – die den Tatbestand eines Strafgesetzes verwirklicht – oder der sonst durch Einwirkung von außen herbeigeführte Tod." Singemäße Definitionen finden sich bei Händel (1984), Narr (1985), Müller (1987), in der gemeinsamen Bekanntmachung der Bayerischen Staatsministerien der Justiz, des Innern und der Finanzen vom 23. 2. 1973 (MABl. S. 181) sowie dem Berliner Senator für Gesundheit und Umweltschutz (Schneider 1981; Spann 1982).

Zu konträren Begriffsbestimmungen kommen Maiwald (1978) und Geerds (1984). Maiwald faßt den Tod als unnatürlich auf, „bei dem ein staatsanwaltschaftliches Einschreiten mit dem Ziel eines Ermittlungsverfahrens nicht von vornherein ganz ausgeschlossen erscheint". Geerds spricht von einem nicht natürlichen Tod i.S.d. § 159 StPO, „wenn tatsächliche Anhaltspunkte dafür vorliegen, daß es sich möglicherweise nicht um einen natürlichen, das heißt vereinfachend gesagt, alters- und krankheitsbedingten Tod handelt". Wichtig sei, daß keine sicheren Anzeichen für einen natürlichen Tod - eine zuverlässige Anamnese eingeschlossen - festzustellen sind.

Versucht man eine Begriffsanalyse, so steht der natürliche Tod zum nicht natürlichen Tod im komplementären Gegensatz. Der krankheits- oder altersbedingte Tod schließt den nicht krankheitsbedingten, folglich auf äußerer Ursache beruhenden Tod aus und umgekehrt. Die eine Todesart kann also konträr zur anderen definiert werden. Die auf fehlende äußere Verursachung beim natürlichen oder auf die Einwirkung äußerer Faktoren beim nicht natürlichen Tod abstellenden medizinisch-naturwissenschaftlichen Definitionen sind daher schlüssig. Allerdings ist, worauf Schwerd (1981) hinweist, bei der Faktorenbewertung Vorsicht geboten: Die äußere Ursache einer bakteriellen Infektion würde definitionsgemäß den natürlichen Tod ausschließen, ebenso die heutigen Zivilisationskrankheiten, z. B. der Koronartod bei Nikotinabusus oder die tödliche Leberzirrhose bei Alkoholabusus, nicht aber die Infektion eines Polizeibeamten durch den zweckgerichteten Biß eines AIDS-Infizierten.

Die Notwendigkeit der begrifflichen Fixierung des nicht natürlichen Todes, auch im Rahmen der Leichenschau die medizinisch-naturwissenschaftliche Verursachung zugrunde zu legen, ergibt sich auch aus der ICD, wonach nicht nur kriminell herbeigeführte Tötungsfälle, sondern auch Selbstmord, Schädigungen durch äußere Einflüsse wie z. B. Kälte, Hitze, Luftdruck - also gewaltsame Todesursachen durch oder ohne fremde Hand - anzugeben und zu differenzieren sind.

Dem Kriterium der Einwirkung von außen kommt die entscheidende Bedeutung zu, ob durch eigene oder fremde Hand oder durch höhere Gewalt. Maßgeblich ist, daß eine Ursachenkette durch diese Einwirkung in Gang gesetzt wird, die den ohne sie ablaufenden Krankheits- oder Alterungsprozeß unterbricht und dadurch den Tod herbeiführt. Die zusätzlich in der Definition angeführten Verursachungsmodalitäten wie Unfall oder rechtswidrige Tat haben nur deklaratorische oder umschreibende, keine konstitutive Funktion.

Mit der Charakterisierung des gewaltsamen Todes als ein Geschehen, das ein staatsanwaltschaftliches Ermittlungsverfahren nicht ganz ausgeschlossen erscheinen läßt, will Maiwald (1978) Todesfälle nach einer Pauschalbeurteilung und grober Typisierung einordnen in solche, in welchen eine weitere Untersuchung angezeigt ist, und solche, in welchen wegen offensichtlichen Fehlens von Fremdverschulden sich weitere Maßnahmen erübrigen. Der Sachverhaltstypus Unfall oder Selbstmord schließt danach mögliches Verschulden in keinem Falle aus. Gegen eine derartige Begriffsbestimmung des für die Rechtsordnung bedeutungsvollen nicht natürlichen Todes spricht aber seine Abhängigkeit von einem völlig unbestimmten und unbestimmbaren Ermessen hinsichtlich der Einleitung eines Ermittlungsverfahrens sowie die sich daraus ergebende Folge, daß alle anderen Todesfälle als natürliche zu behandeln wären, und daß nach polizeilicher Feststellung des fehlenden Fremdverschuldens die zunächst als nicht natürliche oder als ungeklärt eingestuften Todesfälle den natürlichen zugerechnet werden müßten (Janssen 1978). Schließlich würden diese Todesfälle wieder zu nicht natürlichen, wenn sich bei späteren Verdachtsmomenten ein Fremdverschulden bestätigt.

Gegen die Definition von Geerds (1984) ist einzuwenden, daß der Begriff des gewaltsamen Todes von dem stets unterschiedlich zu beurteilenden Merkmal der Anhaltspunkte abhängig gemacht wird, während doch umgekehrt das Bestehen oder Nichtbestehen von Anhaltspunkten den Begriff des nicht natürlichen Todes voraussetzt. Entsprechend liegen die Tatbestands- bzw. die Begriffsmerkmale einer strafbaren Handlung unabhängig davon fest, ob der Verdacht einer solchen Tat gegeben ist. Der von

Geerds verfolgte Zweck einer solchen Begriffsbestimmung, nämlich auch die ungeklärten Todesfälle als nicht natürliche zu deklarieren, läßt sich jedenfalls mit dem Wortlaut des Gesetzes nicht vereinbaren.

Im Ergebnis ist der nicht natürliche Tod entsprechend der naturwissenschaftlich-medizinischen Verursachungstheorie, die im übrigen mit der herrschenden juristischen Theorie übereinstimmt, anzunehmen, einschließlich des Suizids und per definitionem des Fremdverschuldens.

Eine ganz andere Frage ist die nach den Anhaltspunkten für einen nicht natürlichen Tod, die der Leichenschauarzt eruieren muß. Bei der Meldepflicht der Polizei- und Gemeindebehörden gemäß § 159 StPO handelt es sich um eine Maßnahme im Vorfeld des eigentlichen staatsanwaltschaftlichen Ermittlungsverfahrens. Erst wenn sich danach ein Tatverdacht ergibt, ist ein förmliches Ermittlungsverfahren gemäß § 160 StPO einzuleiten. Im Vorfeld der Ermittlung von Straftaten bestimmt allgemein § 152 StPO, daß die Staatsanwaltschaft bei „zureichenden tatsächlichen Anhaltspunkten" einschreiten muß. Diese werden bei einem gewissen Anfangsverdacht gesehen (Schoreit 1982). Die Anhaltspunkte müssen vor Beginn der Ermittlungen vorliegen und bestehen nach Müller (1987) in Tatsachen, die einen begründeten Anhalt für eine Straftat liefern. Dies ist der Fall, wenn der „Wahrscheinlichkeitsgrad für die tatsächlichen Anhaltspunkte erheblich und die Schlußfolgerung aus diesen auf eine Straftat nicht fern ist". Meyer-Goßner (1978) bejaht eine Ermittlungspflicht auch noch dann, wenn eine „gewisse, noch so geringe Wahrscheinlichkeit eines Tatverdachts noch der Aufklärung bedarf". Speziell zu § 159 StPO nimmt Meyer-Goßner (1978) an, daß sich der Verdacht des nicht natürlichen Todes auch aus dem Auffindeort der Leiche ergeben kann, aus Spuren der Gewaltanwendung, bei jungen Menschen sogar aus dem Fehlen jeglicher Anhaltspunkte.

Meyer (1985) verlangt konkrete Anhaltspunkte, die wenigstens auf die entfernte Möglichkeit einer Straftat hinweisen, z. B. Spuren, die auf eine Gewaltanwendung hindeuten oder die sich aus dem Ort der Auffindung ergeben. Geerds (1984) fordert für die Intensität der Tatsache, die einen nicht natürlichen Tod als möglich erscheinen läßt, nur, daß ein solcher nach Lage der Dinge nicht sicher auszuschließen ist, was wiederum nur möglich sein soll, wenn sichere Anhaltspunkte für einen natürlichen Tod vorliegen. Daraus folgert er schlüssig, daß auch bei ungeklärter Todesart ein nicht natürlicher Tod als möglich erscheint, was die Pflicht zur Einleitung einer Leichensache auslöst.

Für den Leichenschauarzt ergibt sich, daß Anhaltspunkte dann vorliegen, wenn der Wahrscheinlichkeitsgrad für solche erheblich und die Schlußfolgerung auf einen nicht natürlichen Tod nicht fern ist; oder mit Meyer-Goßner, daß „eine gewisse, noch so geringe Wahrscheinlichkeit eines nicht natürlichen Todes noch aufzuklären ist". Sehr weit geht die Ansicht von Geerds, wonach jede ungeklärte Todesursache den Verdacht auf einen nicht natürlichen Tod begründet; dies auch deshalb, weil die Diagnose einer bestimmten Todesursache selbst bei bekannter Anamnese und Vorbehandlung besonders problembehaftet ist. Danach vermag bei bestehender Unklarheit der Todesumstände der Leichenschauarzt die Grenzen der „Anhaltspunkte" weit auszudehnen, andererseits aber auch Todesfälle, bei denen er mit überwiegender Wahrscheinlichkeit eine natürliche Ursache für gegeben hält, auch als solche zu bestätigen.

Nun wird unbestritten dem Staatsanwalt bei der Beurteilung der einen Anfangsverdacht begründenden Tatsachen und der Frage der Ermittlungspflicht ein Beurteilungsspielraum eingeräumt (E. Schmidt 1957; Schoreit 1982; Meyer 1985). Die unterschiedliche Beurteilung des Intensitätsgrades der Anhaltspunkte für einen aufklärungsbedürftigen unklaren Tod schlägt sich in der völlig unterschiedlichen Obduktionsfrequenz der einzelnen Landgerichtsbezirke nieder (Händel 1984). Ein gewisser, pflichtgemäß ausgeübter Beurteilungsspielraum ist auch dem Leichenschauarzt einzuräumen (Spann 1987). Dieser erfährt allerdings insoweit eine Eingrenzung, als zur Beurteilung von Spezialfragen – z. B. Spurenkunde – für die Einschätzung des verdächtigen Verhaltens Dritter kriminalistische und gerichtsmedizinische Kenntnisse vorausgesetzt werden müssen. Wann die vom Leichenschauarzt ermittelten Tatsachen die Relevanz von Anhaltspunkten für einen nicht natürlichen Tod erreichen, kann nur anhand der gerichtsmedizinisch-thanatologischen Sachkunde beurteilt werden. Eine genaue und vollständige Leichenuntersuchung ist hierfür ebenso unabdingbar wie fundiertes Fachwissen und gediegene praktische Erfahrung, insbesondere auch im Hinblick auf die Beurteilung des Tatortes und der Auffindesituation. Darüber hinaus obliegt dem Leichenschauarzt, wie schon erwähnt, eine umfassende Ermittlungspflicht, die außerhalb seiner ärztlichen Tätigkeit liegt und deren Ergebnis daher mit zusätzlichen Unsicherheiten behaftet ist.

Es verbleibt nun noch die Erörterung der plötzlichen Todesfälle, der unerwarteten Todesfälle, bei denen die Todesumstände nicht aufgeklärt werden können – der sog. unklaren Todesfälle –, weil beim Tode niemand zugegen und der Verstorbene auch nicht in ärztlicher Behandlung war. Begrifflich ist bei unklarer Todesursache weder ein natürlicher noch ein unnatürlicher Tod ausgeschlossen. Es handelt sich um ein Problem der Aufklärungsbedürftigkeit, das nicht mehr in die Kompetenz des Leichenschauarztes fällt. Aufgabe des Leichenschauarztes ist nur, die nicht geklärte Todesart zu deklarieren und eine Prüfung durch die zuständigen Ermittlungsorgane zu veranlassen. Er muß daher die Todesart als nicht aufgeklärt bezeichnen (Brettel u. Wagner 1982; Oehmichen u. Saternus 1985).

Unter den Begriff „Spättodesfälle" fallen schließlich diejenigen Todesfälle, die nach vorausgegangener Gewalteinwirkung im Verlauf eines längeren Krankenlagers eintreten. Komplizierend wirken sich dabei konkurrierende Ursachenverkettungen bei multimorbiden Patienten aus. Je nach Fragestellung kommen die unterschiedlichen Kausalitätstheorien zur Anwendung: Äquivalenztheorie im Strafrecht, Adäquanztheorie im Zivilrecht, die Theorie der wesentlichen Mitwirkung im Versicherungsrecht. Die Gefahr, daß die ursprüngliche Gewalteinwirkung bei der Beurteilung der Todesursache allzuleicht vergessen oder übersehen wird, ist evident. Das Vorliegen von Anhaltspunkten für einen nicht natürlichen Tod steht außer Frage, ebenso die Notwendigkeit, daß die Klärung derartiger Fälle dem Gerichtsmediziner vorbehalten bleiben muß.

Als Ergebnis ist festzuhalten:

- *Der Begriff des nicht natürlichen Todes ist einheitlich nach medizinisch-naturwissenschaftlichen Kriterien zu bestimmen.*
- *Der Begriff der Anhaltspunkte für einen nicht natürlichen Tod ist weit zu fassen. Es genügt eine geringe Wahrscheinlichkeit eines aufklärungsbedürftigen Verdachts eines nicht natürlichen Todes.*
- *Dem Leichenschauarzt steht ein Beurteilungsspielraum bei der Bewertung der Anhaltspunkte zu, der jedoch dann eingeengt ist, wenn spezielle Fachkunde zur sicheren Deutung der Befunde nötig ist.*
- *Bei nicht aufklärbarer Todesursache ist dies zwingend im Leichenschauschein zu dokumentieren.*
- *Eine gesetzliche Regelung, daß unklare Todesfälle bei fehlenden Anhaltspunkten für einen nicht natürlichen Tod im Leichenschauschein als solche zu kennzeichnen sind, ist angebracht.*

Der iatrogene Todesfall

Die Frage, ob auch für die Bewertung der iatrogenen Todesfälle die naturwissenschaftliche Bedingungstheorie zu gelten hat, ist zumindest dann vorbehaltlos zu bejahen, wenn man von der wörtlichen Bedeutung iatrogen im Sinne von herrührend oder verursacht ausgeht, womit eine kausale Verknüpfung impliziert ist. Formal ist es besser, von Todesfällen im Zusammenhang mit ärztlicher Behandlung zu sprechen, die auch Ursachenketten umfassen, die außerhalb der ärztlichen Einwirkung liegen, so z.B. die kriminelle Handlungsweise Dritter oder defekte Klimaanlagen in der Klinik.

Meyer-Goßner (1978) hält den Tod nach einer Operation nicht für einen natürlichen Tod, soweit hierbei kein Kunstfehler begangen wurde. Nach dieser Auffassung müßte der Leichenschauarzt die Bewertung des Operationsverlaufs vornehmen, die unstreitig in die Kompetenz des Staatsanwalts fällt. Verkannt wird auch, daß ein Kunstfehler keineswegs immer den späteren Tod zur Folge hat, und daß schließlich auch die kunstgerechte Operation eindeutig den Tod herbeigeführt haben kann. Nicht auf den Begriff des nicht natürlichen Todes, sondern nur auf die Anzeigepflicht gemäß § 159 StPO, die bei „wenigstens entfernten tatsächlichen Anhaltspunkten für einen Kunstfehler" für gegeben erachtet wird, stellen Müller (1982) und Meyer (1985) ab.
Dagegen bezeichnet Maiwald (1978) es als unmöglich, kunstgerechte Operationen mit tödlichem Ausgang als natürlichen Tod, fehlerhafte Operationen mit Todesfolge als nicht natürlichen Tod zu deklarieren, eben weil allein dem Staatsanwalt die Entscheidungsbefugnis über die Pflichtwidrigkeit zusteht. Da jedoch nicht jeder Fall einer tödlich verlaufenden Operation gemeldet werden könne, schlägt Maiwald eine konkretisierende Betrachtung vor: Eine Anzeigepflicht bestehe für Polizei und Gemeindebehörden nur, wenn ein fehlerhaftes Handeln des Arztes im konkreten Fall in Betracht komme. Da diese Stellen jedoch nicht über die zur Beurteilung erforderlichen ärztlichen Kenntnisse verfügten, seien sie auf die Angaben in Todesbescheinigung und Leichenschauschein angewiesen. Wenn Maiwald schließlich - sicherlich nicht zu Unrecht - dem Leichenschauarzt die hierzu fehlende gerichtsmedizinische Erfahrung attestiert, hat sich der Circulus vitiosus geschlossen.

Pribilla (1979, 1981) hält den Tod für nicht natürlich, der im Verlauf einer Narkose und unerwartet eintritt, der aber nicht auf die Grundkrankheit oder ihre Komplikationen, die operativen Maßnahmen und ihr Risiko selbst zurückzuführen ist. Diese Definition führt jedoch bei der Einstufung der Todesfälle nach operativen Eingriffen zu einem widerspruchsvollen Ergebnis: Während nach Pribilla die tödliche Narkose unabhängig von einem ärztlichen Verschulden rechtlich relevant ist, wird allgemein - vgl. oben - der Tod nach vorausgegangener Operation nur dann zu einem nicht natürlichen, wenn der Verdacht eines Kunstfehlers besteht. Umgekehrt würde bei Übertragung des für die Operationsfolgen aufgestellten Grundsatzes auf die kunstgerecht durchgeführte Narkose die tödliche Komplikation als natürliche Todesursache gelten.

Eine Theorie der eingeschränkten Behandlungsbewertung des Arztes vertritt Opderbecke (1986): Der Tod nach ärztlichen Heilmaßnahmen soll unter der Voraussetzung als nicht natürlicher Tod gelten, daß „Anhaltspunkte für den objektiven Tatbestand eines Behandlungsfehlers vorliegen". Mit der Vermeidung der Bezeichnung Kunstfehler will Opderbecke den tödlichen Verlauf bei der ärztlichen Behandlung von dem ominösen Akzent einer Beschuldigung oder Verdächtigung befreien und ihm lediglich den Sinn eines klärungsbedürftigen Sachverhalts ohne jede Präjudizierung geben. So sehr Opderbecke in der Zielsetzung zuzustimmen wäre, so problematisch ist die vorgeschlagene Begriffsvariante des nicht natürlichen Todes für die Praxis des Leichenschauarztes.
Zunächst ist auch hier festzuhalten, daß die Prüfungskompetenz des objektiven Tatbestands eines Kunstfehlers mit Recht der Staatsanwalt beansprucht und der Leichenschauarzt bei der Eruierung der diesbezüglichen Voraussetzungen sicher nicht selten überfordert ist. Der Leichenschauarzt ist auch nicht in jedem Fall von der „ominösen" Beschuldigung eines Kollegen befreit, nämlich dann, wenn nicht

nur eine objektive Pflichtwidrigkeit, sondern auch ein Verschulden offenkundig ist. Wie soll sich schließlich der Leichenschauarzt verhalten, wenn er von der fehlerfreien Behandlung überzeugt ist, von Dritten auch Anschuldigungen erhoben werden?

Konsequent im Sinne der naturwissenschaftlichen Einwirkung einer äußeren Ursache und ihrer äquivalenten Kausalverknüpfung als Todesursache werten Spann et al. (1977) das ärztliche Handeln und Unterlassen. Einen wertungsfreien Kausalbezug zwischen ärztlichem Handeln oder Unterlassen und dem eingetretenen Tod befürworten ebenso Janssen (1978) sowie Mallach et al. (1978). Der Todesfall muß daher auf ein auf ärztlicher Beeinflussung beruhendes Geschehen zurückzuführen sein, da er „durch notwendige, überflüssige oder fehlerhafte Untersuchungs- und Behandlungsmethoden" hervorgerufen sein kann (Janssen 1986). In jedem Fall handelt es sich um ein von außen ausgelöstes oder beeinflußtes, nicht auf Krankheit oder Altersschwäche des Verstorbenen beruhendes Geschehen. In letzter Konsequenz ist daher auch der Tod, der im Laufe der lebensverlängernden Maßnahmen auf der Intensivstation eintritt, ein nicht natürlicher, weil die ärztlichen Maßnahmen in ihrer Gesamtheit die Conditio sine qua non abgeben (Janssen 1979b). Nicht natürlich ist daher der Tod, der nach schuldhaftem ärztlichen Fehlverhalten, nach entschuldbarem objektiven Kunstfehler oder nach fehlerfreiem Eingriff eingetreten ist.

Die Meldepflicht des Leichenschauarztes wird auch bei Todesfällen im Zusammenhang mit ärztlichen Maßnahmen ausgelöst, wenn eine „gewisse, noch so geringe Wahrscheinlichkeit eines nicht natürlichen Todes" aufzuklären ist (Meyer-Goßner 1978). Hier scheidet zunächst die Mehrzahl der klinischen Todesfälle aus, bei denen der Tod wegen der infausten und medizinisch nicht beeinflußbaren Erkrankung trotz einer ärztlichen Maßnahme eingetreten ist. Die Kausalität ist daher zu verneinen z. B. beim Tod unter zytostatischer Behandlung, aufgrund einer Urämie oder nach Appendektomie durch Peritonitis, aufgrund einer Perforation oder nach Laparatomie wegen eines mechanischen Ileus. Der Leichenschauarzt in der Klinik ist anhand der vorliegenden Unterlagen und des klinischen Verlaufes in der Lage, Anhaltspunkte für einen durch ärztliche Maßnahmen bedingten Tod auszuschließen.

Nicht nur in der Praxis, sondern auch in der Klinik kommen Todesfälle aus nicht ersichtlicher oder nicht erklärbarer Ursache vor. Ihre Klärung erfolgt in der Regel durch die klinische Leichenöffnung nach Zustimmung der Angehörigen. Wenn sich für den Leichenschauarzt bei der Leichenschau aufgrund der gesamten Unterlagen kein verdächtiger Anhalt ergibt, bleibt ihm nur, die Todesursache als nicht aufgeklärt einzutragen.

Problematisch ist der Tod nach kunstgerechter Operation und ihrer Komplikation bei nicht lebenswichtigen oder nicht lebensgefährdenden Eingriffen und nach Narkosezwischenfällen. Wegen des unerwarteten Todeseintritts bei in der Regel nichtletalen Eingriffen und Behandlungsmethoden oder wegen der aufgetretenen, üblicherweise ausbleibenden Komplikationen ist die Kausalität in höchstem Maße wahrscheinlich, so daß der Anhalt für einen nicht natürlichen Tod zwingend ist. Gleiches gilt für den tödlichen Narkosezwischenfall. Da weder eine objektive – wenn auch für den Laien naheliegende – noch eine subjektive Pflichtwidrigkeit zur Debatte steht, kann der behandelnde Arzt jeder weiteren Untersuchung unbesorgt entgegensehen. Im Ergebnis führt diese Praxis zu einer Zunahme der prüfungspflichtigen Sterbefälle, die allerdings in der Regel ohne gerichtliche oder bereits vorangegangene klinische Leichenöffnungen

abgeschlossen werden. Daß schließlich die Todesfälle mit fraglichem Kunstfehler meldepflichtig sind, bedarf keiner weiteren Erwähnung.
Die mit Recht als Unzumutbarkeit kritisierte Meldepflicht des eigenen Kunstfehlers als behandelnder und als Leichenschauarzt (Opderbecke 1986) wird dadurch entschärft, daß analog der Bestimmung des § 55 StPO eine Befreiung von der Leichenschaupflicht besteht. Führt der Arzt dennoch die Leichenschau durch, so ist er allerdings zur wahrheitsgemäßen Ausfüllung des Leichenschauscheins verpflichtet (Gubernatis 1982). In diesem Fall ist übrigens der behandelnde Arzt, auch der Klinikarzt, dem Leichenschauarzt gegenüber auskunftspflichtig über die Art der Erkrankung und deren Behandlung. Ein Auskunftsverweigerungsrecht besteht deshalb nicht, weil die zu vermutende Willensrichtung des Verstorbenen auf die Aufklärung der Todesumstände gerichtet ist – s. auch S. 74 – und die Verweigerung der Auskunft des Arztes auf sachfremden Gründen beruhen würde (sinngemäß BGH Beschluß v. 4. 7. 1984, NJW 1984, S. 2893). Einzuräumen ist, daß es bei Hinweisen auf eine ärztliche Fehlbehandlung zu häufigeren Meldungen von Todesfällen im klinischen Bereich kommen kann, was bei erwiesener Grundlosigkeit der Meldung oft zu kollegialen Spannungen führt (Miltner 1986). Die Erhebungen des Leichenschauarztes beruhen jedoch einerseits auf gesetzlichem Auftrag, andererseits ist ihm ein gewisser Ermessensspielraum bei der Beurteilung der gegebenen Anhaltspunkte eingeräumt. Schließlich liegt es auch im Interesse des behandelnden Arztes, wenn die Korrektheit seiner Behandlung festgestellt wird.
Als spezieller, stets die Meldepflicht auslösender Anhaltspunkt muß der Vorwurf eines Kunstfehlers durch die Angehörigen gelten. Ebenso wie die Staatsanwaltschaft bei der Erstattung einer Anzeige gemäß § 160 StPO den ihr zugrunde liegenden Sachverhalt zur Klärung eines Anfangsverdachts prüfen muß (Müller 1982; Meyer 1985), muß der Leichenschauarzt gehalten sein, die Überprüfung der auch gegebenenfalls ungerechtfertigten Anschuldigungen durch die Meldung des Todesfalles zu veranlassen.
Folgende Fallvarianten sind daher denkbar:

a) Tödlicher Verlauf eines fehlerfrei operierten, perforierten Blinddarms. Der Eingriff ist nicht kausal für den Tod. Der Leichenschauarzt stellt keine Anhaltspunkte fest.
b) Tödlicher Verlauf eines operierten perforierten Blinddarms unter Zurücklassung eines Bauchtuches. Die Kausalität des Eingriffs für den Tod ist nicht auszuschließen. Der Leichenschauarzt stellt aufgrund der Unterlagen keine verdächtigen Anhaltspunkte fest, ein möglicherweise nicht natürlicher Tod wird als natürlicher behandelt.
c) Angehörige erheben Vorwürfe, der Leichenschauarzt trägt nicht natürlichen Tod oder nicht geklärten Tod ein. Die Staatsanwaltschaft verzichtet auf eine gerichtliche Leichenöffnung und entscheidet sich in beiden Fällen für einen natürlichen Tod.
d) Wie voranstehend, jedoch nach Durchführung einer gerichtlichen Leichenöffnung: Im einen Fall wird der natürliche Tod bestätigt, im anderen Fall der nicht natürliche Tod.
e) Nach normal verlaufender Appendektomie tritt trotz postoperativer Heparinisierung eine tödliche Thrombose auf. Die gegebene Kausalität – allerdings ohne rechtliche Konsequenzen – wird durch die Kennzeichnung nicht natürlicher Tod des Leichenschauarztes und die gerichtliche Leichenöffnung bestätigt. Unterbleibt diese, bleibt auch die Todesart nicht geklärt.
f) Sachverhalt wie e), ohne Heparinisierung. Der Leichenschauarzt sieht in der Unterlassung eine fehlerhafte Behandlung und sieht Anhaltspunkte für nicht natürlichen Tod für gegeben. Die anschließende Prüfung erbringt – mit oder ohne Leichenöffnung – nicht den Nachweis einer Kausalität. Ergebnis: Natürlicher Tod trotz Behandlungsfehlers.
g) Mehrere unklare und unerwartete Todesfälle nach nicht lebensbedrohenden operativen Eingriffen infolge Infektion durch schadhafte Klimaanlage. Nach bisher Gesagtem muß der Leichenschauarzt Anhaltspunkte für nicht natürlichen Tod annehmen bei fehlerfreier Arztbehandlung. Die

Staatsanwaltschaft kann entweder mit oder ohne gerichtliche Leichenöffnung zum Untersuchungsergebnis kommen, daß ein Fremdverschulden nicht nachweisbar ist, dann bleibt der nicht natürliche Tod zunächst unaufgeklärt. Schließlich lenken weitere Todesfälle den Verdacht auf die Quelle der Keime, so daß der nicht natürliche Tod bestätigt wird.

h) Mordserie auf einer Inneren Abteilung nach Digitalisüberdosierung durch einen Krankenpfleger. Der Leichenschauarzt nimmt zunächst natürlichen Tod an, nach weiteren Fällen Tod aus unklarer Ursache, schließlich u.U. nach Verdächtigungen durch Angehörige, einen nicht natürlichen Tod. Erst die nach gerichtlicher Leichenöffnung erhobenen toxikologischen Befunde bringen die Aufklärung der gewaltsamen Todesverläufe.

Damit wird deutlich, daß Anhaltspunkte, Ermittlungsergebnisse der Staatsanwaltschaft und schließlich die tatsächlich gegebene tödliche Kausalverknüpfung in der Praxis völlig unterschiedlich eingestuft werden können und je nach Fallgestaltung keineswegs immer aufklärbar sind oder für aufklärungsbedürftig angesehen werden.

Als Ergebnis ist festzuhalten, daß die Behandlung der im Zusammenhang mit einer ärztlichen Maßnahme eingetretenen Todesfälle keiner besonderen gesetzlichen Regelung bedarf. Bei exakter Anwendung der medizinisch-naturwissenschaftlichen Verursachungstheorie sind allerdings vermehrt Todesfälle meldepflichtig, bei denen primär nicht ärztliches Fehlverhalten der Meldegrund ist. Die dadurch bedingte Mehrarbeit der Ermittlungsbehörden kann durch entsprechende Aufklärungsbereitschaft des Arztes und kooperative Beratung der gerichtsmedizinischen Institute in vertretbaren Grenzen gehalten werden. Für den behandelnden Arzt bedeutet die objektive Untersuchung eine rechtliche Absicherung gegen Vorwürfe und Verdächtigungen jeglicher Art.

Sanktionen

Ähnlich unterschiedlich wie die allgemeinen Leichenschaubestimmungen der Bundesländer sind die der Ordnungswidrigkeiten-Tatbestände.

Wer der Pflicht zur Leichenschau nicht oder nicht rechtzeitig nachkommt, wird in *Baden-Württemberg* (§ 49 Abs. 1 Ziff. 4 BestG), in *Bayern* (Art. 18 Abs. 1 Ziff. 6), *Berlin* (§ 24 Abs. 1 Ziff. la), *Hessen* (§ 16 VOLeichenwes.), *Nordrhein-Westfalen* (§ 19 Ziff. 4 VOLeichenwes.) und in *Rheinland-Pfalz* (§ 19 Abs. 1 Ziff. 5 BestG) zur Rechenschaft gezogen. Mit Geldbuße wird belegt, wer ohne Leichenschau oder Leichenuntersuchung einen Leichenschauschein oder eine Todesbescheinigung ausstellt in *Niedersachsen* (§ 7 Abs. 1 Ziff. 2 LeichenwesG), *Nordrhein-Westfalen* (§ 19 Ziff. 3 VOLeichenwes.), *Rheinland-Pfalz* (§ 12 Ziff. 1 LandesVOBestG) und *Schleswig-Holstein* (§ 18 Ziff. 1 LVOLeichenwes.).
Die Verletzung der Anzeigepflicht an die Polizeidienststelle ahnden die Länder außer *Bremen, Hamburg, Nordrhein-Westfalen, Rheinland-Pfalz* und *Schleswig-Holstein.* Bei Verletzung der Auskunftspflicht sind mit Buße bedroht in *Baden-Württemberg* Arzt und Heilpraktiker, die den Verstorbenen wegen einer dem Tod vorausgegangenen Erkrankung behandelt haben, sowie die Angehörigen des Verstorbenen (§ 49 Abs. 2 Ziff. 2 BestG), in *Bayern* generell, wer den Verstorbenen vor dem Tod berufsmäßig behandelt hat und die Unterlagen nicht vorlegt, sowie jeder Arzt, der den Verstorbenen nach dessen Tod untersucht hat (Art. 18 Ziff. 7 BestG), in *Berlin* der behandelnde Arzt, Zahnarzt oder Heilpraktiker (§ 24 Abs. 1 Ziff. 2 BestG) und in *Hessen* die Angehörigen, Hausgenossen, Pflegepersonen und Ärzte (§ 16 VOLeichenwes).
Im Zusammenhang mit der Ausstellung der Leichenschaudokumente handelt ordnungswidrig in *Baden-Württemberg* (§ 49 Abs. 1 Ziff. 4 BestG) und *Berlin* (§ 24 Abs. 1 Ziff. lb BestG) der Arzt, der die Todesbescheinigung oder den Leichenschauschein nicht unverzüglich ausstellt. Weitere Bußgeldtatbestände gelten in *Baden-Württemberg,* wenn jemand die Leichenschau behindert oder vereitelt, insbesondere wenn der Inhaber der tatsächlichen Gewalt dem Leichenschauarzt den Zutritt zum Leichenort verweigert (§ 49 Abs. 2 Ziff. 1 BestG), und wenn der Arzt im Fall der Verhinderung das

Verlangen auf Vornahme der Leichenschau nicht ablehnt (§ 32 Ziff. 2 BestV). In *Bayern* ist mit Buße bedroht, wer Veränderungen an der Leiche vornimmt, wenn Anhaltspunkte für einen nicht natürlichen Tod vorliegen (§ 25 Ziff. 4 BestV).
Zu weit geht die ordnungswidrige Sanktionierung in *Baden-Württemberg*, wenn der zur Leichenschau aufgeforderte Arzt Hinderungsgründe nicht sofort geltend macht und nicht unverzüglich einen anderen Arzt zur Leichenschau veranlaßt. Auch die Bestimmung des § 7 Abs. 1 Ziff. 3b LeichenwesG. *Niedersachsen* versteht sich von selbst, wonach auch Umstände, von denen der Leichenschauarzt bei der Vornahme der Leichenschau Kenntnis erlangt, relevante Anhaltspunkte für den nicht natürlichen Tod sind, welche daher unter die allgemeine Anzeigepflicht fallen. Eine spezielle Regelung besteht im *Saarland:* § 16 Pol.VOBestWes. droht eine Geldstrafe bis zu 500 DM, in besonders schweren Fällen eine Freiheitsstrafe bis zu 2 Wochen, an, wenn der Arzt die Leichenschau nicht unverzüglich vornimmt, die Leiche nicht sorgfältig untersucht und bei entsprechenden Anhaltspunkten die zuständige Polizeidienststelle nicht benachrichtigt.

Eine einheitliche bußgeldrechliche Regelung wäre angezeigt für die Verpflichtung zur unverzüglichen Durchführung der Leichenschau nach rechtswirksamem Verlangen, zur Ausstellung und Aushändigung der Todesbescheinigung und des Leichenschauscheins unverzüglich nach Abschluß der Leichenuntersuchung – also nach einer zweiten Leichenschau –, zur sofortigen Benachrichtigung der Polizei bei Anhaltspunkten für einen nicht natürlichen Tod, zur Auskunftserteilung und Vorlage der Unterlagen der behandelnden Ärzte, Zahnärzte und Heilpraktiker sowie der Angehörigen, Pflegepersonen und Hausgenossen, ferner für die Verhinderung oder Beeinträchtigung der Durchführung der Leichenschau durch Dritte, insbesondere durch den Inhaber der tatsächlichen Gewalt und das Veränderungsverbot am Leichenort. Für eine Strafbestimmung nach saarländischen Recht besteht keine Veranlassung.

Schlußbemerkungen

Bewußt wurde aufgrund unserer Erfahrungen vom Vorschlag einer zu ändernden Organisationsform der Leichenschau, nämlich der Einführung des amtlich bestellten Leichenschauarztes, abgesehen. Aus Raumgründen konnte nur ein Teil der relevanten Probleme angesprochen werden. Nicht erwähnt wurden z.B. die Leichenschau beim Tod eines Unbekannten, der plötzliche Tod im Erwachsenen- und Kindesalter, die Dokumentation des Leichenschaubefundes, die Pflichten im Zusammenhang mit der Ausstellung und Aushändigung des Leichenschauscheines.
Die empfohlenen Regelungen umschreiben klar den gesetzlichen Auftrag des Leichenschauarztes und geben ihm die zu seiner Erfüllung nötigen Befugnisse an die Hand. Seine Rechtsstellung wird gegenüber den Angehörigen und Dritten nicht zuletzt auch im Interesse des Verstorbenen gestärkt. Die praktischen Auswirkungen werden zweifellos zu einer Zunahme der meldepflichtigen Todesfälle und der Sterbefälle aus nicht klärbarer Ursache führen. Da der Leichenschauarzt nicht als verlängerter Arm der Ermittlungsorgane fungieren kann, steht die Entscheidung über weitere Aufklärungsmaßnahmen bei Todesfällen mit möglicher rechtlicher Relevanz ausschließlich dem Staatsanwalt zu. Bei offener Diagnose der Todesursache wird vermieden, daß nur vermutete Krankheitsursachen in statistische Erhebungen eingehen.
Besondere Verantwortung wird dem Leichenschauarzt bei der Dokumentierung eines Todes aus nicht geklärter Ursache und fehlenden Anhaltspunkten für einen nicht natürlichen Tod abverlangt, wozu ihn bereits die bestehende Rechtslage ermächtigt.

Auch das beste Leichenschaurecht vermag Sorgfalt, Sachkunde und Erfahrung des Leichenschauarztes nicht zu ersetzen. Hier bleiben Aus- und Fortbildung zu verstärkten Bemühungen aufgerufen.

Literatur

Ahnefeld FW, Mehrkens H-H (1984) Notfallmedizin. Kohlhammer, Stuttgart

Bachmann W (1971) Zur Praxis der Leichenschau. Bay Ärztebl 26:180–193

Bay. Oberstes Landesgericht: Beschluß vom 21. 8. 1986, BReg. 1 Z 34/86, Ärztliches Zeugnisverweigerungsrecht nach dem Tod des Patienten. Bay Ärztebl 42:749–752 (1987)

Breitfellner G, Bayer P (1980) Der Stellenwert der Autopsie in der heutigen Medizin. Pathologe 2:1–7

Brettel H-F (1982) Medizinische und rechtliche Fragen beim Ausstellen des Leichenschauscheins. Dtsch Ärztebl 79:36–38

Brettel H-F, Wagner H-J (1982) Die Todesursachen-Feststellung bei der Leichenschau. Dtsch Ärztebl 79:39–43

Brinkmann B, Kleiber M, Janssen W (1981) Der unklare Tod. Negative Trends in Rechtspflege und Gesundheitswesen? Pathologe 2:201–207

Dietz O, Arnold J (1982) Gesetz über das Friedhofs- und Leichenwesen (Bestattungsgesetz) in Baden-Württemberg, 2. Aufl. Kohlhammer, Stuttgart

Drexler H, Staudinger M, Sandritter W (1979) Autopsie und klinische Diagnose. Ein Beitrag zur Qualitätssicherung in der Medizin. Med Welt 30:1177–1183

Englert N (1979) Todesbegriff und Leichnam als Element des Totenrechts. tuduv-Verlagsgesellschaft, München

Eisenmenger W (1986) Leichenschau - gerichtliche Leichenöffnung. Med Welt 37:219–222

Eser A (1985) In Schönke-Schröder, Strafgesetzbuch, hrsg. v. Lenckner T, Cramer P, Eser A, 22. Aufl. Beck'sche Verlagsbuchhandlung, München

Forster B, Ropohl D (1986) Thanatologie. In:Forster B (Hrsg) Praxis der Rechtsmedizin. Thieme, Stuttgart

Geerds F (1984) Leichensachen und Leichenschau aus juristischer Sicht. MedR 2:172–177

Gerlach J (1968) Individualtod - Partialtod - Vita reducta. MMW 110:980–983

Gubernatis G (1982) Zur Offenbarungspflicht bei ärztlicher Fehlbehandlung. JZ 37:363–366

Gütgemann A, Käufer C (1969) Zeichen und Zeitpunkt des Todes im Hinblick auf Organtransplantationen. Dtsch Ärztebl 66:2659–2666

Händel K (1970) Neuregelung des Leichenschauwesens in Baden-Württemberg. Med Klin 65:2218–2223

Händel K (1984) Strafprozeßordnung, 7. Aufl. Kriminalistik-Verlag, Heidelberg

Höpker W-W, Burkhardt HU (1984) Unsinn und Sinn der Todesursachenstatistik. Dtsch Med Wochenschr 109:1269–1274

Jähnke B (1980) In Strafgesetzbuch, Leipziger Kommentar, hrsg. v. Jeschek H-J, Ruß W, Willms G, 10. Aufl. de Gruyter, Berlin

Janssen W (1978) Rechtsmedizinische Probleme bei der diagnostischen Tätigkeit des Pathologen. Kunstfehler - Nicht natürlicher Tod. Kriminalistik 32:5–10

Janssen W (1979a) Praktische und rechtliche Probleme bei der Feststellung des Todes und der Todesart. Hamb Ärztebl 33:286–290

Janssen W (1979b) Definition und Meldung des nicht natürlichen Todes im ärztlichen Bereich. Beitr Gerichtl Med 37:105–108

Janssen W (1984) Rechtsfragen in Verbindung mit Leichenschau, Sektion und bioptischer Diagnostik in der Pathologie, hrsg. von Remmele W, Springer, Berlin Heidelberg New York Tokyo

Janssen W (1985) Morphologische Beweisführung beim Tod durch äußere Einwirkung. Beitr Gerichtl Med 43:41–47

Janssen W, Naeve W (1975) Der plötzliche Tod aus natürlicher Ursache. In: Mueller B (Hrsg) Gerichtliche Medizin, 2. Aufl. Springer, Berlin Heidelberg New York

Käufer C, Bücheler E (1971) Hirntod und Organtransplantation. Dtsch Med J 22:185–191

Käufer C, Penin H (1968) Todeszeitbestimmung beim dissoziierten Hirntod. Klinische und elektroenzephalographische Kriterien. Dtsch Med Wochenschr 93:679–684
Klaiber J (1975) Problematik der ärztlichen Leichenschau nach dem Inkrafttreten der neuen Bestattungsgesetze Baden-Württembergs von 1971. Vergleich der Leichenschaudiagnosen mit Sektionsbefunden. Med. Diss., Heidelberg
Kleinknecht T, Meyer K (1985) Strafprozeßordnung, 37. Aufl. Beck'sche Verlagsbuchhandlung, München
Klingshirn H (1982) Bestattungsrecht in Bayern. Boorberg, München
Krösl W, Scherzer E (1973) Die Bestimmung des Todeszeitpunktes. Maudrich, Wien
Leithoff H, Endris R, Klaiber J (1985) Und noch einmal - Leichenschau und Todesursachenermittlung. Beitr Gerichtl Med 43:49–53
Lenckner T (1985) In Schönke-Schröder, Strafgesetzbuch, hrsg. v. Lenckner T, Cramer P, Eser A, 22. Aufl. Beck'sche Verlagsbuchhandlung, München
Lippert H-D (1987) Notarztdienst und Leichenschau. Dtsch Med Wochenschr 112:73–75
Lüttger H (1971) Der Tod und das Strafrecht. JR 309–315
Meiwald M (1978) Zur Ermittlungspflicht des Staatsanwalts in Todesfällen. NJW 31:561–566
Mallach HJ, Narr H (1980) Notfallarzt und Leichenschau. Dtsch Med Wochenschr 105:1561–1563
Mallach HJ, Spengler B, Spengler H (1978) Vorschläge zur Novellierung der Leichenschaubestimmungen. Med Welt 29:548–551
Mattern R, Jantzen J-P, Rittner C (1987) Kriterien zur sicheren Feststellung des Todes unter Reanimationsbedingungen. Vortrag 66. Jahrestagung der Dtsch. Gesellsch. f. Rechtsmed. in Bonn 1987
Maßhoff W (1968) Zum Problem des Todes. Münch Med Wochenschr 110:2473–2482
Meyer K (1976) In Löwe-Rosenberg, Die Strafprozeßordnung und das Gerichtsverfassungsgesetz. Großkommentar, 23. Aufl., Bd 1. de Gruyter, Berlin
Meyer K (1985) Strafprozeßordnung, Gerichtsverfassungsgesetz, Nebengesetze und ergänzende Bestimmungen, 37. Aufl. Beck'sche Verlagsbuchhandlung, München
Meyer-Goßner L (1978) In Löwe-Rosenberg, Die Strafprozeßordnung und das Gerichtsverfassungsgesetz. Großkommentar, 23. Aufl., Bd 2. de Gruyter, Berlin
Miltner E (1986) Ärztliche Konflikte bei der Leichenschau im Krankenhaus. Dtsch Med Wochenschr 111:191–195
Missliwetz J (1984) Wiederholung der äußeren Leichenbesichtigung als Hilfsmittel der Befundaufnahme. Arch Kriminol 173:45–49
Mittmeyer H-J (1987) Fehldiagnosen bei der Leichenschau. In: Schrömbgens H-H (Hrsg) Die Fehldiagnose in der Praxis. Hippokrates, Stuttgart
Mohr H-J (1981) Medizinische und legislatorische Probleme der inneren Leichenschau. Pathologe 2:134–143
Müller R (1982) In Karlsruher Kommentar zur Strafprozeßordnung und zum Gerichtsverfassungsgesetz, hrsg. von Pfeiffer G. Beck'sche Verlagsbuchhandlung, München
Müller H (1987) in KMR, Kommentar zur Strafprozeßordnung, neu bearbeitet von Müller H, Sax W, Paulus R. Stand September 1987, Stoytscheff, Frankfurt a.M.
Müller H, Sax W, Paulus R (1987) KMR, Kommentar zur Strafprozeßordnung, begründet von Kleinknecht T, Müller H, Reitberger L, Loseblatt-Ausgabe, Stand Sept. 1987. Stoytscheff, Frankfurt a.M.
Narr H (1985) Ärztliches Berufsrecht, 2. Aufl., 6. Erg.-Lief. April 1985. Deutscher Ärzte-Verlag, Köln
Narr H (1987) Ärztliches Berufsrecht, 2. Aufl., 8. Erg.-Lief. Jan. 1987. Deutscher Ärzte-Verlag, Köln
Naser G (1980) Angestellter Krankenhausarzt und Leichenschau. Krankenhausarzt 53:74–78
Neuhaus G (1963) Vita reducta. Verh Dtsch Ges Inn Med 69:16–39
Oehmichen M, Saternus K-S (1985) Leichenschau und Todesbescheinigung. Kriminalistik 39:2–5
Opderbecke HW (1986) Natürlicher - nicht natürlicher Tod - ein ungelöstes definitorisches Problem. In: Heberer G, Opderbecke HW, Spann W (Hrsg) Ärztliches Handeln - Verrechtlichung eines Berufsstandes. Festschrift f. W. Weißauer zum 65. Geburtstag. Springer, Berlin Heidelberg New York Tokyo
Paulus R (1987) in KMR, Kommentar zur Strafprozeßordnung, neu bearbeitet von Müller H, Sax W, Paulus R, Stand September 1987. Stoytscheff-Verlag, Frankfurt a.M.
Penners B-M, Krämer M (1987) Leichenschau - eine Sache des Rettungsarztes? Münch Med Wochenschr 129:81–82

Pfeifer G, Pless V, Ziemann B, Pioch W (1983) Die Dokumentation des klinischen Todes in einer vorläufigen Todesbescheinigung. Anästh Intensivther Notfallmed 18:91–92
Pioch W (1984) Zur geplanten Neufassung der Todesbescheinigung in Nordrhein-Westfalen. Inform Dtsch Ges Rechtsmed 3:495–496
Pribilla O (1968) Wann kann man frühestens den Totenschein nach Eintritt des Todes ausstellen? Dtsch Med Wochenschr 93:1213
Pribilla O (1979) Natürlicher und nicht natürlicher Tod in der Anästhesie. Anästh Intensivmed 20:221–224
Pribilla O (1981) Diskussionsbeitrag. In: Opderbecke W, Weißauer W (Hrsg) Forensische Probleme in der Anästhesiologie. Perimed, Erlangen
Ramme H, Norpoth T, Mansur AM (1984) Die Todesursache aus klinischer und pathologisch-anatomischer Sicht. Beitr Gerichtl Med 42:351–353
Saerbeck K (1974) Beginn und Ende des Lebens als Rechtsbegriffe. de Gruyter, Berlin
Schleyer F (1968) Aktuelle Fragen der Leichenschau und Leichenöffnung. Dtsch Z Gerichtl Med 62:155–165
Schmidt E (1957) Lehrkommentar zur Strafprozeßordnung und zum Gerichtsverfassungsgesetz. Vandenhoeck & Rupprecht, Göttingen
Schneider V (1981) Leichenschau und Meldepflicht nicht-natürlicher Todesfälle. Kriminalistik 35:282–289
Schneider V (1987) Die Leichenschau. G. Fischer, Stuttgart
Schoreit A (1982) In Pfeiffer G (Hrsg): Karlsruher Kommentar zur Strafprozeßordnung. Beck'sche Verlagsbuchhandlung, München
Schweitzer I (1986) Zu Problemen von Leichenschau und Totenbescheinigung unter besonderer Berücksichtigung des Strafrechts. Jur. Diss., Tübingen
Schwerd W (1965) Kritische Bemerkungen zur Leichenschau. Bundesgesundheitsblatt 8:365–368
Schwerd W (1981) Definition und Abgrenzung der Begriffe natürlicher und nichtnatürlicher Tod. In: Opderbecke W, Weißauer W (Hrsg) Forensische Probleme in der Anästhesieologie. Perimed, Erlangen
Schwerd W (1986) Kurzgefaßtes Lehrbuch der Rechtsmedizin, 4. Aufl. Deutscher Ärzte-Verlag, Köln
Seeger R (1984) Bestattungsrecht in Baden-Württemberg, 2. Aufl. Boorberg, Stuttgart
Spann W (1979) Die ärztliche Leichenschau. Bayerische Akademie für ärztliche Fortbildung. Bay Ärztebl 34:136–139
Spann W (1982) Überlegungen zur Leichenschau, insbesondere zum Problem der Anhaltspunkte für einen nicht natürlichen Tod. Pathologe 3:241–246
Spann W (1983) Aus neuer Sicht: Feststellung des Todes am Unfallort. Euromedizin 23:430–431
Spann W (1985) Bestattung eines Feten. Dtsch Med Wochenschr 110:1095
Spann W (1987) Der Ermittler als Anwalt des Verstorbenen. Leichenschau und polizeiliche Nachforschungen. Kriminalistik 41:586–608
Spann W, Liebhardt E, Braun W (1977) Zur Meldepflicht des Pathologen. Vortrag auf der 4. Tagung des Arbeitskreises Süddtsch. Rechtsmed. am 21. 5. 1977 in Nürnberg
Staak M, Ramme H (1984) Die Obduktion als Instrument der Qualitätskontrolle bei der Feststellung von Todesursachen. Lebensversicherungsmed 36:205–208
Statistisches Bundesamt Wiesbaden (1980) Todesursachen der Gestorbenen. Fehlbildungen bei Geborenen. Schriftenreihe des Bundesministers für Jugend, Familie und Gesundheit, Bd 77. Kohlhammer, Stuttgart
Tröndle H (1986) Strafgesetzbuch, 43. Aufl. Beck'sche Verlagsbuchhandlung, München
Uetzmann C (1984) Iatrogene Todesfälle. – Rechtsmedizinische Erhebungen unter besonderer Berücksichtigung der Arzthaftung, der Leichenschau und der ärztlichen Meldepflicht. Med. Diss., Hamburg
Vock R (1984) Überprüfung von ca. 7000 Todesbescheinigungen. Konsequenzen für die ärztliche Aus- und Fortbildung. Beitr Gerichtl Med 42:355–358
Wagner H-J (1982) Die Todesursachen – Feststellung bei der Leichenschau. Dtsch Ärztebl 79:39–43
Wawersiek J (1970) Kriterien des Todes. Studium Generale 23:319–330
Weigel K (1984) Notarzt – Notfallarzt, reformbedürftige Begriffe. Bay Ärztebl 39:128–129

Bild der Allgemeinmedizin in Europa*

HJ. MATTERN

Die Gesundheitssysteme der europäischen Länder sind voneinander verschieden je nach historischen, politischen, geographischen, kulturellen und nicht zuletzt wirtschaftlichen Gegebenheiten. Diese Tatsache schafft unterschiedliche Voraussetzungen für die Primärversorgung eines jeden Landes. Gemeinsam ist jedoch allen Ländern die lange Tradition des Hausarztes, insbesondere des Allgemeinarztes, wie dessen zunehmende Bedeutung in der Basisversorgung angesichts der stürmischen Entwicklung der Spezialdisziplinen zeigt. Gemeinsam ist auch allen Ländern – wenngleich in unterschiedlichem Maße – ein Umdenkungsprozeß nahezu revolutionären Charakters, der die derzeitige Aus- und Weiterbildung zum Arzt grundsätzlich in Frage stellt. Es setzt sich mehr und mehr gegen zahlreiche Widerstände, vor allem der Universitäten, die Meinung durch, daß die entscheidende praktische Umsetzung der medizinischen Wissenschaft tatsächlich in der ärztlichen Sprechstunde stattfindet. Es ist dies das Zuhören, das Abwägen, das Diagnostizieren unter Einbeziehung des gesamten Lebensraumes des erkrankten Menschen, dessen Entfaltungs- und Lebenskraft. Nicht zuletzt ist es die Herausforderung aller vernunftbegabten Menschen gegenüber ethischen Fragestellungen; denn es gibt keine eigene medizinische Ethik, es sei denn eine höhere ärztliche Verantwortung. In diese Verantwortung ist der „Arzt der ersten Linie" nicht nur aus wissenschaftlicher, sondern auch aus patientengerechter Sicht in besonderer Weise mit einbezogen. Wenn die Person des Arztes von apparative Techniken verdrängt und ersetzt wird, verlieren Leid, Krankheit und Heilkunst ihre entscheidende menschliche Dimension.

Um nun das Bild der Allgemeinmedizin in Europa hier nachzeichnen zu können, muß der Verfasser auf Veröffentlichungen der letzten Jahre zurückgreifen und bedenken, daß es sich bei der Allgemeinmedizin um ein Fachgebiet handelt, das sich gerade im europäischen Raum noch in einem Entwicklungsprozeß befindet (s. Literaturverzeichnis). Medizingeschichtlich ist die Allgemeinmedizin zwar die älteste medizinische Disziplin, aber sie ist wegen ihrer besonderen Stellung im Schnittpunkt von Medizin *und* Gesellschaft infolge wissenschaftlicher und gesellschaftlicher Umwälzungen ständigen Veränderungen unterworfen.

---

* In diesem Beitrag wurden persönliche Mitteilungen von P. Brandlmeier (BRD), W. Grete (Schweiz) und G. Heller (Österreich) berücksichtigt.

Bundesrepublik Deutschland

In unserem Land sind nun 20 Jahre vergangen seit der Einrichtung des ersten Lehrauftrags für Allgemeinmedizin an der Medizinischen Fakultät in Freiburg, den Siegfried Häußler, wohl die markanteste Symbolfigur des Faches, wahrnahm. Und 10 Jahre sind es, seit der erste Lehrstuhl für Allgemeinmedizin von der Medizinischen Hochschule in Hannover an Klaus Dieter Haehn vergeben wurde.
Doch die Wurzeln zur Entwicklung des Faches reichen weiter zurück. So wurde 1964 das erste sog. „Heidelberger Gespräch" zwischen Praktikern und Universitätsprofessoren geführt, 1966 die wissenschaftliche „Deutsche Gesellschaft für Allgemeinmedizin" (DEGAM) gegründet, 1970 das erste Seminar der Lehrbeauftragten für das Fach Allgemeinmedizin (Häußler, Mattern, Schiffner und Schrömbgens) abgehalten, und seit 1974 finden in München die jährlichen gemeinsamen Arbeitstagungen der Dekane der westdeutschen Universitäten mit den Lehrbeauftragten statt.
1978 wurde der entscheidende Schritt in den universitären Raum getan, indem die Allgemeinmedizin als Lehr- und Prüfungsfach in die Ausbildungsordnung mit einem Pflichtkurs „Einführung in Fragen der allgemeinmedizinischen Praxis" aufgenommen wurde. Bereits 1971 wurde ein erster Gegenstandskatalog erarbeitet, der von Jahr zu Jahr weiterentwickelt wird. Doch trotz der Etablierung der Allgemeinmedizin als Pflichtfach hat bisher nur in Hannover, Göttingen, Gießen und Frankfurt eine Institutionalisierung stattgefunden. Den zähen Entwicklungsprozeß der Allgemeinmedizin zu einem Universitätsfach sui generis muß man als den ebenso zähen Prozeß ärztlichen Umdenkens betrachten.
Schon in den 20er Jahren erschien eine Reihe von Veröffentlichungen, die sich mit den unterschiedlichen Problemen klinischer und außerklinischer Medizin beschäftigt. Es sei an das vielgelesene Buch von Erwin Liek (1926) erinnert. Dort ist nachzulesen:

> ... 1. es kam etwas anders, als ich erwartete: 2. strömte es nicht, sondern es rieselte bestenfalls, und was kam, sah ganz anders aus als die sauberen Fälle der Klinik. Nichts von Tuberkulose, nichts von Typhus, nichts von Vitium cordis, sondern ein altes Weiblein mit Kreuzschmerzen, ein zweites mit Magenbeschwerden, der dritten tat alles weh. – Eines wurde mir gleich klar, der Landarzt habe es doch viel schwerer als der Kliniker. Ähnlich ging es mir bei Besuchen. Hier gab es keine tagelange Beobachtung, keine Hilfsuntersuchung durch ein Heer von Assistenten, sondern hier hieß es sofort entscheiden und handeln. Aber ich fühlte auch, was der Kranke von seinem Arzt will; nicht sowohl die mit allen Schikanen moderner Technik ausgetüftelte Diagnose, sondern zunächst einmal Rat und Hilfe, wie sie der Mensch in Not von einem Mitmenschen, zu dem er Vertrauen hat, erwartet.

Die Notwendigkeit, die Tätigkeit des praktischen Arztes wissenschaftlich zu untersuchen, wurde offenbar erst in den Jahrzehnten nach dem 2. Weltkrieg deutlich. Die meisten Polikliniken, heute vielleicht alle – einst traditionsgemäß Ausbildungsstätten des praktischen Arztes – waren zu Spezialambulanzen mit personalintensiven komplizierten Techniken geworden. Diese Entwicklung führte an verschiedenen Orten niedergelassene Ärzte zusammen, die in Veröffentlichungen auf diese Tatsache und damit auf die drohende Fehlentwicklung der Aus- und Weiterbildung zum praktischen Arzt hinwiesen. 1957 räumte R. N. Braun in seinem Buch *Die gezielte Diagnostik in der Praxis. Grundlagen und Krankheitshäufigkeit* endlich mit der gängigen Vorstellung auf, daß der praktische Arzt das weiterhin tue, was er als Student und Assistent gelernt hat. 1959 wurde die „Arbeitsgemeinschaft für praktisch angewandte Medizin" gegründet, die im gleichen Jahr an der Medizinischen Universitätsklinik in Wien einen Kongreß abhielt. Vor ca. 100 Praktikern würdigte der Hausherr und Ordinarius Fellinger die Absicht der Gesellschaft, die praktische Medizin auf eine wissenschaftliche Grundlage zu stellen. Damit wurde der seither jährlich stattfindende internationale Kongreß für Allgemeinmedizin aus der Taufe gehoben. Die genannte Arbeitsgemeinschaft war von Ärzten vornehmlich aus Österreich, der Bundesrepublik Deutschland, der DDR und der Schweiz gegründet worden. Daraus entwickelte sich die *Internationale Gesellschaft für Allgemeinmedizin* (SIMG), die sich einmal im Jahr auf einem Kongreß in Klagenfurt und auf einer Tagung in einem west- oder osteuropäischen Land zusammenfindet. Dieser Gesellschaft gehören mittlerweile 45 Länder an. (Eine „American Academy of General Practitioners" war schon 1948 gegründet worden, und an mehreren Universitäten der USA bestanden schon seit Jahren Lehrstühle für Allgemeinmedizin.)

Belgien

Alle belgischen Universitäten sind mit Lehrstühlen für Allgemeinmedizin ausgestattet. Jeder Student muß während seiner klinischen Ausbildung an 60 Fallbesprechungen teilnehmen; dabei wird der Akzent auf die Vorgeschichte und den sozialen und psychologischen Hintergrund gelegt. Im 3. Studienjahr wird ein wahlfreier Kurs für künftige Hausärzte angeboten (30 Seminare zu je $2^1/_2$ Stunden). Im 4. Studienjahr famuliert der Student 2 Monate bei einem Allgemeinarzt. Parallel dazu findet über das ganze Jahr ein wöchentliches Seminar mit je 2 Studenten statt.

Dänemark

An 2 der 3 Universitäten des Landes sind Lehrstühle für Allgemeinmedizin eingerichtet. Eine Universität hat eine Abteilung für Allgemeinmedizin, assoziiert mit einer epidemiologischen und einer sozialmedizinischen Abteilung. Seit 1985 ist die Weiterbildung für die Qualifikation zum Allgemeinarzt auf 4 Jahre an Krankenhausabteilungen und ein Jahr in einer Allgemeinpraxis festgelegt. In dieser Zeit müssen die jungen Ärzte einen theoretischen Unterricht von 150 Stunden nachweisen. Die Anerkennung dieser Weiterbildung berechtigt den Arzt, sich für die Übernahme einer allgemeinmedizinischen Praxis zu bewerben. Die Zulassung erhält er von dem Zulassungsausschuß des Kreises, in dem er sich niederlassen möchte. Es besteht in Dänemark eine Praxisbedarfsplanung, nach der bei Bewerbungen mehrerer Ärzte nach Qualifikation entschieden wird.

DDR

In der DDR gibt es seit 1961 den „Facharzt für Allgemeinmedizin" mit einer 5 jährigen Weiterbildung ($1^1/_2$ Jahre stationäre Hospitation, $1^1/_2$ Jahre ambulante Hospitation und 2 Jahre Allgemeinmedizin). An der Akademie für ärztliche Fortbildung in Ost-Berlin wurde ein Lehrstuhl für Allgemeinmedizin errichtet. Zur Zeit sind dort 5 Lehraufträge vergeben. 1969 wurde auch eine „Gesellschaft für Allgemeinmedizin der DDR" gegründet. Sie besteht aus 15 Bezirksgesellschaften mit Arbeitsgruppen in den

Kreisen. Dazu gibt es zentrale Sektionen für die Aus-, Weiter- und Fortbildung, für Arbeitsmethodik, für Gesundheitsschutz, für Information und Dokumentation. Alle 2 Jahre tagt der Kongreß der Gesellschaft. 8300 Allgemeinärzte sind derzeit in der DDR tätig – das sind 50% aller ambulant tätigen Ärzte – 75% davon sind Frauen! An den Universitäten befinden sich z. Z. 15 habilitierte Dozenten. An allen Universitäten halten Allgemeinärzte eine 4stündige Vorlesung.

England

In England wurde 1963 der erste Lehrstuhl für Allgemeinmedizin errichtet. Unterdessen sind an allen Universitäten „Departments" für Allgemeinmedizin entstanden, die sich mit der Ausbildung der Studenten, der Weiterbildung von Ärzten und der Forschung in Allgemeinmedizin beschäftigen. Es ist vor allem das Verdienst der Royal College of General Practitioners, daß England ein ausgereiftes System für Aus-, Weiter- und Fortbildung in Allgemeinmedizin besitzt. In England gibt es auch die bemerkenswerte Einrichtung einer Gastprofessur, die es z. B. E. Kuensberg ermöglichte, eine weltumfassende Informationsreise durchzuführen, um sich mit der Organisation der Allgemeinmedizin in den verschiedenen Erdteilen bekannt zu machen.

Frankreich

Dieses Land scheint in Sachen Allgemeinmedizin noch Entwicklungsland zu sein. Nur an 5 der 41 Universitäten gibt es eine allgemeinmedizinische Ausbildung. Die Weiterbildung erfolgt teils vor und teils nach dem Examen. Neben dem theoretischen Unterricht wird ein Jahr Praktikum in einer Allgemeinpraxis angeboten. Es scheinen neue und bessere Entwicklungen im Gange zu sein.

Irland

Hier wird, wie in anderen europäischen Ländern, die Prägung durch das jeweilige Gesundheitssystem deutlich. Es gibt Unterschiede zwischen der freiwilligen Weiterbildung und der obligatorischen Vorbereitung auf die selbständige Tätigkeit. Für die Zulassung zum Dienst im Rahmen dieses Gesundheitssystems sind nach der Approbation 2 Jahre Vorbereitung nötig. 18 Monate werden in einem Krankenhaus, davon 6 Monate in einer für die Allgemeinmedizin relevanten Disziplin, und der Rest in einer anerkannten Praxis abgeleistet. Auf freiwilliger Basis wird z. Z. ein Weiterbildungsprogramm von 3 Jahren angeboten. Das Gehalt des Weiterbildungsassistenten wird vom Health Board aufgebracht. Unterricht und praktische Ausbildung überwacht und plant das Nationale Institut für Allgemeinmedizin. Dieses Institut bescheinigt dem Kandidaten die Weiterbildung. Die Nachfrage ist groß, doch Stellen sind nur in beschränkter Zahl vorhanden.

Italien

In diesem Land gibt es noch keine allgemeinmedizinische Ausbildung. Die italienische Gesellschaft für Allgemeinmedizin ist jedoch aktiv, um eine obligatorische Weiterbildung gemäß der EG-Richtlinien durchsetzen.

Jugowslawien

Seit 1960 besteht an der medizinischen Fakultät in Zagreb ein Institut, das sich mit dem Hochschulunterricht und wissenschaftlichen Fragen der Allgemeinmedizin beschäftigt. Dieses Institut hält regelmäßig Weiter- und Fortbildungsveranstaltungen für Allgemeinärzte ab.

Niederlande

Bereits 1956 wurde die „Niederländische Gesellschaft für Allgemeinmedizin" gegründet. Nach anfänglichen Schwierigkeiten wurde 1969 in Utrecht eine ordentliche Professur für Allgemeinmedizin eingerichtet. Ein Curriculum wurde entwickelt und ein Lehrplan der Universitäten eingeführt. Das Fach Allgemeinmedizin ist durch Institute und derzeit mit 2 Lehrstühlen vertreten. Der Umfang der Ausbildung entspricht dem der Pädiatrie oder Gynäkologie. Institute sind für die Weiterbildung der zukünftigen Hausärzte verantwortlich, sie bilden aber auch zugleich die Zentren für eine allgemeinmedizinische Forschung. Jährlich werden dort durchschnittlich 3 Habilitationen durchgeführt.

Norwegen

Alle 4 Universitäten haben in Norwegen ein „Department für Allgemeinmedizin", das mit einer Professur ausgestattet ist. Der Unterricht besteht aus Vorlesungen, Seminaren und klinischen Demonstrationen; 2 Monate famuliert der Student in einem allgemeinmedizinischen Gesundheitszentrum. Die allgemeinmedizinische Ausbildung an der Universität ist Pflicht.

Österreich

Die Ausführungen zur Bundesrepublik Deutschland zeigten bereits die geistige Nähe zu diesem deutschsprachigen Nachbarland. In Österreich selbst wurde 1966 eine wissenschaftliche Gesellschaft (OEGAM) und 1975 eine Akademie für Allgemeinmedizin gegründet. Der erste Lehrauftrag wurde 1972 auf Antrag der Universität Graz vergeben, weitere Lehraufträge in Innsbruck und Wien folgten. In Wien habilitierte sich auch R.N. Braun 1973 als einer der ersten auf diesem Gebiet. Bereits 1949 wurde im Ärztegesetz eine Pflichtweiterbildung von 3 Jahren für alle praktischen Ärzte beschlossen und gesetzlich fixiert. Ohne diese Weiterbildung ist seither keine Niederlassung in Österreich mehr möglich. An der Universität ist die Allgemeinmedizin Wahlfach und auch schon in der Vorklinik vertreten. Alle diese Initiativen machen deutlich, daß Österreich einen wesentlichen Beitrag zur wissenschaftlichen Entwicklung der Allgemeinmedizin in Europa geleistet hat.

Schweden

An der Universität Lund wurde 1970 ein Lehrstuhl für Allgemeinmedizin eingerichtet. Die Unterrichtsangebote unter den 6 Medizinischen Fakultäten sind sehr unterschiedlich, doch das Interesse an dem Fach wächst. Die Weiterbildung ist seit 1982 Pflicht. Diese Tatsache zeigt ihre Wirkung. Der noch bestehende Mangel an erfahrenen Lehrern wird durch Kurse zu beheben versucht, die im ganzen Land angeboten werden.

Schweiz

Die Weiterbildung in Allgemeinmedizin ist Wahlfach. Sie ist dann jedoch Pflicht, wenn man den Titel des „Arztes für Allgemeinmedizin" erwerben will. Dieser Titel entspricht den anderen medizinischen Facharzttiteln. Voraussetzung ist eine geordnete Weiterbildung von 5 Jahren. In der Schweiz ist somit ein entscheidender Schritt getan. Die Bedeutung einer breit angelegten Grundversorgung ist anerkannt. Es zeigt sich hier, was auch in anderen Ländern für die mangelnde Motivation der Studenten für eine hausärztliche Tätigkeit Bedeutung hat. Umfragen bestätigen, daß der Beruf des Allgemeinarztes den meisten Studenten unbekannt ist. Warum? Bis in die 60er Jahre waren noch viele akademische Lehrer selbst in der Praxis verwurzelt. Die modernen Hochschullehrer der Medizin jedoch kommen durchweg aus Spezialabteilungen von Kliniken. So fehlt das Bild des Hausarztes im Studium. Zugleich entfremdeten sich die Lehrinhalte von den Bedürfnissen und Realitäten der freien Praxis. Die Schweiz steht noch vor einer sinnvollen Institutionalisierung, sie geht jedoch diesen Weg mit der ihr eigenen Gründlichkeit.

Ungarn

Auch in Ungarn hat sich die Einsicht durchgesetzt, daß die zunehmende Aufsplitterung der Medizin in Spezialdisziplinen einen Arzt verlangt, der eine integrierende Funktion wahrnimmt - unter Einbeziehung sozialer Probleme. So kam es 1967 zur Gründung der „Ungarischen wissenschaftlichen Gesellschaft für Allgemeinmedizin". Das Versprechen des Gesundheitsministers, ein nationales Institut für Allgemeinmedizin zu schaffen, wurde 1980 an der Universität in Pues verwirklicht. Seit 1984 ist der Unterricht in Allgemeinmedizin obligatorisch.
1974 wurde die Allgemeinmedizin in der Weiterbildung als eigenes Fach anerkannt. Seit 1975 besteht eine Facharztprüfung, für deren Zulassung 5 Jahre Tätigkeit als Assistent in einer Praxis, ferner 6 Monate innere Medizin, 3 Monate Pädiatrie und

1 Monat Hygiene und der Nachweis des Besuchs eines Kurses in Allgemeinmedizin erforderlich sind. Alle 5 Jahre ist ein 3- bis 5wöchiger klinischer Auffrischungskurs Pflicht.

Schlußbetrachtung

Dem Autor sei es erlaubt, nach einem halben Jahrhundert ärztlicher Tätigkeit in Klinik, Praxis, Krieg und Gefangenschaft und schließlich 4 Jahrzehnten hausärztlicher Allgemeinpraxis einige kritische Anmerkungen zu machen. Es sind jetzt 40 Jahre vergangen, seitdem mein Lehrer Viktor v. Weizsäcker in Bad Boll vorausahnend darauf hinwies, daß die medizinische Landschaft sich grundlegend verändern wird, und dies „wird seine Wirkung in jedem Falle tun". Heute können wir feststellen, daß v. Weizsäcker praktisch alle Aspekte dieser Veränderung beschrieben hat. In diesen 4 Jahrzehnten fand eine kaum zu übertreffende Nichtbeachtung des Wandels in der Medizin statt: Wandel des Panoramas von Gesundheit und Krankheit, der Patient-Arzt-Beziehung, der Wissenschaft und des Versorgungssystems.

Heute stehen wir noch mitten in einer galoppierenden Entwicklung der Spezialisierung und Subspezialisierung, z. T. bedingt durch die expansive Entwicklung der Technologie. Aber man beginnt offenbar zu erkennen, daß Faktoren, die Gesundheit und Krankheit bestimmen, zu oft Folgen der Lebensführung, von Haltungen und Wertvorstellungen der Gesellschaft sind. Man beginnt auch zu erkennen, und das weltweit, daß es unumgänglich ist, eine breite, für alle Ärzte gültige Grundausbildung zu schaffen. Erst danach können Spezialisierungen stattfinden. Noch haben bei uns die medizinischen Fakultäten die Möglichkeit, eigene Konzeptionen für die medizinische Ausbildung zu entwickeln. Ich meine, die Fakultäten haben nicht nur die Möglichkeit, dies zu tun, sondern auch die Verantwortung dafür. David Matcalfe, Lehrstuhlinhaber für Allgemeinmedizin an der Universität Manchester, hat es 1986 auf dem Frühjahrskongreß des Royal College of General Practitioners so präzisiert: „Der Unterricht in Allgemeinmedizin sollte zentraler, nicht peripherer Bestandteil des ärztlichen Curriculums sein, Herz- und Kernstück jeder ärztlichen Ausbildung, Grundlage des Lernprozesses, auf der alle anderen Fächer aufbauen."

Es ist schließlich auch an der Zeit, in der Medizin einen ethischen Grundkonsens zu finden, der wissenschaftlichen und technologischen Entwicklungen Maß und Grenzen setzt.

Weiterführende Literatur

Besel K (1985) Überblick über den derzeitigen Stand von Ausbildung und Lehre in der Allgemeinmedizin in Europa. IAH 170:1220–1223 in ZfA 3

Braun RN (1957) Die gezielte Diagnostik in der Praxis – Grundlagen und Krankheitshäufigkeit. Schattauer, Stuttgart

Dreibholz J (1986) Das Fegefeuer. IAH 189:1325–1326 in ZfA 30

Grete W (1987) Vom Medizinstudenten zum Arzt. IAH 200:1383–1385 in ZfA 30

Haehn KD (1979) Bericht über die Situation der Allgemeinmedizin in den außerdeutschen europäischen Ländern. IAH 102:785–789 in ZfA 3

Häußler S (1987) Standort der Allgemeinmedizin an den Universitäten der BRD - heute IAH 193:1345–1348 in ZfA 9
Häußler S (1987) Ärzteüberschuß - Allgemeinmedizin. IAH 201:1387–1389 in ZfA 33
Liek E (1926) Der Arzt und seine Sendung. Lehrmann, München
Mattern Hj (1986) Zwanzig Jahre Lehrfach. Ärztl. Praxis 103/104:3334
Meyer RL (1986) Die Entwicklung der Allgemeinmedizin in einigen Ländern Europas. IAH 189:1321–1324 in ZfA 30

Fachgebietsgrenzen und interdisziplinäre Zusammenarbeit am Beispiel der Anästhesiologie

W. WEISSAUER und H. W. OPDERBECKE

Die Fachgebietsgrenzen

Die Fortschritte der Medizin sind untrennbar mit einer zunehmenden Spezialisierung der ärztlichen Tätigkeit verbunden. Ein Übermaß an Spezialisierung führt andererseits zur Gefahr einer Zersplitterung des Arztberufes; letztlich kann sie sogar das einheitliche ärztliche Berufsbild in Frage stellen.

Die Deutsche Ärzteschaft hat schon frühzeitig das Problem erkannt und war stets bemüht, einen mittleren Weg einzuschlagen, d. h. die für die Entwicklung der Medizin notwendige Spezialisierung zu fördern und gleichzeitig die Einheit des ärztlichen Berufes zu wahren. Instrument dieser Bemühungen war und ist die sog. Facharzt- bzw. Weiterbildungsordnung.

Bereits 1924 wurden vom Deutschen Ärztetag in Bremen erste „Leitsätze zur Anerkennung und praktischen Tätigkeit von Fachärzten" beschlossen, die 14 Facharztbezeichnungen vorsah. Kernpunkt dieser ersten Facharztordnung war schon damals das Gebot, die ärztliche Tätigkeit im wesentlichen „auf das gewählte Sonderfach" zu beschränken, und das Verbot zum Führen mehrerer Facharztbezeichnungen.

Bis zur neuesten, vom Deutschen Ärztetag in Karlsruhe 1987 verabschiedeten Fassung der Ärztlichen Weiterbildungsordnung ist eine kontinuierliche Entwicklung im Sinne eines ausgewogenen Verhältnisses zwischen Spezialisierung und einheitlichem Berufsbild zu verzeichnen. Die Einführung der Teilgebiete darf als gutes Konzept für eine notwendige Subspezialisierung im Bereich der großen Fachgebiete bezeichnet werden.[1]

In diese Zeitspanne zwischen 1924 und 1987 fällt als Zäsur der „Facharzt-Beschluß" des Bundesverfassungsgerichtes (BVerfG) aus dem Jahre 1972 (NJW 1972, S. 1504). Die Verfassungsbeschwerde von zwei Ärzten, das Gebot der Fachgebietsbegrenzung berühre die Freiheit der Berufsausübung, zeigte schlaglichtartig, wie schmal der von der Ärzteschaft begangene Weg war, auf die Beachtung der durch die Weiterbildungsordnung vorgegebenen Fachgebietsgrenzen zu dringen und zugleich die Einheit des Arztberufes zu wahren.

Die Diskussion im Vorfeld der Entscheidung des BVerfG ergab, daß die Einheit des Arztberufes tatsächlich durch eine allzu starre Abgrenzung der Fachgebiete untereinander gefährdet war. Hätte sich im Zuge der Verfassungsbeschwerde eine Aufsplitterung des ärztlichen Berufsbildes zugunsten von Berufsbildern für die einzelnen Gebietsbezeichnungen ergeben, wäre dies mit weitreichenden Konsequenzen verbun-

---

[1] Vgl. H.J. Sewering, Dtsch. Ärzteblatt 84 (1987), B-1595-B-1602.

den gewesen, allein schon, weil die Regelung der Zulassung zu den Heilberufen in die Gesetzgebungskompetenz des Bundes fällt. Die ärztliche Weiterbildung hätte in Zukunft nur noch durch Bundesrecht geregelt werden können. Die Möglichkeit einer elastischen Anpassung der Weiterbildungsordnung an die sich verändernden Bedürfnisse der modernen Medizin durch die Organe der ärztlichen Selbstverwaltung wäre damit nicht mehr gegeben gewesen.

Der „Facharzt-Beschluß" stellte die Einheit des ärztlichen Berufes und die Kompetenz der Länder für die Regelung der Weiterbildung nicht in Frage. Das Bundesverfassungsgericht entschied jedoch, daß wegen des Gewichtes der Eingriffe in die freie ärztliche Berufsausübung die statusbildenden Normen des Weiterbildungsrechtes der autonomen Rechtsetzung der Ärztekammern entzogen und der Entscheidung des Gesetzgebers vorbehalten sind.

Für die substantiellen Fragen der Weiterentwicklung der Fachgebiete blieben weiterhin die Landesärztekammern zuständig. Durch das Urteil wurde das strikte Gebot der Fachgebietsbegrenzung abgeschwächt.

Als Konsequenz dieser Entscheidung lautet die entsprechende Passage der Musterweiterbildungsordnung (§ 18, 1) in der Fassung der Beschlüsse des 90. Deutschen Ärztetages[2]:

„Wer eine Gebietsbezeichnung führt, darf grundsätzlich nur in diesem Gebiet, wer eine Teilgebietsbezeichnung führt, darf im wesentlichen nur in diesem Gebiet tätig werden."

Das Wort „grundsätzlich" weist im juristischen Sprachgebrauch darauf hin, daß es Ausnahmen gibt.

Wie sehr die Erhaltung eines einheitlichen ärztlichen Berufsbildes trotz Abgrenzung der einzelnen Fachgebiete durch die Weiterbildungsordnung nicht nur ein rechtliches, sondern auch ein faktisches Problem darstellt, zeigt die berufspolitische Entwicklung und der damit im Zusammenhang stehende Trend einer immer restriktiveren Interpretation der Weiterbildungsordnung durch die Bundesärztekammer und die Landesärztekammern.

Im Zuge ihrer ständigen Weiterentwicklung enthält die Weiterbildungsordnung seit dem Jahre 1968 für jedes Gebiet eine „Definition", Angaben über die Mindestweiterbildungszeit sowie zum „Inhalt der Weiterbildung". Der „Inhalt der Weiterbildung" wird durch „Richtlinien zum Inhalt der Weiterbildung" konkretisiert, wobei zwischen zu erwerbenden „eingehenden Kenntnissen und Erfahrungen" sowie „Kenntnissen" unterschieden wird.

Die Gebietsdefinitionen und die Bestimmungen über den Inhalt der Weiterbildung sind nach ihrer konkreten Gestaltung und nach der Systematik des Weiterbildungsrechts „Positivkataloge". Sie beschreiben die Aufgabenbereiche der einzelnen Gebiete und Teilgebiete, ohne ihnen damit „Monopolansprüche" zu verleihen und andere Gebiete oder Teilgebiete von diesen Materien auszuschließen. Die Definitionen und die Weiterbildungsinhalte überschneiden sich vielmehr in weiten Bereichen (vgl. etwa Orthopädie und Unfallchirurgie oder Allgemeine Radiologie und Teilgebietsradiologie). Die Doppel- und Mehrfachzuständigkeiten für die gleiche Materie sind sichtbarer

---

[2] Dtsch. Ärzteblatt 84 (1987), Heft 36, 1–15.

Ausdruck für die Kohärenz der Spezialgebiete untereinander und für ihre Einbettung in einen einheitlichen ärztlichen Beruf.

Die Einheit des Arztberufes setzt aber weiter voraus, daß es neben gebietsbezogenen Verrichtungen allgemeine ärztliche Leistungen gibt, die prinzipiell allen Gebietsärzten offenstehen und durch Fachgebietsgrenzen keine Einschränkungen erfahren. Behält man das Ziel der Erhaltung der Einheit des Arztberufes im Auge, so dürfen die Fachgebietsgrenzen nicht restriktiv interpretiert werden. Die Definitionen und Weiterbildungsinhalte dürfen für die ärztlichen Spezialisten nicht zu Mauern werden, die sie vom Zugang zu anderen Gebieten und vor allem zu einem breiten Spektrum ärztlicher „Grundleistungen" abschotten, die allen Ärzten ungeachtet ihrer Gebietszugehörigkeit offenstehen müssen. Die Bundesärztekammer (BÄK) und die für den Erlaß der Weiterbildungsordnung zuständigen Landesärztekammern haben sich jedoch offenbar eine gegenteilige Interpretation zu eigen gemacht: Alle nicht ausdrücklich im „Inhalt der Weiterbildung" und in den „Richtlinien zum Inhalt der Weiterbildung" aufgeführten Leistungen qualifizieren sie als für den jeweiligen Gebietsarzt fachfremde Leistungen, die er nicht regelmäßig erbringen darf.

Als ein Beispiel für diese Interpretation sei der Komplex der Laboruntersuchungen genannt. Obgleich es von der Sache her unstreitig sein sollte, daß ein großer Teil von Laboruntersuchungen zu den Grundleistungen gehört, die jedem Arzt offenstehen müßten, wurde von Kassenärztlichen Vereinigungen argumentiert, Laborleistungen seien nur für einige Gebiete im „Inhalt der Weiterbildung" aufgeführt und stellten somit für alle übrigen Gebiete fachfremde Leistungen dar. Diese Argumentation ist um so weniger überzeugend, als - ebenso wie Allgemeinärzte und praktische Ärzte - auch die Gebietsärzte, denen die Laborleistungen ausdrücklich zuerkannt sind, diese größtenteils nicht persönlich erbringen, sondern in sog. Laborgemeinschaften erbringen lassen.

Diese prinzipielle Kontroverse erhielt dadurch eine besondere Brisanz, daß in die Diskussionen, für jeden erkennbar, honorarpolitische Überlegungen Eingang fanden. Mit der zunehmenden Zahl niedergelassener Ärzte und dem dadurch entstehenden Konkurrenzdruck stieg das Bedürfnis, die Abrechnung kassenärztlicher Leistungen stärker zu beschränken. Es steht außer Zweifel, daß die Fachgebietsgrenzen auch im Rahmen kassenärztlicher Leistungen zu respektieren sind. Die Fachgebietsgrenzen sind durch den Wortlaut der geltenden Weiterbildungsordnung definiert. Für ihre Auslegung hat es ausschließlich auf die Belange einer fachgerechten, qualitativ hochwertigen Patientenversorgung anzukommen.

Die Notwendigkeit honorarbegrenzender Maßnahmen auf dem Kassenarztsektor, Konkurrenzschutz und andere honorarpolitische Gesichtpunkte dürfen in die Interpretation der Weiterbildungsordnung nicht einfließen. Der Versuch, sie in honorarpolitische Instrumente umzufunktionieren, muß das Weiterbildungsrecht auf die Dauer diskreditieren.

Die daraus resultierenden Kontroversen konnten auf dem Laborsektor durch ein zwischen KBV und BÄK abgestimmtes „Laborpapier" in der Grundsatzfrage entschärft werden. In ihm werden sämtliche verfügbaren Laboruntersuchungen in Grundleistungen, die allen Ärzten offenstehen, und gebietsbezogene Laborleistungen gegliedert. Zugleich demonstriert freilich dieses Papier mit erschreckender Deutlichkeit die Tendenz einer perfektionistischen Reglementierung der Ärzte durch die Ärzte. Die Zuteilung jeder einzelnen Laborleistung an die einzelne Fachgebiete widerspricht mit ihrem rigorosen Eingreifen bis in die Details der freien Berufsausübung dem Grundkonzept einer autonomen Rechtsetzung durch die ärztlichen Berufsvertretungen. Die Gefahr, daß Gruppenegoismen innerhalb der autonomen Rechtsetzung sich gegenüber den sachlichen Erfordernissen durchsetzen, wird übermächtig, wenn die Weiterbildungsordnung zum Instrument der Honorarverteilung wird.

Ihre sachliche Rechtfertigung bezieht die Fachgebietsbegrenzung allein daraus, daß sie denjenigen, der eine Gebietsbezeichnung führt, zur Spezialisierung zwingt und damit eine qualifizierte Versorgung der Patienten gewährleistet. Je weiter sie sich von diesem Ziel entfernt, desto evidenter wird das Risiko, daß sie die ordnungsgemäße Patientenversorgung behindert.

Nach unserer Auffassung postulieren die Bestimmungen der Weiterbildungsordnung nur die Mindestvoraussetzungen für die Qualifikation eines Gebietsarztes. Mindestens über die hier aufgeführten Kenntnisse und Erfahrungen muß der Gebietsarzt als Grundlage für eine fachgerechte Patientenversorgung im Zeitpunkt der Gebietsanerkennung verfügen. Darüber hinaus muß aber der einzelne Gebietsarzt die Kenntnisse und Erfahrungen erwerben, die er nach den konkreten Erfordernissen seines Arbeitsplatzes oder Tätigkeitsbereiches benötigt, um eine angemessene Patientenversorgung zu gewährleisten.

Um dies am Beispiel der Anästhesiologie aufzuzeigen: Zahlreiche interdisziplinäre Intensiveinheiten unter anästhesiologischer Leitung verfügen über ein eigenes Labor, das sie zur fortlaufenden Überwachung der Patienten benötigen. Im Fachkrankenhaus kommt es nicht selten vor, daß der Krankenhausträger dem Anästhesisten als zusätzliche Dienstaufgabe die verantwortliche Leitung des Blutdepots und in Ermangelung eines Laborarztes oder Internisten darüber hinaus auch die Leitung des zentralen klinischen Labors oder eines EKG-Labors überträgt, so daß der Anästhesist darauf angewiesen ist, die einschlägigen Leistungen in eigener Verantwortung durchzuführen.

In all diesen Fällen ist der Anästhesist zur Wahrnehmung seiner Dienstaufgaben im Interesse einer sachgerechten Patientenversorgung verpflichtet, über den in der Weiterbildungsordnung für sein Fachgebiet definierten „Inhalt der Weiterbildung" hinausgehende Kenntnisse zu erwerben und zu praktizieren. Nach der durch die BÄK und die Landesärztekammern vertretenen Interpretation überschreitet er damit regelmäßig die in der Weiterbildungsordnung definierten Fachgebietsgrenzen und verstößt somit gegen die ärztliche Berufsordnung, obgleich auf andere Weise eine sachgerechte Patientenversorgung nicht sicherzustellen wäre.

Ein offener Widerspruch zwischen den von den Ärztekammern praktizierten restriktiven Interpretationen der Weiterbildungsgrenzen und den Bedürfnissen der sachgerechten Patientenversorgung liegt auch darin, daß Gebietsärzte, die routinemäßig Notfälle zu versorgen haben, wie Anästhesisten und Chirurgen, in dieser Funktion zwar über möglichst umfassende Kenntnisse in der gesamten Diagnostik verfügen sollen, aber außerhalb der Notfallversorgung wegen einer rigorosen Fachgebietsbegrenzung auf diesen Gebieten keine Erfahrungen sammeln dürfen.

Die Versuche, eine rigorose, honorarpolitisch motivierte Fachgebietsbegrenzung durchzusetzen, wurden durch eine neuerliche Kontroverse ad absurdum geführt: Nach Auffassung maßgeblicher Berufspolitiker stellen präoperative Untersuchungen zur Beurteilung der Operabilität und der Narkosefähigkeit eines Patienten „internistische Untersuchungen" dar, die dem Allgemeinmediziner, dem praktischen Arzt, dem

Internisten und dem Pädiater vorbehalten seien; für den operativen Gebietsarzt sowie für den Anästhesisten sollen sie fachfremde Leistungen darstellen. Die Vertreter dieser kaum noch nachvollziehbaren Auffassung verkennen, daß die Beurteilung der Operabilität untrennbar mit der Indikationsstellung zum operativen Eingriff und die Beurteilung der Narkosefähigkeit untrennbar mit der Wahl des Anästhesieverfahrens verbunden sind. Die Indikationsstellung zur Operation verlangt aber operative, die Wahl des Anästhesieverfahrens anästhesiologische Kenntnisse und Erfahrungen, über die Allgemeinärzte, Internisten und Pädiater in der Regel nicht verfügen; sie sind auch nicht im „Inhalt der Weiterbildung" für diese Fachgebiete aufgeführt.
Wie stark sich diese am Konkurrenzschutz orientierte Auffassung von den Realitäten entfernt, zeigt die Praxis der Rechtsprechung. Für Fehler bei der Indikationsstellung der Operation oder für Mängel in der Narkosevoruntersuchung werden Operateur oder Anästhesist zivil- und strafrechtlich zur Verantwortung gezogen. Noch nie hat offenbar ein Gericht den einweisenden Allgemeinarzt oder Internisten belangt, der bei der Voruntersuchung wesentliche Krankheitsbilder und kontraindizierende Faktoren übersehen hatte.[3]
Die in der Weiterbildungsordnung definierten Fachgebietsgrenzen und ihre Beachtung haben einer geordneten, fachgerechten Patientenversorgung zu dienen. Insoweit sind sie sinnvoll und unentbehrlich. Sie sollen, um den Leistungsstandard des Spezialisten zu sichern, Gebietsüberschreitungen verhindern, für die es keine sachlichen Rechtfertigungen gibt.
Fachgebietsgrenzen dürfen aber nicht so interpretiert werden, daß sie die Einheit des Arztberufes in Frage stellen oder sogar eine fachgerechte Patientenversorgung gefährden. Eine minuziöse Reglementierung der Fachgebietsgrenzen in Form von Enumerationen der einzelnen Leistungen widerspricht dem Geist und Stil des freien ärztlichen Berufs und zerstört seine gemeinsame Basis.

Die interdisziplinäre Zusammenarbeit

Der medizinische Fortschritt, der der Ausweitung der Behandlungsmöglichkeiten und der Reduzierung der Risiken dient, ist ohne Arbeitsteilung und Spezialisierung nicht denkbar. Es gibt aber kaum einen Fortschritt in der Medizin, der nicht auch seinerseits wieder mit spezifischen Risiken verbunden wäre. Die typischen Risiken der Arbeitsteilung liegen in Verständigungsfehlern und Koordinierungsmängeln. Je enger ärztliche Spezialisten zusammenarbeiten, desto größer wird die Gefahr der positiven und der negativen Kompetenzkonflikte.
Positive Kompetenzkonflikte erzeugen Unruhe und belasten das Betriebsklima. Negative Kompetenzkonflikte bedeuten ein hohes Risiko für den Patienten, insbesondere dann, wenn sie unerkannt bleiben, also jeder der Partner einer Zusammenarbeit sich darauf verläßt, der andere werde das Erforderliche tun. Je stärker die Spezialisierung fortschreitet, desto mehr gewinnt die interdisziplinäre Kooperation, d. h. eine planmäßige Zusammenarbeit der einzelnen Gebietsärzte, an Bedeutung. Zumindest im Rahmen der klinischen Medizin sind heute an der Versorgung eines Patienten fast

[3] Vgl. H.W. Opderbecke u. W. Weißauer, Anästh. Intensivmed. 28 (1987), 382–386.

immer Ärzte mehrerer Fachgebiete beteiligt. So unterstützen Laborärzte und Röntgenologen den Internisten oder Chirurgen bei der Diagnostik; Internist, Strahlentherapeut und Operateur betätigen sich gemeinsam in der Onkologie, Geburtshelfer und Pädiater ergänzen sich auf dem neonatologischen Sektor, um nur wenige Beispiele zu nennen.

Intraoperative Arbeitsteilung

Die Anerkennung der Anästhesiologie als selbstständiges Fachgebiet auf dem Deutschen Ärztetag in Lindau 1953 war zugleich die Geburtsstunde eines neuen Problems. Solange die Narkose in der Hand des Heilhilfspersonals oder nachgeordneter Ärzte lag, hatte der Operateur die volle ärztliche und rechtliche Verantwortung auch für das Betäubungsverfahren. Es stellt sich nun unausweichlich die Frage, welche Stellung dem Anästhesisten als Vertreter eines anerkannten Fachgebietes bei der intraoperativen Arbeitsteilung zukommen solle.
Diese Frage war zwar nicht gänzlich neu, die bisher bekannten Formen der Arbeitsteilung zwischen ärztlichen Spezialisten beschränkten sich aber eher auf ein „Nacheinander". Dagegen behandeln Operateur und Anästhesist den Patienten intraoperativ nicht nur gemeinsam, sondern während der Operation, also in einer besonders wichtigen und risikoreichen Phase, auch gleichzeitig. Dabei stehen die Einwirkungen des speziellen Eingriffs und des Betäubungsverfahrens auf den Organismus in engster Wechselwirkung; sie können sich, so vor allem bei einer Beeinträchtigung der Vitalfunktionen, potenzieren. Kommt es zu einem Zwischenfall, so kann es wegen der zeitlichen Koinzidenz der operativen und anästhesiologischen Leistung außerordentlich schwierig sein festzustellen, wer dafür die Verantwortung trägt. Besonders schwierig wird die Zurechnung, wenn es darum geht, daß Maßnahmen zum Schutz des Patienten unterlassen wurden, oder wenn geklärt werden muß, wem Fehlleistungen des Hilfspersonals (etwa bei der Lagerung des Patienten) zuzurechnen sind.
Der Meinungsstreit zwischen der operativen Medizin, vertreten vor allem durch die Chirurgie, und der Anästhesiologie hat wegen dieser engen Zusammenarbeit modellhaften Charakter für das gesamte Problem der Arbeitsteilung in der Medizin. Wie so oft in der modernen Medizin holten beide Seiten Rechtsgutachten ein. Der Strafrechtslehrer Engisch[4] trat für eine Lösung im Sinne der traditionellen Stellung des Operateurs als „Captain of the ship" ein, also für die Prädominanz des Operateurs in einem vertikalen System der Arbeitsteilung mit Weisungsrechten und Überwachungspflichten gegenüber dem Anästhesisten in der Rolle des Steuermanns. Das Gegengutachten[5] sah die Lösung im Sinne einer horizontalen Arbeitsteilung zwischen gleichberechtigten Partnern ohne wechselseitige Weisungsrechte und Überwachungspflichten; nur ein solches partnerschaftliches System würde der Stellung der ärztlichen Spezialisten gerecht und gestatte es dem Operateur, sich voll auf den speziellen Eingriff zu konzentrieren. Auch vom Konzept der Weiterbildungsordnung her sei es ausgeschlos-

---

[4] Langenbecks Arch. Klin. Chir. 297 (1961), 236–254.
[5] W. Weißauer, Anaesthesist 11 (1962), 239–256.

sen, daß der Operateur dem Anästhesisten auf dessen Fachgebiet Weisungen erteile und ihn überwache. Basis dieser zweiten Lösung ist eine strikte Arbeitsteilung zwischen Operateur und Anästhesist und die Anwendung des Vertrauensgrundsatzes; soweit sich keine gegenteiligen Anhaltspunkte aufdrängen, muß sich jeder der beiden Partner darauf verlassen können, daß der andere seine Aufgaben mit der gebotenen Sorgfalt erfüllt.

Bereits 1964 wurde in einer Vereinbarung zwischen der Deutschen Gesellschaft für Chirurgie und der Deutschen Gesellschaft für Anästhesie das Prinzip der Eigenverantwortung und der fachlichen Gleichberechtigung des Anästhesisten bei der intraoperativen Kooperation ausdrücklich anerkannt und damit der prinzipielle Meinungsstreit beendet.[6] Trotz der Klärung des persönlichen Status von Operateur und Anästhesist im Sinne einer horizontalen Arbeitsteilung unter gleichberechtigten Partnern blieb eine Fülle von Situationen in der intraoperativen Zusammenarbeit, bei denen fachliche Meinung gegen fachliche Meinung steht. Wenn der Operateur zum Eingriff drängt und der Anästhesist aus der Sicht seines Fachgebietes, also aus der Sorge um die Aufrechterhaltung der Vitalfunktionen, einem Eingriff hic et nunc widerspricht, so hat diese Divergenz ihre volle sachliche Berechtigung, ja sie ist für eine sorgfältige Zusammenarbeit unerläßlich, denn sie dient dem Schutz des Patienten. Läßt sich eine Einigung nicht erzielen, so wäre eine Pattsituation die notwendige Folge. Als Lösung des Konflikts bot es sich an, dem Operateur im Hinblick auf die akzessorische Natur des Betäubungsverfahrens die Kompetenz für die fachliche Entscheidung einzuräumen. Er hat die Bedenken des Anästhesisten in Rechnung zu stellen und gegen die Gründe abzuwägen, die aus seiner Sicht für den beabsichtigten Eingriff zum vorgesehenen Zeitpunkt sprechen. Entscheidet sich der Operateur für den Eingriff, so trägt er die volle ärztliche und rechtliche Verantwortung dafür, daß er diese Abwägung mit der gebotenen Sorgfalt vorgenommen hat. Der Anästhesist darf sich im Rahmen des Vertrauensgrundsatzes auf die fachgerechte Abwägung des Operateurs verlassen. Umgekehrt muß der Operateur den Anästhesisten auf etwaige Zweifel oder Bedenken gegen das von diesem gewählte Betäubungsverfahren hinweisen. Die Entscheidung über die Wahl des Verfahrens hat aber letztlich der Anästhesist zu treffen.

In der Diskussion um die Bewältigung der gemeinsamen Arbeit und deren neuralgische Punkte sind sich Chirurgie und Anästhesie nähergekommen.

Der Berufsverband Deutscher Anästhesisten und der Berufsverband der Deutschen Chirurgen haben 1982 eine Vereinbarung über die Zusammenarbeit bei der operativen Patientenversorgung geschlossen, die neben der intra- auch die prä- und postoperative Phase umfaßt. Obwohl sich die Vereinbarung um eine gründliche Erfassung aller Probleme bemühte, haben sich inzwischen neue Fragen und Lösungsansätze ergeben. Die Vereinbarung wurde 1986 durch nähere Absprache über die Verantwortung für die Lagerung des Patienten auf dem Operationstisch ergänzt. Ein Gespräch, in dem die Indikationsverantwortung für die intraoperative Bluttransfusion geklärt werden soll, steht bevor.

Die Vereinbarungen zwischen Anästhesisten und Chirurgen hatten eine Leitfunktion für ähnliche Vereinbarungen mit anderen Fachgebieten, die in der Zusammenstellung aufgeführt sind, insbesondere für das Abkommen mit der Orthopädie. Eine Vereinba-

---

6 „Richtlinien für die Stellung des leitenden Anästhesisten", Anaesthesist 14 (1965), 31f.

rung zwischen den wissenschaftlichen Gesellschaften und den Berufsverbänden über die Zusammenarbeit in der operativen Gynäkologie und der Geburtshilfe wurde inzwischen ebenfalls verabschiedet.

Die interdisziplinäre Intensivmedizin

Die Anästhesiologie war nach Aufgabenstellung (intraoperative Aufrechterhaltung und Wiederherstellung der Vitalfunktionen) und fachspezifischen Methoden (Intubation, Beatmung) prädestiniert, bei der Entwicklung der Intensivmedizin eine Schlüsselrolle zu übernehmen. Diese neue Aufgabe konfrontiert Krankenhausärzte und Krankenhausträger mit einem bisher unbekannten organisatorischem Problem: Wegen des hohen Aufwands für Investitionen und der Intensität der ärztlichen und pflegerischen Betreuung mußten die Betten für die Intensivbehandlung in zentralen Einheiten zusammengefaßt werden. Entgegen der traditionellen Gliederung der Krankenhäuser in Fachabteilungen werden die meisten Intensiveinheiten interdisziplinär belegt; in kleineren und mittleren Häusern gibt es gemischte konservativ/operative Intensiveinheiten, aber zum Teil auch, wie in Großkrankenhäusern, interdisziplinäre Intensiveinheiten, die nach konservativen und operativen Patienten getrennt sind. Daneben gibt es in Großkrankenhäusern auch fachgebundene Intensiveinheiten.
Mit der Notwendigkeit, interdisziplinäre Einheiten einzurichten, ergab sich die Frage, wie sie ärztlich-organisatorisch geleitet werden sollen und nach welchem Maximen die verschiedenen Fächer auf diesen Einheiten zusammenarbeiten.
Auch hier wurden Lösungen auf der Grundlage interdisziplinärer Vereinbarungen gefunden. Eine Leitfunktion hat für den operativen Bereich die Vereinbarung zwischen Chirurgie und Anästhesie aus dem Jahre 1970 übernommen. Die Vereinbarung enthält die grundlegenden Aspekte für die Organisation der Intensivmedizin und definiert die Begriffe Aufwachraum, Wachstation und Intensivbehandlungseinheit. Es wird festgestellt, daß diese Einheiten, wenn sie interdisziplinären Charakter haben, der Leitung durch einen Arzt bedürfen, der die Verantwortung für die ordnungsgemäße ärztliche und pflegerische Betreuung der Patienten übernimmt und der das Weisungsrecht gegenüber den ihm zugeteilten nachgeordneten Ärzten und dem Pflegepersonal hat. Die beiden Fachgebiete waren sich weiter darüber einig, daß die chirurgischen Wachstationen unter Leitung des Chirurgen stehen sollen, die Aufwachräume und die interdisziplinären Intensivbehandlungseinheiten unter der Leitung des Anästhesisten.
Das in dieser Vereinbarung niedergelegte Prinzip, daß die Aufnahme des Patienten auf eine dieser Einheiten die fachlichen Zuständigkeiten der am Krankenhaus tätigen Ärzte unberührt läßt, insbesondere aber die des Gebietsarztes, der den Patienten wegen des Grundleidens oder wegen fachbezogener Komplikationen behandelt[7], darf – mutatis mutandis – als Leitsatz für die Kooperation ärztlicher Spezialisten schlechthin gelten.

---

[7] Vgl. im einzelnen den Kommentar zu den Vereinbarungen von W. Weißauer, Anästh. Inform. 11 (1970), 168–170, und die Richtlinien für die Organisation der Intensivmedizin an den Krankenhäusern (Empfehlungen der DKG vom 9. 9. 1974, Krankenhaus 66 (1974), 457–460), die in den Grundzügen mit den interdisziplinären Vereinbarungen übereinstimmen.

Die Bedeutung interdisziplinärer Vereinbarungen über die Arbeitsteilung

Die in Rede stehenden interdisziplinären Vereinbarungen dienen unmittelbar und vordergründig der Abgrenzung von Aufgaben und Kompetenzen von Vertretern verschiedener Disziplinen im Krankenhaus, also einer zweckentsprechenden Krankenhausorganisation. Ihre essentielle Bedeutung liegt aber nicht im Organisatorischen, sondern in der Bereinigung gefahrenträchtiger Kompetenzkonflikte, also spezifischer Risiken, die sich aus der Arbeitsteilung in der Medizin ergeben. Sie haben sonach, soweit sie Sorgfaltsmaßstäbe für die Kooperation im Rahmen der horizontalen Arbeitsteilung postulieren, den Charakter von Kunstregeln.

Diese Kunstregeln beruhen zwar auf interdisziplinären Vereinbarungen der wissenschaftlichen Gesellschaften und/oder der Berufsverbände der beteiligten Fachgebiete. Formuliert wird hier aber nur, was inzwischen der allgemeinen Auffassung der Angehörigen dieser Gebiete entspricht. Die Möglichkeit, an den einzelnen Krankenhäusern individuelle Absprachen über die Kompetenzverteilung zu treffen, die den konkreten Umständen und Bedürfnissen des Hauses Rechnung tragen, lassen die Vereinbarungen unberührt.

Im Interesse ihrer Friedensfunktion sehen Vereinbarungen des Berufsverbands Deutscher Anästhesisten mit dem Berufsverband der Deutschen Chirurgen und dem Berufsverband der Fachärzte für Orthopädie die bedarfsweise Einsetzung einer Schiedskommission vor. Ihre Aufgabe ist es, im Einzelfall Streitigkeiten im Einvernehmen mit den Beteiligten beizulegen.

Eine wichtige Rolle spielen die in den Vereinbarungen geregelten Aufgabenteilungen und die Kooperationsgrundsätze im forensischen Bereich. In zahlreichen Arzthaftungs-, aber vor allem in Strafverfahren, spielt angesichts der sich überschneidenden interdisziplinären Arbeit die Frage eine entscheidende Rolle, welcher Gebietsarzt einen schadensursächlichen Sorgfaltsmangel zu vertreten hat.

Hier können die Vereinbarungen den Gerichten eine wertvolle Hilfestellung geben. In mehreren wegweisenden Urteilen, sowohl in Zivil- als auch in Strafsachen, hat sich der Bundesgerichtshof zur Abgrenzung der Verantwortungsbereiche der beteiligten Gebietsärzte ausdrücklich auf die interdisziplinären Vereinbarungen bezogen und ihre Aussagen seinen Entscheidungen zugrunde gelegt. Die Methode der Rechtsfindung ist sehr viel sicherer als die Stellungnahme von Sachverständigen, die in organisatorischen Fragen interdisziplinären Zuschnitts naturgemäß nicht den gleichen Überblick haben können wie die wissenschaftlichen Gesellschaften und die Berufsverbände, die sich ständig mit dieser Materie zu befassen haben und bei denen eine Vielzahl von Informationen über Kompetenzkonflikte zusammenläuft. Umgekehrt erleichtern diese Vereinbarungen die Aufgabe des Sachverständigen, der sich auf die hier niedergelegten Grundsätze beziehen kann.

Mit den in Rede stehenden interdisziplinären Vereinbarungen haben die an ihnen beteiligten Gesellschaften und Berufsverbände unter Beweis gestellt, daß sie willens und in der Lage sind, unter Beachtung der von der Sache her vorgegebenen Fachgebietsgrenzen und der daraus resultierenden unterschiedlichen Aufgabenstellungen eine klare Arbeitsteilung zu gewährleisten, die den Interessen einer geordneten Patientenversorgung entspricht. Es wäre der Sache dienlich, wenn Bundesärztekammer und Landesärztekammern in Fragen der Definition und Interpretation von Fachgebietsgrenzen dem Sachverstand der Gesellschaften und Berufsverbände mehr

Gehör schenken würden, als dies in der Vergangenheit geschehen ist. Es wäre dann leichter, bei der noch immer kontrovers geführten Diskussion über die Interpretation der Fachgebietsgrenzen zu sachgerechten Lösungen zu kommen, die sich vorrangig einer optimalen Patientenversorgung verpflichtet fühlen.

Vereinbarungen zwischen der Anästhesiologie und anderen Fachgebieten

1. Richtlinien für die Stellung des leitenden Anästhesisten (Deutsche Gesellschaft für Anästhesie und Deutsche Gesellschaft für Chirurgie).
   Anaesthesist 14 (1965), 31–32
2. Vereinbarungen zwischen den Fachgebieten Chirurgie und Anästhesie über die Aufgabenabgrenzung und die Zusammenarbeit in der Intensivmedizin.
   Anäst. Inform. 11 (1970), 167
3. Empfehlungen zur Organisation der Anästhesie im Rahmen der Neurochirurgie.
   Anästh. Inform. 12 (1971), 34–35
4. Vereinbarung über die Zusammenarbeit in der HNO-Heilkunde.
   Anästh. Inform. 17 (1976), 354
5. Vereinbarung zwischen den Fachgebieten Urologie und Anästhesie über die Aufgabenabgrenzung und die Zusammenarbeit im operativen Bereich und in der Intensivmedizin.
   Anästh. Inform. 13 (1972), 219–220
6. Gemeinsame Empfehlung für die Fachgebiete Anästhesiologie und Innere Medizin zur Organisation der Intensivmedizin am Krankenhaus.
   Anästh. Intensivmed. 21 (1980), 166–167
7. Vereinbarung über die Zusammenarbeit bei der operativen Patientenversorgung (Berufsverband Deutscher Anästhesisten und Berufsverband der Deutschen Chirurgen).
   Anästh. Intensivmed. 23 (1982), 403–405
8. Vereinbarung über die Zusammenarbeit bei der operativen Patientenversorgung (Berufsverband Deutscher Anästhesisten und Berufsverband der Fachärzte für Orthopädie).
   Anästh. Intensivmed. 25 (1984), 464–466
9. Verantwortung für die prä-, intra- und postoperative Lagerung des Patienten (Berufsverband Deutscher Anästhesisten und Berufsverband der Deutschen Chirurgen).
   Anästh. Intensivmed. 28 (1987), 65
10. Vereinbarung über die Zusammenarbeit in der operativen Gynäkologie und in der Geburtshilfe.
    (Deutsche Gesellschaft für Anästhesiologie und Intensivmedizin und Deutsche Gesellschaft für Gynäkologie und Geburtshilfe sowie Berufsverband Deutscher Anästhesisten und Berufsverband der Frauenärzte).
    Anästh. Intensivmed. 29 (1988), 143–144
11. Ergänzende Empfehlung zu den „Richtlinien zur Blutgruppenbestimmung und Bluttransfusion" der Bundesärztekammer über Eigenblutspende und Eigenbluttransfusion (Deutsche Gesellschaft für Anästhesiologie und Intensivmedizin und Deutsche Gesellschaft für Transfusionsmedizin und Immunhämatologie).
    Anästh. Intensivmed. 29 (1988), 91–92

Der Arzt im Zivil- und Katastrophenschutz

F.-J. GROSSE-RUYKEN

Zu allen Zeiten haben verheerende Katastrophenereignisse die Menschheit heimgesucht. Unermeßliche Verluste an Menschenleben, an materiellen und kulturellen Gütern waren die jeweiligen Folgen.
Die ungeheueren Naturkatastrophen zeigen dem Menschen in seiner prometheischen Überheblichkeit seine Grenzen: Wasser, Erde, Feuer und Luft unterliegen bis heute noch nicht der Kontrolle des Menschen. Das Wasser hat von allen Naturkatastrophen bisher die meisten Menschenleben gekostet. Dammbrüche, Monsunregen und Überschwemmungen sind alljährliche, in regelmäßigem Abstand auftretende Schadensereignisse. Japan, Bangladesch, der Golf von Bengalen und die Nordsee sind Beispiele für Gebiete, die von erdbeben- oder orkanerzeugten Sturmfluten heimgesucht werden.
Die Vulkankatastrophe durch den Ausbruch des Vesuv im Jahre 79 n. Chr. begrub die Städte Pompeji, Herkulaneum und Stabia unter einer dicken Aschenschicht. Plinius der Jüngere hat in seinen Schriften diese Form des Weltunterganges plastisch geschildert. Etwa 20000 Menschen fanden den Tod. Seit dieser Zeit gab es bis in die jüngste Zeit zahlreiche Vulkanausbrüche mit vergleichbaren verheerenden Folgen.
Bergstürze, Gletscherabbrüche und Lawinen führen in den europäischen Gebirgsländern zu Bergkatastrophen von unübersehbarer Zahl. Wirbelstürme verursachen jährlich große Verluste. Allein in Indien fielen 1977 einem Zyklon 10000 Menschen zum Opfer.
Die Geschichte der Katastrophenmedizin beginnt mit dem Erdbeben vom 1. November 1755, als Lissabon in Schutt und Asche zerfiel und über 50000 Menschen den Tod fanden. Zusätzliche Feuersbrünste, Panik und Plünderung waren die begleitenden Folgen. Diese unauslöschlichen Eindrücke haben Goethe, Kant und Voltaire in ihren Schriften eindringlich niedergelegt, was dazu führte, daß die politisch Verantwortlichen in jener Zeit und auch das öffentliche Bewußtsein sich aus der passiven Frustrationshaltung lösten un es zu einer aktiven Bewältigungsstrategie kam.
Neben diesen katastrophalen Naturereignissen ist der Mensch selber ein unerschöpflicher Kreator von Katastrophen.
Kriege und Revolutionen durchziehen die Geschichte der Menschheit. Die Erfindung immer wirkungsvollerer Waffen und Zerstörungssysteme begleiten die Entwicklung der Menschheit von der Steinkeule bis zur Atombombe. Die Menschen geben heute mehr aus für ihre Vernichtung und Ausrottung als je für ihre Erhaltung. Die Gefahren der modernen Massenvernichtungsmittel sind unvorstellbar und trotz ihrer abschreckenden Wirkung dauernd im Bereich des Möglichen angesiedelt. Im Zweiten Weltkrieg von 1939–1945 starben 29 Mio. Zivilisten und 26 Mio. Soldaten. In einem Zukunftskrieg – der größten aller möglichen Katastrophen – würden die Verluste der Zivilbevölkerung noch bei weitem höher liegen als die der Soldaten.

Im Gefolge von kriegerischen Katastrophen herrschen Hungersnöte und Seuchen, die Geißeln der Heere und Zivilbevölkerung. Der griechische Geschichtsschreiber Thukydides hat mit klinischer Gründlichkeit in seiner „Geschichte des peloponnesischen Krieges“ die verheerenden Folgen der Pest, die in Athen im Jahre 430 v. Chr. wütete, beschrieben. Damals hat die mörderische Seuche 30000 Menschen dahingerafft. Verheerende Epidemien im Gefolge kriegerischer Auseinandersetzungen sind zahllos. Beispielhaft seien die Millionen von toten Indianern genannt, welche die spanischen Eroberer in der neuen Welt durch Typhus verursachten. Die stolzen Konquistadoren brachten dafür das Gelbfieber und die Syphilis nach Europa, zwei Seuchen, die hier Hekatomben forderten. Zum Ende des Ersten Weltkrieges im Jahre 1918 erfaßte die „spanische Seuche“ als Grippewelle die von Hunger und Kriegsentbehrung geschwächte Menschheit: innerhalb weniger Monate starben 20 Mio. Menschen.
Neben den gewaltigen Verlusten durch kriegerische Auseinandersetzungen treten immer mehr moderne Zivilisationskatastrophen in den Vordergrund. Die in den Ballungsräumen lebende Industriegesellschaft unterliegt durch die stete Zunahme der Technisierung und Motorisierung immer größeren Katastrophenrisiken.
Mit der hiermit einhergehenden Katastrophenempfindlichkeit hat sich allerdings auch das Katastrophenbewußtsein erhöht.
In dieser katastrophenbedrohten Wirklichkeit steht nun der Arzt mit seinem Heilauftrag, der besagt, daß er sich nach besten Kräften mühen soll, das Leben des Menschen zu erhalten und Leiden zu lindern. Dies gilt nicht nur im Rahmen der Individualmedizin, sondern gleichermaßen in der Sozialmedizin, also in der auf große Gruppen bezogenen Medizin und damit auch in der Katastrophenmedizin.
Inzwischen haben wir aus den geschichtlichen Erfahrungen der Katastrophen und der rasanten Entwicklung der Medizin eine wissenschaftlich begründete und praktisch erprobte Form der ärztlichen Tätigkeit im Zivil- und Katastrophenschutz gefunden. Danach sind als Kriterien einer Katastrophe festgelegt:

1. der außergewöhnlich große Umfang des Schadenereignisses und seiner Auswirkung,
2. die Unmöglichkeit, mit örtlich vorhandenen Kräften und Mitteln des Schadens Herr werden zu können,
3. das Angewiesensein auf organisierte Hilfe von außen,
4. die Verantwortung der Behörden für die Einleitung und Durchführung der Hilfsmaßnahmen.

Folgt man diesen, auch in den Präambeln der Katastrophenschutzgesetze festgeschriebenen Kriterien, so ergibt sich, daß eine Katastrophe weder mit einem Verteidigungsfall noch mit einem Großschadensereignis identifiziert werden darf.
Kriegsereignisse lassen sich deshalb nicht als Katastrophen im Sinne der Definition deuten, da sie zwar außergewöhnlich große Ereignisse sind, jedoch weder für Vorbereitungen noch während ihres Ablaufes Voraussagen über die Schadenarten, ihre Länder und Kontinente umfassende Ausdehnung und ihre Zeitdauer möglich sind. Die schrecklichste Form eines Krieges, der große, mit atomaren, biologischen und chemischen Kampfmitteln geführte Krieg, läßt sich in keinerlei Denk- und Vorstellungsschema einordnen; vor allem macht er planmäßig organisierte Hilfe für die Betroffenen unmöglich.
Die zivilen Großschadensereignisse infolge technischen und menschlichen Versagens, von denen nach einer Ermittlung der schweizerischen Versicherungsinformation in den

letzten 12 Jahren rund 1200 außerordentlich große und finanzielle, bis in Milliardenhöhe reichende Auswirkungen hatten, sind stets örlich begrenzt und mit den schnell verfügbaren Kräften und Mitteln in kurzer Zeit zu bewältigen, wenn man von nachfolgend notwendigen Aufräumungsarbeiten absieht. Es kommt vor allem nicht zur Erklärung des Katastrophenfalles durch die Behörden.

Die Bewältigung der Großschadensereignisse ist Aufgabe der Feuerwehren, des Technischen Hilfswerkes und der Polizei sowie in allen Fällen, in denen Menschen zu Schaden gekommen sind, der Rettungsdienste. Für letztere gelten in der Bundesrepublik Deutschland die Rettungsdienstgesetze der Bundesländer, durch die u.a. das System der Rettungsbezirke und Rettungsleitstellen, die Bereitstellung von Notärzten, die Mitwirkung der Hilfsorganisationen und die Finanzierung der Leistung durch das Land geregelt wird.

Wir müssen also diese drei unterschiedlichen Aufgabenbereiche im Interesse der Gesamtbevölkerung, vornehmlich der Zivilbevölkerung unterscheiden, denn die Streitkräfte unterliegen in vielerlei Hinsicht anderen Bestimmungen, teils nationaler teils multinationaler bündnisabhängiger Art. Letztere haben nur den Auftrag, mit dem Zivilschutz in Verteidigungsfragen zusammenzuarbeiten. Sie stehen grundsätzlich weder dem Katastrophenschutz noch den Rettungsdiensten zur Verfügung und dürfen in diesen Bereichen nur aufgrund gezielter Anforderung einer Landesregierung oder durch besondere Vereinbarung tätig werden, sofern dadurch ihr Verteidigungsauftrag nicht beeinträchtigt werden kann.

Man kann davon ausgehen, daß alle vernunftbegabten Bürger gegen jeden Krieg sind, und dies sollen sie auch offen bekunden. Die Geschichte kennt aber leider keinen einzigen Fall, in dem ein friedliebendes Volk auch tatsächlich von einem Krieg verschont geblieben wäre, wenn es anderen einfällt, einen Krieg zu beginnen. In unserer Welt muß sich dies nicht einmal primär gegen den friedliebenden Staat richten. Denken wir an Holland, Luxemburg und Dänemark im Zweiten Weltkrieg! Auch uns kann dies passieren, wenn die Weltmächte zunächst fern von uns aneinandergeraten. Unser Territorium ist als militär-geographischer Kern Mitteleuropas stets besonders gefährdet. Die Kriege im Mittelalter sind dafür ebenso kennzeichnend, wie die akute Kriegsdrohung 1963 bei der Kuba-Krise, und schließlich resultierte ja die Wiederbewaffnung der Bundesrepublik aus der Ost-West-Konfrontation im und nach dem Korea-Krieg.

Krieg, Katastrophe und Unfall oder Großschaden sind also eindeutig definiert und damit gut zu unterscheiden. Wer sich jedoch heute eingehender mit den medizinischen und medizinisch-organisatorischen Verfahren zur bestmöglichen Hilfe für eine sehr große Anzahl zu Schaden gekommener Menschen befaßt, wird immer wieder auf zwei bemerkungswerte Betrachtungsweisen stoßen, die dem umfassenden Verständnis für das Außergewöhnliche solcher glücklicherweise seltenen Ereignisse im Wege stehen.

Die eine Auffassung wird von der Meinung getragen, daß selbst die größten Schadensereignisse mit den in unserem Alltag jederzeit verfügbaren Kräften und Mitteln bewältigt werden können. Für den medizinischen Bereich bedeutet dies die Annahme, daß die Rettungs- und Notarztdienste die durch ein gewaltiges Naturereignis oder durch eine technische Katastrophe verletzten und anderweitig gesundheitsgeschädigten Menschen ohne zusätzliches Risiko infolge möglichen Zeitverlustes bei der Rettung oder auch auf dem Transport ebenso bald und geordnet in stationäre

Krankenhausbehandlung bringen könnten, wie sie dies z. B. bei einem Verkehrsunfall zu leisten vermögen.
Abgesehen davon, daß die Vertreter dieser Auffassung die gegenwärtige und wohl auch in absehbarer Zukunft zu erwartende Leistungsfähigkeit der Rettungs- und Notarztdienste als flächendeckende Aufgabe in der Bundesrepublik Deutschland überschätzen, unterschätzen sie ganz erheblich die Auswirkung solcher, als Katastrophen bezeichneter Ereignisse auf Hunderte und Tausende von Menschen.
Neben der mehr individual-medizinisch ausgerichteten Gruppe von Ärzten besteht eine weitere eher sozial-medizinisch ausgerichtete Gruppe von Ärzten, die sich gegen den Atomkrieg wendet. Diese Gruppe glaubt zwar auch fälschlicherweise an eine ausreichende Leistungsfähigkeit der vorhandenen Rettungs- und Notarztdienste, deren weiteren Ausbau sie für notwendig hält. Sie sieht jedoch in jeglicher Absicht, sowohl die medizinischen Kenntnisse und Erfahrungen für den Katastrophenfall zu fördern als auch die organisatorischen, personellen und materiellen Grundlagen für eine wirksame medizinische Katastrophenhilfe zu schaffen, eine Maßnahme, die nur der Vorbereitung und Führung eines Krieges gilt. Beide Gruppen stehen auf dem gleichen Standpunkt wie alle Ärzte – und das haben sie immer wieder betont –, daß sie einem in Not geratenen Menschen die ärztliche Hilfe nicht versagen werden. Für die Gruppe der deutschen Sektion der „International Physicians for the Prevention of Nuclear War" (IPPNW) ist Katastrophenmedizin nichts anderes als Kriegsmedizin. Diese Gruppe hat, wie wohl bekannt ist, die sog. „Frankfurter Erklärung" verfaßt, die inzwischen von über 7000 Ärzten unterschrieben worden ist. Diese zum großen Teil ideell eingestellten Vertreter der IPPNW wissen durchaus einen Unterschied zu machen zwischen der auf politischen, humanitären und ärztlichen Motiven gegründeten Ablehnung eines Atomkrieges und der Notwendigkeit, daß der Arzt bei Notfällen und Katastrophen, aber selbst auch im Falle eines Krieges und eines von ihm zutiefst verabscheuten Atomkrieges seinen Mitmenschen Hilfe leisten muß.
Was sind nun die Ursachen, warum viele Menschen in dieser oder jener Form argumentieren? Welches sind die ethisch-ärztlichen Grundlagen für diese Auffassungen? Worin unterscheiden sich diese von denen, die die Katastrophenmedizin befürworten?
Das Proprium der Medizin ist Gesunderhaltung und Lebenssicherung. Im vorangehenden Gelöbnis unserer Berufsordnung heißt es: „Bei meiner Aufnahme in den ärztlichen Berufsstand gelobe ich feierlich, mein Leben in den Dienst der Menschlichkeit zu stellen. Ich werde mit allen meinen Kräften die Ehre und die edle Überlieferung des ärztlichen Berufes aufrecht erhalten und bei der Ausübung meiner ärztlichen Pflichten keinen Unterschied machen, weder nach Religion, Nationalität, Rasse noch Parteizugehörigkeit oder sozialer Stellung."
Diese Formulierung der ärztlichen Ethik bewahrt uns natürlich nicht vor Konflikten, sondern prononciert sie nur genauer. Ein aktuelles Beispiel belegt dies: Da wird von einer gesellschaftlichen Mehrheit gesetzlich definiert, daß Feten bis zu einem bestimmten Alter und bei gewichtigen medizinischen, psychologischen oder sozialen Gründen nicht den Lebensschutz genießen, der für ausgereiftere Menschen selbstverständlich ist. Wenn nun Mediziner dieser juristischen Definition Verständnis und das Ideal von Lebens- und Gesundheitssicherung entgegensetzen, ist das ein klassischer Konflikt zwischen beruflichem Individualethos und gesellschaftlicher sozialer Anforderung. Den Konflikt zwischen Individualethos und gesellschaftlich definierter Erwartung

wird der Arzt immer auf der Basis seiner Ethik treffen müssen, wenn er sich nicht selber zum Handlanger degradieren will. Das heißt nicht, daß er sie verobjektivieren oder verabsolutieren sollte - aber seine existentielle Entscheidung ist gefordert, zu überprüfen, ob sie kongruent mit den gesellschaftlichen Anforderungen ist oder ob sie in Konflikt mit ihnen steht. Das ärztlich-ethische Ideal wird sich also stets an den wechselnden gesellschaftlichen Einflußnahmen messen müssen.
Bezogen auf die Katastrophenmedizin fühlt sich dieses Ethos naturgemäß herausgefordert durch die Bereitschaft der Verteidigungspolitik, die von uns gewählte und mehrheitlich geliebte Lebensform um den Preis der Lebensvernichtung zu verteidigen. Das Konzept heißt ja offiziell „MAD" (Mutual Assured Destruction).
Inzwischen ist das Argument der reinen Abschreckung (man plane die potentielle Vernichtung, um sie zu vermeiden) vom Konzept „victory is possible" abgelöst worden. Die detaillierte Kalkulation eines Scheiterns der Abschreckung ist logische Ingredienz dieses Konzeptes, da ja nur die Bereitschaft zum Erstschlag (mit konsekutivem Gegenschlag) das „Gleichgewicht des Schreckens" zu erhalten glaubt.
Als logische Konsequenz dieses Gedankengebäudes hat sich die Katastrophenmedizin mit entsprechenden Fortbildungsprogrammen entwickelt. Dabei ging man davon aus, daß zunächst auch in einem Atomkrieg im Randbereich noch medizinische Hilfe möglich sei.
Der frühere Hauptgeschäftsführer der Bundesärztekammer betonte im Hinblick auf die Diskussion um ärztliche Vorbereitung auf einen möglichen Atomkrieg: „Die Ursachen der Gefährdung und Verletzung von Leib und Leben sind für die Qualität des ärztlichen Auftrages irrelevant" (V. Denecke: Deutsches Ärzteblatt 40, 1981).
Inzwischen ist die Ärzteschaft sich darin insgesamt einig, daß medizinische Hilfe in einem Atomkrieg nicht möglich sei, entsprechend den Studien der Schwedischen Akademie, der WHO, des Amerikanischen Kongresses, des amerikanischen Verteidigungsministeriums, des Internationalen Roten Kreuzes und der Päpstlichen Akademie. Der Deutsche Ärztetag hat diese Auffassungen in mehreren Resolutionen betont.
Andererseits herrscht in einigen ärztlichen Kreisen immer noch die Ansicht vor, das Scheitern der Abschreckung sei auch aus ärzlich-medizinischer Sicht nicht nur einzukalkulieren, sondern kalkulierbar.
Im Gegensatz hierzu hat die IPPNW alle Maßnahmen und Vorkehrungen abgelehnt, die auf das Verhalten im Kriegsfall vorbereiten sollen. Jede Vorbereitungsmaßnahme, die von der Möglichkeit eines Krieges ausgeht, fördere indirekt die Bereitschaft, sich auf etwas einzustellen, was um jeden Preis abgewendet werden muß. Deshalb müßten alle Anstrengungen einzig und allein darauf ausgerichtet sein, im Sinne der Prävention jeden Krieg zu verhindern. Deshalb sei jede Ausbildung zur Katastrophenmedizin zu verweigern. Die Gedankenschritte, die zu dieser Auffassung führten, scheinen zunächst logisch:

- Spezifische Hilfe im Atomkrieg ist anerkanntermaßen nicht möglich.
- Was in „Randzonen" gegebenenfalls möglich sein könnte, ist unspezifische vormedizinische Mitmenschlichkeit.
- Spezifische Hilfseinübungen täuschen die Ärzte und die Bevölkerung.
- Die Täuschung führt zum Verlust medizinischer Wertvorstellungen (Aufgabe der Individualmedizin zu Gunsten der Katastrophen-Massen-Medizin).

- Die Einübung in den Ernstfall führt zur Akzeptanz und Gewöhnung an die Möglichkeit dieses Falles.
- So resultiert die Bereitschaft, die Machbarkeit eines Atomkrieges zu akzeptieren.
- So erlahmen die Anstrengungen, dieses Ereignis zu verhindern.

Daß der Atomkrieg als Folge gescheiterter Politik gezielt und bewußt von Menschen herbeigeführt wird, und daß in der Katastrophenmedizin daraufhin schon jetzt geplant wird, das ist es, was als unerträglich empfunden wird. Dieser Widerspruch, daß helfendes Handeln eingeübt werden soll für Situationen, die ihrerseits von Angehörigen der gleichen weltweiten Gesellschaft der Menschheit erst geplant wurden, ist gegen alle menschliche Vernunft und ruft deshalb den Protest derer hervor, die angesichts dieser Unvernunft nicht resignieren wollen. Das Makabre dieses Widerspruches verschärft sich noch bis ins Absurde, wenn bedacht wird, daß das für den Katastrophenfall geplante Handeln zum allergrößten Teil von vornherein keine Aussicht auf Erfolg hat, ja gar nicht stattfinden kann.
Das „Abschreckungskonzept" sieht den Sinn der Atomrüstung darin, daß ein Atomkrieg nicht stattfinden kann, weil er die Grundlagen auch eines Angreifers zerstört. Diese Logik ist zutiefst widersprüchlich und erweckt wenig Vertrauen, die Sicherheit des zukünftigen Zusammenlebens der Menschen darauf aufzubauen. Bei allem Friedenswillen der Politiker und Militärs widerspricht eine Katastrophenmedizin, die sich mit der Behandlung der Opfer eines trotz aller Friedensabsichten dennoch möglichen Atomkrieges befaßt, menschlichen Gefühlen ebenso wie menschlicher Vernunft. Dies gilt im gleichen Maße schon in einem modernen „konventionellen Krieg". Dennoch hat das katastrophenmedizinische Konzept seine eigene Rationalität, seine eigene Vernunft.
Auch in ihr ist ärztliches Ethos tief verwurzelt: Der Arzt hat zu helfen, wo immer er es vermag, ohne Ansehen der Quantität seiner Patienten und egal, wie es zu ihren Leiden gekommen ist, mit oder ohne eigene Schuld. Dies ist die Basis jeglichen Vertrauens zum Arzt, und es ist auch selbstverständlicher Ausdruck der Würde des Arztberufes, so zu handeln. Dieses Ethos findet seine tiefsten Wurzeln in der Solidarität zwischen einzelnen Menschen, dem Willen, dem leidenden Menschen zu helfen, letztlich in der schriftlichen Tradition der Nächstenliebe. Ärztliches Handeln muß sich jedoch mit den Problemen und Widrigkeiten nicht nur der Krankheiten selbst, sondern auch ihres Umfeldes auseinandersetzen. Dies sind die Realitäten, in der sich das Ethos des ärztlichen Handelns bewähren muß. Die äußeren Bedingungen ärztlicher Arbeit entscheiden mit darüber, ob ihr Einsatz gelingt, Erfolg hat oder nicht. Für die Qualität der ärztlichen Tätigkeiten ist es eben nicht irrelevant, wieviel Gefährdete, Leidende und Sterbende ein Arzt zu betreuen hat. Die Operationalisierung in der Katastrophenmedizin bietet jedoch die einzige Chance, wenn überhaupt noch etwas möglich ist, wenigstens einigen Opfern bestmöglichst zu helfen.
Im Mittelpunkt der Kritik an der Katastrophenmedizin steht die sog. „Triage". Das ist die „Sichtung und Einordnung von Patienten nach Art und Schwere ihrer Verletzung und der Prognose unter den gegebenen äußeren Umständen". Ziel der „Triage" ist die Beurteilung der „Behandlungsdringlichkeit" von Patienten. Zur vierten Dringlichkeitsstufe, bei der keine sofortige Behandlung vorgesehen ist, gehören „hoffnungslose Schwerverletzte mit geringer Überlebensaussicht". Sie müssen also ohne eigentliche medizinische Hilfe dem Tod überlassen werden, bestenfalls können sie noch mit

Morphium versehen werden. Dies alles ist unter der Voraussetzung gedacht, daß es überhaupt noch aktive Ärzte, medizinisches Personal und Medikamente, überhaupt Behandlungsmöglichkeiten gibt.
Der Vorwurf gegen die katastrophenmedizinische Triage lautet, daß es sich hier nicht mehr um Notfall- oder Unfallmedizin, sondern letztlich um Kriegsmedizin handele. Dies stimmt insofern nicht, weil es auch bei nichtkriegerischen zivilen Großkatastrophen zu Situationen kommen kann, bei denen trotz erhaltener Infrastruktur im Umfeld der Katastrophe und trotz reichlich vorhandener Rettungsdienste es Schwerverletzte geben kann, denen nicht mehr geholfen werden kann. Auch in diesem Bereich der zivilen Katastrophe ist eine Selektierung nach Behandlungsdringlichkeit sicherlich erforderlich, wobei wir als ethische Voraussetzung ärztlichen Handels davon ausgehen müssen, daß die Schwerverletzten, denen auch nur die geringste Chance des Überlebens zugeordnet wird, zuerst zur Behandlung kommen. Das Erlernen der Selektionstechnik muß also nicht unbedingt gleichgesetzt werden mit dem Grundprinzip der Kriegsmedizin. Doch auch bei einem Massenanfall von Verletzten kann der Arzt entsprechend seinem sozialen Auftrag und der sittlichen Substanz des Arzttums die Sorge um den Erhalt des Lebens eines jeden einzelnen - also jedes Individuums - nicht vernachlässigen. Die Individualmedizin ist also auch in der Katastrophenmedizin nicht außer acht zu lassen. Insofern hat jeder Arzt die Verpflichtung, sich nach besten Kräften für ärzliche Hilfe zu rüsten, gerade auch dann, wenn der Tod gewiß ist und wir vielen nicht helfen können. Es geht um die Organisation von Hilfe, wo immer Hilfe nur möglich ist. Dies scheint auch gemeinsame Basis aller ärztlichen Gruppierungen zu sein.
Unbeschadet des Qualitätsanspruches ist es für die Praxis des ärztlichen Auftrages keineswegs irrelevant, welches die Ursachen der Gefährdung und Verletzung von Leib und Leben sind. Die Ursachen werden rational kalkuliert, sie gehören der Kategorie der Quantität nicht der Qualität zu. Dies geht eindeutig aus den bisherigen Entwürfen eines Zivilschutzgesetzes hervor. Quantität wird also nicht in den Dienst der Qualität gestellt, sondern umgekehrt wird quantitativ bestimmt, was an Qualität noch übrig bleiben soll. Ethos wird auf diese Weise außer Kraft gesetzt. Wer hält es seelisch aus, nach einer Triage noch menschliche Zuwendung zu praktizieren?
Auf diesem Hintergrund ist es verständlich, wenn ein großer Teil der Ärzte eine „erdumspannende Präventivmedizin betreiben" möchte. Gemeint ist damit eine Ausdehnung des Ethos unseres Heilberufes auf das Zusammenleben der Völker. Vor aller Katastrophenmedizin muß also stehen, das was man vereinfacht eine „Medizinalisierung der Politik" nennen könnte. Das ärztliche Ethos soll die Politik und auch die Militärstrategie bestimmen: Das Qualitative soll wieder über Quantitäten entscheiden, Quantität soll wieder der Qualität dienstbar sein.
Schon immer war Arzttum mehr als Medizin. Ein gut ausgebildeter Mediziner ist noch kein gebildeter und guter Arzt. Ein guter Arzt wird sich aber auch gut in der Medizin auskennen. Das Ethos des Arztes würde aber verkürzt, bliebe es nur auf die Behandlung von einzelnen Krankheiten beschränkt. Auch in der Katastrophenmedizin muß heute selbstverständlich sein, daß quantitativ selektierende Überlegungen und Handlungen nur in der akuten Notsituation stattfinden dürfen und daß man sie sobald als möglich beenden müsse, d. h. abwartende, nicht ausschließende Behandlung. Allein die Ehrfurcht vor dem Leben verbietet uns, anders zu denken.

So stehen sich scheinbar zwei Positionen gegenüber:

- Der Wille, alle Eventualitäten zu berücksichtigen, Hilfsmöglichkeiten für alle denkbaren Ernstfälle durchzuspielen und zu üben ohne Rücksichten auf Quantitäten und Ursachen, sich vorzubereiten auf Katastrophen, die nie eintreten dürfen, die abzuwenden vollen Einsatz erfordert, die aber doch nicht auszuschließen sind. Diese Position ist gewiß notwendig, weil sie immerhin Not zu lindern in der Lage sein könnte.
- Der Wille, präventiv tätig zu werden, alle Kraft dafür einzusetzen, daß Katastrophen solchen Ausmaßes verhindert werden, der menschheitlichen Vernunft zum Durchbruch zu verhelfen, allen Fehleinschätzungen und Illusionen vorzubeugen, einen Atomkrieg also unmöglich zu machen – das ist die andere Option.

Beide Positionen haben, wie oben aufgezeigt wurde, ihre ärztlich-ethische Grundlage. Sie stehen komplementär zueinander: Keine der beiden Positionen vermag das Anliegen der anderen zu denken, und dennoch handelt es sich um vernünftige Denkmöglichkeiten. Die Komplementarität besagt, daß unterschiedliche Versuchsanordnung zu rationalen Ergebnissen führen, die logisch miteinander im Widerspruch stehen, einander also ausschließen und offensichtlich dennoch zutreffen (Nils Bohr). Die Komplementarität besagt ferner, die Wahrheit bestünde darin, daß beide Arten von Ergebnissen gelten, obwohl sie einander logisch ausschließen. Mehr noch: beide sind aufeinander angewiesen; nur wenn beides in Rechnung gestellt wird, daß beispielsweise Licht einmal als Welle, zum anderen als Korpuskel erscheint, nur dann werden wir der Wirklichkeit gerecht.
Auf die Katastrophenmedizin bezogen besagt dies, daß sich sowohl der politisch engagierte Arzt, der das soziale und gesellschaftliche Umfeld in den Blick nimmt und der Prävention – also der Verhütung eines Atomkrieges – oberste Priorität zuweist, sich mit dem Arzt, der sich engagiert der Katastrophenmedizin zuwendet, verständigt, daß sich diese beiden Denkrichtungen ergänzen, d. h. daß der eine seinen Weg nur verfolgen kann, weil jemand da ist, der den anderen Weg geht (6. Heidelberger These, 1959).
Beide Parteien sind sich einig, daß ärztliche Versorgung individuelle Betreuung einzelner Menschen bedeutet. Beide wollen helfen. Beide sind sich einig, daß atomare Katastrophen verhindert werden müssen. Keiner will den Atomkrieg. Die eine Position legt den Akzent lediglich auf die Individualethik, die andere auf die Sozialethik. Beides gehört zusammen. Individualität und Gesellschaft hängen für den Arzt untrennbar zusammen.
Entscheidend ist auf beiden Seiten der gegensätzlichen Optionen das uneingeschränkte Engagement für den Frieden und damit die Beseitigung der Ursachen für Krieg, Leiden, Verwundung und vorzeitigen Tod. Es kommt alles darauf an, in welchem Geist der Streit um den rechten Weg geführt wird. Ist der Einsatz für den leidenden Menschen, menschliche Solidarität und Liebe zum Nächsten die Grundoption und das eigentliche, letzte Ziel, dann wird es bei der Identifikation gangbarer Wege in Gesellschaft und Politik nicht um letzte Werte gehen können. Es wird allemal die Frage entstehen, wie dem Mitmenschen, der für andere ja auch ich selbst bin, geholfen werden kann. Wie menschliches Leben möglich ist, das ist die Frage. Menschliches Leben im Vollsinn des Wortes, erfülltes Leben – das ist der letzte Inhalt allen helfenden Engagements und sollte darum auch der eigentliche Inhalt ärztlicher Ethik sein.

Der Ärzteschaft wird eine „Medizinalisierung der Politik" nur gelingen, wenn sie geschlossen dieses Ziel verfolgt. Diese Geschlossenheit zu erreichen, muß erstrebenswerte Aufgabe der Verantwortlichen und Meinungsführer in der verfaßten Ärzteschaft sein. Es bedeutet auch Kompromißbereitschaft auf allen Seiten.

Warum sollten wir uns nicht alle gemeinsam in der Fortbildung der Katastrophenmedizin engagieren, wenn wir ihre Inhalte so gestalten, daß sie dem gemeinsamen ärztlich-ethischen Anspruch der Individualmedizin entsprechen, ohne den quantitativen Aspekt zu vernachlässigen? Warum sollten wir nicht gemeinsam in allen politischen Parteien deutlich machen, daß ärztliche Hilfe im Atomkrieg nicht möglich ist und deshalb jede Strategie, die hierauf ausgerichtet ist, versagen muß?

Prävention bedeutet sowohl die Verhinderung eines jeden Krieges als auch die Vorbereitung auf ärztliche Hilfe im Katastrophenfall jeglicher Art.

Die bisherigen getrennten Wege in der Ärzteschaft sollten einmünden in eine breite Trasse. Neue, bessere Einsichten ermöglichen jedem die Wegkorrekturen. Wie wollen wir überzeugend die Feindbilder dieser Welt abbauen, wenn wir nicht einmal in der Lage sind, in den eigenen Reihen gemeinsam zu handeln. Der uns alle verbindende Friedenswille schließt Prävention und Abwehr von Elend und Leiden in sich ein. Der Arzt der Katastrophenmedizhin ist der Garant für Artikel 2 des Grundgesetzes: „Jeder hat das Recht auf Leben und körperliche Unversehrtheit."

Die Bundesärztekammer und das förderalistische Prinzip in der ärztlichen Selbstverwaltung der Bundesrepublik Deutschland

E. UNGER

Der föderalistische Aufbau der Bundesrepublik Deutschland ist auch im Gesundheitswesen deutlich erkennbar. Aufgaben in diesem Gebiet werden teils vom Bund, teils von den Ländern wahrgenommen, wobei die Länder auf den ihnen zufallenden Gebieten völlig selbständig entscheiden. Diese Selbständigkeit wird nur durch die Bestimmung des Grundgesetzes eingeschränkt, daß bei etwaiger Unvereinbarkeit der vom Bund und von den Ländern erlassenen Gesetze Bundesrecht Landesrecht bricht. Ein solcher – im Gesundheitsbereich bisher wohl nur theoretisch denkbarer Fall – würde bedeuten, daß von den Ländern erlassene Gesetze vom Bund abgeändert oder für kraftlos erklärt werden könnten.

Die staatlichen Aufgaben im Gesundheitswesen sind folgendermaßen verteilt: Ein eigenes Bundesministerium für Gesundheit existiert nicht. Das zuständige Ministerium für Gesundheitsfragen heißt vielmehr jetzt „Ministerium für Jugend, Familie, Frauen und Gesundheit". Vorgänger waren das 1962 erstmals in die Bundesregierung aufgenommene „Bundesgesundheitsministerium", das die bis dahin zuständige Gesundheitsabteilung im Innenministerium abgelöst hat, und das 1969 in „Ministerium für Jugend, Familie und Gesundheit" umbenannt worden ist. Ferner bestehen seit 1949 ein Bundestagsausschuß für Gesundheitswesen und seit 1965 ein gleicher Ausschuß im Bundesrat. Hinzu kommen als weitere Einrichtungen des Bundes das 1952 gegründete „Bundesgesundheitsamt" als eine Bundesbehörde; es ist zuständig u.a. für Prüfung von Medikamenten auf Unbedenklichkeit oder Schädlichkeit; es arbeitet ferner auf dem Gebiet der Verbesserung der Arzneimittelsicherheit mit der Bundesärztekammer zusammen. Es enthält drei Institute, das Max-von-Pettenkofer-Institut, das Robert-Koch-Institut und das Institut für Wasser-, Boden- und Lufthygiene. Alle drei forschen auf ihrem Gebiet über die öffentliche Gesundheitspflege. Neuerdings sollen sich ihre Forschungen auf Umweltschäden und Zivilisationskrankheiten ausdehnen. Zusätzlich soll ein eigenes Institut für Sozialmedizin gegründet werden.

Schließlich wäre noch zu erwähnen der „Bundesgesundheitsrat". Diesem Gremium gehören etwa 80 Persönlichkeiten aller Bevölkerungsschichten an, die von der Bundesregierung berufen werden. Es berät die Bundesregierung in allen Fragen der öffentlichen Gesundheitspflege, insbesondere zur Vorbereitung der Gesetzgebung. Auch das Kassenarztrecht gehört in die Zuständigkeit des Bundes. Die Behandlung mit dem Kassenarztrecht zusammenhängender Fragen ist aber nicht dem für die Gesundheit zuständigen, sondern dem Bundesministerium für Arbeit und Sozialordnung übertragen.

Nach dem Grundgesetz fällt das Gesundheitswesen im wesentlichen in die Kompetenz der Länder. Ausgenommen hiervon ist u. a. die Zulassung zu den Heilberufen, über die der Bund zu beschließen hat. Darauf beruht die Bundesärzteordnung. Sie entspricht nicht etwa einer Art Grundgesetz des deutschen Arztrechtes, sondern regelt hauptsächlich nur die Zulassung zum ärztlichen Beruf. Sie bildet die gesetzliche Grundlage für den Erlaß einer bundeseinheitlichen ärztlichen Approbationsordnung und ermächtigt mit entsprechenden Vorschriften die Bundesregierung, eine ebenfalls bundeseinheitliche Gebührenordnung mit Festlegung von Mindest- und Höchstsätzen zu erlassen. Als Beispiel für die Bundeszuständigkeit kann auch das wiederum bundeseinheitliche Krankhausfinanzierungsgesetz gelten.

Die ärztliche Berufsordnung dagegen ist Angelegenheit der Länder und der von diesen eingerichteten Landesärztekammern, die den Status von Körperschaften des öffentlichen Rechts besitzen. Diese Berufsordnungen enthalten die Vorschriften über Fortbildung, Weiterbildung, Berufsgerichtsbarkeit und sonstige Pflichten und Rechte der Ärzte bei der Ausübung ihres Berufs.

Die Aufgaben der Landesärztekammern, in den einzelnen Kammergesetzen beschrieben, beziehen sich auf die berufsständige Selbstverwaltung. Die nach jeweiligem Landesrecht zuständigen Behörden beaufsichtigen ihre Tätigkeit. Diese Beaufsichtigung beschränkt sich aber aufgrund gesetzlicher Bestimmungen - von gewissen Modifikationen für einzelne Aufgabengebiete abgesehen - einheitlich im gesamten Bundesgebiet nur darauf, ob Gesetz und Satzung eingehalten worden sind; sie greift nicht in die im wesentlichen freie Handlungsfähigkeit der Kammern ein. Von Bedeutung für die Arbeit der Kammern ist auch ein Urteil des Bundesverfassungsgerichts, in dem es heißt: Die Kammern haben auf der einen Seite die ihnen vom Staat übertragenen Aufgaben (bei den Ärztekammern hauptsächlich die Berufsaufsicht) wahrzunehmen, auf der anderen Seite aber auch die Gesamtinteressen des Berufsstandes zu vertreten.

Eine Sonderstellung mit ungewöhnlichen organisatorischen Merkmalen nimmt die Bundesärztekammer ein. Sie ist keine irgendwie geartete Bundesbehörde, erkennbar schon in ihrem Untertitel: Arbeitsgemeinschaft der westdeutschen Ärztekammern. Sie entstand 1947 mit dem obengenannten Untertitel als freiwilliger Zusammenschluß der nach dem Krieg neu ins Leben gerufenen Kammern und wurde 1955 in Bundesärztekammer umbenannt. Sie ist ihrem Wesen nach ein privatrechlicher Verein, dessen Existenz aber nicht aufgrund gesetzlicher Vorschriften vorgeschrieben ist. Der Beitritt zu diesem Verein ist freiwillig im Gegensatz zu den Landesärztekammern, bei denen eine gesetzlich verankerte Pflicht zum Beitritt für alle Berufsangehörige besteht; demgemäß ist auch ein Austritt aus der Bundesärztekammer nach den Bestimmungen der gemeinsam gegebenen Satzung möglich.

Die Konstruktion der Bundesärztekammer weist eine ganze Reihe von Abweichungen vom üblichen Schema eines Vereins auf. Genau genommen besteht sie als Verein nur aus 12 Mitgliedern, nämlich den Landesärztekammern in der Bundesrepublik. Der Vorstand dieses Vereins besteht aber bereits aus derzeit 14 Personen; das sind die 12 Präsidenten der Landesärztekammern und 2 Vertreter der angestellten Ärzte. Und zur jährlichen Hauptversammlung dieses 12-Personen-Vereines werden von den Landesärztekammern z. Zt. 250 Delegierte entsandt, die von letzteren nach einem bestimmten Schlüssel ausgewählt werden. Diese Delegierten beraten über vielerlei Fragen, die den Ärztestand betreffen, und fassen dazu Beschlüsse. Diese können aber nur in Kraft treten, wenn sie die Finanzen der Bundesärztekammer oder sonstige Fragen betreffen, die sich auf deren inneren Betrieb beziehen. Bemerkenswert dabei ist die Tatsache, daß

alle Delegierten ebenso wie generell alle Ärzte zwar Pflichtmitglieder ihrer Landesärztekammer sind, aber nicht Mitglieder des Vereins Bundesärztekammer.
Die Bundesärztekammer hat sich bei ihrer Gründung durch eine Hauptversammlung, die Deutscher Ärztetag genannt wird, eine Satzung gegeben. In dieser Satzung werden ihre Aufgaben aufgezählt. Dies sind im wesentlichen: die Pflege des Zusammengehörigkeitsgefühls aller deutschen Ärzte; Erfahrungsaustausch zwischen den Landesärztekammern; Unterrichtung der Landesärztekammern über alle wichtigen Vorgänge auf dem Gebiet des Gesundheitswesens; die Herbeiführung einer möglichst einheitlichen Regelung der ärztlichen Berufspflichten; die Wahrung der beruflichen Belange der Ärzteschaft in Angelegenheiten, die über den Zuständigkeitsbereich eines Landes hinausgehen.
Aufgrund dieses Aufgabenkataloges, der neben weiteren Obliegenheiten auch tatsächlich erfüllt wird, billigt die Allgemeinheit der Bundesärztekammer ein erheblich höheres Ansehen zu, als es üblicherweise einem privatrechtlichen Verein entgegengebracht wird.
So hat sich die Bundesärztekammer in der Tat zu einer Einrichtung entwickelt, die von Ministerien, von ausländischen Behörden und von Politikern, die sich mit den staatlich geregelten Vorschriften im Gesundheitswesen befassen, als Kontaktstelle, ja als die eigentlich für solche Fragen zuständige Instanz betrachtet wird. Von der Bundesärztekammer werden eine Vielzahl von Auskünften, Unterrichtung über medizinische und ärztliche Sachfragen und zuweilen sogar Ratschläge erwartet und verlangt.
Verständlich, daß zur Bewältigung der vielen Aufgaben ein beträchtlicher Mitarbeiterstab erforderlich ist. Zu Beginn der Gründung der Bundesärztekammer kam man noch mit 13 hauptberuflich angestellten Mitarbeitern aus, deren Arbeit damals von 14 Ausschüssen unterstützt oder vorbereitet wurde. Die Mitglieder dieser Ausschüsse wurden und werden teils vom Vorstand der Bundesärztekammer, teils vom Deutschen Ärztetag, teils von den Landesärztekammern berufen und üben ihre Tätigkeit ehrenamlich aus. Mit der Ausdehnung des Tätigkeitsfeldes wuchs auch der Bedarf an Mitarbeitern weiter an. Derzeit sind über 50 hauptamtliche Mitarbeiter bei der Bundesärztekammer beschäftigt. In mehr als 50 Ausschüssen, ständigen Konferenzen und ähnlichen Gremien werden diejenigen Fragen vorberaten, deren Beantwortung man von der Bundesärztekammer erwartet oder bei denen man zumindest die Meinung der Ärzteschaft hören will.
In der 1974 erarbeiteten und in der Zwischenzeit mehrfach geänderten Satzung spielt die jährliche Hauptversammlung eine erhebliche Rolle. Diese Versammlung heißt „Deutscher Ärztetag“ und trug diesen Namen schon lange, bevor es die Bundesärztekammer gab. Deutsche Ärztetage bestehen bereits seit 1873, damals als Hauptversammlung des deutschen Ärztevereinsbundes, allerdings früher unter anderen Voraussetzungen. Die Teilnehmer wurden vor der Ära der Bundesärztekammer von privaten Ärztevereinigungen entsandt, nicht aber von den gesetzlich fundierten Kammern. Der Vollständigkeit halber sei erwähnt, daß diese Deutschen Ärztetage während der beiden Weltkriege, auch in den folgenden Nachkriegszeiten und während der ganzen Dauer des Dritten Reiches nicht stattgefunden haben. Der Deutsche Ärztetag hat sich, ebenso wie die Bundesärztekammer, bei seiner Wiedereinführung 1947 eine Satzung gegeben, die inzwischen mehrfach geändert worden ist. Darin heißt es: „Der Deutsche Ärztetag ist der Repräsentant der gesamten deutschen Ärzteschaft. Er setzt sich aus den Delegierten der Landesärztekammern zusammen, die aus Wahlen hervorgegangen

sind. Daraus leitet der Deutsche Ärztetag - unbeschadet der auf Landesgesetzen beruhenden Rechte und Pflichten der Landesärztekammern - den Auftrag und das Recht ab, Fragen von grundsätzlicher Bedeutung für die deutschen Ärzte zu beraten und darüber zu beschließen. Diese Beschlüsse stellen die Meinungsbildung der deutschen Ärzteschaft dar."

Erneut ergeben sich hier Schwierigkeiten bei dem Versuch, Ansehen und Beachtung der Beschlüsse des Ärztetages mit dessen nicht vorhandenem gesetzlichen Fundament in Einklang zu bringen, bedingt durch die außergewöhnliche Konstruktion der Bundesärztekammer. Wie schon erwähnt, sind die Beschlüsse der Ärztetage für niemanden bindend. Sie stellen in Wirklichkeit lediglich Empfehlungen dar, gerichtet an die Landesärztekammern, an Politiker, Bundes- und Landesregierungen oder generell an die Öffentlichkeit. Dabei ist bei den Verhandlungs- und Beratungsergebnissen auf den Ärztetagen an der Wichtigkeit und Notwendigkeit für den ärztlichen Berufsstand nicht zu zweifeln; sie werden nur in ihrer Wirksamkeit nicht richtig eingeschätzt. Wie bei der Bundesärztekammer ist auch die Resonanz der Ärztetage in der Publizistik groß, wobei aber auch in der Öffentlichkeit die Diskrepanzen auffallen. Bezeichnend hierfür etwa die Überschrift über einem Ärztetagsbericht einer Zeitung: „Die Macht auf tönernen Füßen? Demokratische Vertretung oder autokratische Zunftvereinigung? Die Bundesärztekammer und ihr höchstes Organ, der Deutsche Ärztetag, werden in Frage gestellt, seit es sie gibt."

Die in dieser Überschrift angeschnittene Frage nach dem Wahlmodus der Delegierten beruht auf folgenden Gegebenheiten:

Die Zahl der in Deutschland lebenden Ärzte nimmt zwar ständig zu und hat die Gesamtzahl von 200000 mittlerweile deutlich überschritten. Dennoch ist auf einem Ärztetag der Beschluß gefaßt worden (und der ist, da er den inneren Bereich betrifft, bindend), die Zahl der Delegierten auf 250 zu begrenzen. Damit soll erreicht werden, daß Verhandlungen auf den Ärztetagen nicht durch eine übergroße Zahl von möglichen Rednern erschwert oder übermäßig in die Länge gezogen werden. Diese 250 Delegierten verteilen sich nach einem bestimmten Schlüssel auf die 12 Landesärztekammern. Dort werden sie nach etwas unterschiedlichen, aber stets den demokratischen Gepflogenheiten entsprechenden Methoden gewählt und nicht etwa, wie manche glauben, bestimmt. Gegen diese Wahlen nun richtet sich der Unmut einer Gruppe von Ärzten, die derzeit etwa 20% der Delegierten in den Länderparlamenten aller Kammern stellen. Diese Gruppe erwartet, daß ihnen demgemäß auch 20% der Sitze auf dem Deutschen Ärztetag zustünden und bemängelt die nicht in diesem Sinne erfolgten Wahlen. Dem ist entgegenzuhalten: Natürlich können und sollen in einer Demokratie auch Minderheiten zu Wort kommen und nicht von der Verantwortung ausgeschlossen werden. Eine solche Berücksichtigung von Minderheiten bedarf aber zusätzlicher Vereinbarungen. Sie ist nicht primär Inhalt einer demokratischen Ordnung, deren Grundprinzip ja lautet: Bei unterschiedlichen Meinungen entscheidet die Mehrheit der Gewählten über das, was zu geschehen hat. Um die Richtigkeit dieser Auffassung zu bestätigen, bedarf es nur eines Blickes auf so erprobte demokratische Staatsformen wie in England oder in den USA, wo exakt nach dieser Methode verfahren wird.

Zuständig für die Planung und den Ablauf der alljährlichen Hauptversammlung, des Deutschen Ärztetages, ist das Präsidium der Deutschen Ärztetages. Es besteht aus den Vorstandsmitgliedern der Bundesärztekammer sowie einer großen Zahl weiterer Mitglieder, derzeit über 80 Personen, die von den verschiedenen freien Verbänden und medizinischen Gesellschaften benannt werden. Der Ärztetag wählt den Präsidenten und die Vizepräsidenten der Bundesärztekammer. Der Präsident der Bundesärztekammer ist gleichzeitig der Präsident des Präsidiums des Deutschen Ärztetages. Die eigentliche Planung und Vorbereitung der Ärztetage wird de facto vom Vorstand der Bundesärztekammer vorgenommen; das Ärztetagspräsidium nimmt wohl eher die Vorschläge des Kammervorstandes zur Kenntnis und billigt sie. Die Ärztetage dauern, so hat es sich seit Jahren eingespielt, knapp 1 Woche. Nimmt man die vorgeschalteten Versammlungen der Kassenärztlichen Bundesvereinigung sowie die der verschiedenen ärztlichen Verbände hinzu, sogar fast $1^1/_2$ Wochen. Diese für eine Jahreshauptversammlung eines Vereins wiederum ungewöhnlich lange Dauer läßt sich nur durch die Tatsache erklären, daß die große Zahl der Delegierten viele Themen mit umfangreichen und zeitraubenden Diskussionen zu behandeln wünscht, Themen, die häufig den in der Satzung festgelegten Umfang der Aufgaben erheblich überschreiten.

Aus dem allmählich immer größer gewordenen Aufgabengebiet der Bundesärztekammer seien als weitere Beispiele genannt: Die Mitgliedschaft im Weltärztebund, in welchen die Bundesärztekammer 1951 als Vertretung der deutschen Ärzteschaft aufgenommen worden ist. Vom Weltärztebund stammt u.a. die Deklaration von Helsinki mit Empfehlungen an die Ärzte für die Durchführung wissenschaftlicher Versuche am Menschen sowie Empfehlungen für die Gesundheitspflege in ländlichen Gebieten. Weiter unterhält die Bundesärztekammer zur Pflege ihrer Beziehungen mit dem Ausland innerhalb ihrer Geschäftsführung einen Auslandsdienst. Er betreut deutsche Ärzte im Ausland und pflegt die Kontakte zur Ärzteschaft des Auslands und zum Weltärztebund. Er führt umfangreiche Korrespondenzen mit nichtärztlichen Personen und Organisationen sowie den diplomatischen Vertretungen der Bundesrepublik und des Auslands, die sich laufend mit Fragen aus allen Bereichen der Medizin an die Bundesärztekammer wenden. Er arbeitet mit allen zuständigen Bundesbehörden, besonders dem Auswärtigen Amt, zusammen, auch in bezug auf Entwicklungshilfe.

Ferner existiert die Mitgliedschaft der Bundesärztekammer im ständigen Ausschuß der EG-Ärzteschaften, einem beratenden Gremium. Dieser Ausschuß soll die Abstimmung der Ärzteschaften hinsichtlich Liberalisierung der ärztlichen Berufsausübung in den EG-Ländern und die Herstellung der Voraussetzungen für die Freizügigkeit der ärztlichen Berufsausübung innerhalb der EG-Länder (gegenseitige Anerkennung der Diplome, einheitliche Aus- und Weiterbildungsvorschriften) bearbeiten. Hierher gehört auch die internationale Zusammenarbeit im gemeinsamen Ausschuß „Ärzte-Pharmazeutische Industrie“ innerhalb der EG. Hier ist die Zusammenarbeit mit der Weltgesundheitsorganisation (WHO) in Genf bezüglich Arzneimittel-Informationsdienst mit gegenseitigem Austausch von Arbeitsergebnissen hervorzuheben. Dieser ständige Austausch von Informationen über bisher unbekannte Arzneimittel-Nebenwirkungen erfolgt auch mit der US-amerikanischen Arzneimittelbehörde FDA (Food and Drug Administration).

Das umfangreiche Aufgabengebiet erfordert erhebliche finanzielle Mittel. Der jährliche Haushalt der Bundesärztekammer hat derzeit ein Volumen von ca. 12 Mio. DM, die durch die Beiträge der Landesärztekammern aufgebracht werden. Dazu heißt es in der Satzung der Bundesärztekammer: „Durch ihren Beitritt zur Arbeitsgemeinschaft (der westdeutschen Ärztekammern) verpflichten sich die Ärztekammern zur anteiligen Übernahme der aus der Tätigkeit der Arbeitsgemeinschaft und ihrer Ausschüsse entstehenden Kosten. Über die Umlegung der Kosten beschließt der Deutsche Ärztetag mit Zweidrittelmehrheit der anwesenden Abgeordneten." Zur Überprüfung des Haushalts ist neuerdings eine Finanzkommission gebildet worden, in die jede Landesärztekammer einen Vertreter entsendet. Für diese Kommission gelten laut Satzung u.a. folgende Richtlinien: „Die Finanzkommission hat das Recht, Einspruch gegen Ausgaben zu erheben, die im Haushaltsplan nicht oder nicht in der vorgesehenen Höhe enthalten sind". Über solche Einsprüche entscheidet aber zunächst wieder der Vorstand der Bundesärztekammer, so daß die Möglichkeiten der Finanzkommission, wirksamen Einfluß auf die Ausgaben der Bundesärztekammer zu nehmen, nur beschränkt sind. Gegenwärtig beträgt der Beitrag, den jede Landesärztekammer zu leisten hat, über DM 50,- je berufstätigem Mitglied. Dieser Beitrag soll aber, wie auf dem letzten Ärztetag bekanntgegeben worden ist, in Zukunft weiter erhöht werden, weil mit den bisher vorhandenen Mitteln die Ausgaben nicht mehr bestritten werden können. Von den Landesärztekammern wird bei dieser Sachlage erwogen - und dazu hat auch der Jubilar in Sitzungen bereits einige Vorschläge gemacht -, ob solche Beitragserhöhungen nicht auch durch Ausgabenverminderungen aufgefangen werden könnten; denn es sind ja wieder die Landesärztekammern, die ihren Mitgliedern plausibel machen müssen, wofür die Bundesärztekammer finanzielle Mittel benötigt, die von jedem einzelnen ihrer Mitglieder durch ihren Beitrag zur Landesärztekammer aufgebracht werden müssen.

Als Einsparungsmöglichkeiten werden u. a. diskutiert: Sind wirklich mehr als 50 Ausschüsse erforderlich, um ein solides Arbeitsergebnis zu erzielen? Aus deren Sitzungsprotokollen ist unschwer zu entnehmen, daß sich die Aufgaben und damit die Beratungsgegenstände nicht selten überschneiden, aber dennoch in verschiedenen Sitzungen behandelt werden, wobei die Reisekosten der Ausschußmitglieder den Gesamtetat nicht unerheblich beeinflussen. Ferner die Frage: Hat nicht im Laufe der Zeit die Bundesärztekammer mehr Aufgaben an sich gezogen als in der Satzung ursprünglich vorgesehen? Wobei zu berücksichtigen bliebe, daß diese Satzung in manchen Punkten keine ganz klare Definition über die Aufgaben gibt und daß sie, zunächst auf die Verhältnisse von 1947 zugeschnitten, trotz mehrfacher inzwischen erfolgter Änderungen neuerdings überarbeitungsbedürftig wäre. Auch die Einsparung von Kosten durch Reduzierung der Dauer der Ärztetage, der Anzahl der entsandten Delegierten oder des Präsidiums (derzeit über 80 Personen) sind im Gespräch. Als Beispiele für eine weitere mögliche Reduzierung der Kosten, etwa durch eine Verminderung der Ausschüsse, werden dabei die Akademie der praktischen und Allgemeinärzte und die Akademie der Gebietsärzte angeführt. Die Akademie der Allgemeinärzte wurde 1968 vom damaligen Ärztetag eingesetzt mit dem Auftrag, die Grundlagen für das neue Gebiet Allgemeinmedizin zu erarbeiten. Sie erhielt dazu einen besonderen Status. Sie sollte ferner „die Situation und die Entwicklungstendenzen im Berufsbereich der praktischen Ärzte innerhalb der Gesamtärzteschaft laufend beobachten, kritisch bewerten und Vorschläge zu ihrer positiven Weiterentwicklung machen". Dabei soll ständig auch die Situation der Allgemeinärzte in anderen europäischen Ländern, insbesondere im Bereich der EG, beobachtet und vergleichend bewertet werden. Ebenfalls einen besonderen Status - beide werden nicht vom Vorstand der Bundesärztekammer wie alle anderen Ausschüsse, sondern vom Ärztetag gewählt - hat die Akademie der Fachärzte (später umbenannt in Akademie der Gebietsärzte nach Abschaffung des Begriffs Facharzt). Sie berät die Bundesärztekammer in allen die Gebietsärzte betreffenden Fragen. Nachdem nun die eigentliche und sachlich berechtigte Aufgabe der Akademie für Allgemeinmedizin erfüllt und das Fach Allgemeinmedizin installiert ist, erhebt sich die Frage: Existieren wirklich derart grundsätzliche Unterschiede in der Berufsausübung von Allgemeinärzten und Gebietsärzten, daß zwei derartige Ausschüsse zur Bewältigung der anstehenden Fragen erforderlich sind?

Unter den Tätigkeiten der Bundesärztekammer verdient noch das sog. „blaue Papier" besonderer Erwähnung. Es handelt sich dabei um eine ausführliche Zusammenfassung der gesundheits- und sozialpolitischen Vorstellungen der deutschen Ärzteschaft. Es wurde erstmals 1974 erarbeitet und 1980 und 1987 neu gefaßt. In ihm sind die Auffassungen der deutschen Ärzteschaft für die Entwicklung der Gesundheits- und Sozialpolitik in den nächsten Jahren festgelegt.

Um ein letztes Beispiel für die Arbeitsintensität der Bundesärztekammer zu geben: Im Jahre 1986 haben in Köln 222 Sitzungen von Gremien der Bundesärztekammer stattgefunden, zu denen weitere 51 außerhalb von Köln hinzukommen.

Wie die Bundesärztekammer selbst ihre Tätigkeit bewertet, zeigen am besten die folgenden, dem Geschäftsbericht 1974/75 vorangestellten Worte: „Vorstand und Geschäftsführung legen den 25. Tätigkeitsbericht seit Bestehen der Bundesärztekammer vor. Man kann wohl ohne Übertreibung darauf hinweisen, daß diese 25 Tätigkeitsberichte eine umfassende Dokumentation der Gesundheits- und Sozialpolitik der Nachkriegszeit in der Bundesrepublik darstellen und eindrucksvoll davon Zeugnis ablegen, in welch hervorragener Weise die ärztlichen Körperschaften und Verbände an dieser Politik mitgewirkt haben."

Bei der Bundesärztekammer haben wir es zusammenfassend mit einem Verein zu tun, der folgende ungewöhnliche Eigenschaften aufweist:

1. Der Verein besteht nur aus 12 Mitgliedern.
2. Sein Vorstand besteht aus 14 Mitgliedern.
3. Seine Hauptversammlung umfaßt 250 Mitglieder.
4. Er hat einen hauptamtlichen Mitarbeiterstab von derzeit mehr als 50 Personen.
5. Er hat zur Unterstützung von Vorstand und Verwaltung mehr als 50 Ausschüsse und ähnliche Organisationen gebildet, deren Mitglieder sämtlich nicht Mitglieder des Vereins, sondern Mitglieder ihrer jeweiligen Landesärztekammer sind.
6. Er genießt das Ansehen und erfüllt die Aufgaben, wie sie einer Bundesbehörde zukämen, ohne eine derartige Behörde zu sein.

All diese Eigentümlichkeiten im Aufbau, im Aufgabengebiet und in der Arbeitsweise der Bundesärztekammer sind im wesentlichen durch ihre förderalistisch gebildete Gestalt bedingt und nur durch diese zu erklären.

Entwicklungslinien in der ärztlichen Berufsgerichtsbarkeit

H.-D. Vogel

Die ärztliche Berufsgerichtsbarkeit hat in unserem Gemeinwesen als Wahrer der ärztlichen Standespflichten eine unbestrittene Position; sie genießt innerhalb und außerhalb der Ärzteschaft hohes Ansehen.

Die ärztlichen Berufsgerichte sind in Baden-Württemberg von der Standesorganisation (Landesärztekammer) getragene selbstständige Gerichte. In anderen Bundesländern sind die ärztlichen Berufsgerichte teilweise der Verwaltungsgerichtsbarkeit (z. B. Nordrhein-Westfalen) oder der ordentlichen Gerichtsbarkeit (Bayern) angegliedert. Ihre Mitglieder besitzen richterliche Unabhängigkeit. Die Zulässigkeit eigener Berufsgerichte der Ärztekammern hat das Bundesverfassungsgericht wiederholt bestätigt.[1] Als „besondere Gerichte" im Sinne des Art. 101 Abs. 2 GG können sie nur durch Gesetz errichtet werden. Der Gesetzesvorbehalt erstreckt sich auch auf die Auswahl und Ernennung der Richter. Rechtsgrundlagen sind die Kammergesetze der Bundesländer und die darauf beruhenden berufsgerichtlichen Durchführungsvorschriften. Im folgenden soll auf einige Entwicklungsschwerpunkte, die in der Rechtsprechung der ärztlichen Berufsgerichte insbesondere in Baden-Württemberg zu erkennen waren, näher eingegangen werden – Entwicklungen, die Helmut Narr, dem die Festschrift gewidmet ist, als Verfasser eines arztrechtlichen Standardkommentars, aber auch als kritisches Mitglied des ständigen Arbeitskreises der Kammeranwälte z. T. maßgeblich mitbeeinflußt hat.

Gegenstand der ärztlichen Berufsgerichtsbarkeit sind berufsunwürdige Handlungen. Dies sind Handlungen, welche gegen die Pflichten verstoßen, die einem Arzt zur Wahrung des Ansehens seines Berufes obliegen (§ 54 Abs. 2 KG BW).[2] Ob eine Handlung berufsunwürdig ist, bestimmt sich nach den ärztlichen Standespflichten, die in den Berufsordnungen der Landesärztekammern sowohl in einer Generalklausel[3] als auch in speziellen Tatbestandsregelungen konkret festgelegt sind.

Ausdrücklich ist bestimmt, daß politische, religiöse und wissenschaftliche Ansichten oder die Stellungnahme zu wirtschaftlichen Berufsangelegenheiten niemals Gegenstand eines berufsgerichtlichen Verfahrens sein können (§ 54 Abs. 2 Satz 2 KG BW). Das Berufsgericht hat sich daher im wissenschaftlichen Streit der Ärzte über Allopathie und Homöopathie in einem Flugblatt gegen Tierversuche einer Wertung hinsichtlich der besseren Therapie zu enthalten.[4]

---

[1] BVerfG vom 24. 11. 1964, NJW 1965, 343; für die Berufsgerichte in Baden-Württemberg ausdrücklich BVerfG vom 20. 1. 1970, BVerfGE 27, 361 ff.

[2] Kammergesetz Baden-Württemberg in der Fassung vom 31. 5. 1976 (GBL. S. 473).

[3] Vgl. § 1 Abs. 3 Berufsordnung Baden-Württemberg in der Fassung vom 10. 12. 1986 (ÄBW S. 84), der § 29 KG BW entspricht.

[4] Landesberufsgericht für Ärzte in Stuttgart, MedR 1986, 93.

Konkurrierende Sanktionen

Vielfach konkurriert der Verstoß gegen ärztliche Standespflichten zugleich mit anderen Rechtsnormen, wie etwa mit den allgemeinen Strafgesetzen oder mit speziellen disziplinarrechtlichen Bestimmungen (z. B. für Kassenärzte oder beamtete Ärzte). Die für die konkurrierende Verfolgung von Rechtsverstößen maßgebenden Grundsätze sind durch die Rechtsprechung konkretisiert und weiterentwickelt worden.

Grundsatz „ne bis in idem"

Ausgangspunkt ist das in Art. 103 Abs. 3 GG verankerte Prinzip „ne bis in idem", das dem Gebot der Rechtssicherheit[5] Rechnung trägt. Danach darf niemand wegen derselben Tat auf Grund der allgemeinen Strafgesetze mehrmals bestraft werden.

1) Geht man vom Wortlaut und der Entstehungsgeschichte dieser Bestimmung aus, so gilt das Verbot der Doppelbestrafung nur für mehrfache Sanktionen in Strafverfahren der ordentlichen Gerichtsbarkeit. Mit der Beschränkung auf die „allgemeinen Strafgesetze" wollte der Verfassungsgeber deutlich machen, daß dieser Grundsatz nicht ohne weiteres für disziplinarrechtliche und standesrechtliche Maßnahmen gelten soll.
   Dies wird i. allg. damit begründet, daß zwischen Strafrecht und Disziplinarrecht grundlegende Unterschiede bestehen. Während bei der Kriminalstrafe der Vergeltungsgedanke und die Sühnefunktion im Vordergrund stehen, ist das Disziplinar- und Standesrecht in erster Linie als Ordnungsinstrument präventiver Natur ausgeprägt, ihr Ziel ist die Erziehung des Täters zu künftigem pflichtgemäßen Verhalten.[6] Es mag dahingestellt bleiben, ob diese Differenzierung gerechtfertigt ist. Jedenfalls wirkt sich die Konkurrenz von strafrechtlichen und disziplinarrechtlichen Maßnahmen für den Betroffenen je nach Sachlage als doppelte Sanktion aus. In der Rechtsprechung wurde daher das Verbot der Doppelbestrafung als allgemeiner Rechtsgrundsatz weiterentwickelt und im Interesse der Gerechtigkeit auf vergleichbare Konkurrenzsituationen entsprechend ausgedehnt.
   Ist wegen eines Fehlverhaltens bereits eine Verurteilung durch das Strafgericht erfolgt, kommt es maßgeblich darauf an, ob ein berufsrechtlicher, durch das Strafurteil nicht gesühnter Überhang festgestellt werden kann. Liegt ein berufsrechtlicher Überhang nicht vor, würde eine zusätzliche berufsgerichtliche Sanktion den verfassungsrechtlichen Grundsatz der Verhältnismäßigkeit verletzen.[7] Diesem Grundsatz ist inzwischen in § 115 b BRAO ausdrücklich Rechnung getragen. Danach darf eine ehrengerichtliche Maßnahme durch die Rechtsanwaltskammer nur erfolgen, wenn diese zusätzlich erforderlich ist, um den Rechtsanwalt zur Erfüllung seiner Pflichten anzuhalten und das Ansehen der Rechtsanwaltschaft zu wahren.

---

[5] So die überwiegende Meinung, vgl. Bonner Kommentar zum GG, Art. 103 Abs. 3 Anm. 11.

[6] BVerwG NJW 1983, 1440; Claussen/Janzen, BDO, 4. Aufl., Einl. A Anm. 5 a ff.

[7] Bundesverfassungsgericht vom 29. 10. 1969 – BVerfGE 27, 188; NJW 1970, 507; BVerwG NJW 1963, 875.

Eine ähnliche Vorschrift findet sich in der Neuregelung des § 46 HeilbG Rheinland-Pfalz.

2) Das Verbot gleichartiger Sanktionen stellt im berufsgerichtlichen Verfahren ein Prozeßhindernis[8] dar, das vom Amts wegen zu beachten ist. Soweit ein standeswidriges Verhalten mit einem strafrechtlichen Tatbestand identisch ist oder in ihm aufgeht, ist nach einer Verurteilung durch das Strafgericht eine berufsgerichtliche Ahndung deshalb nicht mehr zulässig. Entsprechendes gilt im Falle eines Freispruchs. Da die strafrechtlichen Feststellungen für das berufsgerichtliche Verfahren bindend sind, kann eine berufsrechtliche Ahndung wegen desselben Sachverhaltes nicht mehr erfolgen, es sei denn, daß ein berufsrechtlicher Überhang anzunehmen ist (§ 55 Abs. 3 KG BW).
Ein berufsgerichtliches Verfahren wegen derselben Tat ohne berufsrechtlichen Überhang ist auch dann unzulässig, wenn der strafrechtliche Verstoß durch einen Strafbefehl geahndet wurde, denn dieser erlangt nach § 410 Strafprozeßordnung die Wirkung eines rechtskräftigen Urteils. Anders ist die Rechtslage zu beurteilen, wenn die Staatsanwaltschaft ein Ermittlungsverfahren eingestellt hat. Da die Einstellung des Ermittlungsverfahrens durch die Staatsanwaltschaft die Strafklage nicht verbraucht, kann wegen des nämlichen Sachverhalts ein berufsgerichtliches Verfahren durchgeführt werden. Entsprechendes gilt bei einer freiwilligen Geldbuße, die gemäß § 153 a Abs. 1 StPO Voraussetzung für die Einstellung eines Strafverfahrens ist.

3) Um Überschneidungen zu vermeiden, darf während eines Strafverfahrens wegen derselben Tatsachen kein berufsgerichtliches Verfahren eingeleitet werden. Wird ein Strafverfahren im Laufe eines berufsgerichtlichen Verfahrens wegen derselben Tatsachen eröffnet, so muß das berufsgerichtliche Verfahren bis zur Beendigung des Strafverfahrens ausgesetzt werden (§ 55 Abs. 1 und 2 KG BW).
Aus diesen Konkurrenzregelungen darf jedoch nicht der Schluß gezogen werden, daß es sich bei der Berufsgerichtbarkeit um eine Folgegerichtsbarkeit der Strafgerichte handelt. Es wäre falsch und mit der Eigenständigkeit der ärztlichen Berufsgerichtsbarkeit nicht vereinbar, zunächst abzuwarten, ob die Staatsanwaltschaft ermittelt und nur solche Fälle an die Berufsgerichte zu bringen, bei denen der Arzt bereits in einem Strafverfahren verurteilt worden ist. Sobald der Kammeranwalt durch eine Anzeige oder auf anderem Wege von dem Verdacht einer berufsunwürdigen Handlung Kenntnis erhält, hat er selbständig Ermittlungen einzuleiten und zu prüfen, ob berufsgerichtliche Klage zu erheben ist.
Ob neben einer strafrechtlichen Verurteilung eine disziplinarrechtliche Ahndung geboten ist, hängt von den konkreten Umständen des Einzelfalls ab. Dabei kommt es sowohl auf die Persönlichkeit des Beschuldigten (früheres Verhalten, Einsicht in das Unrecht der Verfehlung, Wiederholungsgefahr) als auch auf die Schwere der Verfehlung an. Wenn die Tat in der Öffentlichkeit erhebliches Aufsehen erregt hat, wird in aller Regel neben der strafrechtlichen Verurteilung zur Wahrung des Ansehens der Ärzteschaft eine zusätzliche berufsrechtliche Ahndung erfolgen

---

[8] Es ist zugleich ein subjektives Prozeßgrundrecht, Bonner Kommentar zum GG, Art. 103 Abs. 3 Anm. 15. Ein Verstoß gegen das Verbot der Doppelbestrafung berechtigt daher zur Verfassungsbeschwerde beim Bundesverfassungsgericht.

müssen. Bei der Beurteilung, ob das Ansehen der Ärzteschaft tangiert ist, kommt es auf das Bild des Arztes in der Öffentlichkeit an, d. h. auf die Auffassung eines unvoreingenommenen, sachlich urteilenden Betrachters.

4) Im übrigen ist darauf hinzuweisen, daß im Standes- und Disziplinarrecht das *Opportunitätsprinzip* maßgebend ist, während im strafrechtlichen Verfahren das Legalitätsprinzip gilt. Dies bedeutet, daß in Baden-Württemberg vom Kammeranwalt unter Berücksichtigung aller Umstände im Einzelfall abgewogen werden muß, ob nach einer strafrechtlichen Verurteilung berufsgerichtliches Einschreiten erforderlich ist, um das Ansehen der Ärzteschaft zu wahren.[9] Dabei handelt es sich im Gegensatz zum Grundsatz ne bis in idem, der ein zwingendes Prozeßhindernis darstellt, um eine am Grundsatz der Verhältnismäßigkeit zu orientierende Ermessensentscheidung. Das Opportunitätsprinzip bedeutet jedoch nicht, daß es im freien Belieben des Kammeranwaltes steht, ein berufsgerichtliches Vefahren einzuleiten. Das Opportunitätsprinzip ist durch das Willkürverbot begrenzt. Es muß daher in jedem Falle eine pflichtgemäße Interessenabwägung durchgeführt werden.
Die Kammeranwälte haben den Sachverhalt nicht nur unter belastenden, sondern auch unter den für eine Strafzumessung bedeutsamen Umständen (§ 20 Abs. 2 Berufsgerichtsordnung BW)[10] zu ermitteln. Ein ständiger Erfahrungsaustausch der Kammeranwälte in Baden-Württemberg stellt sicher, daß bei vergleichbaren Sachverhalten innerhalb der vier Bezirksärztekammern nach gleichen Grundsätzen verfahren wird. Nachdem die Ärztekammern nach Maßgabe der MiStra über den Ausgang von Strafverfahren gegen Ärzte regelmäßig unterrichtet werden, ist dies für die Beurteilung der Frage, ob ein berufsrechtlicher Überhang anzunehmen und damit ein berufsgerichtliches Verfahren einzuleiten ist, von besonderer Bedeutung. In Zweifelsfällen wird zu typischen Fallgruppen die Meinung des Vorstandes der Landesärztekammer eingeholt werden müssen.

Standesrecht und Disziplinarrecht

1) Verstöße gegen kassenärztliche Pflichten werden durch die Disziplinarinstanzen der Kassenärztlichen Vereinigungen (§ 368 m Abs. 4 RVO) geahndet. Soweit gleichzeitig ein Verstoß gegen allgemeinärztliche Pflichten vorliegt, kann darüber hinaus ein berufsgerichtliches Verfahren in Betracht kommen. Auch in diesem Konkurrenzbereich kommt es jedoch entscheidend darauf an, wie sich die in Betracht kommenden Sanktionen auf den Betroffenen auswirken. Wenn wegen des gleichen Sachverhalts bereits eine berufsgerichtliche Ahndung erfolgt ist und ein spezieller „Überhang" nicht vorliegt, ist eine weitere disziplinarrechtliche Maßnahme unter dem Gesichtspunkt der Verhältnismäßigkeit nicht vertretbar.[11]
Das gleiche gilt im umgekehrten Falle, wenn das zur Last gelegte Verhalten zuerst disziplinarrechtlich geahndet wurde. Unregelmäßigkeiten in der Honorarabrechnung durch Kassenärzte unterliegen in erster Linie der Ahndung durch kassenärzt-

---

[9] Vgl. BVerfGE 27, 180ff.
[10] Vom 27.7.1955, in der Fassung vom 16.11.1965 (GBl. S. 296).
[11] So auch Narr, RdNr. 697. Zur Konkurrenz von strafrechtlichem Berufsverbot und Rücknahme der Approbation vgl. Rieger, Lexikon des Arztrechts, Rz. 91.

liche Disziplinarinstanzen. Eine berufsgerichtliche Verurteilung kommt in solchen Fällen nur in Betracht, wenn besondere Umstände vorliegen, die das Ansehen der Ärzteschaft insgesamt erheblich beeinträchtigen können.
Soweit es sich um beamtete Ärzte handelt, bestimmt § 56 KG BW, daß ein berufsgerichtliches Verfahren wegen berufsunwürdiger Handlungen, die innerhalb des Dienstes begangen wurden, nicht stattfindet; bei außerhalb des Dienstes begangenen Verfehlungen muß die oberste Dienstbehörde der Einleitung des Verfahrens zustimmen.[12] Nur im letzteren Fall kann also ein berufsrechtlicher Überhang überhaupt relevant werden.

2) Im Disziplinarrecht für Beamte hat der Grundsatz ne bis in idem eine Weiterentwicklung dahin erfahren, daß selbst dann, wenn ein disziplinarrechtlich relevanter Überhang an sich gegeben ist, eine disziplinarrechtliche Ahndung dennoch entfällt, wenn diese nach dem Grundsatz der Verhältnismäßigkeit aufgrund der strafrechtlichen Verurteilung nicht mehr vertretbar erscheint. So bestimmt § 14 Bundesdisziplinarordnung (BGBl. I S. 751),[13] daß wegen desselben Sachverhaltes ein Verweis nicht ausgesprochen werden darf, wenn durch ein Gericht oder eine Behörde eine Strafe oder Ordnungsmaßnahme verhängt worden ist; höhere Disziplinarstrafen (z. B. Geldbuße, Gehaltskürzung) dürfen nur verhängt werden, wenn dies zusätzlich erforderlich ist, um den Beamten zur Erfüllung seiner Pflichten anzuhalten und das Ansehen des Beamtentums zu wahren. Dies bedeutet, daß bei leichten und mittelschweren Dienstvergehen dem Zweck des Disziplinarrechts schon durch die vorangegangene Strafe Genüge getan ist.

Verstöße im Privatleben

1) Wird ein Arzt außerhalb seiner ärztlichen Berufsausübung straffällig, so kommt eine berufsgerichtliche Ahndung nur in Betracht, wenn nach den Umständen des Einzelfalls von einer erheblichen Beeinträchtigung des Ansehens des ärztlichen Berufsstandes auszugehen ist. Nicht jedes mit dem Strafrecht oder allgemeinen moralischen Vorstellungen unvereinbare Verhalten ist zugleich berufsrechtlich relevant. Es wäre unvertretbar, dem Arzt über das Berufsrecht in allgemein ethischer und moralischer Sicht eine Vorbildfunktion auferlegen zu wollen.[14]
Diesem Gesichtspunkt ist durch die Neufassung der Generalklausel in § 1 Abs. 3 BO BW stärker als bisher Rechnung getragen worden. Danach ist der Arzt verpflichtet, seinen Beruf gewissenhaft auszuüben und dem ihm in Zusammenhang mit dem Beruf entgegengebrachten Vertrauen zu entsprechen. Mit dieser Fassung sollte ausgedrückt werden, daß ein privates Verhalten, das in keinerlei Beziehung zum Beruf steht, nicht unter die Berufsausübung fällt und damit auch berufsgerichtlich nicht geahndet werden kann.[15] In der vor dem 1. Januar 1978 geltenden Fassung war

---

[12] In Hessen und Rheinland-Pfalz ist ein berufsgerichtliches Verfahren gegen Ärzte, die dem beamtenrechtlichen Disziplinarrecht unterliegen, generell ausgeschlossen.

[13] Nach Weiß, Disziplinarrecht des Bundes und der Länder, § 14 BDO Anm. 5, ist § 14 nicht Ausdruck des Art. 103 GG, sondern des Übermaßverbots im Sinne des Art. 20 Abs. 3 GG.

[14] Ähnlich für Beamte BDH 7, 290.

[15] Entsprechend hat der BGH mit Urteil vom 16. 10. 1978 (NJW 1979, 556) für das außerhalb des Berufs liegende Verhalten eines Rechtanwalts entschieden.

hingegen bestimmt, daß sich der Arzt bei seinem Verhalten „innerhalb und außerhalb seines Berufs der Achtung und des Vertrauens würdig zu zeigen hat, die der ärztliche Beruf erfordert".

Als Beispiele für strafrechtliche Verstöße im Privatleben, die nicht ohne weiteres eine berufsrechtliche Ahndung erfordern, seien genannt: Steuerhinterziehung, Diebstahl im Selbstbedienungsladen, einfacher Betrug ohne Bezug zur Stellung als Arzt, Körperverletzung gegenüber der Ehefrau.[16]

2) Für Beamte ist vergleichbar in § 77 Abs. 1 Satz 2 Bundesbeamtengesetz ausdrücklich geregelt, daß ein Verhalten außerhalb des Dienstes nur dann ein Dienstvergehen ist, wenn es nach den Umständen des Einzelfalls in besonderem Maße geeignet ist, Achtung und Vertrauen in einer für sein Amt oder das Ansehen des Beamtentums bedeutsamen Weise zu beeinträchtigen. Eine entsprechende Regelung für Rechtsanwälte findet sich in § 113 Abs. 2 BRAO.

Trunkenheit am Steuer

Menschliches Versagen kann dem Arzt im Straßenverkehr genauso wie jedem anderen Staatsbürger zum Verhängnis werden. Während eine Geschwindigkeitsüberschreitung oder eine Vorfahrtsverletzung offenkundig der Privatsphäre des Arztes zuzurechnen ist, kommt es beim Führen von Kraftfahrzeugen unter Alkoholeinfluß auf die jeweiligen Umstände im Einzelfalle an, ob von einer berufsrechtlichen Relevanz auszugehen ist.[17]

In früheren Jahren haben die ärztlichen Berufsgerichte in Baden-Württemberg jede strafrechtliche Verurteilung eines Arztes wegen Trunkenheit am Steuer zusätzlich unter berufsrechtlichen Aspekten geahndet. So hat etwa das Landesberufsgericht für Ärzte in Stuttgart in seinem Urteil vom 17. 10. 1970 - 2/70 - ausgeführt, daß das Fahren unter Alkoholeinwirkung für einen Arzt in jedem Falle standeswidrig sei. Der Arzt verpflichte sich, durch seinen Beruf zu heilen und Unheil zu lindern. Damit vertrage es sich nicht, daß man Unheil verursacht oder so handelt, daß leicht Unheil entsteht. Mit Urteil vom 19. Januar 1974 - 1/73 - hat dasselbe Gericht diesen Standpunkt bekräftigt, jedoch dahin ergänzt, daß bei der Bemessung der berufsgerichtlichen Strafe die vom ordentlichen Gericht verhängte Geldstrafe berücksichtigt werden kann.

Gegenüber dieser strengen Betrachtungsweise hat sich inzwischen - auch unter Berücksichtigung der beamtenrechtlichen Disziplinarpraxis -[18] eine differenzierende Beurteilung durchgesetzt. Zu unterscheiden ist zwischen Trunkenheitsfahrten, die sich außerhalb der ärztlichen Berufsausübung ereignen, und solchen, die im Zusammenhang mit der Berufsausübung begangen werden.[19]

---

[16] Bezirksberufsgericht Nordbaden für Ärzte vom 26. 6. 1964 - BG 1/64, Kallfelz, Sammlung von Entscheidungen der ärztlichen Berufsgerichte, Bd. II, S. 219.

[17] Dabei handelt es sich nicht um ein Bagatelldelikt, sondern in den Fällen der §§ 315 c, 316, 323 a StGB um eine Straftat mit „echtem kriminellem, auf einer gemeinschaftsschädlichen Einstellung beruhendem Gehalt" (BVerwG 33, 124).

[18] DiszH beim VGH BW 20. 12. 1983, VBL BW 1985, 35.

[19] Landesberufsgericht für die Heilberufe, Bayr. Ärzteblatt 1982, 130; ähnlich für Beamte (BVerwG NJW 1983, 1440).

Entscheidend ist, ob die Verfehlung im Straßenverkehr geeignet ist, das Ansehen der Ärzteschaft oder die Vertrauenswürdigkeit des Arztes in der Öffentlichkeit in erheblicher Weise zu beeinträchtigen. Liegt etwa der strafrechtlichen Verurteilung allein ein Verstoß gegen § 24 a StVG (mehr als 0,8 ‰ Blutalkohol, jedoch noch keine absolute Fahruntüchtigkeit) zugrunde, ohne daß gravierende Umstände (z. B. Beleidigung von Polizeibeamten) hinzukommen, kann von der Einleitung eines berufsgerichtlichen Verfahrens abgesehen werden. Dies gilt auch, wenn man die besondere Verantwortung der Ärzte für die Bekämpfung des Alkoholismus und ihr Wissen von der Gefährlichkeit des Alkohols in Rechnung stellt.[20]
Eine zusätzliche berufsgerichtliche Ahndung ist bei Ärzten i. allg. jedoch dann zu bejahen, wenn die Tat im Zusammenhang mit der ärztlichen Berufsausübung begangen wurde, etwa wenn der Arzt während des Notfalldienstes Alkohol zu sich genommen und auf der Fahrt zum Patienten in fahruntüchtigem Zustand einen Verkehrsunfall verursacht hat. In Zeiten, in denen ärztliche Verrichtungen zu erwarten sind, darf der Arzt seine Leistungsfähigkeit nicht durch den Genuß alkoholischer Getränke beeinträchtigen.

Amtsdelikte

Das Strafrecht kennt verschiedene Tatbestände, in denen die Eigenschaft des Täters als Arzt strafbegründend oder erschwerend ist (Amtsdelikte), z. B. § 278 StGB – Ausstellen unrichtiger Gesundheitszeugnisse. In diesen Fällen wird die berufsgerichtliche Ahndung durch die Kriminalstrafe regelmäßig absorbiert, wenn nicht besondere gravierende Umstände hinzukommen; so auch bei einer Verurteilung durch das Strafgericht nach § 323 c StGB (Nichtausführung eines geforderten Nachtbesuchs), wenn die Arzteigenschaft straferschwerend im Strafurteil berücksichtigt worden ist.
Umgekehrt ist eine berufsgerichtliche Ahndung in aller Regel erforderlich, wenn eine kriminelle Verfehlung vorliegt, die für einen Arzt, von dem insoweit besondere Einsicht erwartet wird, in besonderem Maße verwerflich ist, etwa bei Verstößen gegen das Betäubungsmittelgesetz oder bei illegaler Abtreibung. Auch das strafbare unberechtigte Führen akademischer Titel kann als Verstoß gegen das ärztliche Ansehen berufsgerichtlich zusätzlich geahndet werden.

Berufsgerichtliche Verfahren gegen Kammerorgane?

Mit der Frage der berufsgerichtlichen Verantwortlichkeit von Organen der ärztlichen Berufsvertretung hatte sich das Landesberufsgericht für Ärzte in Stuttgart erstmals in einer Entscheidung vom 18. 7. 1987 – 1/87 – auseinanderzusetzen. Anlaß war der Antrag eines niedergelassenen Arztes, gegen den Präsidenten einer Bezirksärztekammer ein berufsgerichtliches Verfahren einzuleiten, weil in dessen Ablehnung seines Antrags auf Ermächtigung zur Weiterbildung beleidigende Äußerungen enthalten seien.

---

20 Landesberufsgericht für Heilberufe beim Bayerischen Obersten Landesgericht vom 22. 7. 1981, Bayr. Ärzteblatt 1982, 130.

Nachdem der Kammeranwalt beim Bezirksberufsgericht das berufsgerichtliche Ermittlungsverfahren eingestellt hatte, beantragte der Anzeigeerstatter beim Landesberufsgericht eine Entscheidung nach § 24 Abs. 2 Berufsgerichtsordnung BW darüber, ob die berufsgerichtliche Klage zu erheben sei.

Das Landesberufsgericht lehnte den Antrag in einer sorgfältig begründeten Entscheidung ab. Es stellte fest, daß das vom Anzeigeerstatter beanstandete Handeln des Präsidenten der Bezirksärztekammer nicht dem Sachgebiet der ärztlichen Berufspflichten unterfällt, sondern dem hoheitlichen Wirkungskreis der Landesärztekammer als Körperschaft des öffentlichen Rechts (§ 6 KG BW) zuzurechnen sei, deren rechtlich selbstständige Untergliederungen die Bezirksärztekammer seien.[21] Die Beziehungen zwischen den Kammermitgliedern und den Organen der Ärztekammern seien öffentlich-rechtlicher Natur. Der Präsident, der die Kammer nach außen vertrete, handele deshalb auf dem Gebiet der gesetzlich übertragenen Staatsaufgaben mit hoheitlichen Mitteln und unter staatlicher Aufsicht (§ 7 Abs. 1 KG BW). Überschreite er die Grenzen, die seinem Tätigwerden durch die gesetzlich normierte Aufgabenstellung gezogen sind, sei zum Einschreiten die Staatsaufsicht befugt, die das Kammermitglied im Wege der Aufsichtsbeschwerde anrufen könne. Gegen Eingriffe der Kammerorgane in die Rechte des Kammermitglieds durch Verwaltungsakte sei danach der Verwaltungsrechtsweg eröffnet. Ein berufsgerichtliches Verfahren gegen die Mitglieder eines Kammerorgans, die in Wahrnehmung öffentlicher Aufgaben gehandelt haben, könne daneben grundsätzlich nicht in Betracht kommen. Raum für ein berufsgerichtliches Verfahren sei allenfalls dann, wenn der Amtsträger offenkundig nur „bei Gelegenheit" einer nach öffentlichem Recht zu beurteilenden Tätigkeit berufsunwürdige Handlungen begeht und sich sein Handeln von vornherein außerhalb dessen bewegt, was dem Begriff der öffentlichen Aufgabe unterfallen kann.

Die Entscheidung des Landesberufsgerichts für Ärzte ist zu begrüßen. Sie sichert die Handlungs- und Funktionsfähigkeit der Organe der Ärztekammer, die im Rahmen der ihnen übertragenen Verantwortung aufgrund der geltenden Rechtsvorschriften ggf. auch für einzelne Kammermitglieder nachteilige Entscheidungen zu treffen haben. Die vom Landesberufsgericht dargelegten Grundsätze gelten nicht nur für die Präsidenten der Ärztekammern, die die Kammer nach außen zu vertreten haben, sondern auch für alle anderen Mitglieder eines Kammerorgans, soweit sich diese im Rahmen der Erfüllung öffentlicher Aufgaben bewegen, also beispielsweise auch für die ärztlichen Mitglieder von Ausschüssen der Kammer. In entsprechender Anwendung dieser Grundsätze können gleichfalls Delegierte der Ärztekammer wegen Äußerungen in der Vertreterversammlung, die als ehrverletzend empfunden werden, berufsgerichtlich nicht belangt werden. In einer weiteren Entscheidung vom 18. 7. 1987 - 4/87 - hat das Landesberufsgericht für Ärzte in Stuttgart dies für Äußerungen eines Geschäftsführers einer Bezirksärztekammer, die als unkollegial beanstandet wurden, ausdrücklich bestätigt. Der Geschäftsführer nehme, soweit er in Erfüllung der ihm gestellten satzungsmäßigen Aufgaben tätig werde, ebenfalls hoheitliche Aufgaben wahr. Ein berufsgerichtliches Verfahren komme daher gegen den vom Kammerorgan beauftragten Geschäftsführer nicht in Betracht. Vielmehr könne sich der Betroffene im Wege der

---

[21] § 22 Abs. 1 KG BW.

Aufsichtsbeschwerde an den Präsidenten der Bezirksärztekammer (und ggf. weiter an die staatliche Aufsichtsbehörde) wenden.

Berufsrechtliches Werbeverbot

Zulässige Berufsausübungsregelung

In der Häufigkeit der berufsrechtlichen Pflichtenverletzungen von Ärzten stehen die Verstöße gegen das Werbeverbot an der Spitze. In den letzten Jahren hat ihre Zahl weiter zugenommen. Dies mag mit der wachsenden Konkurrenzsituation in medizinisch gut versorgten Einzugsbereichen, aber auch mit der zunehmenden Spezialisierung der Ärzte, die zur Hervorhebung besonderer Leistungsmerkmale verleiten kann, zusammenhängen.

Berufsrechtliche Leitlinie ist der Grundsatz, daß niedergelassene Ärzte kein Gewerbe betreiben (§ 1 Abs. 2 BuÄO). Sie haben vielmehr ihren Beruf, Leben zu erhalten, Gesundheit zu schützen und wieder herzustellen sowie Leiden zu lindern, nach den Geboten der Menschlichkeit auszuüben (§ 1 Abs. 2 Satz 1 BO BW). Zur Wesensnatur dieses Berufes gehört die Verpflichtung, auf die werbende Herausstellung der eigenen Tätigkeit zu verzichten. Jede Werbung oder Anpreisung ist dem Arzt - ebenso wie anderen freien Berufen - untersagt (§ 22 Abs. 1 BO BW).

Das strikte Werbeverbot für Ärzte ist als Berufsausübungsregelung im Sinne von Art. 12 GG durch höchstrichterliche Urteile wiederholt bestätigt worden. Es ist aus anerkannten Gemeinwohlerwägungen gerechtfertigt und widerspricht nicht dem Grundsatz der Verhältnismäßigkeit.[22] Das Werbeverbot will eine Verfälschung des ärztlichen Berufsbildes durch Verwendung von Werbemethoden verhindern, wie sie in der gewerblichen Wirtschaft üblich sind. Können, Leistung und Hinwendung zum Patienten sollen die Wertschätzung des Arztes beeinflussen und seine Inanspruchnahme fördern, nicht jedoch eine anpreisende Eigenwerbung. Damit dient das Werbeverbot mittelbar der Volksgesundheit, weil es unerwünschte Konkurrenzkämpfe der Ärzte untereinander verhindert und eine Verwirrung des Publikums auf dem Gebiet der ärztlichen Versorgung ausschließt.[23]

Werbung oder sachliche Information

1) Werbung ist jede an eine andere Person - in welcher Form auch immer - gerichtete Anpreisung von Leistungen. Ihr Ziel ist es, das Vertrauen des Angesprochenen zu gewinnen und gleichzeitig zu „imponieren". Was im Einzelfall als Werbung zu werten ist, ergibt sich aus dem ärztlichen Berufsrecht[24] und aus der Standesauffassung.[25] Dabei kommt es nicht darauf an, ob die Werbung subjektiv vom Arzt

---

22 BVerfGE 33, 170; BVerfG NJW 1986, 1533; VGH BW MedR 1985, 241; OVG Münster DÖV 1974, 680.
23 VGH BW, MedR 1985, 240.
24 Vgl. die Beispiele in § 22 Abs 1 BO BW.
25 BGH NJW 1971, 1890; Narr, RdNr. 1179.

beabsichtigt ist, entscheidend ist allein die objektive Werbewirkung in der Öffentlichkeit.[26] Auch kann sich der beschuldigte Arzt nicht, wie dies oft geschieht, darauf berufen, daß andere Ärzte angeblich in gleicher Weise würben und daß die Standesorganisation hiergegen – möglicherweise – nicht gleichmäßig einschritte. Eine Berufung auf Gleichheit im Unrecht ist nicht statthaft. Solange die Standesorganisationen der Ärzte in der Bundesrepublik nicht einheitlich gegen eine unerlaubte Werbung vorgehen, kann dies jedoch nach Auffassung des Berufsgerichts für die Heilberufe beim OLG München bei der Strafzumessung berücksichtigt werden.[27] Andererseits sind die Kammeranwälte gehalten, sofern ihnen eine unerlaubte Werbung bekannt wird, von Amts wegen Ermittlungen einzuleiten und nach dem gleichen Maßstab vorzugehen.

Eine unzulässige Werbung liegt nach zutreffender Auffassung des Landesberufsgericht für Ärzte in Stuttgart[28] auch dann vor, wenn ein Arzt im Fernsprechbuch neben der Bezeichnung „Praktischer Arzt" die nach der Weiterbildungsordnung erworbene Gebietsbezeichnung „Kinderarzt" führt, denn nach §4 Abs. 2 der Weiterbildungsordnung BW darf neben der Bezeichnung „Praktischer Arzt" (oder „Arzt für Allgemeinmedizin") keine weitere Gebietsbezeichnung geführt werden. Daß die insoweit unzulässige Bezeichnung als Kinderarzt werbewirksam gewollt war, ist offenkundig.

Ein Verstoß gegen das Werbeverbot liegt ferner vor, wenn der Leiter einer Laborgemeinschaft Teile der ihm als Laborarzt zufließenden Gebühren und Kostenpauschalen in Form der Verbilligung der Laborleistung den Mitgliedern der Laborgemeinschaft zukommen läßt, selbst wenn sie lediglich dem erzielten Rationalisierungsvorteil entsprechen.[29] Es muß schon der Anschein vermieden werden, der Arzt lasse sich bei Überweisungsentscheidungen an eine Laborgemeinschaft von sachfremden Erwägungen beeinflussen. Auf die jeweilige Motivation des Empfangenden oder Leistenden kommt es nicht an.

2) Bei der Frage, ob eine unzulässige Werbung vorliegt, ist andererseits zu beachten, daß ein berechtigtes Interesse der Öffentlichkeit und des Arztes daran besteht, daß das Angebot der ärztlichen Leistungen in dem für die Entscheidung des Patienten über die Wahl des Arztes gebotenen Umfang angekündigt wird. Eine sachlich notwendige Aufklärung und Information in bezug auf die ärztliche Tätigkeit und in bezug auf Heilmittel oder Heilverfahren ist dem Arzt erlaubt.[30] Dies gilt vor allem für die Führung einer nach dem Kammergesetz oder der Weiterbildungsordnung zulässigen und rite erworbenen Gebiets- oder Teilgebietsbezeichnung.[31]

Zulässig ist ferner die Führung mehrerer verwandter Gebietsbezeichnungen (z. B. Chirurgie mit Urologie), jedoch nur in dem nach §4 Abs. 2 WBO BW bestimmten Umfang. Der sachlichen Information dient ferner der Hinweis auf Zusatzbezeichnungen (z. B. Badearzt, Kurarzt)[32], auf Sprechstundenzeiten, die Fernsprechnum-

---

[26] Rieger, Rz. 1902.

[27] Urteil vom 18. 9. 1968 (Kallfelz, Bd. II, S. 442).

[28] Urteil vom 18. 7. 1987 – 3/87.

[29] Berufsgericht für die Heilberufe beim OLG München vom 10. 12. 1986 – BG – Ä 17/85.

[30] Narr, RdNr. 1179.

[31] Vgl. BVerfGE 33, 170; VGH BW MedR 1985, 241.

[32] Allerdings dürfen diese Zusatzbezeichnungen nur geführt werden, wenn der Arzt auch in diesem Bereich tätig ist (§4 Abs. 4 Satz 2 Weiterbildungsordnung BW).

mern oder medizinische akademische Grade sowie auf eine ärztliche Amts- und Dienstbezeichnung (z. B. Medizinalrat, Chefarzt), solange diese Funktion ausgeübt wird. Wer dagegen andere als in der Weiterbildungsordnung oder in der Berufsordnung aufgeführte Bezeichnungen, Zusätze und Hinweise (z. B. Arzt für Naturheilverfahren, kosmetische Chirurgie, Röntgeninstitut) führt, überschreitet die Grenze der sachlichen Information und handelt damit berufswidrig. Unzulässig ist auch der Hinweis auf angewandte spezielle Diagnosemethoden in der Öffentlichkeit[33], ebenso ein aufdringlicher Bericht in Tageszeitungen über die Tätigkeit in einem neuen medizinischen Gebiet (z. B. „erste Samenbank in Baden-Württemberg").[34]
Konkrete Ausformungen des Werbeverbots sind in den Bestimmungen der Berufsordnung BW über Anzeigen und Verzeichnisse (§ 28), Gestaltung von Praxisschildern (§ 29) und über die Ankündigung auf Briefbögen (§ 31) enthalten. In diesen Fällen bedarf es nicht einer Abgrenzung zwischen unerlaubter Werbung und zulässiger Information im Einzelfall wie bei der Generalklausel in § 22 BO BW, denn nach diesen – verfassungsrechtlich unbedenklichen – berufsordnungsrechtlichen Regelungen werden auch Angaben ausgeschlossen, die, für sich betrachtet, nur einen informativen Charakter haben.[35]

3) Zur Frage, in welchem Umfang Ärzte andere Ärzte über ihr *Leistungsangebot* informieren dürfen, liegt inzwischen eine sachgerechte Neuregelung vor, die der Spezialisierung des Leistungsangebots unter den niedergelassenen Ärzten und dem Fortschritt der Medizin angemessen Rechnung trägt. So bestimmt die 1985 getroffene Regelung in § 23 Abs. 1 BO BW, daß ein Arzt andere Ärzte über die Möglichkeit, spezielle diagnostische und therapeutische Maßnahmen bei ihm durchführen zu lassen, informieren darf. Die Information muß räumlich auf ein angemessenes Einzugsgebiet um den Ort der Niederlassung begrenzt und auf eine Ankündigung der eigenen Leistungsbereitschaft sowie des Leistungsangebots beschränkt sein. Jede werbende Herausstellung der eigenen Tätigkeit ist untersagt und damit berufsunwürdig. Zulässig ist beispielsweise, andere Ärzte sachlich und in angemessener Form durch Rundschreiben über das eigene Leistungsangebot zu unterrichten. Derartige Hinweise dürfen jedoch grundsätzlich nicht häufiger als einmal im Jahr erfolgen, weil sie sonst mit einem unvertretbaren Werbeeffekt verbunden sind (§ 23 Abs. 2 BO BW).
Vor kurzem hatte sich das Landesberufsgericht für Ärzte in Stuttgart mit der Frage auseinanderzusetzen, ob diese Grundsätze eine Ausnahme rechtfertigen, wenn ein Arzt eine Spezialpraxis mit besonders hohem technischen und finanziellen Aufwand betreibt. Der betroffene Arzt hatte geltend gemacht, daß ihm nicht verwehrt werden könne, in Tageszeitungen auf die besondere technische Einrichtung seiner Praxis (z. B. „Röntgen-Computertomographie, neuroradiologische Diagnostik") hinzuweisen. Das Landesberufsgericht stellte mit Urteil vom 18. Juli 1987 – 2/1987 – fest, daß außergewöhnlicher technischer Aufwand und hoher Kapitaleinsatz keine herausgehobene oder sonst bevorzugte Rechtstellung begründen können, die Werbemaßnahmen erlauben würden, die anderen niedergelassenen Ärzten unter-

[33] VGH BW MedR 1985, 240.
[34] Landesberufsgericht für Ärzte in Stuttgart vom 6. 2. 1982 – 5/81.
[35] VGH MedR 1985, 240.

sagt seien. Solange der Betroffene seinen Beruf als niedergelassener Arzt ausübe, habe er Werbemaßnahmen, die einem als Gewerbe betriebenen und besteuerten Unternehmen erlaubt wären, zu unterlassen. Dies sei ihm auch zumutbar, da er seine Kollegen durch Veröffentlichungen, etwa über Anwendungsbereich und Leistungen der Kernspintomographie, aufklären könne. Wie der Verwaltungsgerichtshof Baden-Württemberg zum gleichen Sachverhalt feststellte, ist der Ausschluß von Sonderregelungen für eine solche Spezialpraxis verfassungsrechtlich nicht zu beanstanden. Art. 3 GG kann es zwar gebieten, den Typisierungen innerhalb eines Berufsfeldes durch besondere Regelungen Rechnung zu tragen. Die der ständigen Anpassung an die medizinische Entwicklung durch die Vertreterversammlung unterliegende Weiterbildungsordnung mit ihren vielfältigen Arzt- und Zusatzbezeichnungen gewährleistet jedoch in ausreichendem Maße die Möglichkeit der Differenzierung innerhalb des Ärztestandes.[36]

Veröffentlichungen in der Presse

Zulässig ist die Mitwirkung des Arztes an aufklärenden Veröffentlichungen medizinischen Inhalts in Presse, Funk und Fernsehen, soweit die Mitwirkung des Arztes auf sachliche Informationen begrenzt ist und die Person des Arztes nicht werbend – also in Form und Aufmachung anpreiserisch – herausgestellt wird (§ 24 BO BW). Im Vordergrund hat die ärztliche Information (z. B. über neuartige Operationsmethoden) zu stehen, nicht die Person. Das Initiieren personenbezogener Veröffentlichungen, die mit einem starken Werbeeffekt verbunden sind, ist generell standeswidrig.[37]
Zulässig sind generell wissenschaftliche Darlegungen in Fachzeitschriften über neue Heil- und Behandlungsmethoden und deren Erfolgsaussichten, ferner Buchveröffentlichungen mit autobiographischem Inhalt[38], aber auch aufklärende Veröffentlichungen von ärztlichen Ratgebern in Publikumszeitschriften. Die Mitwirkung wie die Initiierung oder Abfassung solcher Veröffentlichungen in Medien ist Ärzten nicht nur erlaubt (Art. 5 GG), sondern als fachliche Information der Öffentlichkeit nach den Richtlinien der Bundesärztekammer über die Mitwirkung bei Publikationen[39] auch durchaus positiv zu sehen. Andererseits darf der Arzt Veröffentlichungen in der Presse über seine ärztliche Tätigkeit mit werbendem Charakter weder durch schlüssiges Verhalten zulassen noch dulden (§ 22 Abs. 4 BO BW). Besondere Vorsicht ist bei der Aufnahme von Fotos für einen Bildbericht geboten, da hier regelmäßig von einem Werbeeffekt ausgegangen werden kann. Unzulässig ist insbesondere die wissentlich geduldete Schilderung des beruflichen Werdegangs mit Hinweis auf eine vielseitige Ausbildung in Tageszeitungen, etwa aus Anlaß einer Praxiseröffnung. Der Arzt muß alles ihm im Einzelfall Zumutbare tun, um eine Werbung für sich zu unterbinden. Dazu kann das Verlangen auf Vorlage des Manuskripts einer zu erwartenden Veröffentlichung

---

[36] VGH BW MedR 1985, 242.
[37] Vgl. hierzu und zur Pressefreiheit des Arztes (als Verfasser eines Zeitungsartikels) Jarras, NJW 1982, 1834, 1838.
[38] BVerfG MedR 1986, 128.
[39] DÄ 1973, 1212, abgedruckt bei Narr, RdNr. 1191.

gehören ebenso wie die Aufforderung, ein Interview oder einen Bildbericht nicht in der Zeitung zu veröffentlichen.[40]

Mittelbare Werbung

Verboten ist dem Arzt auch jede mittelbare Werbung, indem er Sanatorien, Institute, Krankenhäuser oder andere Unternehmen veranlaßt, unter seinem Namen für ihre Arzneimittel, Heilmethoden oder Heilerfolge zu werben (§ 22 Abs. 2 BO BW). Soweit eine Werbung ohne sein Zutun erfolgt, ist der Arzt verpflichtet, auf das Unternehmen einzuwirken, damit eine standesrechtlich unzulässige Werbung unterbleibt.[41] Aus der Tatsache, daß Ärzten nicht untersagt ist, Kliniken und Sanatorien zu betreiben, obwohl es sich dabei um gewerbliche, auf Gewinnerzielung ausgerichtete Unternehmen handelt, schließt das Bundesverfassungsgericht, daß sich ein Werbeverbot insoweit nicht strikt rechtfertigen läßt.[42] Der wahrheitsgemäße und sachlich gehaltene Hinweis auf mehrere tatsächlich angebotene Indikationen und auf die dabei angewandten Behandlungsmethoden in Verbindung mit der Angabe des ärztlichen Inhabers der Klinik oder des leitenden Arztes lasse sich im Allgemeininteresse nicht beanstanden (im Gegensatz zu § 22 Abs. 2 Satz 3 BO BW, wonach nur der Hinweis auf ein Hauptindikationsgebiet unbedenklich ist). Der Hinweis auf mehrere tatsächlich angebotenen Indikationen liegt im berechtigten Interesse der Patienten, die sich über das Leistungsangebot konkurrierender Sanatorien informieren wollen. Eine unzulässige Werbung liegt hingegen vor, wenn der Arzt die Bezeichnung als Sanatorium, Kurheim, Institut oder Klinik nur zum Zwecke der Umgehung des Werbeverbotes führt. Dies wurde durch die Neufassung des § 22 Abs. 2 Satz 4 BO BW ausdrücklich klargestellt. Bei Ankündigungen von Sanatorien, Instituten und Kliniken in Fachzeitschriften steht – wie bei der Information unter Ärzten – die sachliche Aufklärung im Vordergrund, so daß hier eine großzügigere Beurteilung Platz greifen kann.[43]

Eine gegen die Berufsordnung verstoßende Werbung ist gleichzeitig ein Verstoß gegen § 1 des Gesetzes gegen den unlauteren Wettbewerb, wonach eine gegen die guten Sitten verstoßende Werbung unzulässig ist.[44] Sie begründet einen zivilrechtlichen Unterlassungsanspruch, der von der Ärztekammer sowohl gegen Außenstehende als auch gegen Kammermitglieder geltend gemacht werden kann.[45] Auf diese Weise kann bei permanenten Verstößen gegen das Werbeverbot für jeden Fall künftiger Zuwiderhandlung die Festlegung eines spürbaren Ordnungsgeldes (mit der Wirkung eines Vollstreckungstitels) durchgesetzt werden, während im berufsgerichtlichen Verfahren nur eine nachträgliche Sanktion möglich ist. Klageberechtigt ist auch die Vereinigung

---

40 Narr, RdNr. 1183. Weitere Beispiele für unzulässige Werbung: Rieger, Rz. 1916, Kallfelz, Bd. II, S. 411ff.

41 Narr, RdNr. 1184.

42 NJW 1986, 1536.

43 Rieger, Rz. 1912.

44 BGH NJW 1971, 1889.

45 Narr, RdNr. 1178, OLG Nürnberg MedR 1986, 82, OLG Stuttgart vom 15. 04. 1983 - GRuR 1983, 460.

gegen unlauteren Wettbewerb e. V. (pro virtute), die in den letzten Jahren gegen ärztliche Werbeverstöße immer wieder erfolgreich auf Unterlassung und Schadensersatz geklagt hat.

Ausländische Titel

Unter welchen Voraussetzungen eine im Ausland erworbene Dienstbezeichnung „Professor" in der Bundesrepublik geführt werden darf, war bis vor kurzem nicht eindeutig geregelt. Nach einer Entschließung des Deutschen Ärztetages wurde § 29 Berufsordnung BW in Abs. 3[46] dahin ergänzt, daß die im Ausland erworbene Dienstbezeichnung „Professor" nur geführt werden darf, wenn sie von einer staatlichen oder staatlich anerkannten wissenschaftlichen Hochschule verliehen oder von der zuständigen staatlichen Stelle durch Verleihungsakt oder gesetzliche Regelung anerkannt worden ist und der Erwerber der Bezeichnung aufgrund gesetzlicher oder vertraglicher Regelungen tatsächlich eine Lehr- und Forschungstätigkeit im Ausland ausübt. Die danach in Betracht kommende Bezeichnung ist in der Fassung zu führen, die sich aus der Verleihungsurkunde oder dem Arbeitsvertrag ergibt. Mit dieser Regelung wird der Tendenz, ausländische Professorenbezeichnungen zum Schein zu erwerben, von vornherein ein Riegel vorgeschoben.
Ob der betreffende Arzt tatsächlich eine Lehr- und Forschungstätigkeit im Ausland ausübt, ist in Zweifelsfällen nachzuweisen (z. B. durch Vorlage des Arbeitsvertrages). Nicht ausreichend ist, wenn der Arzt nur einmal jährlich zur Abhaltung von Vorlesungen für ein paar Stunden im Semester verpflichtet ist.[47] Vielmehr muß eine Lehrverpflichtung in vergleichbarem Umfang bestehen, wie sie für deutsche Professoren mit vergleichbarem Status üblich ist. Andernfalls liegt eine Täuschung der Öffentlichkeit vor, die wettbewerblich relevant ist.
Hervorzuheben ist ferner, daß der ausländische Titel nur in der Form geführt werden darf, wie er sich aus der Verleihungsurkunde ergibt, also auch nicht in abgekürzter Form. Wird z. B. die in Guatemala verliehene Bezeichnung „Prof. Extraordinario de medicina aplicada" in der Form der deutschen Bezeichnung „Prof." geführt, ist dies sowohl ein Verstoß gegen § 29 Abs. 3 BO BW als auch ein unbefugtes Führen einer Amts- oder Dienstbezeichnung im Sinne des § 132 a Abs. 1 StGB[48]. Nach § 29 Abs. 3 Satz 4 BO ist der ausländischen Dienstbezeichnung als Klammerzusatz die verleihende ausländische Stelle anzufügen. Diese ist so zu bezeichnen, daß keine Irreführung des durchschnittlichen Betrachters auftreten kann. Nach einer Entscheidung des Bezirksberufsgerichtes für Ärzte in Stuttgart vom 10. 4. 1986 – BG 37/85 – kann davon bei der Bezeichnung „UFM" (für Universität Francisco Marroquin Guatemala) keine Rede sein. Sie gibt in der Tat jeder Spekulation über ihre Bedeutung Raum und verstößt damit gegen das Wettbewerbsverbot.

---

[46] Änderung der Berufsordnung vom 23. 1. 1985 (ÄBW 1985 S. 102).
[47] Vgl. LG Bonn, Urteil vom 7. 5. 1986 - 14 O 253/85.
[48] Bayerisches OLG NJW 78, 2348.

Öffentlichkeit berufsgerichtlicher Verfahren?

Nach § 36 Abs. 3 BGO BW ist die Hauptverhandlung im berufsgerichtlichen Verfahren nicht öffentlich. Das Landesberufsgericht für Ärzte in Stuttgart hat im Hinblick auf das Urteil des Europäischen Gerichtshof für Menschenrechte vom 23. Juni 1981[49] Zweifel, ob diese Vorschrift mit der höherrangigen Konvention zum Schutze der Menschenrechte und Grundfreiheiten vereinbar ist.[50] Es räumt daher - vorsorglich - dem Beschuldigten zu Beginn der Hauptverhandlung die Wahl ein, ob nichtöffentlich oder öffentlich verhandelt werden soll. Letzteres ist indessen bisher noch in keinem Fall gefordert worden.

Die Bedenken des Landesberufsgerichts für Ärzte erscheinen - zumindest im Regelfall - nicht begründet. Nach Art. 6 Abs. 1 der Konvention zum Schutze der Menschenrechte besteht zwar für Verfahren, in denen über zivilrechtliche Ansprüche und Verpflichtungen oder über die Stichhaltigkeit einer strafrechtlichen Anklage zu entscheiden ist, ein Anspruch auf Öffentlichkeit. Diese Voraussetzungen liegen jedoch bei der Durchführung berufsgerichtlicher Verfahren in der Bundesrepublik Deutschland nicht vor. Der Europäische Gerichtshof hatte in einem Verfahren gegen Ärzte in Belgien vor den Disziplinarkammern der ärztlichen Standesgerichtsbarkeit entschieden, daß gegen das Öffentlichkeitsgebot des Art. 6 der Konvention zum Schutz der Menschenrechte verstoßen worden sei, da es sich um eine Streitigkeit in bezug auf zivilrechtliche Ansprüche und Verpflichtungen gehandelt habe. Dies trifft auf Verfahren der deutschen Berufsgerichtbarkeit nicht zu. Die ärztlichen Berufsgerichte haben auch nicht im Sinne „der Stichhaltigkeit einer strafrechtlichen Anklage“ zu entscheiden. Zuwiderhandlungen, die zu einem berufsgerichtlichen Verfahren führen, sind allein Verstöße gegen Berufspflichten. Für Angelegenheiten, die dem Disziplinarrecht zuzurechnen sind, ist nach der Konvention zum Schutze der Menschenrechte dem Staat erlaubt, eine andere Regelung zu treffen; im Einzelfall kann freilich etwas anderes gelten (z. B. bei gravierenden Sanktionen, die einer strafrechtlichen Verurteilung gleichkommen).[51] Eine öffentliche Verhandlung im berufsgerichtlichen Verfahren gegen Ärzte ist deshalb im Hinblick auf die Rechtsprechung des Europäischen Gerichtshofs für Menschenrechte nicht zwingend.

---

[49] NJW 1982, 2714.

[50] Diese ist durch Zustimmungsgesetz vom 7. 8. 1952 (BGBl. II S. 658) innerstaatliches Recht mit dem Rang eines Bundesgesetzes geworden (vgl. BVerwG NJW 1983, 531).

[51] Urteil des EGH vom 8. 6. 1976 (EuGRZ 1976, 221).

Zuzurechnende Schadensfolgen bei mangelhafter Aufklärung des Patienten

W. Dunz

Die allgemeine Rechtslage zur Aufklärungspflicht

Der Arzt, der den Patienten nicht über die Risiken der vorgesehenen Behandlung aufklärt und ihm dadurch die eigene Entscheidung über die Risikoübernahme vorenthält, hat – wenn sein Vorgehen nicht ausnahmsweise gerechtfertigt war – schadenrechtlich für die Verwirklichung des vom Betroffenen nicht gebilligten Risikos einzustehen. Dieser schon vom Reichsgericht anerkannte Grundsatz ist heute in der Bundesrepublik vor allem wegen des hohen Ranges, den das Grundgesetz der Persönlichkeit einräumt, im Kern unanfechtbar und übrigens auch international weithin anerkannt. Berechtigte Bedenken ergaben und ergeben sich allerdings aus der unverkennbaren Neigung der Praxis, bei nicht nachweisbarem Behandlungsfehler den Vorwurf des Aufklärungsmangels nachzuschieben, was vor allem Beweisvorteile bringen kann.

Die Rechtsprechung des Bundesgerichtshofs hat in den zurückliegenden Jahrzehnten zwar im Sinne weiter Entscheidungsfreiheit des Patienten die Aufklärungsanforderungen hinsichtlich der Risikodichte noch erheblich verschärft,[1] war und ist aber ständig bemüht, mißbrauchsfördernde Beweisnachteile des insoweit in Anspruch genommenen Arztes zu mildern. Das gilt einmal hinsichtlich der ihm im Kern nicht abzunehmenden Beweislast dafür, *daß* eine Aufklärung erfolgt ist. Die Instanzgerichte wurden mehrfach ermahnt, sich gegebenenfalls mit der Feststellung zu begnügen, daß eine Aufklärung, die nicht die gravierendsten Punkte ausließ, überhaupt erfolgt ist, und im übrigen in geeigneten Fällen dem Arzt Glauben zu schenken.[2] Denn die Forderung nach Aufklärungsbelegen im Stile eines juristischen Protokolls wäre lebensfremd und mit achtenswerten ärztlichen Bestrebungen nicht vereinbar; das soll die Nützlichkeit einer allein freilich meist nicht ausreichenden schriftlichen Einverständniserklärung des Patienten nicht in Frage stellen.

Des weiteren hat der Bundesgerichtshof in jüngerer Zeit mehrfach betont, daß der Patient nachträglich nicht einfach *behaupten* kann, er würde gegebenenfalls den Eingriff wegen des später verwirklichten Risikos abgelehnt haben. Vielmehr muß er das, vor allem wo die Inkaufnahme des Risikos als vernünftig sehr nahe lag, näher darlegen.[3] Fehlt eine solche Begründung oder kommt sie verdächtig spät, dann *kann* die Klage abgewiesen werden, obwohl der Arzt im Grundsatz auch die Beweislast für die

---

[1] So schon Dunz, Zur Praxis der zivilrechtlichen Arzthaftung, 1974, S. 10f.

[2] Vgl. Kern/Laufs, Die ärztliche Aufklärungspflicht, 1983, S. 73 mit Nachw.

[3] Vgl. etwa BGHZ 90, 103, 111f. mit Nachw.

Schadensursächlichkeit seines Versäumnisses behalten muß, weil sonst die Aufklärungspflicht jederzeit unterlaufen werden könnte.
Schließlich weist ein Urteil des Bundesgerichtshofs vom 10. März 1987[4] darauf hin, daß bei der Frage einer Beweislastverschiebung wegen schweren Behandlungsfehlers Aufklärungsversäumnisse außer Betracht bleiben müssen.

Das Problem der Schadenszurechnung

1) Ein weiteres Problem, das unmittelbar zur sachlichen Schadenszurechung gehört, ist erst seit einigen Jahren in den Vordergrund getreten.
Daß ein kunstgerecht vorgenommener invasiver Heileingriff bei einem entscheidungsfähigen Patienten (auf dessen *medizinische* Urteilsfähigkeit kommt es dabei nicht an!) ohne seine Zustimmung eine rechtswidrige Körperverletzung darstellt, ist juristisch unabdingbar und muß auch jedem Arzt bekannt sein; die Ablehnung dieses Satzes ist auf der Arztseite im wesentlichen emotional bedingt. Zivilrechtlich bedeutet das, daß dem Arzt alle „adäquaten" Folgen zugerechnet werden, auch wenn sie von keinem Verschulden erfaßt sind. Das wird praktisch eigentlich nur bedeutsam, wenn der Eingriff mißlingt, zu Zwischenfällen führt oder zu einer Veränderung der körperlichen Befindlichkeit, die der Patient nicht hinnehmen wollte.
2) Probleme entstehen daraus, daß die rechtfertigende Einwilligung als „informed consent" nicht nur das Wissen des Patienten über Wesen und Verlauf voraussetzt, sondern auch die Information über die Risiken und als Gegengewicht dazu die zu erhoffenden Besserungschancen. Vor allem weil dies über die Grundvorstellung hinausführt, daß der Eingriff als solcher (meist blutig vorgestellt) schon die Rechtsgutsverletzung bilde, sind heute die dogmatischen Grundlagen der Haftung für Aufklärungsversäumnisse noch keineswegs gesichert.[5]
Vorliegend geht es um die Fragen, die entstehen, wenn sich nicht gerade das aufklärungspflichtige, aber bei der Aufklärung übergangene Risiko verwirklicht hat. Zwar daß sich gerade die Risikovariante verwirklicht haben müsse, über die nicht aufgeklärt worden ist, ist ein in der Instanzrechtsprechung schwer auszurottender Irrtum.[6] Der BGH hat seit langem nur eine Aufklärung über Gewicht und Risiko des Eingriffs im Großen und Ganzen gefordert, womit dann auch Verwirklichungsvarianten gedeckt sind. Damit entstehen wirkliche Schwierigkeiten nur, wo sich ein Risiko verwirklicht, das für sich allein nicht aufklärungspflichtig ist, *und* auch aus dem Rahmen des aufklärungspflichtigen Allgemeinrisikos herausfällt.

a) Mit einem solchen Fall glaubte sich in einem Urteil vom 16. März 1983 das Oberlandesgericht Karlsruhe konfrontiert[7], wobei nicht geprüft werden kann, ob es hinsichtlich beider Kriterien medizinisch richtig informiert war. Das Berufungsgericht ging dort bewußt neue Wege, indem es sich von dem „messerscharfen"

---

[4] VI ZR 88/86 - MedR 87, 234, 235.
[5] Vgl. jetzt Münch.Komm./Mertens, 2. Aufl., Anm. 423 zu § 823 BGH.
[6] Dunz, MedR 84, 184, 185 zu IV; bedenklich daher Laufs/Kern, JZ 84, 631, 632.
[7] MedR 83, 190; mein Rezensionsaufsatz (s. Fn. 6) bezieht sich auf diese Entscheidung; dabei billige ich im Grundsatz den dogmatischen Ansatz, was aus dem Vorauszitat JZ 84, 631 kaum ersichtlich ist.

Grundsatz distanziert, daß jedes Aufklärungsdefizit die Einwilligung des Patienten unwirksam mache mit allen zivilrechtlichen Folgen einer rechtswidrigen Körperverletzung. Bedenken gegen diesen Grundsatz müssen sich, wie unten noch zu erörtern ist, vor allem daraus ergeben, daß die Aufklärungshaftung wenigstens im gedanklichen Ansatz nicht auf „Eingriffe" beschränkt werden darf. Darauf geht das Oberlandesgericht nicht ein, will aber allgemein die Folgenhaftung nach dem Schutzzweck der Norm beschränken[8]. Als haftungsbegründende Norm wird dann allerdings zunächst eher nichtssagend die Erfolgssanktion des § 823 Abs. 1 BGB erwähnt. Dann aber wird als Schutzzweck der Aufklärungspflicht die „freie Selbstbestimmung der Patienten über die Duldung eines ärztlichen Eingriffs in ihre körperliche Integrität" genannt. Das bedeutet nichts anderes, als daß nicht der Verletzungserfolg, sondern die Übertretung der konkreten (judiziellen) Verhaltensnorm zum Schutze des gefährdeten Rechtsguts zum Kriterium für das Rechtmäßigkeitsurteil gemacht wird.[9] Ich habe deshalb das Urteil möglicherweise im Ergebnis, jedenfalls aber im Kern der Begründung für richtig gehalten.[10]

b) Knapp 1 Jahr später war dem Bundesgerichtshof bei einem Urteil von 7. Februar 1984[11] etwa das gleiche Problem angeboten. Diese Entscheidung, die bei meiner Rezension des Urteils des OLG Karlsruhe noch nicht ergangen war[12], betrifft eine durch Rektoskopie verursachte Darmperforation. Dabei hat das Revisionsgericht – es hat zurückverwiesen[13] – unterstellt, daß dieser Zwischenfall wegen seiner extremen Seltenheit nicht aufklärungspflichtig sei; dagegen bejahte es mit dem Berufungsgericht eine Aufklärungspflicht über das Risiko erheblicher Schmerzen, das sich im gegebenen Fall aber möglicherweise nicht verwirklicht hatte. Das Urteil stellt wohl immer noch die letzte höchstrichterliche Stellungnahme zu dem angesprochenen Problem dar. Seine Begründung ist insoweit unbedingt einleuchtend, als der Kläger mindestens plausibel hätte darlegen müssen, daß er den Eingriff gerade wegen der Schmerzen abgelehnt hätte; andernfalls könnte das Aufklärungsdefizit nicht schadensursächlich gewesen sein. Im übrigen kommt dem Urteil aber leider nicht die Bedeutsamkeit zu, die ihm manche Besprechungen beilegen.
Zwar lautet der Leitsatz zu b):

> Die Verwirklichung eines nicht aufklärungspflichtigen Risikos des Eingriffs ist dem Arzt, der nur die gebotene Aufklärung über mögliche Schmerzen unterlassen hat, haftungsrechtlich nicht zuzurechnen.

Die Gründe enttäuschen dann aber leider die Hoffnung auf eine dogmatische Sichtänderung zu der Frage gegenständlicher Haftungsbeschränkung bei Aufklärungsmängeln. Das Urteil weicht gerade dieser Frage aus, was die Anmerkung von Ankermann[14] sehr offen klarstellt (nicht ohne Bedauern?). Die Begründung, das

---

[8] A.a.O., S. 191, rSp.; dagegen ohne klare dogmatische Alternative die „Problemstellung" S. 191

[9] Vgl. dazu Münch.Komm./Mertens BGB 2. Aufl. Anm. 21 und 40 zu § 823; enttäuschenderweise will Mertens dann (Rdn. 423c) doch für den Aufklärungsfehler bei der Konzeption der schlechthin rechtswidrigen Körperverletzung bleiben.

[10] Siehe Fn. 4.

[11] BGHZ 90, 96; vollständiger NJW 84, 1395 ff. JZ 84, 629.

[12] Entgegen der redaktionellen Fn. 1 war mein Manuskript bei Verkündung des BGH-Urteils schon zum Satz gegangen.

[13] Vgl. dazu den BGHZ a.a.O. nicht abgedruckten Schlußteil.

[14] LM BGB § 823 (Aa) Nr. 69.

Problem habe sich nicht gestellt, weil gerade für die Schmerzaufklärung Besonderes gelte, fällt so „gequält" aus[15], daß man weniger von „weiser Beschränkung" des Revisionsrichters sprechen möchte, als von den noch von Baumbach geläufigen „Steinen statt Brot". Tatsächlich ist allerdings die Hauptfrage nicht einmal offengelassen worden, denn in BGHZ auf S. 99 taucht dann wieder die in der Rechtsprechung des VI. Zivilsenats vorher lange vermiedene Formel von der Rechtswidrigkeit des Eingriffs schlechthin auf, die zwingend bedeutet, daß für alle nicht „inadäquaten" Folgen gehaftet wird. Inadäquat war der Zwischenfall sicher nicht, wenn man von dem Eingriff als Ganzem ausgeht. Die Erwähnung der Formel hat bald darauf wieder fröhliche Urständ gefeiert.[16] Wie sich das mit der gleichzeitigen „Revitalisierung" von Steffens beachtlicher Erwägung auf dem 52. Juristentag[17] verträgt, ist schwer ersichtlich. Damit hängt auch die anschließende Erwägung, daß bei versäumter Schmerzaufklärung ein Rechtswidrigkeitszusammenhang mit der Verletzung des Selbstbestimmungsrechts des Patienten nicht gegeben sei, etwas in der Luft. Im Kern ist der Gedanke m. E. richtig und stimmt bei wohlwollendem Verständnis weithin mit dem Normzweckkriterium des Oberlandesgerichts Karlsruhe überein. Aber als Schutzgut bei der Aufklärungshaftung hat der Bundesgerichtshof bisher immer noch, entgegen Angriffen des Schrifttums, die körperliche Integrität des Patienten angesehen. Sie ist allerdings im Sinne seiner Selbstbestimmung zu verstehen, weshalb die Beeinträchtigung der Körperlichkeit weitgehend aus der Sicht des Patienten abgegrenzt werden muß. Auch eine Schmerzzufügung ist rechtlich Körperverletzung; man könnte indessen vielleicht argumentieren, daß *diese* Körperverletzung mit der Perforation nicht in Zusammenhang stand (wovon wenigstens revisionsrechtlich ausgegangen werden konnte). Aber näher läge es schon, den gesamten, auch psychisch unangenehmen Vorgang als einheitlichen Eingriff zu behandeln.

c) Eine saubere Lösung wäre es, die heilige Papierkuh des Erfolgsunrechts, wenn man sie immer noch nicht schlachten will, einer weiteren partiellen Durchlöcherung zu unterziehen. Löcher hat sie schon genug, und vor allem im Bereich der „offenen Tatbestände", die aber kaum etwas Besonderes sind, hat sich die Rechtsprechung schon bisher von ihr abgesetzt. So hat schon vor fast einem Jahrzehnt ein mutiges Urteil die Verbreitung einer objektiv unrichtigen, kreditschädigenden Nachricht nicht als unverschuldet, sondern wegen der zugrundeliegenden ordnungsmäßigen Information als rechtmäßig bezeichnet.[18] Könnte man gesundheitliche Beeinträchtigungen, bei denen sich der Verhaltensvorwurf nur auf ungenügende Einschaltung des Patientenwillens bezieht, nicht wenigstens als „offene" Tatbestände im weiteren Sinne einordnen? Dann jedenfalls wäre es möglich, das Urteil über den Rechtswidrigkeitszusammenhang unmittelbar an die verletzte Verhaltensnorm anzuknüpfen, die den Schutz des Rechtsgutes Gesundheit vor einer auch hier im Grunde ungewollten Verletzung bezweckt. In den Entscheidungsgründen des Bundesgerichtshofes, wo allerdings der Anfang des Abschnitts II schlecht zum Schluß paßt,

---

15 So Giesen JR 84, 372.

16 So schon wieder in einem Urteil vom 28. 2. 1984, NJW 84, 1807, 1809, und seitdem mehrfach.

17 So Giesen a.a.O., S. 373.

18 BGH NJW 78, 1625; vgl. auch Steffen in RGRK BGB § 824 Rdn. 34.

klingt das am Ende schon an, aber in dieser abortiven Form bringt das der Praxis nicht die endlich benötigte Klärung. Typische Probleme eines Kollegialgerichts?

3) Wie ich schon zu dem Karlsruher Berufungsurteil ausgeführt habe, sollte man aber vor allem endlich klar aussprechen, daß bei der Haftung für Aufklärungsmängel zwischen Eingriffen mit Verletzungscharakter und abstinentem Vorgehen *im Ansatz* kein dogmatischer Unterschied besteht.

a) In meiner mehr erwähnten Besprechung des Karlsruher Berufungsurteil hatte ich den Groteskfall einer nicht vorgenommenen Uterusentfernung gebildet. Heute möchte ich ihn durch einen weniger unwahrscheinlichen Fall ergänzen:

Der Arzt hat die bloße Exzision eines Malignoms gewagt, um dem Patienten eine Amputation zu ersparen. Dieser behauptet – oder im Falle eines letalen Ausgangs seine Erben –, daß er sich gegen dieses objektiv vertretbare Vorgehen und für die sichere Amputation entschieden haben würde.

Daß hier auch die Exzision ein blutiger Engriff war, legt dem oberflächlichen Juristen einen Aufklärungsfehler nahe, während er, hätte der Arzt sich für bloßes Zuwarten entschieden, nur einen Behandlungsfehler erwogen hätte, der bei Vertretbarkeit verneint werden mußte. Man sollte sich aber darüber im klaren sein, daß beide Fälle, wenn die Amputation eine ernstliche und sichere Alternative war, im Ansatz nicht verschieden behandelt werden können. Natürlich war im ersten Fall die Exzision schon gar nicht die natürliche Ursache des Fortschreitens der Krankheit (wenn wir die Möglichkeit einer durch sie verursachten Ausstreuung außer Betracht lassen), sondern die eigentliche Ursache war die Unterlassung der Amputation, über deren Möglichkeit und Bedeutung der Patient nicht aufgeklärt wurde. Es darf also nur auf das Fehlverhalten des Arztes in bezug auf seine Aufklärungspflicht abgestellt werden.

b) Klarzustellen ist freilich, daß die grundsätzlich auch bei eingriffsabstinenter Behandlung bestehende Aufklärungspflicht *anderen Maßstäben* unterliegt. Der Arzt hat natürlich im Normalfall seine Behandlungsart nicht immer ungefragt zu erläutern, ebensowenig wie bei einer dem Patienten im großen und ganzen bekannten Operation die Auswahl zwischen mehreren anerkannten Methoden. Derlei muß er nur tun, wenn es sich um eine für den Patienten offensichtlich schwerwiegende Alternativenwahl handelt. Er muß auch auf Fragen des Patienten immer wahrheitsgemäß antworten oder aber die Erläuterung offen ablehnen. Es spricht auch vieles dafür, daß, wo es sich nicht um einen Eingriff – dazu gehört auch etwa eine aggressive Medikation – handelt, dem Arzt nicht ohne weiteres die Beweislast dafür auferlegt wird, daß er in gebotener Weise aufgeklärt hat.[19]

4) Bei alledem muß erneut[20] betont werden, daß sich das Problem der Verwirklichung eines Risikos, das nicht aufklärungspflichtig war, nicht häufig stellen wird. Die Meinung, daß sich gerade das Risiko verwirklicht haben müsse, über das nicht aufgeklärt worden ist, ist so nicht haltbar. Sie ist unvereinbar mit der ständigen

---

[19] Vgl. das Urteil des BGH v. 7. 7. 1984 – VI ZR 193/86 für einen allerdings besonders liegenden Fall (Verzicht auf eine genetisch in Frage kommende Amniozentese); siehe jetzt auch OLG Karlsruhe VersR 87, 1274, 1248, bestätigt durch Nichtannahmebeschluß des BGH v. 2. 6. 1987.

[20] Vgl. Dunz a.a.O. zu IV.

Rechtsprechung des Bundesgerichtshofs, daß i. allg. eine Aufklärung genügt, die den Patienten „im großen und ganzen" über Natur und Risikogewicht des Eingriffs informiert, so daß er gelegentlich auch weitere Fragen stellen kann. Der von der Ärzteschaft immer wieder angesprochene „Horrorkatalog" wurde nie verlangt. Das bedeutet aber notwendig, daß der Arzt, der die Aufklärung überhaupt oder in wesentlichen Punkten versäumt hat, sich nicht darauf berufen darf, daß jedenfalls die verwirklichte Risikovariante wegen ihrer extremen Seltenheit nicht aufklärungspflichtig gewesen sei. Dadurch würde der Patient schutzlos, denn er hatte für die seiner Entscheidung zugrundezulegende Abwägungsbilanz ungenügende Grundlagen gehabt. Daher kann ein Aufklärungsdefizit für den Arzt nur unschädlich sein, wenn sich ein Risiko verwirklicht hat, das mit dem Allgemeinrisiko in keinem vernünftigen Zusammenhang steht.

In diesem Punkt kann das Urteil des Oberlandesgerichts Karlsruhe, das vielleicht den Sachverständigen gegenüber zu unkritisch war, Bedenken erregen. Ganz allgemein dürfte es nicht ganz unwahrscheinlich sein, daß bei der Injektion aggressiver Substanzen in eine Vene unverschuldet eine benachbarte Arterie tangiert wird, so daß auch derlei zu dem offenbar nicht angemessen geschilderten Gesamtrisiko gehört. Doch kann dies hier naturgemäß nicht näher geprüft werden.

In dem vom Bundesgerichthof entschiedenen Rektoskopiefall mögen sich ähnliche Bedenken daraus ergeben, daß vielleicht auch der Hinweis auf die naheliegende Möglichkeit starker Schmerzen dem Patienten den Eindruck hätte vermitteln können, daß der nicht dringend gebotene Eingriff nicht ganz unbedeutend war. Dies ist kein Vorwurf gegen das Revisionsurteil, das, wie auch Ankermann a.a.O. betont, teilweise von revisionsrechtlich gebotenen Unterstellungen auszugehen hatte.

Die Organhaftung des Krankenhausträgers für die Tätigkeit des leitenden Krankenhausarztes

U. Baur

In Rechtsprechung und Schrifttum ist es unbestritten, daß der Krankenhausträger sowohl vertraglich aus dem Krankenhausaufnahmevertrag als auch deliktisch aus unerlaubter Handlung für ein den Patienten schädigendes Fehlverhalten der ärztlichen und nichtärztlichen Mitarbeiter des Krankenhauses in Haftung genommen werden kann. Dabei ist die deliktische Haftung des Krankenhausträgers für den klagenden Patienten von besonderem Interesse, da nur sie über § 847 BGB Schmerzensgeldanspruch begründen kann. In diesem Zusammenhang hat sich insbesondere im Bereich der deliktischen Haftung des Krankenhausträgers für die Tätigkeit seiner leitenden Abteilungsärzte (Chefärzte) eine bemerkenswerte Entwicklung vollzogen.

Gegen den Krankenhausträger gerichtete deliktische Schadensersatzansprüche können auf §§ 831, 823 BGB (Haftung für Verrichtungsgehilfen) oder aber auch §§ 89, 31, 823 BGB (Haftung für Organe) beruhen.

Hat der Krankenhausträger nach §§ 831, 823 BGB für eine den Patienten schädigende Handlung seiner Verrichtungsgehilfen einzustehen, so kann er die qua lege vorgenommene Vermutung für ein Verschulden bei der Auswahl oder Leitung seiner Gehilfen widerlegen. Dieser Entlastungsbeweis ist dem Krankenhausträger im Hinblick auf seine Organe versagt: Für den durch sein Organ verursachten Schaden ist er stets verantwortlich; ein schadenstiftendes Verhalten des Organs wird dem Krankenhausträger als eigenes Handeln zugerechnet.

Vor diesem Hintergrund hatte sich die Rechtsprechung frühzeitig mit der Frage zu befassen, ob und unter welchen Voraussetzungen die im Krankenhaus tätigen leitenden Ärzte als „verfassungsmäßig berufene Vertreter" und damit als Organe des Krankenhausträgers anzusehen sind.

Sieht man von der krankenhaus- und chefarztspezifischen Judikatur ab, so läßt sich allgemein feststellen, daß der Begriff des „verfassungsmäßig berufenen Vertreters" im Sinne des § 31 BGB im Laufe der Zeit eine weite Auslegung erfahren hat:

- Die Organeigenschaft ist nicht mehr abhängig von einer ausdrücklichen Regelung in der Satzung oder einer ähnlichen Organisationsregel.[1]
- Der Organstellung steht das Fehlen ausdrücklich eingeräumter Vertretungsmacht nicht entgegen.[2]
- Die Zuweisung eines Aufgabenbereichs innerhalb der geschäftsführenden Verwaltung ist nicht erforderlich.[3]

---

[1] BGH, Urteil v. 30. 10. 1967 - VII ZR 82/65; NJW 1968, S. 391.
[2] BGH, a.a.O.
[3] BGH, a.a.O.

- Ausreichend ist vielmehr, daß dem Organ durch „die allgemeine Betriebsregelung und Handhabung bedeutsame, wesensmäßige Funktionen der juristischen Person zur selbständigen, eigenverantwortlichen Erfüllung zugewiesen sind, daß es also die juristische Person auf diese Weise repräsentiert".[4]

Diese weite Auslegung des § 31 BGB ist bei der Beurteilung der Organstellung leitender Krankenhausärzte zugrundezulegen und hat dementsprechend nach und nach - wenn auch zögerlich - ihren Niederschlag in der BGH-Rechtsprechung zur Haftung des Krankenhausträgers gefunden. In seinem Urteil vom 21. 9. 1971 hat der BGH ausdrücklich hervorgehoben und betont, daß die Notwendigkeit, die Haftungsvorschrift des § 31 BGB ausdehnend auszulegen, von der Rechtsprechung zunehmend „beherzigt" werde.[5] Die Stellung des Chefarztes innerhalb des Krankenhauses wird seitdem an den im Urteil vom 30. 10. 1967 genannten Grundsätzen gemessen.

Obwohl sich die höchstrichterliche Rechtsprechung in zahlreichen Entscheidungen mit der Stellung des leitenden Abteilungsarztes befaßt hat, hat sich die Haftung des Krankenhausträgers aus der Organstellung des Chefarztes heraus jedoch nur langsam entwickelt.

Zusammenfassend läßt sich folgende Entwicklung aufzeigen:

In einer frühen Entscheidung vom 11. 4. 1951 geht der 2. Senat des BGH noch davon aus, daß der „langjährige Chefarzt des Städtischen Krankenhauses" als Erfüllungsgehilfe des Krankenhausträgers handelt.[6] Eine Organhaftung für die Tätigkeit des Chefarztes wird in dieser Entscheidung noch nicht einmal am Rande angesprochen.

Demgegenüber setzt sich der 3. Senat des BGH in der Entscheidung vom 13. 12. 1951 mit der Organhaftung des Krankenhausträgers auseinander.[7]

In diesem Urteil verneint der BGH die Organstellung des Chefarztes und führt aus, daß in dem zugrundeliegenden Sachverhalt der behandelnde Arzt nicht als verfassungsmäßig berufener Vertreter des Krankenhausträgers gehandelt habe, weil zu den in der Gemeindeordnung bestimmten Vertretern des kommunalen Krankenhauses das Ärztepersonal des Krankenhauses nicht gehört habe, und zwar unabhängig davon, ob der einzelne Arzt eine Abteilung leitet. Damit lehnt der 3. Senat des BGH in dieser Entscheidung eine Organhaftung des Krankenhausträgers für den leitenden Abteilungsarzt noch ausdrücklich ab.

Eine Wende in der Rechtsprechung deutet sich im Urteil vom 27. 2. 1952 an.[8] Der BGH bejaht in dieser Entscheidung die Organhaftung des Krankenhausträgers für ein Fehlverhalten des Chefarztes, allerdings ohne auf die dienstvertraglich vereinbarte Stellung des leitenden Arztes näher einzugehen. Der 2. Senat führt hierzu schlicht aus: Die zur vertraglichen Haftung führende schuldhafte Unterlassung habe der Krankenhausträger in der Person des Chefarztes begangen, „der in den Jahren 1940 bis 1946 zu den gesetzlichen Vertretern des Krankenhauses gemäß § 31 BGB gehörte. (Er) war damals federführender Chefarzt des beklagten Krankenhauses".

Wenngleich der BGH in dieser Entscheidung die Organhaftung allein mit dem Hinweis auf die „Federführung" bejaht und jede weitergehende Begründung unterbleibt, so

[4] Siehe Fußnote 1.
[5] BGH, Urteil v. 21. 9. 1971 - VI ZR 122/70; NJW 1972, S. 334.
[6] BGH, Urteil v. 11. 4. 1951 - II ZR 68/50; BGHZ 1, 383.
[7] BGH, Urteil v. 13. 12. 1951 - III ZR 144/50; NJW 1952, S. 382.
[8] BGH, Urteil v. 27. 2. 1952 - II ZR 78/51; NJW 1952, S. 658.

zeichnet sich gleichwohl eine Änderung der bis dahin ergangenen höchstrichterlichen Rechtsprechung ab. Dennoch bleibt dieses Urteil - soweit ersichtlich - fast 20 Jahre lang ohne weitere Konsequenzen.

In seiner Entscheidung vom 21. 9. 1971 bejaht der BGH schließlich erneut die Organhaftung des Krankenhausträgers und setzt sich mit der Stellung des Chefarztes ausführlicher als in den zuvor hierzu ergangenen Urteilen auseinander.[9]

In dem zugrundeliegenden Sachverhalt wurde ein patientenschädigendes Fehlverhalten dem alleinigen Chefarzt eines Städtischen Krankenhauses zur Last gelegt, der den Anstaltsbetrieb in voller Eigenverantwortung leitete. Der BGH führt hierzu aus: „Der Chefarzt hatte nach seinem Anstellungsvertrag und der von dem Verwaltungsausschuß der Stadt erlassenen Zuständigkeitsregelung die volle Verantwortung für den ganzen Betrieb des Krankenhauses. In fachlicher Hinsicht unterlag er - abgesehen von der allgemeinen Aufsicht durch das Staatliche Gesundheitsamt - keinerlei Kontrolle. Auch bei der Zulassung von Belegärzten war er zu hören (Dienstvertrag § 4).“ Der BGH hebt ausdrücklich hervor, daß das Fehlen einer rechtsgeschäftlichen Vertretungsmacht des Arztes in bezug auf die Organstellung ohne Belang sei.

Der BGH knüpft mit dieser Entscheidung ausdrücklich an die zuvor - in anderem Zusammenhang - ergangene höchstrichterliche Rechtsprechung[10] zur weiten Auslegung der Haftungsvorschrift des § 31 BGB an und stützt die Organstellung folgerichtig auf die Kriterien „volle Verantwortung für den ganzen Betrieb“, „Weisungs- und Kontrollfreiheit“ und das „Anhörungsrecht“. Den „Anstellungs-“ oder Dienstvertrag mit dem Chefarzt spricht der BGH in dieser Entscheidung nur kurz an, soweit es um die Anhörung bei der Zulassung von Belegärzten geht; im übrigen verweist er pauschal auf den zwischen Krankenhausträger und Chefarzt bestehenden Vertrag.

Hervorzuheben ist jedoch, daß der BGH in diesem Urteil ausdrücklich offenläßt, „inwieweit diese Grundsätze auch für einen Chefarzt einer mehr oder weniger selbständigen Fachabteilung oder einer in eine größere Krankenhausorganisation eingegliederten Anstalt gelten müßten“.

Mit dieser zunächst offengebliebenen Beurteilung der Organstellung eines nur eine Fachabteilung leitenden Chefarztes hatte sich der BGH einige Zeit später in seinem Urteil vom 22. 4. 1975 zu befassen.[11]

In dieser Entscheidung zögert der BGH, die Organhaftung des Krankenhausträgers für eine Chefärztin zu bejahen, die „nur einer Fachabteilung einer Krankenanstalt vorstand, deren organisatorische Einheit nicht nur in einheitlicher Verwaltung, sondern auch in einer einheitlichen ärztlichen Direktion zum Ausdruck kam“.

Ohne auf den Dienstvertrag mit der Chefärztin und deren darin verankerter Dienststellung näher einzugehen, begründet der BGH seine ablehnende Haltung damit, daß die betreffende Abteilung „außerdem“ einen geringfügigen Umfang gehabt haben dürfte, denn außer der Chefärztin waren dort nur zwei Assistenzärzte und das Pflegepersonal tätig.

Gleichsam einen Schlußstrich unter die bis dahin schwankende Rechtsprechung zieht der BGH in seinem Urteil vom 22. 4. 1980, indem er ausdrücklich feststellt:

---

[9] Siehe Fußnote 5.

[10] Siehe Fußnote 1.

[11] BGH, Urteil v. 22. 4. 1975 - VI ZR 50/74; NJW 1975, S. 1463.

„Ein im medizinischen Bereich völlig weisungsfrei arbeitender Chefarzt muß haftungsrechtlich als verfassungsmäßig berufener Vertreter behandelt werden. Soweit für Ärzte in früheren Entscheidungen des BGH eine andere Auffassung zum Ausdruck gekommen ist, kann daran nicht festgehalten werden."[12]

Darüber hinaus führt der BGH aus, daß der 3. Senat mitgeteilt habe, auf der Entscheidung vom 13. 12. 1951[13] nicht zu bestehen.

Der BGH gibt damit in dieser Entscheidung seine frühere Rechtsprechung ausdrücklich auf. Die „völlige Weisungsfreiheit im medizinischen Bereich" wird als das wesentliche Merkmal der Organstellung des Chefarztes herausgestellt.

Auf den Dienstvertrag geht der BGH allerdings nicht näher ein. Jedoch dürfte hierzu aus der Sicht des BGH auch kein Bedürfnis bestanden haben. Die Frage, inwieweit in dem zugrundeliegenden Sachverhalt tatsächlich aufgrund der „Dienstanweisung" Weisungsfreiheit bestand oder aber der Chefarzt vielmehr einer fachlichen Aufsicht unterlag, bedurfte keiner Vertiefung, da bei Verneinung der Organstellung der Krankenhausträger für den Chefarzt aus §§ 831, 823 BGB gehaftet hätte und einen Entlastungsbeweis nicht geführt hat.

Zu einer differenzierenderen Betrachtungsweise gelangt die höchstrichterliche Rechtsprechung in dem Urteil vom 30. 11.1982.[14]

In dem der Entscheidung zugrundeliegenden Fall hatte der klagende Patient eine sog. „Chefarztbehandlung" gewählt. Der BGH geht vor diesem Hintergrund von einem gespaltenen Arzt-Krankenhaus-Vertrag aus. Bei Vorliegen eines gespaltenen Vertragsverhältnisses werde der liquidierende Chefarzt oder Klinikdirektor im Wahlleistungsbereich nicht nur für seine Rechnung, sondern grundsätzlich auch haftungsrechtlich allein „für sich tätig"; in diesem begrenzten Aufgabenbereich sei er weder Organ noch Verrichtungsgehilfe des Krankenhausträgers.

Mit dieser Entscheidung vertritt der BGH die Meinung, daß die Organstellung des Chefarztes nur im Bereich der Behandlung solcher Patienten vorliegen könne, die keine ärztliche Sonderleistung gewählt haben. Eine Organhaftung des Krankenhausträgers scheidet nach dieser vom BGH vorgenommenen Differenzierung folglich in den Fällen aus, in denen der Chefarzt aufgrund eines gespaltenen Arzt-Krankenhaus-Vertrages bei der Behandlung von Wahlleistungspatienten „für eigene Rechnung" und nicht „für den Krankenhausträger" tätig wird.

Am Rande spricht der BGH die Organhaftung des Krankenhausträgers auch in seinem Urteil vom 18. 12. 1984 an.[15] In dieser Entscheidung läßt es der BGH jedoch dahinstehen, ob in dem zugrundeliegenden Fall der Krankenhausträger deliktisch für Fehler des Leiters der Anästhesie aus §§ 30, 31, 823 BGB für den Arzt als sein Organ haftet, oder aber der Krankenhausträger aus § 831 BGB für den Arzt als Verrichtungsgehilfen einzutreten hat. Gleichwohl kann dieser Entscheidung entnommen werden, daß der BGH auch hier im Grundsatz davon ausgeht, daß der Leiter der Anästhesie Organ des Krankenhausträgers sein kann.

Wenig später nimmt der BGH zur Organhaftung des Krankenhausträgers für die Tätigkeit des leitenden Abteilungsarztes erneut Stellung. In der Entscheidung vom

---

[12] BGH, Urteil v. 22. 4. 1980 - VI ZR 121/78; NJW 1980, S. 1901.

[13] Siehe Fußnote 7.

[14] BGH, Urteil v. 30. 11. 1982 - VI ZR 77/81; NJW 1983, S. 1374.

[15] BGH, Urteil v. 18. 12. 1984 - VI ZR 23/83; NJW 1985, S. 1392.

18. 6. 1985 bejaht er – allerdings wiederum ohne nähere Begründung – die Organstellung des „Direktors der anästhesiologischen Abteilung“.[16]
Erstmals führt der BGH in dieser vielbeachteten Entscheidung aus, daß – anders als noch in dem Urteil vom 30. 11. 1982[17] – der Krankenhausträger für sein Organ deliktisch nicht nur für Fehler bei der Behandlung von Regelleistungspatienten, sondern auch für Fehler bei der Erbringung wahlärztlicher Leistungen haftet, weil auch der Krankenhausträger – mangels anderweitiger ausdrücklicher Regelung – die Erbringung dieser Leistungen schuldet. Damit bringt der BGH unmißverständlich zum Ausdruck, daß der Chefarzt in seinem gesamten Tätigkeitsbereich Organ des Krankenhausträgers ist. Durch die Vereinbarung von Wahlleistungen werde – so der BGH – der Pflichtenkreis des Krankenhausträgers nicht eingeschränkt.
Die Haftung des Krankenhausträgers für ein Organisationsverschulden seiner Organe spricht der BGH auch im Urteil vom 29. 10. 1985 kurz an, ohne die „Organe“ des Krankenhausträgers zu nennen.[18]
Schließlich geht der BGH im Urteil vom 10. 2. 1987 – wiederum ohne nähere Begründung – davon aus, daß der Chefarzt der chirurgischen Abteilung als Organ des Krankenhausträgers anzusehen ist.[19]
Faßt man die bisher ergangene höchstrichterliche Rechtsprechung zusammen, so läßt sich festhalten, daß der BGH in seinen früheren Entscheidungen der Organhaftung des Krankenhausträgers ablehnend gegenüber stand, dann zögernd zunächst die Organstellung eines „federführenden“ oder „alleinigen“ Chefarztes bejaht hat. Erst mit Urteil vom 22. 4. 1980[20] stellt der BGH auf das Merkmal der völligen Weisungsfreiheit im medizinischen Bereich ab und gibt schließlich in seinem Urteil vom 18. 6. 1985[21] die Differenzierung nach einer Haftung für Fehler bei der Behandlung von Patienten, die keine gesondert berechenbaren ärztlichen Leistungen gewählt haben, und einer Haftung für Fehlverhalten im Rahmen der Erbringung wahlärztlicher Leistungen grundsätzlich auf.
Betrachtet man die sich mit der Stellung des Chefarztes befassenden Urteile näher, so fällt auf, daß der BGH zur Begründung der Organhaftung des Krankenhausträgers für den leitenden Abteilungsarzt auf das zwischen Krankenhausträger und Arzt bestehende Vertragsverhältnis im Grund nicht im einzelnen eingeht. Allein in der Entscheidung vom 21. 9. 1971 wird der „Anstellungsvertrag“ kurz angesprochen.[22] In allen weiteren, insbesondere den Entscheidungen aus jüngster Zeit, hält der BGH nähere Ausführungen zur vertraglich vereinbarten Dienststellung des Chefarztes für entbehrlich.
Es bleibt dem Leser der Entscheidungen des BGH verborgen, weshalb das Gericht – zumindest in den schriftlichen Entscheidungsgründen – von einer Analyse des „Innenverhältnisses“ zwischen Chefarzt und Krankenhausträger absieht und die dienstvertraglichen Regelungen im einzelnen nicht ausdrücklich aufgreift.

---

[16] BGH, Urteil v. 18. 6. 1985 – VI ZR 234/83; NJW 1985, S. 2189.
[17] Siehe Fußnote 14.
[18] BGH, Urteil v. 29. 10. 1985 – VI ZR 85/84; NJW 1986, S. 776.
[19] BGH, Urteil v. 10. 2. 1987 – VI ZR 68/86; NJW 1987, S. 1479.
[20] Siehe Fußnote 12.
[21] Siehe Fußnote 16.
[22] Siehe Fußnote 9.

So könnte die Vermutung geäußert werden, der BGH habe möglicherweise eine Organhaftung letztlich auch deshalb bejaht, um etwa in den Fällen, in denen ausschließlich der Krankenhausträger verklagt war, dem Kläger aus Gründen der Billigkeit einen Schadensersatzanspruch zuzuerkennen, ohne zugleich die Exkulpationsmöglichkeit des § 831 Abs. 1 Satz 2 BGB zu eröffnen. Den Entscheidungen, in denen sich der BGH mit der Organhaftung des Krankenhausträgers befaßt hat, liegt jedoch nur in vier Fällen die Konstellation des ausschließlich beklagten Krankenhausträgers zugrunde; in allen anderen Fällen richtete der Patient seine Ansprüche auch gegen den Chefarzt. Betrachtet man die Entscheidungen näher, in denen der BGH allein über eine Klage gegen den Krankenhausträger zu befinden hatte, so ist festzustellen, daß der BGH in der Entscheidung vom 21. 9. 1971[23] pauschal auf den Dienstvertrag verweist, so daß man durchaus von einer Berücksichtigung und einer Analyse des Vertragsverhältnisses zwischen Krankenhausträger und Chefarzt ausgehen kann, wenngleich diese keinen detaillierten Niederschlag in den Entscheidungsgründen gefunden hat. In seinem Urteil vom 18. 12. 1984[24] läßt der BGH bewußt offen, ob der Krankenhausträger über §§ 31, 89 BGB oder aber als Geschäftsherr für den Chefarzt als seinen Verrichtungsgehilfen aus § 831 BGB haftet; eine Auseinandersetzung mit dem Dienstvertrag war demzufolge entbehrlich. Die Entscheidung vom 29. 10. 1985[25] – wiederum war nur der Krankenhausträger verklagt – spricht die Organhaftung ohnehin nur am Rande an. Allein das Urteil des 2. Senats vom 27. 2. 1952[26] bejaht zugunsten des Patienten die Organhaftung des ausschließlich verklagten Krankenhausträgers, ohne den Dienstvertrag näher zu beleuchten.

Damit bleibt letztlich offen, aus welchen Gründen der BGH es unterläßt, die dienstvertragliche Ausgestaltung der Rechtsbeziehungen zwischen Krankenhausträger und Chefarzt heranzuziehen. Es kann nur vermutet werden, daß es die Parteien jeweils unterlassen haben, die entsprechenden Regelungen des Dienstvertrages vorzutragen.

Im Ergebnis hat die höchstrichterliche Rechtsprechung gleichwohl den richtigen Weg beschritten. Legt man die heute üblicherweise verwendete Dienstvertragsgestaltung zugrunde, so dürfte die Organstellung des leitenden Krankenhausarztes ohne weiteres zu begründen sein; der vom BGH eingeschlagene Weg ist daher im Ergebnis zu begrüßen.

Die heute in Krankenhäusern gebräuchlichen Chefarztverträge, wie sie typisiert als Muster von verschiedenen Seiten empfohlen werden, sehen durchweg vor, daß der leitende Abteilungsarzt (Chefarzt) in seinem medizinischen und fachlichen Aufgabengebiet weisungsfrei ist. Insoweit besteht auch keine Weisungsbefugnis des Ärztlichen Direktors. Bereits die im Jahre 1957 von der Deutschen Krankenhausgesellschaft und dem Verband der Leitenden Krankenhausärzte Deutschlands erarbeiteten „Chefarztgrundsätze" sahen vor, daß der Chefarzt für die gesundheitliche Versorgung der Kranken und den geordneten Dienstbetrieb seiner Abteilung verantwortlich und in seiner ärztlichen Verantwortung unabhängig und nur dem Gesetz unterworfen ist. Seine Mitwirkungsrechte in Personalangelegenheiten sollte der leitende Abteilungsarzt nach diesen Chefarztgrundsätzen durch ein Vorschlagsrecht bei der Anstellung,

---

23 Siehe Fußnote 9.
24 Siehe Fußnote 15.
25 Siehe Fußnote 18.
26 Siehe Fußnote 8.

Entlassung und Versetzung der nachgeordneten Ärzte und ein Anhörungsrecht bei entsprechenden Maßnahmen gegenüber dem medizinisch-technischen Hilfspersonal ausüben.[27] Die Führungs- und Leitungsverantwortung des Chefarztes als Wesensmerkmal seiner Tätigkeit dürfte seit jeher in allen Chefarztverträgen ihren Niederschlag gefunden haben. Die veröffentlichten Musterverträge sehen jeweils eine Regelung vor, wonach der Chefarzt für die ärztliche Versorgung der Patienten seiner Abteilung verantwortlich ist. Auch die für die Tätigkeit des – wenn auch angestellten – Chefarztes wesenstypische Weisungsunabhängigkeit wird in sämtlichen Musterverträgen allen weiteren Regelungen vorangestellt. Dort heißt es ausnahmslos, daß der Arzt in seiner ärztlichen Tätigkeit unabhängig und nur dem Gesetz unterworfen ist.[28] Darüber hinaus ist in den Musterverträgen ein Mitwirkungsrecht des Chefarztes in Personalangelegenheiten vorgesehen. Die Ausgestaltung dieses Mitwirkungsrechts erfolgt im einzelnen entweder durch eine Gelegenheit zur Stellungnahme oder ein Vorschlagsrecht bei der Aufstellung des Stellenplanes und der Einstellung, Entlassung und Versetzung nachgeordneter Ärzte sowie ein Anhörungsrecht bei entsprechenden Maßnahmen gegenüber dem medizinisch-technischen Dienst und den Mitarbeitern des Pflegedienstes.[29]

Durch die vertraglich eingeräumte Dienststellung des Chefarztes werden die nach der Rechtsprechung die Organstellung kennzeichnenden Kriterien „volle Verantwortung für den zugewiesenen Bereich", „Weisungs- und Kontrollfreiheit" und „Anhörungsrecht" in Personalangelegenheiten erfüllt. Es dürfte daher in der Regel entbehrlich sein, nach allgemeinen, die herausgehobene Stellung des Chefarztes beschreibenden Merkmalen zu suchen.[30] Der Dienstvertrag zwischen Krankenhausträger und leitendem Abteilungsarzt gibt im Einzelfall regelmäßig Auskunft über die Stellung des Chefarztes und sein Verhältnis zum Krankenhausträger.

Der BGH hat in Hinblick auf die Organstellung eine Unterscheidung zwischen der Behandlung sog. Regelleistungspatienten einerseits und sog. Wahlleistungspatienten andererseits zu Recht aufgegeben.[31] Zum einen erbringt der leitende Abteilungsarzt seine ärztlichen Leistungen gegenüber Patienten, die keine gesonderten wahlärztlichen Leistungen vereinbart haben. Er wirkt an der Behandlung aller Patienten mit, auch derjenigen, die keine Chefarztbehandlung gewählt haben. In diesen Fällen tritt der Patient aufgrund des Krankenhausaufnahmevertrages allein mit dem Krankenhausträger in vertragliche Beziehungen. Dieser schuldet ihm nicht nur Unterkunft, Verpflegung und Pflege, sondern darüber hinaus auch die ärztliche Behandlung.

Zum anderen führt der Chefarzt die Behandlung der Wahlleistungspatienten durch, also der Patienten, die aufgrund einer Wahlleistungsvereinbarung die sog. Chefarztbehandlung gewählt haben. Auch in diesen Fällen kommt nach zutreffender Ansicht des

---

[27] Grundsätze für die Gestaltung von Verträgen zwischen Krankenhausträgern und leitenden Abteilungsärzten (Chefärzten). In: „Das Krankenhaus" 1957, S. 138.

[28] Beratungs- und Formulierungshilfe Chefarztvertrag, hrsg. von der Deutschen Krankenhausgesellschaft, 2. Aufl. 1987. – Rieger, Verträge zwischen Ärzten und Krankenhausträgern, Heidelberger Musterverträge, Heft 42, 1973. – Weißauer/Opderbecke, Anaesthesist und Krankenhaus; Vertragsmuster, Strukturmodelle, Organisationsformen. – Baur, Muster für die Gestaltung zukünftiger Chefarztverträge, in: „Der Krankenhausarzt" 1972, S. 120.

[29] Siehe Fußnote 28.

[30] Vgl. Narr, Ärztliches Berufsrecht, 2. Aufl., Rz. 855; Daniels in NJW 1972, S. 305 (308).

[31] Siehe Fußnote 16.

BGH kein gespaltenes Vertragsverhältnis zustande, wonach der Krankenhausträger lediglich Unterkunft, Verpflegung, pflegerische Betreuung und die ärztlichen Grundleistungen schuldet, der leitende Abteilungsarzt hingegen die darüber hinausgehende ärztliche Behandlung vertraglich zu erbringen hat. Vielmehr wird auch in diesen Fällen die ärztliche Behandlung durch den Chefarzt - zumindest auch - vom Krankenhausträger geschuldet. Der Pflichtenkreis des Krankenhausträgers wird im Regelfall nicht eingeschränkt. Das gilt zumindest dann, wenn keine anderweitige ausdrückliche Regelung im Krankenhausaufnahmevertrag und in der Wahlleistungsvereinbarung enthalten ist. Eine solche abweichende Regelung etwa des Inhalts, daß bei der Inanspruchnahme wahlärztlicher Leistungen ausschließlich der Chefarzt haftet, läßt der BGH ausdrücklich zu.

Mit der grundsätzlichen Aufgabe der Differenzierung der Haftung des Krankenhausträgers nach Regel- und Wahlleistungsbereich und der Anerkennung einer „übergreifenden" Organstellung des Chefarztes bei seiner Tätigkeit in beiden Dienstaufgabenbereichen nimmt der BGH eine Beurteilung der gegenüber dem Patienten bestehenden Leistungsverpflichtung des Krankenhausträgers vor, wie sie auch in der jetzigen Bundespflegesatzverordnung (BPflV) zum Ausdruck kommt.[32] Nach § 2 Abs. 1 Satz 1 BPflV gehören zu den Krankenhausleistungen auch die Wahlleistungen. Wahlleistungen, also auch wahlärztliche Leistungen, sind überdies nach § 7 Abs. 1 Satz 1 BPflV mit dem Krankenhaus zu vereinbaren. Damit geht die BPflV erkennbar davon aus, daß der Krankenhausträger sowohl Pflege, Unterkunft und Verpflegung als auch medizinische Versorgung schuldet, und zwar auch dann, wenn der Patient Chefarztbehandlung gewählt hat. Das hat zur Konsequenz, daß der Krankenhausträger für einen im Zusammenhang mit der Erbringung wahlärztlicher Leistungen begangenen Behandlungsfehler haftet. Der Chefarzt bleibt auch im Wahlleistungsbereich Organ des Krankenhausträgers mit der Folge, daß dieser für ein deliktisches Verhalten seines Organs auch insoweit einzustehen hat.

Über seine durch Dienstvertrag eingeräumte Stellung, die darin begründete selbständige, eigenverantwortliche Leitungs- und Aufsichtsbefugnis, ist der Chefarzt im Rahmen der Erbringung seiner Dienstaufgabe Organ des Krankenhausträgers im Sinne der §§ 31, 89 BGB.Die durch diese Zurechnungsnormen ausgelöste Haftung des Krankenhausträgers für sein Organ „Chefarzt" bietet dem klagenden Patienten nicht zu verkennende Vorteile.

Während sich der Krankenhausträger für ein pflichtwidriges Fehlverhalten seiner Verrichtungsgehilfen nach § 831 Abs. 1 Satz 2 BGB exkulpieren kann, ist ihm der Entlastungsbeweis hinsichtlich seiner Organe versagt. Der Hinweis des Krankenhausträgers, er habe den betreffenden Chefarzt sorgfältig ausgewählt und seinen Fähigkeiten und Kenntnissen entsprechend eingesetzt, geht ins Leere. Vielmehr muß sich der Krankenhausträger das Handeln seines „verfassungsmäßig berufenen Vertreters" als eigenes Handeln zurechnen lassen. Der Patient muß nicht den Exkulpationsbeweis fürchten, wenn er den Krankenhausträger unmittelbar und auch nur diesen in Regreß nimmt.

Diese Möglichkeit der Inanspruchnahme des Krankenhausträgers besteht auch in solchen Fällen, in denen zwar ein nachgeordneter Arzt die zum Schaden führende

---

[32] Verordnung zur Regelung der Krankenhauspflegesätze vom 21. August 1985 (BGBl. I 1666).

Handlung begangen hat, jedoch nur dem leitenden Arzt ein Schuldvorwurf gemacht werden kann, nämlich der Vorwurf eines Organisationsverschuldens, weil er einen noch unerfahrenen nachgeordneten Arzt eingesetzt hat. Ohne die Organstellung des Chefarztes müßten deliktische Ansprüche gegen den Krankenhausträger abgewiesen werden, zum einen mangels einer Schuld des nachgeordneten Arztes, zum anderen wegen der Entlastungsmöglichkeit hinsichtlich des Chefarztes als Verrichtungsgehilfe.

Es spricht vieles dafür, daß der BGH, hätte er von Anfang an bei der Beurteilung der Stellung des leitenden Abteilungsarztes den jeweils zwischen dem Krankenhausträger und dem Arzt bestehenden Dienstvertrag herangezogen, viel eher und konsequenter den Weg in Richtung Organhaftung des Krankenhausträgers beschritten hätte. Zu hoffen bleibt, daß die Gerichte in künftigen Arzthaftungsfällen stets auch die sich aus dem jeweiligen Dienstvertrag zwischen dem Arzt und dem Krankenhausträger ergebenden Rechte und Pflichten prüfen und berücksichtigen.

Die Rechtspflicht des Krankenhausarztes zur Schmerzbekämpfung und Leidensminderung

W. Uhlenbruck

Der Jubilar hat in der zweiten Auflage seines Werkes „Ärztliches Berufsrecht" (Rdn. 408/S. 294.20) festgestellt: „Schmerzbekämpfung gehört zum Gebiet der Anästhesiologie." Dabei habe aber der Grundsatz Beachtung zu finden, daß die allgemeine Schmerzbehandlung zur Zuständigkeit des Arztes zähle, der das Grundleiden behandele. Neben der Fachgebietszuständigkeit stelle sich die Frage, ob die Anästhesiologie überhaupt Heilbehandlung sei. Die von H. Narr aufgeworfene Problematik gibt über den Bereich der ärztlichen Weiterbildung hinaus Anlaß zur Untersuchung, ob und in welchem Umfang die allgemeine Schmerzbekämpfungspflicht unter dem Gesichtspunkt des „nil nocere" und als spezifische Vertragspflicht für den Krankenhausarzt Bedeutung erlangt.

Die Bedeutung des Schmerzerlebnisses für den Patienten

Allgemein wird die Versorgung von Patienten mit schweren und schwersten Schmerzen in der Bundesrepublik als unbefriedigend bezeichnet.[1] In der Bundesrepublik gibt es nach vorsichtigen Berechnungen derzeit etwa 3 Millionen chronisch schmerzkranke Patienten, von denen 8–10% eine stationäre Behandlung benötigen. Oftmals werden Patienten aus klinischer Schmerzbehandlung entlassen, ohne daß dem weiterbehandelnden Arzt Informationen über die bisherige Schmerzbehandlung gegeben werden. Nach H. A. Baar[2] muß man z. Zt. davon ausgehen, „daß die Versorgung von Patienten mit schweren und schwersten Schmerzen in vielen Teilen der Bundesrepublik nicht gewährleistet ist". Die Ursache ist darin zu sehen, daß das Gebiet chronischer Schmerzen und Schmerzkrankheiten erst in den letzten Jahren die notwendige Aufmerksamkeit erfahren hat. Während die intra- und postoperative Schmerzversorgung eine kaum vorstellbare Entwicklung genommen hat, ist die Therapie chronischer Schmerzzustände weitgehend vernachlässigt worden, was vor allem dadurch zum Ausdruck kommt, daß die Ärzte – fachgebietsunabhängig – keine ausreichende Aus-, Weiter- und Fortbildung in diesem Bereich erhalten. H. U. Gerbershagen[3]: „Die Schmerzpatientenversorgung ist nicht gewährleistet. Der bisherige autodidaktische

---

[1] Vgl. das Ergebnis der Expertendiskussion zum Thema „Schmerztherapie" in Münch. Med. Wochenschr. 129 (1987) Nr. 17, S. 16ff.; E. Hackenthal/R. Wörz (Hrsg.), Medikamentöse Schmerztherapie in der Praxis, Stuttgart/New/York 1985. Die Arzt-Compliance im Bereich der Schmerztherapie, vor allem im Verhältnis von Klinik und Allgemeinärzten, ist vielfach unzulänglich.

[2] Münch. Med. Wochenschr. 129 (1987) Nr. 17, S. 19.

[3] Münch. Med. Wochenschr. 129 (1987) Nr. 7, S. 19.

Wissens- und Erfahrungserwerb ist völlig unzureichend für die Behandlung des chronisch Schmerzkranken." Schmerz wird oftmals nicht einmal als Krankheit anerkannt. „Chronisch Schmerzkranke haben häufig damit zu kämpfen, als Simulanten oder Drückeberger abgetan zu werden" (M. Zimmermann).[4] Die Zahl der schmerztherapeutischen Einrichtungen in der Bundesrepublik ist keineswegs ausreichend, um chronisch Schmerzkranke ausreichend zu versorgen. In England, den skandinavischen Ländern, in den USA sowie in Japan bestehen schon seit mehreren Jahrzehnten zentrale interdisziplinäre Schmerzbehandlungseinrichtungen in Form sog. Pain-Clinics.[5] Die stationäre Schmerztherapie im Krankenhaus ist als selbständiger Aufgabenbereich eine „junge Disziplin".[6] Nicht zuletzt deswegen sind im Bereich der Therapie akuter Schmerzzustände in deutschen Krankenhäusern erhebliche Mißstände festzustellen. Manche Kliniken verfügen nicht einmal über Anweisungen zur Aufbewahrung von Opiaten. Sog. Giftschränke auf Stationen sind nachts verschlossen aus Furcht vor Diebstahl. Die Schlüssel sind der Nachtschwester nicht zugänglich. Der Freiburger Mediziner Thure von Uexküll sah sich auf einer Tagung im Februar 1981 in Aachen zu der Feststellung veranlaßt, die Linderung chronischer Schmerzen im Endzustand werde häufig unerfahrenen Ärzten oder Schwestern überlassen. Diese neigten dabei einer Unterdosierung zu, weil sie die Schmerzen nicht mitfühlten. Er kenne drei Universitätskliniken, auf deren Intensivstationen überhaupt keine Vorschriften für Schmerzmittel existierten. Noch auf dem Dritten Internationalen Schmerzsymposion 1985 in München[7] mußte festgestellt werden, daß entgegen den Erfahrungen in anderen Ländern orales Morphin in der Bundesrepublik nur wenig genutzt wird. Der Jurist G. Simson[8] weist darauf hin, daß sich leider viele Ärzte daran gewöhnt hätten, „auch die unerträglichsten Schmerzen – kein Kranker erhält pausenlos Morphin – mit nicht engagierter Kühle als normales Symptom nicht mehr therapiefähiger Krankheitsbilder zu registrieren". Man spricht insoweit von einem „Burn-out-

---

[4] Münch. Med. Wochenschr. 128 (196) Nr. 41, S. 20. Erstaunlich ist, daß es in Deutschland bis 1984 kein orales Morphin-Fertigpräparat gab. Vgl. M. Zenz/M. Tryba/B. Steffmann/E. Röhr, Langzeittherapie mit Morphin-Retard-Tabletten, in: A. Doenicke (Hrsg.), Schmerz – eine interdisziplinäre Herausforderung, Springer, 1986, S. 133ff.

[5] In der Bundesrepublik besteht allerdings seit dem 1. 4. 1978 die Deutsche Schmerzhilfe e. V., die auf Initiative und unter dem Vorsitz des Arztes Dr. med. H. A. Baar in Hamburg gegründet wurde (Anschrift: Deutsche Schmerzhilfe e. V., Woldsenweg 3, 2000 Hamburg 20). Die Deutsche Schmerzhilfe e. V. hat Geschäftsstellen in Hessen, Nordrhein-Westfalen und Baden-Württemberg. In Großbritannien gibt es etwa 50 Pflegeeinheiten, in denen Terminalkranke betreut und gepflegt werden. Vgl. R. G. Twycross, Hospice care – redressing the balance in medicina. J. Roy. Soc. Med. 73 (1980), 475. In Hamburg hat sich 1988 die „Deutsche Hospizhilfe" konstituiert, die sich zum Ziel gesetzt hat, für verbesserte ärztliche Schmerztherapie zu sorgen und Anregungen zur Alters- und Sterbeforschung zu geben.

[6] Vgl. H. Ebell, Anästhesiologie und Intensivmedizin 9/86, S. 278ff.

[7] Vgl. Deutsches Ärzteblatt 1986, S. 1138f. Schon 1983 schrieben R. Twycross und M. Zenz (Die Anwendung von oralem Morphin bei inkurablen Schmerzen in: Anaesthesist 1983, 32:279ff.): „Morphine exists to be given, not merely to be withheld." 1987 haben H. v. Matthiessen/B. Grothe/J. Kiwit und W. D. Schoppe (Therapie tumorbedingter Schmerzen, Deutsches Ärzteblatt 1987, Heft 39, S. C-1578ff.) darauf hingewiesen, daß die Schmerztherapie in Studium und Klinik kaum gelehrt wird und die Furcht vor physischer und psychischer Abhängigkeit der Patienten von den Opiaten oftmals zu unzulänglicher Schmerzbehandlung der Krebspatienten führt.

[8] Ein Ja zur Sterbehilfe aus Barmherzigkeit, in: Persönlichkeit in der Demokratie, Festschrift für Erich Schwinge zum 70. Geburtstag, 1973, S. 89, 95.

Syndrom". Schmerzlinderung ist ein Problem ärztlicher Heilbehandlung und damit der Lebenshilfe, nicht dagegen der Sterbehilfe, wenn sie auch oftmals in der Literatur hierzu abgestempelt wird. Immer wieder ist im stationären Bereich zu beobachten, daß die Möglichkeiten der medikamentösen Schmerzbehandlung nur unzureichend ausgeschöpft werden. Die völlig fehl angebrachte Angst vor Nebenwirkungen und Abhängigkeit führt nicht selten dazu, „daß ein zu später Einsatz, eine zu niedrige Dosierung, die Wahl der falschen Applikationsform sowie eine zögernde Verabreichung nur ‚bei Bedarf' die segensreichen therapeutischen Möglichkeiten der zentral wirkenden Analgetika vergeuden" (E. Aulbert, Münch. Med. Wochenschr. 1987, 647, 450/74).

Die zunehmende Verrechtlichung des Schmerzes

Jahrhundertelang waren der Schmerz und seine Bekämpfung ausschließlich ein medizinisches Problem. Schmerz und Schmerzzufügung hatten nur im Bereich strafrechtlicher Sanktionen Bedeutung, wo sie oft auf grausamste Art Genugtuungs- und Reinigungsfunktionen zu erfüllen hatten. Um das Jahr 1200 v. Chr. führte bereits der Stammvater der Ärzte Asklebios durch den Trunk „Nepenthe" Schmerzunempfindlichkeit bei chirurgischen Eingriffen herbei. Während etwa 1000 v. Chr. Charaka in Indien den Alkoholrausch zur Erzeugung von Empfindungslosigkeit bei Operationen benutzte, führte Hippokrates in Griechenland 450 v. Chr. die Inhalationsnarkose mittels Kräuterdämpfen ein. Erst 1775 n. Chr. wurde von J. Priestley in England das Lachgas entdeckt, dessen analgetische Wirkung allerdings erst 1799 von H. Davy bemerkt wurde. 1846 wurde von W. T. Morton (Boston) eine erfolgreiche Äthernarkose durchgeführt. Bereits 1831 war von Guthrie, Liebig und Soubeiran das Chloroform entdeckt worden. Den eigentlichen Durchbruch erfuhr die Anästhesie aber erst im 20. Jahrhundert. Ohne sie wäre die moderne Chirurgie undenkbar und gäbe es auch nicht die rechtliche Schmerzproblematik.

Die Haftungsproblematik im Bereich der Anästhesie

Die juristische Problematik der Schmerzausschaltung und Schmerzbekämpfung wurde erst in dem Augenblick aktuell, in dem auf gesicherte Erfahrungen in der Anästhesie und Analgesie verwiesen werden konnte.[9] Lagerungsschäden, Fehler bei der Bedienung von Narkosegeräten, Verwechslungen und Irrtümer beim Gebrauch von Medikamenten, versehentliche intraarterielle Injektion intravenöser Narkosemittel sowie Unzu-

---

[9] Vgl. H. K. Beecher/D. P. Todd, Eine Untersuchung der Todesfälle im Zusammenhang mit Anästhesie und Operation, in: Ann. Surg. 140 (1954), wiedergeg. in DMW 79 (1954), 1768; Einzelheiten bei R. Frey/W. Hügin/O. Mayrhofer, Lehrbuch der Anästhesiologie, Reanimation und Intensivtherapie, 3. Aufl. 1972, S. 468ff.; Goldhahn/Hartmann, Chirurgie und Recht, Stuttg. 1937, S. 51ff. m.w. Entscheidungen; Liertz/Paffrath, Handbuch des Arztrechts, Düsseldorf 1938, S. 302ff.; W. Perret, Arzthaftpflicht, München/Berlin 1956, S. 106ff.; Hübner/Drost, Ärztliche Haftpflichtrecht, Berlin/Göttingen/Heidelberg 1955, S. 53f.

länglichkeiten im personellen Bereich der Anästhesiologie[10] führten zu den ersten Gerichtsentscheidungen wegen Narkosezwischenfällen. Durch Urteil vom 23. 11. 1956 (VersR 1957, 117) hat das OLG München unter Berufung auf RGZ 168, 213 entschieden, daß der Arzt grundsätzlich verpflichtet ist, vor einer Behandlung mit Betäubungsmitteln den Patienten auf die Gefahr einer Betäubungsmittelsucht hinzuweisen.

Im übrigen hatte der Schmerz lediglich im Rahmen des Schmerzensgeldes nach § 847 Abs. 1 S. 1 BGB rechtliche Bedeutung, wonach im Falle der Körperverletzung sowie bei Freiheitsentziehung der Verletzte auch wegen des Schadens, der nicht Vermögensschaden ist, eine billige Entschädigung in Geld verlangen kann.[11] Die Häufigkeit und Intensität des Schmerzes, seine Dauer und die Prognose hinsichtlich seines Abklingens sind primär maßgeblich für die im Einzelfall vom Gericht zuzuerkennende Höhe des Schmerzensgeldes.

Die „Entdeckung" der rechtlichen Problematik des Schmerzes

Erst in den letzten Jahren ist die rechtliche Problematik des Schmerzes in ihren vollen Ausmaßen entdeckt worden.[12] W. H. Eberbach[13] weist zutreffend darauf hin, daß die „Karriere des Schmerzes" als eigenständiges Rechtsproblem eben erst begonnen hat. Es sei abzusehen, daß mit dem Schmerz ein bleibender Posten für Rechtsstreitigkeiten zwischen Patient und Arzt „entdeckt" worden sei. In der Tat wirft die Schmerzbehandlungspflicht ebenso wie die Leidensminderungspflicht des Arztes (Leidhilfepflicht) zahlreiche Rechtsprobleme auch im stationären Bereich auf. Nicht ausreichende Vorsorge für eine jederzeitige wirksame Schmerzbekämpfung im Krankenhaus kann ebenso wie das Unterlassen notwendiger Instruktionen und fehlende Schmerzüberwachung zu Schadensersatz- und Schmerzensgeldansprüchen des Patienten (§ 847 BGB) führen. Bei der Wahl der Therapie hat der Krankenhausarzt immer auch an die Schmerzfolgen zu denken. Wirksame Analgesie ist im Regelfall ärztliche Heilbehandlung, so daß die rechtlichen Voraussetzungen für eine solche vorliegen müssen wie z. B. Aufklärung und Einwilligung. Die neuere Rechtsprechung mußte sich mit dem Schmerzproblem bislang nur im Rahmen der schadensrechtlichen Konsequenzen einer fehlenden Schmerzaufklärung befassen.[14]

---

[10] Vgl. RG Münch. Med. Wochenschr. 1929 (1948); RG Münch. Med. Wochenschr. 1932, 1139; OLG Hamburg Urteil v. 4. 6. 1934, mitg. bei W. Perret, Arzthaftpflicht, München/Berlin 1956, S. 110; OLG Celle, Urt. v. 10. 1. 1951, mitg. bei Perret, a.a.O., S. 110.

[11] Vgl. auch § 53 Abs. 3 LuftVG, § 29 Abs. 2 AtomG; E. Deutsch, Schmerzensgeld und Genugtuung, JuS 1969, 197; Fromherz, Haftet der Arzt auf Schmerzensgeld? AcP 108 (1912), 435; J.Schunack, Schmerzensgeld 1969 mit Nachtrag 1973; Honsell, Die Funktion des Schmerzensgeldes, VersR 1974, 205; Soergel/Zeuner, Komm. z. BGB, 11. Aufl. 1985 zu § 847 BGB; Münch. Komm.-Mertens zu § 847 BGB m. Literaturhinweisen.

[12] Vgl. G. H. Schlund, Der Schmerz – Auch ein medizinisch-juristisches Problem, Med. Welt 1979, 915ff.; W. H. Eberbach; Juristische Aspekte des Schmerzes, Anästhesist 1986, 403ff.

[13] Anästhesist 1986, 406.

[14] BGH NJW 1981, 633; BGH VersR 1986, 183; W. H. Eberbach, Anästhesist 1986, 403ff.

Die rechtliche Problematik ärztlicher Leidhilfe

Der 56. Deutsche Juristentag 1986 hat sich im Rahmen der Problematik des Rechts auf den eigenen Tod eingehend mit der Schmerzlinderung unter dem Gesichtspunkt einer möglichen Lebensverkürzung befaßt.[15] Vom Plenum wurde beschlossen, daß für den Arzt die reine Sterbehilfe Rechtspflicht ist (M 191). Sie umfaßt alle indizierten Maßnahmen zur medizinischen Behandlung einschließlich der Schmerzlinderung. Zur sog. indirekten Sterbehilfe ist unter I. 3. folgender Beschluß ergangen:

„Schmerzlinderung ist als ärztliche Aufgabe bei tödlich Kranken auch dann erlaubt und geboten, wenn sie als unvermeidbare Nebenwirkung möglicherweise den Todeseintritt beschleunigt. Die Verweigerung dieser Linderung kann als Körperverletzung durch Unterlassen oder als unterlassene Hilfeleistung (§ 323 c StGB) strafbar sein."

Mit dem geltenden Recht nicht vereinbar ist der direkte und auf Tötung abzielende Eingriff zwecks Lebensbeendigung eines Todkranken, aber auch jedes Leidenden, um ihn von seinen unerträglichen Schmerzen zu erlösen (sog. aktive Sterbehilfe). Bereits durch Urteil vom 30. 9. 1955[16] hatte der BGH im Rahmen eines Strafprozesses gegen einen Arzt entschieden, daß der Arzt - namentlich bei erkannter Unheilbarkeit einer Krankheit - verpflichtet ist, dem Kranken im Rahmen des Möglichen Linderung seiner Schmerzen zu verschaffen. Der Alternativentwurf eines Gesetzes über die Sterbehilfe (AE-Sterbehilfe)[17] sieht in § 214 a StGB folgende Regelung für ein künftiges Recht vor:

„Wer als Arzt oder mit ärztlicher Ermächtigung bei einem tödlich Kranken mit dessen ausdrücklichem oder mutmaßlichen Einverständnis Maßnahmen zur Linderung schwerer, anders nicht zu behebender Leidenszustände trifft, handelt nicht rechtswidrig, auch wenn dadurch als nicht vermeidbare Nebenwirkung der Eintritt des Todes beschleunigt wird."

Der Entwurf beschränkt sich nicht auf die eigentliche Schmerzlinderung und Schmerzbekämpfung, sondern erfaßt auch die Linderung anderer Leidenszustände wie z. B. Atemnot, unstillbarer Brechreiz, Erstickungsangst oder vergleichbare schwere Angstzustände, bei deren Behandlung eine lebensverkürzende Wirkung nicht ausgeschlossen werden kann. Der Entwurf sieht ausdrücklich davon ab, im Rahmen der Bestimmungen über die Sterbehilfe die Nichtvornahme möglicherweise lebensverkürzender Schmerzbekämpfung eigens unter Strafe zu stellen. Er hält insoweit das geltende Recht für ausreichend, das ermöglicht, ein Unterlassen wirksamer Schmerzbekämpfung als Körperverletzung nach § 223 StGB zu ahnden. Bei chronisch Schmerzkranken wird die ärztliche Pflicht zur Schmerztherapie als Behandlungspflicht primäre ärztliche Vertragspflicht.

---

[15] Vgl. H. Otto, Recht auf den eigenen Tod?, Strafrecht im Spannungsverhältnis zwischen Lebenserhaltungspflicht und Selbstbestimmung, München 1986 D 74; H. Tröndle, Sitzungsbericht M zum 56. DJT, München 1986 M 31; W. Uhlenbruck, Recht auf den eigenen Tod?, Zeitschrift für Rechtspolitik, 1986, 209ff.; O. C. Brändel, Über das Recht, den Zeitpunkt des eigenen Todes selbst zu bestimmen, Zeitschrift für Rechtspolitik 1985, 85ff.; G. Hirsch, der sterbende Mensch, in: Zeitschrift für Rechtspolitik 1986, 239ff.; A. Eser JZ 1986, 786ff.

[16] LM § 230 StGB Nr. 6.

[17] Entwurf eines Arbeitskreises von Professoren des Strafrechts und der Medizin sowie ihrer Mitarbeiter, G. Thieme-Verlag, Stuttgart/New York 1986, S. 22. Vgl. auch neuerdings M. von Lutterotti, Sterbehilfe, lex artis und mutmaßlicher Patientenwille, MedR 1988, 55ff.

Schmerzbekämpfung und Leidhilfe als ärztliche Standespflichten

Schmerzbekämpfung und Leidensminderung sind zugleich Standespflichten des Arztes. Nach § 1 Abs. 2 S. 1 der Berufsordnung für die Deutschen Ärzte[18] übt der Arzt seinen Beruf nach den Geboten der Menschlichkeit aus. Gemäß den Richtlinien der Bundesärztekammer für die Sterbehilfe[19] hat der Arzt grundsätzlich alles zur Lebenserhaltung und Leidensminderung Notwendige zu tun:

„Bei manchen zum Tode führenden Erkrankungen steht die notwendige Leidensminderung so stark im Vordergrund, daß die Möglichkeit einer Lebensverkürzung als Nebenwirkung in Kauf genommen werden darf." ... „Die medikamentöse Behandlung vom Schmerz, Angst und Unruhe soll sich allein nach der Not des Kranken richten."

Da die Standesethik niemals isoliert neben dem Recht steht[20], sondern ständig in die rechtlichen Beziehungen des Arztes zum Patienten hineinwirkt, konkretisieren die Standesregeln zugleich auch den Inhalt der rechtlichen Pflichten des Arztes zur Schmerzbekämpfung und Leidensminderung.

Analgesie und Schmerztherapie als Heilbehandlung

Jede Anästhesie, Analgesie und jede Schmerztherapie ist Lebenshilfe, nicht Sterbehilfe. Fast alle Maßnahmen der Schmerzbekämpfung oder Schmerzausschaltung stellen sich als Eingriff in die körperliche Integrität des Patienten dar und unterliegen deshalb den gleichen rechtlichen Anforderungen wie sonstige Heileingriffe.[21] Jede Analgesie als Schmerzausschaltung setzt eine Aufklärung des Schmerzpatienten sowie eine wirksame Einwilligung in die Schmerzbehandlung voraus. Da sich der Patient wegen der Intensität des Schmerzes oftmals in einem Zustand befindet, der die freie Willensbestimmung ausschließt oder erheblich einschränkt, wird der Arzt nicht selten die Analgesie oder Anästhesie ohne ausdrückliche Zustimmung vornehmen müssen. Es entspricht dem Interesse und dem zu vermutenden Willen des Patienten, daß im Notfall durch schmerztherapeutische Maßnahmen zum einen der Zustand seiner Vitalfunktionen normalisiert wird, zum anderen die Systemfunktionen verbessert werden.[22]

---

[18] DÄBl. 1985, 3371.

[19] DÄBl. 1979, 957; vgl. auch die Sterbehilfe-Richtlinien für die Schweizerische Ärzteschaft (DÄBl. 1977, 1933). Inhaltlich fast gleichlautend ist die von der Deutschen Gesellschaft für Chirurgie erarbeitete „Resolution zur Behandlung Todkranker und Sterbender" (Beilage zu den Mitteilungen der Deutschen Gesellschaft für Chirurgie, Heft 3/1979).

[20] So zutreffend Eberhard Schmidt, Der Arzt im Strafrecht, in: Albert Ponsold, Lehrbuch der gerichtlichen Medizin, 2. Aufl. 1957, S. 2; A. Laufs, Recht und Gewissen des Arztes, in: Heidelberger Jahrbücher XXIV, Springer, Berlin/Heidelberg/New York 1980, S. 1ff.

[21] Vgl. H. W. Opderbecke, Anaesthesie und ärztliche Sorgfaltspflicht, Springer, Berlin/Heidelberg/New York 1978, S. 34; W. Weißauer, Das anästhesiologische Risiko, in: Anästh. Inform. 17 (1976), 267–271; ders., Die Aufklärungspflicht des Anästhesisten, Anästhesist 15 (1966), 100ff. Die gleichen Grundsätze gelten auch für die Analgesie.

[22] Vgl. W. Dick, Notfalltherapie akuter Schmerzzustände, in: Therapiewoche 27 (1977), 3109; ders., Die Narkose bei Notfallpatienten, in: Therapiewoche 33 (1983), 6410; W. Dick/H. Gervais, Analgesie und Anästhesie bei Notfallpatienten, in: Anästhesiologie und Intensivmedizin 1/(86), S. 1ff.

Die Pflicht des Krankenhauses und der Krankenhausärzte zur ausreichenden und dauernden Schmerzbekämpfung

Jeder Patient, der sich zur Behandlung in ein Krankenhaus begibt, darf davon ausgehen, daß die Klinik einen ihrer Aufgabe und Größe entsprechenden Standard gewährleistet. Dieser Standard bezieht sich auch auf die ausreichende Behandlung nicht nur akuter, sondern auch chronischer Schmerzen. Der ärztliche und nichtärztliche stationäre Nachtdienst muß jederzeit imstande sein, schmerzlindernde Medikamente zu beschaffen und zu applizieren. Sieht sich ein Krankenhaus außerstande, einen Schmerzpatienten in ausreichendem Maße zu versorgen, hat es für eine unverzügliche Verlegung des Patienten Sorge zu tragen. Organisationsmängel und fehlende Zuständigkeitsregelungen im Krankenhaus dürfen nicht dazu führen, daß der Patient bezüglich der Schmerzbehandlung zeitweise unversorgt bleibt. Zutreffend weist H. Narr[23] darauf hin, daß die allgemeine Schmerzbehandlung grundsätzlich in die Zuständigkeit des Arztes fällt, der das Grundleiden behandelt. Die Schmerzbehandlung durch Anästhesisten sei deshalb „auf spezielle Verfahren beschränkt, die der das Grundleiden behandelnde Arzt nicht beherrscht". Mit der Rückführung des Patienten aus dem Operationsbereich in den stationären Bereich übernimmt im Regelfall der Stationsarzt die Verantwortung für eine ausreichende Schmerzbehandlung des Patienten in der postoperativen Phase. Soweit der Patient lediglich medikamentös behandelt wird, folgt die Schmerzbehandlungspflicht schon aus dem Krankenhausaufnahme- oder Arztbehandlungsvertrag.

Die stationäre Schmerzbehandlung macht im Rahmen der Vorbereitung und Durchführung operativer Eingriffe heute kaum mehr Schwierigkeiten. Prämedikation, intraoperative Schmerzausschaltung sowie postoperative Betreuung der Patienten sind ebenso Aufgabe des Anästhesisten wie die Schmerzversorgung auf der Intensivstation.[24] In einem Grundsatzurteil vom 16. Oktober 1979[25] hat der Bundesgerichtshof zur Aufgabenabgrenzung zwischen dem Chirurgen und dem Anästhesisten bei der postoperativen Überwachung des Patienten Stellung genommen. Maßgebend seien die in dem betreffenden Krankenhaus allgemein geltende Zuständigkeitsverteilung und die abweichenden individuellen Absprachen zwischen den beteiligten Ärzten. Fehlt es an speziellen Abmachungen, so gelten subsidiär die von den beteiligten Berufsverbänden getroffenen Vereinbarungen. Nach Auffassung der BGH bedarf es für Grenzbereiche einer konkreten Verteilung der Zuständigkeiten, um Überschneidungen und Lücken in der ärztlichen Schmerzbetreuung zu vermeiden. Ebenso wie die Nichtbehandlung von Krankheiten kann auch die Nichtbehandlung des Schmerzes zum Schadensersatz verpflichtender Behandlungsfehler sein. Das Prinzip der Verantwortung für die eigene Sorgfalt gilt auch in den Fällen der Delegation von Aufgaben auf den nachgeordneten ärztlichen oder nichtärztlichen Dienst. Die postoperative Schmerztherapie in Kliniken nach dem Aufwachen des Patienten ist grundsätzlich Sache des Operateurs und des behandelnden Stationsarztes. Beherrschen diese die Techniken moderner Schmerz-

---

23 Ärztliches Berufsrecht, 2. Aufl. Rdn. 408 (294.20).

24 Vgl. auch W. Weißauer, Anästhesiologie und Intensivmedizin Heft 6/1986, S. 207.

25 Neue Juristische Wochenschrift 1980, 650. Vgl. auch K. Ulsenheimer, Strafrechtsfragen aus dem Alltag des Anästhesisten, in: C. Lehmann/B. Landauer/H. Roth, Intravenöse Narkosemittel, Erlangen 1984, S. 343, 347f.

bekämpfung nicht oder nicht ausreichend, sind sie verpflichtet, den Anästhesisten einzuschalten.[26] Es stellt ein Organisationsverschulden der Klinik dar, wenn Patienten zeitweise – meist nachts – schmerzmäßig unversorgt oder nur unzulänglich versorgt bleiben.

Die ärztliche Pflicht zur Schmerzanamnese und Schmerzdiagnostik bei chronisch Schmerzkranken

Jede wirksame Schmerztherapie setzt zunächst einmal die Diagnose der Schmerzursachen voraus. Eine Schmerzdiagnose erübrigt sich bei Verletzungen, Narben, Entzündungen, Entzündungsfolgen, Tumoren oder degenerativen Gefäßerkrankungen. Oftmals aber ist die Ursache eines Schmerzes nicht oder nur schwer erkennbar, vor allem, wenn der Schmerz als chronischer Schmerz oder als somatisches Angebot einer seelischen Störung auftritt. Für eine sinnvolle Schmerztherapie ist entscheidend, ob die Schmerzen im Einzelfall durch Erregung von Schmerzrezeptoren (Rezeptorschmerz) oder durch direkte Einwirkung auf die sensorischen Nervenfasern (neuropathischer Schmerz) entstehen. Nur durch eine genaue Bestimmung der Schmerztopographie kann festgestellt werden, welcher Nerv, welche Spinalwurzel geschädigt oder welches innere Organ erkrankt ist.[27] Da der Schmerz neben der objektiven Komponente stets auch subjektive Faktoren als Ursache aufweist, umfaßt die Schmerzdiagnostik zugleich auch psychische Explorationen, notfalls sogar eine Psychoanalyse. Jede Schmerztherapie setzt eine gründliche Schmerzanalyse und sorgfältige Schmerzdiagnose voraus, „weil nun einmal die Götter der Heilkunst die Diagnose vor die Therapie gestellt haben“ (W. Weißauer). Das Ausfüllen der in der Praxis eingeführten Schmerzanamnesebögen ist im Regelfall allein nicht ausreichend. Dies nicht zuletzt aufgrund der Tatsache, daß ein subjektives Schmerzempfinden wegen seiner Differenziertheit kaum in einem Fragebogen zum Ausdruck gebracht werden kann. Im Rahmen der Schmerzanalyse und Schmerzdiagnose kann deshalb auf das eingehende ärztliche Gespräch nicht verzichtet werden.

Die ärztliche Schmerzaufklärung

Nicht zu verwechseln mit der ärztlichen Aufklärung über eine Analgesie oder Anästhesie ist die ärztliche Pflicht zur Aufklärung über zu erwartende Schmerzen. Nach Auffassung des BGH [28] ist die Einwilligung des Patienten in einen Diagnoseeingriff (Rektoskopie) unwirksam, wenn er nicht darüber aufgeklärt worden ist, daß er dabei u. U. erhebliche Schmerzen erdulden muß. Für die Entscheidung des Patienten,

---

[26] Zur postoperativen Schmerztherapie vgl. G. Klein, Anästhesiologie und Intensivmedizin, Heft 7/1983, 197ff.; L. Grabow/W. Thiel/B. Hendrikx/A. Hein/E. Schilling, Alternativen für die postoperative Schmerzbehandlung, DÄBl. 1986, 1361.

[27] A. Zimmermann, Münch. Med. Wochenschr. 127 (1985) Nr. 35, S. 31/807; K. Hansen/H. Schliack, Segmentale Innervation, Thieme, Stuttgart 1962; W. Keeser/E. Pöppel/P. Mitterhusen, Schmerz, S. 69–82.

[28] BGHZ 90, 96.

ob er in einen ärztlichen Eingriff in seinem Körper einwilligt, sei neben anderem auch von Bedeutung, was er dabei über sich ergehen lassen und was er an Schmerzen, die über das bei ärztlichen Diagnosehandlungen zu Erwartende hinausgehen, erdulden muß. Mit dieser Rechtsprechung hat der Bundesgerichtshof neue Dimensionen im Bereich der Eingriffsaufklärung eröffnet, die für den gesamten diagnostischen und therapeutischen Bereich gelten. Ein Rechtswidrigkeitszusammenhang zwischen der Pflichtverletzung des Arztes und der Verletzung des Selbstbestimmungsrechts des Patienten liegt in den Fällen unterlassener Schmerzaufklärung nur insoweit vor, als sich das Risiko gerade in einer schmerzhaften Behandlung verwirklicht hat. An die Schmerzaufklärung durch den Arzt sind strenge Anforderungen zu stellen. Je weniger dringlich der Eingriff ist, um so gründlicher wird der Arzt aufzuklären haben. Und zwar auch über solche Schmerzen, die zwar selten sind, aber für den Fall ihres Eintritts in erheblicher Stärke auftreten. Die Schmerzaufklärung soll den Patienten in die Lage versetzen, frei zu entscheiden, welche Schmerzen und Unannehmlichkeiten er für einen zweifelhaften Erfolg der Diagnosemaßnahmen oder Heilbehandlung in Kauf zu nehmen bereit ist.[29] Die Rechtsprechung des Bundesgerichtshofs zur Einwilligung in schmerzhafte Eingriffe wirft die weitere Frage auf, „ob der Patient dann nicht auch darauf hingewiesen werden muß, daß der Eingriff schmerzfrei in Narkose durchgeführt werden kann, daß dies aber mit zusätzlichen Risiken des Betäubungsverfahrens verbunden sei".[30] Diese Frage ist letztlich zu bejahen, denn das Gebot des „nil nocere" verpflichtet den Arzt, nicht nur das ungefährlichste Verfahren anzuwenden, sondern zugleich auch, den Patienten nach Möglichkeit von Schmerzen freizuhalten.

Besondere Bedeutung hat die Schmerzaufklärung durch eine Entscheidung des Bundesgerichtshofs vom 13. Januar 1987[31] erlangt. In dem entschiedenen Fall hatte der Arzt einer Patientin eine Hüftgelenksoperation als Zwischenlösung vorgeschlagen mit dem Hauptziel, sie schmerzfrei zu stellen, bis ein später notwendig werdender größerer Hüftgelenkseingriff vorgenommen werden konnte. Nach dem Eingriff verlangte die Patientin vom Arzt die Zahlung eines Schmerzensgeldes und begehrte zugleich die Feststellung seiner Ersatzpflicht für Zukunftsschäden mit der Begründung, sie leide seit dem Eingriff unter vermehrten Schmerzen und Beschwerden. Der BGH stellt in dem Leitsatz seines Urteils fest:

> „Vor einer varisierenden Osteotomie zur Linderung von Beschwerden aufgrund einer Hüftluxation ist der Patient darüber aufzuklären, daß u. U. keine Schmerzfreiheit für längere Zeit erreicht werden kann, er vielmehr sogar subjektiv größere Schmerzen haben kann. Schon die Operation selbst und die damit verbundenen Beschwerden stellen, sofern der Eingriff nicht durch die Einwilligung des Patienten gedeckt ist, einen ersatzfähigen Körperschaden dar."

Das Urteil des BGH zeigt mit aller Deutlichkeit, mit welchen Haftungsrisiken auch eine Schmerzbehandlung verbunden sein kann, vor allem, wenn sie sich als operativer Eingriff darstellt.

---

29 Vgl. BGH in NJW 1981, 633; W. H. Eberbach, Juristische Aspekte des Schmerzes, Anästhesist 1986, 403, 406.

30 So W. Weißauer, Informationen des Bundesverbandes der Deutschen Chirurgen Nr. 7/1984, 85, 86.

31 BGH NJW 1987, 1481.

Art und Umfang der stationären Schmerzbehandlung

Für jede Schmerzbehandlung gilt der Grundsatz: „So viel wie nötig, so wenig wie möglich". Für die Schmerzbehandlung kommen unterschiedliche Methoden in Betracht. Sie reichen von der medikamentösen Therapie über Verfahren der therapeutischen Lokal- und Leitungsanästhesie, der Chirotherapie bis hin zur elektrischen Nervenstimulation. Wird in einem Krankenhaus die Technik der Behandlung vor allem chronischer Schmerzzustände nicht beherrscht, wie z. B. die Technik einer Blockadetherapie, so sind die behandelnden Ärzte verpflichtet, den Patienten an ein Schmerzzentrum oder in eine Neurochirurgische Klinik zu überweisen. Nach T. Flöter[32] liegen die Ursachen der heute immer noch insuffizienten Versorgung der Schmerzpatienten in den lückenhaften Kenntnissen über die Schmerzmechanismen und in der unsachgemäßen Anwendung der zur Verfügung stehenden Erkenntnisse und Therapien. Es entspricht heute wohl allgemeiner Erkenntnis, daß bei der Schmerzbehandlung im stationären Bereich noch vieles falsch gemacht wird. So wird z. B. oftmals zugewartet, bis der Schmerzpatient sich wieder meldet. Das Medikament sollte dagegen vor Wiedereintritt der Schmerzen gegeben werden. Neue Schmerzen dürfen gar nicht erst wieder auftreten, und das Ziel der Schmerztherapie sollte es sein, „daß der Patient seine Schmerzen überhaupt vergißt".[33] Zu beachten sind die Nebenwirkungen einer Schmerzbehandlung. Medikamentöse Maßnahmen der Stuhlregulierung gehören zu einer länger andauernden Schmerzbehandlung ebenso wie die medikamentöse Behandlung von Erbrechen mit Metholcyclopramid oder Haloperidol als Antiemetikum.

Art und Umfang der Schmerzbehandlung richten sich nicht nur nach der Schmerztoleranz des Patienten, sondern zugleich auch nach der Art seiner Erkrankung oder seiner Verletzung. So ist z. B. eine sorgfältige Wahl und Dosierung der Schmerzmittel bei Schädel-Hirn-Traumen von entscheidender Bedeutung.[34] Vielfach wird die Verabreichung von Opiaten mit der Begründung eingeschränkt, der Patient könne bei höherer Dosierung süchtig werden. Diese Argumentation vermag die ärztliche Schmerzlinderungspflicht nicht einzuschränken. Jegliche Art von Opiatverweigerung durch den

---

[32] Therapie chronischer Schmerzzustände, Münch. Med. Wochenschr. 127 (1985) Nr. 35, 812/40, 43/813. M. Zenz (zit. nach „Stern" Nr. 32/1987 S. 50): „Die Furcht der Ärzte vor der Sucht setzt einen Teufelskreis in Gang. Weil der Patient Opiate nicht nach Bedarf und nicht nach Plan bekommt, leidet er immer wieder unter Schmerzen und wartet sehnsüchtig auf die nächste Tablette. Wer den Schmerz bekämpft, anstatt ihm vorzubeugen, muß mehr geben. Und für den Patienten wird jede Gabe zur Belohnung. Da beginnt die Sucht." Nach Zenz werden in der Bundesrepublik etwa 70–95% aller Krebspatienten falsch therapiert.

[33] M. v. Lutterotti, Menschenwürdiges Sterben, Freiburg/Basel/Wien 1985, S. 122; S. Piepenbrock, zit. in Münch. Med. Wochenschr. 127 (1985) Nr. 29/30, S. 20.

[34] Zur Behandlung von Tumorschmerz mit Pumpsystemen zur rückenmarknahen Opiatapplikation vgl. H. Müller/K. Aigner/J. Zierski, DÄBl. 1985, 2475. Nach heutigen Erkenntnissen stellt die intraventrikuläre Opiatapplikation mit Hilfe eines implantierten Pumpsystems eine effiziente und komplikationsarme Weiterentwicklung in der Therapie malignombedingter Schmerzen dar. Erstaunlich ist, daß es entsprechend der von den meisten Patienten subjektiv als deutlich gebessert empfundenen Lebensqualität zu keiner mißbräuchlichen (suizidalen) Benutzung der Pumpe gekommen ist (vgl. Deutsches Ärzteblatt, Heft 39/1987, C-1586). Zu den Möglichkeiten und Grenzen der Behandlung des chronischen Schmerzes durch Medikamente vgl. U. Hutschenreuter/K. Hutschenreuter/F. Jungmann, Anaesthesiologie und Intensivmedizin, Heft 10/1987, 305ff. u. Heft 11/1987, 347ff.; M. Zenz Therapiemöglichkeiten bei Krebsschmerzen, Münch Med. Wochenschr. 126 (1984) Nr. 32/33, 35/929.

Arzt kann zugleich Körperverletzung i. S. von § 223 StGB sein. Die vielfach beschworene Gefahr der Suchtentstehung ist verhältnismäßig gering. Zudem ist die Beseitigung der physischen Abhängigkeit durch den Arzt in verhältnismäßig kurzer Zeit mühelos zu erreichen.[35]
Von einem Krankenhausarzt muß heute verlangt werden, daß er die zur Behandlung chronischer Schmerzzustände erforderlichen Kenntnisse besitzt. Hierzu gehört nicht nur die Kenntnis der Neurophysiologie des Schmerzes und der Pharmakodynamik und der Pharmakokinetik der einzelnen Medikamente als unbedingte Voraussetzung für die effektive Anwendung von Analgetika, sondern auch die Kenntnis der in der Wissenschaft entwickelten Stufenschemata einer Therapie des chronischen Schmerzes. Zur Schmerzbehandlung gehört auch die „adjuvante Therapie“ mit Psychopharmaka. Schließlich gehört zu jeder medikamentösen Schmerzbehandlung chronisch Schmerzkranker die liebevolle und verständnisvolle ärztliche Begleitung und psychische Führung. Gerade chronische Schmerzzustände führen in der Regel zu einem veränderten psychischen Erleben. Sie bewirken oftmals Passivität, Hilflosigkeit und falsche Reaktionen des Patienten gegenüber der Umwelt. Besonders bei Krebskranken sollte die Familie in die Schmerzbehandlung miteingeschaltet werden. Hierzu E. Day: „Death cannot be denied but its dignity can be – by thoughtless, underfeeling and overscientific care.“[36] Ziel einer jeden Behandlung chronischer Schmerzzustände muß es sein, eine dauerhafte Schmerzlinderung oder gar Schmerzfreiheit zu erreichen. Das aber heißt, Schmerzprophylaxe betreiben. Der Arzt hat insoweit alle Möglichkeiten der Schmerzbekämpfung anzuwenden und auszuschöpfen. Er kann sich nicht darauf berufen, die Schmerzbehandlung sei in seiner Ausbildungszeit kein Lehrfach gewesen. Ebensowenig kann ein Klinikträger sich darauf berufen, aus finanziellen Gründen sei es im stationären Bereich nicht möglich, eine ausreichende Versorgung der Schmerzpatienten zu gewährleisten. Ähnlich wie im Bereich der Anästhesie wird man sich hier am „Standard“ zu orientieren haben.

Die Leidensminderungspflicht (Leidhilfe) bei inkurablen Erkrankungen

Ist das Grundleiden nicht heilbar und leidet der Patient an Schmerzen, so beschränkt sich die allgemeine und vertragliche Pflicht des Arztes auf die Leidensminderung (Leidhilfe). Die Leidhilfe umfaßt nicht nur physische Schmerzen, sondern jede Art von Leidenszuständen, wie z. B. Atemnot, unstillbarer Brechreiz, Erstickungsangst oder vergleichbar schwere Angstzustände und Depressionen. Die Leidensminderungspflicht gewinnt vor allem im Sterbebereich praktische und rechtliche Bedeutung.[37] Wird die Leidhilfe dem Sterbenden vorenthalten, so macht sich nach der Rechtsprechung der verantwortliche Arzt u. U. wegen Körperverletzung durch Unterlassen gem.

---

[35] E. Beubler, zit. in: DÄBl. 1986, 1140. Vgl. auch V. Hempel/R. May (Hrsg.), Postoperative Schmerztherapie, München/Wien/Baltimore 1986.
[36] The patient with cancer and the family. New Engl. J. Med. 274 (1966), 881.
[37] RGSt 75, 165; BGH LM § 230 StGB Nr. 6, OLG Hamm NJW 1975, 604; K. H. Bauer, Aufklärung und Sterbehilfe bei Krebs in medizinischer Sicht, in: Festschrift Paul Bockelmann 1979, S. 497, 516; Alternativentwurf eines Gesetzes über Sterbehilfe (AE-Sterbehilfe), Stuttgart/New York 1986, S. 22.

§ 223 StGB strafbar.[38] Gleiches gilt für die Leidhilfe bei schwerstgeschädigten Neugeborenen, bei denen sich die ärztliche Behandlung auf eine Basisversorgung beschränkt.[39] Nach der „Resolution zur Behandlung Todkranker und Sterbender" der Deutschen Gesellschaft für Chirurgie[40] darf eine Behandlung bei schweren angeborenen Mißbildungen Neugeborener unterbleiben oder abgebrochen werden, wenn wegen schwerer Beeinträchtigung vitaler Funktionen offensichtlich keine Lebensfähigkeit besteht. Die Leidhilfepflicht bleibt jedoch in diesen Fällen bestehen.

Die rechtlichen Grenzen der Schmerzbekämpfung und Leidhilfe

Jeglicher Schmerzbekämpfung und Leidhilfe sind rechtliche Grenzen durch das Tötungsverbot gesetzt. Kein Patient kann von einem Arzt verlangen, daß er ihn wegen unerträglicher Schmerzen töte. Andererseits hat die Schmerzlinderung im Zustand der Agonie absoluten Vorrang gegenüber einer im Ergebnis nutzlosen Lebensverlängerung. Man mag bedauern, daß mit der Zulassung einer Abwägung von Lebensqualität gegen Lebensquantität eine Bresche in das bisher so hochgehaltene Prinzip absoluten Lebensschutzes geschlagen und das Leben zu einem abwägbaren Wert geworden ist. Diese Tatsache ändert jedoch nichts daran, daß der Arzt nicht nur berechtigt, sondern im Einzelfall auf Wunsch des Patienten sogar verpflichtet sein kann, analgetische Mittel selbst dann einzusetzen, wenn eine lebensverkürzende Wirkung nicht mit Sicherheit auszuschließen ist. Anders nur, wenn dem Arzt bewußt ist, daß die schmerzlindernde Maßnahme mit Sicherheit zu einer Lebensverkürzung beim Patienten führen wird. Nur dann ist der Tatbestand der Tötung auf Verlangen (§ 216 StGB) verwirklicht. Nach heute wohl allgemeiner Meinung[41] wird der Arzt jedoch nicht bestraft. M. v. Lutterotti[42] hat zutreffend darauf hingewiesen, daß die Situation in den letzten Jahren dadurch erleichtert worden ist, daß viele neue Methoden der Schmerzbekämpfung gefunden wurden, bei denen eine Verkürzung des Lebens als Nebeneffekt kaum noch zu befürchten ist. Die Nichtvornahme einer wirksamen Schmerzbekämpfung und Leidhilfe im stationären Bereich stellt sich nicht nur als schuldhafte Vertragsverletzung dar, sondern zugleich auch als Körperverletzung i. S. von § 223 StGB. Unzulässig ist es vor allem, die Schmerzbekämpfung bei unheilbar Kranken „dem unsicheren Urteil unerfahrener Stationsärzte oder dem Pflegepersonal" zu überlassen.[43]

---

[38] Vgl. A. Eser bei Auer/Menzel/Eser, Zwischen Heilauftrag und Sterbehilfe, 1977, S. 85ff.; Schönke/Schröder/Eser, Vorbem. vor § 211ff. StGB, Rdn. 23; E. W. Hanack bei Hiersche, Euthanasie 1975, S. 122ff.; Roxin bei Blaha u. a., Schutz des Lebens, Recht auf Tod, 1978, S. 86f.

[39] Vgl. E. W. Hanack, Grenzen ärztlicher Behandlungspflicht bei schwerstgeschädigten Neugeborenen aus juristischer Sicht, MedR 1985, 33, 38; V. v. Loewenich, Grenzen der ärztlichen Behandlungspflicht bei schwerstgeschädigten Neugeborenen aus ärztlicher Sicht, MedR 1985, 30.

[40] Beilage zu den Mitteilungen der Deutschen Gesellschaft für Chirurgie, Heft 3/1979.

[41] Einzelheiten bei H. Otto, Gutachten D zum 56. Deutschen Juristentag 1986, D 57, Fußn. 135, 136. Anders früher M. Kohlhaas, Medizin und Recht, S. 108; Trockel, NJW 1975, 1444.

[42] Menschenwürdiges Sterben, S. 124.

[43] Vgl. Thure v. Uexküll, Die individuelle Wirklichkeit des Kranken, Referat gehalten bei der Eröffnung des 6. Westdeutschen Psychotherapie-Seminars in Aachen am 30. 1. 1981; O. C. Brändel, Über das Recht, den Zeitpunkt des eigenen Todes selbst zu bestimmen, in: Zeitschrift für Rechtspolitik 1985, S. 85, 90.

Bei einem nichtmoribunden Patienten findet jegliche Schmerzbehandlung dort ihre Grenze, wo der Wille des Patienten oder eine medizinische Indikation entgegenstehen. So kann z. B. bei einer nicht zum Tode führenden Erkrankung die Gefahr einer Atemlähmung die Verpflichtung des Arztes begründen, schmerzlindernde Mittel mit der gebotenen Vorsicht und Zurückhaltung anzuwenden. Der insoweit dem Arzt eingeräumte Ermessensspielraum gehört in den Bereich ausschließlicher ärztlicher Verantwortung. Die ärztliche Verantwortung dem Patienten gegenüber kann nicht hoch genug eingeschätzt werden. Sie darf niemals dazu führen, den Patienten mit seinen Schmerzen alleinzulassen. Auch Schwierigkeiten, die durch die Betäubungsmittel-Verschreibungsverordnung (BtMVV) entstanden sind, dürfen nicht dazu führen, den stationären Patienten eine ausreichende Schmerzbehandlung vorzuenthalten.[44]

Die stationäre Dokumentation über eine Schmerzbehandlung

Jede Schmerzdiagnostik, Schmerzaufklärung und Schmerzbehandlung bedarf der sorgfältigen Dokumentation durch den Krankenhausarzt. Die Dokumentation der Schmerzbehandlung liegt nicht nur im Interesse des Arztes, sondern vor allem auch im Interesse des Patienten, weil die Aufzeichnungen als Behandlungsunterlagen für eine evtl. Nachbehandlung benötigt werden. Vor allem bei unheilbar Kranken, die auf eigenen Wunsch entlassen werden, um zu Hause zu sterben, wird der Hausarzt oftmals nur ungenau oder überhaupt nicht über die Art, Häufigkeit und Dosis der in der Klinik verabreichten Medikamente unterrichtet. Die zunehmende Verbreitung von Schmerzzentren, Schmerzpraxen und Schmerzkliniken führt zwangsläufig zu einer Ausdehnung der ambulanten Schmerzbehandlung und Schmerznachbehandlung, die eine umfassende Information der nachbehandelnden Ärzte erfordert. Die Klinikärzte sind verpflichtet, bei Entlassung eines im Endzustand befindlichen unheilbaren Patienten alle Voraussetzungen dafür zu schaffen, daß durch den Hausarzt oder einen sonstigen Arzt eine ausreichende und wirksame Schmerztherapie erfolgen kann. Mängel der ärztlichen Dokumentation können im Haftungsfall zu einer Umkehr der Beweislast führen. Wird im Rahmen der stationären Schmerzbehandlung eines Sterbenden wegen der Gewöhnung an Schmerzmittel im Einzelfall die Maximaldosis deutlich überschritten, so kann nicht dringend genug empfohlen werden, „das Selbstbekenntnis dadurch zu kennzeichnen, daß die erhöhten Dosen nach Datum und Höhe jederzeit nachprüfbar festgehalten sind."[45]

---

[44] Die Anforderungen an die Verwendung von Betäubungsmittel sind durch die Betäubungsmittelrecht-Änderungs-VO vom 1. 8. 1986 wieder gelockert worden. Vgl. auch M. Zimmermann, Münch. Med. Wochenschr. 127 (1985) Nr. 29/30, S. 17.

[45] So K. H. Bauer, Aufklärung und Sterbehilfe bei Krebs in medizinischer Sicht, in: Festschrift Paul Bockelmann zum 70. Geburtstag, München 1979, S. 497, 516.

Schlußbemerkung

Von E. Pellegrino stammt folgender Satz: „Schmerztherapie ist die am wenigsten diskutierte und die universellste moralische Verpflichtung der Ärzte. Wir alle können dafür entschuldigt werden, wenn wir Patienten nicht heilen können, aber nicht dafür, daß wir nicht versucht haben, das Leiden und den Schmerz zu lindern."[46] Angesichts der Entwicklung der Schmerztherapie in den letzten Jahrzehnten ist heute festzustellen, daß eine ausreichende und wirkungsvolle Schmerztherapie nicht nur moralische, sondern rechtliche Verpflichtung der Ärzte ist. Es gehört mit zur Organisationspflicht eines Krankenhausträgers, auch für die Beherrschung länger andauernder oder chronischer Schmerzzustände die notwendigen Voraussetzungen zu schaffen. Angesichts der Tatsache, daß bei Karzinompatienten im finalen Stadium bei 60–85% der Patienten teilweise „unerträgliche" Schmerzen auftreten, muß vom Krankenhausarzt verlangt werden, daß er sowohl die Methoden einer kausalen als auch lediglich palliativen Schmerztherapie beherrscht. Schuldhafte Verletzung der ärztlichen Pflicht zur Schmerzbekämpfung und Leidensminderung stellt sich im Regelfall als unerlaubte Handlung i. S. von § 823 BGB dar, die zugleich Schmerzensgeldansprüche des Patienten nach § 847 Abs. 1 Satz 1 BGB begründet. Ist der Anspruch rechtshängig geworden, so geht er gem. § 847 Abs. 1 Satz 2 BGB auf die Erben über, so daß der Anspruch auch durchgesetzt werden kann, wenn der Schmerzpatient verstirbt.

[46] Clinical ethics of pain management in the terminally ill, in: Hospital Formulary 17:1493 (1982).

Zum Anspruch des Krankenhausträgers auf Chefarztabgaben bei Ausbleiben des Arzthonorars

(Zugleich Besprechung eines Urteils des LG Saarbrücken vom 9. 4. 1987 - 6 0 321/85 -)

H.-J. RIEGER

Angestellte und beamtete leitende Krankenhausärzte sowie ärztliche Hochschullehrer, die im liquidationsberechtigten Bereich Personal- und Sachmittel ihres Dienstherrn in Anspruch nehmen, haben diesem nach ihrem Anstellungsvertrag und nach den beamtenrechtlichen Vorschriften über die Nebentätigkeit die hierdurch anfallenden Unkosten zu erstatten. Die Berechung erfolgt meist pauschaliert nach einem bestimmten Prozentsatz der Bruttohonorareinnahmen, kombiniert mit Sachkostenpauschalen in D-Mark für einzelne Leistungen nach verschiedenen Tarifen (z.B. DKG-NT, KBV-NT).

Neuerdings wird sowohl im stationären als auch im ambulanten Bereich zusätzlich zur reinen Kostenerstattung meist noch ein sog. „Vorteilsausgleich" verlangt und beides zusammen dann als „Nutzungsentgelt" oder „Entgelt" bezeichnet.[1] Dieses Nutzungsentgelt wird vielfach in der Weise berechnet, daß der Arzt neben dem vom Krankenhausträger nach § 13 Abs. 3 Nrn. 4, 6 und 7 BPflV zu ermittelnden und auf die liquidationsberechtigten Ärzte nach einem vorher festgelegten Schlüssel umzulegenden Kostenabzugsbetrag einen bestimmten prozentualen Anteil seiner Bruttohonorareinnahmen als Vorteilsausgleich an den Krankenhausträger abzuführen hat. Mitunter erhebt der Krankenhausträger auch aus den Bruttoliquidationseinnahmen eine Gesamtpauschale, die sowohl die Kostenerstattung als auch den Vorteilsausgleich umfaßt.

Bei all diesen Berechungen spielt in der Praxis immer wieder die Frage eine Rolle, ob Abgaben vom Chefarzt nur insoweit verlangt werden dürfen, als ihm für seine Leistungen Honorare tatsächlich zugeflossen sind, oder ob als Berechungsgrundlage auch diejenigen Honorare heranzuziehen sind, die der Chefarzt zwar verdient, aber tatsächlich nicht vereinnahmt hat, sei es, weil er auf sein Honorar verzichtet hat, oder sei es, weil die Forderung beim Schuldner nicht beitreibbar ist. Die Dienstverträge der

---

[1] Vgl. z.B. § 12 Abs. 1 Bundesnebentätigkeitsverordnung i.d.F. d. Bek. vom 12. 11. 1987 - BNV - (BGBl. S.2377); § 19 Abs. 1 Nebentätigkeitsverordnung Rheinl.-Pf. v. 2. 2. 1987 - NebVO - (GBl. S.31); § 11 Hochschulnebentätigkeitsverordnung Bad.-Württbg. i.d.F. vom 23. 7. 1984 (GBl. S.522); § 10 Abs. 1 des Muster-Chefarzt-Vertrages der Deutschen Krankenhausgesellschaft, „Beratungs- und Formulierungshilfe Chefarztvertrag", 2. Aufl. 1987. Die Terminologie ist im übrigen nicht einheitlich. Zum Teil werden auch die als reine Kostenerstattung zu entrichtenden Abgaben als „Nutzungsentgelt" bezeichnet. - Gegen die rechtliche Zulässigkeit der Erhebung eines Vorteilsausgleichs durch den Krankenhausträger werden mit Recht Bedenken erhoben; denn es ist nicht ersichtlich, worin der Vorteil des Chefarztes bestehen soll, wenn er dem Krankenhausträger die durch die liquidationsberechtigte Tätigkeit entstehenden Unkosten voll erstattet; vgl. z.B. Narr, Ärztliches Berufsrecht, 2.Auf., Stand Januar 1988, Rzn. 1041 f.; BVerwG, Urt. v. 12. 3. 1987, MedR 1987, 248 und dazu Jansen, DMW 1987, 2004; Rieger, Lexikon des Arztrechts, 1984, Rz 1304.

Chefärzte und das Nebentätigkeitsrecht der Beamten enthalten hierzu nur vereinzelt Vorschriften.
Bei der Beurteilung der Rechtslage ist zu unterscheiden zwischen Chefärzten in einem privatrechtlichen Anstellungsverhältnis einerseits und beamteten Chefärzten und ärztlichen Hochschullehrern andererseits.

Angestellte Chefärzte

Mit der Frage, ob ein angestellter Chefarzt einer Chirurgischen Abteilung eines Krankenhauses zur Leistung von Abgaben in Form reiner Kostenerstattung an den Krankenhausträger auch aus denjenigen Honoraren verpflichtet ist, die den Patienten zwar in Rechnung gestellt, von ihnen jedoch nicht bezahlt wurden, hat sich kürzlich das Landgericht Saarbrücken in einem (noch nicht rechtskräftigen) Urteil vom 9. 4. 1987 – 6 0 321/85 – befaßt. Der Beklagte war von 1968 bis zu seinem Ausscheiden am 31. 3. 1985 als Chefarzt der Chirurgischen Abteilung der Klägerin tätig. Nach § 3 des Anstellungsvertrages vom 18. 12. 1967 gehörte zu seinen Dienstaufgaben u.a. „die stationäre Behandlung aller Kranken der chirurgischen Abteilung einschl. der stationären Gutachter- und Beobachtungsfälle ...". Als „Vergütung für die Tätigkeit im dienstlichen Aufgabenbereich" (§ 5) erhielt der Chefarzt die Bezüge nach der Vergütungsgruppe Ib des Bundesangestellten-Tarifvertrages (BAT) sowie das Liquidationsrecht im stationären Bereich. Nach § 7 war der Beklagte „verpflichtet, dem Krankenhausträger alle Unkosten zu erstatten, die für Leistungen entstehen, für die er aufgrund seines Liquidationsrechtes (§ 5 Abs. 1) entschädigt wird". Die Höhe dieser Kosten errechnete sich aus den Gesamtaufwendungen der chirurgischen Abteilung entsprechend dem prozentualen Anteil der Selbstzahler-Pflegetage an der Gesamtzahl der Pflegetage.
In § 4 des Anstellungsvertrages war dem Beklagten die ambulante Beratung und Behandlung von Patienten und die ambulante Gutachter- und Durchgangsarzt-Tätigkeit sowie die Konsiliarpraxis als Nebentätigkeit gestattet. Die Kostenerstattung im Nebentätigkeitsbereich war in einem besonderen Zusatzvertrag (zuletzt in der Fassung vom 10. 9. 1982) pauschaliert in der Weise, daß der Arzt neben den Sachkosten für ärztliche Sachleistungen nach Spalte 6 DKG-NT gestaffelt für die Jahre 1980 bis 1985 zwischen 40% und 45% seiner Brutto-Honorareinnahmen an den Krankenhausträger abzuführen hatte. Die Klägerin verlangte vom Beklagten Abgaben aus dem stationären und ambulanten Bereich für die Jahre 1980 bis 1985. Von der ursprünglichen Forderung in Höhe von insgesamt DM 606523,68 machte sie mit der Klage noch einen Restbetrag von DM 288188,62 geltend. Der Beklagte wandte u.a. ein, die Klägerin könne nur insoweit Abgaben berechnen, als die Honorarrechnungen von den Patienten auch tatsächlich beglichen worden seien. Für den Abrechnungszeitraum seien noch offene Forderungen in Höhe von insgesamt DM 232248,80 vorhanden. Insoweit könne die Klägerin von ihm daher keine Abgaben verlangen. Das Gericht hielt diesen Einwand für unbeachtlich und gab der Klage in vollem Umfang statt. Zur Begründung heißt es in dem Urteil u.a.:

„Dem Beklagten kann ... insoweit nicht gefolgt werden, daß die Klägerin nur Abgaben aus den Beträgen errechnen kann, die er selbst vereinnahmt hat. Die zwischen den Parteien abgeschlossenen

Verträge geben letztendlich keine eindeutige Auskunft darüber, wie abzurechnen ist, wenn Liquidationen des Beklagten notleidend werden. Es ist dem Beklagte zu folgen, daß aus den Verträgen auch geschlossen werden könnte, daß nur insoweit eine Abrechnung erfolgen kann, soweit er selbst Einnahmen hatte. Aus den Verträgen könnte jedoch auch geschlossen werden, daß die Abgaben aus sämtlichen Einnahmen rein rechnerisch zu zahlen sind. Es muß daher letztendlich auf die Interessenlage abgestellt werden. Die Klägerin hat Anspruch darauf, daß der Beklagte Abgaben für diejenigen Leistungen erbringt, für die er Räume, Einrichtungen und Personal der Klägerin in Anspruch genommen hat. Die Klägerin hat ihm die Krankenanstalt für solche Leistungen zur Verfügung gestellt. Auch würde das Risiko, ob Privatliquidationen gezahlt werden oder nicht, in den Risikobereich der Klägerin verlagert, obwohl sie keinen Einfluß darauf hat, daß die Außenstände des Beklagten beigetrieben werden oder nicht. Diese Aufwendungen sind auch von der Klägerin erbracht worden. Das bedeutet, daß der Beklagte die Kostenerstattung zu übernehmen hat, gleichgültig, ob die Liquidationen gezahlt wurden oder nicht ..."

Diese Argumentation verkennt die Rechtsnatur des Liquidationsrechts des angestellten Chefarztes und ist daher im Ansatz verfehlt.
Im Hinblick auf unsere Fragestellung ist zunächst zu unterscheiden zwischen Honorarforderungen aus dem stationären Bereich und Honorarforderungen aus der Ambulanz des Chefarztes.

Stationärer Bereich

Die Rechtsprechung des Bundesarbeitsgerichtes geht davon aus, daß der Chefarzt Arbeitnehmer ist und die Einnahmen aus dem Liquidationsrecht bei der Behandlung stationärer Patienten nicht Einnahmen aus freiberuflicher Tätigkeit, sondern eine besondere Form der Vergütung aus dem Arbeitsverhältnis sind. Der Umstand, daß der Chefarzt bei seiner ärztlichen Tätigkeit eigenverantwortlich und an Weisungen des Krankenhausträgers nicht gebunden ist, steht der Annahme eines Arbeitsverhältnisses nicht entgegen.[2] Dementsprechend enthalten die in neuerer Zeit abgeschlossenen Chefarztverträge i.d.R. eine Bestimmung, wonach der Krankenhausträger dem Chefarzt, dem die Behandlung *aller* Kranken seiner Abteilung (also auch der Selbstzahler) als *Dienstaufgabe* obliegt, das Liquidationsrecht gegenüber selbstzahlenden Patienten als zusätzliche Form der Vergütung („variable Vergütung") neben dem tariflichen Festgehalt nach dem BAT einräumt. Eine entsprechende Regelung enthielt auch der Anstellungsvertrag in dem im Urteil des LG Saarbrücken vom 9. 4. 1987 entschiedenen Fall. Aber auch wo der Chefarztvertrag solche eindeutigen Formulierungen nicht enthält, hat das BAG den Vergütungscharakter der Liquidationseinnahmen des Chefarztes ausdrücklich bejaht mit der Begründung, daß die tarifliche Vergütung nach dem BAT ohne zusätzliche Einnahmen aus dem Liquidationsrecht im Regelfall keine angemessene Honorierung eines Chefarztes darstellt.[3] Etwas anderes gilt nur dann, wenn der Chefarztvertrag hiervon ausdrücklich abweicht.
Aus der Eigenschaft des Chefarztes als Arbeitnehmer und der Rechtsnatur der Liquidationseinnahmen im stationären Bereich als besondere Form der Arbeitsvergütung folgt notwendig, daß auch der Anspruch des Krankenhausträgers auf Zahlung

---

[2] BAG, Urt. v. 9. 1, 1980, NJW 1980, 1912, 1915; Urt. v. 4. 5. 1983 - 5 AZR 389/80 -; Urt. v. 27. 6. 1961, NJW 1961, 2085; vgl. auch Luxenburger, Das Liquidationsrecht der leitenden Krankenhausärzte, 1981, insbes. S. 122, 126; Rieger, a.a.O., Rz 1155.

[3] BAG, Urt. v. 9. 1. 1980, a.a.O., S. 1915.

eines Nutzungsentgelts ausschließlich nach den Grundsätzen des Arbeitsrechts zu beurteilen ist. Unsere Frage lautet daher: Kann der Krankenhausträger vom Chefarzt Abgaben auch aus solchen Teilen seiner Arbeitsvergütung verlangen, die er zwar durch vertragsgemäße Erbringung seiner Leistungen im Dienstaufgabenbereich verdient, jedoch tatsächlich nicht vereinnahmt hat?
Die Antwort ergibt sich aus der allgemeinen Fürsorgepflicht des Arbeitgebers, die wie der Grundsatz von Treu und Glauben (§ 242 BGB) das gesamte Arbeitsverhältnis durchdringt und Umfang sowie Art und Weise der beiderseitigen Pflichten aus dem Arbeitsverhältnis beeinflußt.[4] Ihr Inhalt wird – unabhängig von dem Streit über ihre dogmatische Begründung[5] – in § 69 des Entwurfes eines Arbeitsgesetzbuches[6], der im wesentlichen die Ergebnisse der bisherigen Rechtsprechung zusammenfaßt[7], wie folgt definiert:

„Der Arbeitgeber hat seine Verpflichtungen aus dem Arbeitsverhältnis so zu erfüllen, seine Rechte so auszuüben und die im Zusammenhang mit dem Arbeitsverhältnis stehenden Interessen des Arbeitnehmers so zu wahren, wie dies unter Berücksichtigung der Belange des Betriebes und der Interessen der anderen Arbeitnehmer des Betriebes nach Treu und Glauben billigerweise verlangt werden kann."

Sonach fragt es sich, ob der Krankenhausträger, der seiner Berechnung der Chefarztabgaben auch solche Honorare zugrundelegt, die der Chefarzt zwar verdient, vom Patienten jedoch nicht erhalten hat, sein ihm nach dem Chefarztvertrag grundsätzlich zustehendes Recht auf Erhebung von Abgaben aus dem Liquidationserlös so ausübt und die im Zusammenhang mit dem Arbeitsverhältnis stehenden Interessen des Chefarztes so wahrt, wie dies unter Berücksichtigung der Belange des Krankenhausbetriebes nach Treu und Glauben billigerweise verlangt werden kann. Bei der sachgerechten Lösung wird man zunächst unterscheiden müssen zwischen dem Anspruch des Krankenhausträgers auf reine Kostenerstattung und dem Anspruch auf Zahlung eines sog. „Vorteilsausgleiches".

Zum Anspruch auf Kostenerstattung

1) Sofern der Patient trotz Mahnung die Honorarrechnung des Chefarztes nicht bezahlt, ist der Chefarzt aufgrund seiner arbeitsrechtlichen Treuepflicht, die vom Arbeitnehmer u.a. die Wahrung der Interessen des Arbeitgebers in zumutbarem Umfang verlangt[8], verpflichtet, seine *Forderung zwangsweise* mit Hilfe des Gerichts *beizutreiben,* sofern dies nicht von vornherein aussichtslos erscheint (z.B. wegen der amtsbekannten Unpfändbarkeit des Schuldners) oder das Prozeßkostenrisiko in

---

[4] Vgl. Schaub, Arbeitsrecht-Handbuch, 6. Auf. 1987, S. 712; Palandt-Puzto, BGB, 47. Auf. 1988, § 611, Anm. 8. – Im neueren Schrifttum wird der Begriff der allgemeinen Fürsorgepflicht z.T. durch andere Begriffe ersetzt („Interessenwahrungspflicht", „Schutzpflichten des Arbeitgebers"; vgl. Söllner in: Münch. Komm. 1. Aufl. 1980 Rzn. 375, 379).

[5] Vgl. Schaub, a.a.O., S. 711.

[6] Entwurf eines Arbeitsgesetzbuches – Allgemeines Arbeitsvertragsrecht –, hrsg. v. Bundesminister für Arbeit und Sozialordnung, September 1977, auszugsweise abgedr. bei Söllner in : Münch. Komm. Rz 381.

[7] Vgl. Schaub, a.a.O., S. 712; Söllner, a.a.O., Rzn. 381f.

[8] Vgl. Palandt-Putzo, a.a.O., § 611, Anm. 4a), sowie die Definition in § 77 des Entwurfes eines Arbeitsgesetzbuches (s. Fn. 6).

keinem Verhältnis zur Höhe der Forderung steht. Kommt der Chefarzt dieser Pflicht innerhalb angemessener Frist nicht nach oder unterläßt er die zwangsweise Beitreibung der ausstehenden Forderung überhaupt (letzteres könnte für den vom LG Saarbrücken entschiedenen Fall zutreffen), kann der Krankenhausträger Abgaben grundsätzlich auch aus der nichtrealisierten Honorarforderung verlangen.

2) Ist die *zwangsweise Betreibung* der Honorarforderung dem Chefarzt nach dem oben unter 1) Gesagten *nicht zumutbar oder endgültig erfolglos* geblieben, kann ein Anspruch des Krankenhausträgers auf Kostenerstattung nicht anerkannt werden. Es wäre widersinnig und liefe den Grundsätzen von Treu und Glauben grob zuwider, wenn der Chefarzt im Falle der von ihm nicht verschuldeten Uneinbringlichkeit seiner in Erfüllung seines Anstellungsvertrages entstandenen Honorarforderung nicht nur um seine Arbeitsvergütung gebracht, sondern darüber hinaus auch noch dadurch „bestraft" würde, daß er an seinen Arbeitgeber eine Zahlung leisten müßte. Dies ergibt sich nicht zuletzt auch daraus, daß das BAG dem Chefarzt einen Anspruch auf Anpassung der vereinbarten Arbeitsvergütung nach § 242 BGB gegen den Krankenhausträger zugesteht für den Fall, daß er durch einen teilweisen Wegfall seines Liquidationsrechts aus Rechtsgründen einen nicht unerheblichen Einnahmeverlust erleidet.[9] Mit dieser Rechtsprechung wäre es nicht vereinbar, wenn der Chefarzt, der zwar nicht aus Rechtsgründen, aber aus tatsächlichen Gründen eines Teils seiner Liquidationseinnahmen (= Arbeitsvergütung) verlustig geht, dazuhin noch Abgaben an den Krankenhausträger leisten müßte.
Wenn das Urteil des LG Saarbrücken vom 9. 4. 1987 abweichend hiervon aufgrund der „Interessenlage" und der Verteilung der „Risikobereiche" zwischen Krankenhausträger und Chefarzt zu dem Ergebnis gelangt, daß es für die Pflicht des Chefarztes zur Kostenerstattung nicht darauf ankommt, ob das in Rechnung gestellte Arzthonorar vom Chefarzt auch tatsächlich vereinnahmt wird, so wird hierbei, soweit es den stationären Bereich betrifft, offensichtlich verkannt, daß es sich bei den Einnahmen aus der Behandlung von Wahlleistungspatienten nicht um Einnahmen aus einer freiberuflichen Tätigkeit des Chefarztes als selbständiger Unternehmer handelt, sondern um die Vergütung für dem Krankenhausträger zugutekommende und damit fremdbestimmte, abhängige Arbeit.[10]
Es ist daher verfehlt, wenn das LG Saarbrücken das „Unternehmerrisiko" des Eingangs der Honorare aus dem stationären Bereich generell auf den Chefarzt abwälzt. Wenn man im vorliegenden Zusammenhang überhaupt auf das Risikoprinzip zurückgreifen wollte, so wäre das Risiko der unverschuldeten Uneinbringlichkeit einer Honorarforderung in entsprechender Anwendung der im Arbeitsrecht für andere Sachverhalte entwickelten Lehre vom Betriebsrisiko des Arbeitgebers als verschuldensunabhängiger Zurechnungsfaktor[11] dem Risikobereich des Kranken-

---

[9] BAG, Urt. v. 9. 1. 1980 (s. Fn. 2).

[10] Ohne Bedeutung ist dabei die Ausgestaltung der Vertragsbeziehungen mit den Patienten (eigener Behandlungsvertrag des Chefarztes im Rahmen eines „gespaltenen" Krankenhausaufnahmevertrages, „totaler" Krankenhausaufnahmevertrag mit Arztzusatzvertrag, Vorausabtretung künftiger Vergütungsansprüche des Krankenhausträgers gegen Patienten an den Chefarzt; näher dazu vgl. Rieger, Lexikon des Arztrechts, Rz 1155).

[11] Vgl. hierzu Schaub, a.a.O., S. 660 ff.; Richardi, Ist es erforderlich, die Verteilung des Schadensrisikos bei unselbständiger Arbeit neu zu ordnen?, JZ 1986, 786 ff., insbes. unter II 4.

hausträgers zuzurechnen mit der Folge, daß ein Anspruch des Krankenhausträgers insoweit nicht bestünde.

3) Eine weitere Fallgruppe bilden schließlich die *Fälle des Honorarverzichts.* Nach den Berufsordnungen der Landesärztekammern kann der Arzt Verwandten, Kollegen, deren Angehörigen und unbemittelten Patienten das Honorar ganz oder teilweise erlassen.[12] Es fragt sich, ob der Krankenhausträger in diesen Fällen vom Chefarzt Kostenerstattung verlangen kann, wie wenn er den Patienten Honorar in der angefallenen Höhe in Rechnung gestellt hätte.

a) Die Frage dürfte zu verneinen sein beim *Honorarverzicht aus sozialen Gründen.* Nach der ärztlichen Berufsordnung übt der Arzt seinen Beruf nach seinem Gewissen und nach den Geboten der Menschlichkeit aus.[13] Dazu dürfte auch das Recht des Arztes gehören, bei der Behandlung finanziell schwacher Patienten auf sein Honorar als einen Teil seiner Arbeitsvergütung zu verzichten, ohne dafür von seinem Arbeitgeber selbst zur Kasse gebeten zu werden. Das Bestehen des Krankenhausträgers auf Kostenerstattung in diesen Fällen würde einen unzulässigen Eingriff in die in § 1 Abs. 2 BÄO garantierte ärztliche Berufsfreiheit[14] und damit gleichzeitig eine Verletzung der arbeitsrechtlichen Fürsorgepflicht darstellen.

b) Ein Kostenerstattungsanspruch des Krankenhausträgers besteht auch nicht bei der *Behandlung von Angehörigen, denen* gegenüber der *Chefarzt zum Unterhalt verpflichtet ist.* Das sind Verwandte in gerader Linie (Großeltern, Eltern, Kinder) sowie Ehegatten (§§ 1601ff., 1360ff. BGB). Es ist heute unstreitig, daß der Unterhaltsbedarf auch die Kosten einer notwendigen Heilbehandlung umfaßt und der Unterhaltsverpflichtete bei Vorliegen der gesetzlichen und persönlichen Voraussetzungen die zur gesetzlichen Unterhaltspflicht gehörende Behandlung selbst als Naturalleistung erbringen kann. In diesen Fällen entstehen keine vertraglichen Beziehungen zwischen Arzt und Patient.[15] Das bedeutet, daß der Chefarzt einen – verzichtbaren – Honoraranspruch gegenüber diesem Personenkreis nicht erwirbt. Hieraus folgt, daß auch ein Anspruch des Krankenhausträgers auf Kostenerstattung nicht entsteht, weil die Regelungen über die Unkostenerstattung in den Chefarztverträgen sich nur auf solche Leistungen des Chefarztes beziehen, für die ihm ein vertraglicher Honoraranspruch gegen den Patienten zusteht.[16]

Sofern eine *gesetzliche Unterhaltspflicht* des Chefarztes gegenüber einem von ihm kostenlos behandelten Verwandten *nicht besteht* (z.B. Bruder, Neffe, Schwager), wird man dagegen einen Kostenerstattungsanspruch des Krankenhausträgers grundsätzlich anerkennen müssen. Im Gegensatz zur Behandlung im Rahmen einer gesetzlichen Unterhaltspflicht besteht in diesen Fällen regelmäßig ein Vertragsverhältnis zwischen dem liquidationsberechtigten Chefarzt und dem Patienten. Die Annahme eines unverbindlichen Gefälligkeitsverhältnisses, das ein Liquidations-

---

[12] Vgl. § 14 Abs. 2 der Musterberufsordnung für die deutschen Ärzte, zuletzt i.d.F. der Beschlüsse des 88. Deutschen Ärztetages 1985, abgedr. in DÄ 1985, 3371 ff.

[13] Vgl. § 1 Abs. 1 und 2 der Musterberufsordnung (s. Fn. 12).

[14] Vgl. Narr, a.a.O., Rzn. 37f.

[15] Vgl. Uhlenbruck, Unentgeltliche Heilbehandlung und ärztliche Haftung, DMW 1968, 1777, 1778.

[16] So heißt es z.B. in § 10 Abs. 2 des Muster-Chefarztvertrages der Deutschen Krankenhausgesellschaft (s. Fn. 1): „Die Kostenerstattung des Arztes bemißt sich aus den Kosten, die für die *liquidationsberechtigten Leistungen* bei der Ermittlung der Selbstkosten aus den Gesamtkosten des Krankenhauses ... ausgegliedert sind ..."

recht des Chefarztes nicht entstehen ließe, würde den berechtigten Belangen des Patienten nicht gerecht, dem i.d.R. „der Anspruch auf volle ärztliche Sorgfalt und entsprechenden Ersatzanspruch bei ihrer Verletzung wichtiger sein wird als ein in Aussicht stehender Honorarverzicht".[17]

c) Entsprechendes wie bei nicht unterhaltsberechtigten Verwandten gilt bei der *honorarfreien Behandlung von Arztkollegen* und deren Angehörigen. Auch hier kommt wegen der Haftungserwartung des Arztkollegen, die den Verzicht auf das Honorar als zweitrangig erscheinen läßt, ein Vertragsverhältnis zustande[18], aus dem das Liquidationsrecht des Chefarztes folgt. Der Honorarverzicht des Chefarztes umfaßt nur die persönlichen Leistungen des Chefarztes; Aufwendungen Dritter, z. B. des Krankenhauses, Heilmittel usw. sind hiervon ausgenommen.[19] Daher wird das ärztliche Standesrecht nicht tangiert, wenn der vom Chefarzt behandelte Kollege dem Krankenhausträger die Kosten erstattet, die diesem durch die Behandlung entstanden sind. Die Kostenerstattung kann praktisch in der Weise erfolgen, daß der Chefarzt unter Verzicht auf sein Honorar mit seinem Kollegen vereinbart, daß dieser nur an den Krankenhausträger Kosten in Höhe der Abgaben zahlt, die der Chefarzt im Falle der Liquidation erstatten müßte.
Im übrigen hat die Frage an praktischer Bedeutung verloren, nachdem die überwiegende Zahl der Ärzte inzwischen gegen Krankheit (zumeist privat) versichert ist und der Chefarzt daher auch bei der Kollegenbehandlung Honorar berechnet.

Zum Anspruch auf den sog. „Vorteilsausgleich"

Wo der Chefarzt nach seinem Dienstvertrag zusätzlich zur Kostenerstattung noch einen gesondert zu berechnenden „Vorteilsausgleich" an den Krankenhausträger zu entrichten hat, erhebt sich die Frage, ob dieser Anspruch des Krankenhausträgers auch dann entsteht, wenn der Chefarzt für die in Erfüllung seines Dienstvertrages erbrachten Leistungen im stationären Bereich ein Honorar (= Arbeitsvergütung) tatsächlich nicht erhält. Dies ist zu verneinen, und zwar ohne Rücksicht darauf, aus welchen Gründen das Honorar beim Chefarzt ausbleibt. Muß die Geltendmachung eines Vorteilsausgleichs durch den Krankenhausträger schon auf grundsätzliche Bedenken stoßen,[19] weil nicht erkennbar ist, worin der Vorteil des Chefarztes bestehen soll, der dem Krankenhausträger die durch seine liquidationsberechtigte Tätigkeit entstehenden Unkosten voll erstattet, so fehlt es an dem Erwerb eines Vorteils durch den Chefarzt jedenfalls dann, wenn dieser ein Honorar für seine Leistungen tatsächlich nicht erhält. Dies wird offenbar auch von der Deutschen Krankenhausgesellschaft anerkannt. Nach § 10 Abs. 3 des Chefarzt-Vertragsmusters der Deutschen Krankenhausgesellschaft hat der Chefarzt unabhängig von der Kostenerstattung für die Einräumung des Liquidationsrechtes einen im Einzelfall zu vereinbarenden Prozentsatz seiner Bruttohonorareinnahmen als Vorteilsausgleich an den Krankenhausträger abzuführen, wobei der Begriff „Bruttohonorareinnahmen" in § 10 Abs. 4 a.a.O. definiert wird als „die Summe

[17] BGH, Urt. v. 7. 6. 1977, NJW 1977, 2120 (honorarfreie Behandlung eines Arztkollegen).
[18] BGH (s. Fn. 17).
[19] Vgl. Peters in: Kuhns, Das gesamte Recht der Heilberufe, 1958, „Kollegenbehandlung", S. I/564.

der *tatsächlichen* Zahlungseingänge beim Arzt ..." Auf der selben Linie liegt es, wenn § 12 Abs. 3 Satz 2 BNV bestimmt, daß bei einem Honorarverzicht ein Vorteilsausgleich nicht zu entrichten ist.

Ambulanter Bereich

Im Gegensatz zur stationären Krankenversorgung wird der Chefarzt bei der ambulanten Betreuung von Patienten nicht in Erfüllung seiner Dienstpflichten aus dem Anstellungsvertrag, sondern in Ausübung einer Nebentätigkeit freiberuflich tätig. Die ambulante Tätigkeit des Chefarztes unterscheidet sich von der eines frei niedergelassenen Arztes i.d.R. nur dadurch, daß die ambulante Behandlung mit Genehmigung des Krankenhausträgers regelmäßig unter Inanspruchnahme sächlicher und personeller Mittel des Krankenhauses erfolgt.[20]

Die Kassenarzt- und Privathonorare für ambulante ärztliche Leistungen sind daher Einnahmen aus selbständiger Tätigkeit. Hieran ändert auch der Umstand nichts, daß die dem Chefarzt im Anstellungsvertrag eingeräumte Liquidationsmöglichkeit bei der Beratung und Behandlung ambulanter Patienten im Krankenhaus, jedenfalls auf seiten des Chefarztes wesentliche Anstellungsvoraussetzung, wenn nicht sogar conditio sine qua non für den Vertragsabschluß ist, und sich daher aus dem Synallagma von Leistung und Gegenleistung nicht herauslösen läßt.[21] Wenn der Chefarzt von diesem Recht Gebrauch macht, wird er in jedem Falle wie ein Unternehmer selbständig tätig.

Für die Pflicht des Chefarztes zur *Kostenerstattung* für die Inanspruchnahme von Personal- und Sachmitteln bedeutet dies, daß der Chefarzt das Risiko für den Eingang der Arzthonorare selbst zu tragen hat und der Anspruch des Krankenhausträgers auf Unkostenerstattung im ambulanten Bereich daher auch dann entsteht, wenn das Honorar nicht beitreibbar ist oder der Arzt auf sein Honorar verzichtet.

Etwas anderes muß auch hier für den Anspruch des Krankenhausträgers auf Zahlung eines sog. *Vorteilsausgleichs* gelten. Wo der Chefarzt eine Vergütung für seine Leistungen, gleich aus welchem Grunde, nicht erhält, ist ihm ein Vorteil nicht zugeflossen mit der Folge, daß ein „Ausgleich" vom Krankenhausträger nicht verlangt werden kann.

Keine Kollision mit den Grundsätzen einer sparsamen und wirtschaftlichen Betriebsführung

Die Nichterhebung von Chefarztabgaben durch den Krankenhausträger unter den vorstehend dargelegten Voraussetzungen verstößt nicht gegen die Pflicht des Krankenhausträgers zur sparsamen und wirtschaftlichen Betriebsführung (§ 17 Abs. 1 Satz 2 KHG). Abgesehen davon, daß Einnahmeausfälle des Krankenhausträgers infolge nicht vereinnahmter Chefarzthonorare nach ihrem Umfang im Gesamthaushalt des Krankenhauses nicht wesentlich ins Gewicht fallen, liegen die von den Chefärzten nach

[20] Vgl. Luxenburger, a.a.O., S. 129; BGH, Urt. v. 28. 4. 1987, NJW 1987, 2289.
[21] Vgl. LAG Bad-Württbg., Urt. v. 16. 12. 1983, KRS Nr. 83.130.

ihren Dienstverträgen zu leistenden Abgaben in aller Regel deutlich über dem für die reine Kostenerstattung jetzt in § 13 Abs. 3 Nrn. 4, 6 und 7 BPflV festgelegten Betrag, so daß noch ein ausreichender Spielraum verbleibt, durch den die hier fraglichen Mindereinnahmen des Krankenhausträgers ohne weiteres kompensiert werden können.

Ausschließliche Zuständigkeit der Arbeitsgerichte

Aufgrund der vorstehend dargestellten Rechtsnatur des Rechts des angestellten Chefarztes zur Eigenliquidation im stationären und ambulanten Bereich handelt es sich bei dem Anspruch des Krankenhausträgers auf Nutzungsentgelt um einen Anspruch aus dem Arbeitsverhältnis, so daß zur Entscheidung von Rechtsstreitigkeiten die Arbeitsgerichte ausschließlich sachlich zuständig sind (§ 2 Abs. 1 Nr. 3a ArbGG). Hält man die sachliche Zuständigkeit der Arbeitsgerichte für den *ambulanten* Bereich des Chefarztes nach dieser Vorschrift nicht für gegeben, so ergibt sich die ausschließliche Zuständigkeit der Arbeitsgerichte insoweit aus § 2 Abs. 1 Nr. 4a ArbGG, da es sich hier jedenfalls um Ansprüche handelt, die mit dem Arbeitsverhältnis in rechtlichem, zumindest aber in wirtschaftlichem Zusammenhang stehen.[22]
Daraus folgt, daß es sich bei dem Urteil des LG Saarbrücken vom 9. 4. 1987 um die Entscheidung eines sachlich unzuständigen Gerichts handelt.

Beamtete Ärzte und ärztliche Hochschullehrer

Anders als angestellte Chefärzte werden beamtete leitende Krankenhausärzte und ärztliche Hochschullehrer nicht nur bei der Versorgung ambulanter Patienten, sondern auch bei der stationären Behandlung von Selbstzahlern im Nebentätigkeitsbereich tätig. Dies folgt daraus, daß es dem Dienstherrn verboten ist, dem Beamten eine höhere als die nach dem Besoldungsrecht zulässige Vergütung zu gewähren.[23] Ein Verstoß hiergegen wird bereits dann angenommen, wenn die dem Beamten für sein Hauptamt aufgrund besonderer Vereinbarung gewährte Besoldung zwar anders aufgebaut ist als in den Besoldungsgesetzen vorgesehen, im wirtschaftlichen Ergebnis aber zu höheren Bezügen als nach Besoldungsrecht möglich führt. Die Praxis sucht sich hier dadurch zu helfen, daß sie die stationäre Behandlung der Selbstzahler formal aus dem Hauptamt des beamteten Arztes ausgliedert und zur Nebentätigkeit (Nebenamt oder Nebenbeschäftigung innerhalb oder außerhalb des öffentlichen Dienstes) erklärt[24]; denn eine Vergütung, die ein Beamter für eine Nebentätigkeit erhält, stellt keine „Besoldung" dar. Die Rechtsprechung sieht hierin keine unzulässige Umgehung des Verbots der Gewährung einer über das Besoldungsrecht hinausgehenden Vergütung.[25] Obwohl die Einräumung eines Eigenliquidationsrechts an beamtete Ärzte mit dem geltenden

---

[22] Vgl. auch LAG Bad.-Württbg. (s. Fn. 21).
[23] § 50 Abs. 2 BRRG, § 183 BBG, § 2 Abs. 2 BBesG und die entsprechenden landesrechtlichen Bestimmungen; näher dazu vgl. Luxenburg, a.a.O., S. 47ff. m. Nachw.
[24] Zur Terminologie vgl. § 1 Abs. 1 bis 3 BNV.
[25] Vgl. BVerfG, Beschl. v. 7. 11. 1979, NJW 1980, 1327.

Beamtenrecht nur schwer zu vereinbaren ist, wird sie dennoch für zwingend notwendig erachtet, um für öffentliche Krankenhäuser qualifizierte leitende Ärzte gewinnen zu können. „Ohne eine Zusicherung des Rechts zur Privatliquidation hätten sich solche Einstellungswünsche allein schon aus finanziellen Gründen nicht verwirklichen lassen".[26]

Es fragt sich, ob die so erfolgte Zuordnung des Rechts zur Eigenliquidation im ambulanten *und* im stationären Bereich zur Nebentätigkeit den Schluß rechtfertigt, daß beamtete Chefärzte und ärztliche Hochschullehrer nicht nur – wie die angestellten Chefärzte – im ambulanten Bereich, sondern auch bei der stationären Krankenbehandlung das „Unternehmerrisiko" für den Eingang ihrer Honorare selbst tragen und daher dem Krankenhausträger gegenüber auch dann zur Zahlung eines Nutzungsentgeltes verpflichtet sind, wenn das Honorar tatsächlich nicht gezahlt wird. Diese Frage dürfte zu verneinen sein.

Die von der Rechtsprechung zur Befriedigung berechtigter finanzieller Interessen der beamteten leitenden Krankenhausärzte vorgenommene „Zweckkonstruktion"[27] für eine Einräumung des Liquidationsrechts ist letztlich eine Bestätigung dafür, daß das Liquidationsrecht – ebenso wie bei angestellten Chefärzten – Vergütungscharakter hat.[28] Damit aber sind die Lebenssachverhalte und die Interessenlage in bezug auf unsere Fragestellung im Arbeitsrecht und im Beamtenrecht identisch. Geht man davon aus, daß die Fürsorgepflicht des Arbeitgebers unter bestimmten Voraussetzungen der Erhebung von Chefarztabgaben bei Ausbleiben des Arzthonorars entgegensteht, so muß dies erst recht im Beamtenrecht gelten. „Der Fürsorgepflicht-Gedanke ist ... im Beamtenrecht, in dem er ausdrücklich gesetzlich normiert ist[29], noch viel stärker ausgeprägt als im Arbeitsrecht. Die beamtenrechtliche Fürsorgepflicht ist von besonderer Intensität, weil die überragende Rechtsposition des öffentlich- rechtlichen Dienstherrn, kraft der er vom Beamten in einem viel weiteren Umfang Pflichten und Beschränkungen abfordert als sie anderen Bediensteten obliegen, den Dienstherrn andererseits verpflichtet, die Belange des Beamten, und zwar gerade auch im Verhältnis zu sich selbst, zu berücksichtigen und zu wahren ...".[30] Hieraus folgt, daß die beamtenrechtliche Fürsorgepflicht allgemein verlangt, die Beamten zumindest nicht schlechter zu stellen als die Angestellten im öffentlichen Dienst[31], d.h. im vorliegenden Zusammenhang: nicht schlechter als die angestellten liquidationsberechtigten Ärzte. Sonach muß in bezug auf unsere Fragestellung für beamtete Chefärzte und ärztliche Hochschullehrer Entsprechendes gelten wie für angestellte Chefärzte (vgl. oben S. 174ff.). Soweit die einschlägigen beamtenrechtlichen Vorschriften für beamtete Ärzte

---

[26] BVerfG (s. Fn. 25), S. 1328; vgl. auch BVerwG, Urt. v. 26. 3. 1970, NJW 1970, 1248; Urt. v. 31. 1. 1974, NJW 1974, 1440.

[27] Wohlhage, Das Liquidationsrecht der leitenden Krankenhausärzte bei Selbstzahlern, Diss. Köln 1971, S. 43, Fn. 1.

[28] Vgl. Luxenburger, a.a.O., S. 50.

[29] Vgl. § 48 BRRG, § 79 BBG.

[30] Plog-Wiedow-Beck, Komm. zum Bundesbeamtengesetz, § 79, Rz 1; Lecheler, Die Fürsorgepflicht des Dienstherrn – Eigenständiges Rechtsinstitut oder Brücke zum Arbeitsrecht?, ZBR 1972, 129, 130, 135.

[31] OVG Saarlouis, Urt. v. 21. 2. 1968, NJW 1968, 1796, 1797 (Übertragung der arbeitsrechtlichen Grundsätze über die Hauftungsbeschränkung bei gefahrgeneigter Arbeit auf das Beamtenrecht); Wolff-Bachhof, Verwaltungsrecht II, 4. Auflage. 1976, S. 547.

und ärztliche Hochschullehrer dem entgegenstehen, sind sie wegen Verstoßes gegen höherrangiges Recht nichtig.
Dies trifft z.B. zu für die Regelung der Kostenerstattung in der Bundesnebentätigkeitsverordnung (1), die in § 12 davon ausgeht, daß der Arzt auch im Falle des Verzichts auf sein Honorar stehts die vollen Unkostensätze zu erstatten hat. Denn § 12 Abs. 3 Satz 2 BNV bestimmt lediglich, daß bei einem Honorarverzicht ein Vorteilsausgleich nicht zu entrichten ist. Daraus ergibt sich im Wege des Umkehrschlusses, daß der Anspruch des Dienstherrn auf Kostenerstattung immer in vollem Umfang besteht, also auch dann, wenn der Honorarverzicht aus sozialen Gründen erfolgt.
Ähnliches gilt für die rheinland-pfälzische Nebentätigkeitsverordnung vom 2. 2. 1987.[32] Auch hier ergibt der Umkehrschluß aus § 19 Abs. 3, daß für die Berechnung des Nutzungsentgelts im Regelfall ein Honorarverzicht auch aus sozialen Gründen ohne Bedeutung ist.
Teilweise nichtig ist dementsprechend auch die Vorschrift in § 1 Abs. 2 Satz 3 der niedersächsischen Hochschulnutzungsentgeltverordnung Medizin vom 27. 12. 1983[33], die dem Dienstherrn auch im Falle des Honorarverzichts ausnahmslos einen, wenn auch verminderten, Anspruch auf Kostenerstattung gewährt.
Ebenso wie bei angestellten Chefärzten kann auch bei Ärzten im Beamtenverhältis in den Fällen der *Verwandtenbehandlung im Rahmen einer gesetzlichen Unterhaltspflicht* ein Anspruch des Dienstherrn auf Nutzungsentgelt mangels Bestehens eines Liquidationsrechts gegenüber dem Patienten nicht zur Entstehung gelangen.

---

[32] GVBl. S. 31.
[33] GVBl. S. 326.

Das Krankenhaus und die Krankenversicherung

G. Wannagat

Das Krankenhaus als Institution

Die Heilkunde ist noch älter als die menschliche Kultur. Sie wurde bereits in Zeiten praktiziert, die keinen Anspruch auf einen kulturellen Status erheben können. Mit der zunehmenden methodischen Anwendung der Medizin wuchs auch das Bedürfnis, Pflegestätten mit den erforderlichen ärztlichen Hilfsmitteln zu errichten.

Es ist ein langer Weg, der zu Krankenhäusern im heutigen Sinne führt. Trotzdem ist die Geschichte des Krankenhauswesens verhältnismäßig jung. Denn die schon recht frühzeitig gegründeten Spitäler der Klöster und Orden des Mittelalters, die vielfach als Vorläufer der heutigen Krankenhäuser angesehen werden, dienten weniger der medizinischen Betreuung als der Linderung des menschlichen Elends. Das Hospital war Bleibe für Alte, Heimatlose, im Leben Gestrauchelte; es war Stätte der Zuflucht in der Verzweiflung und Not. Die Unterbringung und Pflege von Kranken fand damals üblicherweise im Familienverband statt. Lediglich kranke Personen, denen eine Familienhilfe nicht zuteil wurde, die mittellos waren, fanden im Hospital Fürsorge und Betreuung.

Der Humanismus und die Aufklärung brachten alle Gebiete menschlichen Wissens, Erkennens und Glaubens in Aufruhr und Bewegung. Die grundlegend veränderte Schau der Welt und der Dinge verhalf auch der Heilkunde zu wachsenden Einsichten in die reale Struktur des gesunden und kranken Körpers. Die Erkenntnisse und Methoden der exakten Naturwissenschaften gaben hier wertvolle Hilfestellung und boten vielfältigen Anreiz für die medizinische Forschung.[1] In der Folgezeit beeinflußte die französische Revolution mit ihrer Forderung nach Freiheit, Gleichheit und Brüderlichkeit, nach der Selbstbestimmung des Menschen günstig die Entwicklung der naturwissenschaftlich orientierten Medizin und der Krankenbehandlungstechnik und beschleunigte die Abkehr von dem aus dem Mittelalter überlieferten Hospital.[2]

Hinzu kam der dynamische Bevölkerungszuwachs in den Städten als Folge der Liberalisierung des Handels und der rasch fortschreitenden Industrialisierung. Er machte die Errichtung zeitgemäßer Krankenhäuser besonders für die alleinstehenden lohnabhängigen Arbeiter, Dienstboten und Handwerker im Krankheitsfall zu einer kaum verzichtbaren Notwendigkeit.

---

[1] Eduard Seidler, Berufskunde I: Geschichte der Pflege des kranken Menschen, 1980 (5. Auflage), S. 133.

[2] Josef Paulus, Die Krankenpflege in der Entwicklung der industriellen Gesellschaft, in: Sorge um die Gesundheit, 1959, S. 226 ff.

Der Wandel vom Hospital zum Allgemeinen Krankenhaus vollzog sich rasch und endgültig. Die Medizin, bisher nur gelegentlicher Ratgeber im Hospital, zog jetzt als praktizierende, lehrende und forschende Institution ein.
Das Krankenhaus war jedoch in der Regel nur für heilbar Kranke gedacht, nicht mehr, wie das Hospital, für verlassene Subjekte aller Art, die es unter seinem Dach zu beherbergen galt. Das Krankenhaus stand überwiegend den „untersten" Bevölkerungsschichten zur Verfügung, aber es hatte auch einige abgetrennte Krankenzimmer für selbstzahlende „höherstehende" Patienten bereit. Gerade diese letzte Gruppe trug dazu bei, daß sich die soziale Struktur der Patienten rasch wandelte.
Während es einem reichen Bürger, einem Patrizier oder Adligen in früheren Zeiten nie in den Sinn gekommen wäre, eines der Hospitäler aufzusuchen, beginnt nunmehr auch diese Gesellschaftsschicht, sich im Krankenhaus behandeln zu lassen. Der Grund hierfür war der eindeutige Wandel im Ärztestand, in dem der beste Arzt nicht mehr der Leibarzt des Fürsten, sondern der wissenschaftlich und praktisch gebildete Klinikarzt war. Die Direktoren der Krankenhäuser repräsentierten den Höchststand medizinischen Wissens.[3] Man vertraute sich ihnen an, zumal auch die Krankenhäuser, etwa durch die Bereitstellung von Einzelzimmern, entsprechende Aufnahmemöglichkeiten boten.
Die geradezu stürmischen Fortschritte in den medizinischen und pharmazeutischen Wissenschaften, begünstigt durch die neuen Technologien, ermöglichten einen ungeheuren Zuwachs an Diagnose und Therapie. Hierfür waren wiederum gut ausgestattete Krankenhäuser dringend notwendig. Diese Entwicklung spiegelt sich in den zahlreichen strukturellen und baulichen Veränderungen, in den unterschiedlichen Konzeptionen und Planungen auf dem Weg zum Großkrankenhaus wider.
Bezeichnend hierbei ist, daß die Krankenhäuser sehr bald nach ihrer Errichtung den ärztlichen, pflegerischen und verwaltungsmäßigen Ansprüchen nicht mehr genügten und ständig um- und ausgebaut werden mußten; ein Phänomen, das wir auch jetzt registrieren und das sich gewiß fortsetzen wird. Denn in kaum einer anderen Einrichtung sind so viele unterschiedliche Gegebenheiten medizinischer, personeller, gesundheitspolitischer, sanitärer, technischer und sozialer Art zu berücksichtigen wie im Krankenhaus.
Einen tiefgreifenden Wandel haben auch die rechtlichen Beziehungen der Patienten zum Krankenhaus erfahren. Mindestens bis zur Bismarckschen Sozialversicherung[4] erhielt der unbemittelte Patient die Krankenhausbehandlung im Regelfall als Geschenk. Er hatte nicht das Recht, sie zu fordern, sondern nur als Gnade zu empfangen.
Mit der Einführung der gesetzlichen Krankenversicherung im Jahre 1884[5] wurde die Krankenhauspflege als sog. „Kann-Leistung" gewährt. Sie stand im Ermessen der Krankenkassen, das zwar gerichtlich überprüfbar war, aber nur in einem sehr begrenzten Umfang.
Dieser Rechtszustand reichte bis in die 60er Jahre unseres Jahrhunderts. Sodann nahm das Bundessozialgericht in ständiger Rechtsprechung es nicht mehr hin, daß eine Krankenkasse aus finanziellen Gründen die Übernahme der Krankenhauskosten

[3] Seidler, a.a.O., S. 128.
[4] Wannagat, Lehrbuch des Sozialversicherungsrechts 1965, S. 62 ff.
[5] Gesetz betreffend die Krankenversicherung der Arbeiter vom 15. 6. 1883 (RGBl S. 73).

ablehnte, falls die Behandlung medizinisch indiziert war.[6] Diese höchstrichterliche Rechtsprechung war veranlaßt durch das gewandelte Rechtsbewußtsein, das nicht mehr ertrug, an überholten Anschauungen festzuhalten und eine so bedeutsame, für die Erhaltung der Gesundheit entscheidende Leistung wie die Krankenhauspflege im Ermessen der Verwaltung zu belassen und sie deshalb möglicherweise von anderen als medizinischen Überlegungen, z.B. fiskalischen, abhängig zu machen.[7]
Der Gesetzgeber hat dann – allerdings erst 1974 – durch ausdrückliche Billigung dieser Rechtsprechung den Versicherten einen Rechtsanspruch auf Krankenhauspflege eingeräumt (§ 184 Abs. 1 RVO).[8]
Grundlegend geändert haben sich aber nicht nur die rechtlichen Bezüge zum Krankenhaus, sondern auch die persönliche Einstellung des Patienten zum Krankheitsgeschehen und sein Verhältnis zum Krankenhaus als Heilstätte sowie seine Erwartungen an die Möglichkeiten der Gesundung.
Der Bürger unserer Tage ist nicht mehr bereit, die Krankheit, wie auch die übrigen Wechselfälle des Lebens als schicksalhaft hinzunehmen. Er versucht, diese abzuwehren oder zumindest zu mildern. Ausgestattet mit einem globalen Recht auf Gesundheit, auf körperliches, seelisches und soziales Wohlbefinden verlangt der „homo patiens" sein Recht auf Gesunderhaltung, auf Heilung und Linderung seiner Leiden, auf eine bestmögliche ärztliche und krankenhäusliche Versorgung, und zwar unabhängig davon, ob er einer sozialen oder privaten Krankenversicherung angehört.[9]
Hierbei nimmt er den Schutz der Gemeinschaft, des Staates in Anspruch. Er verlangt aber auch vom Arzt ausreichende Aufklärung über seine Krankheit, um sich ein eigenes Urteil bilden zu können. Er unterwirft sich nicht mehr kritiklos dem Mediziner, sondern zeigt als gesundheitlich aufgeklärter, mündiger Bürger ein gesteigertes, gewiß auch durch Massenmedien und populär-wissenschaftliche Publikationen gefördertes Informationsbedürfnis.
Die Bedeutung des ärztlichen Gesprächs, das den Patienten zur Mitwirkung an der Therapie motiviert und seinen psychischen Kräftehaushalt stärkt, tritt zunehmend in den Vordergrund. Es soll auch der vielfach beklagten Anonymität des Krankenhauses mit seinen modernen, hochtechnisierten Organisationsformen entgegenwirken. In diese Richtung zielt nicht minder gewichtig die Ausgestaltung der mitmenschlichen Begegnungen mit der gesamten Empfangswelt des Krankenhauses, einschließlich der therapeutischen Dienste und der Verwaltung.
Denn bei aller Technisierung des Ablaufs der Untersuchungen und der notwendigen Funktionalisierung der Medizin dürfen die Krankenbehandlung und die pflegerische Betreuung nicht vernachlässigt werden.
Hierher gehört in erster Linie das Arzt-Patienten-Verhältnis. Auch der mündige Bürger unserer Tage trägt seine eigene innere Geschichte, seine persönliche Biographie mit sich zum Arzt. Er verlangt bei allem Verständnis für die große organisatorische „Super-

[6] BSGE 31, 112, 114/115; 47, 83, 85.
[7] Langkeit, Sozialrecht in der Wechselwirkung der drei Gewalten, Schriftenreihe des Deutschen Sozialgerichtsverbandes, Bd. XIV, S. 151 ff.
[8] Leistungsverbesserungsgesetz – KLVG – vom 19. 12. 1973 (BGBl I 1925); vgl. auch Karl Peters, Rechtsfortbildung durch Richterrecht in der gesetzlichen Krankenversicherung, in: Entwicklung des Sozialrechts – Aufgabe der Rechtsprechung, 1984, S. 319 ff.
[9] Wannagat, Arzt und Gesellschaft, Deutsches Ärzteblatt 1977, Heft 28, S. 1813ff.

struktur" der modernen Medizin, außer den neuesten technischen und medizinischen Hilfsmitteln, außer der materiellen Absicherung seiner Behandlungskosten nach seinem Arzt, nach „seinem Doktor", der sein Leiden kennt und dem er sein Vertrauen schenkt, zu dem eine existentiell unmittelbare, betont menschlich gefärbte Kommunikation besteht. Eindrucksvoll beklagt Alexander Solschenizyn in der „Krebsstation": „Wir haben auch noch einen anderen verloren, der eine wichtige Rolle spielte, den persönlichen Arzt."

Dieser rein menschliche Sektor beschränkt sich allerdings nicht auf den Bereich Medizin und Arzt. Im Leben des Kranken spielen auch die Krankenschwester und der Krankenpfleger eine herausragende Rolle, die besonders in einem sich zunehmend technisch und operational entwickelnden Pflegetag nicht unterschätzt werden darf. Sie sind Helfer und Begleiter des Kranken durch die Krisen der Krankheit und sehr oft wertvolle Stützen und Wegweiser auf dem vielfach schmalen Pfad einer neuen Sinnfindung und Verwirklichung psychosozialer Existenz. Sie müssen zur Nähe bereit sein und zur Distanz fähig.

Deshalb darf bei allem berechtigten Streben nach hochqualifizierter und spezialisierter Ausbildung nicht vergessen werden, daß die Grundpflege, das Eingehen auf die vitalen Lebensäußerungen des zu betreuenden, oft hilflosen Menschen der Kernbereich jeder Pflegeleistung bleiben muß. Keine noch so differenzierte Professionalisierung der Pflegedienste und keine noch so vorbildlichen Ausbildungsgesetze, keine noch so weitreichende handwerkliche Erfahrung und Versiertheit - sie sind gewiß alle dringend notwendig - können jedoch darüber hinwegtäuschen, daß die Pflege mit ihrer menschlichen Zuwendung und persönlichen Hingabe den eigentlichen Ort der stets sehr sensiblen Begegnung mit den unmittelbaren Grundbedürfnissen des Patienten darstellt.

Das Krankenhaus, ein finanzielles Sorgenkind der Krankenversicherung

Die Entwicklungen im Krankenhauswesen werden seit jeher von großen finanziellen Schwierigkeiten begleitet. Bis in die zweite Hälfte des 19. Jahrhunderts wurden die Kosten der Krankenhäuser überwiegend von den Krankenhausträgern, den Stiftungen, z. B. der Landesfürsten und der Kirchen oder der Kommunen (hier aus Steuermitteln) aufgebracht. Der Wandel des Krankenhauses zu einer Versorgungseinrichtung für alle Bevölkerungsschichten führte zu einem Finanzmittelbedarf, der die Leistungsfähigkeit der Träger in zunehmendem Maße überforderte.

Diese Situation änderte sich erst mit der Verabschiedung des Krankenversicherungsgesetzes von 1883, das die Grundlagen für die Finanzierung der Krankenhausleistungen verbesserte. Für die Krankenhauskosten kamen die Benutzer, also die Patienten selbst, oder die Krankenkassen auf. Die Pflegesätze sollten sowohl die Investitionen als auch die Betriebskosten decken und das eingesetzte Kapital der Krankenhäuser angemessen verzinsen. Gesetzliche Regelungen für das Pflegesatzwesen bestanden jedoch nicht. Die Krankenhäuser blieben daher auch nach 1883 tendenziell Zuschußbetriebe, deren Vorhaltung ohne finanzielle Hilfe seitens der Krankenhausträger nicht möglich gewesen wäre, weil die Krankenkassen - aus sehr verschiedenen Gründen - nicht bereit waren, den Krankenhäusern kostendeckende Pflegesätze zu gewähren.

Ungeachtet der wirtschaftlichen Entwicklung blieben bis 1936 die Rechtsbeziehungen zwischen Krankenhäusern und Krankenkassen frei von staatlichen Einflüssen. Erst mit der Preisstopverordnung von 1936 wurde die Vertragsfreiheit zwischen Krankenhäusern und Krankenversicherung aufgehoben. Genauso wie für fast alle anderen Güter und Dienstleistungen waren Preiserhöhungen für stationäre und ambulante Krankenhausleistungen in der Regel ausgeschlossen. Diese Preisbindungen bestanden auch nach dem 2. Weltkrieg. Sie wurden noch in der Bundespflegsatzverordnung von 1954 aufrechterhalten. Die Krankenhäuser erhielten zwar vielfach beachtliche Zuschüsse für Neubauten und bauliche Erweiterungen, aber ein Rechtsanspruch auf eine staatliche Förderung bestand nicht. Die Pflegesätze waren überwiegend defizitär.
In dieser Situation ergaben sich zwar sehr niedrige Pflegesätze – 1958 zwischen 7,– und 17,– DM und 1972 zwischen 62,– und 73,– DM. Die Folge aber war eine finanzielle Unterdeckung bei den Krankenhäusern, die für das Jahr 1958 mit 280 Mio. DM und für 1969 mit rund 2 Mrd. DM errechnet wurde.[10] Dieser unhaltbare Zustand rief nun den Gesetzgeber auf den Plan. 1969 wurde das Grundgesetz geändert und die gesetzgeberische Kompetenz des Bundes auf das Krankenhauswesen erstreckt. 1972 wurde das Krankenhausfinanzierungsgesetz[11] verabschiedet. Es auferlegte die Investitionskosten dem Bund und den Ländern, die Betriebskosten den Benutzern oder den Versicherungsträgern. Art und Umfang der Betriebskostenerstattung legte die 1973 novellierte Pflegesatzverordnung fest.
Diese Neuregelung erbrachte für die Krankenhäuser grundlegende Veränderungen. Sie verloren ihre Planungsautonomie, an deren Stelle die staatliche Krankenhausbedarfsplanung trat. Sparsam wirtschaftenden und leistungsfähigen Krankenhäusern wurde jedoch garantiert, daß ihre Selbstkosten gedeckt werden. Sie erhielten mehr Rechtssicherheit, und ihre wirtschaftliche Lage verbesserte sich erheblich.
Diese positive Entwicklung dauerte jedoch nicht lange an. Zum einen kam es als Folge der durch das Selbstkostendeckungsprinzip ermöglichten Befriedigung des Nachholbedarfs und der immer aufwendigeren Diagnostik und Therapie zu einem in diesem Ausmaß nicht erwarteten überproportionalen Anstieg der Kosten und der Pflegesätze, zum anderen sahen sich Bund und Länder angesichts der 1975 beginnenden Rezession gezwungen, Investitionen einzuschränken. So erhöhte sich die Investitionsförderung, die 1973 3,2 Mrd. DM betrug, in den folgenden 10 Jahren nur noch um 1 Mrd. DM. Demgegenüber hatten sich im gleichen Zeitraum die Ausgaben der Krankenkassen nahezu verdreifacht (von 11 Mrd. auf 30 Mrd. DM). Das hatte zur Folge, daß im Krankenhausbereich ein Finanzierungsstau von schätzungsweise 10 Mrd. DM entstand. Das trug zur Erhöhung der Krankenhauspflegesätze bei, was wiederum die Beitragsstabilität der Krankenversicherung gefährdete.[12].
Bei Fortdauer dieser Umstände geriet die geltende gesetzliche Regelung zunehmend ins Kreuzfeuer der Kritik. Fast alle vom Gesetz Betroffenen forderten grundlegende Änderungen.

---

[10] Wannagat, Gedanken zur Neuordnung der Krankenhausfinanzierung, Das Krankenhaus 1984, S. 335 (337) f.; vgl. auch Gutachten zur Neuordnung der Krankenhausfinanzierung, erstattet von der beim BMA gebildeten Beratergruppe, 1983, S. 8 ff., veröffentlicht vom BMA.
[11] Vom 29. 6. 1972 (BGBl I S. 1009).
[12] Wannagat, s. Fn. 10, S. 336.

Eine befriedigende Antwort auf die kritische Situation sollte das Krankenhausfinanzierungsgesetz vom 30. 12. 1984[13] bringen. Im Bereich der Finanzierung hält es grundsätzlich am bisherigen System fest. Die öffentliche Hand kommt für die Investitionskosten der Krankenhäuser auf. Sie betrugen 1983 etwa 4,3 Mrd. DM, wovon der Bund rund 1 Mrd. DM und die Länder 3,3 Mrd. DM aufbrachten. Die laufenden Betriebskosten (etwa 30 Mrd. DM) wurden über die Pflegesätze abgedeckt. Neu ist, daß sich der Bund an der öffentlichen Finanzierung nicht mehr beteiligt. Sie ist jetzt ausschließlich Sache der Länder[14], die auch die Verantwortung für den Abbau des erwähnten Investitionsstaus tragen. Leider besteht für die Länder hierzu keine gesetzliche Verpflichtung. Das befriedigt um so weniger, als sich mit der Dauer des Investitionsstaus die Folgekosten erhöhen. Zum Ausgleich für den Rückzug des Bundes aus der Finanzierung erhalten die Länder weiter die Bundesmilliarde in der Weise, daß sie anderweitig von Ausgaben in entsprechender Höhe entlastet werden. Dieser jährliche Ausgleichsbetrag ist nur politisch, aber nicht rechtlich ausdrücklich zweckgebunden, so daß zu befürchten ist, die Länder könnten besonders bei deren angespannter Finanzlage diese Mittel nicht voll für die notwendigen Krankenhausinvestitionen einsetzen.

Dieses allgemein als duale Finanzierung bezeichnete System ist nach Auffassung der Privatversicherung in Wirklichkeit ein trialistisches System.[15] Als dritte Säule neben den Investitionen des Staates und den Aufwendungen der gesetzlichen Krankenversicherung seien die Wahlleistungserlöse aus dem Angebot von Ein- und Zweibettzimmern sowie der Chefarztbehandlung zu berücksichtigen, für die hauptsächlich die Privatversicherung aufzukommen hat.

Die hierfür geforderten Preise, die Elemente der freien Marktwirtschaft enthalten, seien ebenso wie der Umfang und die Qualität der Leistungen vom Krankenhaus frei kalkulierbar oder bestimmbar. Sie dienten vielfach der Abdeckung von Defiziten in anderen Bereichen.

Die duale Finanzierung wird generell von den Befürwortern eines monistischen Systems kritisiert. Das geschah z. B. in einem umfangreichen Gutachten der Robert-Bosch-Stiftung vom März 1987.[16]

Nach dem dort entworfenen Modell sollten die gesamten Kosten, die Investitionen und die Betriebskosten, über zwischen den Krankenhäusern und Krankenkassen auszuhandelnde Preise abgedeckt werden. Die Krankenhäuser hätten Rücklagen für ihre Investitionen zu bilden oder Kredite aufzunehmen und zurückzuzahlen. Die Krankenkassen hätten bei der Vertragsvergabe und den Preisvereinbarungen dafür zu sorgen,

---

[13] Gesetz zur wirtschaftlichen Sicherung der Krankenhäuser und zur Regelung der Krankenhauspflegesätze, jetzt i.d.F. der Bekanntmachung vom 23. 12. 1985 (BGBl 1986 I S. 33); Narr, Verhältnis der Krankenkassen zu Ärzten, Zahnärzten, Krankenhäusern, Apothekern, Hebammen und anderen Heilberufen in der sozialgerichtlichen Rechtsprechung, Jahrbuch des Sozialrechts der Gegenwart (Bd. 7) 1985, S. 253; vgl. auch Wannagat, Die Neuordnung der Krankenhausfinanzierung in der Bundesrepublik Deutschland, Schweizerische Zeitschrift für Sozialversicherung und berufliche Vorsorge, 1985, S. 251 ff.

[14] Vollmer/Hoffmann, Krankenhausrecht, neu geordnet, BABl Nr. 9/1985, S. 7.

[15] Wittig, Kostenüberwälzungen im Krankenhaus-Finanzierungssystem; in: SGb 1987, S. 346, zit. nach Jensen.

[16] Robert-Bosch-Stiftung, Beiträge zur Gesundheitsökonomie, Bd. 20, Krankenhausfinanzierung in Selbstverwaltung, Teil I; Kommissionsbericht, S. 159 ff. Hierzu vgl. auch Gutachten der Beratergruppe, s. Fn. 10, S. 236 ff.

daß für ihre Versicherten ein bedarfsgerechtes und wirtschaftliches Leistungsangebot der Krankenhäuser sichergestellt wird. Um der Gefahr der Leistungs- und Risikoselektion sowie der Qualitätsminderung vorzubeugen, definieren Krankenhäuser und Krankenkassen das notwendige Niveau der Versorgung durch Vereinbarungen auf Landesebene. Diese würden vom Land genehmigt und als öffentlich-rechtliche Richtlinien erlassen. Die Krankenhäuser wären ansonsten in wirtschaftlicher, finanzieller und rechtlicher Hinsicht vom Staatseinfluß frei. Der Staat müßte auf seine Planungshoheit verzichten. Sie läge bei den Selbstverwaltungskörperschaften der Krankenhäuser und Krankenkassen, denen auch ein Sicherstellungsauftrag zukäme. Die zahlreichen Unwirtschaftlichkeiten, die sich aus der nicht miteinander abgestimmten Finanzierung aus zwei oder sogar mehreren Töpfen ergeben, wären beseitigt. Dadurch würde verhindert, was die getrennte Finanzierung von Investitions- und Betriebskosten fördere, daß z.B. bauliche und gerätemäßige Vorhaltungen sehr großzügig geplant würden, ohne jeweils ihre Auswirkungen auf die Betriebskosten zu bedenken.

Auch der Sachverständigenrat für die Konzertierte Aktion im Gesundheitswesen neigt in seinem Jahresgutachten 1987 auf längere Sicht dem monistischen Modell zu.[17]

Bisher haben sämtliche politischen Parteien das monistische Finanzierungssystem bei den Beratungen der Krankenhausfinanzierung vor allem deswegen abgelehnt, weil sie eine Erhöhung der Krankenversicherungsbeiträge befürchteten. Hinzu kam, daß sich vor allem die Länder ihren entscheidenden Einfluß auf die Gestaltung des Krankenhauswesens nicht mindern lassen wollten und gewiß künftig auch nicht wollen.

Ein modifiziertes duales Finanzierungssystem erscheint zweckmäßig, weil dadurch die wirtschaftlichen und strukturellen Unterschiede zwischen den einzelnen Regionen innerhalb der Länder und bei Beteiligung des Bundes auch zwischen den Ländern einen Ausgleich bei der Errichtung und Ausstattung der Krankenhäuser erführen.

Zu bedauern ist der Rückzug des Bundes aus der Krankenhausfinanzierung. Denn einmal obliegt ihm die Zuständigkeit und die Verantwortung für die gesamte gesetzliche Krankenversicherung – die Ausgaben für die Krankenhäuser machen immerhin rund 1/3 dieser Aufwendungen aus –, zum anderen ist zu befürchten, daß ohne Ausgleichsförderung durch den Bund das Gefälle in der Entwicklung des Krankenhauswesens je nach der finanziellen und wirtschaftlichen Lage der einzelnen Länder noch größer wird.

Die Finanzierung durch die öffentliche Hand müßte allerdings so konzipiert sein, daß die Krankenhäuser nach objektiv festgelegten Maßstäben und Normen einen Anspruch auf finanzielle Förderung haben und dies nicht mit einer Letztentscheidung der Länder bei der Bedarfsplanung einhergeht.

Erfreulicherweise lockert das neue Gesetz – und das bedeutet gegenüber der alten Regelung einen Fortschritt – das starre duale Finanzierungssystem auf, indem es eine neue Finanzierungsquelle erschließt, und zwar durch das Instrumentarium der Investitionsverträge. Danach haben Krankenkassen und Krankenhäuser vor Ort die Möglichkeit, durch den Abschluß von Investitionsverträgen vor allem Rationalisierungsmaßnahmen ganz oder teilweise durch einen Zuschlag auf den Pflegesatz zu fördern (§ 18b KHG).

---

[17] Jahresgutachten 1987 – Medizinische und ökonomische Orientierung, S. 100 ff.

Bislang war es den Krankenkassen nicht gestattet, selbst auf freiwilliger Basis, betriebskostensenkende Krankenhausinvestitionen zu finanzieren.
Der Einfluß der staatlichen Krankenhausplanung wird dadurch gesichert, daß die von den Vertragsparteien vereinbarten Investitionsverträge der Zustimmung der zuständigen Landesbehörden bedürfen. Durch Abschluß derartiger Verträge darf aber keine generelle Verlagerung von Investitionskosten in die Pflegesätze erfolgen. So dürfen sich auch die Länder nicht von ihrer Verpflichtung, die Investitionskosten der Krankenhäuser zu tragen, durch großzügige Genehmigungen oder sogar gesetzwidrige Förderung dieser Finanzierungsquellen entlasten. Landesrechtliche Vorschriften, die direkt oder indirekt eine Verlagerung von Finanzierungspflichten der Länder auf die Krankenkassen zum Ziel hätten, würden gegen das KHG verstoßen und wären nichtig.
Mit der Art und Methode der Finanzierung hängt auch die Krankenhausplanung eng zusammen. Sie ist ausschließlich Angelegenheit der Länder (§§ 6, 7 KHG). Diese entscheiden letztlich und damit auch letztverantwortlich darüber, ob ein Krankenhaus in die Krankenhausplanung und in das Investitionsprogramm aufgenommen wird. Ein Anspruch hierauf besteht nicht. Bei notwendiger Auswahl zwischen mehreren Krankenhäusern entscheidet die zuständige Landesbehörde nach pflichtgemäßem Ermessen unter dem Gesichtspunkt, welche Krankenhäuser den Zielen der Krankenhausplanung am besten gerecht werden. Den Selbstverwaltungen der Krankenkassen, die mit über 80% an der Krankenhausfinanzierung beteiligt sind und den Krankenhäusern, die die Leistungen zu erbringen haben, wird leider kein gesetzlich festgelegtes Mitspracherecht eingeräumt. Die Krankenhausplanung ist allerdings mit ihnen abzustimmen, es sind einvernehmliche Regelungen anzustreben. Aber in welcher Weise dies faktisch geschieht, darüber befinden allein die Länder.
Nach der Rechtsprechung des Bundesverwaltungsgerichts ist jedoch bei einer gerichtlichen Prüfung, ob das Land bei der Aufnahme oder Ablehnung von Krankenhäusern in die Krankenhausplanung sein Ermessen richtig ausgeübt hat, in hohem Maße zu berücksichtigen, inwieweit die einvernehmlichen Regelungen mit den beteiligten Krankenkassen und Krankenhäusern auch tatsächlich angestrebt worden sind.
Die bisherigen Erfahrungen lassen befürchten, daß die Investitionsentscheidungen („Landratsdenkmäler") vielfach politisch motiviert, vom Prestigedenken begleitet und mit einem bürokratisch überzogenen Planungsverfahren verbunden sein werden.
Zu begrüßen ist, daß die Gewährung von staatlichen Fördermitteln nicht mehr mit Auflagen verbunden werden darf, durch die die Selbständigkeit und Unabhängigkeit der Krankenhäuser über die Erfordernisse der Krankenhausplanung und der wirtschaftlichen Betriebsführung hinaus beeinträchtigt werden.
Damit ist deutlich gemacht, daß die gesamte Verantwortung des Unternehmens und der Betriebsentscheidungen des Krankenhauses grundsätzlich nicht beim Staat, sondern beim Krankenhausträger liegt. Diese Verantwortung schließt allerdings auch die Verantwortung des Krankenhauses für eine sparsame Wirtschaftsführung ein.
Der Krankenhausplan erscheint als Lenkungs- und Steuerungsinstrument für den gezielten, dem Gesetzeszweck entsprechenden Einsatz staatlicher Fördermittel. Dementsprechend werden nur die Krankenhäuser gefördert, die in den Krankenhausplan (in die Förderliste) eines Landes und bei Investitionen zusätzlich in das Investitionsprogramm aufgenommen sind, und dies in einem förmlichen Bescheid festgestellt ist (§ 8 KHG).

Die Krankenhäuser haben grundsätzlich keinen Rechtsanspruch auf Aufnahme in den Krankenhausplan. Andererseits kann ein Krankenhaus nicht gegen seinen Willen in den Krankenhausplan aufgenommen werden. Das bedeutet, daß der Aufnahmebescheid nur mit Zustimmung des betroffenen Krankenhauses erlassen werden kann. Krankenhäuser, die nicht in den Krankenhausbedarfsplan aufgenommen sind, können sich gegenüber den Krankenkassen zur Gewährung von Krankenhauspflege bereiterklären (das gilt insbesondere für private Krankenhäuser). Diese Erklärung können die zuständigen Landesverbände der Krankenkassen ablehnen, wenn eine Gewähr für eine ausreichende, zweckmäßige und unter Berücksichtigung der Leistungsfähigkeit des Krankenhauses wirtschaftliche Krankenhauspflege nicht gegeben ist, oder die Ziele des Krankenhausbedarfsplanes (z. B. durch Überhang an Betten) gefährdet werden. Die Ablehnung oder Annahme der Bereiterklärung eines Krankenhauses bedürfen der Zustimmung der staatlichen Aufsichtsbehörden (§ 371 RVO). Ist eine solche Bereiterklärung des Krankenhauses nicht zu beanstanden, so haben die Krankenkassen die Pflicht, mit ihm Pflegesatzvereinbarungen abzuschließen.

In unserem System der Krankenhausfinanzierung kommt dem Pflegesatzrecht eine hervorragende Bedeutung zu, denn die gesamten Betriebskosten der Krankenhäuser werden durch die *Pflegesätze* abgedeckt. Dies regeln das KHG und die Pflegesatzverordnung von 1985.[18] Danach werden die Pflegesätze zwischen dem Krankenhausträger und den Krankenkassen vereinbart. Die bisherige staatliche Pflegesatzfestsetzung entfällt.

Einigen sich die Vertragsparteien nicht, so werden die Pflegesätze durch eine von der Landeskrankenhausgesellschaft und den Landesverbänden der Krankenkassen gebildete paritätisch besetzte unabhängige Schiedsstelle mit einem neutralen Vorsitzenden festgesetzt. Dessen Stimme gibt bei Stimmengleichheit den Ausschlag. Die vereinbarten oder von der Schiedsstelle festgesetzten Pflegesätze bedürfen der Genehmigung durch die zuständige Landesbehörde (§§ 16ff. BPflV). Ihre Prüfungsbefugnis beschränkt sich auf eine Rechtmäßigkeitskontrolle. Die Genehmigung ist zu erteilen, und zwar unverzüglich, wenn die Pflegesätze den Vorschriften des KHG und sonstigem Recht entsprechen. Erst mit der Genehmigung werden die Pflegesätze für alle Krankenhausbenutzer verbindlich.

Sowohl gegen die Genehmigung als auch gegen die Entscheidung der Schiedsstelle ist der Verwaltungsrechtsweg gegeben.

Die Bedeutung dieser Schiedsstellen sollte nicht unterschätzt werden. Seit dem 1. 1. 1986 haben allein die Krankenkassen über 200 Pflegesatzverhandlungen vor die Schiedsstellen gebracht, weil es zu keiner Einigung mit den Krankenhäusern kam. Interessant ist hierbei, daß etwa 90% aller Schiedsstellenentscheidungen mehr zu Lasten der Krankenkassen ausgingen.[19]

Die Pflegesätze müssen gewährleisten, daß das Krankenhaus bei sparsamer und wirtschaftlicher Betriebsführung seine stationären und teilstationären Leistungen in medizinisch zweckmäßigem und erforderlichem Umfang erbringen kann. Bei der Bemessung der Pflegesätze sind auch die Kosten und Leistungen vergleichbarer

---

[18] Bundespflegesatzverordnung – BPflV – vom 21. 8. 1985 (BGBl I S. 1666); hierzu Narr, a.a.O., S. 272 mit weiteren Literaturnachweisen.

[19] Schreiner, Regierung will keine grundlegende Änderung des Krankenhausfinanzierungsgesetzes, Ersatzkasse 5/1987, S. 205.

Krankenhäuser sowie die Empfehlungen über die Maßstäbe und Grundsätze für die Wirtschaftlichkeit und Leistungsfähigkeit der Krankenhäuser, wie sie im KHG festgelegt sind, angemessen zu berücksichtigen.
Es werden drei Arten von Pflegesätzen unterschieden: 1. allgemeiner Pflegesatz, 2. besonderer Pflegesatz und 3. Sonderentgelte.
Zwingend ist vorgeschrieben, daß für jedes Krankenhaus ein allgemeiner Pflegesatz vereinbart wird. Grundlagen hierfür sind das Budget und die voraussichtliche Belegung. Der allgemeine Pflegesatz ist tagesbezogen, weil es bei der Vielfalt der Kostenträger und Selbstzahler nicht möglich ist, dem Krankenhaus das Budget in einer Summe bereitzustellen. Das Budget wird deshalb den Patienten oder ihren Kostenträgern anteilig nach der Verweildauer über den allgemeinen Pflegesatz berechnet.
Für Abteilungen oder besondere Einrichtungen des Krankenhauses, in denen die Kosten der Patientenversorgung erheblich von den durchschnittlichen Kosten abweichen, können anstelle allgemeiner Pflegesätze besondere Pflegesätze vereinbart werden, z. B. für die Behandlung von Querschnittsgelähmten, von Schwerbrandverletzten, von Kindern mit Krebserkrankungen, für die Dialyse (§ 5 Abs. 2 BPflV). Damit wird eine leistungsgerechtere Belastung der Patienten und ihrer Kostenträger ermöglicht. Zugleich werden die Kosten der Leistungen, die mit dem allgemeinen Pflegesatz vergütet werden, von Krankenhaus zu Krankenhaus besser vergleichbar.
Für bestimmte teuere Leistungen können neben dem allgemeinen Pflegesatz und ggf. den besonderen Pflegesätzen außerhalb des Budgets auf der Grundlage der vorauskalkulierten Selbstkosten Sonderentgelte vereinbart werden, z. B. für Herzoperationen unter Einsatz der Herz-Lungen-Maschine, für Transplantationen eines Herzens, einer Niere, einer Leber, einer Bauchspeicheldrüse, für die Behandlung mit dem Nierensteinzertrümmerer (§ 6 BPflV). Dadurch können die Vertragsparteien die Entgelte für bestimmte teure Leistungen stärker leistungsbezogen gestalten als dies durch tagesgleiche allgemeine oder besondere Pflegesätze möglich ist. Damit wird eine erhöhte Transparenz dieser Leistungen sowie eine leistungsgerechtere Belastung der Patienten oder ihrer Kostenträger erreicht. In den Leistungskatalog sind nur therapeutische Leistungen aufgenommen, um der Gefahr einer aus medizinischen Gründen nicht notwendigen und hier besonders kostenträchtigen Mengenausweitung zu begegnen.[20]
Entsprechend dem Vereinbarungsprinzip besteht die Möglichkeit, abweichende Vereinbarungen zu treffen, um insbesondere durch Modellvorhaben verstärkt Anreize für eine sparsame und wirtschaftliche Betriebsführung und eine kostengünstige Erbringung der allgemeinen Krankenhausleistungen zu schaffen. Hierfür kommen z. B. krankheitsbezogene Fallpauschalen, degressive Pflegesätze oder eine Vergütung von Leistungskomplexen in Betracht. Damit werden Eigeninitiativen der Vertragsparteien zur Weiterentwicklung der Vergütungen für Krankenhausleistungen ermöglicht.
So haben sich z.B. in Schleswig-Holstein ab 1. 9. 1985 für 3 Jahre die AOK Kiel und die Augenklinik Dr. Uthoff, Kiel-Bellevue, auf einen Modellversuch geeinigt, bei dem die bisher üblichen Pflegesätze durch diagnosebezogene Festpreise ersetzt werden. Diese Vereinbarung wurde zwischenzeitlich vom Sozialminister des Landes Schleswig-Holstein genehmigt. Der Modellversuch sieht für Krankenhausleistungen diagnosebezogene Festpreise vor, die unabhängig von der Dauer des Klinikaufenthalts sind. Bei

[20] Vgl. auch Grünenwald, Arten und Bedeutung der Krankenhauspflegesätze und der BPflV '86, Wege zur Sozialversicherung - WzS - 1986, S. 1 ff.; ferner Vollmer/Hoffmann, Fn. 14, S. 9.

Netzhautablösung z. B. wird die stationäre Behandlung einschließlich Operation mit etwa 1450,– DM berechnet, unabhängig davon, wie lange und umfangreich der Patient im Krankenhaus behandelt werden muß.[21] Auf diese Weise soll die kostenträchtige Verweildauer auf ein Minimum reduziert werden. Das Kieler Modell bedeutet eine Abkehr vom retrospektiven Selbstkostenerstattungsprinzip, das auf einer Vergütung sämtlicher Krankenhausleistungen über allgemeine, tagesbezogene und voll pauschalierte Pflegesätze beruht.

Diese diagnoseorientierte Fallvergütung wird seit einer Reihe von Jahren in den USA angeblich mit großem Erfolg praktiziert.[22] So wurden im Staate New Jersey für die Bezahlung in allen Krankenhäusern seit Beginn des Jahres 1983 383 Fallkategorien entwickelt. Die Preise sind unabhängig von der Aufenthaltsdauer und von den im einzelnen erbrachten Leistungen. Für das im voraus ausgehandelte Budget ist nicht mehr das Bett Maß aller Dinge, sondern die voraussichtlichen pauschalen Kosten der Behandlung bestimmter Krankheitsgruppen. So wurden z.B. für die Behandlung eines Herzanfalls, für die Entbindung, für die Blinddarmoperation, für die nichtoperative Behandlung eines Magengeschwürs feste Höchstsätze zwischen 1000 und 3500 Dollar vereinbart.

Tests in Pilot-Krankenhäusern hätten gezeigt, daß die Erfahrungen mit dem System grundsätzlich positiv seien. Die Ärzte achteten streng darauf, ob die medizinischen Einzelleistungen wirklich erforderlich seien. Die Kosten der medizinischen Versorgung würden exakter kalkuliert und kontrolliert. In einigen Regionen, so berichtet die *International Business Week* vom 25. 7. 1983, sei bereits ein heftiger Preiskrieg zwischen den Krankenhäusern entbrannt. In Süd-Kalifornien würden ganzseitige Zeitungsanzeigen und Radio-Werbespots geschaltet.

Es gilt hier, unter eingehender Auswertung all dieser Erfahrungen, die hierbei festzustellenden Vor- und Nachteile gegeneinander sorgfältig abzuwägen, und zwar nicht nur unter dem Gesichtspunkt der Kostendämpfung, sondern auch einer sachgerechten, humanen, optimalen Versorgung der Patienten, bevor eine abschließende Beurteilung erfolgen kann.

Die gegenwärtige Rechtslage ermöglicht erfreulicherweise eine weitgehende flexible Budgetierung. Die Vertragsparteien vereinbaren auf der Grundlage der vorauskalkulierten Selbstkosten und der voraussichtlichen Belegung des Krankenhauses für einen zukünftigen Zeitraum ein Budget. Dieses ist als Gesamtfinanzierungsrahmen für die Vertragsparteien grundsätzlich verbindlich. Es werden jedoch Ausnahmen zugelassen und zwar hinsichtlich der angenommenen Belegung und der vorauskalkulierten Selbstkosten.

Der Prozeß der Umgestaltung auf das neue Pflegesatzrecht, das den Parteien weite Spielräume öffnet, ist zwar in vollem Gang; es werden jedoch noch einige Jahre vergehen, bis alle Möglichkeiten ausgeschöpft sind.

---

[21] Rüschmann, Kieler Krankenhaus-Studie: Kostendämpfung durch „diagnosebezogene Festpreise" Deutsches Ärzteblatt, Heft 24 vom 13. 6. 1986 – Ausgabe B – S. 1760.

[22] Wannagat, s. Fn. 10, S. 341.

Das Krankenhaus und die Strukturreform der Krankenversicherung

Die stationäre Versorgung beanspruchte 1985 mit rund 35 Mrd. DM fast ein Drittel der gesamten Ausgaben der gesetzlichen Krankenversicherung. Seit 1972 hat sich dieser Anteil der Aufwendung für die Krankenhäuser von 27.1% auf 32,3% erhöht.[23]
Nach einer prognostischen Ausgabenentwicklung von 1984 bis zum Jahre 2000, die aufgrund demographischer Effekte und einer Trendfortschreibung der Inanspruchnahme in den einzelnen Leistungsbereichen erstellt wurde, werden die Leistungsausgaben im Bereich der Krankenversicherung in diesem Zeitraum von rund 100 Mrd. DM auf ca. 120 Mrd. DM ansteigen. Hierbei verzeichnet die stationäre Behandlung die größte Zunahme von 33,1 Mrd. im Jahre 1984 auf rund etwa 44,1 Mrd. im Jahre 2000, also um 11 Mrd. DM. Im gleichen Zeitraum steigen die Aufwendungen für ärztliche und zahnärztliche Behandlung um rund 3 Mrd.[24]
Diese Entwicklung ist vor allem auf folgende Faktoren zurückzuführen:

1. Die Krankenhäuser müssen auch künftig mit einer steigenden Nachfrage rechnen. 1962 wurden 7 Mio. Patienten stationär behandelt, 1986 waren es bereits 12 Mio. Dieser Trend dürfte sich künftig schon allein wegen der wachsenden Altenlast verstärken.[25]
2. Die Patienten erhöhen aus der Erfahrung ihres steigenden privaten Lebensstandards und der wachsenden Inanspruchnahmementalität ihre Erwartungen an die Standards der Krankenhauspflege. Das Krankenhaus wird zunehmend von der Bevölkerung in Anspruch genommen. Von 1975 bis 1985 sind fast 2 Mio. mehr Patienten behandelt und pflegerisch betreut worden. Allein im Jahre 1986 nahm die Einweisungshäufigkeit durch Kassenärzte um 3,9% zu, ein Trend, der seit 3 Jahren anhält.[26]
3. Die ungünstige demographische Entwicklung, insbesondere der rasch ansteigende Altenquotient, bringt eine zusätzliche Finanzierungslast mit sich. Bereits jetzt entfallen 46% aller Pflegetage auf Patienten über 60 Jahre, obwohl deren Anteil an der bundesdeutschen Bevölkerung nur bei 20% liegt. Er wird sich aber bis zum Jahre 2000 erheblich - kostensteigernd - erhöhen.
4. Der rasante technische Fortschritt, auch im Bereich der medizinischen Wissenschaft (die Hochleistungsmedizin), auf den im Interesse der Gesunderhaltung des einzelnen und der gesamten Bevölkerung nicht verzichtet werden darf, stellt einen erheblichen, zu berücksichtigenden kostensteigernden Faktor dar.
5. Das Krankenhaus - nicht nur die Universität - ist auch eine Stätte der Aus- und Weiterbildung junger Ärzte bis hin zur Forschung, ein Faktor mit vielen sich hierbei stellenden Problemen, denen auch unter fiskalischen Gesichtspunkten Rechnung zu tragen ist.[27]

---

[23] Jahresgutachten 1987, a.a.O., S. 68 und S. 100; Gitter/Oberender, Möglichkeiten und Grenzen des Wettbewerbs in der gesetzlichen Krankenversicherung 1987, S. 15 ff.
[24] Jahresgutachten 1987, a.a.O., S. 64 (Tabelle 20).
[25] Schreiner, a.a.O., S. 204.
[26] Schreiner, a.a.O., S. 204f.
[27] Narr, Jahrbuch, a.a.O., 1986, S. 248 f.; Wannagat, Zulassungsbeschränkungen im Kassenarztbereich aus rechtlicher Sicht, MedR 1986, S. 1 (4).

6. Auf die Entwicklung der Personalkosten – etwa 70% der Ausgaben – hat das Krankenhaus nur einen recht begrenzten Einfluß.[28]

Trotz dieser kostensteigernden Tendenzen in der stationären Versorgung ist nicht beabsichtigt, im Rahmen der Strukturreform der Krankenversicherung in diesem Bereich grundlegende Änderungen vorzunehmen. Vielmehr ist davon auszugehen, daß durch das Krankenhausfinanzierungsgesetz von 1984 und die PflegesatzVO von 1985 ein Stück der Reform vorweggenommen worden ist.[29] Hier möchte man wohl die Entwicklung der Pflegesatzgestaltung abwarten, durch die kostendämpfende Effekte bewirkt werden sollten. Hier geht es vor allem um den Bettenabbau und die Verkürzung der Verweildauer der Patienten im Krankenhaus.[30] Ebenso sollten die Möglichkeiten, die die bestehenden gesetzlichen Regelungen bieten, ausgeschöpft werden, z. B. krankheitsbezogene Fallpauschalen, degressive Pflegesätze usw. Das gilt auch für die §§ 373 Abs. 2 und 374 RVO. Die dort vorgesehenen speziellen Prüfausschüsse der Krankenkassen und Krankenhausgesellschaften sowie die Schiedsstellen könnten durch ihre Tätigkeit zu einer wirtschaftlichen und sparsamen Betriebsführung der Krankenhäuser beitragen.

Nicht minder wichtig erscheint, einmal die Fehlbelegung von Akutbetten mit Pflegefällen zu verhindern (hierbei stellt sich das immer noch nicht gelöste Problem der Versorgung der Pflegebedürftigen); zum anderen Kranke möglichst frühzeitig in Hauspflege unter Überwachung durch den niedergelassenen Arzt zu entlassen. Das setzt aber wiederum voraus, daß das strukturelle Umfeld des Krankenhauses durch pflegerische Einrichtungen der Gemeinden und sonstiger Stellen einschließlich der Hauspflege verbessert und ausgebaut wird.

Das Krankenhausfinanzierungsgesetz und die Pflegesatzverordnung haben den gesamten, äußerst wichtigen Bereich einer stärkeren und besseren funktionellen, personellen und apparativen Verzahnung von stationärer und ambulanter Krankenbehandlung ausgespart.

Hier wird die Strukturreform der Krankenversicherung einsetzen müssen und in diesem Sektor die dringend erforderlichen – schon überfälligen – Regelungen zu treffen haben.

Das Krankenhauswesen weist viele Eigenarten und Besonderheiten auf, die in den anderen Bereichen der Krankenversicherung nicht auftreten oder zumindest nicht in solcher Intensität manifest werden.

Hierher gehört vor allem das konfliktträchtige, tiefgreifende, kaum überbrückbare Spannungsverhältnis zwischen dem unverzichtbaren, sich rasch vollziehenden teuren medizinischen Fortschritt und dessen Umsetzung in die Krankenhauspflege einerseits und den begrenzten wirtschaftlichen Ressourcen andererseits.

Diese Gegensätze lassen sich nicht auflösen; sie können jedoch gemildert werden, um in einer für alle Betroffenen befriedigenden Regelung zu münden. Das setzt eine verständnisvolle und verantwortungsbewußte Zusammenarbeit aller am Krankenhausgeschehen Beteiligten voraus.

---

[28] Jahresgutachten, a.a.O., 1987, S. 107 ff.

[29] Vgl. auch Schreiner, a.a.O., S. 203.

[30] Jahresgutachten 1987, a.a.O., S. 102ff. und 110ff.

Formen ärztlicher Kooperation aus berufspolitischer Sicht

W. OHL

Vorbemerkungen

Im folgenden werden Formen ärztlicher Kooperation nicht nur abstrakt in ihren rechtlichen Grundlagen und formalen Gegebenheiten dargestellt; es soll vielmehr aufgezeigt werden, wie diese Rechtsformen sich variieren ließen oder lassen mußten aus der Rechtsprechung oder aus der Anwendung im Alltag.

Es ist dies ein Erfahrungs- und Erlebnisbericht eines gewählten Vorsitzenden einer kassenärztlichen Selbstverwaltung (Kassenärztliche Vereinigung Südwürttemberg), der in der Zusammenarbeit mit dem Jubilar, dem hauptamtlichen Leiter dieser Verwaltung, und unter dessen geduldiger, diskreter und loyaler Führung versuchte, eine praxisorientierte Politik zu verwirklichen, die vom rein Formalprinzipiellen abwich, ohne sich im Gewurstel des nur Pragmatischen in Nichts aufzulösen. Dies geschah mit Phantasie im Suchen nach praxisnahen Lösungen und unter Ablehnung eines Formalismus, dem das Menschliche letztlich gleichgültig ist.

Es gibt zwei Möglichkeiten der Angleichung von Normprinzipien an die Praxis: einmal durch nachträgliche Anpassung im Wege der Gesetzesänderung oder durch die Rechtsprechung. Dies wird oft abgeleitet aus der Tatsache, daß das Ziel der Regelung in der praktisch-alltäglichen Anwendung nicht erreichbar ist. Der zweite Weg der Anpassung einer Regelung an die Praxis ist die Ausnutzung eines Auslegungsspielraums bei der Ausführung einer Gesetzesvorschrift. Hierbei ist selbstverständlich die Gefahr gegeben, daß die Ausweitung der Grenzen des (vermeintlichen) Spielraums zur Aufhebung oder Umkehr des Gesetzeszweckes führt. Beide Arten der Gesetzesanwendung werden im Bereich des ärztlichen Berufsrechts und insbesondere des Kassenarztrechtes praktiziert. Die zweite Methode (praxisnahe Auslegung bei Ausführung der Norm) wird für den Anwender zu einem Maximum an Zufriedenheit mit der Vorschrift führen und damit zu einer Rechtssicherheit, die nicht durch kurzfristig notwendige und folgende Änderung der Norm gestört wird. Für den, der bei der Auslegung von Bestimmungen Eigeninitiative entwickelt hat, ist es dann gut und erleichternd, wenn seine Sicht der Dinge im Laufe der Anwendung durch die Rechtsprechung bestätigt wird.

Einleitung

Seit es in der menschlichen Gesellschaft Heilkundige gibt, ist die Tätigkeit dieser sachkundigen Helfer gegen Gesundheitsstörungen gekennzeichnet durch das Prinzip des persönlich Tätigwerdens. Die Arzt-Patienten-Beziehung ist notwendigerweise eine Zweierbeziehung, eine Verbindung, die geprägt ist durch das Eindringen und das

Einlassen in persönliche Bereiche. Neben den vielfältigen Rechtsbeziehungen, die hierbei wichtig sind (Leistungsauftrag und -ausführung, Aufklärungs- und Zustimmungspflicht, Sorgfalts- und Gewährleistungspflicht bei der Ausführung der ärztlichen Leistung, Haftungsanspruch und -pflicht) spielen stets auch nichtrationale (ethische) Kategorien eine bestimmende Rolle: Vertrauen, Zuwendung, Hoffnung usw. Ärztliche Dienstleistung ist deshalb früher wie heute und in der Zukunft an die Person des Arztes gebunden, sie ist nicht wie eine gewerbliche Leistung beliebig vermehrbar und nicht ersetzbar durch unpersönliche Funktionsabläufe. Formen ärztlicher Zusammenarbeit müssen sich deshalb daran messen lassen, ob und in welcher Weise innerhalb solcher Kooperationsformen die duale und personale Arzt-Patienten-Beziehung bestehen bleiben kann.

Die *klinische* stationäre Versorgung kranker Menschen ist eine Form ärztlicher Kooperation im Team, die von alters her und auch heute die persönliche Beziehung zwischen Arzt und Patient nicht beeinträchtigt. Der in abhängiger Stellung tätige Klinikarzt unterliegt Regeln aus seinem Anstellungsvertrag und aus der bestehenden ärztlichen Hierarchie in der Klinik. Hierdurch wird zwar eine freiberufliche Einzeltätigkeit nicht zugelassen, jedoch eine echte Arzt-Patienten-Beziehung erlaubt.

Die *ambulante* ärztliche Versorgung unserer Bevölkerung ist geregelt in der sozialen Krankenversicherung durch das Kassenarztrecht. Diese Rechtsform ermöglicht, da sie von der ärztlichen Tätigkeit in freiberuflicher Form ausgeht, die Aufrechterhaltung der personalen Beziehung zwischen Arzt und Patient, ja sie verlangt geradezu von Anfang an die ärztliche Berufsausübung in der Einzelpraxis.

Die gesellschaftliche und politische Entwicklung der letzten Jahrzehnte, der Fortschritt der medizinischen Wissenschaft unter Einbeziehung der Informatik und elektronischen Datenverarbeitung wirkten sich auch auf die Einzelpraxis des Kassenarztes aus und ließen die Frage nach Änderung der Form der Berufsausübung aufkommen. Hinzu kam die zunehmende Bedeutung der Ökonomie im Gesundheitswesen. Die Kosten für diesen Bereich der Volkswirtschft wurden mit ihrem ständigen Anstieg zu einem bedeutenden politischen Faktor. Der kassenärztliche Bereich war in dieser Hinsicht besonders bedeutungsvoll, weil gerade hier eine Kostenbeeinflussung möglich schien, da die Vergütung kassenärztlicher Leistungen durch vertragliche Regelungen zwischen den Vertragspartnern der sozialen Krankenversicherung variiert werden kann. Die freiberufliche Tätigkeit des Kassenarztes (er ist als Unternehmer für die Strukturen in seiner Praxis selbst verantwortlich) und die Art der Vergütung der kassenärztlichen Leistungen (Leistungsvergütung über eine Vertragsgebührenordnung) verleiten die Vertragspartner und Politiker immer und weiterhin dazu, Forderungen nach immer weitergehender Rationalisierung im kassenärztlichen Bereich zur Kosteneinsparung zu erheben.

Den in freier Praxis tätigen Ärzten war bis vor wenigen Jahren eine Kooperation mit Kollegen nur erlaubt im Rahmen eines Konsiliums, also einer kurzfristigen gleichzeitigen Zusammenarbeit im Einzelfall am Kranken oder in Form der Überweisung (z. B. zur Mitbehandlung, zur Durchführung bestimmter Leistungen oder zur Konsiliaruntersuchung). Eine gemeinsame Praxisausübung war durch das Berufsrecht verboten.

Erst als aus der modernen Entwicklung der Medizin, aus gesellschaftlichen und besonders wirtschaftspolitischen Zwängen Forderungen nach Rationalisierung im Gesundheitswesen entstanden, mußten Formen der ärztlichen Kooperation ermöglicht werden – auch für die freie Praxis. Insbesondere dann, als die moderne Medizintechnik

mit ihren hohen Investitionskosten und ihren weitgehenden Rationalisierungsmöglichkeiten Einzug auch in die Kassenpraxis hielt.
Das Berufsrecht erlaubt heute Zusammenschlüsse von niedergelassenen Ärzten in Form von Gruppenpraxen: Gemeinschaftspraxis, Praxisgemeinschaft und Apparategemeinschaft.
Im Kassenarztrecht ist lediglich die Genehmigungspflicht für Gemeinschaftspraxen durch den Zulassungsausschuß vorgeschrieben. In der praktischen Handhabung ist dies aber zu einer reinen Anzeigepflicht geworden. Die Kassenärztlichen Vereinigungen sind verpflichtet, die vertraglichen Grundlagen der Zusammenschlüsse von Kassenärzten zu prüfen. Dies ergibt sich aus dem gesetzlichen Gewährleistungsauftrag der KV. Eine Honorierung abgerechneter kassenärztlicher Leistungen kann nach wie vor nämlich nur dann erfolgen, wenn die persönliche Leistungserbringung des Einzelarztes auch und gerade innerhalb solcher Kooperationsformen gewährleistet ist.
Entsprechend dem in den Vorbemerkungen dargelegten berufspolitischen Schwerpunkte dieses Beitrags (pragmatische Variation gesetzlicher Normen bei der ärztlichen Zusammenarbeit) stelle ich drei Formen ärztlicher Kooperation dar, die von Bedeutung sind durch die Häufigkeit ihres Vorkommens und/oder durch die Tatsache, daß sie wegen ihrer berufspolitischen Vieldeutigkeit als mögliche „Systemgefährder" Bedeutung erlangt haben:

1) die fachübergreifende Gemeinschaftspraxis,
2) die Laborgemeinschaft,
3) die Beteiligung von Krankenhaus-Chefärzten.

Fachübergreifende Gemeinschaftspraxis

Eine Gemeinschaftspraxis unterscheidet sich von einer Praxisgemeinschaft dadurch, daß zwei oder mehr Ärzte gemeinsam einen Behandlungsvertrag mit dem Patienten eingehen. Ihre Leistungen sind austauschbar. Kassenärzte rechnen in einer Gemeinschaftspraxis ihre Leistungen ohne persönliche Kennzeichnung auf dem (einen) Behandlungsausweis des Patienten ab. Diese Merkmale sind zwangslos an sich nur möglich, wenn die Partner der Gemeinschaftspraxis dem gleichen ärztlichen Gebiet angehören und die gleichen Genehmigungen für Sachleistungen erhalten haben.
Der Zusammenschluß in einer Gemeinschaftspraxis von Ärzten unterschiedlicher Fachgebiete wurde stets von den Zulassungsgremien und von den Kassenärztlichen Vereinigungen nicht genehmigt, da eine solche Kooperation insbesondere hinsichtlich der Vergütung der ärztlichen Leistungen nicht möglich erschien. Auf Grund der unterschiedlichen Gebietszugehörigkeit waren die Leistungsfähigkeit und -berechtigung beider Ärzte nicht identisch. Eine Kooperation solcher verschiedener Ärzte erschien in einer Gemeinschaftspraxis systemgefährdend. Für sie bot sich die Praxisgemeinschaft an, d. h. die gemeinsame Nutzung von Infrastrukturen der im übrigen als Einzelpraxis geführten Betriebe. Die unterschiedliche Leistungserbringung fachunterschiedener Ärzte am gleichen Patienten war wegen der fehlenden Leistungsidentität in der Praxisgemeinschaft nur per Überweisung möglich, und die Abrechnung dieser Leistungen mußte auf getrennten Behandlungsausweisen erfolgen.

Hier zeigte sich nun, daß das Faktische eine größere Kraft besaß als die vorgegebenen Normen. In einzelnen KV-Bereichen wurde das Prinzip durchbrochen: die Kooperation von Ärzten unterschiedlicher Gebietsbezeichnung in einer Gemeinschaftspraxis wurde, wenn nicht genehmigt, so doch geduldet.
Schließlich mußte die Frage, ob eine Genehmigung durch die KV und durch die Zulassungsgremien möglich ist, vom Bundessozialgericht entschieden werden. Dessen Urteil bestimmte 1983, daß auch eine Gemeinschaftspraxis zwischen Ärzten verschiedener Fachgebiete möglich ist.
Voraussetzung hierfür mußte allerdings sein, daß erstens das Gebot der Fachgebietsbeschränkung unter allen Teilnehmern eingehalten wird, daß zweitens die freie Arztwahl zwischen den Teilnehmern der Gemeinschaftspraxis gewährleistet ist und daß drittens die Zuziehung eines Praxispartners mit anderem Fachgebiet nur mit Zustimmung des Patienten erfolgt.
Durch dieses Urteil wurde den kassenärztlichen Selbstverwaltungen auferlegt, bei der Prüfung der Abrechnung einer solchen Gemeinschaftspraxis besondere Merkmale zu beachten: Leistungserbringung und -abrechnung der Praxispartner nur im Rahmen der persönlichen Gebietsgrenzen und Qualifikationsnachweise. Dies bedeutet die Verpflichtung zur arztbezogenen Kennzeichnung der Leistungen bei der Abrechnung.
Hier hat also das höchste Sozialgericht ein Grundsatzurteil gefällt, das eine pragmatische Durchbrechung (ausgelöst von bestehenden Fakten) von Rechtsprinzipien bedeutet, die an sich logisch und begründet erscheinen. Die praktische Handhabung der Abrechnung von ärztlichen Leistungen aus einer fachübergreifenden Gemeinschaftspraxis auf Grund dieses Urteils drängt jedoch immer wieder die Frage auf, weshalb eine solche Handhabung der Leistungskennzeichnung, die an sich zwanglos in einer Praxisgemeinschaft erfolgen könnte und für diese typisch wäre, nun um jeden Preis in die Form einer Gemeinschaftspraxis übertragen werden mußte. Die Frage bleibt, ob eine solche Form der Leistungserbringung und -abrechnung sich nicht doch systemschädigend auswirken kann.

Laborgemeinschaften

Mit der Entwicklung mechanisierter und schließlich vollautomatisch arbeitender Analysegeräte entstand im Bereich der medizinischen Labordiagnostik die Möglichkeit, die Kosten für die Erbringung von Analysen aus Patientenserum zu senken. Gleichzeitig wurde dadurch die Möglichkeit eröffnet, die diagnostische Sicherheit, d.h. die Qualität der Analytik zu erhöhen. Das Gebot im Kassenarztrecht, für eine ausreichende ärztliche Versorgung der Versicherten nach den modernen medizinischen Erfordernissen zu sorgen, unter gleichzeitiger Einhaltung des Wirtschaftlichkeitsgebots, stellte für die Kassenärzte geradezu einen Zwang dar, diese modernen Analysegeräte auch in der Kassenpraxis zu verwenden. Eine Nutzung solcher Automaten in der Einzelpraxis war wegen der dort anfallenden viel zu kleinen Untersuchungsserien pro Tag rationell nicht möglich. Ein Zusammenschluß mehrerer Kassenärzte zur gemeinsamen Gerätenutzung war deshalb ein zwingendes Gebot. Damit war aber auch hier das Prinzip der Freiberuflichkeit und der persönlichen Leistungserbringung möglicherweise in Frage gestellt.

Da bei einem Zusammenschluß von mehreren Kassenärzten zur gemeinsamen Gerätenutzung der Sonderfall einer Praxisgemeinschaft vorliegt („partielle" Praxisgemeinschaft, Apparategemeinschaft), waren die berufspolitischen Bedenken nicht so hoch anzusetzen wie z. B. bei einer fachübergreifenden Gemeinschaftspraxis. Die eigentliche persönliche Arzt-Patienten-Beziehung bleibt in einer Praxisgemeinschaft bestehen. Abgerechnet werden die auf gemeinschaftlich genutzten Geräten erbrachten Leistungen auf verschiedenen patienten-arzt-spezifischen Behandlungsausweisen.

Probleme entstanden jedoch im Verhältnis zwischen dem Arzt und seinen Laborleistungen, die außerhalb seiner Praxis erbracht und von ihm als Eigenleistung abgerechnet werden sollten. Schließlich wurde sowohl von den Kassenärztlichen Vereinigungen als auch von den Krankenkassen eine Form der Leistungserbringung als honorierungsfähig akzeptiert im Laborbereich, die formal folgende Voraussetzungen erfüllen mußte: Der Kassenarzt, der Mitglied einer Laborgemeinschaft ist, kann die dort erbrachten Leistungen (bei denen es sich um „delegierbare" Leistungen handelt) dann abrechnen, wenn er das wirtschaftliche Risiko dieser Apparategemeinschaft mitträgt. Die Apparategemeinschaft muß also eine BGB-Gesellschaft sein. Eine Mitbestimmung des Gesellschafters bei der Anstellung der nichtärztlichen Mitarbeiter, bei der Festlegung des Untersuchungsprogramms und der Anschaffung der dazu nötigen Geräte muß gegeben sein. Schließlich muß der an der Gemeinschaft teilnehmende Arzt mitwirken bei der Sicherstellung einer kontinuierlichen, qualifizierten ärztlichen Aufsicht über das nichtärztliche Personal bei der Durchführung der Laboranalysen.

Zunächst waren diese Bedingungen relativ leicht zu erfüllen, solange die Zahl der Mitglieder einer Laborgemeinschaft überschaubar blieb und alle teilnehmenden Ärzte in örtlicher Nähe zur Laborgemeinschaft praktizierten. Relativ bald nach Gründung der ersten Laborgemeinschaften begann dann eine Eigenentwicklung dieser Form ärztlicher Leistungserbringung, die zu einer Entfernung aus dem freiberuflich persönlichen Leistungsbereich zu führen drohte. Laboranalysen (der Meßvorgang) wurden durch Automatisierung unpersönlicher. Gebührensenkungen für diese Laborleistungen führten zu weiteren Rationalisierungszwängen: die Laborgemeinschaften wurden immer größer hinsichtlich Mitgliederzahl und damit räumlicher Ausdehnung.

Schließlich drängten Nichtärzte in diesen Bereich als Leistungsanbieter und bewirkten Gerichtsentscheidungen, die die automatisierten Untersuchungen der klinischen Chemie als vom Arzt „beziehbare Leistungen" definierten.

Eine Einwirkung der Kassenärztlichen Vereinigung zur Begrenzung von Laborgemeinschaften in zahlenmäßiger und örtlicher Hinsicht konnte ohne Gefahr des Unterliegens bei gerichtlichen Auseinandersetzungen nicht mehr erfolgen (Kartellgesetze, Wettbewerbsrecht). Bei der Umgestaltung von Teilen des Kassenarztrechts im Rahmen der Kostendämpfungsgesetze gelang es, diese „beziehbaren Leistungen" indirekt als kassenärztliche Leistungen zu definieren und zwar dadurch, daß in dem § 368 n Abs. 8 RVO die Verpflichtungen der Kassenärztlichen Vereinigungen festgeschrieben wurden, Strukturen zu schaffen, nämlich „gemeinsame Einrichtungen der niedergelassenen Ärzte", von denen diese rationalisierungsfähige Laborleistungen beziehen können. Die Kassenärzte konnten also weiterhin diese Leistungen dann abrechnen, wenn ihre Laborgemeinschaften solchen ärztlichen Einrichtungen entsprachen. Diese mußten garantieren, daß die in ihnen erbrachten Leistungen „medizinischen Erfordernissen" entsprachen. Dies war aber nur dann gewährleistet, wenn der Arzt, der Mitglied einer solchen Einrichtung war, eine Mitwirkungs- und Mitbestimmungsmöglichkeit hatte

bei der Organisation und Durchführung dieser Untersuchungen in der Laborgemeinschaft. Dies mußte in den vertraglichen Grundlagen der Gemeinschaft festgelegt sein und war somit der Kontrolle durch die jeweilige Kassenärztliche Vereinigung zugänglich.
Die Entwicklung der jüngsten Zeit in diesem Bereich zeigte die Tendenz zur arztfernen gewerblichen Erbringung des analytischen Teils der medizinsichen Laborleistungen. Merkantiler Wettbewerb unter Vernachlässigung der Mitwirkungsmöglichkeit der Ärzte, die diese Leistungen persönlich abrechnen, lassen es fraglich erscheinen, ob eine solche Laborleistungserbringung Bestandteil der kassenärztlichen Leistungen bleiben kann. Sollten Gewerbebetriebe in Zukunft das Recht erhalten, diese medizinischen Laboranalysen für Ärzte zu erbringen, wird dies zu so niedrigen Preisen erfolgen, daß eine genügend hohe Leistungsvergütung für die Analytik in der Einzelpraxis oder in Laborgemeinschaften der Ärzte nicht mehr möglich sein wird.
Vielleicht wird durch neue Möglichkeiten der schnellen und sicheren Labordiagnostik (Einzeluntersuchungen) am Patienten und in der Praxis (Trockenchemie) eine neue moderne Form der Labordiagnostik in der Praxis entstehen. Entscheidend wird hier aber sein, ob die Kosten für eine solche neue Form der Laboruntersuchungen mit der Untersuchung durch Automaten in der Großserie Schritt halten können.
Aus diesem Beispiel der Entwicklung der Laborgemeinschaften läßt sich ersehen, wie eine zunächst ungefährlich und vernünftig erscheinende Ärztekooperation schließlich zu einer systemgefährdenden Eigenentwicklung führen kann.

Beteiligung von Krankenhausärzten an der ambulanten kassenärztlichen Versorgung

Hier handelt es sich um eine „freie“ Form der ärztlichen Kooperation, die nicht durch vertragliche Bindung von verschiedenen Ärzten untereinander zustande kommt. Diese Kooperation wird ausgelöst durch die Überweisung eines Kranken durch einen Arzt an einen Kollegen. Es ist dies von alters her eine legale und systemkonforme Art der Zusammenarbeit von Ärzten, unter Wahrung der persönlichen Arzt-Patienten-Beziehung.
Die Besonderheit liegt hier darin, daß eine Patientenüberweisung stattfindet aus dem ambulanten Bereich an einen Krankenhausarzt.
Ursprünglich hatte der Spezialarzt, der in einer Region verantwortlich war für die stationäre (klinische) Versorgung der (Schwer-)Kranken auch die Aufgabe, in dem gleichen Gebiet die spezialärztliche ambulante Versorgung (schwieriger) Fälle zu übernehmen, für die es in der Praxis keine gebietsärztliche Versorgung gab.
Mit der Entwicklung der Medizin hin zur Spezialistenversorgung auch im Bereich der ambulanten Praxis durch niedergelassene Kassenärzte muß naturgemäß die Notwendigkeit des Einschaltens des Krankenhausspezialisten geringer werden. Der Krankenhausarzt war von Anfang an „Lückenbüßer“ im spezialärztlichen Bereich der ambulanten Krankenversorgung. Mit fortschreitender Verringerung der Zahl der Versorgungslücken wurde dies aber erst richtig deutlich.
Nun gibt es Wirkgrößen, die in der Realität die Überlegungen zur Notwendigkeit und zum Umfang der Beteiligung von Krankenhausärzten an der ambulanten kassenärztlichen Versorgung überlagern: es sind Aspekte ökonomischer Art. Von seiten der Krankenhäuser und der Krankenhausärzte, insbesondere der Chefärzte, war durch die

Tradition das „Zubrot" für den beteiligten Arzt aus seiner ambulanten Tätigkeit eine feste Größe und eine Selbstverständlichkeit. Für die niedergelassenen Ärzte wurde mit zunehmender Zahl der Gebietsärzte in der Praxis die Frage der Chefarztbeteiligung zu einem wichtigen Politikum, da sie ihre eigene Existenz durch diese bedroht fühlten. Die Kassenärztlichen Vereinigungen, die sowohl Körperschaften öffentlichen Rechts als auch genossenschaftliche (Interessen-) Vertretung der Kassenärzte sind, gerieten von zwei Seiten unter Druck: da sie sowohl quantitativ wie auch qualitativ die ambulante ärztliche Versorgung der Bevölkerung sicherzustellen hatten, verlangten die Krankenhaus-Chefärzte Beteiligung mit Betonung des qualitativen Aspekts, während die Kassenärzte diesen elitären Anspruch bei fehlendem quantitativen Bedürfnis ablehnten und von ihrer KV eine vorrangige Berücksichtigung auch der ökonomischen Interessen ihrer Mitglieder verlangten. Die entstehenden und zunehmenden Interessenkollisionen führten zu zahlreichen Gerichtsentscheidungen, die die Frage der Beteiligung von Krankenhausärzten betrafen. Die Rechtsgrundlage für diese Beteiligung, die Zulassungsordnung für Ärzte (ZOÄ), wurde durch diese Entscheidungen konkretisiert für die Anwendung im Einzelfall.

Das entscheidende Kriterium für die Beteiligung (Ermächtigung) eines Krankenhausarztes ist die Bedürfnisprüfung, da Grundlage und Ausgangspunkt der gesamten Rechtskonstruktion in diesem Bereich der unbedingte Vorrang der freiberuflich tätigen niedergelassenen Kassenärzte für die ambulante ärztliche Krankenversorgung ist. Mit zunehmender Zahl der Kassenärzte war der Zeitpunkt abzusehen, zu dem überhaupt kein Krankenhausarzt mehr an der ambulanten Versorgung teilnehme konnte, wenn die vorgegebenen Kriterien der Rechtsnormen streng formal befolgt würden. Dies mußte als berufspolitisch bedenklich deshalb angesehen werden, weil letzlich eine totale Ausschaltung des Krankenhauses aus der ambulanten Versorgung zu einer Vermehrung der stationären Fälle führen mußte, was eine weitere Kostensteigerung bedeutete. Durch atmosphärische Störungen würde überdies eine wechselseitige Anerkennung von Aufgabenbereichen (Notfallversorgung!) und ärztlichen Maßnahmen (Befundübernahme!) wie auch die gegenseitige Informations- und Kooperationsbereitschaft zwischen Krankenhaus und Praxis auf nahe Null zurückgehen, was wiederum Kostensteigerung bedeutete und letztlich zu Lasten der Qualität der ärztlichen und humanitären Versorgung der Kranken führen mußte.

Im übrigen war bei einer solchen Entwicklung zu erwarten, daß die Politiker die im Gesetz vorgegebene Möglichkeit zur Einschaltung der Krankenhäuser als Institutionen in die prästationäre Diagnostik und die poststationäre Behandlung verwirklichen würden.

Die streng formale Rechtsanwendung barg also Gefahren in sich von hoher berufspolitischer Brisanz. Pragmatisches Vorgehen schien dringend erforderlich, was bedeutete, nach Entscheidungsspielräumen bei der Anwendung der Rechtsvorschriften zu suchen. Das Ziel war: Einschränkung der Chefarztbeteiligungen auf die Krankheitsfälle, die durch die Kassenärzte der Region nicht ausreichend versorgt würden, nach Kriterien, die von den Kassenärzten akzeptiert werden konnten. Obgleich es fast nirgends mehr rein quantitativ einen Bedarf für ambulante Versorgung durch Krankenhausärzte gab, war die Tatsache zu registrieren, daß nach wie vor viele Patienten die Krankenhaus-„Ambulanz" aufsuchten oder dahin von Kassenärzten überwiesen wurden. Versuche der Einschränkung der Beteiligung von Chefärzten operativer Gebiete z.B. auf Patienten „zur Stellung der Op.-Indikation" führten in der praktischen Anwendung nicht zu einem befriedigenden Ergebnis. Die streng formale Anwendung der Zulassungsordnung unter Anwendung der von der Rechtsprechung festgelegten Grundsätze ließ offenbar nur zwei Möglichkeiten zu, bei fehlendem quantitativen Bedürfnis einen Chefarzt zu beteiligen:

1) die sog. „Katalog"-Beteiligung. Dies meint die Beteiligung nach § 29, 2, c ZOÄ (Durchführung besonderer Untersuchungs- und Behandlungsmethoden ...). Der Chefarzt durfte nur die Leistungen (erbringen und) abrechnen, die (in Nummern der Gebührenordnung ausgedrückt) nachweislich von den niedergelassenen Ärzten nicht erbracht wurden;
2) die Beteiligung für Überweisungsfälle durch niedergelassene Ärzte, ausschließlich des Fachgebietes, dem der Krankenhausarzt ebenfalls angehört.

Die Katalogbeteiligung war in praxi einem Chefarzt nicht zumutbar, weil häufig nur einzelne seltene (Sach-) Leistungen übrig blieben. Die ärztliche Tätigkeit des Krankenhausarztes wurde auf Durchführung von apparativen Sachleistungen (Auftragsleistungen) reduziert.
Gegen die zweite genannte Form der Beteiligungseinschränkung (Überweisung nur durch Ärzte des gleichen Fachgebiets) protestierten die im hausärztlichen Bereich tätigen Kassenärzte (Ärzte ohne Gebietsbezeichnung, praktische Ärzte und Allgemeinärzte). Sie fühlten sich durch eine solche Einschränkung ihrer Handlungsfreiheit zu Recht gegenüber den Gebietsärzten in freier Praxis benachteiligt.
Beide Formen der Chefarztbeteiligung (und deren Einschränkung) waren also unzulänglich und erschienen ungeeignet als generelle Lösung des Problems.
Die Kassenärztliche Vereinigung Südwürttemberg in Tübingen hat auf der Suche nach Lösungsmöglichkeiten schließlich die Beteiligung nach § 29, 2, b ZOÄ, „Beteiligung zur konsiliarischen Beratung eines Kassenarztes in der Behandlung", als möglicherweise gangbaren generellen Weg der Chefarztbeteiligung erarbeitet, mit der Maßgabe, daß diese Beteiligungsform nur für sog. Problemfälle oder besonders schwierige Krankheitsfälle zu gelten habe.
Nach diesem Modell konnte das Ziel (Einschränkung der Zahl der Überweisungsfälle) verbunden werden mit einer der ärztlichen Qualifikation des Krankenhaus-(Chef-)Arztes gerecht werdenden generellen Auftragserteilung (zur konsiliarischen Beratung).
Dem Nichtjuristen erschien zunächst die in der Zulassungsordnung unter § 29, 2, b genannte „konsiliarische Beratung" als eine Nennung des Bereichs ärztlicher Maßnahmen, der sich ganz auf die Therapie im Gegensatz zur Diagnostik (§ 29, 2, a ZOÄ) beschränkt. Daß damit viel mehr gemeint ist, ergibt sich (so die Erläuterung des Arztrechtlers) aus der Rechtsprechung. Gemeint ist mit konsiliarischer Beratung vielmehr die Beurteilung eines Krankheitsfalles durch einen anderen Arzt, der sich selbst durch eigene Untersuchungen, auf Grund seiner Erfahrung und evtl. spezieller Kenntnisse ein Bild machen kann und danach seine Meinung, sein fachliches Urteil, letztlich mit dem Ziel einer aussichtsreichen Therapie, dem überweisenden Arzt als Rat des Konsiliarius mitteilt.
Konsiliarische Beratung heißt überdies auch nicht, daß beide Ärzte ein „Konsilium" abhalten müssen, d.h. gleichzeitig am Kranken tätig werden. Dieser umfassende Inhalt der konsiliarischen Beratung schien geeignet für eine Beteiligungsform, die nicht zu einer unerträglichen Begrenzung der Chefarzttätigkeit führte für die an Zahl zuneh-

menden Fälle, in denen wegen fehlenden Bedarfs keine *umfassende* Beteiligung (nach § 29, 2, a bis d ZOÄ) mehr möglich war. Voraussetzung für eine solche auf konsiliarische Beratung eingeschränkte Beteiligung war jedoch die Beantwortung der Frage nach dem qualitativen Bedarf für eine solche. Sie konnte nur erfolgen, wenn sich aus der Krankenhaus- oder Chefarzteigenschaft selbst Besonderheiten ableiten ließen, die eine qualitative Hervorhebung gegenüber den Gebiets- und Spezialärzten in freier Praxis darstellten. Bei Berücksichtigung der realen Gegebenheiten ergibt sich aus dem Status Krankenhaus- oder Chefarzt nach Meinung der Schöpfer des „Tübinger Modells" diese qualitative Besonderheit, was nicht im Sinne einer Wertung gemeint sein kann. Das Besondere ist die Tatsache, daß im Krankenhaus stationär überwiegend und damit viel häufiger als in der Praxis ausgewählte „schwierige" Fälle versorgt werden. Die Erfahrung des langjährig tätigen Krankenhausarztes muß also bei der Beurteilung der „Problemfälle" größer sein als die des Nicht-Krankenhausarztes. Die umfassende und in der Regel aufwendigere Infrastruktur des Krankenhauses (Ausstattung mit Geräten) für den stationären Bereich bildet ein weiteres Spezifikum, das einen generellen Qualitätsvorsprung des Krankenhausarztes bedingt, der diese technischen Möglichkeiten ja für die überwiesenen ambulanten Problemfälle anwenden kann.
Diese Form der Chefarztbeteiligung nach § 29, 2, b ZOÄ für Problemfälle wurde vom Vorstand der Kassenärztlichen Vereinigung Südwürttemberg den Zulassungsgremien etwa ab Anfang 1986 immer dann bei Überprüfung von Chefarztbeteiligungen oder Neuanträgen auf Beteiligung empfohlen, wenn ein quantitativer und/oder qualitativer Bedarf für eine umfassende Beteiligung des Krankenhausarztes nicht (mehr) vorlag. Die Zulassungsgremien folgten diesen Empfehlungen, obgleich auch dort, wie im KV-Vorstand, die Schwierigkeiten der praktischen Umsetzung von Anfang an gesehen wurden. Es mußte nämlich das Überweisungsverhalten der Kassenärzte wie auch das Bewußtsein der nach diesem Modell beteiligten Chefärzte in Richtung Akzeptanz dieser Überweisungs- und Beteiligungsform geändert und sogar neu geprägt werden. Innerhalb der kassenärztlichen Selbstverwaltung in den Abrechnungsabteilungen mußte es überdies in der Anfangsphase bei der Prüfung der vom Krankenhausarzt nach diesem Beteiligungsmodus abgerechneten Fälle und Leistungen Probleme geben. Probleme vor allem hinsichtlich der Kriterien, nach denen der „Problemfall" zu definieren war. Ohne Kenntnis der Besonderheiten des einzelnen Krankheitsfalles und der Entwicklung des Krankheitsablaufes im hausärztlichen Bereich war die Kennzeichnung eines Krankheits-(Überweisungs-)Falles als „Problemfall" durch Dritte eigentlich nicht möglich. Dies machte eine Darlegung dieser besonderen Umstände des Falles auf dem Überweisungsschein durch den Überweisenden und/oder die Erläuterung des ausführenden Krankenhausarztes nach der durchgeführten Untersuchung in den Diagnoseangaben auf dem abgerechneten Schein erforderlich. Die KV-Verwaltung durfte nicht die Tatsache, daß die Fragestellung bezüglich des Überweisungsfalles auch von niedergelassenen Spezialisten der Region hätte beantwortet werden können, als Kriterium heranziehen zur Beurteilung der Frage: Problemfall oder nicht. Dies hätte nämlich die Beteiligung zur konsiliarischen Beratung auf eine Katalogbeteiligung reduziert. Das Tübinger Beteiligungsmodell wurde aber gerade deshalb konzipiert, weil die Beteiligungsformen „Katalogbeteiligung" und „nur über Gebietsärzte", wie dargestellt, zu Unzuträglichkeiten geführt hatten.
Zwei Jahre nach Einführung dieser Beteiligungsform kann festgestellt werden, daß sich abzeichnet, daß alle Beteiligten damit leben können. Die Fallzahlen bei den so

beteiligten Chefärzten nähern sich akzeptablen Werten. Das Ziel: Erhaltung einer Verbindung zwischen Krankenhausärzten und niedergelassenen Ärzten, läßt sich damit auch in den Regionen erreichen, in denen rein formal kein Bedarf mehr für die Beteiligung eines Nichtkassenarztes besteht. Zur Durchführung dieser Form der Chefarztbeteiligung mußten die von Gesetz und Rechtsprechung vorgegebenen Grundsätze nicht aufgegeben werden.
Diese Auffassung (und damit die Rechtmäßigkeit der Rechtsanwendung, wie sie im „Tübinger Modell" praktiziert wird) wurde in einem Urteil des Bundessozialgerichts Anfang 1987 bestätigt.

Schlußfolgerung

Abschließend läßt sich zusammenfassend sagen, daß zwar Pragmatismus in der Rechtsanwendung, d. h. die Abkehr vom Formalen, die Ausschöpfung von Auslegungsspielräumen, oft geboten erscheint aus Gründen der Praktikabilität und der Akzeptanz.
Es können dadurch aber Fakten geschaffen werden, die u. U. eine gefährliche Eigengesetzlichkeit entwickeln und das Rechtssystem und die Gesellschaftsordnung dadurch mehr gefährden können als eine wirklich oder vermeintlich praxis- oder menschenferne Gesetzgebung.
Der Berufspolitiker wie der Rechtsfachmann müssen im täglichen Vollzug der gesetzlichen Bestimmungen die Kunst der Voraussage der Wirkung ihrer Entscheidungen beherrschen.
Als erfolgreich wird letztlich nur der beurteilt werden, dem es gelungen ist, die Menschen in seinem Wirkungsbereich zur Akzeptanz der Ordnungsregeln zu bewegen, denen sie nach Gesetz und Recht unterliegen.

Die Bewertung ärztlicher Leistungen

R. Liebold

Die Schwierigkeit der „gerechten Bewertung" ärztlicher Leistungen

Seitdem Menschen eine Sache oder eine Dienstleistung tauschen – also seit Jahrtausenden –, besteht das Problem der Bewertung der getauschten materiellen oder immateriellen Güter. Immer wieder haben sich die Menschen die Frage nach dem Wert eines Gutes gestellt, oftmals haben ihre Wissenschaftler versucht, eine allgemeingültige Wertlehre zu schaffen. Immer wieder haben sie sich mit dem Problem „Kosten – Nutzen – Wert" beschäftigt, und immer wieder mußten sie erkennen, daß es keinen absoluten, allgemeingültigen Wert eines Gutes gibt. Wie wenig ist ein Glas Wasser im strömenden Regen auf einem sauberen Binnensee „wert" und wieviel „Wert" hat dieses Glas Wasser in der sengenden Sonne einer unendlichen Wüste! Wie wenig „Wert" hat ein obskures Mittel gegen Krebs für die Gesunden und wieviel „Wert" mißt der sterbenskranke „Krebspatient" diesem Mittel bei! Und wie steigt dieser „Wert" ohne Rücksicht auf Nutzen dann noch, wenn dieses Mittel durch komplizierte Herstellungsverfahren knapp oder kostenintensiv ist. Eine Fülle objektiver und subjektiver Wertfaktoren bestimmen den „Wert" eines Gutes für denjenigen, der dieses Gutes bedarf. Die Hilflosigkeit der Bewertungsversuche steigt dann noch an, wenn die Kosten als langfristige Untergrenze der Gütererstellung unbekannt oder bei den einzelnen Leistungserbringern vermutlich sehr unterschiedlich sind, sowie dann, wenn der Preis des Gutes traditionell vorbestimmt ist.
All diese Probleme ergeben sich auch für die Bewertung ärztlicher Leistungen. Gerade hier spielen diese und andere Faktoren, wie

- Abhängigkeit von rein subjektiven Werteinschätzungen,
- traditionelle Wertvorgaben für einzelne Leistungen oder Leistungsgruppen und ihre „Leistungserbringer" innerhalb eines Volkes,
- Kostenunkenntnis,
- betriebswirtschaftliche Unfähigkeit, nur Kosten und nicht auch Unkosten zu produzieren,
- Fehlen eines Marktmechanismus, der u. a. eine Kosten-Nutzen-Kenntnis voraussetzen würde,
- Ersatz der Marktregulation durch politische Manipulationen, insbesondere als Folgen der allgemeinen volkswirtschaftlichen Bedeutung der Gesundheitsleistungen,
- Ziel der pretialen Lenkung dieses Teils des Gesundheitswesens,
- wirtschaftlicher Wohlstand eines Volkes und damit eine mehr oder minder größere Möglichkeit, sich den „Luxus Gesundheit" leisten zu können,

eine erhebliche Rolle.

Denkt man z. B. allein über den Faktor „subjektive Werteinschätzungen" nach, so erkennt man sehr schnell Faktoren der nachgeordneten Glieder, die hier bestimmend wirken. Dies ist nicht nur der Faktor des ganz individuellen Bedarfs nach einer ärztlichen Leistung, da spielt auch die vorherrschende Meinung über den Nutzen einer bestimmten Leistung eine erhebliche Rolle, und dies ist wiederum von Moden abhängig, also z. B. von dem Glauben an die Technik in der Medizin oder an den Arzt in personam als Heilmittel. So steht jeder, der eine „objektive", eine „allgemein gerechte" Bewertung ärztlicher Leistungen anstrebt, einem Wirrwarr nichtquantifizierbarer Faktoren gegenüber und kommt zu keinem allgemein befriedigenden Ergebnis. Das Ergebnis dieser Bemühungen in Form einer Gebührenordnung wird seit einigen Jahrhunderten letztlich nur von Pragmatikern erzielt, die je nach eigener Einstellung bei den einzelnen Leistungen einige Faktoren bei ihren Bemühungen in den Vordergrund stellen, andere mehr oder minder vernachlässigen, wozu sogar die Kosten gehören können, so daß neue Bewertungen entstehen, die generell oder doch für einen erheblichen Teil der „Leistungserbringer" nicht einmal kostendeckend sind. Da kommen dann entschuldigende Ideen der „Mischkalkulation", der „leistungsgruppenpauschalen Kalkulation" in die Diskussion (nicht jede Leistung muß kostendeckend erbringbar sein, aber das Ergebnis einer Leistungsgruppe muß über den Kosten liegen). Nur wer sich über die Schwierigkeiten, ja sogar über die Unmöglichkeit einer allen Beteiligten gegenüber „gerechten Bewertung", also der Findung des „wahren Wertes" eines Gutes, im klaren ist, kann die Problematik der neuesten Bewertung ärztlicher Leistungen im Rahmen des sog. Einheitlichen Bewertungsmaßstabes nach § 368 g Abs. 4 RVO, des „EBM '87", erkennen.

Die Entwicklung der Bewertung ärztlicher Leistungen

Die Vorgeschichte von 1623–1978

Als im Jahre 1623 Kurfürst Georg Wilhelm von Brandenburg eine Medizinaltaxe erließ, die als subsidiäre Taxe in Streitfällen die Mindest- und Höchstbewertung ärztlicher Leistungen bei der Behandlung Minderbemittelter regelte, begann eine bis heute geltende Ära der obrigkeitlich manipulierten „Bewertung" ärztlicher Leistungen für eine bestimmte Region, damals Brandenburg, heute die Bundesrepublik, und diese Medizinaltaxe ersetzte nicht etwa eine früher vorhandene objektive Bewertung ärztlicher Leistungen, sondern brachte nur einen weiteren Faktor in das Spielfeld der Honorierung der Ärzte. Während bisher Faktoren wie Schwierigkeit und Umstände ärztlichen Handelns sowie Knappheit des Angebots an ärztlichen Leistungen eine Rolle neben der subjektiven Einschätzung des Wertes dieser Leistungen und der Tradition der Bewertung gespielt hatten, begann nunmehr die staatliche Manipulation dieser „Werte". Der Staat ging dabei seinerzeit wohl von der traditionellen Bewertung vorhandener Leistungen der Ärzte aus, brachte jedoch sicherlich eigene Überlegungen über den Wert unter politischen Gesichtpunkten ein. Von da ab war der Staat aus der Bewertung ärztlicher Leistungen nicht mehr wegzudenken:

1623 Medizinaltaxe des Kurfürsten Georg Wilhelm von Brandenburg
1685 Medizinalordnung des Großen Kurfürsten von Brandenburg

1693 Neue Medizinalordnung für Brandenburg
1725 Medizinaledikt für Ärzte und Chirurgen des Königs Friedrich Wilhelm von Preußen
1802 Preußische Taxordnung
1815 Preußische Medizinaltaxe
1896 Preußische Gebührenordnung = Preugo; öfters geändert, so z. B.
1906 Aufnahme der intravenösen Injektion
1920 Neue Preußische Gebührenordnung, Mindestsätze für Krankenkassen, vierteilig
1923 Preugo, nach Inflation auf Goldmark umgestellt
1924 Preugo um 25% angehoben
1953 Preugo in den Grundleistungen um 50%, in den sonstigen Leistungen um 20% angehoben
1957 Alle Preugo-Positionen - außer einigen wenigen - um $33^1/_3$% angehoben
1965 Preugo durch Gebührenordnung für Ärzte = GOÄ abgelöst (aus der Ersatzkassen-Adgo erarbeitet, damals auch als Übergangsgebührenordnung „ÜGO" bezeichnet)
1983 GOÄ '65 durch neue Gebührenordnung für Ärzte „GOÄ '83" abgelöst; diese GOÄ orientierte sich weitgehend an der damals geltenden Ersatzkassen-Gebührenordnung.

Mit dem Inkrafttreten der jetzt geltenden GOÄ '83 in der Fassung vom 1. 7. 1988 trat insofern gegenüber allen vorausgegangenen amtlichen Taxen und Gebührenordnungen eine wesentliche Änderung ein, als die neue GOÄ nicht mehr subsidiären Charakter hat, sondern die Honorierung der Ärzte - soweit dies nicht durch eigene Gebührenordnungen für Sozialleistungsträger geregelt ist - verbindlich regelt. Dies betrifft die Privatpatienten und einige Kostenträger, wie Bundeswehr, Bundesgrenzschutz, Bundesinnenministerium für die Zivildienstleistenden und die Kostenträger für Bundesbahn- und Bundespostbeamte. Zwar gibt es auch hier noch keinen absoluten Wert, doch Wertgrenzen, in deren Rahmen gewisse Faktoren eine ausschlaggebende Rolle spielen, wie Schwierigkeit der Leistung und auch das Vermögen des Patienten oder seines Kostenträgers, höhere oder nur niedrigere Honorare zu zahlen.[1]
In all diesen Taxen und Gebührenordnungen von 1623 bis zum heutigen Zeitpunkt werden die ärztlichen Leistungen in ein bestimmtes relatives, sich in diesen Jahrhunderten oftmals veränderndes Wertverhältnis zueinander gestellt. Die in den Ordnungen aufgelisteten einzelnen „Gebühren" für jeweils definierte, voneinander abgrenzbare ärztliche Leistungen umfassen das „Honorar" für den Arzt sowie die allgemeinen Praxiskosten und die besonderen, als eingeschlossen bezeichneten Kosten.
In dieses Wertnetz sind auch die speziellen Vertragsgebührenordnungen oder Kassengebührenordnungen einbezogen, die sich seit 1929 entwickelt haben. Zunächst einmal haben die Ersatzkassen, ausgehend von der 1928 vom Hartmannbund geschaffenen privaten Allgemeinen Deutschen Gebührenordnung (Adgo), eine spezielle Ersatzkassenfassung vereinbart, die sog. E-Adgo. Die RVO-Kassenverbände benutzten bis in die Nachkriegszeit hinein noch die amtliche Preugo, die je einen speziellen Teil für Ärzte

[1] Eine Kommentierung dieser und aller anderen allgemeinen Bestimmungen zur GOÄ u. a. in „GOÄ" Beck-Texte im dtv und Narr „Ärztliches Berufsrecht", Randzahlen 1003ff., Deutscher Ärzte-Verlag, Köln.

und Zahnärzte im Rahmen der Kassenbehandlung enthielt. Durch „analoge Bewertungen" der Kassenärztlichen Bundesvereinigung (KBV) und gemeinsame zusätzliche Absprachen der Kassenärztlichen Bundesvereinigung mit den Bundesverbänden der RVO-Kassen entstand, ausgehend von der amtlichen Gebührenordnung GOÄ '65 und der E-Adgo, letztendlich 1971 der Bewertungsmaßstab Ärzte (BMÄ '71) für die RVO-Kassen. In der Numerierung und der Bewertung hatte dieser BMÄ erhebliche Ähnlichkeiten mit der amtlichen GOÄ, unterschied sich jedoch zum Leidwesen der täglich damit arbeitenden Ärzten und ihrer Helferinnen äußerst stark von der E-Adgo. Die Unterschiedlichkeit der Leistungsdefinitionen und Bewertungen zeigte ganz deutlich, daß man weit davon entfernt war, ärztliche Leistungen objektiv zu bewerten. Bewiesen wurde dadurch nur, daß der Wert einer ärztlichen Leistung in erster Linie von politischen Manipulationen abhängig war, die wiederum von den subjektiven Einstellungen der Manipulanten bestimmt wurde.
Der Ruf nach einer objektiveren Bewertung und damit auch nach einer, dieser objektiveren Bewertung zugrunde liegenden einheitlichen Definition ärztlicher Leistungen wurde immer stärker. Neben anderen politischen Überlegungen war dies mit ein Kalkül für die Aufnahme neuartiger Bestimmungen in das Kassenarztrecht der Reichsversicherungsordnung durch das am 1. Juli 1977 in Kraft getretene Krankenversicherungs-Kostendämpfungsgesetz (KVKG).

Der Einheitliche Bewertungsmaßstab (EBM)

§ 368 g Abs. 4 RVO in der Fassung des KVKG vom 1. Juli 1977 schreibt als Bestandteil der Bundesmantelverträge die Vereinbarung eines Einheitlichen Bewertungsmaßstabes für die ärztlichen Leistungen (und eines Einheitlichen Bewertungsmaßstabes für die zahnärztliche Leistungen) vor. Diese beiden Bewertungsmaßstäbe bestimmen den Inhalt der abrechnungsfähigen ärztlichen und zahnärztlichen Leistungen und ihr wertmäßiges, in Punkten ausgedrücktes Verhältnis zueinander. Sie sind in bestimmten Zeitabständen daraufhin zu überprüfen, ob die Leistungsbeschreibungen und ihre Bewertungen noch dem Stande der medizinisch-technischen Entwicklung sowie dem Erfordernis der Rationalisierung und der Wirtschaftlichkeit entsprechen.[2]
Die Vereinbarungen dieser beiden Bewertungsmaßstäbe für ärztliche und zahnärztliche Leistungen wurden nicht der sonst üblichen losen Form von Verhandlungsgremien überlassen, sondern eigens zu konstituierenden Bewertungsausschüssen übertragen. Nach § 368 i Abs. 8 RVO in der Fassung des KVKG hatten die Kassenärztliche und Kassenzahnärztliche Bundesvereinigung mit den Bundesverbänden aller Krankenkassen, also auch der Ersatzkassen und der Bundesknappschaft, je einen Bewertungsausschuß für ärztliche und zahnärztliche Leistungen zu bilden. Im Hinblick auf die sieben Kassenarten besteht jeder Bewertungsausschuß aus sieben Vertretern der Bundesverbände der Krankenkassen und zur paritätischen Gleichstellung aus je sieben Vertretern der Kassenärztlichen und der Kassenzahnärztlichen Bundesvereinigung.[3]

---

[2] Vgl. ausführlich hierzu Heinemann/Liebold, „Kassenarztrecht", 5. Aufl., Engel-Verlag, Wiesbaden.
[3] Vgl. hierzu Schellen: „Die Bewertungsausschüsse der Ärzte (Zahnärzte) und Krankenkassen nach dem Krankenversicherungs-Kostendämpfungsgesetz". Inauguraldissertation, Ruhr-Universität Bochum, 1982.

Entsprechend dem KVKG mußten diese Bewertungsausschüsse erstmalig zum 1. Juli 1978 einen Bewertungsmaßstab schaffen. Sie sind diesem gesetzlichen Auftrag gerecht geworden, so daß es ab 1. Juli 1978 einen solchen Einheitlichen Bewertungsmaßstab (EBM '78) gibt. Ausgegangen wurde hierbei weitgehend von der E-Adgo, deren Numerierung und in vielen Fällen auch deren Leistungsdefinitionen ähnlich wie die bis dahin dort geltenden Wertansätze ausschlaggebend waren. Der EBM '78 hat somit kaum versucht, eine eigene, neue, dem Ziel einer gerechten Bewertung sich annähernde Bewertung zu finden. Er war im Grunde nichts weiter als ein „Aufguß traditioneller Werte" unter Berücksichtigung der neueren medizinisch-technischen Entwicklung, gesteuert von den unterschiedlich potenten Willensäußerungen der Beteiligten und der hinter ihnen stehenden vielfältigen Organisationsstrukturen. Die schon damals des öfteren geäußerten Hinweise zur Fehlkonstruktion der amtlichen Gebührenordnung von 1965, die letztlich auch mit in das Bewertungssystem eingegangen war, vor allem eine damals vorgenommene Überbewertung von Laboratoriumsleistungen und eine Unterbewertung ärztlicher Grundleistungen, führte nicht zu einer inneren Reform ärztlicher Bewertungen. So dauerte es nur wenige Jahre, bis die Unzufriedenheit mit dem EBM '78 aus den verschiedensten Gründen stärker wurde und sich mit der Zeit ein sehr intensives Spannungsfeld aufbaute, auf das unter der Überschrift „Das Spannungsfeld des EBM" (s. S. 214) näher eingegangen werden soll.

Der Vollständigkeit halber sei an dieser Stelle nur noch angemerkt, daß der Bewertungsausschuß alle Beschlüsse einheitlich mit allen 14 Stimmen treffen muß und ein Bewertungsvorschlag dann nicht akzeptiert ist, wenn auch nur eines der 14 stimmberechtigten Mitglieder nicht mitstimmt oder anderer Meinung ist. Um in einem solchen Fall weiterzukommen, sieht § 368 i Abs. 9 RVO eine Erweiterung des Bewertungsausschusses um insgesamt 5 unparteiische Mitglieder vor. Dieses dann 19 stimmberechtigte Personen umfassende Gremium entscheidet mit einfacher Stimmenmehrheit (§ 369 i Abs. 10 RVO).

§ 369 g Abs. 4 RVO sieht allein eine einheitliche relative Bewertung aller ärztlichen und zahnärztlichen Leistungen zueinander vor. Die absolute Bewertung bleibt nach dieser gesetzlichen Bestimmung weiterhin den Vertragspartnern überlassen. Für die RVO-Kassen bedeutet dies eine regional unterschiedliche Gestaltung gemäß § 368 g Abs. 2 RVO im Rahmen der Gesamtverträge zwischen den einzelnen Kassenärztlichen Vereinigungen und den Landesverbänden der RVO-Kassen. Die im Rahmen des autonomen Satzungsrechts bei den einzelnen Kassenärztlichen Vereinigungen beschlossenen Honorarverteilungsmaßstäbe nach § 368f Abs. 1 RVO spielen hierbei für die letztlich an den Arzt gelangenden Vergütungen eine weitere wesentliche Rolle.[4]

Dort, wo nicht regionale Gesamtverträge abzuschließen sind, also bei den Ersatzkassen, war es möglich, den einheitlichen relativen Bewertungsmaßstab in einen absoluten Maßstab durch Eingabe entsprechender Punktwerte umzusetzen. Schon dadurch entwickelt sich der Einheitliche Bewertungsmaßstab auseinander, weil er einerseits wegen der unterschiedlichen regionalen absoluten Bewertungsregelungen ein Punktbewertungsmaßstab für die RVO-Kassen verbleiben mußte und andererseits durch Hereinnahme eines bundeseinheitlichen Ersatzkassen-Punktwertes dort zur DM-Gebührenordnung werden konnte.

---

[4] Vgl. hierzu Heinemann/Liebold: „Kassenarztrecht", 5. Aufl., Engel-Verlag, Wiesbaden, Kommentierungen zu § 368f RVO.

Bewertungsmaßstab und Gebührenordnung unterscheiden sich dadurch, daß ein Bewertungsmaßstab nur die relative Wertigkeit der einzelnen einheitlich definierten abrechnungsfähigen Leistungen zueinander ohne Relation zur allgemeinen Wirtschaft festlegt, während eine Gebührenordnung diese einzelnen einheitlich definierten Leistungen nicht nur in ihrer Wertigkeit zueinander, sondern in ihrem absoluten Wert in Relation zur allgemeinen Wirtschaft bestimmt.

Gebührenordnung:
Maßstab, der die einzelnen abrechnungsfähigen Leistungen definiert und ihren Wert absolut festlegt und damit eine Relation zur allgemeinen Wirtschaft herstellt.

Bewertungsmaßstab:
Maßstab, der die einzelnen abrechnungsfähigen Leistungen definiert und (nur) ihre relative Wertigkeit untereinander festlegt, ohne Relation zur allgemeinen Wirtschaft.[5]

§ 368 g Abs. 4 RVO verpflichtet den Bewertungsausschuß nicht, allgemeine Abrechnungsbestimmungen neben den Leistungsdefinitionen festzulegen. Es war somit den Partnern der erforderlichen Verträge überlassen, dort Abrechnungsbestimmungen zusätzlich zu schaffen, wo sie solche für notwendig hielten. Hierzu gehören vor allem Regelungen darüber, welche Leistungen nicht nebeneinander berechnungsfähig sind oder ob es für die Summation bestimmter Leistungen an einem Tag oder in einem Abrechnungszeitraum Höchstbegrenzungen geben soll. Da die Auffassung über die Notwendigkeit und den Inhalt solcher abrechnungslenkenden Bestimmungen unterschiedlich waren, kam es zu divergierenden Regelungen für den RVO- und den Ersatzkassenbereich, die teilweise skurrilen Charakter angenommen hatten. So war beispielsweise in der Vergangenheit die Katheterisierung einer Frau bei den Ersatzkassen neben der eingehenden Untersuchung nicht, jedoch bei den RVO-Kassen berechenbar. Medizinische Gründe für solche abweichenden Regelungen konnten die über 70000 abrechnenden Ärzte und ihre Helferinnen nie erkennen und nur mit Verwunderung und Kopfschütteln zur Kenntnis nehmen.[6]
Durch den Einbau dieser mehr oder minder sinnvollen Abrechnungsregelungen entwickelte sich der Einheitliche Bewertungsmaßstab für die RVO- und für die Ersatzkassen auseinander. Diese Weiterentwicklungen wurden demzufolge auch unterschiedlich als „Bewertungsmaßstab Ärzte“ (BMÄ) für die RVO-Kassen und als „Ersatzkassen-Gebührenordnung“ (E-GO) für die Ersatzkassen bezeichnet. In der Abb. 1 ist dieses vielfältige Entwicklungsgeflecht ärztlichen Gebührenwesens von 1623 bis in die heutige Zeit dargestellt.

---

[5] Vgl. Liebold: „Handlexikon des Kassenarzt- und Kassenzahnarztrechts“, Asgard-Verlag, St. Augustin, 1983.

[6] Solche Skurrilitäten enthalten auch die z. Z. geltenden Gebührenordnungen BMÄ und E-GO, so z. B. für die Abrechnung der Bestimmung bestimmter Blutbestandteile nach den Nrn. 3510 bis 3514 im Akutfall im Eigenlabor.

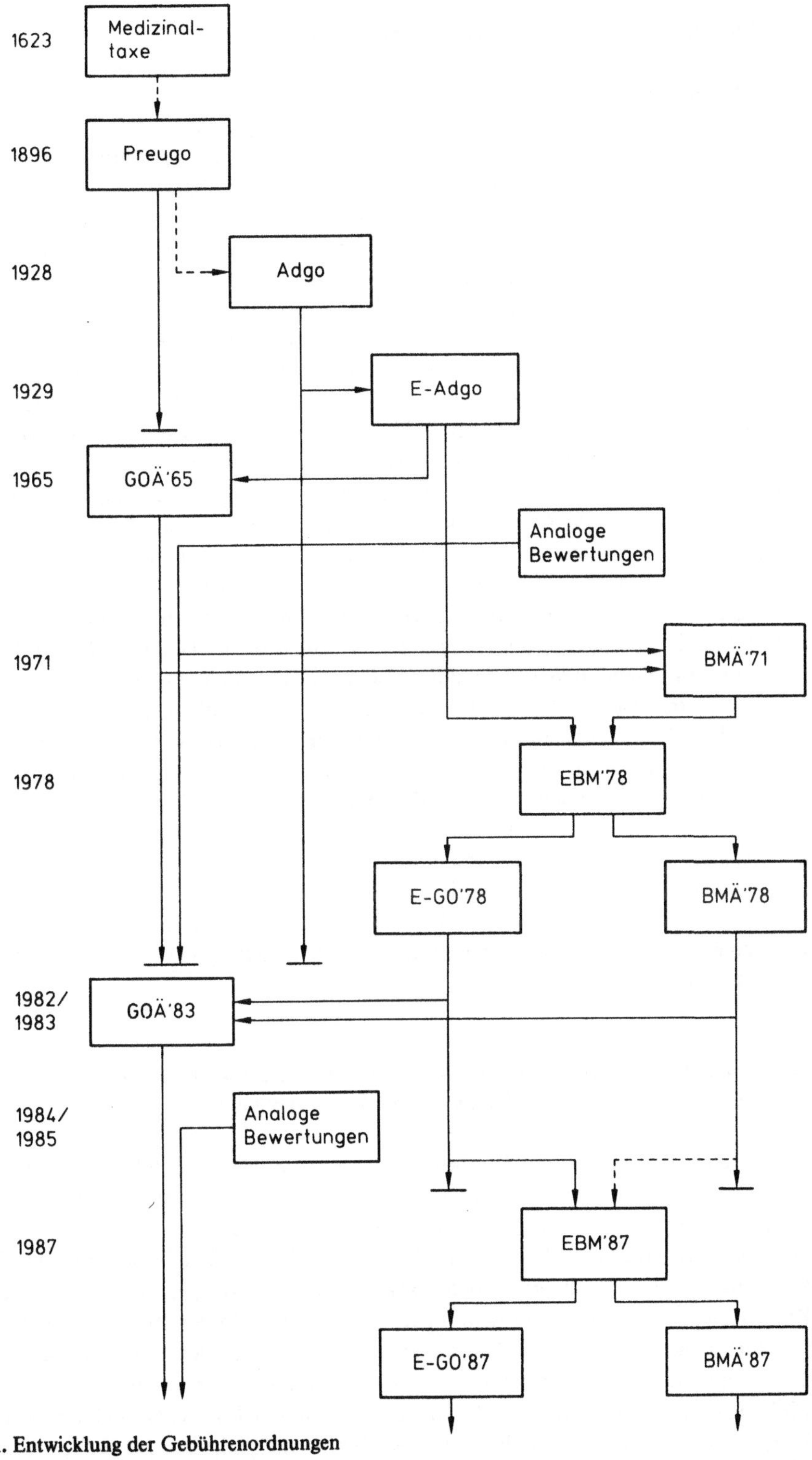

Abb. 1. Entwicklung der Gebührenordnungen

Das Spannungsfeld des Einheitlichen Bewertungsmaßstabes 1987

Das gesamte Spannungsfeld

Die 1985 in ein akutes Stadium getretenen Diskussionen und Entwurfsarbeiten an einem neuen EBM wurden zwar u. a. von dem erneut aufgelebten Willen der KBV mitbeeinflußt, als zuständiges und verantwortliches oberstes ärztliches Gremium für die Kassen-Vertragsgebührenordnung eine gerechte Bewertung ärztlicher Leistungen zu erreichen mit dem Ziel, den Ärzten aller Arztdisziplinen ein in etwa gleiches oder wenigstens ähnliches Einkommen (nicht Umsatz) zu ermöglichen. Realisten wollten wenigstens das weitere Auseinanderdriften ärztlichen Einkommens in den einzelnen Arztdisziplinen verhindern (s. auch unter „Die Modernisierung des EBM", S. 218), doch spielten noch mindestens 9 weitere Faktoren wesentliche, die neue Bewertung beeinflussende, z. T. untereinander in Konkurrenz tretende oder korrespondierende Rollen, so daß sich ein weites Spannungsfeld auftat (Abb. 2).
Schaut man auch hier sich nur einmal einen Faktor näher an, z. B. den der „Chancengleichheit der Arztgruppen", so erkennt man schnell, daß eine Fülle von Faktoren nachgeordneter Glieder diesen wiederum beeinflußten. Dazu gehören die unterschiedlichen Interessen nicht nur der einzelnen offiziellen Arztgruppen, sondern auch die z. T. stark divergierenden Interessen von Untergruppierungen. Je nach unterschiedlicher Zusammensetzung ihres Leistungsangebots waren die zur Berücksichtigung anstehenden Wünsche und Vorschläge äußerst unterschiedlich. Ähnlich sah es bei anderen Faktoren aus, wie etwa dem unterschiedlich bewerteten oder gar abgelehnten Wunsch der stärkeren Beachtung einer psychosomatischen Medizin. Auch die gegenüberstehenden Partner der Kassen sprachen nicht mit einer Stimme. So waren letztlich die Kräfte, die den neuen EBM in den verschiedenen Linien des Mitgestaltens beeinflußten, sehr vielfältig, so daß nachträgliche Schuld- oder Erfolgszuweisungen äußerst schwierig zu verteilen sind. Man könnte aus der Vielfalt der Mitgestaltung sogar auf ein demokratisch zustande gekommenes Ergebnis rückschließen, wenn man die unterschiedliche Intensität und Wirkungskraft der einzelnen „Mitwirkenden" vernachlässigt. Im folgenden sollen wenigstens die 10 Hauptfaktoren des Spannungsfeldes kurz dargestellt werden.

Die Rationalisierung diagnostischer Methoden und die Berücksichtigung der daraus entstandenen erheblichen Rationalisierungsgewinne

Während die Preußische Gebührenordnung vom 1. September 1924 insgesamt nur 13 Positionen für mikroskopische, chemische, bakteriologische, serologische u. ä. Untersuchungen, also für Laboratoriumsleistungen, enthielt, sah die GOÄ '65 bereits 140 Positionen hierfür vor. Die jetzige GOÄ enthält 395 Positionen in den Teilen Laboratoriumsleistungen und Histologie, Zytologie, Zytogenetik sowie weitere 13 Positionen für In-vitro-Leistungen im Röntgenteil, also insgesamt 408 Laborpositionen (der neue EBM '87 „nur" noch 310). An diesen Zahlen schon kann man die erhebliche Entwicklung gerade auf einem Gebiet ablesen, in dem sich Medizin, Chemie, Biologie und Technik treffen und in dem außerdem der Einsatz speziell ausgebildeter Hilfskräfte in einem besonders starken Maße möglich ist. So haben sich die

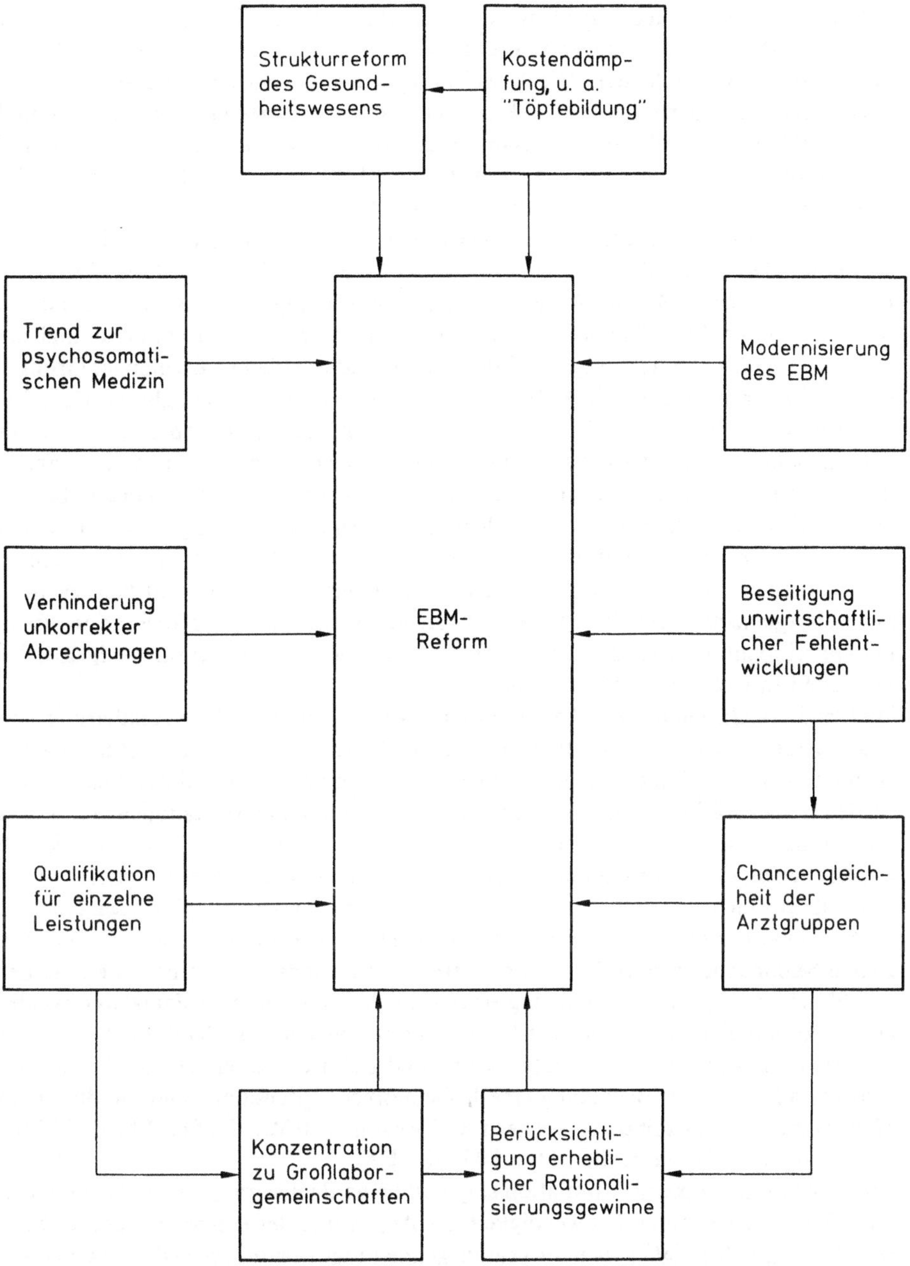

Abb. 2. Spannungsfeld EBM '87

Laboratoriumsuntersuchungen heute einen erheblichen Platz im Gesamtleistungsfeld erworben. 18% aller Leistungen sind Laboratoriumsuntersuchungen, die etwa 11,5% des Gesamtwertes umfassen.[7] Die Abweichungen sind bei einzelnen Kassenarten und in einzelnen Regionen erheblich. So kann in manchen Gebieten der wertmäßige Anteil bis zu 15% betragen. Bei einem Gesamtumsatz im Rahmen der kassenärztlichen und vertragsärztlichen Versorgung von nunmehr fast 23 Mrd. DM entfallen mindestens 2,8 Mrd. DM pro Jahr auf solche Laboratoriumsleistungen.

Auf keinem anderen Gebiet hat sich bei gleichbleibender Bewertung in den jeweils geltenden Gebührenordnungen eine so erhebliche Rationalisierung durch neue chemisch-physikalische Methoden und durch Automatisierung eingestellt. Hinzu kam die Konzentration auf Großlaboratorien einzelner Laborärzte und die dadurch mögliche weitere Rationalisierung infolge des Einsatzes besonders effizient arbeitender Großgeräte der Laboratoriumsmedizin. Zu beachten ist weiterhin, daß die Laboratoriumsleistungen bei der Festlegung der amtlichen Gebührenordnung im Jahre 1965 ohnehin dem damaligen Trend der Bevorzugung rein technischer Leistungen und dem damals bestehenden Kräftepotential der Verhandler entsprechend von vornherein überbewertet waren. Die üblichen naß-chemischen Leistungen, die Eingang in die einzelnen Arztpraxen durch die Photometrie fanden, waren mit 10,– DM und 12,– DM je Parameter bewertet und konnten nunmehr selbst in nicht allzu wirtschaftlich arbeitenden Laborgemeinschaften für etwa 4,– DM erstellt werden, während hochrationalisierte Laboreinrichtungen schon Anfang der 80er Jahre diese Parameter für wenig über 1,– DM und heute für 0,60 DM anbieten.

Während im allgemeinen die Kosten und ihre Entwicklung bei der Vereinbarung und Festsetzung der Gebührenposition für ärztliche Leistungen eine nachgeordnete Rolle spielten, wurden bei den Laborleistungen Vertragspartner und politisch bedeutsame Stellen immer stärker auf dieses Problem aufmerksam. Selbstverständlich wurde den Ärzten über die reine Kostendeckung hinaus ein Honoraranteil im Grunde nie abgesprochen, doch war man immer stärker der Meinung, daß dieser Honoraranteil, wenn als ausreichend am Anfang angesehen, inzwischen übermäßig hoch sei. Der Ruf nach Neubewertung der Laboratoriumsleistungen wurde somit stärker und führte in Zeiten beginnender Kostendämpfung zu einer Bewertungsreduzierung außerhalb der Gebührenordnung durch Festlegung eines speziellen verminderten Punktwertes oder eines prozentualen Abschlages zunächst von etwa 30% auf die häufig mit 10,– DM bewerteten Leistungen. Kostenentwicklung und politische Überlegungen haben hier also vor allem bei der Bewertung eine Rolle gespielt. Insgesamt stand hierdurch ein Umstrukturierungskapital von – je nach Auffassung – 500 Mio. DM bis 1 Mrd. DM zur Verfügung, die KBV errechnete etwa 800 Mio. DM.

Trotz der Eindeutigkeit der Situation stagnierte eine Realisierung der im Grunde von allen Seiten anerkannten Notwendigkeit der Anpassung der entsprechenden Gebühren, da völlige Uneinigkeit über die grundlegende Frage bestand, wem die Gewinne aus solchen Rationalisierungserfolgen zustehen. Die Krankenkassen beanspruchten diese Beiträge. Dem hielten die Ärzte entgegen, daß es schließlich ihr Einsatz an modernen Geräten war, der zu derartigen Rationalisierungserfolgen führte und daß somit ihnen auch die entsprechenden Gewinne wie jedem am Wirtschaftsleben Teilnehmenden

[7] Vgl. KBV-Statistik B1 für 4/1986 in „Grunddaten", herausgegeben von der Kassenärztlichen Bundesvereinigung, Köln.

zustehen. Erst mit der politischen Lösung dieses Problems durch einen neuen KBV-Vorstand mit den Kassenverbänden, indem die Beiträge im vollen Umfang für die Verbesserung der Bewertung anderer Leistungen und der Neueinführung von Leistungen zur Verfügung gestellt wurden, konnte die Stagnation überwunden und damit die EBM-Reform in Gang gesetzt werden.

Die Konzentration zu Großlaborgemeinschaften

Die vorstehend geschilderte Rationalisierung und damit der Eintritt von Rationalisierungsgewinnen wurde besonders durch die Bildung von Laboratoriumsgemeinschaften gefördert, die durch die größere Menge an Laboruntersuchungen pro Tag rationeller und damit kostengünstiger arbeiten konnten. In diesen Laborgemeinschaften bildete sich verstärkt - man kann sagen endlich einmal - ein betriebswirtschaftliches Denken heraus, woran es im allgemeinen dem Unternehmer „niedergelassener Arzt" fehlt. Dieses betriebswirtschaftliche Denken, z. T. unter Einsatz entsprechender Fachleute anderer Berufe, führte zu einer Konzentration und in einigen wenigen Fällen auch zu einer Spezialisierung der Laborgemeinschaften und damit zu weiteren Kostensenkungen, die wiederum den Gesamtrationalisierungsgewinn auf diesem Sektor erhöhten.

Die höheren Anforderungen an die Qualifikation der Ärzte für die Erbringung einzelner Leistungen

Im Laufe des letzten Jahrzehnts wurde es für den einzelnen Arzt durch die Vielfalt der erbringbaren und ihre Erbringung erheischenden Leistungen immer schwieriger, auf allen Gebieten ein ausreichendes Wissen zu erwerben und dem neuesten Stand der Medizin und der Technik entsprechend aufrechtzuerhalten. Aus dem Gewährleistungsauftrag der Kassenärztlichen Vereinigung gemäß § 368 n RVO heraus gingen die einzelnen Kassenärztlichen Vereinigungen oder für sie gemeinsam die Kassenärztliche Bundesvereinigung in einem verstärkten Maße dazu über, Qualifikations- und Qualitätsrichtlinien für einzelne Leistungsgebiete, wie Röntgenleistungen, Langzeit-EKGs, Sonographie und so vor allem auch für Laboratoriumsleistungen zu beschließen. Hierzu gehören auch die vorgeschriebenen Qualitätskontrollen in Form von Ringversuchen bei den Laborleistungen. Dies wiederum führte verstärkt dazu, daß Ärzte auf die einzelne Erbringung solcher Leistungen verzichteten und diese in Laborgemeinschaften ausführten. Eine weitere Verschärfung der Qualifikationsvoraussetzungen für die Erbringung von Laborleistungen machte im übrigen eine entsprechende neue Strukturierung des Gebührenwesens erforderlich.

Die Trendwende zur psychosomatischen Medizin

Mit dem zur Verfügung stehenden Umstrukturierungspotential von etwa 800 Mio. DM pro Jahr gewann die Frage an erheblicher Bedeutung, welche Leistungen in der Gebührenordnung unterbewertet waren oder wo durch neue Leistungen Anreize für entsprechende ärztliches Handeln geschaffen werden sollten. Während vor Jahren bei

der Schaffung der GOÄ '65 ärztlicherseits mit Empörung die Behauptung, daß ärztliches Handeln über den Preis zumindest teilweise lenkbar sei, zurückgewiesen wurde, haben inzwischen auch die verantwortlichen ärztlichen Gremien eingesehen, daß in gewissen Grenzen der Preis eine lenkende Wirkung auf die Erbringung ärztlicher Leistungen hat. Keinem niedergelassenen Arzt als selbständigem Unternehmer und somit verantwortlich für seinen Betrieb gegenüber seinen Angestellten, seinen Geldgebern genauso wie seiner Familie kann auf Dauer eine nicht kostendeckende Erbringung ärztlicher Leistungen zugemutet werden. Ist dies der Fall, wird er versuchen, auf die Erbringung solcher nicht kostendeckenden und kein Einkommen abwerfenden Leistungen zu verzichten und sein Angebot vor allem auf die notwendigen, aber finanziell attraktiveren Leistungen zu beschränken.
Nachdem durch eine fehlsame pretiale Lenkung eine insgesamt unwirtschaftliche Leistungserbringung durch ein hohes Maß technischer Leistungen und damit eine Chancenungleichheit der Arztgruppen sich herausgebildet hatte, erschien es erheblichen Gruppierungen der Ärzteschaft sowie den Vertragspartnern und dem Staat an der Zeit, durch eine entsprechende Umbewertung gerade den persönlichen Kontakt zwischen Arzt und Patienten zu fördern im Sinne einer „zuwendungsintensiven, gesprächsorientierten Medizin", einer „psychosomatischen Medizin",[8] indem der einzelne Patient nicht einer ständig zunehmenden Fülle von Technik ausgeliefert ist, sondern indem er seine Sorgen und Nöte, seine Beschwerden mit dem Arzt in Ruhe besprechen kann und indem der Arzt diesen Zeitaufwand auch so honoriert erhält, daß er seine Praxis davon unterhalten kann.

Die Modernisierung des EBM

Es liegt auf der Hand, daß bei den stürmischen Entwicklungen in der Medizin, insbesondere auf dem Gebiet der Technik und der Chemie, eine ständige Anpassung des Gebührenverzeichnisses der geltenden Gebührenordnung erfolgen muß, da schließlich nach dem Gesetz der Einheitliche Bewertungsmaßstab ein Verzeichnis aller im Rahmen der kassenärztlichen Versorgung zu erbringenden ärztlichen Leistungen darstellen soll. Diesem Gebot sind die Gebührenordnungen nie voll nachgekommen und auch jetzt zeigt sich schon wieder eine Diskrepanz zwischen Gebot und Realisierung. Zumindest von Zeit zu Zeit war es deshalb notwendig, einen ganz erheblichen Nachholbedarf zu befriedigen und alle möglichen, inzwischen den Ärzten zugängigen neuen Leistungen in das Gebührensystem einzuarbeiten, wie beispielsweise in letzter Zeit die Installation intrakorporaler oder extrakorporaler Medikamentenpumpen, die digitale Subtraktionsangiographie, moderne strahlentherapeutische Methoden, neue Laboratoriumsleistungen oder beispielsweise im Rahmen der Gynäkologie die In-vitro-Fertilisation.
Auf der anderen Seite werden im Laufe der Jahre immer wieder Leistungen als durch neuere Methoden überholt aus dem Leistungsangebot ausgeschieden, worauf auch eine Gebührenordnung einzugehen hat. Hierbei ergibt sich jedoch das Problem eines

---

[8] Vgl. Empfehlungen der Konzertierten Aktion im Gesundheitswesen, 19. Zusammenkunft, 26. März 1987, u. a. abgedruckt in Heinemann/Liebold: „Kassenarztrecht", Engel-Verlag, Wiesbaden, LZ 997.

erheblichen timelag zwischen den der Wissenschaft sehr verbundenen und den schon lange Zeit allein praktische Medizin betreibenden Ärzten. Das Problem der Investition und ihrer Amortisation beim Einsatz größerer Geräte spielt dabei auch eine erhebliche Rolle, so daß in der Gebührenordnung nicht immer das so machbar ist, wie es sich die Spitzen der Wissenschaft bei ihrem schnellen Voraneilen mit der Einführung neuer und der Verabschiedung älterer Methoden vorstellen (zumal dann, wenn sie nicht als selbständige Arztunternehmer die erforderliche Ausrüstung finanzieren und amortisieren müssen).

Die Chancengleichheit der einzelnen Arztgruppen

Im Laufe der Jahrzehnte haben sich nicht nur die Umsätze, sondern die Einkommen in den einzelnen Arztgruppen erheblich auseinanderentwickelt. Zu dieser Aussage kann man auch dann kommen, wenn man beachtet, wie unterschiedlich sich in jeder Arztgruppe wiederum die Umsätze und Einkommen schichten. Sind es doch oft nur etwa 40% der Ärzte, deren Umsätze in einem Mittelfeld von +30% bis −30% um den Durchschnittsumsatz herum liegen.[9] Trotz allem sind die Durchschnittsumsätze pro Arztgruppe signifikant und zeigen, daß die günstigste Arztgruppe fast 4mal so viel umsetzt, aber auch verdient, wie die ungünstigste (Tabelle 1). Wenn auch niemand eine Radikalreform mit einer absoluten Gleichstellung anstrebte oder erwartete, so war doch eine überwiegende Mehrzahl der verantwortlich mitwirkenden Ärzte daran

Tabelle 1. KV Nord-Württemberg: Umsätze und Einkommen der frei praktizierenden Kassenärzte 1986 (Quelle: Umsatzschicht. KV NW: Kostenstrukturanalyse ZI, 1985)

Rang		Umsatz (DM)	Rang		Bruttoeinkommen (DM)
1	Laborärzte	1.385.608	1	Laborärzte	415.682
2	Radiologen	668.942	2	Orthopäden	200.961
3	Orthopäden	497.428	3	Radiologen	192.655
4	Urologen	421.652	4	Urologen	191.430
5	Internisten	372.775	5	Augenärzte	185.716
6	Augenärzte	340.764	6	Internisten	165.512
7	Hautärzte	313.317	7	HNO-Ärzte	158.087
8	Frauenärzte	308.810	8	Hautärzte	157.912
9	Chirurgen	307.635	9	Frauenärzte	142.361
10	HNO-Ärzte	302.269	10	Nervenärzte	141.294
11	Nervenärzte	275.427	11	Allgemeinärzte	130.187
12	Allgemeinärzte	267.324	12	Chirurgen	121.208
13	Kinderärzte	257.418	13	Kinderärzte	119.442
	insgesamt	313.931			143.780

[9] Vgl. Liebold: „Die Vergütung des Allgemeinarztes", Band 26 der Wissenschaftlichen Reihe des Zentralinstituts für die kassenärztliche Versorgung in der Bundesrepublik Deutschland, Deutscher Ärzte-Verlag, Köln, 1983.

interessiert, diesen unheilsamen Trend zumindest zu stoppen und ein wenig in eine andere Richtung zu lenken. Diese Entwicklung war ja letztlich auch ein Ergebnis einer anscheinenden Fehlbewertung ärztlicher Leistungen. Geht man davon aus, daß vor allem der Einsatz ärztlichen Wissens und Könnens neben der Zeit und der Verantwortung in einer Bewertung sich niederschlagen muß, so kann man sich nicht erklären, warum ein Kinderarzt gerade bei der Schwierigkeit seiner Leistungserbringung so viel weniger als ein Laborarzt umsetzen und verdienen soll. Allein dieser Punkt erheischte eine EBM-Reform.

Die Verhinderung unkorrekter Abrechnung

In letzter Zeit war es mit unterschiedlich regionalen Schwerpunktbildungen zu der Behauptung und in einem wesentlich kleineren Umfang auch zum Beweis unkorrekter Abrechnungen einzelner Ärzte gekommen. Die Analsyse dieser unkorrekten Abrechnung zeigte, daß diese z. T. auf Unklarheiten in der Gebührenordnung zurückzuführen waren. Ein Ziel einer EBM-Reform mußte es deshalb sein, durch präzisere Leistungs- und Abrechnungsdefinitionen solche Fehler zukünftig zu vermeiden.

Das Gebot der Kostendämpfung

Seit 1977 wurde versucht, die überproportionale Entwicklung der Kosten im Gesundheitswesen durch allerlei Kostendämpfungsmaßnahmen zu begrenzen, wobei vor allem bei den Ärzten angesetzt wurde, obwohl ihr Anteil an dem Gesamtkostenaufwand der gesetzlichen Krankenversicherung wesentlich unter 20% lag und ständig durch das überproportionale Ansteigen anderer Kosten, so vor allem der Krankenhauskosten, rückläufig ist. Das Kassenarztrecht in der RVO gab jedoch dem Staat hier mehr und wirksamere Möglichkeiten des Einsatzes mit dem Ziel der Kostendämpfung als auf anderen Gebieten, ja vor allem als bei dem Hauptverursacher, dem Krankenhaus. Dieses Gebot der Kostendämpfung führte zusammen mit der Feststellung unwirtschaftlicher Fehlentwicklungen bei besonders günstigen Bewertungen zu dem Zwang einer Umgestaltung des geltenden EBM.

Die anstehende Strukturreform im Gesundheitswesen

Mit Sicherheit war zu erwarten, daß die anstehende und inzwischen in der Diskussion stehende Strukturreform im Gesundheitswesen auch einzelne Teilprobleme aus dem Gebiet der kassenärztlichen Versorgung ansprechen und hier das Gebiet des ärztlichen Gebührenwesens und damit das Gebiet der Bewertung ärztlicher Leistungen nicht auslassen wird. Ehe Fernstehende unter rein politischen Gesichtspunkten die Bewertung der ärztlichen Leistungen manipulieren, sollte deshalb durch eine gesonderte, unabhängige EBM-Gebührenreform versucht werden, daß Nahestehende, dieses komplizierte Gebiet besser Überschauende notwendige Reformierungen vornehmen und diese nach Möglichkeit nicht politisch ausgerichtet sind, sondern sich dem „wahren Wert" einer ärztlichen Leistung durch stärkere Berücksichtigung von Kosten, ärztlichem Einsatz und vielleicht auch Risiken annähern.[10]

Der Einheitliche Bewertungsmaßstab 1987 (EBM '87)

Die Gefahr der Punktzahlinflation und des Punktwertverfalls durch die Verbindung des EBM '87 mit einem pauschalen Vergütungssystem

Seit 1. Oktober 1987 sind der neue EBM und die daraus durch vertragliche Zusatzregelungen gestalteten beiden Vertragsgebührenordnungen „Bewertungsmaßstab-Ärzte '87" und „Ersatzkassen-Gebührenordnung '87" in Kraft getreten. Abweichend von der früheren E-GO sieht die jetzige E-GO '87 im Hinblick auf das inzwischen übergangsweise für die Ersatzkassen ebenfalls eingeführte Gesamtvergütungssystem nach einer Kopfpauschale nur Punktzahlen und keine absoluten DM-Werte für die einzelnen Gebührenpositionen vor. Wie bei den RVO-Kassen wird eine absolute Bewertung erst nach Abschluß einer Quartalsabrechnung (bei den Ersatzkassen bundesweit) möglich sein, und zwar dann, wenn die insgesamt abgerechneten und anerkannten ärztlichen Leistungen (zunächst relativ mit Punktzahlen bewertet) den nach dem Kopfpauschalsystem insgesamt gezahlten Beträgen gegenüberstehen und sich aus der Division „Summe der Kopfpauschalbeträge: Summe der Punktzahlen" ein nachträglicher Punktwert (retrograder Auszahlungspunktwert) ergibt. Welchen absoluten Wert eine ärztliche Leistung hat, hängt also nunmehr einheitlich bei allen gesetzlichen Krankenkassen von der Nachfrage der Patienten nach ärztlichen Leistungen und der Zahl der daraufhin erbrachten Leistungen und somit auch vom Wirtschaftlichkeits- oder Unwirtschaftlichkeitsverhalten der gesamten Kassenärzteschaft ab. Das Wirtschaftlichkeits- oder Unwirtschaftlichkeitsverhalten wiederum ist zu einem erheblichen Teil ein Ergebnis der Information und Schulung der Ärzte und ihrer Helferinnen sowie der Intensität des Appells der Organisationen, nicht nur eine korrekte, sondern auch eine wirtschaftliche Leistungserbringung zu erstreben. Das mehr oder minder verantwortungsvolle Verhalten einzelner Kassenärztlicher Vereinigungen und insbesondere von Berufsverbänden und Untergruppierungen sowie auch von Kommentatoren kann somit sehr ausschlaggebend für die Summe der abgerechneten und anerkannten Leistungen und der daraus resultierenden Punktzahlen sein. Die Ungewißheit des einzelnen Arztes darüber, was er nun letztlich als Vergütung erhält, da ihm vorweg absolute Bewertungen seiner angebotenen Leistungen unbekannt sind, führt nicht nur zu einer Frustration gegenüber dem neuen EBM, wie sie sich überall inzwischen zeigt, sondern führt über diese Frustration und Unsicherheit zu einer prophylaktischen, möglichst umfangreichen Abrechnung, um evtl. Punktwertverluste auszugleichen. Diese „großzügige Abrechnung", die von einzelnen Berufsverbänden im Hinblick auf zukünftige Durchschnitts-Prüfungswerte geradezu herausgefordert wird, setzt eine Teufelsspirale in Gang. Höhere Abrechnungs-Punktzahlen führen zu sinkendem Punktwert, sinkender Punktwert führt zu einer möglichst weiteren Steige-

[10] Vgl. Empfehlungen der Konzertierten Aktion im Gesundheitswesen, 19. Zusammenkunft, a.a.O.

rung der Abrechnungen, was wiederum den Punktwert weiter sinken läßt usw. Der korrekt und wirtschaftlich Abrechnende bleibt bei diesem in Kraft gesetzten System finanziell auf der Strecke und wird früher oder später zu einem gleichen Verhalten übergehen. Die Teufelsspirale der steigenden Punktzahlen und der sinkenden Punktwerte kann nur durch rechtzeitige Schulung und Appelle vermieden und durch rechtzeitiges Nachschulen und Prüfen wenn nicht gestoppt, so doch mindestens verlangsamt werden. Das Ziel muß deshalb sein, den Ärzten sobald wie möglich wieder vorweg absolute Bewertungen vorzugeben, die dann auch mit den tatsächlich ausgezahlten Vergütungen identisch sind. Der Weg muß also – wie im Grunde auch von allen Beteiligten geplant – wieder zur Einzelleistungsvergütung führen.

Die tatsächliche Struktur des Einheitlichen Bewertungsmaßstabes '87

Während die Preugo von 1924 383 Leistungen auswies, die amtliche Gebührenordnung von 1965 bereits 1064 , enthielt der BMÄ im Jahre 1982 bereits 2350 Positionen. Diese sind fast alle in die neue amtliche Gebührenordnung GOÄ '82, die am 1. Januar 1983 in Kraft trat, übergegangen. Dazu hat die Bundesärztekammer bisher 107 „analoge Bewertungen" herausgegeben, und trotzdem fehlt in der GOÄ eine Fülle weiterer Leistungspositionen, so wie auch der alte EBM und somit der BMÄ und die E-GO bis September 1987 einige hundert Positionen vermissen ließen, die z. T. durch Kommentare bestehenden Positionen mehr oder minder genau passend zugeordnet wurden.
Wie in diesem Beitrag dargestellt, war es eines der Ziele der EBM-Reform, all die fehlenden, zur kassenärztlichen Versorgung zählenden Leistungen in den EBM aufzunehmen, diesen aber durch das Ausscheiden überholter oder in praxi nicht zur Abrechnung gelangender Leistungen vor einer weiteren Ausdehnung zu schützen. Die Idee, durch eine Reduzierung solcher überflüssigen Leistungen die Verwaltungsarbeit zu vereinfachen, war vom Ansatz gut, bringt in praxi aber nichts, da es für jeden der eingesetzten Computer völlig unbedeutend ist, ob er 700 oder 1000 Positionen mehr oder weniger speichert. Für den einzelnen Arzt stellt die Aufführung von einigen hundert weiteren Positionen im BMÄ und in der E-GO auch keine Belastung dar, da alle Ärzte sich die Abrechnungsnummern herausschreiben oder irgendwie sonst merken oder auch in die in relativ kleinem Umfang inzwischen vorhandenen Praxiscomputer übernehmen, die ihrem tatsächlichen Leistungsangebot entsprechen. Ärztliche Leistungen, die also nicht mehr angeboten werden, werden nicht gemerkt, nicht gespeichert und dann also auch bei den Kassenärztlichen Vereinigungen, wenn auch in deren Computern erfaßt, nicht weiterverarbeitet. Außer einigen Seiten zusätzlichen Papiers in den ausgedruckten Gebührenordnungen tritt also durch solche Leistungsdefinitionen keinerlei Erschwernis ein. Es ist deshalb zu bestreiten, daß durch das Herausnehmen von etwa 700 Positionen irgendwelche Verbesserungen eingetreten sind. Da eine Anzahl dieser Positionen doch in geringem Umfang von dem einen oder anderen Arzt erbracht wurde, ist im Gegenteil eine Unsicherheit und eine Erschwernis eingetreten, da diese Ärzte nicht wissen, wie sie ihre bisher erbrachten Leistungen abrechnen sollen.[11] Damit wurde ein Grundsatzproblem aufgeworfen, dessen Diskus-

[11] Ausgenommen hiervon sind chirurgische Leistungen, für die unter den Nrn. 95 bis 98 Sammelpositionen für nichtdefinierte Leistungen eingeführt wurden.

sion und Lösung im Rahmen dieser Arbeit nicht ansteht. Dieses Grundsatzproblem lautet: „Ist es Aufgabe des Einheitlichen Bewertungsmaßstabes, durch das Herauslassen oder Hereinnehmen einzelner ärztlicher Leistungen den Inhalt der kassenärztlichen oder vertragsärztlichen Versorgung exakt zu bestimmen mit der Konsequenz, daß alle nicht aufgeführten Leistungen nicht auf Behandlungsausweis erbracht werden können und somit als privatärztliche, von Patienten unmittelbar zu honorierende Leistungen deklariert sind?" Die Meinungen hierzu gehen auseinander. Die einen sagen, „was nicht im Gebührenverzeichnis steht, kann nicht erbracht werden" (ausgenommen operative Leistungen, für die es Sammelpositionen gibt), die anderen sind der Auffassung, daß solche Leistungen hilfsweise nach einer der vorhandenen Positionen abrechenbar sein müßten, auch wenn es keine offizielle Regelung der analogen Bewertung gibt. Läßt man solche Leistungen zur Abrechnung nicht zu, werden sie entweder nicht erbracht oder privat honoriert, wodurch sich eine erhebliche Differenzierung zwischen den insgesamt erbringbaren, also privatärztlichen Leistungen einerseits und den ärztlichen Leistungen im Rahmen der kassenärztlichen Versorgung andererseits ergibt. Hier wird befürchtet, daß der Weg zu einer Zweiklassenmedizin beschritten wird. Die Kommentatoren sind deshalb in mehr oder minder größerem Umfang dazu übergegangen, die Lücken in der Aufführung ärztlicher Leistungen im neuen EBM durch Zuordnung zu bestehenden Leistungen zu überbrücken.[12]

Die Fülle der immer wieder an die Kassenärztlichen Vereinigungen und an einzelne Kommentatoren sowie an Berufsverbände herangetragenen Anfragen zeigt, daß die erwünschte Klarheit, die auch staatsanwaltschaftliche Ermittlungsverfahren vermeiden soll, bei einer Anzahl von Positionen nicht eingetreten ist. Der in abrechnungstechnischen Leistungsdefinitionen unerfahrene Arzt und seine Helferinnen lesen solche Definitionen anders als die wenigen Gebührenordnungsexperten. Mit Begriffen, wie „... und/oder...", aber auch schon mit dem bedeutungsvollen Unterschied der Verbindung zweier in einer Leistungsposition genannter Leistungen einerseits durch das Wort „und", andererseits durch das Wort „oder", wie auch mit solchen Worten wie „ggf. mit", „ggf. einschl.", „und ggf.", „sowie" können der Arzt und seine Helferin in der Praxis draußen oft nichts anfangen, zumal des öfteren unterschiedliche Worte für die gleiche Zielrichtung benutzt wurden. Im Rahmen der Erprobung des jetzt in Kraft getretenen EBM müßte hier eine erneute generelle Durchforstung mit dem Ziel der Vereinheitlichung der Wortwahl durchgeführt werden. Anschließende Informationsveranstaltungen müßten stärker auf die Bedeutung dieser termini technici hinweisen. Vor allem käme es auch darauf an, daß die Bedeutung diese termini technici bundesweit in allen Berufsschulen den Helferinnen klargemacht wird.

Die Gefahr des finanziellen Zusammenbruchs des bestehenden Vergütungssystems durch den neuen EBM

Oft wird die Frage gestellt, ob der EBM ein „Flop" sei, d. h. ob durch seine praktische Anwendung eine derartige Punktzahlinflation eintritt, daß der Punktwert in einem unangemessenen Maße zum Schaden der wenig abrechnenden Ärzte sinkt. Vor

[12] So u. a. Wezel/Liebold: „Handkommentar BMÄ, E-GO, GOÄ", 6. Aufl., Asgard-Verlag, St. Augustin.

Inkrafttreten des EBM '87 lagen die Punktwerte i. allg. (Laborleistungen ausgenommen) über 10 Dpf, bei einigen Kassenärztlichen Vereinigungen über 11 Dpf und bei den Ersatzkassen über 12 Dpf. Nicht exakt ausgesprochenes Ziel der EBM-Reform war es u. a., diesen neuen EBM so zu gestalten, daß der Punktwert über 10 Dpf bleibt. Gerade die Krankenkassenseite hat darauf erheblichen Wert gelegt.

Dieses läßt sich nur dann erreichen, wenn der Mehraufwand durch die Einführung neuer Leistungen und die Hinlenkung zur verstärkten Erbringung neuer Leistungen nicht größer ist als das zur Verfügung stehende Umstrukturierungskapital, vor allem aus der Senkung der Punktzahlen für Laboratoriumsleistungen. Hieraus stehen etwa 800 Mio. DM im Jahr bundesweit zur Verfügung, sofern nicht die Ärzte die Senkung der Punktzahlen für Laborleistungen durch eine höhere Zahl von abgerechneten Laborleistungen in sich auszugleichen versuchen. Aus anderen Einsparungen, so z. B. bei der Skeletttröntgenologie, kommen geringere Beträge hinzu, so daß im günstigen Fall im Jahr etwa 1 Mrd. DM für die erforderliche Umstrukturierung zur Verfügung steht.

Auf der anderen Seite wurden bewußt bestimmte ärztliche Grundleistungen, und zwar all diejenigen, die Gespräche des Arztes mit dem Patienten oder gegenseitige Diskussionen abgelten sollen, angehoben. Die Punktzahl für die Beratungsgebühr nach Nr. 1 stieg von 71,5 Punkten auf 80 Punkte, d. h. um rd. 12%. Da 25% des Gesamtumsatzes an kassenärztlichen Leistungen in Höhe von etwa 23 Mrd. DM wertmäßig gesehen auf Beratungen entfallen, dies sind also 5,75 Mrd. DM pro Jahr, würde allein diese Steigerung, wenn es bei der vorherigen Gebührenordnungsstruktur geblieben wäre, ein Mehraufwand von 660 Mio. DM zur Folge haben. Nun wurde aber eine neue Nr. 4 „Beratung mit symptombezogener klinischer Untersuchung" eingeführt, die nach bisherigem Überblick über das Abrechnungsverhalten der Ärzte und den Aussagen insbesondere der Berufsverbände ganz besonders in den Vordergrund tritt und in einem erheblichen Umfang zukünftig abgerechnet werden wird. Diese Nr. 4 ist mit 120 Punkten, also mit rd. 68% besser bewertet als die bisherige Beratung nach Nr. 1. Ausschlußbestimmungen können bei diesen Überlegungen vernachlässigt werden, da diese sich gegenüber früher nicht grundlegend geändert haben. Dafür ist aber die neue Nr. 70 für das Ausstellen eines Wiederholungsrezeptes, eines Überweisungsscheines oder der Übermittlung ärztlicher Anordnungen oder Befunde durch das Praxispersonal an den Patienten zu beachten. Für die Ausstellung eines Wiederholungsrezeptes wurde bisher die Nr. 1 abgerechnet. Hier ist durch die Notwendigkeit, die Nr. 70 dafür anzusetzen, eine Punktzahlreduzierung von 71,5 Punkten auf 40 Punkte, also um 44% eingetreten, doch schlägt dies nicht voll durch, da die bisherigen sog. „Null-Leistungen" für das Ausstellen eines Überweisungsscheines und der Übermittlung von Informationen durch die Helferinnen an den Patienten nur auch mit dieser Nr. 70 honoriert werden. In welchem Umfang dies zu einer Abrechnungsausweitung führt, ist noch nicht zu übersehen, erste Zwischenbilanzen zum Zeitpunkt der Drucklegung dieser Arbeit lassen jedoch die befürchtete Punktzahlinflation real erscheinen.

Vorsichtige Schätzungen gehen dahin, daß die Hälfte aller bisherigen Beratungen zukünftig nach Nr. 4 und je 1/4 nach Nr. 1 und nach Nr. 70 abgerechnet werden. Wenn dies tatsächlich der Fall sein sollte, ergäbe sich folgende Schätzung:

		DM
Bisheriger Aufwand für Beratung nach Nr. 1:		5750000000
zukünftig davon	1/2 nach Nr. 4 (+ 68%):	4830000000
	1/4 nach Nr. 1 (+ 12%):	1610000000
	1/4 nach Nr. 70 (./. 44%):	805000000
		7245000000
Mehraufwand etwa		1495000000
Ersparnis (vor allem bei Laborleistungen) etwa		1000000000
Ausweitung etwa		500000000
zuzüglich Ausweitung bei anderen Positionen (z. B. Nrn. 10 bis 13)		100000000
		600000000
		+ 2,6%

Ein Mehraufwand von etwa 600 Mio. DM entspräche in bezug auf die zur Verfügung stehenden 23 Mrd. DM einer Steigerung um 2,6% und würde somit den Punktwert nicht unter 10 Dpf drücken. Auch dann, wenn der Mehraufwand bis auf 1 Mrd. DM im Jahr steigt, da der Ansatz der neuen Erörterungsleistungen nach den Nrn. 10–13 sowie der Nr. 70 für die bisherigen „Null-Leistungen" erheblich ist, auch z. B. bei den Szintigrammen, der digitalen Subtraktionsangiographie, der Röntgentherapie, der Sonographie und bei anderen Positionen eine Steigerung der Gesamtpunktzahlen eintritt, so wäre dies finanziell „verkraftbar". Ein Mehraufwand von 1 Mrd. DM wäre noch unter 5%. Dies würde z. T. schon durch eine Steigerung der Grundlohnsumme um 2–3% ausgeglichen werden und würde auch selbst dann, wenn es volle 5% blieben, den Punktwert noch über den 10-Dpf-Grenze halten. Allein eine allgemeine Hysterie vor dem neuen EBM und ein damit verbundener krasser Einstieg in eine erhebliche Mehrabrechnung wird die Reform durch einen übermäßigen Punktwertverfall gefährden.

Von der Bewertung zur Vergütung ärztlicher Leistungen

Es liegt auf der Hand, daß die relative Bewertung ärztlicher Leistungen zwar erhebliche Auswirkungen auf die Verteilung der insgesamt zur Verfügung stehenden Gelder hat, daß aber allein die absolute Bewertung ärztlicher Leistungen als Produkt aus Punktzahl × Punktwert den Arzt erkennen läßt, wie diese Leistung im Rahmen der gesamten Volkswirtschaft bewertet wird, in welchem Verhältnis sie zu irgendeiner anderen volkswirtschaftlichen Leistung steht. Maßgeblich für die absolute Bewertung ist zunächst einmal das Vergütungssystem, ob also die Krankenkassen an die Kassenärztlichen Vereinigungen die zur Verteilung anstehenden Kapitalien rein nach der Zahl und Art der abgerechneten Einzelleistungen oder nach einem Pauschal- oder Mischsystem berechnen. Werden die Gesamtvergütungen rein nach Einzelleistungen berechnet, muß im Vertrag ein Punktwert (Vertragspunktwert) festgelegt werden, wie er dann auch für die Multiplikation mit den Punktzahlen zur Anwendung kommt. Der

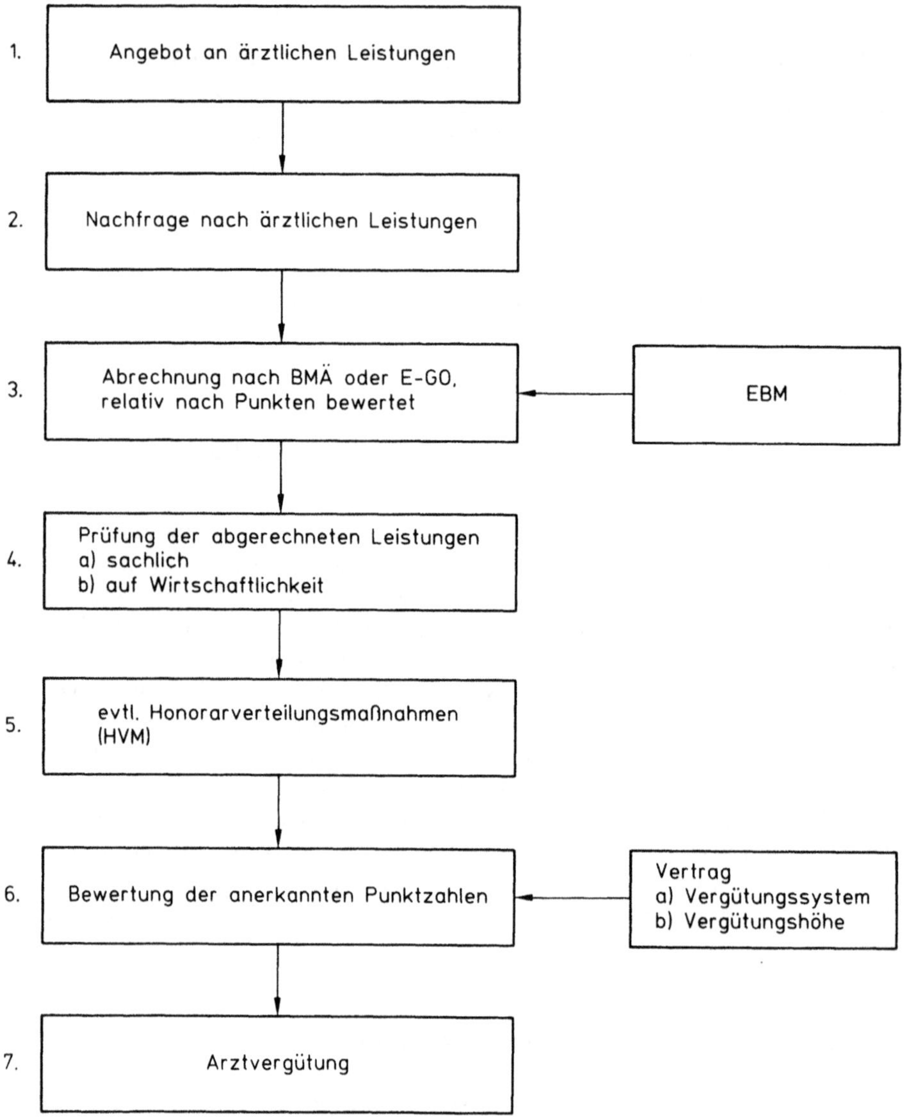

Abb. 3. Von der Bewertung zur Vergütung ärztlicher Leistungen

Arzt kann sich somit im voraus errechnen, welchen absoluten Wert die einzelne Leistung hat, sofern nicht ohnehin die Ausmultiplikation schon bei der Erstellung des Gebührenverzeichnisses erfolgt und dieses in Form einer DM-Gebührenordnung dann erscheint (wie es bis Ende September 1987 bei der E-GO der Fall gewesen war). Bei jedem Pauschalsystem läßt sich der Punktwert erst nachträglich aus der Gegenüberstellung der abgerechneten Punktzahlen und der sich nach ganz anderen Gesichtpunkten ergebenden Gesamtvergütung errechnen.

Damit ist nicht automatisch gesagt, daß Pauschalsysteme finanziell ungünstiger sein müssen, denn ein vertraglich festgelegter hoher Pauschalbetrag oder die vertraglich festgelegte volle Transponierung des Steigerungskoeffizienten der Grundlohnsumme in Zeiten eines allgemeinen Wirtschaftsaufschwunges kann zu einem günstigeren, retrograden Punktwert führen als ein von vornherein ungünstig, also niedrig, vereinbarter Vertragspunktwert bei einer reinen Einzelleistungsvergütung. Außer dem System der Gesamtvergütung ist also die Höhe der vereinbarten Punktwerte bzw. Pauschalbeträge von erheblicher Bedeutung.
Form und Intensität des Prüfungswesens sowohl auf dem Sektor der rechnerisch/sachlichen Prüfung als auch auf dem Sektor der Wirtschaftlichkeitsprüfung spielen eine weitere Rolle und vor allem auch sog. Honorarverteilungsmaßnahmen gemäß § 368f Abs. 1 RVO, mit denen eine übermäßige Ausdehnung einzelner Abrechnungen vermieden werden soll. Erst all diese Methoden und Maßnahmen zusammen führen – wie in Abb. 3 dargestellt – schließlich zur Vergütung ärztlicher Leistungen, die sich damit ganz wesentlich von der Bewertung in den Bewertungsmaßstäben unterscheiden kann.

Andere Bewertungsideen

Zur Abrundung dieser Übersicht über die Bewertung kassenärztlicher Leistungen sei nur kurz erwähnt, daß seit Jahrzehnten gelegentlich, vor allem im Zusammenhang mit grundsätzlichen Reformideen für das Gesundheitswesen, auch Vorschläge einer vom Prinzip her ganz anderen Ermittlung des Wertes ärztlicher Leistungen diskutiert werden. Hierzu gehören u. a.:

- Pauschalere Einzelleistungsbewertung. Wenn auch die Zahl der Leistungen im neuen EBM von über 2300 auf 1624 zurückgegangen ist, so muß man gemäß der deutschen Mentalität zur Genauigkeit und immer weiteren Präzisierung von einem sehr detaillierten Gebührenordnungssystem sprechen. Ein kurzer Blick in die Gebührenordnungen umliegender Nationen zeigt, daß man bei einem etwa wohl gleichen Stand medizinischen Wissens und des Angebots an ärztlicher Leistungen mit wesentlich weniger Abrechnungspositionen auskommt. Es wäre eine dankenswerte Aufgabe des Zentralinstituts für die kassenärztliche Versorgung in der Bundesrepublik Deutschland, dies einmal näher zu untersuchen. Muß es beispielsweise diese doch im Einzelfall äußerst vage Unterteilung in die Versorgung kleiner oder größerer Wunden geben? Muß es so viele Positionen für Sonographien oder für Injektionen, Infusionen oder Anästhesien geben? Unter dem Gesichtspunkt, daß jede dieser Positionen ohnehin eine gewisse Pauschalierung für im Einzelfall kürzer oder länger dauernde, leichtere oder schwierigere Leistungen darstellt und daß dadurch eine gewisse Überschneidung zwischen der langdauernden, schwierigeren Versorgung einer kleinen und der kurzdauernden, relativ leichten Versorgung einer größeren Wunde beispielsweise eintritt, sollte man eine stärkere Pauschalisierung der Gebührenpositionen im Rahmen einer zukünftigen evolutionären Entwicklung des Einheitlichen Bewertungsmaßstabes diskutieren.
- Gelegentlich wird vorgeschlagen, von der Bewertung ärztlicher Verrichtungen im einzelnen überhaupt Abstand zu nehmen und dem Arzt für die Behandlung einer

bestimmten Krankheit eine auf diese Krankheit zugeschnittene Vergütung zu zahlen. Im Hinblick darauf, daß Krankheiten je nach Schwere und Dauer sehr unterschiedlich bezeichnet werden können und unterschiedliche Leistungen besonders hinsichtlich des diagnostischen Aufwandes erfordern, wird es i. allg. als zu schwierig angesehen, hier eine halbwegs gerechte Bewertung zu finden und zu verhindern, daß im Interesse einer günstigeren Abrechnung eine Aggravation ärztlicher Diagnosen eintritt.

- Gelegentlich wird eine völlige Neukalkulation aller ärztlichen Leistungspositionen unter totaler Vernachlässigung traditioneller Werte vorgeschlagen. Die Kosten im Einzelfall, Zeitaufwand, Wissens- und Verantwortungsgrade sollen in den Vordergrund gerückt werden. Auch am Anfang der Diskussion über die jetzt abgeschlossene EBM-Reform wurden solche Vorschläge eingebracht und diskutiert. Die tatsächlichen Kosten je einzelner Leistung zu ermitteln, würde enormen Aufwand verursachen, ja man müßte geradezu ein Institut allein für derartige Kostenermittlungen gründen. Dasselbe trifft für die Festlegung des durchschnittlichen Zeitaufwandes je Leistung zu und für eine Aufgliederung der ärztlichen Leistungen in solche mit mehr oder minder hohen Qualifikationsansprüchen an den Arzt und mit mehr oder minder hoher Verantwortung. Kann man ärztliche Leistungen überhaupt nach unterschiedlich hoher Verantwortung gliedern, was ist die Maßeinheit für Verantwortung und was ist eine bestimmte Menge an Verantwortung wert? Eine Fülle kaum lösbarer Fragen täte sich hier auf. Außerdem gäbe es grundsätzliche standespolitische Schwierigkeiten und Auseinandersetzungen über höhere oder niedrige Qualifikationsansprüche für einzelne Leistungen, über höheren oder niedrigen Verantwortungsgrad und vor allem auch darüber, daß für jede Leistung eine bestimmte Zeiteinheit als durchschnittlicher Zeitaufwand festgelegt werden soll. Solche Ideen, für die auch schon Formeln erarbeitet wurden - wie nachstehend beispielhaft dargestellt - werden also aus der Sicht des Pragmatikers immer Theorien bleiben. Sie lassen sich bei der Fülle der zu bewertenden Positionen und den hierbei laufend eintretenden Änderungen hinsichtlich der Ausführung, der Kosten, des Zeitaufwandes gar nicht ohne einen umfangreichen bürokratischen Kalkulationsapparat in die Praxis umsetzen. Vor allem müßte dann das „angemessene Arzteinkommen" vorweg nach schwersten politischen Auseinandersetzungen wie in einem planwirtschaftlichen Staatsgebilde einheitlich festgelegt werden!

$$(E_A \times T_A) \times VK \times VQ + K_H \times T_H + K_P \times T + K_F = G$$

E_A = Planeinkommen des Arztes je Minute in DM
T_A = Zeitaufwand für den Arzt im Durchschnitt dieser Leistung in Minuten
VK = Koeffizient „Verantwortung", z. B. 1 bei der Masse der Leistungen
VQ = Koeffizient „Qualifikation", z. B. 1 bei der Masse der Leistungen
K_H = Kosten des Hilfspersonals pro Minute in DM
T_H = Zeitaufwand des Hilfspersonals im Durchschnitt dieser Leistung in Minuten
K_P = Sonstige zeitproportionale Kosten pro Minute in DM
T = Gesamtzeit der Leistungsausführung im Durchschnitt dieser Leistung in Minuten
K_F = Fixe Kosten bei dieser Leistung in DM
G = Gebühr in DM

Fazit

Abgesehen von einigen Positionen, bei denen der Kostenanteil ganz besonders hoch ist und die Kosten praktisch den Wert bestimmen, wie z. B. bei Computertomographie oder Dialyse, wird man deshalb beim augenblicklichen System der Bewertung ärztlicher Leistungen als einem Produkt verschiedener Faktoren, zu denen Tradition und politische Potenz in der Verhandlungsphase gehören, verbleiben.

Der Anästhesist in der kassenärztlichen Versorgung

H. Kamps

Einleitung

Der „Arzt für Anästhesiologie“ oder kurz der „Anästhesist“[1] unterscheidet sich in vielerlei Hinsicht von dem durch Tradition, Aufgabenstellung und rechtliche Einschätzung geprägten Bild des heutigen Arztes in der Öffentlichkeit. Dies gilt gleichermaßen für den Anästhesisten am Krankenhaus wie in freier Praxis. So hat der Jubilar, dem zu Ehren und aus aufrichter Dankbarkeit der Autor und Mitherausgeber dieser Festschrift diesen Beitrag konzipiert hat, immer wieder betont, daß der Anästhesist Funktionsarzt ist.[2] Indem er in erster Linie damit betraut ist, beim Operateur die zum Heileingriff notwendigen Anästhesieleistungen zu erbringen, grenzt er sich von dem Arzt als Diagnostiker, Therapeut und Hausarzt ab.
Historisch oblag die Verantwortung für die Anästhesie bei einer Operation bis vor einem Vieteljahrhundert regelmäßig dem Operateur. Der angesehene Rechtsgelehrte Engisch hielt den Anästhesisten noch 1961 zivilrechtlich für den Erfüllungsgehilfen des Chirurgen. Dem Chirurgen sollte ein Verschulden des Anästhesisten gem. § 278 BGB wie eigenes Verschulden zugerechnet werden. Auch strafrechtlich entließ Engisch den Operateur nicht aus seiner Verantwortung. Ihm sollte trotz Mitarbeit eines Anästhesisten und ohne Rücksicht auf den Vertrauensgrundsatz eine „allumfassende ... Verantwortung“ zukommen.[3] Diese allumfassende Verantwortung des Operateurs und die damit verbundene Unterordnung des Anästhesisten galt, obwohl bereits der 54. Deutsche Ärztetag in München im Oktober 1951 „die Schaffung eines Facharztes für Anästhesie für dringend notwendig“ erachtete und die meisten Landesärztekammern Anfang/Mitte der 50er Jahre einen Weiterbildungsgang für den „Facharzt für Anästhesie“ in ihre Facharztordungen integrierten.[4] Es ist das Verdienst von Opderbecke und Weissauer, Mitautoren auch in dieser Festschrift, dem Anästhesisten gegenüber dem Chirurgen den Rang eines gleichgeordneten und nicht untergeordneten

---

[1] Hier handelt es sich um die ausdrücklich und verbindlich vorgeschriebenen Bezeichnungen nach der Weiterbildungsordnung. Vgl. § 4 Abs. 1 Nr. 2 Musterweiterbildungsordnung, in: Deutsches Ärzteblatt 84 (1987), Heft 36, Sonderdruck S. 1-15.

[2] Narr, H.: Ärztliches Berufsrecht, 2. Aufl., 8. Ergänzungslieferung, Stand: Januar 1987, Rdn. 479.

[3] Engisch, K.: Wie ist rechtliche die Verantwortlichkeit des Chirurgen im Verhältnis zur Verantwortlichkeit des Anästhesisten bei ärztlichen Operationen zu bestimmen und zu begrenzen? In: Langenbecks Archiv für Klinische Chirurgie, Bd. 297 (1961), S. 236–254.

[4] Stenographische Niederschrift der Verhandlungen des 54. Deutschen Ärztetages in München vom 6./7. 10. 1951, S. 26; vgl. auch Berufsordnung der Landesärztekammer Baden-Württemberg, II. Teil: Facharztordnung, in: Ärzteblatt für Baden-Württemberg 1956, Heft 8, S. 170 ff.

Gebietsarztes verschafft zu haben.[5] Der Anästhesist ist für alle mit der Vorbereitung, Einleitung und Durchführung des Betäubungsverfahrens sowie der späteren Wiederherstellung der vitalen Funktionen des Patienten zusammenhängenden Tätigkeiten zuständig. Der Operateur oder das Operationsteam sind demgegenüber zuständig für sämtliche aus dem operativen Eingriff und seiner arzttechnischen Bewältigung resultierenden Fragen. Diese differierenden Arbeitsbereiche wurden in Richtlininen und Vereinbarungen zwischen u. a. Chirurgen, Urologen, Orthopäden und Anästhesisten bekräftigt.[6] Der Bundesgerichtshof anerkannte mittlerweile in seiner Entscheidung zum Parallelnarkosefall ebenfalls die Weisungsfreiheit des Anästhesisten gegenüber dem Chirurgen während der Operation.[7] Damit hat sich die Gleichrangigkeit zwischen dem Anästhesisten und dem Operateur heute zu einer lex medici artis, einer anerkannten Regel des ärztlichen Standesrechts, entwickelt.[8] Hinzu kommt, daß Anästhesisten seit etwa 10 Jahren für sich in Anspruch nehmen, Spezialärzte für die Bekämpfung chronischer Schmerzen zu sein. Die Schmerztherapie wird daher vielfach als weiterer großer Verantwortungsbereich neben den mit der Vorbereitung, Einleitung und Durchführung des Betäubungsverfahrens sowie der späteren Wiederherstellung der vitalen Funktionen des Patienten zusammenhängenden Tätigkeiten gesehen.[9] Die funktionsspezifische Arbeitsweise des Arztes für Anästhesiologie und sein modernes Engagement für die Schmerztherapie unterscheiden ihn also vom Arztbild herkömmlicher Prägung. Diese arztrechtliche Besonderheit wirkt eo ipso auf den Kassenarztstatus des Anästhesisten ein. Mit Teilfragen zur Stellung des Anästhesisten in der kassenärztlichen Versorgung hat sich der Jubilar bereits eingehend beschäftigt.[10] Dieser Beitrag hat das Ziel, eine zusammenhängende Darstellung der Rechtsprobleme des Anästhesisten in der kassenärztlichen Versorgung zu geben.

---

[5] Weissauer, W.: Die rechtliche Verantwortung des leitenden Anaesthesisten, in: Der Anaesthesist 13 (1964), S. 385–395; Ders.: Rechtsfragen zwischen Chirurgie und Anästhesie, in: Anästhesiologische Informationen 13 (1972), S. 132–137; Opderbecke. H. W.: Stellung, Aufgabenbereich und Verantwortlichkeit des Anästhesisten am Krankenhaus, in: Der Krankenhausarzt 40 (1967), S. 56–61.

[6] So etwa in den „Richtlinien über die Stellung des leitenden Anästhesisten", in: Der Anaesthesist 14 (1965), S. 31–32, der „Vereinbarung zwischen den Fachgebieten Urologie und Anästhesie über die Aufgabenabgrenzung und die Zusammenarbeit im operativen Bereich und in der Intensivmedizin", in: Anästhesiologische Informationen 13 (1972), S. 219–220, der „Vereinbarung über die Zusammenarbeit bei der operativen Patientenversorgung" zwischen den Berufsverbänden Deutscher Anästhesisten und Deutscher Chirurgen, in: Anästhesiologische Intensivmedizin 23 (1982), S. 403–405, und der „Vereinbarung über die Zusammenarbeit der operativen Patientenversorgung" zwischen den Berufsverbänden Deutscher Anästhesisten und Orthopäden, in: Anästhesiologische Intensivmedizin 25 (1984), S. 464–466.

[7] BGH, in: NJW 33 (1980), S. 649–650.

[8] Vgl. hierzu Kamps, H.: Ärztliche Arbeitsteilung und strafrechtliches Fahrlässigkeitsdelikt, 1981, S. 218 f.

[9] Vgl. Weigand, H., Weissauer, W., Zierl, O.: Kommentar zu den GOÄ-Nrn. 450–495, in: Anästhesiologische Intensivmedizin 25 (1984), S. 70–73; Tagungsbericht über den 6. Fortbildungskongreß „Krebsnachsorge" der Friedrich-Thieding-Stiftung, des Hartmannbundes und der Deutschen Krebshilfe, in: Niedersächsisches Ärzteblatt 1986, S. 22–24.

[10] Narr: a.a.O., Rdn. 408, 410, 477 ff.

Status als Kassenarzt

Das Recht zur Behandlung von Versicherten der gesetzlichen Krankenkassen erlangt jeder approbierte Arzt erst mit dem Status als Kassenarzt. Der Begriff „Kassenarzt" wird vom Gesetz- und Verordnungsgeber nicht genau definiert. Da die Kassenärztliche Vereinigung gem. § 368 f Abs. 1 Satz 2 RVO die Gesamtvergütung jedoch unter die *Kassenärzte* verteilen muß, erlangt den Kassenarztstatus jeder, der zur kassenärztlichen Versorgung zugelassen oder an ihr beteiligt ist oder zur Durchführung bestimmter Leistungen in der kassenärztlichen Versorgung ermächtigt wird.[11]

Die Zulassung

Die Zulassung als Kassenarzt ist die Regelteilnahmeform an der kassenärztlichen Versorgung. Auf sie hat jeder approbierte Arzt und jeder Anästhesist einen Rechtsanspruch, wenn er die entsprechenden Voraussetzungen nachweist.[12] Dieser Rechtsanspruch wurde zwar dem Anästhesisten durch das Hessische Landessozialgericht im Urteil vom 14. 3. 1984[13] unter Hinweis auf die Empfehlungsvereinbarung über die Teilnahme der Fachärzte für Anästhesie an der kassenärztlichen Versorgung zwischen der Kassenärztlichen Bundesvereinigung und den Bundesverbänden der Orts-, Landwirtschaftlichen-, Betriebs- und Innungskrankenkassen vom 28. 7. 1972[14] noch streitig gemacht, weil der Anästhesist Anästhesieleistungen vornehmlich im stationären Bereich erbringe und für die ambulante kassenärztliche Versorgung gar nicht zur Verfügung stehe. Davon kann jedoch heute keine Rede mehr sein, denn Anästhesien werden nicht nur bei Operationen im stationären Bereich, sondern in großem Maße auch für Operationen im ambulanten Bereich, etwa bei niedergelassenen Chirurgen benötigt. Darüber hinaus erbringen Anästhesisten selbständig ambulante Leistungen im Bereich der Schmerztherapie. Das Bundessozialgericht hat daher im Urteil vom 16. 4. 1986 zu Recht darauf hingewiesen, der Empfehlungsvereinbarung von 1972 könne nichts dafür entnommen werden, daß Anästhesisten nicht ambulant tätig sein und zur kassenärztlichen Versorgung zugelassen werden können. Die Vertragspartner gingen zwar davon aus, daß Anästhesisten in Ausübung ihres Berufs *in der Regel* nur stationär tätig werden und nicht als Kassenärzte zugelassen werden sollten, hätten aber den Mitgliedern der Zulassungsinstanzen empfohlen zu prüfen, ob unter besonderen Umständen eine Zulassung oder Beteiligung möglich ist.[15]

Die Zulassung setzt derzeit die Approbation, d. h. die Erlaubnis zur Ausübung der Heilkunde am Menschen (§ 2 BÄO), die persönliche Eignung als Kassenarzt, insbesondere Suchtfreiheit (§§ 20, 21 ZOÄ), und den Nachweis über die Absolvierung einer 18monatigen Vorbereitungszeit (§ 3 Abs. 2 b ZOÄ) voraus. Nur ein approbierter,

---

[11] Zum unterschiedlichen Begriff des Kassenarztes Liebold, R.: Handlexikon des Kassen- und Kassenzahnarztrechts, 2. Aufl., 1983, Stichwort „Kassenarzt".

[12] Urteil des Bundesverfassungsgerichts vom 23. 3. 1960 (1 BvR 216/51), in: NJW 13 (1960), S. 715–717.

[13] Soweit ersichtlich, ist dieses Urteil des Hessischen Landessozialgerichts vom 14. 3. 1984 (L 7/Ka 342/82 und 709/82) nicht veröffentlicht. Das Urteil wurde jedoch vom Bundessozialgericht mit Urteil vom 16. 4. 1986 (6 RKa 24/84) aufgehoben.

[14] In: Die Ortskrankenkasse 1972, S. 645.

[15] Urteil des BSG vom 16. 4. 1986 (6 RKa 24/84), S. 11 f.

geeigneter und hinreichend auf die kassenärztliche Tätigkeit vorbereiteter Arzt wird ins Arztregister des Zulassungsbezirks eingetragen, in dem er seinen Wohnort hat (§ 4 ZOÄ). Neben der Arztregistereintragung sind für die Zulassung als Anästhesist ferner eine abgeschlossene Weiterbildung im Gebiet der Anästhesiologie und eine entsprechende Weiterbildungsanerkennung einer Ärztekammer (§ 18 Abs. 1 a ZOÄ) sowie die Teilnahme an einem Einführungslehrgang für die kassenärztliche Tätigkeit nachzuweisen (§§ 17, 18 ZOÄ). Liegen die Voraussetzungen zur Zulassung vor, befindet über den Antrag des Anästhesisten auf Zulassung der Zulassungsausschuß durch Beschluß (§ 19 Abs. 1 ZOÄ). Das gleiche gilt für den Bereich der Ersatzkassen. Hier spricht die Beteiligungskommission bei Nachweis der Zulassungsvoraussetzungen eine Beteiligung zur Teilnahme an der vertragsärztlichen Versorgung aus (§§ 5, 6 EKV9).

Kassenarztsitz

Gem. § 368 a Abs. 2 RVO und § 24 ZOÄ erfolgt die Zulassung für den Ort der Niederlassung als Arzt (Kassenarztsitz). Mit dem Wegzug des Kassenarztes aus dem Bezirk seines Kassenarztsitzes endet seine Zulassung automatisch kraft Gesetzes (§ 368 a Abs. 7 RVO). Einer Entziehung der Zulassung bedarf es nicht. Diese Regelungen sind heute Ausfluß der allgemeinen arztrechtlichen Bestimmung, daß der Arzt seine Tätigkeit nicht im Umherziehen ausüben darf (§ 1 Abs. 6 MuBO[16]) sowie der Tatsache, daß der Kassenarztsitz mit Inkrafttreten des Gesetzes zur Verbesserung der kassenärztlichen Bedarfsplanung[17] wieder Planungsinstrument für Zulassungsbeschränkungen ist. Darüber hinaus kommen ihm so wichtige Funktionen wie die an den Kassenarztsitz anknüpfende Sprechstunden- und Residenzpflicht und die mitgliedschaftliche Zuordnung zu einer regional bestimmten Kassenärztlichen Vereinigung zu[18]. Der eine Zulassung beantragende Anästhesist muß daher im Zulassungsantrag seinen Kassenarztsitz angeben. Die Zulassungsgremien haben den Ort der Niederlassung in den Zulassungsbescheid aufzunehmen, wohl wissend, daß der Anästhesist teilweise von Tag zu Tag von einer Belegabteilung eines Kassenarztes zur anderen, von einer Kassenpraxis zur anderen reist, um bei stationären (belegärztlichen) oder ambulanten Operationen die erforderlichen Anästhesien durchzuführen.

Die Regelungen zum Kassenarztsitz im Zusammenhang mit Zulassungsanträgen von Anästhesisten sind verfassungskonform auszulegen. Das Bundesverfassungsgericht stellte sich im Kassenarzturteil von 1960 auf den Standpunkt, daß die Erteilung einer Zulassung nach Verhältniszahlen (1 Kassenarzt auf je 500 Mitglieder) „den voll qualifizierten Arzt, der sich zur Ausübung der ärztlichen Praxis niedergelassen hat, von der Behandlung eines sehr großen Patientenkreises absperrt, ihn zwar nicht unmittelbar rechtlich, aber durch die gesamte Gestaltung des Kassenarztwesens praktisch an der Behandlung zahlreicher Patienten hindert, die ihn sonst in Anspruch nehmen würden. In ihrer Auswirkung kommt sie so in die Nähe einer Zulassungsregelung ...".

---

[16] Musterberufsordnung der Deutschen Ärzte, in: Deutsches Ärzteblatt 82 (1985), S. 3371–3375.

[17] Gesetz zur Verbesserung der kassenärztlichen Bedarfsplanung vom 19. 12. 1986, in: BGBl. I, S. 2593–2594.

[18] Urteil des BSG vom 24. 3. 1971 (6 RKa 9/70), in: Heinemann, G. W., Liebold, R.: Kassenarztrecht in 4 Bänden, 5. Aufl., Stand: April 1986, Bd. I, C 131.

Der Ausschluß eines voll approbierten Arztes ist deshalb nur dann gerechtfertigt, wenn er durch besonders wichtige Interessen der Allgemeinheit gefordert wird, die anders nicht geschützt werden können.[19] Da nicht erkennbar ist, daß eine Beschränkung des Anästhesisten allein auf stationäre (belegärztliche) oder ambulante schmerztherapeutische Tätigkeit durch besonders wichtige Interessen der Allgemeinheit gefordert wird, ist es somit unerheblich, wenn ein Anästhesist in seinem Zulassungsantrag einen Kassenarztsitz angibt, an dem er kaum anästhsiologisch praktiziert und der Kassenarztsitz bei ihm zur Fiktion wird. Wichtig ist nur, daß ihn seine Patienten und die Kassenärztliche Vereinigung unter diesem Kassenarztsitz mit einer festen Adresse erreichen können. Er sollte hier, wenn er Schmerztherapie macht, auch Sprechstunden anbieten (vgl. § 6 BMV/Ä). Die funktionsspezifische Tätigkeit des Anästhesisten sowie der Freiraum des Artikels 12 GG lassen Auflagen zum Kassenarztsitz beim Anästhesisten im Zulassungsbescheid nur zu, wenn der Anästhesist etwa die Patientenkartei an vielen Orten führt, an seinem Kassenarztsitz nie, auch nicht am Wochende erreichbar ist und Patienten deshalb z.B. Krankenunterlagen vom Anästhesisten nicht herausgegeben bekommen.

Grenzüberschreitende Tätigkeit

Jeder Kassenarzt, dem der Zulassungsausschuß die Zulassung für den Ort seiner Niederlassung (Kassenarztsitz) erteilt hat, hat an diesem Ort seine Sprechstunden abzuhalten (§ 6 BMV/Ä). Darüber hinaus darf er jedoch selbstverständlich Versicherte in angrenzenden Orten oder Ortsteilen behandeln[20], wobei sich das Einzugsgebiet der primär ärztlich tätigen Ärzte und Gebietsärzte de facto regelmäßig auf einen Umkreis von maximal 20 km beschränkt. Eine darüber hinausgehende kontinuierliche Patientenbehandlung, vor allem wenn sie mit Patientenbesuchen verbunden ist, ist diesen Ärzten kaum möglich. Wird der Kassenarzt mit festem Kassenarztsitz, der in einer Grenzregion von 2 oder 3 Kassenärztlichen Vereinigungen praktiziert, etwa im Rahmen einer Besuchsbehandlung im Bezirk einer anderen Kassenärztlichen Vereinigung tätig, werden die dort erbrachten Leistungen nicht mit der für den Leistungsort zuständigen Kassenärztlichen Vereinigung, sondern mit der für den Kassenarztsitz zuständigen Kassenärztlichen Vereinigung abgerechnet.[21] Dies gilt zunächst auch für den zugelassenen Anästhesisten, der grenzüberschreitend in Bezirken anderer Kassenärztlicher Vereinigungen Anästhesien bei Operationen durchführt. Um jedoch einer mißbräuchlichen Wahl des (fiktiven) Kassenarztsitzes durch Anästhesisten zu begegnen – der Kassenarztsitz wird im Bezirk einer Kassenärztlichen Vereinigung gewählt, die im Gegensatz zur angrenzenden Kassenärztlichen Vereinigung für Sonderleistungen einen deutlich höheren Punktwert auszahlt, die anästhesiologischen Leistungen werden demgegenüber in weit überwiegender Anzahl bei Kassenärzten im Bezirk der fremden Kassenärztlichen Vereinigung erbracht –, endet die Zulassung des Anästhesisten gem. § 368 a Abs. 7 RVO analog, wenn der Schwerpunkt seiner Tätigkeit

[19] NJW 13 (1960), S. 716.
[20] Heinemann/Liebold: a.a.O., Bd. I, C 101 ff.; Bd. II, E 138.
[21] Dies.: a.a.O., Bd. I, C. 274.

grenzüberschreitend in Bezirken anderer Kassenärztlichen Vereinigungen liegt. In einem solchen Fall kann die Kassenärztliche Vereinigung, in deren Bezirk der gewählte Kassenarztsitz des Anästhesisten liegt, ihrem Auftrag zur Sicherstellung notwendiger anästhesiologischer Leistungen durch den zugelassenen Anästhesisten nicht nachkommen, da er bei ihr nur nebengeordnet tätig wird.

Umfang der Zulassung

Zum Umfang der Zulassung/Beteiligung enthalten die Zulassungsordnung und der Arzt-Ersatzkassen-Vertrag nur knappe Hinweise. So bestimmt § 24 Abs. 3 ZOÄ lediglich, daß ein Kassenarzt das Fachgebiet, für das er zugelassen ist, nur mit vorheriger Genehmigung des Zulassungsausschusses wechseln darf. § 6 Abs. 5 EKV verpflichtet die Beteiligungskommission, im Beteiligungsbescheid u.a. Angaben darüber zu machen, für welches Fachgebiet die Beteiligung gilt. Probleme für die Zulassungsgremien entstehen nicht, wenn Zulassungsausschuß/Beteiligungskommission dem Anästhesisten eine Zulassung/Beteiligung *im Gebiet der Anästhesiologie* erteilen. Der anästhesiologisch tätige Antragsteller will mit seiner Zulassung im Gebiet der Anästhesiologie tätig werden. Der Verpflichtung, im Zulassungsbescheid das Fachgebiet zu benennen, wurde genügt. Da der zugelassene Anästhesist heute jedoch regelmäßig nicht mehr nur Anästhesieleistungen bei stationären (belegärztlichen) oder ambulanten Operationen erbringen, sondern an eigenen Patienten schmerztherapeutische Leistungen durchführen möchte und dies im Zulassungsverfahren auch ausdrücklich beantragt, dürfen sich die paritätisch mit Vertretern der Kassenärzte und Vertretern der Krankenkassen besetzten Zulassungsgremien gerade bei der Zulassung von Anästhesisten der Verpflichtung nicht entziehen, den Umfang der Zulassung genauestens festzulegen.

Grenzen des Gebiets Anästhesiologie

Zur Abgrenzung des in der kassenärztlichen Versorgung zulässigen anästhesiologischen Tätigkeitsbereichs gegenüber der dem Anästhesisten unerlauben Betätigung enthält das Kassenarztrecht keine Regelungen. Hier ist auf das allgemeine Arztrecht und dort bestehende Gebietsabgrenzungen zurückzugreifen, die auch im Kassenarztrecht gelten.[22]

Das ärztliche Berufs- und Weiterbildungsrecht sind Ländersache.[23] Nach der sog. Facharztentscheidung des Bundesverfassungsgerichts[24] haben die Länderparlamente die sog. statusbildenden Normen des ärztlichen Berufs- und Weiterbildungsrechts zu

[22] Urteil des Bundessozialgerichts vom 28. 5. 1965, in: BSGE 23, S. 97 ff., und vom 27. 10. 1987 (6 RKa 34/86).

[23] Zum Gegenstand der Gesetzgebungskompetenz des Bundes gehört im Rahmen der konkurrierenden Gesetzgebung nach Art. 74 Nr. 19 GG nur das Berufszulassungsrecht. Die Regelungen zur Berufsausübung des Arztes gehören zur Gesetzgebungskompetenz der Länder (Art. 70 GG). Näher Urteil des Bundesverfassungsgerichts vom 9. 5. 1972, in: NJW 25 (1972), S. 1504. Vgl. auch Laufs, A.: Arztrecht, 3. Aufl., 1984, Rdn. 31.

[24] Vom 9. 5. 1972, in: NJW 25 (1972), S. 1504.

erlassen. Dies ist in den 70er Jahren durch Neufassung der Kammer- und Heilberufsgesetze der Länder geschehen.[25] Das Auseinanderdriften von Normen ärztlichen Berufs- und Weiterbildungsrechts in den Ländern wurde mit Hilfe einer Musterberufs- und -weiterbildungsordnung der Bundesärztekammer auf ein Minimum reduziert.[26] In den 12 Ärztekammern der Bundesrepublik Deutschland gilt derzeit daher ein im wesentlichen gleichlautendes Berufs- und Weiterbildungsrecht.

Für den Anästhesisten wie für jeden anderen Gebietsarzt erzeugt die Absolvierung eines Weiterbildungsganges und die Erteilung einer entsprechenden Gebietsanerkennung durch die Ärztekammer nicht nur Rechte, sondern auch Pflichten. Dem Recht, die Gebietsbezeichnung „Anästhesist" oder „Arzt für Anästhesiologie" auf dem Praxisschild, Briefbögen, Rezeptvordrucken etc., also im gesamten Arztpraxisbetrieb, führen zu dürfen, steht die Verpflichtung gegenüber, sich als weitergebildeter Gebietsarzt bei der Erbringung ärztlicher Leistungen grundsätzlich auf sein Gebiet zu beschränken (§ 18 Abs. 1 MuWBO).[27] Diese Verpflichtung zur Einhaltung der Fachgebietsgrenzen bedeutet zwar nicht, daß sich der Anästhesist, Chirurg oder Internist nicht ausnahmsweise auch einmal in den Bereich eines anderen Fachgebiets begeben dürfen. Verboten ist jedoch eine systematisch fachfremde Tätigkeit, die immer wieder die Grenzen des eigenen Fachgebiets überschreitet.[28]

Das Gebiet der Anästhesie umfaßt nach seiner Definition in den Weiterbildungsordnungen der Länder „die allgemeine lokale Anästhesie einschließlich deren Vor- und Nachbehandlung, die Aufrechterhaltung der vitalen Funktionen während operativer Eingriffe sowie die Wiederbelebung und die Intensivtherapie in Zusammenarbeit mit den für das Grundleiden zuständigen Ärzten".[29] Diese Definition wird in den einzelnen Ärztekammern konkretisiert durch im wesentlichen ebenfalls gleichlautende Richtlinien über den Inhalt der Weiterbildung in den einzelnen ärztlichen Fachgebieten.[30] Danach hat der Anästhesist im Rahmen seiner Weiterbildung u. a. eingehende Kenntnisse und Erfahrungen in der Vorbereitung, Durchführung und Nachsorge von Anästhesien unter Berücksichtigung aller einschlägigen Verfahren, in den Grundlagen oder Technik der Notfallmedizin, Wiederbelebung und Schockbehandlung sowie in den Grundlagen und Techniken der Intensivmedizin und Infusionsbehandlungen, der Überwachung, Aufrechterhaltung und Wiederherstellung der vitalen Funktionen nachzuweisen. Außerdem sind u. a. Kenntnisse in den physikalischen, anatomischen, physiologischen und pharmakologischen Grundlagen der Anästhesiologie und zur Erkennung und Behandlung von Stauungen des Wasser-, Elektrolyt- und Säure-Basen-Haushaltes zu erwerben. Neben dem Nachweis dieser Kenntnisse im Zeugnis hat der

---

[25] Musterberufsordnung s. Fn. 16 und Musterweiterbildungsordnung s. Fn. 1.

[26] Für Baden-Württemberg: Gesetz über die öffentliche Berufsvertretung, die Berufspflichten, die Weiterbildung und die Berufsgerichtsbarkeit der Ärzte, Zahnärzte, Tierärzte, Apotheker und Dentisten (Kammergesetz) vom 3. 3. 1976 i.d.F. v. 6. 6. 1983.

[27] Deutsches Ärzteblatt 84 (1987), Heft 36, Sonderdruck S. 6.

[28] Narr: a.a.O., Rdn. 407.

[29] Vgl. für Baden-Württemberg: Weiterbildungsordnung der Landesärztekammer Baden-Württemberg i.d.F. v. 30. 7. 1986, Ärzteblatt Baden-Württemberg 1986, Heft 3, S. 165 ff.; Heft 9, S. 605 (S. 183).

[30] Vgl. u. a. Richtlinien der Landesärztekammer Baden-Württemberg über den Inhalt der Weiterbildung vom 29. 11. 1980, in: Ärzteblatt Baden-Württemberg 1981, S. 227–254.

die Weiterbildungsanerkennung anstrebende Anästhesist ein Anästhesieverzeichnis über 1800 selbständig durchgeführte Anästhesien vorzulegen.[31] Aus diesen Beschreibungen des Gebietes der Annästhesiologie folgt die bereits oben erwähnte funktionsspezifische Hauptaufgabe des Anästhesisten, während der Operation die beim Patienten zwangsläufig auftretenden Schmerzen auszuschalten. Eine umfassende Therapiezuständigkeit kommt dem Anästhesisten demgegenüber nicht zu. Insoweit deckt sich die Gebietsdefinition in den Weiterbildungsordnungen der Ärztekammern mit dem Bild des Anästhesisten in der Öffentlichkeit, das sich noch allzuhäufig in dem Schimpfwort „Gasmann“ artikuliert.

Schmerztherapie

Die bisherigen Versuche der Deutschen Gesellschaft für Anästhesiologie und Intensivmedizin, des Berufsverbandes Deutscher Anästhesisten sowie einer Reihe niederlassungswilliger Anästhesisten, dem Anästhesisten neben der Intensivtherapie weitere Therapiefelder, insbesondere die Zuständigkeit für sämtliche pränarkotischen Untersuchungen und die Schmerztherapie zu eröffnen, begegneten z. T. herber Kritik. Es wurde mit Recht darauf hingewiesen, daß die allgemeine Schmerzbehandlung Sache des Arztes ist, der das Grundleiden behandelt.[32] Zwar finden sich in den Richtlinien über den Inhalt der Weiterbildung in den Gebieten die Begriffe „Schmerztherapie“ und „chronische Schmerzen“ bis heute nicht. Andererseits wird jedoch im Gegensatz zu den funktionsspezifischen Gebieten der Anästhesiologie, Pathologie und Laboratoriumsmedizin bei der Darstellung des Inhalts der Weiterbildung in den übrigen Gebieten innerhalb der zu vermittelnden Weiterbildungskenntnisse und -erfahrungen zwischen der Diagnostik und Differentialdiagnostik sowie der Therapie des jeweiligen Gebietes differenziert. Zur gebietsspezifischen Therapie des Allgemeinarztes, Internisten, Orthopäden und Neurologen gehören als immanente Bestandteile die Schmerztherapie und die Therapie chronischer Schmerzen. Außerdem bezeugen verschiedene andere Begriffe in den Richtlinien über den Inhalt der Weiterbildung die von den Schöpfern dieser Richtlinien vorausgesetzte Selbstverständlichkeit, daß jeder weitergebildete Arzt auch die Schmerztherapie im betreffenden Gebiet erlernt haben und sie beherrschen muß. So gehört zum Gebiet der Allgemeinmedizin die Therapie bei Erregungs- und Schmerzzuständen.[33] Im Gebiet der Arbeitsmedizin sind dem Weiterzubildenden eingehende Kenntnisse und Erfahrungen bei chronischen Erkrankungen zu vermitteln.[34] Der angehende Internist hat u.a. Kenntnisse und Erfahrungen in der psychosozialen Betreuung von Schwerkranken und chronisch Kranken nachzuweisen.[35] Das Teilgebiet Endokrinologie zum Gebiet der Inneren Medizin nennt sogar ausdrücklich den Langzeitpatienten. Der sich auf die Endokrinologie spezialisierende Arzt muß

---

[31] Ärzteblatt Baden-Württemberg 1981, S. 229 f.
[32] Narr: a.a.O., Rdn. 408, S. 294.20.
[33] Vgl. für Baden-Württemberg: Ärzteblatt Baden-Württemberg 1981, S. 227.
[34] Für Baden-Württemberg: Ärzteblatt Baden Württemberg 1981, S. 230.
[35] Für Baden-Württemberg: Ärzteblatt Baden Württemberg 1981, S. 252.

eingehende Kenntnisse und Erfahrungen in der therapeutischen Versorgung langfristig zu behandelnder und überwachender Patienten erwerben.
Im Ergebnis ist daher die Schmerztherapie Domäne eines jeden Arztes. Die Anästhesiologie kann für sich nicht den Ausschließlichkeitsanspruch erheben, für die Therapie chronischer Schmerzen allumfassend zuständig zu sein. Hierfür spricht bereits die oben erwähnte Tatsache, daß die Richtlinien über den Inhalt der Weiterbildung in den Gebieten in erster Linie auf die *Verfahren zur allgemeinen und lokalen Schmerzausschaltung* abheben. Diese Blockadeverfahren sind, gerade wenn sie nicht bei der Operation, sondern global zur Schmerztherapie eingesetzt werden, z. T. sehr erfolgreich, führen aber allenfalls in 40% der Fälle mit chronischen Schmerzen zur Schmerzfreiheit. 60% der Fälle mit chronischen Schmerzen sind solchen Blockadeverfahren in der Regel unzugänglich, weil hier Ursache der chronischen Schmerzen psychische Veränderungen beim Patienten sind. Aus diesem Grunde wird zu Recht auch immer wieder darauf hingewiesen, daß der Schmerz einer interdisziplinären Behandlung durch Ärzte verschiedener Gebiete einschließlich der Tätigkeit von Psychotherapeuten und Diplompsychologen bedarf.[36] Schmerzen entstehen nicht isoliert, sondern sind ganz im Sinne der kausalen Handlungslehre Wirkung bestimmter Krankheitsursachen. Diese Auswirkungen mit den Mitteln lokaler Anästhesieverfahren oder mit Hilfe von Leitungsanästhesien zu bekämpfen und zu lindern, ist Sache des Anästhesisten. Darüber hinausgehende schmerztherapeutische Leistungen gehören dagegen in die Hand nicht funktions-, sondern gebietsspezifisch tätiger Ärzte, deren Schmerztherapie sich auf eine eingehende und klare Diagnostik des Grundleidens stützt. Die Zulassungsgremien sind daher gehalten, in dem Bescheid über die Zulassung/Beteiligung eines Anästhesisten, der ausdrücklich auch die Zulassung zu schmerztherapeutischen Leistungen beantragt hat, den Umfang der Zulassung insoweit auf die Durchführung lokaler Anästhesiebehandlungen zur Bekämpfung primärer Schmerzen zu begrenzen.

Pränarkotische Untersuchungen

Zum Umfang der Zulassung eines Anästhesisten gehört ferner die Frage, ob der Status als Kassenarzt den Anästhesisten dazu berechtigt, präoperative Untersuchungen zur Narkosevorbereitung durchführen und abrechnen zu dürfen. Diese Fragestellung hat Anfang 1986 zu einer Kontroverse zwischen der Kassenärztlichen Vereinigung Bayerns und der Deutschen Gesellschaft für Anästhesiologie und Intensivmedizin geführt. Die Kassenärztliche Vereinigung Beyerns empfahl, zur Verringerung des Operationsrisikos vor jeder Anästhesie eine interne Untersuchung durchzuführen. Auch für die Erbringung dieser Leistungen gälten die Gebietsgrenzen. Fachlich zuständig seien für diese typisch internistischen Untersuchungen die Internisten. Allgemeinärzten und praktischen Ärzten sowie Kinderärzten könne die Untersuchung aus rechtlichen Gründen nicht verweigert werden. Die Untersuchungen fielen aber nicht in das Gebiet der Anästhesiologie. Der Anästhesist habe vielmehr auf der Basis der vorher erhobenen Untersuchungsergebnisse, des EKG's und der Röntgen-Thoraxaufnahme lediglich die

[36] So z. B. Drucksache des Landtages von Baden-Württemberg zur Verbesserung der Versorgung chronischer Schmerzkranker 9/743 vom 15. 11. 1984.

Entscheidung darüber zu treffen, ob eine Narkose aufgrund der vorgelegten Befunde vertretbar ist und welches Narkoseverfahren angewendet werden muß.
Die Deutsche Gesellschaft für Anästhesiologie und Intensivmedizin und der Berufsverband Deutscher Anästhesisten traten dieser Auffassung vehement entgegen. Fachgebietsgrenzen seien aus dem Arztrecht zu ermitteln. Nach der Definition des Fachgebietes umfasse die Anästhesiologie die allgemeine und lokale Anästhesie *einschließlich deren Vor- und Nachbehandlung*. Ein Internist könne aufgrund mangelnder anästhesiologischer Kenntnisse und Erfahrungen die Narkosefähigkeit aus eigener Urteilskraft nicht feststellen. Dies werde auch durch die Rechtsprechung belegt. Denn derjenige Anästhesist verletze seine ärztlichen Sorgfaltspflichten, der eine Narkosevoruntersuchung unterlasse.
Die vorstehend beschriebene Kontroverse führte zur Behandlung des Problems im Ausschuß „Ärztliche Weiterbildung" sowie in der Ständigen Konferenz „Ärztliche Weiterbildung" bei der Bundesärztekammer. Während der Ausschuß „Ärztliche Weiterbildung" die Auffassung vertrat, daß terminierbare internistische Voruntersuchungen vor operativen Eingriffen und Narkosen nicht grundsätzlich dem Gebiet „Anästhesiologie" zugeordnet werden dürften, legte sich die Ständige Konferenz „Ärztliche Weiterbildung" wegen unterschiedlicher Verfahrenspraxis in den Bundesländern nicht generell fest. Es wurde jedoch deutlich gemacht, daß die Gebietsgrenzen aufgegeben würden, wenn jeder Arzt vor programmierten Operationen rechtzeitig terminierbare und routinemäßige internistische Voruntersuchungen durchführen könne.
In der Tat schließt die funktionsspezifische Tätigkeit des Anästhesisten, wenn er mit der Vorbereitung und Durchführung der Anästhesie sowie der Nachkontrolle des Patienten in Zusammenhang mit einer Operation betraut ist, die systematische Durchführung und Abrechnung präoperativer Untersuchungen in der ärztlichen und der *kassenärztlichen Versorgung* aus. Damit wird dem Anästhesisten entgegen der Auffassung des Berufsverbandes der Deutschen Anästhesisten und der Gesellschaft für Anästhesie und Intensivmedizin die Durchführung der Narkosevoruntersuchung nicht generell streitig gemacht oder eine unzumutbare Fachgebietsgrenze gezogen. Dem Anästhesisten ist es vielmehr nur verboten, neben der eigenhändigen eingehenden Narkosevoruntersuchung privat oder über die Kassenärztliche Vereinigung Laborleistungen, die noch dazu in einer Laborgemeinschaft erbracht wurden, abzurechnen, weil das Weiterbildungsrecht den Ärzten anderer Gebiete regelmäßig die gebietsspezifischen Laboratoriumsuntersuchungen zuweist, beim Gebiet der Anästhesiologie aber schweigt. Ferner ist der Anästhesist von Weiterbildungsrechts wegen als einziger Arzt ausdrücklich zur Zusammenarbeit mit den für das Grundleiden zuständigen Ärzten verpflichtet. Dies deutet auf die implizit enthaltene Forderung des Deutschen Ärztetages an die Anästhesisten hin, sich eigener ärztlicher Sachleistungen im Zusammenhang mit Narkosevoruntersuchungen zu enthalten und sie den zuständigen Gebietsärzten zu überlassen. Schließlich hat die Musterweiterbildungsordnung 1987 die Formulierungen über Inhalt und Ziel der Weiterbildung dahin ergänzt, daß der angehende Anästhesist eingehende Kenntnisse und Erfahrungen u. a. „der Transfusions- und Infusionstherapie einschließlich gebietsbezogener Laboratoriumsuntersuchungen" erwerben muß und nachzuweisen hat.[37] Ferner enthält der Entwurf der

---

[37] Deutsches Ärzteblatt 84 (1987), Sonderdruck S. 7.

Bundesärztekammer eine Neufassung der Richtlinien über den Inhalt der Weiterbildung in Gebieten, Teilgebieten und Bereichen, Stand 4. 8. 1987, unter 2.5 die eindeutige Aussage, der Anästhesist habe Kenntnisse in der Beurteilung der EKG- und Labordiagnostik, soweit sie für die anästhesiologische Notfallversorgung erforderlich ist, zu erwerben. Über die zweifelsohne dem Anästhesisten obliegende Feststellung der Narkosefähigkeit hinausgehende gebietsspezifische Leistungen wie die Erbringung von Laborleistungen, Leistungen zur Bewertung der Stabilität des Herz-Kreislauf-Systems, Feststellung eines neurologischen Status[38] u. a. sind also ebenso wie die Erbringung schmerztherapeutischer Leistungen über anästhesieeigene Verfahren hinaus für den Anästhesisten derzeit fachfremd.

Abrechnung fachfremder Leistungen

Die Gebietsfremdheit von Leistungen, die ein Kassenarzt wiederholt und nicht nur im Notfall oder im ärztlichen Bereitschaftsdienst erbringt, führt zur Nichtabrechenbarkeit dieser Leistungen in der kassenärztlichen Versorgung. Dies gilt unabhängig von etwaigen Honorarverteilungsmaßstäben Kassenärztlicher Vereinigungen, nach denen beispielsweise bis zu 5% der Abrechnungsfälle ohne Beanstandung und ohne Hinweis an den abrechnenden Arzt anerkannt werden, wenn es sich um unsystematische sporadische Fälle handelt.[39] Der allgemeine arztrechtliche Grundsatz, daß ein Gebietsarzt nur im Rahmen seines Fachgebiets behandeln darf, gilt auch im Kassenarztrecht.[40] Die Kassenärztliche Vereinigung ist danach berechtigt, systematisch gebietsfremde Leistungen in der Abrechnung des Kassenarztes sachlich-rechnerisch zu berichtigen.[41] Dem steht die von der Deutschen Gesellschaft für Anästhesiologie und Intensivmedizin dargestellte Praxis in Krankenhäusern nicht entgegen, nach der der Anästhesist vielfach die von ihm benötigten gebietsärztlichen Untersuchungen zur Feststellung der Narkosefähigkeit von sich aus veranlaßt. Soweit diese Leistungen etwa im Krankenhauslabor für Versicherte erbracht werden, werden sie über den allgemeinen Pflegesatz vergütet. Auswirkungen auf das Liquidationsrecht des Chefarztes für Anästhesie, Innere Medizin oder Laboratoriumsmedizin hat eine solche Praxis nicht. Für im Krankenhaus vom Anästhesisten aus dem Körpermaterial von Privatpatienten veranlaßte und dort erbrachte Laborleistungen gilt demgegenüber die Gebietsbeschränkung nach den Kammer- und Heilberufsgesetzen der Länder und den darauf basierenden Weiterbildungsordnungen. Vom Chefarzt der Anästhesieabteilung einem Privatpatienten in Rechnung gestellte Laborleistungen für die Feststellung der Narkosefähigkeit sind nicht abrechenbar. Das Angebot des Privatpatienten zum Abschluß eines Dienstvertrages auf Chefarztbehandlung bei sog. gespaltenen Krankenhausaufnahmeverträgen richtet sich nur auf vom Chefarzt rechtmäßig und nicht berufsrechtswidrig erbrachte ärztliche Leistungen.

---

[38] Vgl. hierzu Beschluß des BSG v. 16. 12. 1986 (6 BKa 24/86).

[39] Narr: a.a.O., Rdn. 410.

[40] Siehe Fußnote 22.

[41] Urteil des Bayer. Landessozialgerichts vom 16. 4. 1986 (L 12 Ka 0045/81), auf das kurz eingegangen wird, in: Der Kassenarzt 30 (1986), S. 3.

Anästhesiologisch-chirurgische Tagesklinik

Den Umfang der Zulassung eines Anästhesisten tangiert schließlich die heute in der Bundesrepublik Deutschland bisweilen schon anzutreffende Konstellation, nach der der Anästhesist eine sog. anästhesiologisch-chirurgische Tagesklinik einrichtet, in der im Gegensatz zu früher der Operateur zum Anästhesisten und nicht umgekehrt der Anästhesist zum Operateur kommt. Nach einem Memorandum des Berufsverbandes Deutscher Anästhesisten aus dem Jahre 1986 hat diese Art der Durchführung ambulanter Operationen zusammen mit den erforderlichen Anästhesien nur Vorteile. Die umfangreichen Gerätschaften des Anästhesisten wie Narkoseapparate mit den dazugehörigen Gasflaschen, Überwachungsmonitore, Defibrillatoren u.a. werden nur an einer Stelle vorgehalten. Für Operateure entstehen keine weiteren Wartezeiten. Die postoperative Überwachung der Patienten ist weniger gefahrvoll, da der Anästhesist in seiner Tagesklinik und damit beim Patienten bleibt.

Kassenarztrechtlich wirft eine anästhesiologisch-chirurgische Tagesklinik jedoch Probleme auf, da der Bewertungsmaßstab/Ärzte und die Ersatzkassen-Gebührenordnung auch heute noch davon ausgehen, daß der Anästhesist zum Operateur reist und nicht umgekehrt. So kennen BMÄ/E-GO '87 die Nr. 50, nach der beispielsweise das Aufsuchen eines Kranken in der Praxis eines anderen Arztes bei Tage zur Durchführung von Anästhesieleistungen mit 60 Punkten vergütet wird. Darüber hinaus sehen die Zuschlagsziffern für ambulante Operationen, die Nrn. 80–88 BMÄ/E–GO '87, vor, daß der Operateur und nicht der Anästhesist diese Zuschläge gegenüber der Kassenärztlichen Vereinigung abrechnet.

Andererseits ist auch die Zulässigkeit einer anästhesiologisch-chirurgischen Tagesklinik unter dem Blickwinkel des Art. 12 GG zu betrachten. Danach hat jeder Arzt das Recht, sich in freier Praxis als Kassenarzt niederzulassen. Probleme mit dem Kassenarztsitz entstehen für den Anästhesisten gerade in einer anästhesiologisch-chirurgischen Tagesklinik nicht, da der Arzt für Anästhesiologie in diesem Fall über einen festen Kassenarztsitz verfügt. Auch sind die aus der arbeitsteilig organisierten ärztlichen Heilbehandlung zwischen Anästhesisten und Operateur entstehenden Probleme nicht so schwerwiegend, als daß die freie Entfaltung des ärztlichen Berufs als Anästhesist in einer eigenen Tagesklinik kassenarztrechtlich als unzulässig eingestuft werden muß. Zwar sind mittlerweile von der Rechtsprechung fein säuberlich voneinander getrennte Verantwortungsbereiche zwischen dem Anästhesisten und dem Operateur anerkannt. Danach liegt die Verantwortung außerhalb von Intensivabteilungen nach der Überwachung im sog. Aufwachraum nicht mehr beim Anästhesisten, sondern beim Operateur.[42] Da sich dieser nach der Operation regelmäßig aus der Tagesklinik entfernt, kann er die an sich ihm obliegende allgemeine ärztliche Nachbehandlung nicht verantwortlich wahrnehmen. Andererseits aber finden sich in der arbeitsteilig organisierten ärztlichen Heilbehandlung keine derart festgefügten Strukturen, daß sie nicht im Blick auf die Realität neu überdacht und ausgelegt werden könnten. So ist gerade bei einer anästhesiologisch-chirurgischen Tagesklinik ohne weiteres eine Absprache zwischen dem Anästhesisten und dem Operateur denkbar, daß der Anästhesist auch die sich an die Überwachung im Aufwachraum anschließende Nachbehandlung

---

[42] Kamps: a.a.O., S. 218 ff.

verantwortlich übernimmt. Gehen die ärztlichen Leistungen im Rahmen der Nachbehandlung allerdings über die stete Kontrolle der Genesung hinaus, sind diese Leistungen für den Anästhesisten wiederum fachfremd und damit nicht abrechenbar.
Im Ergebnis ist die Eröffnung einer anästhesiologisch-chirurgischen Tagesklinik durch einen zugelassenen Anästhesisten kassenarztrechtlich zulässig, wenn Anästhesist und Operateur über die Nachbehandlung eine verbindliche Absprache treffen. Was die Zuschlagsziffern für das ambulante Operieren angeht, können diese vom Anästhesisten ohne Änderung von BMÄ und E-GO '87 nicht abgerechnet werden. Für den Operateur bleiben sie dagegen abrechenbar, auch wenn mit diesen Ziffern an sich der ihm entstehende höhere Praxisaufwand bei ambulanten Operationen abgegolten werden soll. Keine Bedenken bestehen dagegen, wenn der Operateur die ihm von der Kassenärztlichen Vereinigung vergüteten Zuschlagsziffern für ambulantes Operieren im Innenverhältnis an den Anästhesisten weitergibt. Über vom Kassenarzt erwirtschaftetes Honorar kann dieser beliebig verfügen. Gegen eine Honorarweitergabe im Innenverhältnis an den die anästhesiologisch-chirurgische Tagesklinik betreibenden Anästhesisten bestehen daher keine Bedenken.
Die Zuschlagsziffern für ambulante Anästhesien nach den Nrn. 90 und 91 BMÄ/E-GO '87 sind auch in einer anästhesiologisch-chirurgischen Tagesklink abrechenbar. Die Räume eines niedergelassenen Anästhesisten, in denen dieser eine Tagesklinik betreibt, fallen unter den in der Präambel von B VII BMÄ/E-GO '87 gewählten Begriff „Praxis eines niedergelassenen Arztes".
Eine Abrechnung pränarkotischer Untersuchungen durch den Anästhesisten in seiner Tagesklinik ist allerdings nicht möglich. Hierauf wurde schon oben hingewiesen.[43]

Die Beteiligung eines leitenden Krankenhausarztes

Gem. § 368 a Abs. 8 RVO haben leitende Krankenhausärzte und Krankenhausärzte mit einer Gebietsbezeichnung Anspruch auf eine Beteiligung an der kassenärztlichen Versorgung, sofern die Beteiligung notwendig ist, um eine ausreichende ärztliche Versorgung der Versicherten zu gewährleisten. Die Beteiligung des nicht leitenden Krankenhausarztes mit einer Gebietsanerkennung ist dabei auf die Erbringung besonderer ärztlicher Untersuchungs- und Behandlungsmethoden beschränkt.
Die Beteiligung eines Krankenhausarztes stellt innerhalb der drei vom Gesetz- und Verordnungsgeber zugelassenen Teilnahmeformen an der kassenärztlichen Versorgung, nämlich der Zulassung, der Beteiligung und der Ermächtigung, diejenige Teilnahmeform dar, die gegenüber der Zulassung subsidiären, gegenüber der Ermächtigung jedoch präponderanten Charakter hat. Dies folgt aus der dem Kassenarztrecht immanenten und vom Bundessozialgericht bestätigten Rangfolge zwischen Zulassung, Beteiligung und Ermächtigung. Die ambulante kassenärztliche Versorgung ist in erster Linie durch niedergelassene und zugelassene Kassenärzte sicherzustellen. Liegen Versorgungslücken vor, haben Krankenhausärzte gegenüber den Zulassungsgremien einen Anspruch darauf, neben den zugelassenen Kassenärzten an der kassenärztlichen Versorgung beteiligt zu werden. Erst wenn die kassenärztliche Versorgung durch

[43] Siehe oben S. 238ff.

niedergelassene zugelassene Kassenärzte und beteiligte Krankenhausärzte nicht sichergestellt ist, *kann* die Kassenärztliche Vereinigung weitere Ärzte zur Teilnahme an der kassenärztlichen Versorgung ermächtigen.[44] Für die Ermächtigung gilt ebenso wie für die Beteiligung von Krankenhausärzten eine strenge Bedürfnisprüfung (§§ 31 Abs. 1 a ZOÄ, 14 BMV/Ä). Hinzu kommt, daß auf eine Ermächtigung für die kassenärztliche Versorgung kein Rechtsanspruch besteht. Die Kassenärztlichen Vereinigungen haben hier vielmehr einen Ermessensspielraum (§ 368 c Abs. 2 Nr. 12 RVO i.V.m. § 31 ZOÄ), der von den Gerichten nur eingeschränkt überprüft werden kann.[45]
Die Voraussetzungen für die Beteiligung von Krankenhausärzten sind im wesentlichen dieselben wie für die Zulassung eines niedergelassenen Kassenarztes. Insbesondere muß auch der eine Beteiligung beantragende Krankenhausarzt die 18monatige Vorbereitungszeit absolvieren (§ 29 Abs. 1 Satz 2 i.V.m. § 18 Abs. 1 ZOÄ). Ferner hat der Antragsteller eine Bescheinigung des Krankenhausträgers über sein Anstellungsverhältnis sowie eine Erklärung des Krankenhausträgers darüber vorzulegen, daß durch die beantragte Beteiligung die Krankenhausversorgung nicht beeinträchtigt wird.

Umfang der Beteiligung

Der mögliche Umfang der Beteiligung eines Krankenhausarztes ist in der Zulassungsordnung im großen und ganzen genannt. So kann ein Krankenhausarzt für Untersuchungen zum Zwecke der Krankheitserkennung, zur konsiliarischen Beratung eines Kassenarztes in der Behandlung, zur Durchführung besonderer Untersuchungs- und Behandlungsmethoden, insbesondere ärztlicher Sachleistungen, und zu ambulanten Nachbehandlungen nach einer stationären Krankenhausbehandlung im Einvernehmen mit dem behandelnden Kassenarzt beteiligt werden (§ 29 Abs. 2 ZOÄ). Hier handelt es sich um die sog. Regeltatbestände der Beteiligung eines Krankenhausarztes an der kassenärztlichen Versorgung. Sie gelten auch im Ersatzkassenbereich (§ 5 Nr. 6 EKV).
Für den Chefarzt einer Anästhesieabteilung trifft keine dieser Regelleistungen ausdrücklich zu. Dies folgt aus seiner funktionsspezifischen Tätigkeit bei der Durchführung von Anästhesien im Zusammenhang mit ambulanten Operationen. Insbesondere handelt es sich hierbei nicht um die Durchführung besonderer Untersuchungs- und Behandlungsmethoden im Sinne von § 29 Abs. 2 c ZOÄ). Das Betäubungsverfahren dient weder der Diagnosefindung noch handelt es sich um eine auf Heilung, Linderung oder Verhütung der Verschlimmerung von Krankheiten gerichtete Tätigkeit. Bei der Beteiligung von leitenden Anästhesieärzten im Krankenhaus ist daher in dem Beteiligungsbescheid ausdrücklich der Umfang der Beteiligung festzulegen. Dies gilt auch für nicht leitende Krankenhausärzte, die bereits eine Anerkennung im Gebiet der Anästhesiologie von einer Ärztekammer erhalten haben. Auch sie führen in der Hauptsache keine besonderen Untersuchungs- und Behandlungsmethoden im Sinne des § 29 Abs. 2 c ZOÄ durch. Dennoch ist die Erbringung ambulanter Anästhesielei-

---

44 Heinemann/Liebold: a.a.O., Bd. II, E 199.
45 Urteil des BSG vom 23. 5. 1984 (6 RKa 21/83), in: BSGE 56, S. 295–302 (299); Urteil des LSG Baden-Württemberg vom 25. 6. 1986 (L1 Ka 1657/84).

stungen als funktionsspezifische Betätigung am ehesten mit dieser vom Verordnungsgeber genannten ambulanten kassenärztlichen Tätigkeit vergleichbar. Wenn die Versorgung der Versicherten mit ambulanten anästhesiologischen Leistungen beispielsweise nur durch einen beteiligten Chefarzt und einen beteiligten Anästhesieoberarzt sichergestellt werden kann, besteht hierauf ein Anspruch. Die Beteiligung von Anästhesieoberärzten zur Durchführung ambulanter Anästhesieleistungen ist möglich.

Im Ersatzkassenbereich fehlt es an der Möglichkeit, einen nicht leitenden Krankenhausarzt mit Gebietsanerkennung an der vertragsärztlichen Versorgung zu beteiligen (vgl. § 5 Nr. 6 EKV). Für Oberärzte von Anästhesieabteilungen ist daher zur Erbringung ambulanter Anästhesieleistungen im RVO-Bereich eine Beteiligung durch die Zulassungsgremien und im Ersatzkassenbereich eine Ermächtigung durch die Kassenärztliche Vereinigung (§ 5 Nr. 3 EKV) auszusprechen.

Für die Beteiligung zur Durchführung ambulanter schmerztherapeutischer Leistungen eines Krankenhausarztes gilt das bereits bei der Zulassung Gesagte. Hier empfiehlt sich eine sog. Katalogbeteiligung. Die Zulassungsgremien können eine Beteiligung zur Durchführung besonderer Behandlungsmethoden nach Katalog aussprechen. Da der Anästhesist schmerztherapeutische Leistungen mit den Mitteln des Fachgebiets erbringen darf,[46] sind die vom Arzt zur Schmerzbehandlung benötigten Anästhesieleistungen aus dem Kapitel D BMÄ/E-GO '87 in den Beteiligungskatalog aufzunehmen. Hier handelt es sich um die Nrn. 400–471 BMÄ/E-GO '87, mit Ausnahme der Nrn. 405 bis 407 und Nr. 471 BMÄ/E-GO '87, die nur im Zusammenhang mit operativen Eingriffen abrechnungsfähig sind.[47]

Für den Fall, daß ein Krankenhausarzt die Beteiligung für die Erbringung von Laboratoriumsuntersuchungen im Zusammenhang mit der Feststellung der Narkosefähigkeit für ambulante Operationen beantragt, gilt ebenfalls das bereits bei der Zulassung Dargelegte. Abgesehen davon, daß die Erbringung von Laboratoriumsuntersuchungen zur Feststellung der Narkosefähigkeit für den Anästhesisten fachfremd ist, ist eine Beteiligung für die Durchführung von Laborleistungen auch mangels Bedürfnisses zu versagen. Internisten, Allgemeinärzte, praktische Ärzte, Kinderärzte und niedergelassene Laborärzte erbringen heute in so ausreichendem Maße die gesamte Palette von Laborleistungen, daß für die Beteiligung eines Krankenhausanästhesisten weder quantitativ noch qualitativ ein Bedürfnis zur Durchführung dieser Leistungen besteht.

Eigenblutgewinnung

Das Bluttransfusionswesen stellt einen wesentlichen Inhalt der Weiterbildung des Anästhesisten dar.[48] Zusätzlich kann bei Nachweis einer mehrjährigen Tätigkeit im Blutspendedienst oder in einer Abteilung für Transfusionsmedizin die Zusatzbezeich-

---

[46] Siehe oben S. 237f.

[47] Moewes, M., Effer, E., Hess, R.: Kölner Kommentar zum EBM, S. 153.

[48] Nr. 21.5 der vom Vorstand der Bundesärztekammer am 11. 1. 1980 beschlossenen Richtlinien über den Inhalt der Weiterbildung; vgl. auch Richtlinien der Landesärztekammer Baden-Württemberg über den Inhalt der Weiterbildung, in: Ärzteblatt Baden-Württemberg 1981, S. 229.

nung „Transfusionsmedizin" erworben werden.[49] Nicht zuletzt unter dem Eindruck von AIDS nehmen Patienten, die in Kürze operiert werden müssen, gerne die heute von Anästhesisten angebotene Möglichkeit der Eigenblutgewinnung und späteren Refundierung des gewonnenen Eigenbluts bei der Operation in Anspruch. Die Eigenblutgewinnung, Zentrifugierung und Herstellung des Plasmabluts, die medizinisch mit den Begriffen „Hämodilution" und „Plasmapherese" beschrieben werden, werden ambulant durchgeführt. Gleichwohl ist eine Beteiligung des Krankenhausanästhesisten an der kassenärztlichen Versorgung für diese Leistung *nicht* möglich. Zum einen enthalten der Bewertungsmaßstab für kassenärztliche Leistungen und die Ersatzkassengebührenordnung keine entsprechende Leistungsziffer. Die Leistungslegende der Nr. 792 BMÄ/E-GO '87 paßt nicht, da sie nur die therapeutische Plasmapherese als abrechnungsfähige Leistung kennt. Diese Leistung wird bei krankhaften Veränderungen des Blutsystems vorgenommen und erfordert die ständige Anwesenheit des Arztes. Für die Gewinnung von Blutbestandteilen bei Gesunden, die Blutaufbereitung und die Bereitstellung von Plasma sehen der BMÄ/E-GO '87 demgegenüber keine Gebührenordnungsziffer vor, so daß mangels abrechenbarer Leistung die Beteiligung entfällt. Zum anderen werden gem. § 3 BPflV mit den Pflegesätzen alle für die Versorgung des Patienten erforderlichen allgemeinen Krankenhausleistungen vergütet. Die Eigenblutgewinnung und Aufbereitung ist untrennbar mit der nachfolgenden Operation verknüpft. Werden bei der Operation *Fremdblutkonserven* benutzt, handelt es sich eindeutig um Selbstkosten des Krankenhauses. In gleicher Weise müssen die Eigenblutgewinnung und Aufbereitung, die ohne Refundierung bei der Operation keinen Sinn machen, in die allgemeinen Krankenhausleistungen und damit die Selbstkosten des Krankenhauses eingehen. Eine Belastung der kassenärztlichen Gesamtvergütung mit dieser allein stationär benötigten Leistung ist unzulässig.

Die Ermächtigung

Gem. § 368 c Abs. 2 Nr. 12 RVO i.V.m. § 31 ZOÄ und § 14 Abs. 2 BMV-Ä kann die Kassenärztliche Vereinigung über den Kreis der zugelassenen und beteiligten Ärzte hinaus weitere Ärzte oder ärztlich geleitete Einrichtungen ermächtigen, soweit dies zur Behebung einer Unterversorgung oder zur Sicherstellung der kassenärztlichen Versorgung erforderlich ist. Die Ermächtigung kann für dieselben Regelleistungen ausgesprochen werden, wie sie für die Beteiligung gelten (§ 29 Abs. 2 ZOÄ, § 14 Abs. 2 BMV-Ä). Da Anästhesisten nach ihrer Gebietsanerkennung bislang kaum eine Vorbereitungszeit absolvierten und demzufolge weder zulassungs- noch beteiligungsfähig waren, kann die Ermächtigung von Anästhesisten für die Vergangenheit als Regelteilnahmeform an der kassen-/vertragsärztlichen Versorgung bezeichnet werden. Ermächtigungsfähig sind sowohl angestellte Anästhesisten, die nebenbei stationäre (belegärztliche) oder ambulante Anästhesien erbringen wollen, als auch niedergelassene Anästhesisten, die auf der Basis einer umfassenden Ermächtigung ihren Lebensunterhalt zu verdienen beabsichtigen, wenn für die Ermächtigung ein Bedarf besteht. Zur Erteilung einer Ermächtigung durch die Kassenärztliche Vereinigung braucht der Anästhesist nicht im

---

[49] II Nr. 17 der Anlage zur Musterweiterbildungsordnung, in: Deutsches Ärzteblatt 82 (1985), S. 1198.

Arztregister eingetragen zu sein. Er muß lediglich nachweisen, daß er zur Teilnahme an der kassenärztlichen Versorgung geeignet ist und an einem Einführungslehrgang teilgenommen hat (§ 31 Abs. 5 und 6 ZOÄ).
Der Tatsache, daß der Anästhesist keinen festen Kassenarztsitz hat und seine Tätigkeit im Gegensatz zu allen anderen Kassenärzten regelmäßig im Umherziehen ausübt, ist auch im Ermächtigungsbescheid Rechnung zu tragen. Der Anästhesist wird daher in der Regel zur Durchführung ambulanter Anästhesieleistungen auf der Belegabteilung eines anderen Kassen- und Belegarztes oder zur Durchführung ambulanter Anästhesieleistungen bei ambulanten Operationen von Kassenärzten ermächtigt.
Die Ermächtigung ist gegenüber der Zulassung niedergelassener Anästhesisten und der Beteiligung von Krankenhausanästhesisten nachrangig. Wird die anästhesiologische Versorgung durch zugelassene und beteiligte Anästhesisten in ausreichendem Maße sichergestellt, ist für weitere Ermächtigungen von Anästhesisten zur Durchführung ambulanter Anästhesieleistungen kein Raum.

Grenzüberschreitende Tätigkeit

Auf die grenzüberschreitende Tätigkeit eines niedergelassenen und zugelassenen Anästhesisten wurde bereits oben hingewiesen. Der Kassenarztsitz des zugelassenen Anästhesisten ist Fiktion, wenn die erforderlichen Anästhesieleistungen bei verschiedenen Operateuren an verschiedenen Orten erbracht werden. Da gleichwohl die Zulassung für den Ort der Niederlassung als Kassenarzt (Kassenarztsitz) erfolgt (§§ 368 a Abs. 2 RVO, 24 ZOÄ), ist für die Abrechnung ambulanter anästhesiologischer Leistungen die Kassenärztliche Vereinigung zuständig, in der der Kassenarztsitz des zugelassenen Anästhesisten liegt. Dies gilt auch bei grenzüberschreitender Erbringung von Anästhesieleistungen, soweit nicht der Schwerpunkt der anästhesiologischen Tätigkeit des zugelassenen Anästhesisten in einen anderen KV-Bezirk verlagert wird.[50]
Bei der Ermächtigung hat die Kassenärztliche Vereinigung die Pflicht, sie zeitlich, räumlich und ihrem Umfang nach zu bestimmen (§ 31 Abs. 5 ZOÄ). Diese Verpflichtung zur räumlichen Begrenzung bedeutet für die Ermächtigung von Ärzten zur Durchführung bestimmter ambulanter Leistungen, daß die Kassenärztliche Vereinigung im Ermächtigungsbescheid ähnlich wie bei einer Zulassung den Niederlassungsort angeben muß.[51] Für die Ermächtigung eines Anästhesisten ist daher wegen der zwingend erforderlichen Bedürfnisprüfung jeder Leistungsort, an dem der ermächtigte Anästhesist künftig ambulante Anästhesieleistungen erbringen will, im Ermächtigungsbescheid anzugeben. Dies ist problemlos, soweit die Leistungsorte des ermächtigten Anästhesisten im Bezirk einer einzigen Kassenärztzlichen Vereinigung liegen. Problematisch wird es dagegen, wenn der Anästhesist im Rahmen einer Ermächtigung grenzüberschreitend Anästhesieleistungen bei ambulanten Operationen durchführen will.

---

[50] Siehe oben S. 234f.
[51] Heinemann/Liebold: a.a.O., Bd. II, E 214.

Doppelermächtigungen

Dem Zulassungsrecht sind wegen der zwingenden Bindung an den Kassenarztsitz Doppelzulassungen, also die Erteilung von mehr als einer Zulassung für mehr als einen Kassenarztsitz, fremd. Es besteht kein Anlaß, diesen zwingenden Rechtsgrundsatz bei der Zulassung von Anästhesisten aufzugeben, da für sie ein viel größeres Einzugsgebiet gilt und bei schwerpunktmäßiger Verlagerung der anästhesiologischen Tätigkeit die Zulassung automatisch endet (§ 368 a Abs. 7 RVO).[52] Wegen der bei der Ermächtigung zwingend erforderlichen Bedürfnisprüfung ist die Ermächtigung eines Anästhesisten dagegen begrenzt auf den Bezirk einer Kassenärztlichen Vereinigung. Jede der 18 Kassenärztlichen Vereinigungen in der Bundesrepublik Deutschland hat den Auftrag zur Sicherstellung der ambulanten kassenärztlichen Versorgung nur in ihrem Bezirk. Hierzu ist ein Bedarfsplan aufzustellen. Ob für die Erbringung von ambulanten Anästhesieleistungen bei Operationen ein Bedürfnis besteht, kann die Kassenärztliche Vereinigung daher allein für ihren Bezirk bestimmen. Die gleichzeitige Erteilung einer Ermächtigung für Leistungsorte im Bezirk und außerhalb des Bezirks einer Kassenärztlichen Vereinigung, etwa in einem benachbaren KV-Bezirk, ist unzulässig. Insbesondere ist es den Kassenärztlichen Vereinigungen verboten, dem Anästhesisten räumlich auch die Erbringung von Anästhesieleistungen außerhalb ihres eigenen KV-Bezirks im Ermächtigungsbescheid zu genehmigen.

Einem ermächtigten Anästhesisten ist durch die bezirkliche Begrenzung der Ermächtigung jedoch nicht generell versagt, in mehreren KV-Bezirken ambulante Anästhesieleistungen bei Operationen zu erbringen. Eine gesetzliche oder vertragliche Bestimmung existiert nicht, nach der Doppelermächtigungen verboten sind. Will ein Anästhesist grenzüberschreitend ambulante Anästhesieleistungen im Rahmen einer Ermächtigung erbringen, benötigt er also von jeder Kassenärztlichen Vereinigung, in deren Bezirk er die Leistungen erbringen will, eine zeitlich, räumlich und inhaltlich bestimmte Ermächtigung. Jede einzelne Kassenärztliche Vereinigung hat zu prüfen, ob für die jeweils beantragten Anästhesieleistungen ein Bedürfnis besteht. Ist dies zu bejahen, muß die jeweils zuständige Kassenärztliche Vereinigung die erforderlichen anästhesiologischen Leistungen sicherstellen. Der ermächtigte Anästhesist kann die von ihm erbrachten Leistungen mit der Kassenärztlichen Vereinigung abrechnen. Da in der Wirtschaftlichkeitsprüfung von Kassenärzten und damit auch von zugelassenen, beteiligten oder ermächtigten Anästhesisten die Gesamtwirtschaftlichkeit des Kassenarztes eine erhebliche Rolle[53] spielt, ist es aber für jede Kassenärztliche Vereinigung, die Anästhesisten ermächtigt, von eminenter Bedeutung zu wissen, ob der antragstellende Anästhesist auch in einem anderen KV-Bezirk eine Ermächtigung zur Durchführung ambulanter anästhesiologischer Leistungen beantragt oder erhalten hat. Es wird daher empfohlen, den Antragsvordruck bei den Kassenärztlichen Vereinigungen um eine entsprechende Frage zu erweitern.

Zusammenfassend ergeben sich für den Anästhesisten, der an der kassen-/vertragsärztlichen Versorgung teilnehmen möchte, sowie die Zulassungsgremien und

---

[52] Siehe oben S. 234f.

[53] Urteil des Bundessozialgerichts vom 15. 4. 1986 (6 RKa 27/84), in: Raddatz, D.: Die Wirtschaftlichkeit der kassenärztlichen und kassenzahnärztlichen Versorgung in der Rechtsprechung (WKR) in 3 Bänden, 12. Lieferung, Stand: Mitte Mai 1987, Rubrik: Urteile 1986.

Kassenärztlichen Vereinigungen keine unüberwindlichen Hindernisse für die Erteilung von Zulassungen, Beteiligungen und Ermächtigungen. Neben den gesetzlichen Voraussetzungen haben jedoch der Anästhesist aufgrund seiner Stellung als Funktionsarzt sowie die Kassenärztlichen Vereinigungen die dargestellten Besonderheiten zu beachten, die sich vor allem aus dem nicht festen Kassenarztsitz und dem aus dem Arztrecht folgenden Leistungsumfang ergeben. Wegen des jugendlichen Alters des Fachgebiets Anästhesiologie sind allerdings bei den Gebietsgrenzen und dem Leistungsumfang von Anästhesisten pro futuro noch Verschiebungen zu erwarten.

Der Anästhesist als Belegarzt

Die grundlegende Bestimmung der Tätigkeit eines Kassenarztes als Belegarzt findet sich in § 368 g Abs. 6 RVO. Danach können die Kassenärztlichen Vereinigungen und die Krankenkassen Verträge über eine stationäre Behandlung in Krankenhäusern nur abschließen, soweit die ärztliche Behandlung durch Kassenärzte als Belegärzte erfolgt und nicht aus dem Pflegesatz finanziert wird. Die Vertragsparteien haben auf eine leistungsfähige belegärztliche Versorgung hinzuwirken. Die Anerkennung eines Kassenarztes als Belegarzt erfolgt im RVO-Bereich nach dem auf der Basis des § 368 g Abs. 6 RVO und § 36 Abs. 2 BMV/Ä zwischen der Kassenärztlichen Bundesvereinigung und den Bundesverbänden der RVO-Krankenkassen abgeschlossenen Belegarztvertrages. Die Anerkennung eines Vertragsarztes als Belegarzt im Ersatzkassenbereich regelt § 10 EKV. Sämtliche der vorgenannten Bestimmungen enthalten keinen Hinweis darauf, daß Anästhesisten keine Belegärzte sein können. Wesentliche Voraussetzung für die Anerkennung als Belegarzt ist nur, daß die stationäre Tätigkeit des Kassenarztes nicht das Schwergewicht seiner Gesamttätigkeit bildet, sondern von nebengeordneter Bedeutung ist. Darüber hinaus hat das Bundessozialgericht darauf hingewiesen, die Empfehlungsvereinbarung über die Teilnahme von Anästhesisten an der kassenärztlichen Versorgung zwischen der Kassenärztlichen Bundesvereinigung und den Bundesverbänden der Krankenkassen vom 28. 7. 1972 lasse ebenfalls keinen Rückschluß darauf zu, daß Anästhesisten nicht ambulant tätig sein und zur kassenärztlichen Versorgung zugelassen werden könnten. Die Partner dieser Empfehlungsvereinbarung gingen seinerzeit noch davon aus, daß Anästhesisten in Ausübung ihres Berufes in der Regel nur stationär tätig werden und nicht als Kassenärzte zugelassen werden sollten. Davon kann heute, 15 Jahre nach Abschluß dieser Empfehlungsvereinbarung, jedoch keine Rede mehr sein. Insbesondere die für den Anästhesisten nicht gebietsfremde Behandlung von Schmerzzuständen mit den Mitteln und Methoden des Faches der Anästhesiologie ermöglicht dem Anästhesisten die eigene stationäre (belegärztliche) Behandlung von Schmerzpatienten.[54] Insofern hat das BSG auch zu Recht darauf hingewiesen, daß die auf der Basis von § 368 g Abs. 6 RVO abgeschlossenen Vergütungsvereinbarungen nicht die Anerkennung eines Anästhesisten als Belegarzt verbieten. In diesen Vergütungsvereinbarungen (KV-bezogene Geamtverträge; § 11 Nr. 6 ff. EKV) ist nämlich im wesentlichen nur die Vergütung von Ärzten geregelt, die von einem Belegarzt zur Mitbehandlung oder zur Durchführung einer Narkose hinzugezogen

---

[54] Siehe oben S. 232 mit den entsprechenden Nachweisen.

werden. Will ein Anästhesist demgegenüber selbständig eigene Patienten behandeln, bedarf er einer Belegarztanerkennung und hat in diesem Fall seine stationären (belegärztlichen) Leistungen auf Belegarztschein abzurechnen.[55]
Die Tätigkeit des Anästhesisten als Belegarzt ist von seiner Tätigkeit bei der Erbringung anästhesiologischer Leistungen im stationären (belegärzlichen) Bereich als *Konsiliararzt* abzugrenzen. Wird der Anästhesist von einem Belegarzt zur Mitbehandlung oder zur Durchführung einer Narkose auf seiner Belegabteilung hinzugezogen, wird der Anästhesist ebenso wie ein Laborarzt, der zur Erbringung von Laborleistungen an stationären Patienten vom Krankenhaus herangezogen wird, konsiliarisch tätig. Damit rechnet der Anästhesist nicht auf Belegarztschein, sondern auf Überweisungsschein seine anästhesiologischen Leistungen bei Operationen auf Belegabteilungen ab.[56] Dies gilt auch für Leistungen im Rahmen der Eigenblutgewinnung.[57] Leistungen eines Belegarztes gehören nicht zu den allgemeinen Krankenhausleistungen (§ 2 Abs. 1 BPflV). Das gleiche gilt für Leistungen von niedergelassenen Ärzten, die von einem Belegarzt veranlaßt werden (§ 2 Abs. 3 Nr. 3 BPflV). Dementsprechend rechnet der Belegarzt die stationäre (belegärztliche) Operation über die Kassenärztliche Vereinigung ab; Leistungen bei der Eigenblutgewinnung hat die Kassenärztliche Vereinigung dem Anästhesisten als Konsiliararzt zu vergüten. Die Abrechnung der Gebührenziffern 42–45 BMÄ/E-GO '87, nämlich die konsiliarische Erörterung von zwei oder mehr Ärzten am Bett des Kranken oder in dessen Wohnung, ist dem niedergelassenen Anästhesisten dagegen bei der Erbringung von Anästhesieleistungen auf Belegabteilungen versagt,[58] da er in diesem Fall eigenständig und nicht konsiliarisch beratend tätig wird und es für die Anästhesieleistungen die eigenständigen Abrechnungsziffern des Kapitels D BMÄ/E-GO '87 gibt.
Wie sich aus § 4 RVO-Belegarztvertrag bzw. § 10 Nr. 5 EKV ergibt, hat „ein Kassen-/Vertragsarzt, der stationäre kassen-/vertragsärztliche Behandlung ausüben will, ... die Anerkennung als Belegarzt bei der für seinen Kassenarztsitz zuständigen Kassenärztlichen Vereinigung" zu beantragen. Auch hier ist der Begriff „Kassen-/Vertragsarzt" extensiv auszulegen. Jeder zugelassene und umfassend ermächtigte (§ 31 Abs. 1 a ZOÄ) Anästhesist kann eine Belegarztanerkennung beantragen.[59] Dem Anerkennungsantrag hat der Anästhesist eine Erklärung des Krankenhausträgers beizufügen, nach dem ihm belegärztliche Tätigkeit gestattet ist. Außerdem muß diese Erklärung die Zahl der dem Belegarzt insgesamt zur Verfügung gestellten Betten enthalten, da die stationäre (belegärztliche) Tätigkeit des Anästhesisten im Verhältnis zu seiner ambulanten kassen-/vertragsärztlichen Tätigkeit von nebengeordneter Bedeutung sein muß. Ein

---

[55] Urteil des BSG vom 16. 4. 1986 (6 RKa 24/84), S. 12.

[56] Siehe dazu eine Reihe von Gesamtverträgen zwischen den Kassenärztlichen Vereinigungen in der Bundesrepublik Deutschland und den entsprechenden Landesverbänden der Krankenkassen, in: Heinemann/Liebold: a.a.O., Bd. II, K4, K12, K30, K54, K66, K81, K95.

[57] Vgl. oben S. 244f. Soweit der Anästhesist Leistungen im Rahmen der Eigenblutgewinnung erbringt, die für Operationen benötigt werden, die stationär, nicht belegärztlich, durchgeführt werden, sind diese Leistungen im Rahmen der kassenärztlichen Versorgung nicht abrechenbar. Dies gilt unabhängig davon, ob es sich um einen angestellten Anästhesisten oder einen freiberuflich tätigen Anästhesisten handelt.

[58] Zur Erbringung und Vergütung von Anästhesieleistungen angestellter Chefärzte von Anästhesieabteilungen auf Belegabteilungen vgl. Narr: a.a.O., Rdn. 479; Heinemann/Liebold: a.a.O., Bd. I, C 531.

[59] Heinemann/Liebold: a.a.O., Bd. I, C 530.

Belegarzt darf daher insgesamt nicht mehr als 20 Betten zu versorgen haben. Diese Zahl dürfte von einem Anästhesisten ohnehin nicht erreicht werden, da für die ihm allein erlaubte schmerztherapeutische Behandlung auf einer Belegabteilung Patienten in diesem Ausmaß kaum zu finden sind.
Ferner darf eine Belegarztanerkennung nur ausgesprochen werden, wenn die Voraussetzungen für die Gewährung von Krankenhauspflege durch die Krankenkassen gem. § 371 RVO erfüllt sind (§ 1 a RVO-Belegarztvertrag; § 10 Nr. 1 a EKV). Dies bedeutet, daß wegen der Verpflichtung zur Wirtschaftlichkeit auch bei der Krankenhauspflege (§ 373 RVO) einem Anästhesisten eine Belegarztanerkennung nicht erteilt werden kann, wenn das Belegkrankenhaus oder die Belegklinik mit einer Belegabteilung zur Behandlung von stationären Schmerzkranken nicht in den Krankenhausbedarfsplan aufgenommen worden ist. Dasselbe gilt dann, wenn die Krankenkassen eine Erklärung des Belegkrankenhauses bzw. der Belegklinik, sie seien zur Erbringung von Krankenhauspflege bereit, innerhalb von 3 Monaten abgelehnt haben, da eine wirtschaftliche Krankenhauspflege nicht durchgeführt wird oder die Ziele des Krankenhausbedarfsplanes gefährdet werden (§ 371 RVO).
Im Ergebnis bestehen also de iure keine Bedenken gegen eine Belegarztanerkennung für einen Anästhesisten. De facto wird eine solche Belegarztanerkennung jedoch nur vereinzelt ausgesprochen werden können, da eine anästhesiologische Versorgung in Belegkrankenhäusern über die Durchführung von anästhesiologischen Leistungen bei Operationen hinaus in den Krankenhausbedarfsplänen kaum ausgewiesen ist.

Zusammenarbeit zwischen Anästhesisten

Zunehmende Arztzahlen und limitierte Gesamtvergütungen veranlassen Ärzte vermehrt, ihre Praxistätigkeit durch Kooperation mit anderen Ärzten zu rationalisieren. Diese Entwicklung ist auch unter Anästhesisten zu beobachten, obwohl sie hier aufgrund der überwiegend funktionsspezifischen Durchführung von Anästhesieleistungen bei Operationen sehr viel weniger dynamisch verläuft als in anderen ärztlichen Fachgebieten.

Abgeschlossener Kreis von Formen ärztlicher Zusammenarbeit

Die ärztliche Heilbehandlung ist heute ohne eine arbeitsteilige Organisation lege artis kaum noch durchführbar. So wirken an der arbeitsteilig organisierten ärzlichen Heilbehandlung Ärzte, Apotheker, Assistenten, Krankenschwestern, Hebammen und sonstige Hilfskräfte mit. Die arbeitsteilig organisierte Heilbehandlung unter Ärzten ist aber vom Kassenarztrecht wie vom Arztrecht in feste Schranken eingebunden. Das Kassenarztrecht kennt nur 3 Formen ärztlicher Kooperation, nämlich die Gemeinschaftspraxis, die Praxisgemeinschaft und die Beschäftigung eines Assistenten beim Kassenarzt. Alle 3 Formen des arbeitsteiligen Zusammenwirkens von Ärzten kommen auch bei an der kassenärztlichen Versorgung teilnehmenden Anästhesisten vor.

Gemeinschaftspraxis und Praxisgemeinschaft

Die beiden Formen ärztlicher Kooperation, in denen sich die beteiligten Partner im Verhältnis der Gleichordnung gegenüberstehen, sind die ärztliche Praxisgemeinschaft und die Gemeinschaftspraxis von Ärzten. Bei der Praxisgemeinschaft wird die ärztliche Tätigkeit in gemeinsamen Räumen und/oder mit gemeinsamem Personal und/oder mit gemeinsamen Geräten ausgeübt. Jeder Kassenarzt wird aufgrund eigener Zulassung oder Ermächtigung tätig, hat eine eigene Patientenkartei, rechnet getrennt mit seiner Kassenärztlichen Vereinigung ab und haftet für seinen Patienten nur einzelvertraglich und höchstpersönlich.[60] Für die kassenärztliche Tätigkeit stellt diese Form einer Zusammenarbeit von Ärzten keine Besonderheit dar. Die sich zusammenschließenden Ärzte benötigen daher auch keine neben ihrem Status als Kassenarzt zusätzlich geforderte Genehmigung oder Einwilligung der Kassenärztlichen Vereinigung. Die Beteiligung in einer Praxisgemeinschaft ist der Kassenärztlichen Vereinigung anzuzeigen (§ 33 Abs. 1 ZOÄ).
In der Gemeinschaftspraxis sind demgegenüber die ärztlichen Leistungen austauschbar. Der Patient hat keinen Anspruch auf Behandlung durch einen bestimmten Arzt der Gemeinschaftspraxis. Der Begriff „Gemeinschaftspraxis" muß deshalb auf dem Praxisschild angegeben werden. Der Behandlungsvertrag des Patienten kommt mit allen Ärzten der Gemeinschaftspraxis zustande. Die Partner der Gemeinschaftspraxis haften als Gesamtschuldner, d. h. jeder Arzt haftet für die gesamten Schulden der Gemeinschaftspraxis, der jeweilige Gläubiger kann die Leistung aber nur einmal fordern (§ 421 BGB).[61]
Die Gemeinschaftspraxis ist rechtlich wie ein Arzt anzusehen. Sie bedarf deshalb der Genehmigung der Kassenärztlichen Vereinigung (§ 33 Abs. 2 ZOÄ). Die Gemeinschaftspraxis erhält, einerlei, wieviel Ärzte in ihr tätig sind, eine Abrechnungsnummer und rechnet als Gemeinschaftspraxis mit der Kassenärztlichen Vereinigung ab.
Für Anästhesisten ist die Zusammenarbeit sowohl in einer Praxisgemeinschaft als auch in einer Gemeinschaftspraxis zulässig und sinnvoll. Eine gesetzliche oder vertragliche Bestimmung, nach der Anästhesisten der Zusammenschluß in einer Praxisgemeinschaft oder Gemeinschaftspraxis versagt ist, findet sich im Kassenarztrecht nicht. Neben zugelassenen Anästhesisten können auch umfassend ermächtigte Anästhesisten eine Praxisgemeinschaft oder Gemeinschaftspraxis gründen. Die gemeinsame Nutzung von teuren Anästhesiegerätschaften ist wegen ihrer Mobilität auch an unterschiedlichen Leistungsorten möglich, so daß aus dem nicht festen Kassenarztsitz bei der Praxisgemeinschaft keine Besonderheiten resultieren. Eine Gemeinschaftspraxisgenehmigung kann zugelassenen Anästhesisten jedoch nur bei gleichem, wenn auch möglicherweise zum Großteil fiktivem Kassenarztsitz erteilt werden. Das gleiche gilt für niedergelassene ermächtigte Anästhesisten. Hier ist eine Gemeinschaftspraxisgenehmigung angezeigt, wenn die ermächtigten Anästhesisten an kongruenten Leistungsorten anästhesiologische Leistungen bei Operationen durchzuführen beabsichtigen. Grund hierfür ist, daß die vorgegebene Einheit der Gemeinschaftspraxis wegen der regelmäßigen Ausübung anästhesiologischer Tätigkeit im Umherziehen nicht vollständig aufgegeben werden darf und die Gemeinschaftspraxis unter einer einzigen Adresse

---

[60] Narr: a.a.O., Rdn. 1144; Rieger, J.: Lexikon des Arztrechts, 1984, Stichwort „Praxisgemeinschaft".
[61] Narr: a.a.O., Rdn. 1144; Rieger: a.a.O., Stichwort „Gemeinschaftspraxis".

firmieren muß, um den Rechtsverkehr zwischen den Ärzten für Anästhesiologie, ihren Patienten und der Kassenärztlichen Vereinigung nicht über Gebühr zu erschweren. Die Genehmigung hat nicht der Zulassungsausschuß, sondern die Kassenärztliche Vereinigung zu erteilen. Zwar sieht § 23 ZOÄ nur die Erteilung einer Gemeinschaftspraxisgenehmigung durch den Zulassungsausschuß vor, umfassend ermächtigten Ärzten, insbesondere Anästhesisten, kann unter Heranziehung von Art. 12 GG die Gründung einer Gemeinschaftspraxis jedoch nicht verwehrt werden.

Praxisassistent

Kassenärzte dürfen andere approbierte Ärzte als Assistenten nur mit vorheriger Genehmigung der Kassenärztlichen Vereinigung beschäftigen (§ 32 Abs. 2 ZOÄ). Dies gilt auch für zugelassene oder niedergelassene ermächtigte Anästhesisten, wenn ihre Ermächtigung dem Umfang nach einer ganztägigen Tätigkeit entspricht.
Das Kassenarztrecht kennt vier Arten von Assistenten, nämlich den Ausbildungsassistenten, den Vorbereitungsassistenten, den Weiterbildungsassistenten und den Entlastungsassistenten (§ 32 Abs. 2 ZOÄ).

Ausbildungs-, Vorbereitungs- und Weiterbildungsassistent

Die Beschäftigung eines Ausbildungs-, Vorbereitungs- oder Weiterbildungsassistenten durch einen zugelassenen oder einen niedergelassenen ermächtigten Anästhesisten bereitet keine Probleme. Eine Genehmigung für einen Ausbildungsassistenten wird von der Kassenärztlichen Vereinigung erteilt, wenn ein Arzt im Praktikum einen Teil der ab 1. 7. 1988 zwingend zu absolvierenden Tätigkeit im Praktikum bei einem niedergelassenen Anästhesisten absolvieren will. Dasselbe gilt für die Genehmigung zur Beschäftigung eines Vorbereitungsassistenten. Die 18monatige Vorbereitungszeit gem. § 3 Abs. 2 b ZOÄ ist zwar nicht mehr von Ärzten zu absolvieren, die die ärztliche Prüfung nach dem 30. 6. 1988 abgelegt haben (§ 54 ZOÄ). Für eine geraume Zeit sind von der Kassenärztlichen Vereinigung jedoch noch Genehmigungen zur Beschäftigung von Vorbereitungsassistenten für die Ärzte zu erteilen, die ihr Studium nach der alten Approbationsordnung abgeschlossen haben. Da die Vorbereitungszeit bei einem Kassenarzt jedweden Gebietes abgeleistet werden kann, kann auch ein niedergelassener Anästhesist einen Vorbereitungsassistenten beschäftigen.
Anästhesisten wird ferner regelmäßig die Genehmigung zur Beschäftigung eines Weiterbildungsassistenten erteilt. Gem. Artikel 4 der Richtlinie des Rates der Europäischen Gemeinschaften zur Koordinierung der Rechts- und Verwaltungsvorschriften für die Tätigkeiten des Arztes vom 16. 6. 1975[62] sorgen die Mitgliedsstaaten der Europäischen Gemeinschaft dafür, daß die Mindestweiterbildungszeit im Gebiet der Anästhesiologie 3 Jahre beträgt. Damit kann einem niedergelassenen Anästhesisten eine Ermächtigung zur Weiterbildung im Gebiet der Anästhesiologie von der zuständigen Ärztekammer erteilt werden, da die in der Bundesrepublik Deutschland

---

[62] In: Amtsblatt der Europäischen Gemeinschaft vom 30. 6. 1975, Nr. L 167/15.

für das Gebiet der Anästhesiologie festgesetzte Mindestweiterbildungszeit von 4 Jahren die nach dem Recht der Europäischen Gemeinschaft geforderte Weiterbildungszeit von 3 Jahren übersteigt (§ 5 Abs. 1 MuWBO). Weist ein in der kassenärztlichen Versorgung tätiger Anästhesist eine Weiterbildungsermächtigung der Ärztekammer nach und beantragt die Genehmigung zur Beschäftigung eines Weiterbildungsassistenten, ist ihm diese regelmäßig bis zu einem Zeitraum von 1 Jahr in Anlehnung an das Ausmaß der Weiterbildungsermächtigung zu erteilen.

Entlastungsassistent

Neben dem Ausbildungs-, Vorbereitungs- und Weiterbildungsassistenten kann einem Kassenarzt die Beschäftigung eines approbierten Arztes als Assistent nur noch genehmigt werden, wenn dies aus Gründen der Sicherstellung der kassenärztlichen Versorgung erforderlich ist (§ 32 Abs. 2 Satz 2 ZOÄ). Hier handelt es sich um den sog. Entlastungsassistenten, der nur zusammen mit dem Kassenarzt am Ort der Niederlassung die für die Versicherten notwendige und ausreichende kassenärztliche Versorgung sicherstellen kann. Die Erteilung von Genehmigungen für Entlastungsassistenten durch die Kassenärztlichen Vereinigungen hat in den letzten Jahren rapide abgenommen, weil durch die hohe Zahl von Kassenärzten eine ausreichende kassenärztliche Versorgung mittlerweile beinahe an jedem Ort in der gesamten Bundesrepublik Deutschland sichergestellt ist. Lediglich niedergelassenen Anästhesisten ist auch in jüngster Zeit wiederholt die Genehmigung zur Beschäftigung von Entlastungsassistenten erteilt worden, weil für die Erbringung ambulanter anästhesiologischer Leistungen vielerorts noch ein Bedarf besteht. Bei der Entscheidung über die Genehmigung zur Beschäftigung eines Entlastungsassistenen für einen niedergelassenen Anästhesisten wurde jedoch bisweilen außer acht gelassen, daß ein Bedarf an anästhesiologischen Leistungen in erster Linie bei operativ tätigen Kassenärzten auf deren Belegabteilungen und nicht zur Durchführung anästhesiologischer Leistungen bei *ambulanten* Operationen von Kassenärzten bestand. Besteht ein Bedarf für die Erbringung anästhesiologischer Leistungen lediglich auf Belegabteilungen, vermögen Gründe der Sicherstellung der kassenärztlichen Versorgung die Genehmigung zur Beschäftigung eines Entlastungsassistenten nicht zu rechtfertigen. Zwar legt § 368 n Abs. 1 RVO den Schluß nahe, daß der Sicherstellungsauftrag wie der Gewährleistungsauftrag der Kassenärztlichen Vereinigungen unbegrenzt für die gesamte kassenärztliche Versorgung gilt. Hierzu gehörte dann neben der ambulanten Behandlung von Versicherten in der Kassenpraxis die stationäre Versorgung auf Belegabteilungen, die ambulante Versorgung in poliklinischen Einrichtungen der Hochschulen und die ambulante Notfallbehandlung. Dies führt jedoch zu unerwünschten Ergebnissen. Würde ein Vollkrankenhaus insgesamt in ein Belegkrankenhaus umgewandelt, würde lediglich durch den Umwandlungsakt der Sicherstellungsauftrag der Kassenärztlichen Vereinigungen entstehen. Außerdem ist zu beachten, daß die Kassenärztlichen Vereinigungen auf den belegärztlichen Bereich keinen direkten Einfluß nehmen können. Würde beispielsweise der Träger einer Belegabteilung aus nicht nachvollziehbaren Gründen mehrere zulassungsfähige Bewerber für eine belegärztliche Abteilung ablehnen, ist es nicht nachvollziehbar, daß die KV aus dem Sicherstellungsauftrag heraus immer wieder verpflichtet wäre, sich erneut und wiederholt um die Besetzung der Belegabteilung dieses Krankenhausträgers zu kümmern. Allein aus faktischen Gründen sind die Kassenärztlichen Vereinigungen daher nicht dazu verpflichtet, belegärztliche Leistungen auf Belegabteilungen sicherzustellen. Sie haben vielmehr gem. § 368 g Abs. 6 Satz 3 RVO lediglich *auf eine ausreichende belegärztliche Versorgung hinzuwirken.* Die Zusammenschau von § 368 n Abs. 1 RVO i.V.m. § 368 g Abs. 6 Satz 3 RVO ergibt, daß ein Sicherstellungsauftrag für belegärztliche Leistungen und damit anästhesiologische Leistungen auf einer Belegabteilung nicht besteht. Die Genehmigung für einen Entlastungsassistenten darf einem Anästhesisten also nur erteilt werden, wenn ein Bedarf für die Durchführung anästhesiologischer Leistungen bei ambulanten Operationen besteht.

Die Beschäftigung eines Ausbildungs-, Vorbereitungs-, Weiterbildungs- und/oder Entlastungsassistenten darf nicht der Vergrößerung der Kassenpraxis oder der Aufrechterhaltung eines übergroßen Praxisumfanges dienen (§ 32 Abs. 3 ZOÄ). Die Auslegung dieser Bestimmung macht immer wieder Probleme. So kann der Arzt im Praktikum 9 Monate in einem nichtoperativen Fach absolvieren. Außerdem kann derjenige, der noch eine Vorbereitungszeit absolvieren muß, bis zu 11,5 Monaten bei einem Kassenarzt jedweden Gebietes beschäftigt werden. Ein Weiterbildungsassistent kann entsprechend der Weiterbildungsermächtigung bis zu 12 Monaten beschäftigt werden. Soweit ein Assistent zur Entlastung heute noch erforderlich ist, gibt es zeitlich überhaupt keine Beschränkung der Beschäftigungsdauer. Da mit einer mehrmonatigen Beschäftigung eines Assistenten regelmäßig einhergeht, daß mehr Patienten als bisher behandelt werden können, kann die Genehmigung für die Beschäftigung eines Assistenten unter Hinweis auf die zu erwartende Vergrößerung des Praxisumfanges nicht versagt werden. Eine Versagungsmöglichkeit ergibt sich erst, wenn ein Kassenarzt nahtlos mehrere Assistenten hintereinander beschäftigt und somit die an sich erforderliche Bildung einer Praxisgemeinschaft oder Gemeinschaftspraxis verzögert oder völlig zu vermeiden sucht.

Die Abrechnung anästhesiologischer Leistungen

Jeder Kassenarzt erwirbt mit der Zulassung, Beteiligung oder Ermächtigung das Recht, ärztliche Leistungen, die er an Versicherten der gesetzlichen Krankenkassen erbracht hat, mit seiner Kassenärztlichen Vereinigung abzurechnen. Dies gilt auch für den Anästhesisten. Auf einige Abrechnungsfragen wurde oben schon hingewiesen.[63] Ferner haben die Reform des Einheitlichen Bewertungsmaßstabs im Jahre 1987 und die damit verbundene Neuordnung des Bewertungsmaßstabs für kassenärztliche Leistungen und der Ersatzkassen-Gebührenordnung eine Reihe von Streitfragen in der Kassenarztabrechnung des Anästhesisten beseitigt. So sind heute bis auf die Nrn. 405 bis 407 und Nr. 471 alle Anästhesieleistungen aus dem Kapitel D BMÄ/E-GO '87 auch im Rahmen der Schmerztherapie abrechenbar. Früher konnten diese Leistungen im RVO-Bereich überhaupt nicht und im Ersatzkassenbereich nur nach den Nrn. 469 bis 479 E-GO

[63] Siehe oben S. 239ff., 245, 249.

abgerechnet werden.[64] Andererseits haben der BMÄ '87 und die E-GO '87 auch für Anästhesisten neue Zweifelsfragen aufgeworfen. So begehren Anästhesisten die Abrechnungsmöglichkeit für die Nr. 50 BMÄ/E-GO '87, nämlich für das Aufsuchen eines Kranken in der Praxis eines anderen Arztes bei Tage zur Durchführung von Anästhesieleistungen. Dabei ist nicht die einmalige Abrechnung dieser Leistungen, sondern vielmehr die Abrechnung pro Versichertem streitig, etwa wenn der Anästhesist beim Chirurgen in dessen Praxis nacheinander mehrfach Anästhesieleistungen bei Operationen erbringt. Hier ist nämlich zu berücksichtigen, daß der Anästhesist die Praxis des Chirurgen für die Durchführung von Anästhesieleistungen an mehreren Versicherten nur *einmal* aufsuchen muß und damit den Ort seines beruflichen Wirkens nicht nur für die Behandlung eines Patienten, sondern systematisch aus der eigenen Praxis in die eines anderen Arztes verlegt. Insofern entfällt für den zweiten und jeden weiteren Patienten das zwingend erforderliche Aufsuchen des Kranken in der Praxis des Chirurgen. Es muß damit entgegen dem Beschluß Nr. 564 vom 2./3. 11. 1987 der Arbeitsgemeinschaft nach § 19 EKV bei der einmaligen Abrechnungsmöglichkeit der Nr. 50 BMÄ/E-GO '87 bleiben.

Eine weitere Streitfrage ergibt sich, wenn nicht der Kassenarzt (Belegarzt) seinem zu operierenden Patienten Blut entnimmt, sondern die Blutentnahme durch Venenpunktion nach der Nr. 250 BMÄ/E-GO '87 vom Anästhesisten durchgeführt wird. Hier handelt es sich nicht um die bereits dargestellte Problematik der Durchführung pränarkotischer Untersuchunen, insbesondere von Laborleistungen durch den Anästhesisten.[65] Die Blutentnahme ist vielmehr Voraussetzung zur Erbringung pränarkotischer Laborleistungen, die für den Anästhesisten fachfremd sind. Dennoch gilt auch hier, daß diese Leistung für den Anästhesisten nicht abrechenbar ist. Die Blutentnahme hat ebensowenig wie die erforderlichen Laboruntersuchungen unmittelbar etwas mit der vom Anästhesisten eigenhändig durchzuführenden Untersuchung auf Narkosefähigkeit zu tun. Blutentnahme und Laborwerte sind lediglich Voraussetzung für diese Untersuchung auf Narkosefähigkeit. Die Blutentnahme zur Eigenblutgewinnung und Refundierung bei der Operation ist dagegen abrechenbar.[66]

Wirtschaftlichkeitsprüfung

Bei der Wirtschaftlichkeitsprüfung des niedergelassenen Anästhesisten gibt es kaum Probleme. So sind sämtliche Anästhesieleistungen bei ambulanten Operationen oder auf Belegabteilungen, die der Anästhesist mit der Kassenärztlichen Vereinigung abrechnet, der Wirtschaftlichkeitsprüfung nicht zugänglich. Pro Operation wird im Regelfall ein Anästhesieverfahren durchgeführt, daß entsprechend dem Kapitel D BMÄ/E-GO '87 sowie nach den Nrn. 90, 91, BMÄ/E-GO '87 abgerechnet wird. Sollte

---

[64] Dies ergibt sich im RVO-Bereich aus den Eingangsbestimmungen des Kapitels D BMÄ '78 (Brück: Kommentar zum einheitlichen Bewertungsmaßstab, bearbeitet von A. Heinzerling und R. Hess, Bd. 1, 1978, 1985, 24. Ergänzungslieferung, Stand: 01. 07. 1985, Kapitel D Präambel, Rdn. 11, im Ersatzkassenbereich aus der Feststellung Nr. 385 vom 31. 8. 1983 der Arbeitsgemeinschaft nach § 19 EKV).

[65] Siehe oben S. 238ff.

[66] Vgl. auch schon oben S. 245.

ein Anästhesist eine Anästhesieleistungsziffer abrechnen, ohne die Anästhesie durchgeführt zu haben, erfolgt eine sachlich-rechnerische Berichtigung durch die Kassenärztliche Vereinigung, nicht jedoch eine Prüfung auf Wirtschaftlichkeit durch die Prüfgremien.

Soweit Anästhesisten schmerztherapeutische Leistungen abrechnen, ist das Wirtschaftlichkeitsgebot nach § 368 e RVO zu beachten. Derartige Leistungen dürfen nicht im Übermaß erbracht werden. Da die ständige Rechtsprechung des Bundessozialgerichts davon ausgeht, daß die Mehrheit der Kassenärzte wirtschaftlich behandelt, wird die Wirtschaftlichkeitsprüfung nach statistischen Vergleichswerten akzeptiert.[67] Hier ergibt sich bei Anästhesisten das Problem, daß ihre Fachgruppe pro Bezirk einer Kassenärztlichen Vereinigung im Regelfall noch zu klein ist, um eine hinreichende Zahl vergleichbarer Ärzte zu haben, die brauchbare statistische Werte für die Prüfung abgeben. In einem solchen Fall ist es möglich, Fall- und Leistungsspartendurchschnittswerte aus dem Bezirk anderer Kassenärztlichen Vereinigungen für die statistische Vergleichsbetrachtung heranzuziehen. Überschreitet ein Anästhesist bei schmerztherapeutischen Leistungen die Vergleichsgruppe um beispielsweise mehr als 50%, liegt er in der Überschreitungszone des sog. offensichtlichen Mißverhältnisses. Hier ist der Anschein der Unwirtschaftlichkeit seiner Abrechnung gegeben. Dieser kann nur durch die substantierte Darlegung von Praxisbesonderheiten oder kompensationsfähigen Minderaufwendungen in anderen Leistungssparten entkräftet werden.[68]

Die Beendigung kassenärztlicher Tätigkeit

Wenn ein Kassenarzt seine ihm obliegenden Pflichten gröblich verletzt und damit das Vertrauen zwischen Krankenkassen, Kassenärztlicher Vereinigung und sich zerstört, kann ihm die RVO-Zulassung entzogen bzw. die EK-Beteiligung widerrufen werden. Dies gilt auch für den Anästhesisten. Eine gröbliche Verletzung der kassenärztlichen Pflichten durch einen Anästhesisten liegt beispielsweise vor, wenn er anästhesiologische oder schmerztherapeutische Leistungen abrechnet, ohne sie erbracht zu haben.

Soweit ein Anästhesist im Rahmen der kassen-/vertragsärztlichen Versorgung ermächtigt ist, ist diese Ermächtigung zu befristen (§ 31 Abs. 5 ZOÄ). Damit läuft die Ermächtigung, ohne daß es eines Widerrufes bedarf, mit Fristablauf aus. Der Anästhesist kann eine Verlängerung der Ermächtigung beantragen, die ihm regelmäßig erteilt wird, wenn sich am Bedürfnis nichts geändert hat. Während einer auf bestimmte Zeit erteilten Ermächtigung ist ein Widerruf der Ermächtigung ausgeschlossen. Das Bundessozialgericht hat entschieden, daß die Kassenärztliche Vereinigung durch Festlegung der Frist für diesen Zeitraum ein Bedürfnis zur Ermächtigung gesehen und demzufolge eine entsprechende Ermächtigung erteilt hat. Änderungen im Bedarf während des Laufs der Ermächtigung vermögen demzufolge einen Widerruf während der Frist nicht zu rechtfertigen.[69]

---

[67] BSGE 46, S. 136–140; 50, S. 84–88; 55, S. 110–115.

[68] Ständige Rechtssprechung des Bundessozialgerichts. Vgl. nur Urteil des BSG vom 22. 5. 1984 (6 RKa 21/82), in: Die Ersatzkassen 1985, Heft 3, S. 105.

[69] Urteil des BSG vom 27. 4. 1982 (6 RKa 3/80), in: Arztrecht 1983, S. 5.

Zusammenfassung

Der Anästhesist in der kassenärztlichen Versorgung hat wie jeder andere Gebietsarzt Anspruch auf Zulassung und Beteiligung an der kassen-/vertragsärztlichen Versorgung. Daneben sind Ermächtigungen durch die Kassenärztlichen Vereinigungen möglich. Zu beachten ist, daß wegen der Verpflichtung des Anästhesisten, sich auf sein Gebiet zu beschränken, eine Reihe von Besonderheiten bestehen. Der Anästhesist kann auch Belegarzt sein, wird aber auf Belegabteilungen regelmäßig wie ein Konsiliararzt tätig, wenn er anästhesiologische Leistungen bei stationären (belegärztlichen) Operationen durchführt. Anästhesisten können wie andere Kassenärzte auch Praxisgemeinschaften und Gemeinschaftspraxen gründen. Zugelassene Anästhesisten müssen eine Zulassung für den gleichen Kassenarztsitz beantragen, ermächtigte Anästhesisten ihre anästhesiologische Leistungen an kongruenten Leistungsorten erbringen. Der Anästhesist kann Ausbildungs-, Vorbereitungs- und Entlastungsassistenten beschäftigen. Mangels Sicherstellungsauftrags für die Erbringung anästhesiologischer Leistungen auf Belegabteilungen entfällt jedoch das Bedürfnis für einen Entlastungsassistenten, wenn überwiegend anästhesiologische Leistungen bei stationären (belegärztlichen) Operationen erbracht werden. Die Abrechnung anästhesiologischer Leistungen erfolgt im wesentlichen nach Nrn. 90, 91 und Kapitel D BMÄ/E-GO '87. Die Wirtschaftlichkeitsprüfung von Anästhesisten richtet sich nach bewährten Grundsätzen. Bei einer zu kleinen Vergleichsgruppe können Vergleichswerte aus anderen Kassenärztlichen Vereinigungen herangezogen werden. Kassenärztliche Tätigkeit von Anästhesisten endet, wenn ihnen wegen Verletzung gröblicher Pflichten die RVO-Zulassung entzogen bzw. die EK-Beteiligung widerrufen wird. Jede Ermächtigung endet durch Zeitablauf. Während des Laufs der Ermächtigungsfrist ist ein Widerruf nicht möglich.

Rechtsfragen der Preisvergleichsliste

R. HESS

§ 368 e Abs. 1 Satz 2 RVO in der Fassung des Krankenversicherungs-Kostendämpfungsgesetzes vom 27. 6. 1977 (BGBl I S. 1069) verpflichtet den Bundesauschuß der Ärzte und Krankenkassen, in den Richtlinien über die Verordnung von Arzneimitteln (AMR) Arzneimittel so zusammenzustellen, „daß dem Arzt der Preisvergleich und die Auswahl therapiegerechter Verordnungsmengen ermöglicht wird". Auf dieser Grundlage hat der Bundesausschuß der Ärzte und Krankenkassen erstmals im Jahre 1979 und dann kontinuierlich im Abstand von jeweils 6 Monaten zunächst eine Liste von Monopräparaten und chemisch identischen Kombinationspräparaten beschlossen, die sich auf einen reinen Preisvergleich dieser Präparate beschränkte. Diese Liste war rechtlich relativ unproblematisch, löste jedoch bereits damals einen Rechtsstreit um die Berücksichtigung einer angeblich unterschiedlichen Bioverfügbarkeit chemisch identischer Präparate bei der Festlegung der rechnerischen mittleren Tagesdosis als Grundlage für den Preisvergleich aus. Von der Aufnahme nicht identisch zusammengesetzter Kombinationspräparate wurde zunächst ausdrücklich Abstand genommen, da insoweit ein Preisvergleich ohne medizinische Bewertung der Kombinationen und ihrer Bestandteile nicht als möglich angesehen wurde.[1]

Vor dem Hintergrund des vom Gesetzgeber erteilten Auftrages, für den Bereich der kassenärztlichen Versorgung eine Preisvergleichsliste für Arzneimittel zu erstellen, war diese Begrenzung auf Monopräparate und chemisch identische Kombinationen auch rechtlich bedenklich, da nur ein Bruchteil des Arzneimittelmarktes erfaßt werden konnte (ca. 10%) und die Nichtaufnahme chemisch unterschiedlicher Kombinationen zu Wettbewerbsverschiebungen innerhalb der Präparate ein und desselben Indikationsgebietes führen mußte.

Im Jahre 1984 wurde daher mit den Vorarbeiten für eine um Kombinationspräparate erweiterte Preisvergleichsliste begonnen. Dabei mußte der Bundesausschuß der Ärzte und Krankenkassen berücksichtigen, daß die Preisvergleichsliste als Bestandteil der Arzneimittel-Richtlinien zu beschließen ist und die Arzneimittel-Richtlinien selbst kritische Aussagen zur Wirtschaftlichkeit der Verordnung von Kombinationspräparaten enthalten. Nach Nr. 10 AMR kann die Verordnung von Kombinationspräparaten unwirtschaftlich sein, wenn weder durch die einzelnen Komponenten noch mit deren Synergismus eine Steigerung des therapeutischen Nutzens oder eine Verminderung von unerwünschten Wirkungen verbunden ist, besonders dann, wenn die Kombination unnötige Bestandteile enthält. Vor diesem Hintergrund schien es dem Bundesausschuß der Ärzte und Krankenkassen nicht möglich, Kombinationspräparate undifferenziert

[1] Westphal, DOK 1979, S. 280ff.

in eine Preisvergleichsliste als Bestandteil der Arzneimittel-Richtlinien aufzunehmen, ohne gleichzeitig medizinische Hinweise über die Sinnhaftigkeit und Einsatzmöglichkeit von Kombinationspräparaten zu geben und auf Nebenwirkungsrisiken von Kombinationen und deren Bestandteilen hinzuweisen. Die Aufnahme von Kombinationspräparaten mußte darüber hinaus dazu führen, daß die bisherige, allein auf Wirkstoffgruppen ausgerichtete Struktur der Preisvergleichsliste aufgegeben werden mußte und eine Neuordnung nach medizinischen Indikationsgebieten vorzunehmen war.

Die auf dieser Grundlage um Kombinationspräparate erweiterte Preisvergleichsliste erschien erstmals im Jahre 1986. Sie ist nach medizinischen Indikationsgebieten gegliedert (z. B. Analgetika). Innerhalb des Indikationsgebietes wird eine Gruppeneinteilung vorgenommen in Mittel, die allgemein zur Behandlung im entsprechenden Indikationsgebiet geeignet sind (Gruppe A), Mittel, die nur in bestimmten Fällen zur Behandlung im entsprechenden Indikationsgebiet geeignet sind (Gruppe B) und Mittel, bei deren Verordnung besondere Aufmerksamkeit geboten ist (Gruppe C). Die Kriterien für die Aufnahme der einzelnen Wirkstoffgruppen in diese Gruppeneinteilung sind in den Vorbemerkungen und Grundsätzen zur Preisvergleichsliste jeweils festgelegt. Zusätzlich enthält jede Wirkstoffgruppe einen Vorspanntext, der erläuternde therapeutische Hinweise für die Indikationsbreite und zu beachtende Besonderheiten (insbesondere Nebenwirkungen) gibt und gleichzeitig die Zuordnung der jeweiligen Stoffgruppen nach Maßgabe der Gruppeneinteilung nach A, B und C begründet.

Es war von vornherein zu erwarten, daß die pharmazeutische Industrie einen solchen „bewertenden Preisvergleich" nicht widerspruchslos hinnehmen würde. In Rechtsgutachten und einer Vielzahl von Eingaben einzelner Arzneimittelhersteller wurden rechtliche Bedenken gegen diese neue Preisvergleichsliste vorgebracht. In einer Vielzahl von Anträgen auf Erlaß einstweiliger Anordnungen wurde versucht, die Herausgabe dieser erweiterten Preisvergleichsliste zu verhindern oder Änderungen in den Vorspanntexten oder in der rechnerischen mittleren Tagesdosis für Einzelpräparate zu erreichen. Diese Verfahren führten teilweise dazu, daß an dem Entwurf der Preisvergleichsliste Änderungen vorgenommen wurden. Die Herausgabe der neuen Liste konnte jedoch dadurch nicht verhindert werden, da in den Beschlüssen und Urteilen des für derartige Anträge ausschließlich zuständigen Sozialgerichts Köln die Rechtmäßigkeit der neuen Liste im Grundsatz bejaht wurde. Für die rechtliche Beurteilung eines bewertenden Preisvergleiches, wie er in der Preisvergleichsliste 1986 erstmals eingeführt wurde und in der Preisvergleichsliste 1987 mit neuen Indikationsgebieten und geringfügigen Modifikationen fortgesetzt wird, sind insbesondere folgende Gesichtspunkte maßgebend:

Rechtsfolgen der Arzneimittelzulassung auf die Verordnungsfähigkeit in der gesetzlichen Krankenversicherung

Zweck des Arzneimittelgesetzes vom 24. August 1976 (BGBl I S. 2445) ist es, im Interesse einer ordnungsgemäßen Arzneimittelversorgung für die Sicherheit im Verkehr mit Arzneimitteln, insbesondere für die Qualität, Wirksamkeit und Unbedenklichkeit der Arzneimittel zu sorgen (§ 1 AMG). Um diesen Zweck zu erreichen, dürfen Arzneimittel nur dann in den Verkehr gebracht werden, wenn sie nach Maßgabe

der Vorschriften des Arzneimittelgesetzes zugelassen sind. Die Zulassung setzt nach § 25 AMG unter anderem voraus, daß das Arzneimittel nach dem jeweils gesicherten Stand der wissenschaftlichen Erkenntnisse ausreichend geprüft worden ist, die nach den anerkannten pharmazeutischen Regeln angemessene Qualität aufweist, die vom Antragsteller angegebene therapeutische Wirksamkeit belegt ist und bei bestimmungsgemäßem Gebrauch keine schädlichen Wirkungen bestehen, die über ein nach den Erkenntnissen der medizinischen Wissenschaft vertretbares Maß hinausgehen.
Nicht nur in Rechtsstreiten pharmazeutischer Hersteller gegen die Preisvergleichsliste, sondern auch in Verwaltungsgerichtsverfahren gegen die durch die Transparenzkommission veröffentlichte Transparenzliste und gegen die vom Bundesausschuß der Ärzte und Krankenkassen in Nr. 21 AMR beschlossene Einschränkung der Verordnungsfähigkeit bestimmter Arzneimittel wurde die Vorrangigkeit und Verbindlichkeit dieser Arzneimittelzulassung auch für die Verordnung von Arzneimitteln im System der gesetzlichen Krankenversicherung geltend gemacht.[2]
Daraus wurde gefolgert, daß sich Qualität, Wirksamkeit und Unbedenklichkeit ausschließlich nach den Vorschriften des Arzneimittelgesetzes und der ausgesprochenen Arzneimittelzulassung richten müssen und eine andersartige Bewertung, insbesondere des therapeutischen Nutzens von Arzneimitteln, im System der gesetzlichen Krankenversicherung unzulässig sei. Für die vom Bundesausschuß der Ärzte und Krankenkassen in Nr. 21 AMR beschlossenen Einschränkungen in der Verordnungsfähigkeit für bestimmte Arzneimittel ist das Bundesverwaltungsgericht dieser Rechtsauffassung bereits in seinem Kostenbeschluß vom 2. 7. 1979 - 1 C 9. 75 - entgegengetreten.[3]
Zum Verhältnis der Arzneimittelzulassung nach dem Arzneimittelgesetz zu den Vorschriften des Kassenarztrechts über eine wirtschaftliche Arzneimittelversorgung enthält dieser Beschluß folgende grundsätzliche Aussage:

Während das Kassenarztrecht die ärztliche Versorgung - insbesondere mit Arzneimitteln - gewährleisten soll, die zur Heilung oder Linderung nach den Regeln der ärztlichen Kunst zweckmäßig - notwendig und ausreichend - sowie wirtschaftlich ist, und insofern eine therapeutisch möglichst effektive und wirtschaftlich möglichst effiziente Verschreibung von Arzneimitteln im Rahmen der kassenärztlichen Versorgung verlangt, soll das AMG 1976 „im Interesse einer ordnungsgemäßen Arzneimittelversorgung von Mensch und Tier für die Sicherheit im Verkehr mit Arzneimitteln, insbesondere für die Qualität, Wirksamkeit und Unbedenklichkeit der Arzneimittel nach Maßgabe der folgenden Vorschriften ... sorgen" (§ 1 AMG 1976).
Während so das Kassenarztrecht gewissermaßen positiv auf die Gewährleistung einer dem Zweck der kassenärztlichen Versorgung optimal entsprechenden effektiven und effizienten Verschreibung von Arzneimitteln zielt, richtet sich das Arzneimittelgesetz gewissermaßen negativ abwehrend auf die Gewährleistung der Sicherheit im Verkehr mit Arzneimitteln.

Zur Begründung dieser Aussage wird insbesondere auf die nach § 25 Abs. 2 Satz 2 AMG stark abgeschwächte Wirksamkeitsprüfung von Arzneimitteln im Zulassungsverfahren und auf die rein fiktive Zulassung für sog. Altpräparate nach Art. 3 § 7 Abs. 1 des Arzneimittelneuordnungsgesetzes hingewiesen.
Der Bundesausschuß der Ärzte und Krankenkassen ist daher durch die Arzneimittelzulassung nach Maßgabe des Arzneimittelgesetzes nicht daran gehindert, in seinen Arzneimittel-Richtlinien eine kritische Bewertung des therapeutischen Nutzens von

---

[2] Denninger, Zur Verfassungs- und Gesetzmäßigkeit des Entwurfes einer erweiterten Preisvergleichsliste, Rechtsgutachten, Universität Frankfurt, Mai 1986.
[3] BVerwGE 58, S. 167.

Arzneimittelgruppen unter dem Gesichtspunkt der Anforderungen an eine den Regeln der ärztlichen Kunst entsprechende zweckmäßige und wirtschaftliche Versorgung vorzunehmen. Die zunächst nur in einem wegen der Erledigung des Verfahrens in der Hauptsache ergangenen Kostenbeschluß niedergelegte Auffassung des Bundesverwaltungsgerichts ist inzwischen in mehreren Verwaltungsgerichtsurteilen bestätigt worden.[4]

Der Bundesausschuß der Ärzte und Krankenkassen ist daher auf der Grundlage des § 368 p Abs. 1 RVO berechtigt, auch zugelassene Arzneimittel von der Verordnungsfähigkeit zu Lasten der gesetzlichen Krankenversicherung auszuschließen, wenn der Verordnungsfähigkeit die auf eine zweckmäßige und wirtschaftliche Arzneiversorgung begrenzte Leistungspflicht der gesetzlichen Krankenversicherung entgegensteht.

Die Herausgabe einer Preisvergleichsliste mit der Zuordnung therapeutisch bedenklicher Arzneimittel in die Gruppe C und mit entsprechend kritischen Vorspanntexten bedeutet gegenüber einem solchen Ausschluß von der Verordnungsfähigkeit eine die Rechtsposition des betreffenden Arzneimittelherstellers wesentlich weniger tangierende Maßnahme.

Vergleich mit der Transparenzliste der Transparenzkommission

In den Rechtsstreiten gegen die erweiterte Preisvergleichsliste wurde insbesondere angezweifelt, ob die gesetzliche Ermächtigungsgrundlage in § 368 p Abs. 1 Satz 2 RVO einen bewertenden Preisvergleich zuläßt. Dabei wurde auf das Urteil des Bundesverwaltungsgerichtes vom 18. April 1985 - 3 C 34.84 - zur Veröffentlichung von Arzneimitteltransparenzlisten durch die vom Bundesminister für Jugend, Familie und Gesundheit berufene Transparenzkommission Bezug genommen.[5]

In diesem Urteil wird, unter Einbeziehung der wirtschaftlichen Wettbewerbsfreiheit des Unternehmers in das Schutzgut des Art. 12 Abs. 1 GG, die Veröffentlichung einer Transparenzliste mit Qualitätssicherungsmerkmalen durch die Transparenzkommission als ein Akt staatlicher Wirtschaftslenkung eingeordnet, der einer gesetzlichen Ermächtigungsgrundlage bedurft hätte.

Bei der Würdigung dieser Entscheidung des Bundesverwaltungsgerichts zur Transparenzliste muß berücksichtigt werden, daß die Transparenzkommission zunächst nicht durch formelles Gesetz, sondern auf der Grundlage des Beschlusses der Bundesregierung über Eckwerte zur Neuordnung des Arzneimittelmarktes vom 15. Oktober 1975 durch das Bundesministerium für Jugend, Familie und Gesundheit eingesetzt worden ist. Insofern unterschied sich die Rechtsstellung des Bundesausschusses der Ärzte und Krankenkassen und ihre gesetzlich begründete Kompetenz zur Beschlußfassung einer Preisvergleichsliste schon formal von der damaligen Rechtsposition der Transparenzkommission; inzwischen ist die Transparenzkommission durch das 2. Gesetz zur Änderung des Arzneimittelgesetzes vom 16. August 1986 (BGBl I S. 1296) gesetzlich errichtet und mit der Erstellung von Transparenzlisten für Arzneimittel beauftragt (§§ 39 a bis e AMG).

---

[4] OVG NW Urteil vom 18. 12. 1984 - 13 A 714/82 - MedR 1985, S. 184.

[5] BVerwG, DVBl 1985, S. 857ff.

Aus dem folgenden Auszug der Begründung des Urteils des Bundesverwaltungsgerichts wurde jedoch gefolgert, daß unabhängig von dieser formalen Berechtigung des Bundesausschusses der Ärzte und Krankenkassen zum Erlaß einer Preisvergleichsliste jedenfalls für einen bewertenden Preisvergleich in § 368 p Abs. 1 RVO keine ausreichende Ermächtigungsgrundlage bestehe:

„Die Veröffentlichung einer Transparenzliste mit Preis-, Wirksamkeits- und Qualitätssicherungsangaben stellt entgegen der Auffassung des Oberverwaltungsgerichts eine grundrechtsspezifische Einschränkung der unternehmerischen Betätigungsfreiheit dar. Das bereits oben dargelegte Ziel dieser für verschiedene Unternehmen wirtschaftlich nachteiligen Maßnahmen ist eine Neuordnung des Arzneimittelmarktes und als notwendige Kehrseite eine Kostendämpfung durch die Schmälerung der Gewinnerzielungsmöglichkeiten einzelner Hersteller im öffentlichen Interesse. Entscheidende Bedeutung haben dabei die im vorliegenden Verfahren maßgeblichen Qualitätssicherungskennzeichen, durch die sich die Transparenzlisten von den in § 368 p Abs. 1 RVO bereits vorgesehenen Preisvergleichsübersichten in den von den Bundesausschüssen erlassenen Richtlinien für kassenärztliche Versorgung unterscheiden. Denn bei der Vergabe oder Nichtvergabe der Qualitätssicherungskennzeichen handelt es sich um ein von einer staatlichen Stelle nach Durchführung einer dem Arzneimittelzulassungsverfahren ähnlichen Prüfung abgegebenes Werturteil. Ein solches mit amtlicher Autorität ausgestattetes, auf ein konkretes Erzeugnis bezogenes und veröffentlichtes Werturteil beeinflußt aus den bereits genannten Gründen unmittelbar die Absatzmöglichkeiten des jeweiligen Herstellers, berührt den Ruf seiner Firma und beeinträchtigt ihn daher in seiner grundrechtlich geschützten Freiheit. Die Preis-, Wirksamkeits- und Qualitätssicherungsangaben in den amtlichen Charakter tragenden Transparenzlisten in Verbindung damit, daß der verordnende Arzt gehalten ist, dem Gebot der Wirtschaftlichkeit gerecht zu werden, verleihen den Transparenzlisten im Sinne ihrer Zweckbestimmung eine Durchschlagskraft, die der Wirkung eines unmittelbaren staatlichen Zwangseingriffs in das Marktgeschehen zu Lasten einzelner Unternehmen gleichkommt."

Dem Hinweis auf die Preisvergleichsliste des Bundesausschusses der Ärzte und Krankenkassen mit ihrer Beschränkung auf Preisvergleichsübersichten lag die damalige Monopräparateliste zugrunde. Aus diesem faktischen Hinweis auf eine damals bestehende andersartige Preisvergleichsliste kann jedoch nicht gefolgert werden, daß für den Bundesausschuß keine ausreichende Ermächtigungsgrundlage für einen bewertenden Preisvergleich besteht. Gegen eine solche Schlußfolgerung spricht insbesondere die Einbindung der Preisvergleichsliste in die Arzneimittel-Richtlinien des Bundesausschusses der Ärzte und Krankenkassen und die in § 368 p Abs. 1 RVO insoweit bestehende Kompetenz des Bundesausschusses, die zur Sicherung der kassenärztlichen Versorgung erforderlichen Richtlinien über die Gewähr für eine ausreichende, zweckmäßige und wirtschaftliche Versorgung der Kranken mit Arzneimitteln zu beschließen. Diese Richtlinienkompetenz steht in unmittelbarem Zusammenhang mit § 368 e RVO, wonach der Versicherte nur Anspruch auf die ärztliche Versorgung hat, die zur Heilung oder Linderung nach den Regeln der ärztlichen Kunst zweckmäßig und ausreichend ist. Leistungen, die für die Erzielung des Heilerfolges nicht notwendig oder unwirtschaftlich sind, kann der Versicherte danach nicht beanspruchen; der an der kassenärztlichen Versorgung teilnehmende Arzt darf sie nicht bewirken oder verordnen; die Krankenkasse darf sie nachträglich auch nicht bewilligen.

Auf dieser Rechtsgrundlage enthalten die Arzneimittel-Richtlinien seit jeher bewertende Aussagen über Arzneimittel und insbesondere in Nr. 10 AMG die bereits eingangs zitierten einschränkenden Hinweise zur Verordnungsfähigkeit von Kombinationspräparaten. Wenn der Gesetzgeber in diese Arzneimittel-Richtlinien eine Preisvergleichsliste einbindet, so muß die Möglichkeit bestehen, die Anforderungen an eine wirtschaftliche Arzneimittelverordnung durch entsprechende Hinweise zu den einzelnen Arzneimittelgruppen auch in diese Preisvergleichsliste zu übertragen. Dies bedeutet keine auf ein konkretes Erzeugnis bezogene Qualitätsbeurteilung eines einzelnen Arzneimittels, wie sie ursprünglich in den Transparenzlisten der Transparenzkommission durch Vergabe von individuellen Qualitätskennzeichen vorgesehen war, sondern die Aufnahme generalisierender Hinweise zum therapeutischen Nutzen und zu den therapeutischen Risiken bestimmter Wirkstoffe oder bestimmter Wirkstoffgruppen. Die zu den einzelnen Kapiteln der Preisvergleichsliste beschlossenen Einführungstexte und die zu den einzelnen Stoffgruppen beschlossenen Vorspanntexte können daher unabhängig von einer Preisvergleichsliste Gegenstand der Arzneimittel-Richtlinien selbst sein und finden daher ihre Rechtsgrundlage in § 368 p Abs. 1 Satz 1 RVO.

Auch die besondere heftig kritisierte Gruppeneinteilung nach A, B und C ist auf dieser Grundlage rechtlich abgesichert, da sie nichts anderes beinhaltet als einen generalisierenden Hinweis auf die jeweilige Therapiebreite der zugeordneten Wirkstoffgruppen, bezogen auf das jeweilige Indikationsgebiet.

In der 2. Auflage der erweiterten Preisvergleichsliste – Stand 1987 – ist diese Zielsetzung der Gruppeneinteilung noch stärker herausgestellt worden, um Fehlinterpretationen insbesondere im Hinblick auf die Verordnungsfähigkeit von Medikamenten der Gruppe C auszuschließen. Die Einordnung in eine der genannten Gruppen schließt die Verordnungsfähigkeit zu Lasten der gesetzlichen Krankenversicherung nicht aus, weist den verordneten Arzt jedoch darauf hin, daß

- bei der Gruppe B die Therapiebreite dort eingeordneter Arzneimittelgruppen gegenüber denen der Gruppe A eingeschränkt ist mit der Maßgabe, daß bei bestimmten Krankheitsbildern im Einzelfall sogar Präparate der Gruppe B zu bevorzugen sind, bei anderen jedoch nicht,
- bei Präparaten der Gruppe C in der Relation zum therapeutischen Nutzen erhebliche Risiken bestehen oder der therapeutische Nutzen als solcher anzuzweifeln ist, so daß bei der Verordnung besondere Aufmerksamkeit des Arztes geboten ist.

In den bisherigen Beschlüssen und Urteilen zur Preisvergleichsliste ist in § 368 p Abs. 1 RVO eine ausreichende Rechtsgrundlage sowohl für die Gruppeneinteilung nach A, B und C als auch für die erläuternden Vorspanntexte gesehen worden.[6]

Richtigkeit der inhaltlichen Aussage

In den Rechsstreiten zur Preisvergleichsliste ist über die genannten grundsätzlichen Einwände gegen die Rechtmäßigkeit der Preisvergleichsliste als solche hinaus die Richtigkeit der inhaltlichen Aussage zu einzelnen Stoffgruppen und zu einzelnen Präparaten bestritten worden. Diese Einwände beziehen sich teilweise auf die Vorspanntexte, teilweise auf die Zuordnung von Stoffgruppen in die drei genannten Gruppen und teilweise auf die Berechnung der rechnerischen mittleren Tagesdosis oder

---

[6] SG Köln Urteil vom 4. 11. 1987 – S 19 Ka 7/87.

Einzeldosis. Dabei werden in aller Regel von den betroffenen Arzneimittelherstellern wissenschaftliche Veröffentlichungen oder Monographien zur Unterstützung der eigenen Auffassung vorgelegt.
Der Bundesausschuß der Ärzte und Krankenkassen stützt seinerseits die von ihm beschlossene Fassung der Preisvergleichsliste auf die sachverständige Beratung durch die Arzneimittelkommission der deutschen Ärzteschaft und die von dieser Kommission vorgelegten wissenschaftlichen Publikationen. Losgelöst von der quantitativen und qualitativen Gewichtung des jeweils vorgelegten wissenschaftlichen Materials stehen sich damit verschiedene wissenschaftliche Meinungen gegenüber. Soweit es die Festlegung der rechnerischen mittleren Tagesdosis oder Einzeldosis betrifft, kollidieren die individuellen Angaben der Hersteller in ihren Gebrauchsanweisungen häufig untereinander und mit den Angaben der Literatur, die jedoch ihrerseits auch nicht immer einheitlich sind.
Aus dieser bestehenden Vielfalt divergierender Auffassungen ergibt sich das Problem der gerichtlichen Überprüfbarkeit der vom Bundesausschuß der Ärzte und Krankenkassen beschlossenen Texte und Einordnungen und das Problem der Beweislastverteilung bei einem strittigen Sachverhalt der Preisvergleichsliste. In den bisherigen Entscheidungen zur Preisvergleichsliste und zu den Arzneimittel-Richtlinien wird dem Bundesausschuß der Ärzte und Krankenkassen ein Beurteilungsspielraum bei der Interpretation des unbestimmten Rechtsbegriffes der „Wirtschaftlichkeit" und der Festlegung der Grundlagen für den Preisvergleich zugestanden.[7]
In einem Rechtsstreit obliegt es daher dem Bundesausschuß nachzuweisen, daß die von ihm beschlossene Preisvergleichsliste in der umstrittenen Passage auf wissenschaftlich anerkannten Erkenntnisquellen basiert und die für das einzelne Präparat festgelegte rechnerische mittlere Tagesdosis oder Einzeldosis wissenschaftlich belegt werden kann. Ist auf diese Weise die wissenschaftliche Plausibilität der vom Bundesausschuß getroffenen Entscheidung gegeben, so wird die Rechtmäßigkeit der getroffenen Regelung durch vom Hersteller vorgelegte Literatur nicht tangiert. Insbesondere haben es bisher die Sozialgerichte abgelehnt, Sachverständigengutachten zum Nachweis der Richtigkeit der einen oder anderen wissenschaftlichen Meinung einzuholen. Es wird vielmehr ausschließlich darauf abgestellt, daß sich die Entscheidung des Bundesausschusses wissenschaftlich belegen läßt und durch vom Hersteller vorgelegte wissenschaftliche Literatur nicht offenkundig erschüttert wird.
Legt demgegenüber ausschließlich der Arzneimittelhersteller wissenschaftliche Literatur vor und beruht die Beschlußfassung des Bundesausschusses ausschließlich auf eingeholten Voten der Arzneimittelkommission der deutschen Ärzteschaft, so trägt für den Fall, daß die vom Hersteller vorgelegte Literatur in sich plausibel ist, der Bundesausschuß die Darlegungslast für die Richtigkeit der von ihm getroffenen Entscheidung. Er muß sich dann gegebenenfalls mit einem eingeholten Sachverständigengutachten zu der vom Arzneimittelhersteller vorgelegten wissenschaftlichen Literatur äußern, um seine Entscheidung wissenschaftlich begründen zu können.
Gegen die Einräumung eines Beurteilungsspielraumes bei der Interpretation des Wirtschaftlichkeitsgebotes durch den Bundesausschuß der Ärzte und Krankenkassen

[7] Schirmer, BKK 1981, S. 201ff.; OVG NW, a.a.O.; SG Köln, a.a.O.

bei der Beschlußfassung der Arzneimittel-Richtlinien sind rechtliche Bedenken erhoben worden.[8]
Sie wenden sich insbesondere gegen die Zusammensetzung des Bundesausschusses und bestreiten dessen fachliche Kompetenz als „Rat der Weisen". Die Rechtsprechung ist diesen Einwänden bisher nicht gefolgt.[9] Würde dem Bundesausschuß ein Beurteilungsspielraum bei der Abfassung seiner Richtlinien abgesprochen, müßte die Richtlinienkompetenz als solche in Zweifel gezogen werden, da die Beschlußfassung von Richtlinien zur wirtschaftlichen und zweckmäßigen ärztlichen Behandlungs- und Verordnungsweise ohne einen solchen Beurteilungsspielraum nicht denkbar ist. Gerade weil es zu Einzelfragen der Wirtschaftlichkeit der Behandlungs- und Verordnungsweise und zu Einzelfragen der Bewertungsgrundlage für einen Preisvergleich eine Vielzahl wissenschaftlicher Auffassungen gibt, kann die gerichtliche Einholung von Sachverständigengutachten nicht zur „absoluten Wahrheit" führen und muß der Bundesausschuß innerhalb der Bandbreite wissenschaftlich vertretbarer Meinungen das Recht der eigenen, nur in Grenzen gerichtlich überprüfbaren Beurteilung haben, da sonst seine Richtlinienkompetenz lahmgelegt wäre. Dabei kann es nicht entscheidend sein, ob der Bundesausschuß für jede Einzelfrage der Arzneimittel-Richtlinien und der Preisvergleichsliste selbst sachverständig besetzt ist. Entscheidend ist, daß er sich vor Beschlußfassung entsprechender Richtlinien durch Zuziehung von qualifizierten Sachverständigen eine qualifizierte fachliche Meinung bildet.

Anspruch auf rechtliches Gehör

In den Rechtsstreiten gegen die Preisvergleichsliste wird in aller Regel die Verletzung des Anspruches auf rechtliches Gehör durch die betroffenen Arzneimittelhersteller gerügt. Grund hierfür ist das vom Bundesausschuß in der Regel gehandhabte schriftliche Verfahren und die dabei zur Geltendmachung von Einwänden gesetzten Fristen.
In § 368 p RVO ist ein Anhörverfahren der betroffenen Arzneimittelhersteller vor Beschlußfassung über die Preisvergleichsliste nicht ausdrücklich vorgesehen. Die Beschlußfassung der Preisvergleichsliste findet auch nicht im Rahmen eines Verwaltungsverfahrens statt, bei dem auf der Grundlage des § 24 SGB X eine Anhörung vorgeschrieben wäre. Trotzdem bejaht die Rechtsprechung unter Anwendung allgemeiner Grundsätze des Verwaltungsrechtes eine Verpflichtung des Bundesausschusses, den von einer Preisvergleichsliste betroffenen Arzneimittelherstellern vorher Gelegenheit zur Stellungnahme zu geben.[10]
Hierfür ist jedoch keine Form vorgegeben. Der Bundesausschuß der Ärzte und Krankenkassen ist daher auch in der Lage, dem Anspruch der Arzneimittelhersteller auf rechtliches Gehör dadurch Geltung zu verschaffen, daß er den Entwurf einer Preisvergleichsliste rechtzeitig vor der Beschlußfassung über die Verbände der pharmazeutischen Industrie an die Arzneimittelhersteller versendet und innerhalb einer angemessenen Frist die Gelegenheit zur Erhebung schriftlicher Einwände

---

[8] Denninger, a.a.O.
[9] OVG NW, a.a.O.
[10] SG Köln Beschluß vom 8. 11. 1986 – S 19 Ka 41/86.

einräumt. Dieses schriftliche Verfahren ist schon wegen der Vielzahl durch eine Preisvergleichsliste betroffener Hersteller geboten und kann nicht durch die persönliche Einzelanhörung aller betroffenen Arzneimittelhersteller ersetzt werden. Dies gilt insbesondere vor dem Hintergrund, daß gegen den ersten Entwurf einer erweiterten Preisvergleichliste über 800 Einwände von seiten der Arzneimittelhersteller erhoben wurden. Ergeben sich auf Grund solcher Einwände Zweifel an der Richtigkeit der bisher vertretenen Entwurfsfassung, muß dem allerdings gegebenenfalls auch durch Anberaumung einer persönlichen Anhörung des betreffenden Herstellers und von ihm zugezogener Sachverständiger nachgegangen werden.
Im übrigen hat der Hersteller einen Anspruch darauf, daß er über das Ergebnis der Beurteilung seiner Einwände informiert wird, um gegebenenfalls einstweiligen Rechtsschutz gegen die Herausgabe der Preisvergleichsliste in Anspruch nehmen zu können.

Rechtsweg zu den Sozialgerichten oder ordentlichen Gerichten

Nachdem das Sozialgericht Köln und auch das Landessozialgericht für das Land Nordrhein-Westfalen in den Verfahren auf einstweilige Anordnungen gegen die Preisvergleichsliste den Rechtsweg zu den Gerichten der Sozialgerichtsbarkeit für zulässig angesehen hatten[11], hat das Landessozialgericht für das Land Nordrhein-Westfalen in einem Urteil vom 25. November 1987 seine bisherige Rechtsprechung zum Rechtsweg bei Klagen gegen die Preisvergleichsliste ausdrücklich aufgegeben und in einem Verfahren eines Arzneimittelherstellers wegen Nr. 21 AMG den Rechtsstreit auf den Hilfsantrag der Klägerin an das Landgericht Köln verwiesen.[12] Begründet wird diese Änderung in der Rechtsprechung durch die Beschlüsse des Gemeinsamen Senates der Obersten Bundesgerichtshöfe vom 28. Oktober 1987 – Gem. S.-OGB 1/86, 2/86, 4/86 –, wonach sich ein Verhalten einer öffentlich-rechtlichen Körperschaft, das auf Grund öffentlich-rechtlicher Normen gerade zur Erfüllung der durch diese Normen übertragenen Aufgaben anzusehen ist, dann als bürgerliche Rechtsstreitigkeit darstellt, wenn dieses Verhalten sich aus der Sicht des Betroffenen als Beeinflussung des Wettbewerbs darstellt und die öffentlich-rechtliche Körperschaft insoweit ihm gegenüber in einem Gleichordnungsverhältnis steht. Gegen dieses Urteil des Landessozialgerichts für das Land Nordrhein-Westfalen haben beide Prozeßparteien Revision beim Bundessozialgericht eingelegt, so daß die Rechtswegfrage demnächst höchstrichterlich gegebenenfalls unter erneuter Einschaltung des Gemeinsamen Senates der Obersten Gerichtshöfe des Bundes entschieden werden wird. Würde der Rechtsweg zu den ordentlichen Gerichten bejaht, könnte über das im Wettbewerbsrecht völlig anders zu handhabende Instrument des einstweiligen Rechtsschutzes gegen Eingriffe in den Wettbewerb die Herausgabe der Preisvergleichsliste schon auf Grund von Verfahren einzelner Hersteller über lange Sicht lahmgelegt werden.

---

[11] SG Köln Beschluß vom 5. 11. 1986 – S 19 Ka 42/86; Urteil vom 4. 11. 1986 – S 19 Ka 7/87; Urteil vom 6. 1. 1988 – S 19 Ka 49/86; LSG NW Beschluß vom 29. 4. 1987 – L 11 Ka 913/83; MedR 1986, S. 109.
[12] LSG NW Urteil vom 25. 11. 1987 – L 11 Ka 126/86.

Abschließende Betrachtung

Die Herausgabe einer bewertenden Preisvergleichsliste ist aus den vorstehenden Gründen mit einer Vielzahl von Rechtsproblemen behaftet, die zwar durch sachgerechte Auslegung des § 368 p Abs. 1 RVO lösbar sind, jedoch zur Verdeutlichung der Rechtslage eine entsprechende Klarstellung im Gesetz wünschenswert erscheinen lassen. Dabei könnte die in der 2. Novelle zum Arzneimittelgesetz erfolgte gesetzliche Errichtung einer Transparenzkommission und die damit verbundene detaillierte Beauftragung zur Herausgabe einer Transparenzliste Modell für eine entsprechende Regelung im Bereich der Krankenversicherung sein. Dadurch könnten auch die jetzt strittig gewordenen Rechtswegfragen geklärt werden. Grundsätzlich muß aber berücksichtigt werden, daß die Preisvergleichsliste des Bundesausschusses der Ärzte und Krankenkassen anders als die Transparenzliste der Transparenzkommission ihre Rechtsgrundlage in der besonderen Ausgestaltung des Sachleistungsanspruches im System der gesetzlichen Krankenversicherung und hier insbesondere im Wirtschaftlichkeitsgebot der RVO findet. Dieses Wirtschaftlichkeitsgebot der RVO setzt nicht nur der Abgabe von Arzneimitteln, sondern auch der Abgabe anderer Leistungen Schranken, wie das besondere Zulassungsverfahren für den Kassenarzt unter gleichzeitiger Festlegung des Approbationsmonopols in § 122 RVO sowie die Notwendigkeit des Abschlusses von Leistungsverträgen auf der Grundlage der §§ 371 ff. RVO zeigen. Im Recht der gesetzlichen Krankenversicherung besteht daher kein freier Markt für alle möglichen Wettbewerber. Jeder Wettbewerber muß sich vielmehr mit seinen Leistungen am Sachleistungsanspruch des Versicherten auf eine Versorgung nach den Regeln der ärztlichen Kunst und am Wirtschaftlichkeitsgebot der RVO ausrichten. Tut er dies nicht, hat er keinen Rechtsanspruch auf Zugang zu diesem Markt. Ein Preisvergleich, der unter Beachtung des Wirtschaftlichkeitsgebotes den Arzt zusätzlich über die Anforderungen an eine wirtschaftliche Arzneiverordnung informiert, ist daher aus dem System heraus legitim und auf der Grundlage des § 368 p Abs. 1 RVO legal (auch wenn er mit Bewertungen von Arzneimitteln in der genannten Weise verbunden ist).

Arzneimittelsubstitution: Zulässigkeit und Verantwortung im Zivilrecht

E. Deutsch

Arzneimittelrecht und Substitution: Zwei führende Fälle

Der gleiche Wirkstoff in anderer Umgebung kann als Arzneimittel unerwünschte Folgen haben. Einmal kann eine Verringerung oder ein Verlust der therapeutischen Wirksamkeit eintreten. So wird berichtet, daß im Jahre 1963 Ärzte in den Vereinigten Staaten von Amerika beobachteten, daß der Wechsel von einem Prednisonpräparat zu dem eines anderen Herstellers zum vollständigen Verlust der therapeutischen Wirksamkeit geführt hatte. Nachdem die betroffene Patientin wieder das ursprünglich verordnete Präparat einnahm, trat die erwünschte Wirkung erneut ein. Der Vergleich der Qualität beider Präparate ergab zunächst, daß beide den damals geltenden Anforderungen entsprachen. Erst der Vergleich der In-vitro-Freisetzung des Wirkstoffs aus den beiden Präparaten brachte die Ursache des Phänomens zutage: Während aus dem klinisch wirksamen Präparat nach 40 Minuten über 80% des Prednisons freigesetzt waren, erreichte das wirkungslose Präparat diesen Wert erst nach 4 Stunden. In diesem Fall hat die mangelnde Freisetzung ausgereicht, die therapeutische Wirksamkeit eines an sich wirksamen Stoffs zunichtezumachen. Als Folgerung wird betont, daß die Qualität eines Arzneimittels nur dann zutreffend beurteilt werden kann, wenn eine angemessene Auswahl aussagefähiger Qualitätsmerkmale geprüft wird.[1]

Es kann aber auch zu schweren Nebenwirkungen kommen. Ein solcher Fall hat das gesetzliche Arzneimittelrecht außerordentlich beeinflußt. Es geht dabei um die sog. Elixir-Sulfonamide-Katastrophe, die im Jahre 1938 in den Vereinigten Staaten von Amerika 107 Todesopfer forderte. Ein patentfrei gewordenes Sulfonamid wurde von einem Nachahmer mit einem anderen Lösungsmittel versehen und auf den Markt gebracht. Das Lösungsmittel erwies sich als giftig und führte zu der hohen Zahl von 107 Todesopfern. Daraufhin wurde ein neues Gesetz, der Federal Food Drug and Cosmetic

---

[1] Schnädelbach, D., Pharmazeutische Qualitätsmerkmale, in: Grundlagen der Arzneimitteltherapie – Entwicklung, Beurteilung und Anwendung von Arzneimitteln, hrsg. von W. Dölle, B. Müller-Oerlinghausen, U. Schwabe, Mannheim/Wien/Zürich 1986, S. 113; Mutschler, E., Einführung in die Thematik, in: Bioäquivalenz und Arzneimittelsicherheit – Sinn und Unsinn der Arzneimittelsubstitution, Symposium der Medizinisch Pharmazeutischen Studiengesellschaft e.V. (MPS) am 6. November 1986 in Bonn, hrsg. von E. Weber und E. Mutschler, Mainz 1987, S. 13 f.

Act von 1938, geschaffen. Nach diesem Gesetz war erstmals die Unbedenklichkeit eines Medikaments bei der Registrierung nachzuweisen.[2]

Rechtstatsachen der Normalsituation

Der Heilauftrag beherrscht den Beruf des Arztes. Der Kranke soll unter Anwendung der medizinischen Wissenschaft geheilt werden. Versteht man die Heilung in einem weiten Sinne, der auch Vorsorge und Linderung einschließt, so ist der Heilauftrag oberster Grundsatz der ärztlichen Tätigkeit. Dabei ist der Arzt verpflichtet, die Regeln der medizinischen Wissenschaft, wie sie zur Zeit der Behandlung bestehen, anzuwenden. Der Standard der Wissenschaft bestimmt das vom Arzt geforderte Niveau in der Berufsausübung und wirkt normativ: Er paßt sich den neuen Entwicklung an und läßt überholte Methoden oder fehlerhaft gewordene Alternativen beiseite. Der Beruf des Arztes zur Heilung des Patienten ist abhängig von der medizinischen Wissenschaft und als solcher autonom. Die von der Wissenschaft gesetzten Notwendigkeiten binden den Arzt. Zwar ist es Aufgabe der Gemeinschaft, den Rahmen des von der Allgemeinheit getragenen finanziellen Aufwandes zu ziehen, jedoch kann der Staat insoweit dem Arzt keine absoluten Grenzen setzen. Die Notwendigkeit der Heilung schlägt stets durch. Der Patient hat grundsätzlich nicht nur die Freiheit, sich einen Arzt seines Vertrauens zu wählen, sondern hat darüber hinaus noch die heute mehr und mehr anerkannte Befugnis, an der Heilung mitzuwirken. Die Wahl und die Mitwirkungsbefugnis des Patienten sind jetzt auch international anerkannt, wie die Deklaration des Weltärztebundes von Lissabon aus dem Jahre 1981 belegt. In ihr sind ausdrücklich beide Berechtigungen aufgenommen.

Was den Apotheker angeht, so wirken Arzt, Arzneimittel und Apotheker zusammen, um die Gesundheit des Patienten wieder herzustellen, ihn vor Krankheiten zu schützen und seine Schmerzen zu lindern. Das vom Arzt verschriebene Arzneimittel ist von der pharmazeutischen Industrie entwickelt worden, und der Apotheker hält es für den Patienten bereit. Dabei hat der Apotheker heute hauptsächlich die Funktion, darauf zu achten, daß das verschriebene Arzneimittel in der richtigen Zusammensetzung und Dosis abgegeben wird und daß der Patient bei nicht verschreibungspflichtigen Arzneimitteln beraten wird und das richtige Medikament erhält. Bei verschreibungspflichtigen Arzneimitteln ist also die eigene Verantwortlichkeit des Apothekers zurückgestellt: In der Rechtsprechung wird nur verlangt, daß der Apotheker bei Fehlern Rückfrage beim Arzt nimmt. Im allgemeinen hat er damit seine Pflicht erfüllt und kann das verschriebene Arzneimittel abgeben. So hat der französische Kassationshof die Klage gegen einen Apotheker abgewiesen, der ein zu hoch dosiertes Medikament abgegeben hatte. Da der Arzt auch nach telefonischer Rücksprache des

---

[2] Von Loesch, L.R., Lebens- und Arzneimittelrecht der Vereinigten Staaten von Amerika (Bundesrecht), Göttingen 1975, S. 26 ff. (Bd. 56 der Studien zum Internationalen Wirtschaftsrecht und Atomrecht, begr. von G. Erler, hrsg. von V. Götz, D. Rauschning und G. Zieger, Institut für Völkerrecht der Universität Göttingen); Schwietzer, C.H., Arzneimittelsicherheit – wo Anfang, wo Ende? in: Bioverfügbarkeit von Arzneistoffen, Schriftenreihe der Medizinisch Pharmazeutischen Studiengesellschaft e.V., Heft 6, Frankfurt/M. 1974, S. 1 ff.; Deutsch, E., Arztrecht und Arzneimittelrecht, 1983, Rdnr. 346.

Apothekers auf seiner hohen Dosierung beharrte, hatte der Apotheker mit seiner Rückfrage nach Ansicht des französischen Gerichts seine Pflicht erfüllt. Weil die Patientin erhebliche Beschwerden entwickelte, wurde zwar der Klage gegen den Arzt stattgegeben, jedoch diejenige gegen den Apotheker abgewiesen (Cass. Bull. civ. 1979 I 126).[3]

Therapiefreiheit und Therapieverantwortung

Rechte und Pflichten des Arztes

Art. 12 GG garantiert dem Arzt neben der Berufsfreiheit auch die ungehinderte Berufsausübung. Als solche verstehen wir die Behandlung des Patienten nach den Regeln der ärztlichen Wissenschaft. Die wissenschaftliche Berufsausübung erlaubt und fordert die Therapiefreiheit, soweit diese die Grenzen der Wissenschaftlichkeit nicht verletzt.

Zwar kann die Berufsausübung durch Gesetz oder aufgrund eines Gesetzes geregelt werden (Art. 12 Abs. 1 S. 2 GG). Auch diese Regelung darf jedoch nicht schrankenlos sein. Vielmehr ist es in der Stufentheorie des Bundesverfassungsgerichts anerkannt, daß der Staat durch Maßnahmen der Gesetzgebung die Berufsausübung nur so weit regeln darf, als sachgerechte und vernunftgemäße Erwägungen des Gemeinwohls dies rechtfertigen. Bei Lenkungsmaßnahmen hat der Gesetzgeber zwar einen Gestaltungsraum, ist aber an die Gebote der Sachgerechtigkeit und Verhältnismäßigkeit sowie besonders an das Verbot des Übermaßes gebunden.

Rechte und Pflichten des Patienten

Der Patient hat kein ausdrücklich genanntes Grundrecht auf Gesundheit. Im Rahmen der Menschenwürde und der freien Entfaltung der Persönlichkeit (Art. 1 f. GG) steht ihm jedoch die Befugnis zu, sich von einem Arzt seiner Wahl nach dessen wissenschaftlichen Vorstellungen behandeln zu lassen. Die Therapiefreiheit des Arztes ist also auch ein Reflex des grundgesetzlich geschützten Rechts des Patienten auf ungehinderte wissenschaftliche Behandlungen durch einen Arzt. Demgegenüber sind die prinzipiellen Pflichten des Patienten nicht ausgeprägt: Der Patient hat bei der Behandlung die Obliegenheit, nach den ihm mitgeteilten Regeln an der Behandlung mitzuwirken. Er wird auch, wenigstens als Reflex, von den Geboten der Wirtschaftlichkeit und Kostengünstigkeit des Sozialrechts betroffen.

---

[3] Schon das Reichsgericht hat sich einmal vor annähernd 60 Jahren in einem obiter dictum kurz mit der Frage des Verhältnisses von Arzt und Apotheker auseinandergesetzt (RGZ 125, 374, 377). Nach OLG München, VersR 84, 1095, hat der Apotheker die Pflicht, die Dosierungsanweisung des Arztes deutlich lesbar auf das Arzneimittel in seiner Abgabeform zu schreiben.

Ersetzbare Verordnung des Arztes

Zulässigkeit

Es ist heute weitgehend anerkannt, daß bei Aufhebung des Substitutionsverbots der Apothekenbetriebsordnung eine Ersetzung des Arzneimittels zulässig wäre. Jedoch ist darauf hingewiesen worden, daß die Sorgfaltsvorschriften des Haftungsrechts verletzt sind, wenn nicht gewährleistet ist, daß wirklich bioäquivalente Präparate zur Verfügung stehen. Damit gelangen die Sorgfaltspflichten des Haftungsrechts in den Vordergrund des Streits um die Aut-simile- oder Aut-genericum-Verordnung.

Veränderung der Rechtstatsachen

Gegenüber der Normalsituation ist im Falle der erlaubten Substitution eine deutliche Verschiebung in der rechtstatsächlichen Situation festzustellen. Der Arzt gibt einen Teil seiner Therapiefreiheit, Therapiewahl und Therapieverantwortung an den Apotheker ab. Dadurch, daß er nicht mehr auf der Behandlung des Patienten mit einem bestimmten und bezeichneten Arzneimittel besteht, tritt eine Verschiebung der Rollenverteilung zwischen Arzt und Apotheker ein. Der Apotheker ist jetzt in der Lage, anstelle des bezeichneten Medikaments ein ähnliches oder das gleiche Medikament von einem anderen Hersteller zu setzen. Dabei kommt es wesentlich darauf an, ob der Apotheker sicher sein kann, daß das gleiche oder ähnliche Medikament die vom Arzt gewünschten Wirkungen hat und in seiner sonstigen Zubereitung und Verwirklichung nicht hinter dem zuerst verschriebenen Medikament zurückbleibt. Das setzt im Bereich der Bioverfügbarkeit und Bioäquivalenz Untersuchungen voraus, welche der Apotheker allein nicht vornehmen kann. Abgesehen von diesen generellen Maßnahmen kommt auf den Apotheker insoweit ein weiteres Stück Verantwortung zu, als er möglichen Fehlern erliegt. Er mag insoweit, als es um die Ersetzung geht, die Schrift des Arztes mißdeuten oder überhaupt einen Fall der Ersetzung annehmen, wo er nicht gegeben ist. Auch mag ihm bei der Auswahl des ersetzenden Arzneimittels ein Fehler unterlaufen.

Was schließlich den Patienten angeht, so hat dieser die Erwartung der Normalsituation. Wenn der Apotheker die Möglichkeit hat, das verschriebene Arzneimittel durch ein anderes gleiches oder gleich wirksames zu ersetzen, dann sollte das dem Patienten mitgeteilt werden. Patient und Arzt wirken bei der Behandlung der Erkrankung zusammen. Wenn der Arzt ein bestimmtes Arzneimittel für notwendig und zu gleicher Zeit die Möglichkeit der Ersetzung für gegeben hält, so sollte er den Patienten über die Ersetzung aufklären. Das erfordert das Vertrauen, welches der Patient in die vom Arzt geführte Behandlung setzt. Wenn der Apotheker einen größeren Bereich in der Behandlung übernimmt, als ihm herkömmlicherweise zukommt, so sollte der Patient davon erfahren.

Rechtliche Stellung des Arztes bei Substitution

Aufgabenbeschränkung

Normalerweise wirken Arzt, Arzneimittel und Apotheker zusammen, um die Gesundheit des Patienten wieder herzustellen, ihn vor Krankheiten zu schützen und seine Schmerzen zu lindern. Die herkömmliche Interaktion, in welcher der Arzt eine Krankheit diagnostiziert und ein Arzneimittel verschreibt, verschiebt sich im Bereich der Substitution. Der Arzt verschreibt zwar in erster Linie ein bestimmtes Arzneimittel, erlaubt aber auch, ein anderes Arzneimittel, das den gleichen Wirkstoff enthält, an dessen Stelle zu setzen. Damit wird die durch die Verschreibung streng geführte Therapie gelockert. Diese Lockerung ist nur zulässig, wenn das Therapieziel auch auf diese Weise ohne Frage erreicht werden kann. Das setzt voraus, daß der Wirkstoff in der gleichen Konzentration und in der gleichen Bioäquivalenz dem Patienten zukommt. Darauf kann der Arzt sich jedoch nur verlassen, wenn die Bioäquivalenz durch ausreichende Tests festgestellt ist. Der Arzt muß also sicher sein können, daß therapeutisch identische Mittel eingesetzt werden. Wenn er auf die Verordnung aut simile oder aut genericum schreibt, gibt er damit die Wahl an den Apotheker. Kann er sich aber auch darauf verlassen, daß der Apotheker nur eine wirklich sichere und gleichwirksame Arzneimittelzubereitung abgibt? Das wäre nur dann der Fall, wenn die ersetzenden Arzneimittel auf ihre Bioäquivalenz in genügendem Maße geprüft worden sind. Das aber setzt zusätzliche klinische Studien voraus, denn die Prüfung muß regelmäßig nicht nur in vitro, sondern auch in vivo erfolgen. Wenn mehrere Mittel zur Behandlung bereitstehen, so gilt das auf das Reichsgericht zurückzuführende Prinzip, daß im Zweifel der sicherere Weg zu gehen ist.[4] Verlängert man das auf die Substitutionsfrage, so darf eine Substitution durch den Arzt nur erlaubt werden, wenn er damit einen sicheren Weg einschlägt. Er muß also entweder gewiß sein, daß die dem Apotheker zur Verfügung stehenden Substitutionsmittel geprüft sind, oder er muß auf den Apotheker vertrauen.

Rechtliche Verantwortung des Arztes

Der Arzt trägt die Verantwortung für die dem Standard der Wissenschaft entsprechende Behandlung des Patienten. Das gilt bisher auch für die medikamentöse Versorgung in vollem Umfang. Ob sich hieran durch die Arzneimittelsubstitution etwas ändert, ist noch nicht geklärt.

Soweit der Arzt die Wahl eines anderen Medikamentes auf den Apotheker überträgt, könnte es geschehen, daß dieser zum Erfüllungsgehilfen des Arztes wird. Es ist grundsätzlich zulässig, im Rahmen des Behandlungsvertrages kompetente Personen als Gehilfen heranzuziehen. Diese sog. Erfüllungsgehilfen werden dann dem Verantwortungsbereich des Herrn zugeordnet. In diesem Falle würde also der Arzt nach § 278 BGB für ein Verschulden des Apothekers haften. Dabei spielte es keine Rolle, daß der Apotheker nicht mit einer exakten Verordnung gebunden wäre.

---

[4] RG, HRR 1932 Nr. 1828. Leicht verändert durch BGH, VersR 1988, 82.

Statt der Haftung des Arztes für den Apotheker als Erfüllungsgehilfen bei der Auswahl des Therapeutikums ließe sich aber auch die folgende Teilung der Verantwortlichkeit denken: Der Arzt ist aufgrund des Behandlungsvertrages dem Patienten gegenüber dafür verantwortlich, daß seine Entscheidung, es könne „aut simile“ oder „aut genericum“ verordnet werden, des Patienten Wohl nicht beeinträchtigt, daß also der therapeutische Erfolg nicht durch eine solche Verordnung in Frage gestellt wird. Das setzte lediglich voraus, daß dem Markenprodukt gleichwertige Präparate zur Behandlung des konkreten Patienten mit einem konkreten Leiden zur Verfügung stehen. Infolge der Zustimmung des Patienten zur Verordnung vergleichbarer Präparate könnte angenommen werden, die Auswahl des konkreten Therapeutikums werde einvernehmlich aus der Leistungspflicht des Arztes ausgegliedert. Dies hätte zur Folge, daß bei falscher Auswahl nicht der Arzt für den Apotheker als seinen Erfüllungsgehilfen haftete, sondern lediglich der Apotheker selbst aufgrund der vertraglich gegenüber dem Patienten/Erwerber übernommenen Pflicht zur korrekten Auswahl unter den in Betracht kommenden Arzneimitteln.

Hinsichtlich der Gehilfenhaftung des Deliktsrechts mag man nun erörtern, ob der Apotheker Verrichtungsgehilfe des Arztes ist (§ 831 BGB). Normalerweise ist der Apotheker selbst verantwortlich im Bereich des Lesens der Verordnung und der Abgabe des Medikamentes. Ändert sich dadurch etwas, daß der Arzt nunmehr den Apotheker betraut hat, eine Substitution vorzunehmen? Hier gilt m. E. folgendes: Da der Apotheker durch die Ermöglichung der Substitution eher freier als vorher gestellt ist, kann von einer Weisungsgebundenheit gegenüber dem Arzt als Voraussetzung der Gehilfeneigenschaft keine Rede sein, so daß die Haftung nach § 831 BGB nicht eingreift.

Rechtliche Stellung des Patienten bei der Substitution

Erwartung des Patienten

Der Patient, dem ein Rezept ausgehändigt wird, geht davon aus, daß sich auf diesem ein bestimmt bezeichnetes Arzneimittel befindet, für dessen Verschreibung der Arzt die Verantwortung übernommen hat. Wenn der Arzt aber die Möglichkeit einer Substitution unter Einsatz des Apothekers vorgesehen hat, wird die Erwartung des Patienten der Wirklichkeit nicht gerecht. Vielmehr besteht nun die Möglichkeit, daß ihm ein anderes als das verschriebene Medikament ausgehändigt wird. Auch ist bisweilen vorgesehen, daß der Apotheker zwischen einer Mehrzahl von Substitutionsarzneimitteln auswählen kann.

Der Patient weiß auch nicht, daß die ihm als Ersatz ausgehändigten Arzneimittel möglicherweise anders zusammengesetzt sind und andere Wirkungsmechanismen haben. Jedenfalls sollte er mit dieser Möglichkeit rechnen können. Sofern die Bioäquivalenz festgestellt ist, würde der Patient erwarten, daß ihm auch davon Mitteilung gemacht wird. An der Sicherheit des ersetzenden Medikaments besteht ein maßgebliches Interesse des Patienten.

Rechtliche Befugnis des Patienten

Der Patient hat mit dem Arzt einen Behandlungsvertrag abgeschlossen. Aufgrund dieses Vertrages kann er erwarten, daß er nach den Regeln der medizinischen Wissenschaft untersucht und behandelt wird. Dazu gehört auch, daß ihm das nach Ansicht des Arztes insoweit beste Medikament zuteil wird. Gleichgültig, ob man das Recht des Patienten auf die Verschreibung eines wirksamen Medikaments als Hauptpflicht oder Nebenpflicht oder gar nur als einen Rechtsreflex ansieht, so wird man doch seine Erwartung als rechtlich geschützt betrachten müssen. Der Patient hat eine zumindest als unselbständige Nebenpflicht geschützte Erwartung, von abweichenden Behandlungsmodalitäten unterrichtet zu werden. Dazu gehört auch die Substitution eines Arzneimittels, selbst wenn die Bioäquivalenz gegeben ist. Diese Mitteilung wirkt sich auf das Zusammenarbeiten von Arzt und Patient in bezug auf die Behandlung aus.

Zustimmungs- und Aufklärungsfragen

Was die Zustimmung des Patienten angeht, so wird man auch insoweit grundsätzlich daran festhalten müssen, daß der Patient die Behandlung ganz oder in Teilen verweigern kann. So kann der Patient auch, nachdem ihm von der Möglichkeit der Substitution Kenntnis gegeben worden ist, die medikamentöse Behandlung gänzlich verweigern. Die Frage ist nur, ob er auch das Recht hat, durch Nichtzustimmung die Möglichkeit der Substitution zu verhindern. Man wird hier die Interessen des Patienten an der Behandlung seiner Erkrankung und die Interessen der Gesamtheit der Sozialversicherten an kostengünstiger Versorgung gegeneinander abwägen müssen. Wenn bei der Möglichkeit der Ersetzung ernsthafte Gefahren bestehen, darf sie der Arzt ohnehin nicht anordnen. Darf er es aber vielleicht, wenn der Patient seine Zustimmung gibt? Dann müßte der Arzt auch über die Ersetzung und die mit ihr gegebenen besonderen Gefahren aufklären.

Mitteilung bei wiederholt zu beziehenden Arzneimitteln

Wenn es sich um einen chronisch Kranken handelt, bei dem Wiederholungsverordnungen an der Tagesordnung sind, gewinnt die Aut-simile-Verordnung eine besondere Bedeutung. Der Patient wird dann, insbesondere wenn er verschiedene Apotheken aufsucht, im Laufe der Zeit die Medikamente verschiedener Hersteller bekommen. Das kann beim Patienten zu einer besonderen Verwirrung und schließlich zu einem Nachlassen der Compliance führen. Insoweit sind die Sicherstellung der Bioäquivalenz durch den Arzt selbst und die volle Aufklärung des Patienten besonders geboten.

Rechtsstellung des Apothekers bei Substitution

Selbständige Mitwirkung

Die Substitutionserlaubnis durch den Arzt gibt dem Apotheker eine besondere Stellung. Er kann jetzt nach eigenem pflichtgemäßen Ermessen ein anderes Medikament anstelle des verordneten setzen. Damit wird die bloße Mitwirkung des Apothekers zu einer Selbstwirkung gesteigert. Der Apotheker wählt jetzt das Substitutionsprodukt aus und gibt es dem Patienten. Damit bleibt er zwar womöglich Gehilfe des Arztes, wird aber kraft eigener Einsicht und Verantwortung tätig. Er hat auf die Bioäquivalenz zu achten und auch eine erweiterte Sorge insoweit, als er vielleicht unzulässige oder übermäßige vom Arzt vorgesehene Substitutionen durch Rückfrage klären muß.

Mitteilungspflicht an den Patienten?

Wie bereits ausgeführt, hat der Patient das Recht, von der Substitutionsmöglichkeit zu erfahren. Für gewöhnlich wird der Arzt den Patienten darauf hinweisen. Hat aber der Apotheker dem Patienten von der geschehenen Substitution Mitteilung zu machen? Es ist sicherlich ein ethisches Gebot für den Apotheker, den Patienten, der erwartet, ein bestimmtes Medikament zu bekommen, darüber aufzuklären, daß an seine Stelle ein anderes gleichwirksames Medikament getreten ist. Das ergibt sich schon aus dem Gebot der Nichttäuschung des Patienten, das als ethisches Gebot ebenso den Apotheker wie den Arzt trifft. Ob diese Pflicht bis zur rechtlichen gesteigert ist, kann heute noch fraglich sein. Jedoch sprechen gute Gründe dafür, aus der vertraglichen Beziehung zwischen Patient und Apotheker eine Nebenpflicht dahingehend herzuleiten, dem Patienten über die Veränderung der Verordnung Mitteilung zu machen. Das entspricht der Erwartung des Patienten und ist für den Apotheker nicht beschwerlich.

Verantwortlichkeit des Apothekers

Der erweiterten Befugnis des Apothekers entspricht seine erweiterte Verantwortlichkeit. Der Apotheker haftet, wenn ihm im Bereich der Substitution ein Fehler unterläuft, der als Außerachtlassung der für Apotheker erforderlichen Sorgfalt anzusehen ist (§ 276 Abs. 1 S. 2 BGB). Das gilt sowohl für die Vertragsverletzung als auch für die außervertragliche Haftung.[5] Unterstellt etwa der Apotheker zu Unrecht einen Fall der Substitution oder wird vom Arzt eine nicht zulässige Substitution erlaubt, die der Apotheker hätte als solche erkennen können, so haftet der Apotheker. Aber auch wenn der Apotheker ein Mittel substituiert, das nicht bioäquivalent ist, sollte er verantwortlich sein. Diese Haftung entspräche nur seinem erweiterten Wirkungskreis. Die Verschuldenshaftung setzt aber an Wirkungskreisen und Verkehrskreisen an und ergreift denjenigen, der hier in einer Stellung auftritt, der andere

---

[5] Siehe genauer Deutsch (o. Anm. 2), S. 320ff.: Apothekenrecht, besonders S. 327ff.

Vertrauen entgegenbringen. Genauso steht es im Falle der Substitution: Der Patient erwartet vom Apotheker, das vom Arzt verordnete Medikament oder ein absolut gleiches zu bekommen. Wenn seine Erwartungen enttäuscht werden, dann hat dafür der Apotheker grundsätzlich einzustehen. Das würde auch bedeuten, daß der Apotheker sich über die Bioäquivalenz, wenn sie nicht durch die Zulassungspraxis an sich gegeben ist, Kenntnis verschafft.

Besonderheiten der vertraglichen Haftung des Apothekers

Zur vertraglichen Haftung des Apothekers muß bedacht werden, daß sich die Pflichten des Apothekers erweitern und daß sich möglicherweise die rechtliche Natur des Vertrages des Apothekers mit dem Patienten ändert. Bisher hätte es nahegelegen, den Vertrag des Apothekers mit dem Arzneimittelerwerber als Kaufvertrag einzuordnen, der als Nebenpflicht eine Beratungspflicht enthält. Wenn nun künftig der Patient mit der ärztlichen „Aut-simile"- oder „Aut-genericum"-Verordnung den Apotheker aufsucht, so könnte mit Abschluß des Vertrages die Pflicht zur ordnungsgemäßen Beratung des Patienten und zur sachgerechten Auswahl des Medikamentes als weitere Hauptpflicht des Apothekers neben seine Pflichten als Verkäufer (§ 433 Abs. 1 S. 1 BGB) treten. Der Vertrag könnte zu einem gemischt-typischen Vertrag aus kaufrechtlichen und dienstrechtlichen Elementen werden. Für die vertragliche, verschuldensabhängige Haftung des Apothekers aus positiver Vertragsverletzung für den Eintritt von gesundheitlichen Nachteilen beim Patienten hat der Wandel der Beratungspflicht des Apothekers von einer Neben- zu einer Hauptpflicht allerdings keine große praktische Bedeutung. Hier gelten die zuvor dargelegten Grundsätze in jedem Falle.
Es ist indes denkbar, daß die erweiterte Auswahl- und Beratungspflicht Auswirkungen auf die kaufrechtliche Gewährleistung hat. Wenn der Apotheker die Auswahl eines dem Markenprodukt gleichwertigen Arzneimittels schuldet, die Gleichwertigkeit und die Eignung des Markenproduktes also gewissermaßen den vertraglich vorausgesetzten Tauglichkeitsmaßstab darstellt, dann wäre ein verkauftes Produkt, das die Erwartung nicht erfüllt, wohl als fehlerhaft i.S.v. § 459 Abs. 1 S. 1 BGB anzusehen. Das hätte zur Folge, daß der Apotheker auf Wandelung oder Minderung in Anspruch genommen werden könnte. Bedeutsamer ist aber die Möglichkeit, daß bei den Vertragsgesprächen die Tauglichkeit des Arzneimittels derart diskutiert wird, daß sie als zugesicherte Eigenschaft anzusehen ist (§ 459 Abs. 2 BGB). Die Abgabe eines nicht gleichermaßen tauglichen Arzneimittels könnte dann zur Haftung des Apothekers auf Schadensersatz wegen Nichterfüllung gem. § 463 S. 1 BGB führen. Hier würde dann die Streitfrage relevant, ob und inwieweit Mangelfolgeschäden unter die verschuldensunabhängige Haftung nach § 463 BGB fallen.[6] Für gesundheitliche Nachteile des Patienten infolge der Einnahme des verkauften und nicht gleichermaßen tauglichen Arzneimittels könnte eine verschuldensunabhängige Haftung eintreten. Der BGH hat entschieden, daß ein Anspruch gem. § 463 BGB „beim Fehlen zugesicherter Eigen-

---

[6] Staudinger/Honsell, Kommentar zum Bürgerlichen Gesetzbuch, Zweites Buch (§§ 433–580a), 12. Aufl., Berlin 1978, § 463 Rdnr. 36 ff., Vorbem. zu § 459 Rdnr. 39 f.; Münch.Komm./Westermann, Münchener Kommentar zum Bürgerlichen Gesetzbuch, Bd. 3, 1. Halbband, 1. Aufl., München 1980, § 463 Rdnr. 26 f.

schaften ... auch den Anspruch auf Ersatz von Mangelfolgeschäden" umfaßt, „wenn die Zusicherung das Ziel verfolgt, den Käufer gegen solche Schäden abzusichern" (BGHZ 50, 200 – Leitsatz 1 –, 204 f.; s. a. BGH NJW 1973, 843, 845). Es stellt sich also als eine Frage der Vertragsauslegung dar, ob eine Zusicherung vor dem Eintritt bestimmter Folgeschäden sichern soll; ist dies der Fall, so wird bei Schadenseintritt nach Gewährleistungsrecht gehaftet. Es ist nicht fernliegend anzunehmen, eine vom Apotheker bei der Beratung des Patienten über die Tauglichkeit eines Arzneimittels abgegebene Zusicherung könnte seitens der Gerichte dahin interpretiert werden, sie habe den Zweck, den Eintritt gesundheitlicher Nachteile hintanzuhalten.
Für den Patienten hätte eine kaufrechtliche Haftung des Apothekers für gesundheitliche Folgeschäden den Vorteil der Verschuldensunabhängigkeit, aber den Nachteil der kurzen Verjährung (gem. § 477 Abs. 1 S. 1 BGB).
Welche Auswirkungen auf die kaufrechtliche Gewährleistung die Tatsache hätte, daß ein Verstoß gegen die Beratungspflicht und kaufrechtliche Zusicherung zusammentreffen, ob hieraus entnommen werden könnte, es solle wegen der Beratungspflichtverletzung aus positiver Vertragsverletzung, nicht aber wegen der Folgen des Fehlens zugesicherter Eigenschaften aus § 463 BGB gehaftet werden (vgl. BGH NJW 1973, 843, 844), ist noch offen.

Ergebnis

Die Substitutionstherapie führt zu einer Rollenveränderung im Verhältnis von Arzt, Patient, Arzneimittelhersteller und Apotheker. Da es hier um eine zunächst nicht allgemein angenommene Situation geht, ist Offenheit am Platze. Insbesondere ist dem Patienten mitzuteilen, daß eine Substitution möglich ist und daß eine Ersetzung erfolgt. Eine Substitution ist von der Zustimmung des Arztes abhängig. Unsichere Substitutionen bedürfen auch der Zustimmung des Patienen. Die Neuverteilung der Rollen führt auch zu einer Veränderung der Verantwortlichkeiten. Das bedeutet nicht, daß der Arzt allgemein eine geringere Verantwortlichkeit trägt, hat er sich doch über die Möglichkeit der Substitution, über die Bioäquivalenz usw. Gewißheit zu verschaffen. Auch tritt der Apotheker jetzt möglicherweise als sein Erfüllungsgehilfe auf, da er diesem eine bestimmte Verantwortung zugeschoben hat. Der Apotheker selbst unterliegt für Fehler im Bereich der Substitution einer deutlich erweiterten Haftung.

Verzeichnis der bisher erschienenen Arbeiten von Herrn Prof. Dr. iur. Helmut Narr

Zeitpunkt	Titel	Fundstelle
1960	Sind Staat und Öffentlichkeit bedroht? (eine Entgegnung auf Theodor Eschenburg)	ÄM 1960, S. 1609ff.
1966	Leichenschau und Leichenschaugebühren in Baden-Württemberg	ÄBl. Ba.-Wü. 1966, S. 112ff.
1967	Besprechung des Buches „Arztrecht für die Praxis" von Dr. iur. Georg Schulz	ÄBl. Ba.-Wü. Heft 6/1967, S. XXX
1968	Besprechung des Kommentares „Krankenpflegegesetz" von Kilian	ÄBl. Ba.-Wü. Heft 2/1968, S. XXXII
1968	Rechtsfolgen bei Schwangerschaft einer Arzthelferin	ÄBl. Ba.-Wü. 1968, S. 92ff.
1968	Arzt und Betriebsprüfung durch das Finanzamt	ÄBl. Ba.-Wü. 1968, S. 227ff.
1969	Kommentar zur Berufsordnung der Landesärztekammer Baden-Württemberg (§ 5 - Ausübung der Praxis an verschiedenen Stellen)	ÄBl. Ba.-Wü. Heft. 5/1969 (Sonderbeilage)
1969	Kommentar zur Berufsordnung der Landesärztekammer Baden-Württemberg (§ 5 - Ausübung der Praxis an verschiedenen Stellen - Fortsetzung -)	ÄBl. Ba.-Wü. Heft 7/1969 (Sonderbeilage)
1969	Fahruntauglichkeit und Schweigepflicht	ÄBl. Ba.-Wü. 1969, S. 271ff.
1970	Die Abgabe von ambulanten ärztlichen Sachleistungen im Krankenhaus	Der Krankenhausarzt Heft 8/1970, S. 355ff.
1970	RVO § 368: SGG § 51 (Sozialrechtsweg für Streitigkeiten zwischen Krankenhäusern und Kassenärztlicher Vereinigung über Vergütung von Sachkosten)	NJW 1970, S. 1238ff.
1970	Die Auslegung des § 35 Abs. 4 der Weiterbildungsordnung Baden-Württemberg (Übergangsvorschriften der neuen Weiterbildungsordnung)	ÄBl. Ba.-Wü. Heft 9/1970
1970	Kommentar zur Berufung der Landesärztekammer Baden-Württemberg (§ 12 - Behandlung von Kranken anderer Ärzte)	ÄBl. Ba.-Wü. Heft 11/1970 (Sonderbeilage)
1971	Kommentar zur Berufung der Landesärztekammer Baden-Württemberg (§ 12 - Behandlung von Kranken anderer Ärzte - Fortsetzung -; §§ 14 und 15 - Beschäftigung von Vertretern und Assistenten)	ÄBl. Ba.-Wü. Heft 1/1971 (Sonderbeilage)
1971	Zur Anrechnung ausländischer Weiterbildungszeiten im Facharztanerkennungsverfahren nach deutschem Recht	ÄBl. Ba.-Wü. 1971, S. 96ff.; DÄ 1971, S. 502ff.; NJW 1971, S. 263

Zeitpunkt	Titel	Fundstelle
1971	Kommentar zur Berufsordnung der Landesärztekammer Baden-Württemberg (§ 15 - Beschäftigung von Vertretern und Assistenten - Fortsetzung-)	ÄBl. Ba.-Wü. Heft 3/1971 (Sonderbeilage)
1971	Kommentar zur Berufsordnung der Landesärztekammer Baden-Württemberg (§ 15 - Beschäftigung von Vertretern und Assistenten - Fortsetzung -)	ÄBl. Ba.-Wü. Heft 5/1971 (Sonderbeilage)
1972	Kommentar zur Berufsordnung der Landesärztekammer Baden-Württemberg (§ 22 - Verordnung und Empfehlungen von Heil- und Hilfsmitteln)	ÄBl. Ba.-Wü. Heft 9/1972 (Sonderbeilage)
1972	Kommentar zur Berufsordnung der Landesärztekammer Baden-Württemberg (§ 23 - Begutachtung von Heil- und Hilfsmitteln)	ÄBl. Ba.-Wü. Heft 11/1972 (Sonderbeilage)
1972	Rezension über das Buch „Medizin und Recht" von Max Kohlhaas	ÄBl. Ba.-Wü. 1972, S. 735
1973	Kommentar zur Berufsordnung der Landesärztekammer Baden-Württemberg (§ 24 - Anzeigen und Verzeichnisse)	ÄBl. Ba.-Wü. Heft 1/1973 (Sonderbeilage)
1973	In Consilio: - Darf bei einem Nervenwurzelsyndrom Pos. 740 (RVO) berechnet werden? - Muß der Arzt die Behandlung immer selbst durchführen? - Gilt für berufsgenossenschaftliche Heilverfahren freie Arztwahl nicht? - Ziffer 189 nur einmal am Behandlungstag berechenbar?	Medical Tribune Nr. 12, 23. 3. 1983, S. 36
1973	Ärztliches Berufsrecht - Ausbildung, Weiterbildung, Berufsausübung (234 Seiten)	Enke Verlag, Stuttgart
1973	Kommentar zur Berufsordnung der Landesärztekammer Baden-Württemberg (§ 25 - Praxisschilder)	ÄBl. Ba.-Wü. Heft 4/1973 (Sonderbeilage)
1973	Teilzeitweiterbildung in Baden-Württemberg	ÄBl. Ba.-Wü. 1973, S. 264
1973	Ist die Weitergabe von Adressen englischer Abort-Kliniken strafbar?	Medical Tribune Nr. 16, 19. 4. 1973, S. 3
1973	Kommentar zur Berufsordnung der Landesärztekammer Baden-Württemberg (§ 26 - Anbringung der Schilder; § 27 - Ankündigung auf Briefbogen, Rezeptvordrucken und Stempeln)	ÄBl. Ba.-Wü. Heft 7/1973 (Sonderbeilage)
1973	Kommentar zur Berufsordnung der Landesärztekammer Baden-Württemberg (§ 28 - Arztbezeichnungen)	ÄBl. Ba.-Wü. Heft 10/1973 (Sonderbeilage)
1973	Kommentar zur Berufsordnung der Landesärztekammer Baden-Württemberg (§ 29 - Art, Inhalt, Dauer und zeitlicher Ablauf der Weiterbildung)	ÄBl. Ba.-Wü. Heft 12/1973 (Sonderbeilage)
1973	Wie ist die derzeitige rechtliche Situation, die im Zusammenhang mit der Diagnose von Kindesmißhandlungen beachtet werden muß?	Medical Tribune Nr. 6, 8. 2. 1974, S. 34

Zeitpunkt	Titel	Fundstelle
1973	Rechtliche Verpflichtung des Arztes zur Ausstellung eines Leichenscheines	Medical Tribune Nr. 6, 8. 2. 1974, S. 34, 35
1974	Die strafrechtliche Beurteilung von Gefälligkeitszeugnissen	Der med. Sachverständige Heft 3/1974, S. 61ff.
1974	Kommentar zur Berufsordnung der Landesärztekammer Baden-Württemberg (§ 35 – Übergangsvorschriften und § 36 – Inkrafttreten)	ÄBl. Ba.-Wü. Heft 9/1974 (Sonderbeilage)
1975	Kommentar zur Berufsordnung der Landesärztekammer Baden-Württemberg (§ 35 – Übergangsvorschriften und § 36 – Inkrafttreten – Fortsetzung)	ÄBl. Ba.-Wü. Heft 11/1974 (Sonderbeilage)
1975	Der Einsatz der EDV im Rahmen der Sicherstellung der kassenärztlichen Versorgung	DÄ 1975, S. 151ff.
1975	Die gesetzliche Neuregelung des medizinischen Strahlenschutzes durch die Röntgenverordnung	ATTEMPTO-Heft Jan. 1975 ÄBl. Ba.-Wü. Heft 4/1975, S. 146ff.
1975	„Gespräch mit den Beteiligten". Planung und Systementwicklung einer partiellen Praxisgemeinschaft	Arzt und Wirtschaft Heft 4/1975, S. 31ff.
1975	Allgemeine Rechtspflicht besteht nicht – Fragen aus der Praxis, in consilio – Leserzuschrift Dr. E. Jäckle, Freudenstadt	Medical Tribune Nr. 17, 25. 4. 1975, S. 30
1976	Grenzen der ärztlichen Schweigepflicht – Einverständnis der Eltern bei Blutentnahmen von Minderjährigen erforderlich? – Kann der Klinikarzt den Eltern oder dem Hausarzt die Auskunft verweigern? – Muß der Klinikarzt nach dem Tod des Patienten den Hausarzt informieren?	Medical Tribune Nr. 2, 9. 2. 1976, S. 26ff.
1976	Die Haftpflicht des Arztes	ÄBl. Ba.-Wü. Heft 2/1976, S. 86ff.
1976	Rechtliche Konsequenzen bei Verweigerung einer lebensrettenden Bluttransfusion – Antwort auf eine Anfrage betr. einen Artikel in der DMW 1975, Heft 12, S. 639	Medical Tribune Nr. 16, 15. 4. 1976, S. 8ff. Medical Tribune Nr. 12, 19. 3. 1976, S. 30ff.
1976	Standortwahl und Raumbeschaffung	Schriftenreihe Zentralinstitut – Niederlassungsservice – Band III Dt. Ärzte-Verlag Köln
1976	Niederlassungsberatung als freiheitliches Instrument der Niederlassungssteuerung	– Der Kassenarzt 16 (1976) Heft 13, S. 1893ff. – DÄ 1976 Heft 30, S. 1990ff.
1976	Ärztliche Honorare	ÄBl. Ba.-Wü. Heft 11/1976, S. 805ff.
1977	– Ärztlicher Bereitschaftsdienst: Bei Bagatellfällen telef. Auskunft ausreichend? – Famulus in der Praxis: Was darf er und was nicht?	Medical Tribune Nr. 6, 11. 2. 1977

Zeitpunkt	Titel	Fundstelle
	- Sind Fachärzte zu Mitteilungen an überweisenden Arzt verpflichtet? - Bin ich als Praxisvertretung automatisch haftpflichtversichert? - Schweigepflicht und Versicherungsuntersuchung: Entbindung von § 203 vom Patienten bestätigen lassen?	Medical Tribune Nr. 7, 18. 2. 1977, S. 42, 43
1977	Standortwahl und Raumbeschaffung	Schriftenreihe Zentralinstitut - Niederlassungsservice - Band III, 2. Auflage 1977, Dt. Ärzte-Verlag Köln
1977	Was ist bei einer Praxisaufgabe zu beachten? (Checkliste)	Arzt und Wirtschaft Heft 8/1977, S. 15ff.
1977	Was ist bei einer Praxisvermietung/-verpachtung zu beachten? (Checkliste)	Arzt und Wirtschaft Heft 19/1977, S. 4ff.
1977	Sind Psychologen Ärzte oder Heilpraktiker? - Streit um einen Berufsstand. Diskussion im Rahmen „Kontroversen" in Bild der Wissenschaft	Bild der Wissenschaft Heft 9/1977, S. 121ff.
1977	Ärztliche Honorare bei Privatpatienten	Berufsverband Dt. Internisten, Rundschreiben 11/1977, S. 7ff., 19. 9. 1977
1977	Ärztliches Berufsrecht, Ausbildung - Weiterbildung - Berufsausübung	Dt. Ärzte-Verlag Köln 1977, 2. Auflage
1978	- Müssen auch Fachärzte am Notfalldienst teilnehmen? - Muß der Notarzt auch für Telefonbereitschaft sorgen?	Medical Tribune Nr. 3, 20. 1. 1978, S. 28, 29
1978	Gemeinschaftspraxis: an einer klaren Vertragsgestaltung führt kein Weg vorbei	Arzt und Wirtschaft Heft 4/1978, 15. 2. 1978, S. 16ff.
1978	Mutterschutzgesetz - die wichtigsten Details für den Arzt als Arbeitgeber	Arzt und Wirtschaft Heft 6/1978, 15. 3.1978, S. 62ff.
1978	Bericht über die berufspolitische Tagung der Vertreterversammlung der KV SW am 8. und 9. April 1978 in Konstanz	ÄBl. Ba.-Wü. Heft 5/1978
1978	Ärztliche Aufzeichnungspflichten - gesetzlich verordnete Gedächtnisstützen	- Arzt und Wirtschaft Heft 9/1978, 1. 5. 1978, S. 9ff. - Der niedergelassene Arzt Heft 17/1978, 12. 6. 1978, S. 85ff.
1978	Was ist bei der Beschäftigung von Praxismitarbeitern zu beachten?	Arzt und Wirtschaft Heft 13–14/1978, 15. 7. 1978, S. 9ff.
1978	Formfehler sorgen immer wieder für Ärger	Arzt und Wirtschaft Heft 15–16/1978, 15. 8. 1978, S. 14ff.

Zeitpunkt	Titel	Fundstelle
1978	Haftungsfragen des med. Sachverständigen	Der med. Sachverständige Heft 4/1978, Juli/August, S. 75–78
1978	Ärztliches Berufsrecht. Der Freiheitsraum ärztlicher Berufsausübung	ÄBl. Ba.-Wü. Heft 9/1978, S. 722ff.
1978	- Kann ich in Privatpraxis auf Kassenrezept verschreiben? - Kann man einen Psychotherapeuten für einen Fehler haftbar machen?	Medical Tribune Nr. 41, 13. 10. 1978, S. 100, 101
1978	Die Neufassung der Berufsordnung	ZFA, Heft 30/1978, S. 1527–1533, 31. 10.1978
1979	Ich habe nur Privatpraxis - Muß ich Notfalldienst mitmachen?	Medical Tribune Nr. 6, 9. 2. 1979, S. 74
1979	Arztrecht in der Praxis - Leichenschaugebühren stehen dem Chefarzt, nicht dem Krankenhausträger zu	Dt. Med. Wochenschrift Heft 10/1979, S. 341ff., 9. 3. 1979
1979	Die Haftpflicht des Arztes - ein heißes Eisen	- Arzt und Wirtschaft Heft 3/1979, 1. 2. 1979, S. 18ff. - Niedersächsisches Ärztebl. Heft 7/5. 4. 1979, S. 226ff.
1979	Die Unterschrift an der Pforte genügt nicht - die Aufklärungspflicht orientiert sich am verständigen Patienten	- Therapiewoche Nr. 29, S. 215–218, 1979 - Ärztliche Praxis Nr. 33, 24. 4. 1979, S. 1571ff.
1979	- Arzt hält Behandlungstermin nicht ein - schuldet er dem Patienten Kilometergeld? - Darf erfahrener Sanitäter den Arzt korrigieren?	Medical Tribune Nr. 17, 27. 4. 1979, S. 10
1979	Arztrecht in der Praxis: Zur Kammermitgliedschaft und Beitragspflicht eines Lehrstuhlinhabers für theoretische Medizin	Dt. Med. Wochenschrift Heft 28/1979, 13. 7. 1979, S. 998–999
1979	Worauf beim Kauf/Verkauf einer Arztpraxis zu achten ist. - Viele Details müssen bedacht werden (mit Mustervertrag)	Arzt und Wirtschaft Heft 19/1979, 1. 10. 1979, S. 12ff.
1979	Kollegenblut ist ein besonderer Saft (mit Diskussion)	ÄBl. Ba.-Wü. Heft 5/79, S. 297, ÄBl. Ba.-Wü. Heft 7/79, S. 457
1979	Rechtsfragen im Zusammenhang mit Laborgemeinschaften - Empfehlungen zur rationellen Organisation von ärztlichen Laborgemeinschaften	Niederlassungsservice Band 6, 1979, Zentralinstitut
1979	Zur Honorierung zugezogener Ärzte im Gutachterverfahren nach dem Gesetz über die Entschädigung von Zeugen und Sachverständigen	Dt. Med. Wochenschrift Heft 45, 9. 11. 1979, S. 1588–1589
1980	Zweite Vasoresektion - Muß ich Schmerzensgeld zahlen?	Medical Tribune Nr. 2, 11. 1. 1980, S. 51ff.

Zeitpunkt	Titel	Fundstelle
1980	Was ist bei einer Praxisvermietung/-verpachtung zu beachten?	Arzt und Wirtschaft Heft 4/1980, 15. 2. 1980, S. 26ff.
1980	Zur Besuchspflicht des Arztes	Zeitschr. für Allgemeinmedizin Heft 5/80, 20. Febr. 1980, S. 321ff.
1980	Wann beginnt die „Hausarzt-Funktion"?	Ärztliche Praxis Nr. 40, 17. Mai 1980, S. 1491
1980	Die teuersten Heilmittel	Medical Tribune Nr. 30, 25. 7. 1980
1980	Wie die KV prüft - gegen Abstriche und Regresse kann man sich wehren - Leserzuschrift -	Medical Tribune Nr. 31, 1. 8. 1980, S. 14
1980	Die ärztliche Aufklärungspflicht	Referat anl. MEDICA-MONTREUX 1980 in Montreux am 4. 8. 1980, in: Schweizerische Ärztezeitung Band 61, 1980, Heft 41, 8. 10. 1980, S. 2641ff.
1980	Der ärztliche Kunstfehler	Referat anl. MEDICA-MONTREUX 1980 in Montreux am 5. 8. 1980, in: Schweizerische Ärztezeitung Band 62, 7. 1. 1981, Heft 1, S. 24ff.
1980/ 1981	Anhaltspunkte für die ärztl. Privatliquidation	Referat anl. MEDICA-MONTREUX 1980, in: Der Dt. Dermatologe Heft 4/1981, S. 411ff.
1980	Rechtsfragen für den Famulus	Zeitschr. für Allgemeinmed. Heft 23/80, 20. 8. 1980, S. 1431ff.
1980	Kollegiale Beratung statt differenzierte Prüfung - Wirtschaftlichkeitskontrolle ist kein Instrument zur einnahmeorientierten Ausgabenpolitik	Der Prakt. Arzt Heft 25/80, 1. 9. 1980, S. 2814ff.
1980	Der Arzt vor dem Berufsgericht - der Arzt vor dem Strafgericht	ÄBl. Ba.-Wü. Heft 6/1980, S. 378ff. - Zahnärzteblatt Ba.-Wü. 9/80, 5. 9. 1980, S. 212ff.
1980	Ärztlicher Notfalldienst muß vom Praxisort aus wahrgenommen werden	Dt. Med. Wochenschrift Heft 41, 10. 10. 1980, S. 1408–1409
1980	Notfallarzt und Leichenschau	Dt. Med. Wochenschrift Heft 45, 7. 11. 1980, S. 1561–1563
1980	Überprüfung der Wirtschaftlichkeit durch die KV'en und die Krankenkassen	Der Kassenarzt Heft 48/49, November 1980, S. 4902ff.
1980	Wie überprüft die KV die Wirtschaftlichkeit?	Ärztliche Praxis Nr. 89, 4. 11. 1980, S. 2959

Zeitpunkt	Titel	Fundstelle
1980	Die Verpflichtung zur Teilnahme am Notfalldienst - Anfragen aus dem Leserkreis	Der Dt. Dermatologe Heft 12/1980, S. 1223
1980	Die Ermächtigung zur Weiterbildung nach der neuen Weiterbildungsordnung	Arztrecht Heft 2/1980, S. 35ff.
1980	Der Arzt als Arbeitgeber. Arbeitsrechtliche, haftungsrechtliche und versicherungsrechtliche Fragen in der Praxis	Schriftenreihe Zentralinstitut Niederlassungsservice, 5. Aufl. 1980, Dt. Ärzte-Verlag Köln
1980	Die kassenärztliche Tätigkeit (zusammen mit S. Häußler und R. Liebold)	Taschenbücher Allgemeinmed., Springer-Verlag Berlin, Heidelberg, New York, Tokyo 1980
1980	Verhältnis der Krankenkassen zu Ärzten, Zahnärzten, Krankenhäusern, Apothekern, Hebammen und anderen Heilberufen in der sozialgerichtlichen Rechtsprechung	Jahrbuch des Sozialrechts der Gegenwart, Band 2/1980, S. 145ff.
1981	Bei Einweisung in ein Krankenhaus: Aufklärungspflicht des niedergelassenen Arztes nicht generell gegeben	Arzt und Wirtschaft Heft 4/1981, 15. 2. 1981, S. 46
1981	Konfliktträchtige Uralt-GOÄ - Ärztliche Privatliquidation	Arzt und Wirtschaft Heft 5/1981, 1. 3. 1981, S. 40ff.
1981	Stehen die Leichenschaugebühren dem Krankenhaus oder dem Chefarzt zu?	Dt. Med. Wochenschrift Heft 29/30, 17. 7. 1981, S. 959–961
1981	Berufsgerichtliche Strafen sind nach angemessener Zeit zu tilgen	Medical Tribune Nr. 30, 24. 7. 1981, S. 27
1981	Handbuch der ärztlichen Bedarfsplanung von Dr. med. Frank H. Mader - Buchbesprechung -	ÄBl. Ba.-Wü. Heft 3/1982, S. VI
1981	Kauf/Verkauf einer Arztpraxis. Günstige Startchance einerseits, wirtschaftliche Verwertung andererseits	Arzt und Wirtschaft Heft 18/81, 15. 9. 1981, S. 43ff.
1981	Kein Zusatzhonorar bei kassenärztlicher Behandlung	Dt. Med. Wochenschrift Heft 40/1981, S. 1310–1312
1981	Vergütung von Laborleistungen aufgrund einer Überweisung	Laboratoriumsmedizin Nov. 1981, Nr. 11 Jahrgang 5, S. 252ff.
1981	In welcher Weise ist die med.-techn. Assistentin für die von ihr geleistete Arbeit haftbar?	- MTA - Zeitschrift d. dvta 3/81 - Referat anl. des MTA-Herbstseminars am 26. 11. 1980 in Esslingen
1981	Arzt- und kassenrechtliche Aspekte beim Einsatz eines Praxiscomputers (mit Diskussion)	Arzt und Wirtschaft Heft 24/81, 15. 12. 1981, S. 27ff. Arzt und Wirtschaft Heft 5/82, 1. 3. 82, S. 30

Zeitpunkt	Titel	Fundstelle
1981	Die Bindung des Arztes an den Überweisungsauftrag	Dt. Med. Wochenschrift Heft 51/52, 25. 12. 1981, S. 1756–1757
1981	Verhältnis der Krankenkassen zu Ärzten, Zahnärzten, Krankenhäusern, Apothekern, Hebammen und anderen Heilberufen in der sozialen Rechtsprechung	Jahrbuch des Sozialrechts der Gegenwart, Band 3/1981, S. 137ff.
1981	Die kassenärztliche Tätigkeit (zusammen mit S. Häußler und R. Liebold)	2. Aufl., Springer-Verlag Berlin, Heidelberg, New York, Tokyo 1981
1982	Katastrophenschutz: Wie sehen die gesetzlichen Grundlagen wirklich aus?	Notfallmedizin 1/1982, Januar 1982, S. 19ff.
1982	Patient verweigert Krankenhauseinweisung – Was muß der Arzt dann tun?	Medical Tribune Nr. 5, 29. 1. 1982, S. 72
1982	Kann ein Nicht-Kassenarzt krankschreiben?	Medical Tribune Nr. 9, 26. 2. 1982, S. 36
1982	Keine fachübergreifende Gemeinschaftspraxis. Fachverbindende Gemeinschaftspraxis. Köln ist dagegen – Warum?	Dt. Med. Wochenschrift Heft 11, 19. 3. 1982, S. 434ff. Medical Tribune Nr. 19, 7. 3. 1982, S. 31
1982	Liegt das Heil in der fachübergreifenden Gemeinschaftspraxis?	ÄBl. Ba.-Wü. Heft 8/1982, S. 335
1982	In Consilio: Leserfrage „Wohin mit der Patientenkartei?“ Die Erben sind verantwortlich	Medical Tribune Nr. 8, 25. 2. 1983, S. 36
1982	Die allgemeinen Bestimmungen des Entwurfes einer neuen Gebührenordnung für Ärzte	Referat anl. des Kassenärztetages der KV SW am 9. 10. 1982 in Lindau Ärzteblatt Ba.-Wü. Heft 11/1982, S. 504ff.
1982	Zur Diskussion über die fachübergreifende Gemeinschaftspraxis „Aus vielfältigen juristischen Gründen unzulässig“	Arzt und Wirtschaft Heft 22/82, 10. 10. 82, S. 7ff.
1982	Was ist ein „Dr. med. habil“?	Medical Tribune, Nr. 45, 5. 11. 1982, S. 40ff.
1982	Facharzt? Gebietsarzt? Oder wie sonst? – Berufsständische Nomenklatur	Der Allgemeinarzt Heft 12/1982, 25. 12. 1982, S. 736ff.
1982	Verhältnis der Krankenkassen zu Ärzten, Zahnärzten, Krankenhäusern, Apothekern, Hebammen und anderen Heilberufen in der sozialgerichtlichen Rechtsprechung	Jahrbuch des Sozialrechts der Gegenwart, Band 4/1982, S. 279ff.
1982	Zur Regelung beim Tod eines Kassenarztes: Gibt es ein „Gnadenvierteljahr“ (Zuschrift zu einem Art. in Heft 16)	Arzt und Wirtschaft Heft 17/1982, S. 15
1982	Klinische Transfusionsmedizin, hrsg. von W. Schneider und R. Schorer, Anhang: Rechtsfragen im Zusammenhang mit der Bluttransfusion	Erschienen in „edition medizin“ 1982, XXII

Zeitpunkt	Titel	Fundstelle
1982	Rechtsgutachten zur Frage der Genehmigung (§ 30 GewO) zur Durchführung ambulanter Hämodialysen durch frei niedergelassene Nephrologen	Mitteilungen der Arbeitsgemeinschaft für klinische Nephrologie Band XI/1982, S. 87ff.
1983	Kassenärztliche Zulassung nach der Approbation	Tübinger Pille - 2. Ausgabe/ Jan. 1983 - S. 5
1983	Der allgemeine Teil der neuen amtlichen Gebührenordnung für Ärzte (GOÄ 1983)	Vortrag anl. der gemeinsamen Informationsveranstaltung der BÄK und der KV SW am 16. 2. 1983 in Tübingen und am 9. 3. 1983 in Weingarten (ÄBl. Ba.-Wü. Heft 2/1983, S. 40ff.)
1983	Praxisabgabe/-übernahme - In welchen Fällen ist eine Vermietung oder eine Verpachtung vorteilhaft?	Arzt und Wirtschaft Heft 7/1983, S. 22ff.
1983	Beschäftigungsverbot für Hepatitis-Antigen-Träger?	Dt. Med. Wochenschrift Heft 7/1983, S. 271ff.
1983	Freie Arztwahl bei der Untersuchung durch Arbeitsamtsärzte	Dt. Med. Wochenschrift Heft 8/1983, S. 312ff.
1983	Die Aufklärungspflicht des Radiologen in der Praxis	Ref. anl. der Tagung der Vereinigung Südwestdeutscher Radiologen und Nuklearmediziner und der Hess. Gesellschaft für med. Strahlenkunde am 2. 10. 1982 Baden-Baden (Radiologe Heft 23/1983, S. 241ff.)
1983	Arzthelferinnen - 2 Auzubis für 1 Gehalt	Medical Tribune Nr. 9, 4. 3. 1983, S. 36
1983	Regreß-Bescheid. Einfach zahlen? Das ist jetzt gefährlich	Medical Tribune Nr. 11, 18. 3. 1983, S. 8
1983	Den ideellen Wert einer Praxis nicht nur kommerziell sehen	Ärzte Zeitung Nr. 57 vom 29. 3. 1983, S. 10
1983	Verhältnis der Krankenkassen zu Ärzten, Zahnärzten, Krankenhäusern, Apothekern, Hebammen und anderen Heilberufen in der sozialgerichtlichen Rechtsprechung	Jahrbuch des Sozialrechts der Gegenwart, Band 5/1983, S. 239ff.
1983	Der Assistenzarzt in der Kassenpraxis - kassenärztlicher Assistent - Sicherstellungsassistent - Weiterbildungsassistent: Welcher Assistent für welche Praxis?	Der Allgemeinarzt 1983 Nr. 5, S. 465ff.
1983	Standortwahl und Raumbeschaffung	Schriftenreihe Zentralinstitut Niederlassungsservice - Bd. 3 4. überarbeitete Aufl. 1983
1983	Gebührenordnung - Noch einmal: Versuch einer „Gebrauchsanleitung"	Arzt und Wirtschaft Heft 13/1984, S. 12ff.
1983	Weiterbildungsassistent - Gilt die Haftpflichtversicherung für Praxisinhaber und Assistenten?	Der Allgemeinarzt 1983 Nr. 6, S. 624

Zeitpunkt	Titel	Fundstelle
1983	Wie signiert der Weiterbildungsassistent ein Kassenrezept?	Der Allgemeinarzt 1983 Nr. 6, S. 624
1983	*Meine Frage:* Ich bin als prakt. Arzt niedergelassen, habe jedoch auf meinem Arztschild „Praxis für Allgemeinmedizin" stehen. Kollege ohne Angabe der Gebietsbezeichnung führt den Hinweis „Allgemeinärztliche Fachpraxis". Wer von uns beiden muß wirklich sein Schild entfernen?	Der Allgemeinarzt 1984 Nr. 2, S. 124 - Leserclub -
1983	RVO § 368 c und ZO-Ärzte § 33; BO-B.-W. § 19; (Zur Genehmigung einer fachübergreifenden Gemeinschaftspraxis) - BSG-Urteil vom 22. 4. 1983 - 6 RKa 2/82 -	MedR 1983/Heft 5, S. 196ff.
1983	*Buchbesprechung:* Gebührenordnung für Ärzte - Kommentar - begründet von Schmatz/Goetz/Matzke, 2. neubearb. Aufl. von Goetz/Matzke/Schirmer	NJW 1983, S. 2625
1983	Was gehört zu den objektiven Befunden, die der Patient in seinen Krankenunterlagen einsehen darf?	Der Chirurg 1984, S. 58f.
1983	Dürfen Kassenärztliche Vereinigungen zur Durchführung der Qualitätskontrolle Röntgenfilme mit Befundberichten anfordern?	Dt. Med. Wochenschrift 1983/Heft 42, S. 1610ff.
1983	Ist die Ankündigung eines freipraktizierenden Arztes zulässig, seine Urlaubsvertretung nehme das Krankenhaus XY wahr?	Der Allgemeinarzt 1984 Nr. 3, S. 250 - Leserclub -
1983	*Meine Frage:* Ein Internist mit Teilgebietsbezeichnung Kardiologie vertritt im Rahmen einer Praxisgemeinschaft eine Ärztin für Allgemeinmedizin. Ist eine solche Vertretung im allgemeinen erlaubt oder nur bei einer Praxisgemeinschaft möglich?	Der Allgemeinarzt 1984 Nr. 14, S. 388 - Leserclub -
1983	Fachübergreifende Gemeinschaftspraxis - Rufbereitschaft	Der Allgemeinarzt Heft 11/1983, S. 1136 und Heft 2/1984, S. 123
1983	Die kassenärztliche Tätigkeit (zusammen mit S. Häußler und R. Liebold)	Taschenbücher Allgemeinmedizin, 3. Aufl. Springer-Verlag Berlin, Heidelberg, New York, Tokyo 1984
1984	Sammlung von Entscheidungen der Berufsgerichte für Heilberufe, herausgegeben von Luyken, Pottschmidt, Thoelke, Wandtke, Zitzmann, Weil - Buchbesprechung -	NJW 1984 Heft 12, S. XVII
1984	Honorarkürzungen und Schadensersatz im Kassenarztrecht v. E. Baader - Buchbesprechung -	MedR 1984, Heft 6, S. 223ff.
1984	Arzt und Recht v. G. Brenner - Buchbesprechung -	Ärzteblatt Ba.-Wü. 1984, Heft 10/84, S. XXV
1984	Rechtskunde für das Krankenpersonal v. G. Brenner/M. Adelhardt - Buchbesprechung -	MedR 1984, Heft 1, S. 22
1984	Handlexikon des Kassenarzt- und Kassenzahnarztrecht v. Liebold - Buchbesprechung -	MedR 1984, Heft 2, S. 63 DÄ Heft 8, S. 560

Zeitpunkt	Titel	Fundstelle
1984	Zur Beurteilung des ideellen Wertes beim Verkauf einer Arztpraxis	MedR 1984, Heft 4, S. 121ff. Der Frauenarzt 1985, Heft 2, S. 15 Der Kassenarzt 1984, Heft 45, S. 45 Der Chirurg Heft 11/84
1984	Zur Frage, ob und unter welchen Voraussetzungen eine vom normalen Weiterbildungsgang abweichende Weiterbildung anzuerkennen ist	MedR 1984, Heft 4, S. 155ff.
1984	Verhältnis der Krankenkassen zu Ärzten, Zahnärzten, Krankenhäusern, Apothekern, Hebammen und anderen Heilberufen in der sozialgerichtlichen Rechtsprechung	Jahrbuch des Sozialrechts der Gegenwart, Band 6/1984, S. 231ff.
1984	Fachübergreifende Gemeinschaftspraxen	Referat anlässlich des Kassenärztetages der Kassenärztl. Vereinigung des Saarlandes am 31. 3. 1984 in Saarbrücken SÄB Heft 5, S. 342ff. Dtsch. Chirurg Nr. 8, S. 100ff. Medical Tribune Nr. 18, 6. Mai 1983
1984	Zur Frage des Einsichtsrechts des Patienten in seine Krankenunterlagen	Referat anlässlich des Kassenärztetages der Kassenärztl. Vereinigung des Saarlandes am 31. 3. 84 in Saarbrücken SÄB Heft 5, S. 347ff.
1984	Urlaubsvertretung durch Assistenten?	Der Allgemeinarzt Nr. 8, S. 802 – Leserclub –
1984	Das Rettungswesen v. Lippert, Weißauer – Buchbesprechung –	MedR 1984
1984	Über 1 Stunde für einen Patienten. Wer bezahlt mir das?	Medical Tribune Nr. 35, 31. 8. 1984, S. 18
1984	Annahme eines Originalscheines und die Konsequenzen	ÄBl. Ba.-Wü. 1984, Heft 8, S. 290ff.
1984	Pflichten des Praxisinhabers bei der Delegierung ärztlicher Aufgaben	Der Allgemeinarzt Nr. 8, S. 836ff.
1984	Kassenarztrechtliche Probleme beim Einsatz eines Computers in der Praxis eines Kassenarztes	MedR 1984, Heft 6, S. 207ff.
1984	Urkunde ist nicht maßgeblich	Medical Tribune Nr. 33, 17. 8. 1984, S. 26
1984	Verwendung von Mikrofilmaufnahmen zur Erfüllung gesetzlicher Aufbewahrungspflichten	Niederlassungsservice Band II, ZJ für die kassenärztliche Versorgung Dt. Ärzte-Verlag Köln, 1984
1984	Kassenarztrecht im Wandel v. B. Tiemann/ S. Tiemann – Buchbesprechung –	MedR 1985, Heft 3, S. 119

Zeitpunkt	Titel	Fundstelle
1984	Was darf der Arzt im Praktikum?	Der Allgemeinarzt Nr. 8, 1984, S. 746
1984	Gebührenordnung für Ärzte (GOÄ'82), hrsg. v. Prof. H. Hoffmann - Buchbesprechung -	NJW 1984, Heft 46, S. 2624
1984	Wie schreibt man Zeugnisse für ausscheidende Helferinnen?	Die Antwort 2/1985-1
1984	Liquidationsberechtigung des Chefarztes für physikalisch-medizinische Leistungen (Abschnitt E der GOÄ) bei stationärer Behandlung	Dt. Med. Wochenschrift Heft 4/1985, S. 152f. Dt. Med. Wochenschrift Heft 11/1985, S. 439
1984	AU-Bescheinigung. Auch rückwirkend krankschreiben?	Medical Tribune Nr. 49, 7. 12. 1984, S. 32
1984	Angemessenheit der Ausbildungsvergütung für Auszubildende in ärztlichen Praxen	ÄBl. Ba.-Wü. Heft 1/85, S. 36f.
1984	Grenzen der Vergütung	ÄBl. Ba.-Wü. Heft 1/85, S. 37
1984	Der Assistenzarzt in der Kassenpraxis von Frank H. Mader, mit Vorwort von Siegfried Häußler, Verlag Kirchheim & Co, Mainz - 1983 - Buchbesprechung -	ÄBl. Ba.-Wü. Heft 7/85
1984	Kassenarztrecht. Rechtsbeziehung zwischen Kassenarzt, Kassenärztlicher Vereinigung und Krankenkasse v. Dr. iur. G. Schneider, hrsg. v. Prof. Gitter und Prof. Heinze - Buchbesprechung -	MedR 1985, Heft 3, S. 122
1984	*Meine Frage:* Muß der Vertreter oder Assistent eines Kassenarztes auf Rezeptformularen außer seiner Handschrift und dem Vermerk „i. V." neben dem Stempel des Praxisinhabers auch einen eigenen Namensstempel anbringen?	Der Allgemeinarzt Nr. 3/1984, S. 250 - Leserclub -
1985	Keine Halbtagsbeschäftigung für Vorbereitungsassistenten	ÄBl. Ba.-Wü. Heft 2/85, S. 86
1985	Privatpatient läßt sich vasektomieren. Muß seine Kasse das bezahlen?	Medical Tribune Nr. 4, 25. 1. 1985, S. 35 - in consilio -
1985	Zeugnisse für Helferinnen. *Frage:* Wie schreibt man Zeugnisse für ausscheidende Helferinnen?	Die Antwort Heft 2/1987
1985	Ärztliche Haftungsfragen. Das Problem Aufklärung wird noch vielfach unterschätzt	Arzt und Wirtschaft Heft 6/85, S. 38ff.
1985	Teilnahme am Notwagendienst	Der Allgemeinarzt Nr. 6/1985, S. 472 - Leserclub -
1985	Vordruckvereinbarung bei Arzthonoraren	ÄBl. Ba.-Wü. Heft 3/85, S. 183
	Zur Interpretation des Begriffs „örtliche Verhältnisse" im § 5 Abs. 2 GOÄ	ÄBl. Ba.-Wü. Heft 3/85, S. 183
1985	Grundsätze für die Privatliquidation des Arztes	C. H. Beck'sche Verlagsbuchhandlung, Beck-Texte GOÄ

Zeitpunkt	Titel	Fundstelle
1985	Zur Frage des Einsichtsrechts des Patienten in seine Krankenunterlagen	Referat anläßlich der 26. Tagung der Südwestdeutschen Gesellschaft für Urologie am 17. 5. 1985 in Tübingen Der Chirurg Heft 1/1986, S. 8ff.
1985	Die fachgebundene röntgendiagnostische Weiterbildung in Kliniken und Krankenhäusern mit zentralen Röntgenabteilungen	MedR 1985, Heft 3, S. 111ff.
1985	Schadensersatzpflicht des Arztes bei Nichteinhalten fester Bestelltermine (Verschulden bei Vertragsschluß culpa in contrahendo)	MedR 1985, Heft 3, S. 129f.
1985	Gehören die Kosten für den ärztlichen Notfall- und Bereitschaftsdienst bei Belegkrankenhäusern in den Pflegesatz?	MedR 1985, Heft 3, S. 134ff.
1985	Beschluß des Bundesverfassungsgerichts vom 12. 12. 1984 zur Verfassungsmäßigkeit der GOÄ (1 BvR 1249/83 u. a.)	MedR 1985, Heft 3, S. 123ff.
1985	Lexikon des Arztrechts v. Dr. H.-J. Rieger - Buchbesprechung -	MedR 1985, Heft 3, S. 122
1985	Kassenarztrecht - Rechtsbeziehungen zwischen Kassenarzt, KV und Krankenkasse v. G. Schneider - Buchbesprechung -	MedR 1985, Heft 3, S. 122
1985	3-Jahres-Frist: Was tun bei Brillenverlust?	Zeitschrift für praktische Augenheilkunde (ZPA) 1985, Heft 6, S. 292
1985	Aufklärungspflicht des Arztes unter besonderer Berücksichtigung der Kontrastmittelapplikation	Referat anlässlich der Fortbildungsveranstaltung am 29. 6. 1985 in Hemmenhofen/Bodensee (Auf der Grundlage des Referates „Die Aufklärungspflicht des Radiologen in der Praxis",Baden-Baden) ÄBl. Ba.-Wü. Heft 6/85, S. 433
1985	Noch geht's nicht ohne Krankenschein. EDV in der Praxis - Rechtliche Probleme für Praxis -	Selecta vom 15. 6. 1985, Heft 28, S. 2709
1985	Krankenversicherung im Wandel der Zeit	ÄBl. Ba.-Wü. Heft 8/85, S. 526
1985	Konsiliarische Leistungen für Krankenhauspatienten	Laboratoriumsmedizin Sept. 1985, Nr. 9, S. 80
1985	Juristische und wirtschaftliche Aspekte bei Praxisübergabe und -übernahme	Referat anläßlich der Herbsttagung des Berufsverbandes der Pneumologen in Bayern e. V. am 12. 10. 1985 in Landshut Ärztliche Praxis 1986 Nr. 21, S. 655, Nr. 22, S. 691ff., Nr. 23, S. 735f., Nr. 24, S. 768ff., Nr. 26, S. 837f.

Zeitpunkt	Titel	Fundstelle
1985	Praxisverkauf I–IV	Sonderdruck aus „Ärztliche Praxis“ 1986, S. 3ff.
1985	Zur Weiterbildungsermächtigung von Hochschullehrern	MedR 1985, Heft 4, S. 160ff.
1985	Verhältnis der Krankenkassen zu Ärzten, Zahnärzten, Krankenhäusern, Apothekern, Hebammen und anderen Heilberufen in der sozialgerichtlichen Rechtsprechung	Jahrbuch des Sozialrechts der Gegenwart, Band 7/1985, S. 241ff.
1985	Wirtschaftlichkeitsprüfung im Kassenarztrecht	Arzt und Wirtschaft Heft 13/1985, S. 13
1986	Zur Frage der öffentlich-rechtlichen Streitigkeit i. S. des § 51 Abs. 1 SGG; sozialgerichtl. Zuständigkeit bei Leistungsbeschaffungsverträgen (Beschl. d. 3. Senats d. BSG v. 12. 3. 85 – 3 RK 33/83)	Die Sozialgerichtsbarkeit 1/1986, S. 28
1986	*Honorar-Verjährung?* Das Rechnungsdatum bestimmt die Frist	Arzt und Wirtschaft Heft 1–2/1986, S. 29ff. – Leserforum –
1986	Hilfen für geistig behinderte Menschen im Bundessozialhilfegesetz – Bestandsaufnahme, Perspektiven	MedR 1986, Heft 1, S. 31
1986	Zur Verjährung von Arzthonoraransprüchen	MedR 1986, Heft 2, S. 74
1986	Urlaubsankündigung in der Arztpraxis	Der Allgemeinarzt Nr. 3/86, S. 198 – Leserclub –
1986	Die ärztliche Weiterbildung im Krankenhaus – Buchbesprechung –	MedR 1986, Heft 2, S. 76
1986	*„Arzt im Praktikum“.* Hochgestecktes Ziel am hohlen Gerüst	Münch. Med. Wochenschrift 1986, S. 22
1986	Empfehlungen zur rationellen Organisation von ärztlichen Laborgemeinschaften	Niederlassungsservice Band 6, ZI für die kassenärztliche Versorgung in der BRD, Dt. Ärzte-Verlag Köln, 6. neubearb. Auflage 1986
1986	Chefarztbeteiligungen im Licht der aktuellen Rechtsprechung des Bundessozialgerichtes	MedR 1986, Heft 3, S. 97ff.
1986	Zur Vergütung von Einsätzen eines niedergelassenen Augenarztes im Notarztdienst von Lippert – Anmerkung –	MedR 1986, Heft 3, S. 160f.
1986	Die Verordnung einer Brille durch den Augenarzt begründet keinen Werk-, sondern einen Dienstvertrag	MedR 1986, Heft 4, S. 170ff. Der Augenarzt 1986, S. 186ff.
1986	Erläuterungen zur GOÄ für medizinische Laien und ärztliches Hilfspersonal v. Prof. Dr. Brettl u. Priv. Doz. Dr. Lutz – Buchbesprechung –	MedR 1986, Heft 4, S. 187
1986	Beweiswert und Beweisfolgen des statistischen Unwirtschaftlichkeitsbeweises im Kassenarztrecht v. E. Baader – Buchbesprechung –	MedR 1986, Heft 4, S. 190
1986	Medical Responsibility in Western Europe. Research Study of the European Science Foundation v. E. Deutsch and H.-L. Schreiber – Buchbesprechung –	MedR 1986, Heft 6, S. 315

Zeitpunkt	Titel	Fundstelle
1986	Gesetzes- und Vorschriftensammlung für Altenhilfe und Altenpflege v. Th. Klie - Buchbesprechung -	MedR 1986, Heft 6, S. 319
1986	Gemeinschaftspraxen unerwünscht	Medical Tribune Nr. 30, 25. 7. 1986 - Offenes Forum -
1986	Einsicht in Krankenunterlagen?	Der Allgemeinarzt, Heft 13/86, S. 941 - Leserclub -
1986	Die Zusammenarbeit zwischen freiniedergelassenen Kassenärzten und a) Krankenhaus sowie b) beteiligtem Krankenhausarzt	Referat anläßlich des Kassenärztetages der Kassenärztlichen Vereinigung Südwürttemberg am 25. 10. 1986 in Friedrichshafen (ÄBl. Ba.-Wü. 1987, S. 68ff.)
1986	Ärztliches Berufsrecht - 2. Aufl. -, 7. Ergänzungslieferung	Deutscher Ärzte-Verlag, Köln-Lövenich
1986	Verhältnis der Krankenkassen zu Ärzten, Zahnärzten, Krankenhäusern, Apothekern, Hebammen und anderen Heilberufen in der sozialgerichtlichen Rechtsprechung	Jahrbuch des Sozialrechts der Gegenwart - Band 8/1986 -, S. 239ff.
1987	Ärztliches Berufsrecht - 2. Aufl. -, 8. Ergänzungslieferung	Deutscher Ärzte-Verlag, Köln-Lövenich
1987	Sorgfaltspflicht bei Zeugniserteilung durch einen zur Weiterbildung ermächtigten Arzt	ÄBl. Ba.-Wü. Heft 2/87, S. 103
1987	Zum Tarifrecht des Arztes - Die Sonderregelung 2c BAT v. G. Braun u. K. Ossoinig - Buchbesprechung -	ÄBl. Ba.-Wü. Heft 2/87
1987	Der Unfallmann v. G. G. Mollowitz - Buchbesprechung -	MedR 1987, Heft 2, S. 106
1987	Gutachtenkolloquium I. Ärztliche Gutachten in der gesetzlichen Unfallversicherung II. Die Begutachtung der posttraumatischen/postoperativen Osteomyelitis v. G. Hierholzer, E. Ludolph - Buchbesprechung -	MedR 1987, Heft 2, S. 107
1987	Arzt - Patient - Krankenhaus	Verlag C. H. Beck, München, Beck-Rechtsberater (dtv)
1987	Richtlinie zur Bewertung von Arztpraxen	DÄ Heft 14, 2. 4. 1987, S. 926
1987	AIDS - und die Sorgfalt	Vortrag anläßlich des 1. Fortbildungsseminars des DJV-Landesverbandes Ba.-Wü. am 16. 5. 1987 im Ärztehaus in Stuttgart DJV Blickpunkt Heft 2/87, S. 28
1987	Ärztliches Handeln - Verrechtlichung eines Berufsstandes (Festschrift für Walther Weißauer zum 65. Geburtstag) v. G. Heberer/H. W. Opderbecke/W. Spann - Buchbesprechung -	MedR 1987, Heft 4, S. 178

Zeitpunkt	Titel	Fundstelle
1987	Bewertung von Arztpraxen. Die Bundesärztekammer rechnet jetzt neu	Arzt und Wirtschaft Heft 13/20. 5. 1987, S. 31ff.
1987	*Gemeinschaftspraxis.* Für den Kunstfehler des Kollegen haften? - Sämtliche Partner haften -	Medical Tribune, Nr. 23 a, 9. 6. 1987, S. 14
1987	AIDS - Antworten auf Rechtsfragen aus der Praxis (zus. mit Adolf Laufs)	MedR 1987, Heft 6, S. 282f.
1987	Deutsches Arztrecht v. P. Schiwy - Buchbesprechung -	MedR 1987, Heft 6, S. 284
1987	Einverständnis bei HIV-Tests	Der Hautarzt 1987, S. 568f.
1987	Verhältnis der Krankenkassen zu Ärzten, Zahnärzten, Krankenhäusern, Apothekern, Hebammen und anderen Heilberufen in der sozialrechtlichen Rechtsprechung	Jahrbuch des Sozialrechts der Gegenwart - Band 9/1987 -, S. 237ff.
1987	Gebührenordnung für Ärzte (GOÄ), Gebührenordnung für Zahnärzte (GOZ) mit Gebührenverzeichnissen	C. H. Beck-Verlag, München, Beck-Texte (dtv), 2. Auflage, 1. Dez. 1987
1988	*Frage:* Vor kurzem altershalber die Kassenpraxis abgegeben, bittet mich ein jüngerer Fachkollege, ihn zweimal pro Woche vormittags je ca. 3 Stunden zu vertreten. Ist dagegen etwas einzuwenden? Ist dies vom Zulassungsausschuß zu genehmigen?	Der Deutsche Dermatologe Heft 1/1988, S. 10
1988	Arzt und Rechtsordnung	Therapie-Woche, Nr. 5, vom 1. Februar 1988
1988	Delegation von Blutentnahmen	Dt. Med. Wochenschrift Heft 7/1988, 19. 2. 1988
1988	Rechtliche Probleme der Arzneimittel-Substitution	Der praktische Arzt, Sonderausgabe v. 25. 3. 1988
1988	Wirtschaftlichkeitsprüfungsverfahren	Die KV-Abrechnung, Sonderausgabe 1988
1988	Gemeinschaftspraxis mit Teilzeit-Kollegen - Keineswegs nur Vorteile!	Medical Tribune Nr. 21, 27. 5. 1988, S. 6f.
1988	Untersuchung bei intestinalem Drogenschmuggel	Dt. Med. Wochenschrift Heft 21/1988, S. 875
1988	MTA ist Hepatitis B-positiv. Darf sie überhaupt in einer Arztpraxis arbeiten?	Medical Tribune Nr. 22, 3. 6. 1988, S. 45 - in consilio -
1988	Praxisverkauf: So können Sie einen optimalen Preis erzielen	Ärztliche Praxis Nr. 51, 25. 6. 1988, S. 1758ff.

Sachverzeichnis

(Bearbeitet von Rechtsreferendarin Brigitte Hecking)

GPSR Compliance

The European Union's (EU) General Product Safety Regulation (GPSR) is a set of rules that requires consumer products to be safe and our obligations to ensure this.

If you have any concerns about our products, you can contact us on ProductSafety@springernature.com

In case Publisher is established outside the EU, the EU authorized representative is:

Springer Nature Customer Service Center GmbH
Europaplatz 3
69115 Heidelberg, Germany

Batch number: 10844827

Printed by Printforce, the Netherlands